LEI E JUSTIÇA

CIP-BRASIL. CATALOGAÇÃO NA PUBLICAÇÃO
SINDICATO NACIONAL DOS EDITORES DE LIVROS, RJ

L537

Lei e justiça / coordenação Ives Gandra da Silva Martins, Paulo de Barros Carvalho, Luiz Gonzaga Bertelli. - 1. ed. - São Paulo : Noeses, 2023.

616 p. ; 23 cm.

"Apoio: União dos Juristas Católicos de São Paulo - UJUCASP"

ISBN 978-85-8310-162-8

1. Direito - Filosofia. I. Martins, Ives Gandra da Silva. II. Carvalho, Paulo de Barros. III. Bertelli, Luiz Gonzaga.

23-86372 CDU: 340.11

Gabriela Faray Ferreira Lopes - Bibliotecária - CRB-7/6643

LEI E JUSTIÇA

Coordenadores

Ives Gandra da Silva Martins

Paulo de Barros Carvalho

Luiz Gonzaga Bertelli

União dos Juristas Católicos de São Paulo

2023

editora e livraria

NOESES

Copyright © Editora Noeses 2023
Fundador e Editor-chefe: Paulo de Barros Carvalho
Gerente de Produção Editorial: Rosangela Santos
Arte e Diagramação: Renato Castro
Revisão: Georgia Evelyn Franco
Designer de Capa: Aliá3 - Marcos Duarte

2023

editora e livraria
NOESES

Editora Noeses Ltda.
Tel/fax: 55 11 3666 6055
www.editoranoeses.com.br

BREVE APRESENTAÇÃO

A UJUCASP, pela Editora NOESES, vem a público com o seu 11º livro sobre temas jurídico-cristãos, este intitulado “Lei e Justiça”.

Em um momento no qual o Brasil e o mundo vivem especial turbulência que fustiga também o campo das ideias, tem a UJUCASP buscado, pela reflexão do Direito, estudar, esclarecer e divulgar posições e estudos alicerçados no Cristianismo para, no nevoeiro das teorias confusas da atualidade pensar, à luz dos princípios que norteiam o ideal de Justiça, como não se fazer injustiças.

O presente livro segue a linha dos anteriores, cujos autores enfrentaram as questões propostas por sua Comissão Editorial, a saber:

1º) A função do Direito nas sociedades organizadas é apenas a busca da aplicação da norma fria ou estimular a procura de um ideal de justiça?

2º) A função do jurista é aperfeiçoar o direito posto com sugestões e lutar para que a justiça seja “justa” ou apenas a de aplicar a norma posta?

3º) A função do magistrado é fazer apenas uma justiça formal, o mais das vezes não se debruçando sobre as partes em contenda, ou não fazer injustiça?

4º) Como os valores e princípios do direito natural, constantes dos escritos dos jusnaturalistas de formação tomista, podem influenciar o direito aplicado pelo Estado?

Esperamos que a nova obra da Instituição tenha o mesmo acolhimento pelo público leitor que as publicações anteriores.

Ives Gandra da Silva Martins

Paulo de Barros Carvalho

Luiz Gonzaga Bertelli

SUMÁRIO

LEI E JUSTIÇA

Ives Gandra da Silva Martins[1]

1. A função do Direito nas sociedades organizadas é apenas a busca da aplicação da norma fria ou estimular a procura de um ideal de justiça?

Bastiat, em seu livro "A Lei", afirma que a função da lei não é fazer justiça, mas sim não fazer injustiça.

Se examinarmos a História, verificaremos que, embora em relação às outras espécies de vida, o "homo sapiens", em 200 ou 300 mil anos, evoluiu de forma fantástica e admirável, ainda há muito a crescer, sendo o Direito seu grande instrumento para que isto aconteça.

Todas as outras espécies seguiram sua natureza, mas permaneceram intuitivamente, sem grandes alterações

1. Professor Emérito da Universidade Mackenzie, das Escolas de Comando e Estado-Maior do Exército - ECEME, Superior de Guerra - ESG e da Magistratura do Tribunal Regional Federal – 1ª Região; Professor Honorário das Universidades Austral (Argentina), San Martin de Porres (Peru) e Vasili Goldis (Romênia); Doutor Honoris Causa das Universidades de Craiova (Romênia) e das PUCs-Paraná e RS, e Catedrático da Universidade do Minho (Portugal); Presidente do Conselho Superior de Direito da FECOMERCIO - SP; Presidente Emérito da Academia Paulista de Letras-APL e ex-presidente do Instituto dos Advogados de São Paulo-IASP.

através dos tempos, sem sequer adquirirem conhecimento superior a sua luta por sobrevivência.

Não se pode negar inteligência aos outros seres, até mesmo, como no passado Maeterlinck demonstrou em relação às abelhas, formigas, flores e plantas. A alma, todavia, faz do homem a única espécie de vida a possuí-la, sendo o que define a evolução do ser humano, conduzindo ou sendo conduzido pela inteligência, conforme sua formação.

Ora, a evolução dos povos primitivos foi acelerada na medida em que adquiriram maior percepção sobre si mesmos e na compressão de que forças superiores criaram a humanidade. Desde os tempos primeiros, teve o ser humano essa percepção, adorando deuses que definiriam seus destinos.

Assim, das inscrições rupestres, dos humanoides neandertalenses ou dos homens de Cro-magnon, bem como dos povos primitivos de todos os continentes, até as primeiras civilizações e destas até os dias atuais, a percepção de que haveria uma força maior a dirigir o Universo, algo que as religiões modernas, como mostrava o agnóstico historiador Arnold Joseph Toynbee, chamam de Deus, foi uma constante na história humana.

Por ser, todavia, o homem um ser social, a relação entre ele e o desconhecido Criador e entre ele e a sociedade só poderia ser realizada com uma regulação apenas possível pelo Direito.

Robson Crusoé, antes da chegada de Sexta-feira, não precisava do Direito. Sua relação com as coisas era ampla. Com a chegada do indígena que o acompanhou depois, precisou definir quem mandava, quem obedecia e de quem seriam as coisas a serem divididas.

O Direito, portanto, é o que torna, entre os seres humanos, possível a vida em sociedade, sempre tendo existido, desde as sociedades primitivas sob a forma de costumes, que já, na época das grandes civilizações, estavam versados em escritos, como os primeiros códigos conhecidos como de Shulgi, Lijptisthar, leis de Manu, Ernamunu, dos hititas, de Amon, de Hamurabi. Neles a tradição, ao regular a vida social, não esquecia a subordinação a um ser superior, criador do céu e da Terra.

É interessante que, em um dos textos mais antigos de quase 4.000 anos, o Imperador Hamurabi invoca, ao outorgá-lo ao povo, uma legião de deuses sumerianos que o protegiam e inspiravam, numa demonstração de que, desde a origem das civilizações, a religião não se distanciava do Direito.

As próprias legislações de Drácon, Sólon e Licurgo respeitam os costumes das cidades gregas, lembrando-se os 4 diálogos de Platão sobre a Justiça, em que Sócrates é o personagem principal que, em respeito às leis da cidade, aceita a injusta condenação, negando-se a fugir e considerando a morte, não uma pena, mas uma libertação pela visão da vida extraterrena que esperava (Eutífron, Apologia, Críton e Fédon).

Assim é que a evolução do Direito, na busca de um ideal de Justiça, em todos os espaços geográficos e períodos históricos, sempre foi uma característica dos povos, resultando sempre no aprimoramento dos textos jurídicos.

É por esta razão que as palavras "Direito", "Justiça" e "lei" sempre estiveram unidas, lembrando-se que "Direito" em latim é "jus" e, em inglês, "law" é também "Direito", envolvendo-se em ligação siamesa os 3 vocábulos, com variada distinção semântica, em sua explicitação.

O importante, todavia, é que esta busca da organização social através do Direito levou à percepção de que também há direitos inatos ao ser humano, e que o detentor do poder de elaborar as leis pode apenas reconhecê-los e declará-los, pois não os cria. Tratam-se, pois, do pequeno feixe de direitos naturais.

Ora, foi esta visão das sociedades evoluídas que propiciou a promulgação da Declaração Universal de Direitos Humanos, uma Carta de direitos naturais, cujo principal relator foi René Cassin, um jurista tomista. O texto objetivou influenciar o Direito de todos os países, de modo que aqueles direitos próprios do ser humano, que devem ser sempre reconhecidos, deveriam construir a base do Estatuto de todas as nações e ser respeitados por todos os governos.

E, nesta linha, por ser mais fácil ter fé em um Deus que criou o Universo do que foi o "nada" que o fez – Ratzinger dizia que a fé dos ateus é mais forte do que a dos que creem em Deus porque acreditam que o "nada" é criador de tudo -, é de se compreender que todas as chamadas religiões superiores influenciaram, por seus valores, a evolução do Direito no mundo. Não sem razão, mesmo nos Estados Unidos, que se dizem laicos, a presença de Deus é uma constante, inclusive em juramentos perante tribunais. A Constituição brasileira, por sua vez, expressamente declara, no preâmbulo, que foi promulgada sob a proteção de Deus.

Sendo os valores que impregnam todos os textos mais relevantes da atualidade e ancorados numa percepção de um Deus justo, é de se compreender que fazer justiça com norma injusta é fazer injustiça, razão pela qual a grande busca do jurista é muito mais não fazer injustiça do que fazer justiça e todos os sistemas jurídicos deveriam buscar normas objetivando não fazer injustiças, em vez de fazer uma justiça meramente formal.

2. A função do jurista é aperfeiçoar o direito posto com sugestões e lutar para que a justiça seja "justa" ou apenas a de aplicar a norma posta?

O jurista é, por excelência, o doutrinador de Direito. É o produtor da Ciência que permite orientar a conformação jurídica dos povos.

Os romanos ofertavam ao jurisconsulto papel de relevância na produção normativa, visto que o direito pretoriano não desconhecia o intenso labor daqueles homens.

A profissão do advogado, de rigor, ganhou sua relevância atual entre os romanos sendo, todavia, tão antiga quanto a sociedade organizada. Há julgamentos célebres em que o defensor dos acusados exercia o papel de advogado. Os diversos Códigos anteriores a Hamurabi não desconheciam a importância dos julgamentos imparciais, pressupondo o exercício da advocacia.

Não é de esquecer, no julgamento de Frinéia, a técnica de seu advogado ao despi-la perante os julgadores para perguntar se a beleza poderia aliar-se ao crime.

Entre os romanos, todavia, a profissão do advogado ganhou sua relevância atual com a remuneração diferenciada. A "honorária" constituía verdadeira honraria em homenagear os defensores com tal pagamento. Até hoje não recebem os advogados salários ou remuneração, mas honorários por seu trabalho.

O advogado, todavia, não é jurista. É um defensor que faz da lei o instrumento de defesa ou de ataque de seu constituinte. Seu compromisso é menos com a doutrina e mais com a obtenção do resultado que objetiva. Nem por isto lhe é dado transigir, na adulteração da lei ou da prova, na busca de resultados que o ordenamento jurídico não permite. Sua habilidade está em potencializá-los a favor de seu cliente.

O advogado não é, entretanto, o elaborador da Ciência. É um aplicador do Direito, mas não seu criador. É o conhecedor da lei, mas não seu inspirador. É o profissional que dá estabilidade à aplicação da ordem legal, mas não seu administrador.

Já o jurista, não, pois sendo um produtor de Ciência, deve orientar a melhor interpretação do Direito, conformar os alicerces de sua produção e colaborar com os legisladores positivos e negativos que são as Casas Legislativas e os magistrados, respectivamente. O jurista é, portanto, um autêntico inspirador do Direito.

Não pode ficar adstrito a um conhecimento limitado à própria técnica produtora da norma, mas deve ter uma visão mais abrangente. É o instrumentalizador de todas as ciências sociais, no plano da Ciência Jurídica. Deve, pois, ter uma cultura humanística que lhe permita ver no Direito presente, o Direito universal e intertemporal. Deve ser, pois, historiador, filósofo, economista, sociólogo, futurólogo, psicólogo, sobre não desconhecer rudimentos das Ciências Exatas.

O Direito, em verdade, é a Ciência Universal por excelência. Abrange todas elas. Dá-lhes a dimensão desejada para um povo em um determinado território na conformação do ordenamento aplicável naquele tempo.

Está, pois, o jurista, na essência e na base do processo produtivo e aplicacional do Direito, com profunda colaboração àqueles que têm a missão – sem serem, muitas vezes, os especialistas na matéria – de produzir o Direito.

Feita esta distinção, a busca de um ideal de justiça deve ser a razão do profissional de Direito que se torna formador de opinião, inspirador de alterações legislativas e conformador do melhor Direito, à luz da doutrina que interpreta e que pode até criar.

O direito romano evoluiu a tal ponto de assegurar a manutenção de um Império Ocidental já consumido por infindáveis lutas intestinas, por mais de 250 anos, quando Antonino Caracala estendeu a cidadania romana, incluindo a garantia do direito do Império, a todos os povos dos países conquistados, direito este que foi gradualmente melhorado por obra dos jurisconsultos como Ulpiano, Papiano, Paulo e outros de igual projeção.

O verdadeiro jurista busca que a norma seja criada e interpretada, objetivando ser justa de tal forma a não permitir a injustiça, razão pela qual, muito embora nas democracias sejam os representantes do povo que elaborem a lei, a influência dos doutrinadores, dos juristas, dos estudiosos é de particular relevância, até mesmo maior que a dos clássicos operadores do Direito, a saber: advogados, membros do Ministério Público e magistrados. A estes cabe a discussão do Direito posto, àqueles a interpretação maior do Direito, partindo da "lege data" para a "lege ferenda", ou seja, da "lei conhecida" para a "lei a ser feita".

A função do jurista é, portanto, a busca de um ideal de justiça, aperfeiçoando a inteligência da lei existente, para que a norma seja cada vez mais justa.

3. A função do magistrado é fazer apenas uma justiça formal, o mais das vezes não se debruçando sobre as partes em contenda, ou não fazer injustiça?

O maior problema da magistratura não está na sua qualidade intelectual, no reconhecimento de sua cultura, nem na idoneidade moral, que deve ser o seu adorno maior. A esmagadora maioria dos magistrados brasileiros ostentam inteligência, cultura e ética.

O problema maior é a rotina, é ver os processos como uma mera aplicação do que está escrito e que sua função, pelo acúmulo de trabalho, é decidir quando tiver tempo. Desta forma, as partes são peças de um jogo de xadrez em que cabe ao magistrado apenas escolher a jogada certa.

A rotina na magistratura faz com que, paulatinamente, vá perdendo a noção de que atrás de cada processo há pessoas clamando por justiça e a sua função de não fazer injustiça vai se desfazendo perante a necessidade de julgar, friamente, de acordo com as normas e precedentes, muitas vezes sem aprofundar-se nas peculiaridades de cada caso.

E quando as questões chegam aos tribunais, em que há redução de magistrados, mas não de processos, a necessidade de dar vazão aos julgamentos leva-os a transferir este encargo nos casos sem dimensão midiática, aos assessores por eles contratados com ampla liberdade, o que vale dizer, para decidir questões em primeira instância passam os magistrados por concursos dificílimos – fui examinador em 3 concursos, 2 da magistratura federal e 1 da estadual de São Paulo e sei o que representa um ano inteiro de provas –, mas em 2ª instância e em Tribunais Superiores, por vezes, as questões são decididas por julgadores escolhidos conforme a preferência de cada Desembargador ou Ministro.

Em outras palavras, não sempre, mas muitas vezes, tais assessores são menos preparados que os juízes federais e estaduais, por não terem sido testados em exames classificatórios.

Acrescente-se que, ao julgar, o magistrado na condição de Ministro ou Desembargador, passa a ter uma visibilidade pública e midiática maior, com o que parte de seu tempo é dedicado a atender às demandas do Congresso, palestras, programas no país e no Exterior, ficando reduzido o tempo para exercer sua função principal, lembrando-se que tem o direito de uma titulação universitária, o que é bom de um lado por estar em contínuo crescimento doutrinário, mas, de outro, não, pois reduz o tempo de ele mesmo decidir.

Por fim, a escola consequencialista do Direito Constitucional está levando o magistrado de Tribunal superior a sentir-se um legislador supridor do Legislativo sempre que as oposições não consigam impor suas propostas no Congresso, Assembleias ou Câmaras Municipais, ou corretor dos rumos do Executivo, sempre que não concorde com a condução da Administração.

Nesta hipótese, transforma-se num terceiro poder político, ao contrário do que desejaram os constituintes, que conceberam 2 Poderes Políticos eleitos pelo povo e um Poder Técnico, escolhido por especialistas ou à luz exclusivamente de seu notável conhecimento jurídico.

Esta é razão pela qual, nada obstante o lamentável estado do nosso sistema penitenciário, principalmente no campo penal, os casos são decididos com a frieza da lei, sem que haja, na maior parte das vezes, uma preocupação de conhecerem-se melhor os impactos que a condenação primária de um réu, enviando-lhe para uma escola do crime, que é o sistema carcerário, terá durante o seu período de afastamento da sociedade.

Infelizmente, vivemos, a par do excesso de processos, todos estes problemas, principalmente do ativismo judicial, com o que é mais fácil, no Brasil, aplicar-se a fria justiça formal do que não fazer injustiça.

4. Como os valores e princípios do direito natural, constantes dos escritos dos jusnaturalistas de formação tomista, podem influenciar o direito aplicado pelo Estado?

Como expus no início deste trabalho, há um encaminhamento cada vez maior no campo doutrinário para a percepção de que os direitos naturais deveriam confirmar toda a espinha dorsal de qualquer sistema jurídico.

Há um direito sobrenatural, que é metafísico e que diz respeito às normas da nossa relação com Deus, que devem ser respeitadas por quem Nele acredita; há um direito natural que é aquele inerente e nato a cada ser humano, nos contatos com seus semelhantes e as coisas e há, por fim, o direito positivo, que deveria encampar o feixe de direitos e garantias individuais próprios do direito natural, mas que pertine a cada Estado (povo, poder e território) a viger no seu espaço geográfico.

Ora, a evolução de percepção dos direitos naturais foi de tal ordem que, após a cruel perseguição e assassinato em massa do povo judaico, perpetrados pela violência inaudita do nazismo, tivemos a aprovação na ONU, 1 ano e meio após o fim da 2ª Guerra Mundial, da Declaração Universal dos Direitos Humanos e, mais tarde, a Carta de São José, em que os Estados Americanos definiram a sua própria dimensão dos direitos fundamentais.

Os dois documentos são declarações de Direito Natural, que deveriam orientar a formatação do Direito de todos os países depois do 2ª conflito que abalou o mundo no século XX. É bem verdade que quase todas as Constituições têm adotado o mesmo elenco de direitos e garantias, mas muitos dos Estados que o aprovaram não o aplicam.

Talvez, foi esta a razão que levou Norberto Bobbio, em seu "A era dos Direitos", a dizer que o século XX foi o século da enunciação dos direitos e garantias e o século XXI esperava ele ser o século de sua aplicação por toda a humanidade, com respeito dos governos à pessoa do cidadão, pois todos eles não são, senão, servidores do povo.

No dia em que deixarem de servir-se do povo, estaremos perto da realização da "profecia norbetiana" e teremos este feixe de direitos humanos garantindo a humanidade. Sempre considerei Norberto Bobbio, apesar de ele negar, um jusnaturalista envergonhado em se autodeclarar assim, mas seus escritos servem de esperança para que seu sonho se realize.

JUSTIÇA HUMANA X JUSTIÇA DIVINA

José Renato Nalini[1]

Sumário: Introdução. I. A Justiça Humana. II. As causas do antagonismo. III. A Justiça Divina. IV. Como aproximar as duas. Conclusão.

Resumo: A Justiça humana é um sistema lento, complexo, burocratizado e dispendioso. Quem se socorre do equipamento estatal encarregado de solucionar conflitos sabe que existe uma álea e que o tempo, elemento insuscetível de interrupção e de devolução, colabora para aumentar a sensação de injustiça. Por isso a invocação à Justiça divina. Haverá condições de aproximar uma da outra? Qual o caminho a seguir?

Palavras-chave: Justiça humana. Álea. Burocracia. Custos do equipamento estatal. Justiça divina. Lições do Evangelho. Ética do Cristianismo.

Introdução

Os humanos padecem com o sistema Justiça. Criado para mitigar as agruras do convívio, paradoxalmente, pode causar sofrimento potencializado para os que dele necessitam. Equipamento essencialmente humano, é falível e quase nunca responde integralmente aos anseios de quem o procura.

---

1. Reitor da UNIREGISTRAL, docente da Pós-graduação da UNINOVE e Presidente da ACADEMIA PAULISTA DE LETRAS – 2021-2022.

Sob tal enfoque, o Brasil ostenta um quadro insólito em relação a todos os demais países: tudo aqui se judicializa. Seria um sintoma de profunda confiança no Judiciário? Não é o que parece. Ao lado de grandes conflitos, de desinteligências relevantes, de reais complexidades, questões triviais, suscetíveis de resolução mediante o saudável diálogo, são automaticamente submetidas ao aparelhamento judicial. O resultado é converter um instrumento destinado a *solucionar* problemas, em *ferramenta de institucionalização de problemas.*

A par disso, e sob ótica distinta, um sintoma de que os brasileiros desenvolveram sua versão própria de *Estado-babá!* Sempre pronto a intervir e a participar da vida comum, a tutelar uma população infantilizada, que não adquiriu maturidade para reger, com autonomia, os seus destinos. Se nos Estados Unidos esse chamado *babysitterismo* ocorre na patrulha do "politicamente correto", no Brasil ele se manifesta no incrível crescimento das estruturas do complexo "sistema Justiça". Não é possível que os brasileiros tenham perdido todo o discernimento para cuidar de assuntos rotineiros, nos quais possa existir qualquer divergência, natural no convívio entre seres pensantes. Tem-se a impressão de que os brasileiros desconheçam o custo da manutenção dessa estrutura tentacular, que não vê limites ao seu infinito crescimento.

Talvez fosse o momento de se indagar à cidadania se ela está feliz com essa estratégia preferencial – e quase exclusiva – de resolução de conflitos. Porque são eles que pagam pela manutenção das estruturas judiciárias e seus anexos. Sacrificam-se todos os brasileiros, principalmente os mais carentes, para custear as sofisticadas "Cortes". Aqui, é muito raro se critique o orçamento estatal destinado ao sistema Justiça. Nos Estados Unidos, "no fim de 2006, uma pesquisa da CNN revelou que uma incrível maioria de americanos acreditava que a dimensão e o custo do governo eram inoportunos. Quando perguntados sobre suas opiniões sobre a função do governo, 54 por cento dos respondentes afirmaram que "ele tentava fazer muitas coisas que deveriam ficar a cargo dos indivíduos e das empresas".[2] Exatamente o que ocorre aqui. Tudo sob a égide da Justiça, com sua linguagem hermética, seus ritos, seus cânones, sua complexidade e sua burocracia.

Uma das formas atuais mais utilizadas de convencer a opinião popular e conseguir o que se almeja, é o litígio. A imaginação criativa inaugura trilhas próprias para trazer aos tribunais grandes empresas, com o intuito de obter algum ressarcimento por práticas que resultam de escolha pessoal do demandante. Nos Estados Unidos, mencione-se como exemplo, a indústria de alimentos é alvo de inúmeros processos, sob argumentos quais "a nação está passando por uma debilitante epidemia de obesidade. Esse surto que acomete uma pequena minoria, mas individualmente imponente, gera custos enormes para toda a sociedade. "Por que devo ser forçado a subsidiar os maus hábitos de outras pessoas?"[3] Sim, é certo. Mas um exemplo de "outro mau hábito que o público é forçado a subsidiar? Processos frívolos".[4] Há grandes conglomerados de escritórios de advocacia, que funcionam quais autênticas empresas, especializados em descobrir temas que possam gerar infinito número de ações, que se espalham por quase todas as unidades judiciais competentes para decidir sobre a "descoberta".

Uma tendência à tutela do considerado mais fraco, no caso o consumidor-vítima, leva a condenações de empresas que estimulam, com o seu ramo de negócios, a produção de uma pletora de processos. É como se de um lado existisse a empresa, sempre só a pensar no lucro e a ignorar que o

2. HARSANYI, David, *O Estado Babá,* Rio de Janeiro: Litteris Editora, 2011, p. 9.

3. HARSANYI, David, op. Cit., idem, p. 43.

4. HARSANYI, David, op. Cit., idem, ibidem.

mau uso do seu produto pode lesar pessoas, e de outro, esta vítima inocente, que consome e colhe as consequências da má escolha. Nem sempre existe coragem, do julgador, para incluir, em sua decisão, a questão bem elucidativa: "Onde deve ficar a linha que divide a responsabilidade da própria pessoa de se cuidar e a responsabilidade da sociedade de assegurar que outras pessoas a protejam?"[5] Essa é uma vertente apenas, do número excessivo de litígios. São verdadeiros tsunamis de lides análogas, que inundam o Judiciário e provocam nefasto congestionamento da máquina. Mas, pense-se naquele que efetivamente precisa recorrer ao Judiciário, porque o seu direito foi vulnerado ou encontra-se ameaçado de sê-lo.

Ele precisa, necessariamente, recorrer a um advogado. Este é o profissional que detém o monopólio do "*jus postulandi*". Depende de seu conhecimento sobre a matéria, de sua diligência, de sua capacidade e de sua eficiência. Subordina-se a um "contrato de meio", ou seja, não há qualquer garantia em relação ao resultado.

Quem passa pela experiência de percorrer o calvário da Justiça pode melhor descrever o que significa se submeter à complexidade, à lentidão, à imprevisibilidade e a uma álea inafastável, componentes obrigatórios da ferramenta estatal encarregada de solucionar conflitos. Tal sentimento é comum a todos os nela envolvidos. Nem se pense exclusivamente naqueles que conhecem da Justiça a face cruel – polícia, administração penitenciária, Ministério Público, a estrutura penal dos Tribunais. Estes formam capítulo à parte. Capítulo do qual o Brasil, o terceiro maior encarcerador do planeta, não tem do que se orgulhar. Todavia, mesmo os que se veem obrigados a recorrer ao Judiciário para a defesa de outros interesses, que não o drama criminal, são colhidos na malha burocrática e, não raro, se

5. HARSANYI, David, op. Cit., idem, p. 44.

encontram na situação dantesca de se despir de toda esperança, assim que ingressarem em juízo.

Tal reflexão faz lembrar Mestre Joaquim Canuto Mendes de Almeida, catedrático de Direito Processual Penal na velha e sempre nova Academia do Largo de São Francisco, ao criticar a expressão "direito de ação". Para ele, na verdade, a denominação adequada seria "ônus de ação". Tantas e tamanhas as vicissitudes de quem se vê ameaçado ou lesado em relação a um bem da vida, que necessitar da estrutura do Judiciário tupiniquim representa um ônus demasiadamente pesado. Às vezes, compensa desistir do direito vulnerado, só para não se arriscar, o que não é raro, a verdadeira inversão de situações. Foi-se em busca do justo e, a final, se vê tosquiado porque acreditou na racionalidade e na funcionalidade da Justiça humana.

Um excessivo processualismo separa no Brasil as fases de cognição – ou conhecimento – e de execução. Aqui, tem início novo purgatório, com o surgimento de óbices que o pretenso "vencedor" do pleito, quando jejuno, considerava superados.

O tempo é outro fator aflitivo. A lentidão da geringonça judiciária leva alguns processos a tramitarem por várias décadas. É rotina que advogado e parte venham a falecer no curso da lide. Somente os herdeiros é que poderão vir a ser contemplados com a percepção dos louros da vitória.

Por isso é que muitos indivíduos, desalentados com a frustração de terem confiado na Justiça dos homens, no desespero e no amargor, chegam a invocar a Justiça divina. Não é resignação perante a injustiça contra eles perpetrada, mas a convicção de que só na fase em que as misérias desta peregrinação se encerrarem, é que se poderá confiar num efetivo acerto de contas.

É bastante comum o asserto de quem se viu vencido num pleito, e, entre inconformado e decepcionado, quanta vez diante da vanglória do adversário, pronuncia: - "Da

Justiça dos homens você se safou! Mas estará à sua espera a Justiça divina!"

Tal afirmação evidencia uma confiança na correção de um sistema que não provém de miserável criatura. Ser sujeito a defeitos, vícios, fraquezas e desvarios. Capaz de todas as mesquinharias e baixezas, independentemente do cargo ou função exercida. Mas essa lástima acolhe a esperança de que exista um parâmetro superior, ditado por Alguém que não pode errar e que não conviveria com qualquer forma de injustiça. A Justiça divina é um anseio, é um derradeiro brado que os vencidos no aparelho da Justiça, mas não convencidos de sua lisura, lançam como inconformismo e protesto.

Haverá termos de comparação entre essas duas espécies? Justiça humana e Justiça divina?

Arrisquemo-nos a uma reflexão em torno ao cotejo entre ambas.

I. A Justiça humana

Por que existe uma "Justiça" na estrutura do Estado? Ela seria uma resposta ao comando da razão. Existe "uma ideia de justiça universal, comum a todos e em qualquer região, imutável e eterna, igual das mais priscas eras de que se tem notícia do ser humano sobre o orbe até o presente",[6] "o que não significa...que haja uma definição singular, restrita, estritamente precisa do que é a justiça. A justiça, mesmo em sua concepção arquetípica, sob um racionalismo transcendente, comporta uma gama de significações ainda por nós, no estágio civilizatório em que nos encontramos, inalcançável".[7]

---

6. PIRES, Luis Manuel Fonseca & MARTINS, Ricardo Marcondes, *Um diálogo sobre a Justiça. A Justiça arquetípica e a Justiça deôntica*, Belo Horizonte: Editora Fórum, 2012, p.131.

7. PIRES, Luis Manuel Fonseca & MARTINS, Ricardo Marcondes, op. Cit., idem, p. 132.

A formatação de funções estatais que grande parte das nações utiliza para coordenar o bem comum ainda segue Montesquieu. Para ele, o principal poder do Estado é o Parlamento, encarregado de elaborar as regras do jogo. No Estado de direito, que formalmente é aquele escolhido pelo constituinte nas democracias, ao Executivo incumbe administrar, que não é senão cumprir a lei – expressão da vontade geral – e ao Judiciário cabe dirimir as controvérsias. Fazer incidir a vontade concreta da lei ao surgimento de controvérsias. Esse o plano ideal. Inclusive com previsão constitucional, a propor um saudável e harmônico convívio entre as funções, cada qual com sua autonomia preservada.

Por uma série de razões, essa formatação aqui se corrompeu. Houve um excessivo crescimento do Executivo e, por consequência, de seus abusos. Acrescente-se a prolífica atuação do Parlamento e juntas, estas foram causas de geração de milhões de controvérsias. Ocorreu, no Brasil, o fenômeno da patológica proliferação de lides, também chamada de "excessiva judicialização" ou "institucionalização da beligerância processual". O Brasil já chegou a contar com o impressionante número de cem milhões de processos judiciais em curso. A sugerir ao restante do planeta que aqui, – pois à época eram cerca de duzentos milhões os habitantes –, que *todos litigavam contra todos.* Conclusão óbvia, já que processo judicial continua a ser, originalmente, o *actum trium personarum:* autor, réu e juiz. Há pelo menos um litigante e um litigado.

Não seria absurdo recordar a concepção hobbesiana de mundo: a guerra de todos conta todos, o homem "lobo do homem". Um cenário propício à concretização desse vaticínio tão pessimista.

Nem tudo é tão singelo. Existem as ações coletivas, em que grande número de demandantes procura se ressarcir dos danos causados por um único réu, seja ele uma empresa ou o próprio Estado. Mas o raciocínio continua sendo válido: estariam todos os brasileiros à procura de justiça nos seus quase cem tribunais? A República Federativa do Brasil é a terra da mais desbragada injustiça?

A verdade é que o Estado brasileiro é o grande cliente do sistema Justiça. Uma situação surreal, verdadeiramente antropofágica: Estado investindo no preocupante crescimento vegetativo do sistema Justiça, exatamente para que este atenda, prioritariamente, ao próprio Estado. O Estado tentacular e todo poderoso é o maior demandante e o maior demandado do sistema Justiça tupiniquim. Rançosa concepção de que o Estado não faz acordo e não pode transigir, impõe discussão prolongada de temas vencidos pela jurisprudência e não se fala mais em contencioso administrativo, que poderia ser uma resposta oportuna, se fugisse à regra geral e a única utilizada, de construção de modelos burocráticos e complexos.

Mas os problemas não se reduzem à superabundância litigiosa. Adotou-se aqui, de tamanho apreço ao duplo grau de jurisdição, uma eficiente elaboração dos processualistas,[8] um inimaginável *quarto grau de jurisdição*. A sentença monocrática se transforma em verdadeira *minuta de decisão*, pois em seguida haverá recurso para Tribunais inferiores.[9] Depois disso, pode-se chegar à terceira instância, que é o STJ e todos os demais Tribunais Superiores, reservado o Supremo

---

8. A enfática produção doutrinária na processualística brasileira deve-se também ao expurgo dos pensadores judeus em fuga do nazismo e que encontraram abrigo na Faculdade de Direito do Largo de São Francisco, responsáveis pela criação da "Escola Paulista de Direito Processual". Dentre eles, Enrico Tulio Liebman, Tulio Ascarelli e Ada Pellegrini Grinover. Durante muitos anos, as Faculdades de Direito priorizaram o Direito Processual em detrimento do Direito Civil, substancial e de maior importância do que a área instrumental, confiada ao processo.

9. Fala-se em "Tribunais Superiores", como o STF, o STJ, o TST, o TSE, e em "Tribunais Inferiores": Tribunais de Justiça, Tribunais Regionais Federais, Tribunais Regionais do Trabalho, Tribunais Regionais Eleitorais. Para complicar, os órgãos auxiliares do Legislativo de controle das contas também se chamam Tribunais: de Contas dos Estados e Municípios e Tribunal de Contas da União. O Brasil tem cerca de cem desses órgãos colegiados para apreciação dos recursos judiciais.

Tribunal Federal para fazer o papel de quarta e derradeira instância. Uma Constituição analítica c considerada *panaceia* quando promulgada em 5.10.1988, abrange todos os assuntos e transforma temas triviais em matéria constitucional.

A advocacia logo se apercebeu disso. Em qualquer petição inicial, inclui-se um dispositivo fundante. Disso resulta a viabilidade de todos os processos judiciais terem de receber unção do Supremo Tribunal Federal. Os vários funis criados pelo ordenamento para impedir que as causas só terminem no STF nem sempre funciona. As lides se eternizam também por causa dessa circunstância: do pecado original de se *constitucionalizar* todas as matérias, resulta a mácula invencível da subordinação à *quarta instância.*

Embora se sustente, em teoria, que o Poder Judiciário é "uno", um único Judiciário para toda a República, insiste-se na manutenção de "duas Justiças *comuns*", uma estadual, outra federal. Fonte inesgotável de conflitos de competência para descobrir quem é que vai julgar a causa. Faltaria apenas criar a Justiça municipal, já que o constituinte de 1988 erigiu o município à condição de entidade da Federação.

Parece não se justificar uma Justiça comum distinta para Estados-membros e para a União, já que o Brasil, juridicamente, é nação unitária. Por isso, costuma-se dizer que nosso federalismo é assimétrico, insólito, sui-generis. A República só possui um Código Civil e Processual Civil, um só Código Penal e Processual Penal, e assim ocorre quanto a toda a codificação. Ela é una, para todos os jurisdicionados em seu território. Não há Código Civil Estadual, nem Código de Processo Civil ou Penal estadual. Por que privilegiar a União com um Judiciário só para ela? Seria o intuito de multiplicar os conflitos de competência? Ou para legitimar o discurso e continuar a se propalar que a Justiça Federal é a maior arrecadadora de tributos da República?

Preservou-se a existência de três Justiças especiais: a laboral, ou trabalhista, a eleitoral e a militar. Cada qual com o seu Ministério Público, estruturado simetricamente com o Judiciário junto ao qual atua.

Melhor seria que todas as Justiças fossem unificadas num só Poder Judiciário. Para melhor aproveitamento dos quadros e das potencialidades, em lugar de uma compartimentação que só alimenta o corporativismo.

Para tornar as coisas ainda mais espinhosas para o jurisdicionado, um sistema recursal caótico permite se rediscuta o mesmo tema dezenas de vezes. Não há limite para a demonstração do inconformismo da parte diante de uma decisão. O resultado é que os processos têm data certa para começar, mas ninguém pode prever quando é que vão terminar.

Carnelutti escreveu para a Itália de sua época, as "Misérias do Processo Penal". Estivesse aqui, escreveria "As Misérias de todos os processos". E as injustiças constatáveis no funcionamento real do Judiciário dariam margem à produção de obra interminável, numa sequência de capítulos comprobatória de que já passou o momento certo para uma profunda reforma estrutural da Justiça Brasileira. Algo que se prometeu, mas que ainda não se fez. Tudo o que se pode incluir no anúncio alvissareiro de "Reforma do Judiciário" foi paliativo, epidérmico e não atingiu a raiz da disfuncionalidade.

Alheia à questão, a nacionalidade sofre as consequências de um trato inadequado, superado e ineficiente conferido pela República ao seu braço Justiça, enquanto dele só partem iniciativas para intensificar o crescimento vegetativo de uma superestrutura burocratizada e dispendiosa. É o que ocorre com as instituições humanas. Não seria humano aguardar que o sistema Justiça propusesse contenção, redução, enxugamento de seus quadros. Nunca se poderia aspirar a que o sistema Justiça fosse provido por humanos cultivadores da ascese. Enquanto isso, uma nação envolta em inúmeros problemas de escassez de recursos, investe maciçamente em sua aparatosa Justiça. Aparatosa e custosa.

Dados do relatório "Justiça em Números", divulgado pelo CNJ-Conselho Nacional de Justiça, noticiam que o Judiciário do Brasil custou 103,9 bilhões de reais aos cofres públicos em 2021. As despesas totais do Judiciário correspondem a 1,5% do PIB – Produto Interno Bruto ou a 2,7% dos gastos totais da União, dos Estados-membros, do DF e dos municípios. Cada brasileiro, utilizando-se ou não do serviço de Justiça, pagou naquele ano R$ 489,91 por sua manutenção.

Pode-se argumentar que 1,5% do PIB é muito pouco. Mas, na comparação com outros países, ver-se-á que é um excesso. Por exemplo: a Espanha investe 0,12% do PIB em sua Justiça, os Estados Unidos 0,14%, a Alemanha 0,32% e Venezuela 0,34% do PIB. Não consta que nesses países existam trinta e três milhões de famintos, cento e cinquenta milhões sofrendo de insegurança alimentar, outros tantos milhões sem moradia, sem trabalho, sem educação e sem saúde, como ocorre no Brasil.

Não se implementa, como se deveria, a política estatal da regularização fundiária, que definiria a situação de caos da maior porção de território brasileiro. A Amazônia Legal, que poderia representar a oportunidade de o Brasil receber vultosos investimentos internacionais – consta que há trilhões de dólares disponíveis para fomentar a descarbonização da economia – está entregue a grileiros, posseiros e ali a verdadeira autoridade é a das sociedades delinquenciais. Cada vez mais organizadas, cada vez mais poderosas e sofisticadas. Esse é um macroproblema, uma questão gigantesca, suficiente para frear a sede de efetivo desenvolvimento de uma nação que ainda não se encontrou com o seu futuro. Glorioso apenas em ufanismo estéril, restrito à retórica da política partidária profissional.

Mais grave ainda, é que o sistema Justiça não tem contribuído decisivamente para edificar a Pátria justa, fraterna e solidária prometida pelo constituinte de 1988. Se estivesse a cumprir airosamente esse dever, o gasto de 1,5% do PIB até seria admissível. Mas o que se denota é o interesse prioritário pela melhoria remuneratória, a obtenção de mais estruturas, mais cargos, mais vantagens, sem que se ofereçam respostas corretivas para a iniquidade reinante, ao menos na escala desejável.[10]

II. As causas do antagonismo

Por que é que o sistema Justiça do Brasil, a despeito das edificantes proclamações contidas em dissertações, teses, ensaios e demais documentos, reiteradas nos "considerandos" das inúmeras edições normativas – Resoluções, Provimentos, Portarias, Ordens de Serviço, etc. – e abundantes na doutrina, continua muito aquém das necessidades do povo?

Talvez a primeira causa seja a proliferação das Faculdades de Direito. Hoje, o Brasil detém um número de escolas de bacharelado em ciências jurídicas maior do que a soma de todas as outras existentes no restante do planeta. Daí resulta a multiplicação das carreiras jurídicas, bolsões necessários para acolher ao menos uma pequena parte dos milhões de bacharéis arremessados a cada semestre a um mercado saturado.

Na era do "milagre brasileiro", a década de setenta do século passado, houve preocupação com a universalização do acesso à Universidade. O empresariado da área educacional preferiu criar unidades pouco dispendiosas, aquelas

10. Não se ignora que esforços individuais e até de algumas entidades de classe se devotem a causas nobres, com vistas a mitigar a escandalosa injustiça Social reinante. Mas não é o que se verifica a partir dos ocupantes de cargos de direção, ao menos na maioria dos quase cem Tribunais brasileiros.

que não necessitassem de laboratórios ou de hospitais. Para manter uma Faculdade de Direito, dizia-se então, era suficiente "giz e saliva". Um espaço e alguém disposto a falar. Podia-se então vender diplomas de bacharel em ciências jurídicas por sessenta prestações mensais.

Não seria despropositado – ao contrário, seria salutar - que todos os brasileiros tivessem adequada noção de seus direitos – e de suas obrigações e deveres, também – e por isso se inclinassem ao estudo em uma Faculdade Jurídica. Ocorre que o ensino/aprendizado em Direito é totalmente anacrônico. Daí o estímulo para a litigância em juízo.

Há uma explicação convincente. Quando Pedro I, interessado em dispor de uma burocracia genuinamente brasileira para o novel Império em 1827, buscou o modelo coimbrão, talvez não tivesse noção de que esse padrão era milenar e defasado. O curso de direito de Coimbra era inspirado em Bolonha, cuja Universidade é do século XIII, mas que tem raízes num ensino jurídico dos oitocentos. Transplantou-se para o novo Império um paradigma milenar. E assim ele foi conservado até nossos dias.

Como é que ele se caracteriza?

Compartimentação das disciplinas, que não dialogam. Uma não toma conhecimento da outra. Os Departamentos que congregam docentes de uma área lutam pela hegemonia na administração das Faculdades e não trocam ideias. Não se fala em interdisciplinaridade. Preservam o modelo necrosado da educação fundamental e do ensino médio, que adestra o educando a decorar informações, investindo apenas em sua capacidade de memorização. Algo absurdo, em tempos de ser bastante um "clique" para penetrar num acervo impressionante de informações, obtidas de imediato, atualizadas, com sons e imagens muito mais sedutores do que as aulas expositivas ainda predominantes.

Por esse motivo é que a evasão no Ensino Médio é fato notório. Crianças em tenra idade ainda se submetem à disciplina férrea de uma sala de aula que mantém enfileirados os discípulos, na irracional distribuição física em que o último da fila só enxerga a nuca dos colegas à sua frente. Mas o adolescente não. Ele se recusa a assistir às aulas. Por isso é que há salas ociosas enquanto os barzinhos das ruas próximas estão lotados.

Negligenciar o cultivo das habilidades socioemocionais como empatia, capacidade de comunicação, adaptação ao inesperado, condições de se exprimir, de concatenar as ideias, de criticar racionalmente, faz com que chegue à Universidade um jovem treinado em memorizar. Mas, muitas vezes, desprovido de condições de pensar, de opinar, de criticar, de se manifestar como alguém que teve assento numa Universidade. O lugar preordenado à permanente busca da verdade e do conhecimento.

Pratica-se verdadeiro estelionato quando se atrai para uma Faculdade de Direito que não se adaptou à drástica mutação imposta pelo mergulho irreversível nas tecnologias da Quarta e da Quinta Revolução Industrial, um jovem oriundo de educação fundamental e média precárias, praticamente iletrado. Ele concluirá, sim, o bacharelado em direito. Mas continuará incapaz de se exprimir em vernáculo erudito, de redigir com proficiência, de falar uma linguagem que domine a gramática. Mais uma vítima da comercialização do ensino jurídico, destinado a enfrentar dificuldades na aprovação do Exame da OAB, a não passar em concursos públicos e a se considerar vítima de preterição, já que outros – portadores do mesmo diploma – logram êxito nessas provas.

Esse é o aluno protótipo das Faculdades de Direito.[11] Decorando a legislação, a doutrina e a jurisprudência, ele

11. Ressalve-se, pois necessário, a formação aprimorada de alguns estudantes de Direito que não se satisfazem com o conteúdo ministrado em aulas e se devotam a

poderá até obter aprovação em um dos concursos públicos para as carreiras jurídicas. Mas isso não equivale a ter certeza de que será um bom juiz, bom promotor, bom defensor, bom procurador, bom delegado, bom advogado ou bom delegatário dos serviços extrajudiciais. Aprendeu que a única forma de se resolver uma questão é mediante ingresso na Justiça, com um processo judicial.

Daí a avalanche de demandas, atravancando todos os foros, exigindo controle da produtividade que faz o juiz se extenuar, tamanhas as obrigações burocráticas que se lhe exige, como o preenchimento de planilhas e elaboração de relatórios.

Nenhuma perspectiva de alteração do quadro, pois a preocupação é com aspectos acessórios da função, não com o aprimoramento da missão. Já não se estuda nem se ensina ética. Embora tanto a Magistratura como o Ministério Público possuam Códigos de Ética. A máquina tentacular se satisfaz com a sua subsistência íntegra e fortalecida, se possível sem perder vantagens e prerrogativas, incutindo em seus integrantes uma certa vitimização: somos incompreendidos e maltratados. Pelo governo, pela mídia, pela sociedade em geral. Um verdadeiro "apostolado" judicial, que significa renúncia a uma existência muito mais satisfatória e avantajada, se a opção se fizera pela iniciativa privada.[12]

---

um autodidatismo libertador: estudam programação, dominam informática e eletrônica, adquirem técnicas de negociação, se interessam por psicologia, história, economia, administração, gestão de negócios. São poliglotas e hábeis em se adaptar a nova exigências postas a quem dispõe de um diploma de bacharel em ciências jurídicas, mas sabe que isso é condição necessária, nunca suficiente, para se tornar um bom profissional em direito. Estes, infelizmente, são minoria.

12. Para estes, que lamentam não estar na iniciativa privada, tenho resposta pronta: não se é juiz compulsoriamente. Quem se considera prejudicado, por entender que obteria melhor remuneração e maiores vantagens na iniciativa privada, deve ter a ombridade de se exonerar da Magistratura e disputar o tão atraente mercado. Ninguém é obrigado a se sacrificar na vida funcional estatal. Quem permanece por vocação tem legitimidade para exigir vencimentos adequados, mas não para lamentar sua condição de estipendiado pelo Erário.

Não é improvável que esta leitura da realidade brasileira se comprometa diante da experiência pessoal após meio século de atuação bastante ativa no sistema e na constatação de que o serviço Justiça poderia ser bem melhor. É dotado de pessoas tecnicamente capazes. Mas os órgãos encarregados de sua direção e planejamento não têm se preocupado tanto com a ética. Na era egoísta, narcisista, consumista, imediatista em que se vive, isso não contribui para o aprimoramento moral e humanístico da Justiça.

De qualquer modo, cumpre advertir que não se pretende impor essa visão, um tanto pessimista, como verdade absoluta. Não se dispõe, aqui, do monopólio da verdade. Aguarda-se uma contrariedade suscetível de desarmar esse quadro, trazendo-o mais contíguo à realidade. Tem-se presente que "o pensamento pós-moderno é herdeiro de Hume e Kant em sua convicção de que o que chamamos de realidade é algo construído pela mente, e que todo conhecimento humano é, portanto, uma interpretação, e não a aquisição de informações precisas e objetivas. Segue-se que nenhuma visão pode ser soberana, que nosso conhecimento é relativo, subjetivo e falível, e não certo e absoluto, e que a verdade é inerentemente ambígua".[13] Existem outras "verdades", de acordo com a concepção filosófica, ideológica, política, histórica ou econômica do observador. Submeto-me à ponderada análise de todas elas e me comprometo a reavaliar esta postura, se vier a ser convencido de seu desacerto ou exagero.

Aguarda-se a desconstrução dessa ideia pronta, produto, repita-se, de uma vivência de meio século no sistema, talvez comprometida por experiências que foram se consolidando à medida em que as estruturas cresceram e se

13. ARMSTRONG, Karen, *Em defesa de Deus – o que a religião realmente significa*, São Paulo: Companhia das Letras, 2011, p. 306.

constatou a saturação do equipamento, sem constatar reação destinada a imprimir outra direção ao fenômeno.

III. A Justiça divina

Por "Justiça divina" se deve compreender, e isso vale para aqueles que nela acreditam, a resposta do Criador às condições miseráveis do injustiçado, a restauração integral do seu patrimônio moral lesionado pela ação injusta do semelhante. Não se deve confundi-la, nem reduzi-la aos equipamentos humanos, embora eclesiais, que se organizam de forma análoga à das estruturas humanas.

A Justiça Eclesiástica é paralela à Justiça humana positivada. Existe um Código Canônico, um direito produzido pela Igreja para regular a atuação dos católicos e, principalmente, dos sacerdotes e dos religiosos. Em decorrência, existem Tribunais Canônicos, e não faltam órgãos semelhantes nas outras confissões religiosas. Tais instituições poderão padecer de idênticos males aos que se sujeita a Justiça estatal e a caminhada histórica permite detectar dolorosas máculas nesses organismos. Para os crentes, as faltas perpetradas por quem assumiu o compromisso de atuar pela Igreja são graves e representam mais espinhos à coroa com que o Cristo foi supliciado durante sua paixão.

"Justiça divina" e "Justiça religiosa" são coisas distintas. Em nome da religião já se perpetraram atrocidades. Fanatismos sempre existiram, existem e continuarão a existir. Muitos erros foram praticados por ignorância. Houve quem procurasse antepor a ciência e a religião.

Em todas as épocas houve um confronto entre a ciência, a crença e prática religiosas. "Na década de 1870, essa convicção se transformara num novo mito, segundo o qual a religião e a ciência construíram uma história revisionista das relações entre elas, apresentando, num estilo floreado, os heróis do progresso – Bruno, Galileu, Lutero – como as infortunadas vítimas de cardeais malvados e puritanos fanáticos. Para o propagandista americano Joel Moody, a religião era a ciência do mal: "Homens de vasta cultura ou de grande saber e mulheres de eminente devoção e virtude foram expulsos da humilde cabana ou do trono por questões de consciência ou assassinados diante de uma turba insensata, sequiosa de Deus. Homens e mulheres tiveram os membros cortados de seus corpos, os olhos arrancados, a carne estraçalhada e assada lentamente; viram seus filhos serem barbaramente torturados, por causa de sua opinião religiosa".[14]

Não é disso que se trata. Pensar em Justiça divina conduz a uma concepção muito mais ambiciosa. A graça da crença – e aqui se contempla a crença em Cristo, já que nossa sociedade se autodenomina "Cristã" - faz com que os humanos se abeberem nas fontes da revelação. Os que sofrem poderão encontrar lenitivo em textos sagrados, apesar de sua amargura: "Saiba também que nos últimos dias advirão tempos perigosos. Pois então haverá homens que não amarão nada além do dinheiro e do próprio ego; eles serão arrogantes, presunçosos, soberbos, blasfemos, desobedientes aos pais, ingratos, profanos, sem afeições naturais...mais amigos dos prazeres do que de Deus; homens que preservam a forma exterior de religião, mas que são uma negação permanente de sua realidade...sempre aprendendo, mas nunca capazes do conhecimento da verdade".[15]

Aos desiludidos porque não encontraram na Justiça humana a resposta para as suas perdas, só resta apelar para aquela Justiça que não se contamina com as maldades perpetradas pelo bicho-homem. O que pensa a criatura que se afastou do Criador:

---

14. ARMSTRONG, Karen, op. Cit., idem, p. 250, citando MOODY, Joel, *Science of Evil,* in *The Iconoclast, 2, n. 16, 1871.* .

15. II Timóteo, 3.1-7.

> Assim porque eles não julgaram acertado reconhecer a Deus, foram entregues à sua própria razão depravada. Isso os levou a romper todas as regras de conduta. Eles estão cheios de todo tipo de injustiça, maldade, ganância e malícia; eles são uma massa de inveja, homicídio, rivalidades, traição e malevolência; murmuradores e causadores de escândalo, cheios de ódio a Deus, insolentes, arrogantes e prepotentes; inventam novas formas do mal.[16]

Inviável desprezar-se a ciência ou tentar-se antagonizá-la com a fé.

> Em toda a história moderna, a interferência na ciência, por mais conscienciosa que fosse, tendo em vista o suposto interesse da religião, resultou nos mais terríveis males, tanto para a religião, quanto para a ciência – e invariavelmente. Por outro lado, toda investigação científica, por mais perigosos para a religião que alguns de seus estágios pudessem parecer, até hoje resultou, invariavelmente, no maior bem para a religião e para a ciência.[17]

A despeito da falibilidade dos homens – e exatamente em virtude disso – a Justiça divina é infalível. Muitas vezes não se compreende porque Deus permite tantas crueldades e tantas injustiças no mundo. Responde-se com a insondabilidade dos desígnios da Providência e não são todos os que se satisfazem com essa resposta.

Justiça divina seria aquela a cargo de um Ser Superior, Onipotente, Infinito, regedor de tudo o que existe e foi por Ele criado. Nada a ver, diretamente, com religião, cujo papel, "estreitamente relacionado com o da arte, consiste em nos ajudar a ter uma convivência criativa, pacífica e até prazerosa com realidades que não são facilmente explicáveis e com problemas que não conseguimos resolver:

16. ROMANOS, 1:28-31.

17. ARMSTRONG, Karen, op. Cit., idem, p. 251, citando WHITE, *A History of the Warfare of Science with Theology in Christendom*, I, p.8.

mortalidade, dor, sofrimento, desespero, indignação em face da injustiça e da crueldade da vida".[18]

Não é difícil para o crente – nem para o agnóstico de boa-fé – aceitar a realidade de uma Justiça divina. As Sagradas Escrituras estão prenhes de revelações proféticas e quem se propuser a estudá-las com afinco, verificará que elas se realizaram. O que Cristo prometeu foi um estágio superior de justiça: "O reino do Messias será: de justiça e paz,[19] perpétuo,[20] universal,[21] interno e próprio de cada alma;[22] combatido de todas as formas, permanecerá eternamente e vencendo todos os combates, ganhará o Cristo a última vitória e julgará todos os povos."[23]

Isto se concretizou? "Cristo exerceu realmente esses ofícios; foi juiz espiritual, ensinando a equidade e a justiça com palavras e exemplos, socorrendo os pobres e oprimidos, misericordioso para com todos, perdoando os inimigos; exerceu o múnus de profeta e doutor por excelência e instituiu uma nova aliança; como sacerdote, ofereceu-se em sacrifício pelos seus discípulos e até pelo gênero humano inteiro;[24] na última ceia que teve com seus discípulos, instituiu um sacrifício incruento que, devido aos elementos visíveis, pão e vinho, tem perfeita semelhança com o sacrifício de Melquisedec e vai para 19 séculos que vem sendo oferecido em todas as partes;[25] rejeitou o reino temporal,[26]

---

18. ARMSTRONG, Karen, op. Cit., idem, p. 313.

19. SAMUEL, 71, 4-13.

20. SAMUEL, 71, 5-7.

21. SAMUEL, 2, 8; 71, 8-11.

22. JEREMIAS, 31, 33.

23. SAMUEL, 2, 1-4; ISAIAS, 24 e 28.

24. JOÃO, 17, 19; 10, 15.

25. LUCAS, 22, 19-20.

26. JOÃO, 6, 15.

porque fundou um reino espiritual,[27] interno, em o qual só se entra pela fé, pela abnegação de si mesmo, pelo amor de Deus e do próximo;[28] reino universal,[29] pacífico, sem violências nem armas, mas pegado pela palavra, pelas virtudes e propagado pela verdade fraterna.[30] Combatido pelos poderes da terra, sujeito a tantas perseguições até hoje, ainda não foi superado e permanece invicto."[31]-[32] Justiça confiada a quem é infinitamente bom e sábio, não pode encontrar paralelo naquela instituição humana que assimila, em seu funcionamento, as imperfeições de uma criatura falível. A mera aspiração à perfectibilidade é insuficiente a escoimar a Justiça humana de seus vícios.

E pensar que a própria Justiça humana hauriu da inspiração divina muito de seu arcabouço. Assim, "o desenvolvimento do conceito de Direito Interacional é normalmente atribuído aos pensadores e teóricos do direito dos séculos XVII e XVIII. Na realidade, porém, encontramos pela primeira vez esse conceito jurídico nas universidades espanholas do século XVI, e foi Francisco de Vitória, um sacerdote e teólogo católico e professor universitário, quem mereceu o título de pai do direito internacional".[33]

E como foi que isso teve origem? Foi em virtude da constatação de maus-tratos infligidos aos indígenas do Novo Mundo que Vitória, outros filósofos e teólogos passaram a invocar os direitos humanos fundamentais e sua

27. JOÃO, 18,36.

28. MATEUS, 10, 37-39; 22, 37.

29. MATEUS, 28, 19.

30. JOÃO, 13, 35.

31. JOÃO, 16, 33; MATEUS, 16, 18.

32. SALIM, Monsenhor Emílio José, *Ciência e Religião – Ensaio de Apologia do Cristianismo*, 3ª ed., Petrópolis: Vozes, 1949, p. 310-311.

33. WOODS JR, Thomas E., *Como a Igreja Católica construiu a civilização ocidental*, São Paulo: Quadrante, 2008, p. 9.

valia para todos os humanos, independentemente de origem, etnia, cor ou cultura.

Embora a fonte fosse a mesma, houve evidente divórcio entre Justiça humana e Justiça divina. Pois "todo o direito ocidental é uma grande dádiva da Igreja. O direito canônico foi o primeiro sistema legal moderno a existir na Europa, demonstrando que era possível compilar um corpo de leis coerente a partir da barafunda de estatutos, tradições, costumes locais, etc., que caracterizava tanto a Igreja como o Estado medievais. De acordo com Haroldo Berman, "a Igreja foi a primeira a ensinar ao homem ocidental o que é um sistema legal moderno. Foi a primeira a mostrar que costumes, estatutos, decisões judiciais e doutrinas conflitantes podem ser conciliados por meio de análise e síntese".[34]

Vale a pena resgatar dessa boa origem do Direito Ocidental, que derivou do Direito Canônico. Pois a própria ideia de que o ser humano tem direitos inalienáveis não se deve a John Locke e a Thomas Jefferson, como se tem afirmado, mas é ideia tributária do Direito Canônico. Quando se afirma que "foi a Igreja Católica que inventou a caridade tal como a conhecemos no Ocidente",[35] então restam fundadas esperanças de que ela poderá contaminar a Justiça humana, dela fazendo um espaço em que a rigidez técnica venha a ser temperada pela magnanimidade. Hoje, praticamente ausente da maior parte do sistema Justiça humana.

IV. Como aproximar as duas

Existe alguma possibilidade de aproximação entre a Justiça humana e a Justiça divina? Não seria uma pretensão absurda, nutrida por uma criatura arrogante, capaz da suprema ousadia de se comparar com o Criador?

34. WOODS JR, Thomas E., op. Cit., idem, ibidem.

35. WOODS JÚNIOR, Thomas E., op. Cit., idem, p. 160.

Por audacioso possa parecer, vale a tentativa de escoimar o justo humano concreto de algumas de suas falhas. Antes de tudo, é preciso aceitar que a Justiça humana seja falível. Não é difícil. A experiência com a injustiça é sentimento presente em todos os humanos que passaram por essa prova.

Imbuir-se da consciência de que algo pode ser feito para aprimorar uma instituição responsável por corrigir injustiças é um bom começo. Para isso, o primeiro exercício seria o autoconhecimento. Somente alguém altruísta, sensível quanto à dor alheia, empenhar-se-á nessa cruzada. O "conhece-te a ti mesmo" socrático é um atemporal convite, irrecusável a quem se proponha missão de tamanha envergadura.

À indagação "quem sou eu?", há muitas maneiras de se responder. Uma delas é:

> Eu sou meu projeto vital, em última análise, minha vocação. A vocação não se limita a um ofício ou profissão. A vocação consiste na proposta para uma forma de vida total, integrada, proposta de caráter personalíssimo e insubstituível, na medida em que ninguém, senão eu, posso viver minha vida. O problema maior da vida humana é que ela não nos é dada feita. Tenho que fazê-la pelo meu próprio esforço, e tendo sempre em vista minha circunstância.[36]

Meu projeto vital se considera plenamente satisfeito com o funcionamento da Justiça humana? Se a resposta for negativa, caminhe-se adiante.

O imenso e complexo universo jurídico seria outro se povoado de autênticos vocacionados. Uma vocação "não nos é imposta, e sim proposta. O homem pode recusar sua vocação, mas sabendo que está mentindo a si mesmo e que sua existência tomará o caráter de farsa. Estará fugindo de

---

36. KUJAVSKI, Gilberto de Mello, *O sentido da vida – transforma-te em quem és*, São Paulo: Editora Gaia, 2010, p. 13.

si mesmo. Ao assumir sua vocação a pessoa transforma sua vida inteira em missão, compromisso sagrado, imperioso, do qual nunca poderá se afastar".[37] Para os vocacionados, não é impossível, senão perfeitamente viável tentar realizar a justiça humana como se divina fosse. A cada passo, questionar-se: estou na direção correta do ideal de justiça ou estou me afastando dele?

O agnóstico provido de consciência reta, aquele "homem de boa vontade", mencionado nos Evangelhos, compreenderá que "fazer justiça" não poderia ser uma profissão como quaisquer outras, já que ela deveria revestir-se das tonalidades de um verdadeiro apostolado. Algo que brota de uma descoberta quando se busca a vida interior. Condição acessível a todos, não restrita aos místicos, privilegiados com êxtases, visões e arrebatamentos. A vida interior "será o que for a minha guarda do coração: 'Aplica-te com todo o cuidado possível à guarda do teu coração, porque dele é que procede a vida'[38]. Esta guarda do coração é a solicitude em preservar todos os meus atos, de tudo o que pode viciar a sua causa motriz ou a sua prática. Solicitude tranquila, natural, mas também enérgica, pois baseia-se no recurso filial a Deus. É trabalho mais do coração e da vontade que do espírito, o qual deve ficar livre para a prática dos seus deveres. Longe de embaraçar a ação, a guarda do coração aperfeiçoa-a, regulando-a pelo espírito de Deus e acomodando-a aos deveres de estado".[39] Pode-se afirmar, sem sombra de erro, que parcela considerável das desconformidades do sistema Justiça decorre da automação com que se praticam as atividades pertinentes ao foro. Não que se deva hostilizar a tecnologia, que tanto facilita a consecução de objetivos primordiais. Não é disso que se cuida. É a

37. KUJAVSKI, Gilberto de Mello, op. Cit., idem, p. 38.

38. PROVÉRBIOS, 4,23.

39. CHAUTARD, Jean-Baptiste, *A alma de todo o apostolado,* São Paulo: Artpress, 2012, p. 17.

tendência a se envolver com o acidental, com inúmeras requisições que nada acrescentam ao nosso espírito, esquecendo-se de viver consigo mesmo.

> Viver consigo mesmo; não se deixar governar pelas coisas exteriores; reduzir a imaginação, a sensibilidade, a inteligência e a memória ao papel de servas da vontade. Conformar, constantemente, esta vontade com a vontade de Deus, é um programa que se vai aceitando cada vez menos, neste século de agitação, que viu nascer um ideal novo: o amor da ação pela ação.[40]

Têm consciência disso os jovens juízes premidos pela métrica da produtividade do CNJ, que ainda não encontrou fórmula de reconhecer o mérito de quem ouve as partes, é paciente com elas, em busca de uma justiça mais completa do que a contida numa sentença estereotipada? Prevalece a formalidade, a técnica, o automatismo, ou também se consegue ouvir a voz do coração?

Parece incomensurável a distância entre a Justiça humana, atravancada e burocratizada, repleta de óbices e de armadilhas, e a Justiça divina, orientada pela magnanimidade. O reconhecimento da extrema fragilidade dos homens. Ainda assim, não é impossível tentar a redução da distância entre as duas. Uma forma é assumir os encargos da Justiça dos homens como verdadeira missão de que o Pai nos encarregou. O não crente, quando sensível, condoer-se-á também da situação de fragilidade do semelhante, pois a boa índole, os bons sentimentos, tudo aquilo que traduz a reta inclinação, não é privativa dos que professam uma religião. Trabalhar com ética, respeitar aquele que se encontra em aparente situação de inferioridade, é conferir dignidade ao trabalho e levar a sério o supraprincípio da dignidade da pessoa humana, inspirador de toda a ordem normativa brasileira. O trabalho na área da Justiça não é

40. CHAUTARD, Jean-Baptiste, op. Cit., idem, p. 20/21.

braçal, não é mecânico. É missão inefável, qualidade obscurecida pelo excesso de processos e crescente requisição de práticas burocráticas.

Santa Teresa D'Ávila, Doutora da Igreja, "falou da assombrosa dignidade que Cristo nos conferiu ao fazer-nos seus colaboradores no trabalho:

"Cristo agora não tem outro corpo senão o vosso, não tem outras mãos nem outros pés na terra senão os vossos. Vossos são os olhos com que Ele olha compassivamente para este mundo. Vossos são os pés com que Ele caminha para fazer o bem. Vossas são as mãos com que Ele abençoa o mundo inteiro".[41]

Se o profissional do direito se imbuir de que ele representa o Cristo na Terra, ele por certo promoverá uma Justiça mais perfeita do que a mera observância da técnica e do preenchimento dos requisitos formais. O agente de Justiça – qualquer seja ele: o guarda de presídio, o policial militar, o investigador, o delegado, o promotor, o juiz, o defensor, o advogado – terá de se compenetrar que lhe foi oferecida a grande oportunidade de mitigar a dor alheia. E esse "é um problema que se encontra no âmago de qualquer tentativa de resolver o enigma do universo: por que a dor é ou parece ser a companheira inseparável da vida humana?"[42]

O burocrata do sistema Justiça constrói para si uma blindagem e deixa de se emocionar com a dor alheia. Existe uma justificativa quando o sofrimento "é consequência direta do pecado no pecador: não nos escandalizamos quando se condena à prisão perpétua um assassino contumaz; até aí, a nossa ideia de justiça concorda com a ideia divina".[43]

---

41. HAHN, Scott, *Trabalho ordinário, graça extraordinária,* São Paulo: Quadrante, 2007, p.40, citando a "Oração de Santa Teresa", adaptação musical de John Michael Talbot, in *The John Michael Talbot Collection, Sparrow, 1995.*

42. BENSON, Robert Hugh, *A amizade com Cristo,* São Paulo: Quadrante, 1996, p.80.

43. BENSON, Robert Hugh, op. Cit., idem, p. 81.

O trato permanente com a Justiça Criminal tende a endurecer o coração de muitos. Fala-se que, em algumas Câmaras de extrema severidade, a ementa dos julgamentos chega a ser: "Ao inocente a pena mínima". Quem julga assim pode ter se desviado da exigência de uma ponderação serena, de prudente análise do caso concreto e de suas peculiaridades.

Haverá o desconcerto do profissional sensível, se encarar o infrator diante da infração praticada, à luz da teoria do direito criminal e seus postulados. Mas seria importante meditar "nesses infelizes de modo a ver Cristo neles".[44] Afinal, foi Ele quem disse: "Estive preso e não me visitastes!".[45] Não quer isso dizer que o juiz deva perdoar a todos, descumpra o seu dever de julgar. Não. O que é preciso é observar a ordem jurídica, alicerçada sobre o megaprincípio da dignidade humana.

"Amar o próximo" é o segundo principal mandamento, ao lado do "Amar a Deus sobre todas as coisas". Mas é considerada a "regra de ouro" para outras confissões e para agnósticos. Como se pode demonstrar amor ao próximo? É uma formação ascética impositiva, atuar com benevolência. "Amarás o teu próximo como a ti mesmo".[46] "Tudo o que quereis que os homens vos façam, fazei-lho também a eles"[47]. "Nisto todos conhecerão que sois meus discípulos, se tiverdes amor uns para com os outros".[48]

O catecismo recomenda se ame até o inimigo. Insuficiente perdoar-lhes as ofensas e não se vingar deles. É preciso, além disso, estar disposto a auxiliá-los nas suas

44. BENSON, Robert Hugh, op. Cit., idem, p. 83.

45. MATEUS, 25-31,43.

46. MATEUS, 22-39.

47. MATEUS, 7-12.

48. JOÃO, 13-35.

necessidades e desejar-lhes todo o bem. "Amai a vossos inimigos, fazei bem aos que vos têm ódio e orai pelos que vos perseguem e caluniam. Para serdes filhos do vosso Pai que está nos céus; que faz nascer o seu sol sobre bons e maus e vir chuva sobre os justos e injustos".[49]

Há exemplos bíblicos bem eloquentes, como a parábola do bom samaritano[50], Jesus na cruz: "Pai, perdoa-lhes, porque não sabem o que fazem"[51] e o episódio de Santo Estevão.[52]

Impressionante como alguns profissionais das carreiras jurídicas conseguem se proclamar cristãos e dão lamentáveis exemplos de desamor ao próximo. Amar o próximo é comando explícito das Escrituras.[53] São João o afirma: "Se alguém disser que ama a Deus e odiar o seu irmão, é mentiroso. Porque aquele que não ama o seu irmão, a quem vê, como amará a Deus, a quem não vê?"[54]

Sinal da corrosão dos valores e da descristianização do mundo é o desassombro com que as pessoas se agridem, se desrespeitam, demonstram ira e ódio, na polarização que antagoniza até amigos íntimos e irmãos. Será necessário um milagre para o retorno aos primeiros tempos do Cristianismo?

> O apostolado da amizade e confidência foi eficaz na Igreja primitiva. O que impressionava os antigos romanos no cristianismo não eram tanto os seus argumentos, ou a sua arte, ou a sua literatura, mas o seu amor. 'Vede como se amam', maravilhavam-se os pagãos. Tertuliano comentou que a pureza do amor cristão

---

49. MATEUS, 5, 44-45.

50. LUCAS, 10-25.

51. LUCAS, 23-34.

52. ATOS, 7, 54-59.

53. MATEUS, 22-39, 7-12, JOÃO, 13-35.

54. JOÃO, 4-20.

> se tornou patente no mundo romano porque os romanos tinham pouca experiência da amizade e da confiança. A sua sociedade era promiscuamente adúltera, e tanto homens como mulheres não se atreviam a dar as costas aos seus amigos. Mas os cristãos eram diferentes.[55]

Por que aquilo que foi eficaz para os nossos ancestrais não pode sê-lo para nós? O aprimoramento da Justiça humana deve ser obra de uma postura pessoal amorável e desinteressada.

Deveria envergonhar os que professam uma religião e alardeiam o fato, como a demonstrar serem melhores do que os ateus, os céticos e os agnósticos, um comportamento mais conforme aos Evangelhos de parte destes do que a conduta dos ditos "cristãos". Na verdade, alguns desses que não têm a graça da crença estão mais próximos de Deus do que os sepulcros caiados, raças de víboras, fariseus hipócritas. E é São Tomás que o afirma:

> Como a natureza humana não está de tal modo corrompida pelo pecado que esteja privada de todo o bem da natureza, um homem pode, mesmo no estado de natureza caída, por virtude da sua natureza, fazer algum bem particular, como edificar casas, plantar vinhas e outras coisas semelhantes, embora não possa fazer todo o bem que lhe é conatural ...assim como um doente pode fazer alguns movimentos, ainda que não com a perfeição do homem sadio, enquanto não se restabelecer com o auxílio da medicina.[56]

Conclusão

Por mais que pareça utopia tentar refazer sobre novas bases a Justiça Humana, com suas máculas e imperfeições, é preciso acreditar, com a coerência de quem se diz

55. HAHN, Scott, op. Cit., idem, p. 88.

56. TOMÁS DE AQUINO, *Summa Theologica*, I-II, q. 209, a.2.

animado pela fé, que Deus continua a zelar pelas suas criaturas e honrará suas promessas. Faz parte da natureza das criaturas resolver a questão da transcendência. Crer em Deus ou dissipar os conflitos decorrentes da não crença.

Historicamente,

> O homem sempre experimentou a necessidade de um sólido conhecimento de sua religião. Em um certo sentido, com efeito, o mundo pareceu mover uma guerra constante contra a religião, porque os interesses deste mundo e os interesses da vida futura estão em perpétuo conflito. Uma tentativa com vistas de orientar o homem para uma outra vida, de lhe doar, por assim dizer, uma mentalidade estrangeira ao mundo, tem necessidade de ser justificada e defendida contra todos os meios postos em marcha pelos inimigos da religião. O Reino de Deus, não sendo deste mundo, deve ser defendido contra os homens de mentalidade terrestre que colocam toda sua esperança de felicidade neste mundo e nos seus tesouros.[57]

Ao crente, assiste a certeza de que esta etapa é incompleta, imperfeita, não satisfaz aos anseios de uma humanidade sedenta de absoluto. A existência de Deus oferece a ele a única esperança confiável. “Se Deus não existe, se os homens não são senão animais de categoria superior, condenados por um tempo a caminhar e tatear sobre a terra e destinados, a final, a morrer miseravelmente, as imensas aspirações de seu coração não satisfeitas, seus desejos ardentes de uma luz maior e de uma vida mais plena frustrados, então o estado do homem é, de verdade, lastimável”.[58] Sua sorte é pior do que a das bestas. Pois o “animal satisfez seus instintos enquanto estava sobre a terra e encontrou sua felicidade. Não conheceu aspirações à eternidade. Não lamentou sua morte porque ele não a compreendeu mais do que apreciou a vida, pois a ele faltou uma inteligência

57. LINDEN, James V., SJ & COSTELLO, William T., SJ, *Les fondements de la religion*, Paris: Payot, 1957, p. 13.

58. LINDEN, James V. & COSTELLO, William T., op. Cit., idem, p. 22.

capaz de realizar a verdadeira significação da vida".[59] São constatações que enfatizam o valor da religião. É a religião "que fornece razões sólidas e suficientes para obedecer à lei moral e para manter suas paixões em xeque. Sozinha, a religião pode resolver o enigma da existência".[60] É a crença, robustecida pela religião, que permite aos homens alimentarem a certeza de que suas instituições, principalmente a Justiça, podem ser aprimoradas à luz de uma crença.

Não se espere que Deus atue diretamente sobre o equipamento Justiça. Ele não se imiscui constantemente na vida das criaturas. Não age diretamente sobre os homens "ao ponto de destruir sua atividade livre. Faz continuamente milagres para realizar seus desígnios? Não; Deus não faz milagres para esse fim. Os milagres se produzem raramente. Em lugar de recorrer a meios extraordinários, Deus usa, habitualmente, de meios naturais; quer dizer, Ele se serve de causas segundas para cumprir seus desígnios. Ele guia, ordinariamente, as ações das criaturas elas mesmas, de maneira a alcançar o resultado que Ele propôs; mas Ele não destrói a livre vontade do homem. Ele ajuda esta livre vontade; Ele aclara o espírito do homem e fortifica sua vontade".[61] Não se espere, portanto, intervenção direta do Criador. Aprimorar a Justiça – ou qualquer outra instituição humana – depende de cada um de nós.

Pode pairar certo desalento. Já são tantos os problemas que me atormentam. Ainda tenho de arcar com essa utópica e ambiciosa tarefa de tornar menos injusta a Justiça. Terei capacidade para tanto?

Ora, se "foi no direito canônico da Igreja que o Ocidente viu o primeiro exemplo de um sistema legal moderno,

---

59. LINDEN, James V. & COSTELLO, William T., op. Cit., idem, p. 23.

60. LINDEN, James V. & COSTELLO, William T., op. Cit., idem, ibidem.

61. LINDEN, James V. & COSTELLO, William T., op. Cit., idem, p.140.

à luz do qual ganhou forma a moderna tradição legal do Ocidente"[62], por que não acreditar se possa voltar a essa aliança para tornar menos defeituosa a Justiça humana?

Se a lei penal ocidental também foi profundamente influenciada, "não só pelos princípios legais da lei canônica, mas também pelas ideias teológicas, particularmente pela doutrina da reparação desenvolvida por Santo Anselmo"[63], como não confiar se possa resgatar essa origem?

O próprio edifício dos direitos naturais, cuja universalização retórica a Justiça humana sustenta e prestigia, surgiu e se consolidou com o trabalho dos canonistas e filósofos católicos. A Igreja foi a própria arquiteta da civilização ocidental. Nela, está a resposta para o processo de requalificação do sistema Justiça.

É preciso cultivar a esperança, a despeito das tribulações a que os bons estão sujeitos. "E Deus não pode falhar. O tempo está próximo".[64] O que resta fazer? "O justo, que continue a praticar a justiça; e o santo, santifique-se ainda mais! Cristo virá como Juiz para dar a recompensa devida a cada um segundo as suas obras".[65]

Sim, pois "Ele é o Senhor da História: o Alfa e o Ômega, o Primeiro e o Último, o Princípio e o Fim. Com efeito, Jesus é muito mais que o Messias anunciado pelos profetas: rebento de Davi e estrela da manhã".[66]

A fé no regresso de Cristo é um dos mais sólidos pilares da profissão de fé cristã. "Isto implica a certeza, na esperança, de que Deus enxugará todas as lágrimas; não ficará

---

62. WOODS JR, Thomas E., op. Cit., idem, p. 190.

63. WOODS JR, Thomas E., op. Cit., idem, ibidem.

64. MORUJÃO, Geraldo, *Apocalipse*, São Paulo: Quadrante, 2010, p. 159.

65. MORUJÃO, Geraldo, op. Cit, idem, ibidem.

66. MORUJÃO, Geraldo, op. Cit., idem, ibidem. b

nada que seja sem sentido; toda a injustiça será superada e estabelecida a justiça. A vitória do amor será a última palavra da história do mundo".[67]

Para os munidos da graça, vive-se um tempo intermediário. Um tempo que reclama a vigilância como atitude fundamental. "Essa vigilância significa que o homem não se fecha no momento presente, entregando-se às coisas sensíveis, mas levanta o olhar para além do momentâneo e da sua urgência".[68]

É preciso refletir sobre o conceito e alcance da vigilância. Pois

> vigilância significa, sobretudo, abertura ao bem, à verdade, a Deus, no meio de um mundo muitas vezes inexplicável e no meio do poder do mal. Significa que o homem procure, com todas as forças e com grande sobriedade, praticar o que é justo, vivendo não segundo os próprios desejos, mas sob a orientação da fé.[69]

Isso também conclama as pessoas de boa-fé que não se entreguem ao desalento, nem à inércia. A conversão do mundo, com a transformação da justiça dos homens em justiça aproximada à divina, é tarefa de todas as pessoas de boa-vontade. Abdicar seria a convivência com uma Justiça cada vez mais técnica, mais automática, mais repetitiva e, portanto, cada vez menos humana.

Dir-se-á que inocular a Justiça Humana do espírito essencialmente cristão que a faça não perder de vista que a sua missão é administrar vulnerabilidades naturais é algo impossível. Mas não é.

Podem inexistir inúmeros exemplos. Mas é suficiente mencionar um deles, para que se recobre o alento. O

---

67. RATZINGER, Joseph, *Jesus de Nazaré*, São Paulo: Planeta, 2011, p. 256/257.

68. RATZINGER, Joseph, op. Cit., idem, p. 257.b

69. RATZINGER, Joseph, op. Cit., idem, ibidem.

multijurista Ives Gandra da Silva Martins é um paradigma no exercício de vida profissional jurídica afinada com os preceitos evangélicos.

Sua confissão de fé reflete-se na sua conduta profissional, no magistério, no convívio social. Profundamente religioso, não deixa de admitir "Quantas vezes vivi mais dúvidas que certezas, mais decepções que alegrias, mais misérias que virtudes?"[70] Ives Gandra fornece uma orientação valiosa: "...a vida do cristão é um recomeço permanente. E sempre recomecei, na esperança de deixar rastro. Não mais por mim, porque a cada queda mais conheci a minha fragilidade, mas por Ti, em quem tudo espero, tudo creio, tudo vejo, tudo sinto. Em Ti que és meu repouso. Recomeçarei, hoje e sempre. E em cada recomeço sinto que estás mais perto e que o tempo perdido pode ser recuperado".[71]

---

70. MARTINS, Ives Gandra da Silva, *Minha luta à luz do Caminho,* São Paulo: Pax et Spes, 2023, p. 13.

71. MARTINS, Ives Gandra da Silva, op. Cit., idem, ibidem.

REFLEXÕES SOBRE A IGREJA E A JUSTIÇA

Ricardo Mariz de Oliveira[1]

Meditando-se sobre a Igreja Católica, Apostólica, Romana e a Justiça, justapostas uma à outra, vem logo a lembrança da justiça divina, mas isto não impede que se transponha a reflexão para a justiça da própria Igreja como instituição e, por extensão, à justiça humana.

Sob qualquer ângulo, o apoio mais seguro para o que se pensar está contido no Evangelho de Jesus Cristo. Claro que se pode indagar sobre os tribunais eclesiásticos, com suas funções e com o desempenho que vêm tendo, frente às normas do Código Canônico, mas aprofundar o que se encontra nos quatro textos evangélicos ainda se apresenta como o procedimento mais interessante, inclusive porque as decisões dos tribunais oficiais da Igreja devem estar lastreadas nos ensinamentos de Cristo condensados nos livros dos evangelistas, obviamente sem se deixar de lado os demais componentes no Novo Testamento.

---

1. Graduado em Ciências Jurídicas e Sociais pela Faculdade de Direito da USP em 1963. Especialista em Direito Civil pela mesma faculdade. Presidente do Instituto Brasileiro de Direito Tributário – IBDT e membro de diversas entidades, como a ABDF, o IET e a FESDT. Professor em cursos de pós-graduação "lato sensu" do IBDT e do CEU-IICS, e professor convidado por várias faculdades e entidades no País. Palestrante em vários congressos sobre direito tributário. Autor de vários artigos e livros, inclusive do *Fundamentos do Imposto de Renda*. Advogado em São Paulo.

Ademais, no Evangelho encontram-se tantas mensagens e tantos sinais enviados por Jesus a propósito da justiça! E são mensagens e sinais tão certos e completos que não se consegue demonstrar a existência de erro ou contradição, mesmo que se recuse a segui-los, ou que se queira formular outras teorias.

Tomemos, pois, este rumo, na certeza de que, através dele, também poderemos tratar da justiça dos homens, seja ela a emanada das cortes civis e criminais, seja a encontrada nas simples atitudes individuais dos homens e mulheres, católicos ou não.

Evidentemente que, ao se falar em justiça, necessariamente se deve pensar em julgamento, pois a justiça (ou a injustiça) é a consequência de um julgamento, feito por pessoas ou por instituições. Eu cometo injustiça se pensar que alguém praticou uma má ação que não foi praticada, ou o foi por outra pessoa, e o mesmo pode ocorrer num julgamento legal.

E sobre julgamentos, não se pode olvidar de início o célebre caso histórico do Rei Salomão, quando teve que decidir qual mulher seria a verdadeira mãe de uma criança reclamada por duas delas (1 Reis 3,16-28).

Ocorre que a justiça, ou seja, o tratamento correto e devido em uma determinada situação, depende originalmente dos fatos sobre os quais se deva pronunciar algum veredicto. Isto é assim qualquer que seja o "código" de conduta com base no qual alguém dirá o que é justo ou injusto, dado que pode se tratar de matéria regulada pelas leis de um estado nacional ou regional, ou pelas normas de uma determinada religião ou de algum clube ou agrupamento social, assim como por simples regras morais ou sociais de convivência.

Ora, saber qual norma aplicar para atingir o justo depende primeiramente do fato ao qual se pretende dar disciplina, porque, afinal, a justiça tem que estar atrelada a pessoas e aos fatos das suas vidas. Assim, tal fato tem que ser conhecido pelo julgador, c, como ele normalmente não presenciou a ocorrência, tem que se lastrear em provas que tentam retratar todas as respectivas circunstâncias.

Excepcionalmente, alguém está presente ao fato e faz seu próprio julgamento, mas quando se trata de um tribunal que deve pronunciar-se sobre algum fato, este somente chega ao seu conhecimento através das provas carreadas pelos contendores ou colhidas por ordem da própria corte.

A tecnologia atual permite a realização de provas impensadas e impossíveis algumas décadas atrás, como os exames de DNA, hoje capazes de contribuir com maior certeza para a identificação de uma pessoa e da sua paternidade, suplantando testes do passado, como tipos sanguíneos, arcadas dentárias ou impressões digitais.

Pois bem, Salomão não dispunha de mínimas técnicas para se certificar da verdadeira mãe da criança cujo destino foi entregue em suas mãos. Na carência e impossibilidade de provas, o rei lançou mão de um estratagema inteligente, ameaçando usar, sim, as suas mãos, mas para cortar a criança ao meio, pois sua sabedoria dizia-lhe que a verdadeira mãe não permitiria o sacrifício do seu filho.

Esta lembrança também evoca a necessidade de sabedoria para o proferimento da justiça, incluindo a sabença do "código" a ser aplicado, a inteligência para bem apreender os fatos ocorridos, a razão para sopesar as arguições das pessoas que aguardam a entrega da justiça e para, afinal, concretizá-la.

Neste ponto, cabe pensar na justiça divina, que não falha como podem falhar as outras justiças. Ela não falha porque Deus é onipresente e onisciente, tudo sabendo e sendo infalível no conhecimento do que é certo e do que é errado, sem depender de provas. Mais adiante ainda lembraremos a sua misericórdia, paralela à sua justiça.

Agora, quando se aproxima a noção de justiça da Igreja Católica, não se pode omitir a referência ao sacramento da penitência, pelo qual ela exerce o poder que lhe foi outorgado por Jesus.

De fato, mais de uma vez o Evangelho alude à garantia que Jesus deu a Simão Pedro e aos seus discípulos para perdoarem os pecados, ligando no céu o que ligarem na terra e desligando lá o que for por eles desligado aqui (Mt 16,19; Mt 18,18).

Há aí um ato de julgar o penitente, através do qual o veredito proferido pelo confessor acarreta consequências que nenhum poder terreno detém, inclusive os chefes dos impérios mais poderosos de qualquer tempo, já que o perdão ou o não perdão neste mundo, no âmbito do confessionário, extravasa esse limite material e se estende ao sobrenatural.

Todavia, não se trata de um poder arbitrário, dependente da vontade do confessor, pois também encerra o dever de conceder o perdão quando efetivamente for cabível.

Ora, o juiz da confissão não se vale de provas, pois simplesmente ouve o que lhe é segredado pelo penitente, e este tem que ser crido salvo indiscutível situação de engodo. Se o confidente alega ter cometido um pecado, este é recebido pelo confessor tal como lhe foi dito, e não através de testemunhas ou outros meios de comprovação. Do mesmo modo, se o confidente não informa outros pecados, o padre confessor não pode negar a absolvição por presumir que eles teriam ocorrido e estariam sendo omitidos. Quando muito, ele pode fazer perguntas, mas deve aceitar como verdadeiras as respostas que obtiver.

É que, no fundo, a justa absolvição dependerá da sinceridade do penitente e do seu efetivo arrependimento, e apenas Deus pode saber se tais requisitos estão ou não presentes. Deste modo, haverá justiça para absolver ou condenar, mas justiça do próprio Deus, o que não torna sem sentido (inútil) a participação do ministro da Igreja, que ouve e aceita o arrependimento confessado para exercer o poder que lhe foi conferido e que ele pratica em nome do Pai eterno, sabedor de tudo e sacrossanto. Igualmente, quando nega justamente a absolvição, o faz baseado nos ensinamentos do Evangelho, e não porque é mau, aí também se manifestando a mesma justiça que advém do céu.

Em torno do perdão ou do não perdão, tantas outras coisas podem ser ditas, todas extraídas do Evangelho!

Por exemplo, Jesus disse a Pedro que não deveria perdoar apenas sete vezes, mas sete vezes setenta vezes, significando um número indeterminado de perdões, porque o perdão não pode ser contido num limite de vezes, mas ser repetido tantas vezes quantas forem necessárias, mesmo em favor de um ofensor contumaz (Mt 18,21-22).

Também disse o Mestre Nazareno que é necessário ir em busca de quem nos tenha ofendido, para tentar corrigi-lo e haver reconciliação com ele, o que é uma ação de misericórdia perante aquele que precisa ser perdoado. E trata-se de uma ação que deve ser a mais intensa possível, começando por uma conversa a sós com o agressor, preservando assim a sua intimidade, mas caso a primeira tentativa tenha sido infrutífera, estendendo-a com o auxílio de duas ou mais pessoas de confiança e imbuídas do mesmo espírito, e apenas depois disso, se ainda persistir a resistência do impenitente, deve-se entregar o caso à Igreja (Mt 18,15-17).

Em todas as etapas dessas tentativas de reconciliação a pessoa agredida está deliberando em seu íntimo se logrou ou não sucesso, e seu julgamento em todas deve ser iluminado pelo espírito de justiça. O mesmo deve ser quando outros sejam chamados a colaborar e com o representante da Igreja que for afinal solicitado a intervir.

Em nenhum momento se está em busca de condenação, mas sempre de um julgamento sensato e caridoso que enxergue a possibilidade de justificar o próximo e vise a obter este resultado.

Este é um detalhe marcante da ação da Igreja e das atitudes dos discípulos de Jesus, que, imitando seu mestre, não julgam para condenar, mas para saber se alguém agiu mal, entender por que o fez e procurar ajudá-lo a se redimir. Em vez de guardar o erro para haver punição, ainda que seja justa reparação do mal, o objetivo maior é a recondução do infrator à situação de recuperado, acarretando a amnésia da sua infração.

A justiça civil e a justiça criminal dos homens têm acusadores e réus, têm requerentes de algum benefício e condenados a pagá-lo, e assim por diante. Já a justiça da Igreja, espelho da justiça de Jesus, lembra-se do que ele disse aos fariseus que o criticaram por comer com gente que eles, em seus julgamentos pessoais infundados e preconcebidos, consideravam ser pecadora: *"Não são as pessoas de saúde que precisam de médico, mas os doentes. Ide aprender o que significa: Prefiro a misericórdia ao sacrifício. Em verdade não vim chamar os justos, mas sim, os pecadores"* (Mt 9,12-13).

Essa misericórdia à qual o Nazareno deu preferência, e que deve estar presente nos confessionários e em toda e qualquer situação, está disposta a perdoar, está propensa ao perdão, faz de tudo para evitar a condenação. E ela permeia o Evangelho, estando entre as bem-aventuranças (Mt 5,7), na condenação dos escribas e fariseus hipócritas (Mt 23,23) e em tantas outras providências, atitudes e ensinamentos.

Em princípio, não se espera que os tribunais dos homens emitam suas sentenças com base em critérios de misericórdia, porque sua função é aplicar a lei que rege a sociedade à qual servem, quando muito sopesando a frieza das regras com a aplicação da equidade, e empregando a misericórdia para aliviar o sofrimento dos detentos enquanto cumprem suas penas.

Mas o Cristo demonstrou que a misericórdia pode servir para impedir a condenação de um inocente. De fato, em outra refrega com os fariseus, ele os repreendeu por não terem compreendido o significado da preferência da misericórdia sobre o sacrifício, dizendo-lhes que através dessa preferência nunca teriam condenado inocentes (Mt 12-7). Assim, quem julga deve fazê-lo sem raiva, maldade, sentimento de revanche, sem influência de preconceitos etc., para não correr o risco de ser injusto.

Jesus de Nazaré também convocou sua gente a agir com misericórdia, a não julgar o próximo e a perdoar, ensinando que esse modo de agir no seu todo corresponde ao que Deus Pai é e espera de todos: *"Sede misericordiosos, como vosso Pai é misericordioso. Não julgueis e não sereis julgados; não condeneis e não sereis condenados; perdoai e serão perdoados"* (Lc 6-36,37).

A propósito desta passagem, o evangelista Mateus vai adiante, pois acrescenta o risco de julgar o próximo, tão comum entre as pessoas, que veem facilmente erros alheios e não enxergam os seus: *"Não julgueis os outros, para não serdes julgados; porque com o julgamento com que julgardes, sereis julgados, e com a medida com que medirdes sereis medidos. Por que reparas no cisco que entrou no olho do teu irmão, quando existe uma trave no teu? Ou como é que dizes ao teu irmão: Deixa-me tirar o cisco de teu olho quando existe uma trave no teu? Hipócrita! Tira primeiro a trave do teu olho, e então enxergarás bem para tirar o cisco do olho de teu irmão"* (Mt 7,1-5).

A fraqueza humana, que produz antipatias, preconceitos, ódio, soberba e outros males, impede que se aja como Jesus recomendou, ou melhor, mesmo os que procuram segui-lo vez por outra se pegam julgando o próximo. Por seu turno, tribunais validamente constituídos têm a missão de julgar, não apenas o direito de fazê-lo, mas a obrigação de emitir decisões sobre a vida alheia com vistas ao bem comum e ao estabelecimento da paz social, pois é para isto que foram criados e existem.

Mas seria bom que todos julgassem de acordo com o "código" aplicável, porém sob as luzes cristãs, com o que certamente muitas injustiças deixariam de ser cometidas.

Mesmo os juízes empossados têm que abandonar qualquer tendência de autoritarismo, bem como qualquer abertura para influência de seus sentimentos que não sejam de justiça, porque um dia serão julgados pelo Criador. Se não agirem assim, correm o risco de *"ser julgados com o maior rigor"*, como Jesus afirmou que seriam julgados os mestres da Lei, que se pavoneavam nos lugares públicos para serem saudados, mas devoravam os bens das viúvas encobrindo suas atitudes com longas orações (Mt 12,38-40).

É merecida a mesma censura para aquele juiz que se negava a decidir a petição de outra viúva, mas que somente o fez para se livrar do aborrecimento que ela lhe causava com seus insistentes pedidos (Lc 18,1-8). Jesus contou essa parábola para ensinar que se deve insistir na oração porque, ao contrário do juiz, que considerou ser perverso e iníquo, Deus faz justiça aos que clamam para Ele dia e noite.

Não se trata de que todos, juízes oficiais ou gente comum, devam ser católicos fervorosos, ou que acreditem que Jesus era o Filho de Deus, mas, sim, de enxergar a verdade do que ele dizia e evitar se autocolocar em posição de superioridade presunçosa, que não vê limites para seu poder ou para seus simples pensamentos a respeito de outras pessoas. Quando deram a Jesus a notícia do sacrifício de uns galileus, cujo sangue Pilatos misturou com o dos seus sacrifícios pagãos, Jesus respondeu-lhes: *"Julgais que esses galileus eram mais pecadores que todos os outros galileus porque incorreram em tal sorte? Eu vos garanto que não. Mas, se não vos converterdes, morrereis todos do mesmo modo"* (Lc 13,2-3). Ele estava se referindo exatamente à conversão dessa posição de suposta superioridade, que tanto prejudica a justiça de comportamento de quem quer que seja, porque muitas vezes a pessoa arbitrária se torna rancorosa e perversa.

A este propósito, vale recordar que, conversando de noite com Nicodemos, membro destacado do Sinédrio, Jesus disse a respeito de si próprio: *"Quem nele crê não é julgado, quem não crê já está julgado, porque não acreditou no Nome do Filho Único de Deus. Este é o motivo do julgamento: a luz veio ao mundo e os homens preferiram as trevas à luz, porque suas obras eram más. Pois quem pratica o mal odeia a luz e não se aproxima da luz, para que suas obras não sejam descobertas; mas quem pratica a verdade aproxima-se da luz para que suas obras apareçam, porque são feitas em Deus"* (Jo 3,18-21).

É isso! Mesmo não sendo católico ou não tendo espírito de religiosidade, qualquer um pode ver, como vê a luz, a verdade da distinção entre o bem e ou mal. O Cristo disse ser a luz do mundo e afirmou que quem o seguir não caminhará nas trevas, pois terá a luz que conduz à vida (Jo 8,12). Mas fez tais afirmações porque se dedicou inteiramente a pregar o bem e afastar o mal, e tal atitude é que é a luz condutora do bem que todos procuram.

Convém, pois, que a justiça decorra de palavras, atos e omissões de cristãos ou não cristãos pela simples distinção entre o bem e o mal. Todos nós, instintivamente, pendemos para o bem, queremos o bem e evitamos o mal para nós mesmos e os seres que amamos. Então, temos essa propensão que pode ser estendida para o círculo mais largo do mundo em que se vive, seja nas inter-relações pessoais, seja no exercício do nobre dever de julgar atribuído aos tribunais oficiais.

Jesus, por evidente, tinha plena consciência disso, tanto que afirmou que tudo o que dizia e fazia estava de acordo com Deus Pai, acrescentando que quem escuta a sua palavra acredita em Deus, terá a vida eterna e *"não será julgado, mas passou da morte à vida"* (Jo 5,19-24). Esta última afirmação é interessante, como todos, crentes ou não crentes, verão quando do juízo final. E o entendimento de Jesus a seu respeito também era de que não podia fazer qualquer coisa por si mesmo, mas que seu julgamento era justo porque não procurava a sua vontade, mas a vontade de Deus, que o enviou a este mundo (Jo 5,30). Assim Jesus foi a luz do mundo porque a vontade de Deus somente quer o bem, e ele agiu e ensinou de acordo com essa vontade!

Porém, muitos entendem haver injustiças no Evangelho. Até católicos e cristãos de outras denominações algumas vezes pensam assim quando leem as parábolas do filho pródigo e dos trabalhadores de última hora.

Em ambas, parece haver injustiça, na primeira em desfavor do filho considerado bom, que ficou na casa do pai, trabalhou duro durante anos e não se conformou quando o filho perdulário, que pedira sua parte na herança antecipadamente e a gastara desbragadamente, quando resolveu voltar para casa na penúria foi recebido com festa e alegria pelo pai (Lc 15,11-32).

A injustiça parece flagrante em favor do filho tido como bom e trabalhador, e foi o que ele sentiu, tendo reclamado que o pai nunca lhe dera um boi para ele comemorar com seus amigos, mas mandara matar o melhor novilho para festejar o retorno do irmão.

Entretanto, explica Jesus, o pai não foi injusto com o filho que permanecera com ele, pois disse-lhe que tudo o que tinha pertencia a ele, mas era preciso festejar a recuperação do filho antes perdido. A parábola demonstra que Deus, na figura do pai, não é injusto, mas misericordioso porque ama, é capaz de perdoar porque o perdão, sendo difícil face ao sentimento ferido, é produto de profundo amor e veículo para a paz. Ou melhor, o pai, assim como Deus, pôde ser justo e ao mesmo tempo ser misericordioso, preferindo a misericórdia ao castigo representado pelo sacrifício que imporia ao filho se não o recebesse como o recebeu.

Certamente estamos falando da justiça divina, não na dos homens, mas mesmo nesta pode haver misericórdia até na condenação, por exemplo, dando toda atenção às atenuantes que possam estar presentes em cada caso, colocando-se na situação de quem está sob julgamento, procurando captar todas as nuances dos fatos e das atitudes dele e de quem estava com ele. E, principalmente, não querendo revanche, mas justiça!

Na segunda parábola, o sentido é o mesmo da anterior.

O dono de uma vinha foi contratando trabalhadores ao longo do dia, sendo a última leva mandada para o trabalho às cinco horas da tarde. Ao final do dia, o patrão pagou a mesma remuneração para todos, independentemente do número de horas que haviam trabalhado (Mt 20,1-16).

Se na primeira parábola um dos filhos protestou quanto à bondade do seu pai em favor do seu próprio irmão, os trabalhadores teriam mais razões para se revoltar contra a bondade do patrão em favor de pessoas com as quais eles não tinham parentesco.

E foi o que aconteceu na narrativa de Jesus, mas não é assim, convindo reproduzir o texto final, que diz tudo o que é necessário para compreendermos a mensagem: *"E diziam: 'Estes últimos só trabalharam uma hora, e os igualastes a nós que suportamos o cansaço de um dia inteiro de trabalho debaixo de um sol quente'. Mas o proprietário disse a um deles: Meu amigo, não te faço injustiça. Não é verdade que combinastes comigo receber só a quantia de uma diária? Toma a tua quantia e vai embora. Mas quero dar a este último tanto quanto a ti. Acaso não posso fazer o que quero com as minhas coisas? Ou estás com inveja, porque fui bom para com eles?"'*

Aqui o proprietário corresponde a Deus, sua vinha ao mundo e os trabalhadores a todos os homens e mulheres que o habitam e nele trabalham. O dono da vinha pagou corretamente o combinado, ou seja, uma diária, e deu a mesma importância para os que trabalharam menos tempo porque, sendo dono do dinheiro, podia fazer doações além das pagas estritamente remuneratórias do que trabalharam.

Na justiça terrena, ao menos em nosso país, não seria admitida essa discrepância, pois as horas seriam computadas rigorosamente segundo o livro ou o relógio de ponto, e ainda se invocaria igualdade de tratamento.

Mas mesmo um patrão deste mundo pode dar benefícios aos seus empregados, benesses que não sejam remuneratórias e que não prejudiquem a remuneração legal, e não é obrigado a favorecer a todos por igual. Sim, há patrões caridosos que, por serem assim, podem ser julgados injustos por seus empregados ou por quem saiba das suas atitudes. Todavia, na verdade, quem é injusto, o que fez o bem ou quem se permite julgá-lo?

A lembrança destas duas estórias evangélicas nos abre caminho para o verdadeiro julgamento feito por Deus em relação a todas as pessoas de qualquer época e de qualquer lugar.

A fantástica narrativa da revelação divina sobre o juízo final garante que todos serão julgados por Deus após a morte do corpo, sendo os bons separados dos maus, isto é, os justos dos injustos (Mt 25,31-46).

Também é revelado que o juiz desse julgamento será o próprio Jesus, que não veio ao mundo para condená-lo, mas para conduzi-lo à salvação eterna (Jo 3,17). Contudo, será o julgador de todos quando passarmos deste mundo.

Além disso, a narrativa confirma que o "código" que será empregado para a sentença de cada um está contido nos chamados "Mandamentos da Lei de Deus", que, ao serem explicitados pessoalmente por Jesus Cristo, foram por ele resumidos no amor a Deus e no amor ao próximo (Mt 22,40). Com efeito, Jesus não revogou ou derrogou os mandamentos, mas seu Evangelho moldou o seu perfeito cumprimento (Mt 5,17).

Nem poderia ser diferente da centralidade mandamental no amor a Deus e ao próximo, pois os demais mandamentos são complementos e exemplos desse único (é único porque se ama a Deus amando o próximo), já que matar, roubar, mentir, desonrar pai e mãe etc. são manifestações de desamor por alguém e por Deus. E o Evangelho é a representação desse "código", uma vez que todo ele é voltado para contar a vida e os ensinamentos de Jesus de Nazaré, vida e ensinamentos inteiramente conformes ao mesmo "código" e justificadores do porquê do Cristo ter sido e ser a luz do mundo.

Em suma, no juízo final serão absolvidos os que tiverem agido em conformidade com o "código" de Deus, recebendo a sentença de terem sido justos, e, infelizmente, os condenados serão os injustos e quiseram permanecer na injustiça, o que bem se amolda ao sentido bíblico de ser justo, que é o de agir em conformidade com a vontade de Deus.

É em absoluta consonância com isto que Jesus expõe como fará o julgamento, ou seja, com base nas condutas individuais das próprias pessoas, reveladoras de amor ou de falta de amor ao próximo, não o amor afetivo e sentimental, mas o amor da caridade manifestada por atos simples, como dar água a quem tem sede, dar comida a quem tem fome, dar roupa a quem tem frio, visitar um doente ou um preso e tantas outras coisas que estão ao alcance de todos, bastando querer ser justo e agir justamente.

Mas o ponto a ser destacado aqui é o fato de que Jesus não recorrerá a acusadores nem a testemunhas de defesa ou de acusação, eis que ele terá, apenas por si, pleno conhecimento das ações de cada um. Com sua onipresença, sua onisciência e sua sabedoria absoluta, ele dará a cada um o julgamento justo que terá merecido quando, usando da sua liberdade, tiver conscientemente sido justo ou injusto.

Todos nós, se estamos no livre exercício da nossa consciência, sabemos o que somos e o que fazemos, se somos justos ou não perante o "código" desse juiz sábio e justo, e não deveremos receber a nossa sentença com surpresa.

Agora, transpondo-nos para a vida de hoje, a confrontação do juízo final com os juízos dos tribunais terrenos expõe que estes também devem se pautar por um "código", e não pelo arbítrio ou pela vontade própria do juiz, já que nem Deus julga assim. Embora Ele seja o autor do seu "código", não se contradiz e se adstringe a julgar com base nesse "código", além de que não foi iníquo ao baixá-lo, porque o tornou simplíssimo e ao alcance de todos, dado que fez as criaturas humanas à sua imagem e semelhança (Ex 1,26), imagem e semelhança estas manifestadas no instinto que todos nós temos para o bem, além de ter dado liberdade para praticá-lo ou não.

A confrontação também traz à tona o fato de que a sentença deve levar em conta tão só a conduta da pessoa sob julgamento em face do "código" que for referencial, mas evidencia a diferença de que o julgador humano não contará com os poderes divinos e terá que se valer das provas que forem possíveis, mas que ele deve presidir e aferir com parcimônia.

Se temos certeza absoluta de um julgamento divino justo da nossa vida quando ela chegar ao fim, enquanto aqui vivermos nunca teremos, *a priori*, segurança de um julgamento justo em qualquer juízo humano, mesmo proferido por homens ou mulheres sábios, dotados de experiência e imbuídos do devido espírito de justiça, pois aqui as avaliações das condutas são sujeitas a injunções de fatores pessoais e naturais que podem acarretar uma visualização distorcida da realidade, além de outras falhas derivadas da falibilidade humana.

Significa isto que estamos sujeitos a conviver com erros judiciários, mas a aceitação desta realidade não justifica nem permite a tolerância para com desvios em relação ao "código" aplicável em cada caso.

Não é preciso ter feito um curso de direito para se fazer esta afirmação, ou para se saber que ela é correta e não comporta contradições. A interpretação de fatos ou das normas do "código" pode acarretar entendimentos conflitantes, mas a imposição de que seja feita com base em um "código" validamente preexistente, e por todos conhecido, não comporta controvérsias por uma simples razão de lógica e justiça elementares necessárias numa sociedade civilizada.

Diz-se comumente, e assim é de reconhecimento geral, que a moral cristã moldou a civilização ocidental, mas moralmente, em qualquer lugar ou parte do mundo, somente se pode falar em vida civilizada se houver um "código" de conduta para reger os comportamentos pessoais, motivo pelo qual ele deve ser de conhecimento geral.

Isto é assim mesmo se a moral cristã não for a condutora de outras regiões, as quais, contudo, somente serão civilizadas se se pautarem por algum outro "código".

Enfim, não há vida civilizada se algum grupo não for regido por alguma "codificação" geral e publicamente conhecida, caso em que haverá vida escravizada ao domínio e ao império de alguma autoridade ou de algum grupo irrefreável.

Vale dizer, só em Estados de Direito há situação de civilização, porém sob a condição de que suas normas sejam efetivamente cumpridas a despeito da possível existência de imperfeições involuntárias. Evidentemente, pode haver diferentes modalidades de Estado de Direito, mas o ideal é o que seja democrático, no sentido de que o poder constituído seja exercido através de representantes do povo.

O Brasil está sob regime constitucional de um Estado Democrático de Direito, segundo sua Constituição Federal promulgada em outubro de 1988, mas, na toada destas reflexões, cabe indagar se a realidade coincide com o padrão estampado na Carta Republicana.

Remontando ao que foi mencionado acima, desde o começo, a resposta somente será afirmativa se o "código" representado pela Constituição estiver sendo cumprido.

À toda hora ouvimos alguém defender que as instituições estão funcionando, mas cabe perguntar se estão funcionando em conformidade com esse "código".

Não se trata de opinião pessoal do autor destas linhas, mas de observação geral, no sentido de que estamos vivendo contínuas quebras do "código" constitucional, até mesmo através de sucessivas emendas ao texto em vigor sempre que se torne conveniente para alguns interesses momentâneos e particulares. Isto – a mudança da Constituição porque ela no momento não interessa ao que podem alterá-la – ocorre ao mesmo tempo em que novas normas são promulgadas sem estar adequadas ao "código".

Também são comuns as violações praticadas por integrantes do Poder Executivo em nome de um interesse público inexistente ou mesmo incompatível com ele. No Parlamento, o efetivo interesse público, representado pelas necessidades básicas mais elementares da população, é igualmente substituído por conveniências individuais.

Porém, o olhar associado ao tema destas notas deve ser voltado principalmente para o Poder Judiciário, onde se espera obter justiça, pois lá devem estar homens com notável saber jurídico e reputação ilibada, os quais são realmente os requisitos mínimos para o exercício da judicatura. Ademais, são eles que têm a incumbência de dizer o que é certo e o que é errado, o justo e o injusto, quando haja alguma controvérsia.

Não obstante, tal requisito do "código", que sempre deve existir, na prática amiúde é apenas formal, sendo substituído por preferências pessoais e políticas, e os próprios indicados para os tribunais mendigam aprovação em vez de exporem confiantes seus saberes e os feitos da sua vida que o abonem para o cargo.

No seio do funcionamento das cortes, é fato que não se obtém a concretização da justiça célere garantida pela Constituição, e justiça atrasada não é justiça, como já proclamava Ruy Barbosa. São conhecidas as causas da lentidão para a entrega da decisão final, sediadas no acúmulo descomunal de demandas, para o qual contribuem, por um lado, a facilidade com que se propõe uma ação, e por outro lado, inúmeras causas institucionais, como as excessivas alternativas legais de recursos superpostos, a falsa noção de segurança que decorreria a existência de várias instâncias e outras que poderiam compor, apenas elas, um artigo inteiro.

Entre tais causas não se pode omitir a referência à judicialização de questões estritamente políticas, que poderiam e deveriam ser resolvidas no âmbito dos outros dois Poderes, mas que são levadas ao Judiciário por ser conveniente a interesses particulares. São situações também decorrentes da facilidade com que se pode propor uma ação judicial, a qual chega às raias da irresponsabilidade, assumindo ares de brigas entre irmãos nas quais os mais fracos ou os perdedores recorrem aos pais.

Mas no âmago dos tribunais, especialmente os superiores, reside outra causa que não raramente afronta o "código" em que eles devem se escudar e pelo qual devem operar. Uma delas é a aceitação de questões que a todo rigor não estariam na competência de determinada corte, incluindo a admissibilidade das mencionadas questões políticas. No passado, era comum a rejeição de pedidos relativos às regras internas de algum Poder, mas hoje é comum serem aceitos, receberem medidas liminares e serem levados a plenário.

Numa perspectiva de alguém que se encontra fora do tribunal, parece que os magistrados admitem tais demandas porque, através delas, passam a exercer um poder maior do que aquele que lhes é conferido pelo "código". É uma aceitação de novos encargos que lhes tornam visíveis e importantes no cenário geral, sem preocupação com a carga de processos já acumulada.

Outro mal dessa situação é o prolongamento dos casos pendentes por anos a fio, atingindo décadas, o que acontece comumente, fazendo com que decisões coletivas de turmas de julgamento comecem num momento, com proferimento de alguns votos e ao final haja votos de magistrados que não participaram dos debates iniciais, que se manifestam influenciados por um ambiente diferente daquele antes existente, gerando decisões incongruentes no seu próprio contexto.

Este último fato é grave, pois turmas colegiadas pressupõem decisões coletivas, cuja qualidade depende de discussões entre os próprios julgadores, e não de uma somatória de votos que não falam entre si, talvez porque seus prolatores sequer conversaram sobre o tema, persistindo com seus entendimentos individuais e os justificando com longas orações.

Mas não é só nem é o pior, como todos sabemos!

De fato, há magistrados que se afastam totalmente do "código", para decidir de acordo com suas opiniões pessoais sobre o que seja justo ou injusto, enquanto as partes do processo, assim como a sociedade toda, têm por referência do certo e do errado aquilo que consta do "código" apropriado.

A bem da verdade, este é um mal geral da nossa época, na qual, e em todos os campos, inovadores de verdades logram difundir suas invenções, angariam adeptos incautos, cada um se permitindo ter a sua verdade, não uma verdade sufragada por regras de um "código" de condutas que seja geral para todos. E quando esse caos social chega aos tribunais, encontra ressonância em decisões libertas do "código" jurídico adequado.

Esta insistência, aqui manifestada, com a observância do "código" e com o necessário respeito a ele, ínsita ao

Estado de Direito, pode ser objeto de mais algumas ponderações, que se permite serem feitas do modo o mais elementar possível.

Todo e qualquer julgamento é produto de uma atividade mental dedutiva, na qual a conclusão deve ser o resultado lógico da consideração de duas premissas, havendo necessidade, para a correção da conclusão, que as premissas sejam verdadeiras.

A primeira premissa (premissa maior) é extraída do "código"; por exemplo, segundo a lei, todo homem maior de dezoito anos tem obrigação de prestar serviço militar.

A segunda premissa (premissa menor) é o fato *sub judice*: por exemplo, Fulano é homem.

A conclusão deriva da aplicação da primeira premissa sobre a segunda; no exemplo: logo, segundo a lei, Fulano tem dezoito anos e deve prestar serviço militar.

Assim, somente haverá justiça se forem observadas, respeitas e cumpridas as duas premissas. Por isso, o julgador não pode substituir a premissa maior por outro "código" que ele julgue ser melhor do que a lei vigente, tal como, por exemplo, qualquer ser humano que tenha dezoito anos deve prestar serviço militar.

Do mesmo modo, a premissa menor não pode ser substituída ou falsificada, por exemplo, incluir nela Beltrana, que é mulher.

Se o juiz age deste modo, sua atitude é arbitrária e deriva do seu espírito presunçoso de pensar que é mais sábio do que o "código" e o parlamento que o fez, imaginar-se melhor conhecedor da realidade retratada nos autos, além de se permitir desconsiderar os efeitos da sua conduta face ao povo que agiu com observância do "código". Quanta presunção e quanto autoritarismo! Quanta injustiça!

Não se trata de engessamento do pensamento, nem de interpretações estritamente literais, mas de verificação da normalidade e da realidade, valendo lembrar que sentença na qual haja contradição entre seus fundamentos (as duas premissas) e a conclusão é sujeita a embargos de declaração, possivelmente com efeitos infringentes.

Neste sentido, não é preciso lembrar que no "código" há um antecedente e um consequente formadores de cada norma jurídica, aquele um fato da vida descrito hipoteticamente pela disposição normativa, e este prescrito por ela como conduta a ser seguida toda vez que a hipótese ocorrer efetivamente na vida social.

Destarte, a premissa maior corresponde ao "código" tal como devidamente interpretado com o emprego de todos os métodos de exegese, a qual, contudo, não pode ser uma interpretação nova, de tal modo diferenciada do "código" que represente a substituição do "código" conhecido por um novo "código", tal como, no exemplo, dizer que o "código" pretendeu se referir a ser humano, e não a homem, empregando argumentos cerebrinos proferidos em longas orações. Talvez possa haver dúvida quanto à segunda premissa, isto é, sobre se determinado indivíduo é homem ou mulher, dúvida, contudo, que também não pode ser substituída pela opinião pessoal do julgador, mas certificada através de comprovação científica.

O mesmo se impõe nas cortes colegiadas. Por serem assim, suas decisões idealmente devem assentar-se em premissas comuns aos seus membros (se unânimes), ou à maioria deles (se não unânimes). Se não for assim, teremos um amontoado de pronunciamentos díspares e incongruentes, que não se conciliam, e a decisão prolatada será produto de arbítrio por algum critério criado *ad hoc*.

Em decorrência de todas as situações aludidas, sempre que ocorrem produzem-se, entre outros infortúnios injustos, sentenças que são iníquas porque dão a uns o que não é dado a outros, desrespeitam-se jurisprudência anterior que representava o referencial de conduta para a sociedade, ignoram-se direitos adquiridos e coisa julgada, enfim, passa a imperar o arbítrio pessoal ou grupal, e não as diretrizes do "código". Cortes de cima retificam ou anulam decisões de cortes inferiores que já se pronunciaram há muito tempo sobre o assunto, tendo gerado direitos, inclusive já exercidos, e que, de repente são cancelados. Sobrepõem-se decisões como se muitos magistrados que já se manifestaram sobre o assunto tivessem menos conhecimentos ou menos capacidade decisória, não importando quantos sejam estes ou quantas instâncias foram tornadas inúteis ao serem declaradas erradas. Outras decisões são proferidas com desprezo pelos efeitos colaterais que acarretam e que sequer são cogitados, os quais passam a alimentar novos campos de contencioso.

A academia jurídica, por mais que se esforce, não consegue admitir fundamentos notoriamente impróprios para decisões que deveriam ser enquadradas nos princípios e regras do respectivo "código", e não consegue explicá-las aos seus alunos, ficando sem sustentação coerente para formar gerações futuras.

O Cristo certamente não compactuaria com este estado de coisas, do mesmo modo que se insurgiu contra os mestres da Lei e outras figuras e classes da elite dominante na Palestina do seu tempo.

Sua discórdia sediava-se no plano moral e religioso, tanto que não recomendava deixar de pagar impostos, não admitia agressões aos seus coletores e, principalmente, não aceitou ser proclamado rei de um reino mundano.

Mas sua moral, doutrinada através do Evangelho, indiscutivelmente não tolera o que estamos assistindo provir dos poderes constituídos, que são constituídos legitimamente, mas que não cumprem suas obrigações, esquecendo-se que estão empossados não pelo poder e para o poder que passam a deter, mas para servir à sociedade. Falando figurativamente, ele veria novas formas de "devorar os bens de viúvas", pretensamente justificadas com longas explicações contidas em vazias orações!

Para certeza disso, basta comparar o que temos de justiça no Brasil com a justiça no seio dos confessionários e a que haverá no dia do juízo final.

Junho de 2023.

A CONTRIBUIÇÃO PARA A JUSTIÇA DOS VALORES RELIGIOSOS E DO JUSNATURALISMO NO ESTADO LAICO

THE CONTRIBUTION TO THE JUSTICE OF RELIGIOUS VALUES AND JUSNATURALISM IN THE LAIC STATE

Oswaldo Othon de Pontes Saraiva Filho[1]

> "O amor à verdade e à justiça compele a nossa vontade, no sentido de que elas sempre prevaleçam, e nos inspiram no combate a favor da democracia e das liberdades."
>
> Do autor

Resumo: Este artigo demonstra a amplíssima influência do jusnaturalismo e dos valores da Igreja Católica no Sistema Constitucional Brasileiro. Mostra a abismal diferença entre Estado laico e estado laicista, comprovando que a Constituição Brasileira de 1988 adotou a laicidade do Estado. Pondera que é de

1. Mestre em Direito Tributário, tendo vasta experiência como parecerista e professor universitário. Professor de Direito Financeiro e Direito Tributário da Faculdade de Direito da Universidade de Brasília – UnB. É autor e coordenador de mais de duas dezenas de livros jurídicos e autor de mais de três centenas de artigos publicados por respeitáveis periódicos. Foi procurador da Fazenda Nacional de categoria especial (aposentado) e consultor da União (1996 a 2015). Responde como fundador e diretor científico da *Revista Fórum de Direito Tributário* (desde 2003). É membro do Instituto Brasileiro de Estudos de Direito Administrativo, Financeiro e Tributário - IBEDAFT - e da União dos Juristas Católicos de São Paulo - UJUCASP.

se esperar que o Direito Positivo pátrio e os agentes políticos da República adotem ou concretizem as orientações do Direito Natural e das Igrejas em relação aos direitos fundamentais do ser humano, apesar de constituir o Brasil um Estado laico, mas tendo em vista o regime político de democracia representativa, sendo indiscutível que a grande maioria do povo brasileiro nutre fé e esperança em Deus e que pratica os seus conselhos. Por fim, aviva dispositivos legais que afirmam a autonomia do Direito Religioso e que auxiliam na interpretação e aplicação das normas jurídicas postas.

Abstract: *This article demonstrates the broad influence of natural law and values of the Catholic Church in the Brazilian Constitutional System. It shows the abysmal difference between the laic state and the secularist state, proving that the Brazilian Constitution of 1988 adopted the laic State. Considers that it is to be expected that the Positive Law of the country and the political agents of the Republic adopt or implement the guidelines of the Natural Law and of the Churches in relation to the fundamental rights of the human being, despite the fact that Brazil is a secular State, but in view of the political regime of representative democracy, it being indisputable that the vast majority of the Brazilian people have faith and hope in God and that they practice his advice. It discourages the misconception of someone, who understand that religious people should not manifest themselves in controversial issues of interest to society, taken them as second or third class citizens. Finally, it enlivens legal devices that affirm the autonomy of Religious Law and that help in the interpretation and application of legal norms.*

Palavras-chave: Estado laico. Igrejas. Liberdade de crença. Direito e justiça. Laicismo.

Keywords: *Laic State. Churches. Freedom of belief. Law and justice. Secularism.*

A República Federativa do Brasil é um Estado laico (CF/1988, art. 19, I), vale dizer, não impõe a seu povo uma religião oficial, respeita e não discrimina quem crer e quem não crer, e estabelece a separação entre o Estado e as Igrejas, sem prejuízo de colaborações mútuas, no entanto, sendo, também, um Estado Democrático de Direito (CF, art. 1°, *caput*)[2] e sendo inconteste que a grande maioria do povo brasileiro crê em Deus e adota os ensinamentos das religiões, os valores religiosos, dentre eles o amor

2. CF. Art. 1° *A República Federativa do Brasil, formada pela união indissolúvel dos Estados e Municípios e do Distrito Federal, constitui-se em Estado Democrático de Direito e tem como fundamentos:* [...] *III - a dignidade da pessoa humana; IV - os valores sociais do trabalho e da livre-iniciativa;*

ao Criador e aos semelhantes, a solidariedade,[3] a liberdadc,[4] a família,[5] o direito à vida[6-7] e do nascituro desde a

---

3. CF. *Art. 3º Constituem objetivos fundamentais da República Federativa do Brasil: I - construir uma sociedade livre, justa e solidária;* [...] *IV - promover o bem de todos, sem preconceitos de origem, raça, sexo, cor, idade e quaisquer outras formas de discriminação.*

4. CF. *Art. 5º* [...] *IV - é livre a manifestação do pensamento, sendo vedado o anonimato;* [...] *IX - é livre a expressão da atividade intelectual, artística, científica e de comunicação, independentemente de censura ou licença;* [...] *XVI - todos podem reunir-se pacificamente, sem armas, em locais abertos ao público, independentemente de autorização, desde que não frustrem outra reunião anteriormente convocada para o mesmo local, sendo apenas exigido prévio aviso à autoridade competente;* [...] *XLI - a lei punirá qualquer discriminação atentatória dos direitos e liberdades fundamentais; Art. 220. A manifestação do pensamento, a criação, a expressão e a informação, sob qualquer forma, processo ou veículo não sofrerão qualquer restrição, observado o disposto nesta Constituição.*

5. CF. *Art. 203. A assistência social será prestada a quem dela necessitar, independentemente de contribuição à seguridade social, e tem por objetivos: I - a proteção à família, à maternidade, à infância, à adolescência e à velhice;* [...] *VI - a redução da vulnerabilidade socioeconômica de famílias em situação de pobreza ou de extrema pobreza* (EC 114/2021). *Art. 205. A educação, direito de todos e dever do Estado e da família, será promovida e incentivada com a colaboração da sociedade, visando ao pleno desenvolvimento da pessoa, seu preparo para o exercício da cidadania e sua qualificação para o trabalho. Art. 221. A produção e a programação das emissoras de rádio e televisão atenderão aos seguintes princípios:* [...] *IV - respeito aos valores éticos e sociais da pessoa e da família. Art. 226. A família, base da sociedade, tem especial proteção do Estado.*

6. *Catecismo da Igreja Católica (CIC).* 2264. *O amor para consigo mesmo permanece um princípio fundamental de moralidade. E, portanto, legítimo fazer respeitar o seu próprio direito à vida. Quem defende a sua vida não é réu de homicídio, mesmo que se veja constrangido a desferir sobre o agressor um golpe mortal:* "Se, para nos defendermos, usarmos duma violência maior do que a necessária, isso será ilícito. Mas se repelirmos a violência com moderação, isso será lícito [...]. E não é necessário à salvação que se deixe de praticar tal ato de defesa moderada para evitar a morte do outro: porque se está mais obrigado a velar pela própria vida do que pela alheia" (São Tomás de Aquino, *Summa theologiae*, 2-2, q. 64. a. 7. c: Ed. Leon. 9, 74).

7. Insta aqui avivar algumas dessas garantias constitucionais, não destacadas em outros tópicos deste trabalho científico, todas asseguradas e protegidas pela CF/1988 com cláusula pétrea: Art. 5º, *caput: Todos são iguais perante a lei, sem distinção de qualquer natureza, garantindo-se aos brasileiros e aos estrangeiros residentes no País a inviolabilidade do direito à vida, à liberdade, à igualdade, à segurança e à propriedade, nos termos seguintes:* [...] *II - ninguém será obrigado a fazer ou deixar de fazer alguma coisa senão em virtude de lei;* [...] *V - é assegurado o direito de resposta, proporcional ao agravo, além da indenização por dano material, moral ou à imagem;* [...] *XXXV - a lei não excluirá da apreciação do Poder Judiciário lesão ou ameaça a direito; XXXVI - a lei não prejudicará o direito adquirido, o ato jurídico perfeito e a coisa julgada;* [...] *XXXIX - não há crime sem lei anterior que o defina, nem pena sem prévia cominação legal; XL - a lei penal não retroagirá, salvo para beneficiar o réu;* [...] *XLII - a prática do racismo constitui crime inafiançável e imprescritível, sujeito à pena de reclusão, nos termos da lei;*

concepção,[8-9] a valorização e autonomia da mulher,[10] o direito à informação,[11] ao trabalho,[12] à privacidade,[13] à pro-

---

8. Código Civil (Lei 10.406 de 10/1/2002). *Art. 2º A personalidade civil da pessoa começa do nascimento com vida; mas a lei põe a salvo, desde a concepção, os direitos do nascituro.*

9. *CIC*. 2273. *O inalienável direito à vida, por parte de todo o indivíduo humano inocente, é um elemento constitutivo da sociedade civil e da sua legislação*: "Os direitos inalienáveis da pessoa deverão ser reconhecidos e respeitados pela sociedade civil e pela autoridade política. Os direitos do homem não dependem nem dos indivíduos, nem dos pais, nem mesmo representam uma concessão da sociedade e do Estado. Pertencem à natureza humana e são inerentes à pessoa, em razão do ato criador que lhe deu origem. Entre estes direitos fundamentais deve aplicar-se o direito à vida e à integridade física de todo ser humano, desde a concepção até à morte." (Congregação da Doutrina da Fé, Instr. *Donum vitae*, 3: AAS 80 – 1988 - 98-99). "Desde o momento em que uma lei positiva priva determinada categoria de seres humanos da proteção que a legislação civil deve conceder-lhes, o Estado acaba por negar a igualdade de todos perante a lei. Quando o Estado não põe a sua força ao serviço dos direitos de todos os cidadãos, em particular dos mais fracos, encontram-se ameaçados os próprios fundamentos dum *Estado de direito* [...]. Como consequência do respeito e da proteção que devem ser garantidos ao nascituro, desde o momento da sua concepção, a lei deve prever sanções penais apropriadas para toda a violação deliberada dos seus direitos." (Congregação da Doutrina da Fé, Instr. *Donum vitae*, 3: AAS 80 – 1988 - 99). 2270. *A vida humana deve ser respeitada e protegida, de modo absoluto, a partir do momento da concepção. Desde o primeiro momento da sua existência, devem ser reconhecidos a todo o ser humano os direitos da pessoa, entre os quais o direito inviolável de todo o ser inocente à vida* (cf. Congregação da Doutrina da Fé, Instr. *Donum vitae*, 1. 1: AAS 80 – 1988 - 79).

10. PHILLIPS, Robert. *Last Things First, Roman Catholic Books*, Fort Collins, Colorado, 2004, p. 104, *apud* WOODS JR., Thomas E. "Como a Igreja Católica construiu a civilização ocidental", São Paulo: Quadrante, 2008, p. 200: "As mulheres encontraram proteção nos ensinamentos da Igreja – escreve o filósofo Robert Phillips -, e foi-lhes permitido formar comunidades religiosas dotadas de governo próprio, algo inusitado em qualquer cultura do mundo antigo [...] Basta repassar o catálogo dos santos, repleto de mulheres. Em que lugar do mundo, a não ser no catolicismo, podiam dirigir as suas próprias escolas, conventos, hospitais e orfanatos?"

11. CF. *Art. 5º* [...] *XIV - é assegurado a todos o acesso à informação e resguardado o sigilo da fonte, quando necessário ao exercício profissional;* [...] *XXXIII - todos têm direito a receber dos órgãos públicos informações de seu interesse particular, ou de interesse coletivo ou geral, que serão prestadas no prazo da lei, sob pena de responsabilidade, ressalvadas aquelas cujo sigilo seja imprescindível à segurança da sociedade e do Estado;*

12. CF. *Art. 5º* [..] *XIII - é livre o exercício de qualquer trabalho, ofício ou profissão, atendidas as qualificações profissionais que a lei estabelecer;* cf. CF, arts. 6º ao 11. *Art. 6º São direitos sociais a educação, a saúde, a alimentação, o trabalho, a moradia, o transporte, o lazer, a segurança, a previdência social, a proteção à maternidade e à infância, a assistência aos desamparados, na forma desta Constituição* (EC 90/2015).

13. CF. *Art. 5º* [...] *X - são invioláveis a intimidade, a vida privada, a honra e a imagem das pessoas, assegurado o direito a indenização pelo dano material ou moral decorrente*

priedade,[14] etc., devem poder ser propostos às autoridades políticas estatais e devem poder ser levados em consideração na elaboração legislativa e na interpretação e aplicação do Direito pelo Judiciário.

Na prática, no entanto, o que prevalece é o conjunto das decisões das autoridades políticas estatais, já que o Estado fala e age por meio delas. Se a população não se sentir satisfeita ou atendida por essas decisões, terá o remédio, na democracia representativa, de alterar a composição de seus representantes numa próxima eleição confiável.[15-16] Esta é a regra do jogo democrático.

Embora o Estado não confessional moderno até admita se debruçar sobre os argumentos emanados das religiões e dos crentes, como adverte o Ricardo Dip, *o Estado sem profissão de fé é quem decide*, quem dá a última palavra, *chegando, de fato*, em certos casos, *a demarcar as matérias*

---

de sua violação; [...] XII - é inviolável o sigilo da correspondência e das comunicações telegráficas, de dados e das comunicações telefônicas, salvo, no último caso, por ordem judicial, nas hipóteses e na forma que a lei estabelecer para fins de investigação criminal ou instrução processual penal; [...] LXXIX - é assegurado, nos termos da lei, o direito à proteção dos dados pessoais, inclusive nos meios digitais (EC 115/2022).

14. CF. *Art. 5º* [...] *XXII - é garantido o direito de propriedade; XXIII - a propriedade atenderá a sua função social;*

15. CF. *Art. 14. A soberania popular será exercida pelo sufrágio universal e pelo voto direto e secreto, com valor igual para todos, e, nos termos da lei, mediante: I - plebiscito; II - referendo; III - iniciativa popular. Art. 45. A Câmara dos Deputados compõe-se de representantes do povo, eleitos, pelo sistema proporcional, em cada Estado, em cada Território e no Distrito Federal. Art. 46. O Senado Federal compõe-se de representantes dos Estados e do Distrito Federal, eleitos segundo o princípio majoritário. Art. 77. A eleição do Presidente e do Vice-Presidente da República realizar-se-á, simultaneamente, no primeiro domingo de outubro, em primeiro turno, e no último domingo de outubro, em segundo turno, se houver, do ano anterior ao do término do mandato presidencial vigente* (EC 16/1997).

16. *CIC.* 2240. *A submissão à autoridade e a corresponsabilidade pelo bem comum exigem moralmente o pagamento dos impostos, o exercício do direito de voto, a defesa do país.*

que decide serem suas e nelas não admite que intervenha a Igreja.[17-18-19]

O preceito do inciso I do art. 19 da Carta Política estatui que é vedado à União, aos Estados, ao Distrito Federal e aos Municípios estabelecer cultos religiosos ou igrejas, subvencioná-los ou manter com eles ou seus representantes relações de dependência ou aliança, ressalvada, na forma da lei, a colaboração de interesse público.

Todavia, o mesmo preceptivo constitucional do art. 19, inciso I, proíbe que as entidades da Federação embaracem o funcionamento das Igrejas ou a vivência privada ou pública da fé.

---

17. DIP, Ricardo. O Estado laico e o magistério eclesial: acolhimento arrependido da modernidade ou apostasia objetiva das nações católicas, in "*Laicismo e Laicidade no Direito*", Ricardo DIP & André Gonçalves Fernandes (coordenadores), São Paulo: Quartier Latin, 2017, p. 273.

18. Cf. DUARTE, Luiz Fernando Dias. GOMES, Edlaine de Campos. MENEZES, Rachel Aisengart. NATIVIDADE, Marcelo (organizadores). *Valores religiosos e legislação no Brasil: a tramitação de projetos de lei sobre temas morais controversos*, Rio de Janeiro: Garamond, 2009. MILANI, Daniela Jorge. *Igreja e Estado: relações, secularização, laicidade e lugar da religião no espeço público*, Curitiba: Juruá Editora, 2015. CASAMASSO, Marco Aurélio Lagreca. *Estado laico:* fundamentos e dimensões do horizonte democrático, Rio de Janeiro: Editora Processo, 2018.

19. Conforme destacado por FONSECA, Francisco Tomazoli da. *Religião e direito no século XXI: a liberdade religiosa no Estado laico*, Curitiba: Juruá Editora, 2015, p. 143 a 144: "A realidade demonstra uma crise na laicidade estatal, uma vez que esta deveria criar um campo de tolerância, ou seja, um ambiente onde todos podem crer ou não, sem, por isso, serem discriminados. [...] Verifica-se que o Estado laico não deve ser um estado *ateu*, que não acredita em religião, pois como fato social, a religião é uma realidade [ontologicamente, o homem acredita em Deus]. E, quando cada uma permanece, ordeiramente no seu local próprio, as mesmas se completam gerando a paz e o bem-estar de todos. [...] E aqui destaca-se a tolerância, entendendo-se esta como um grande instrumento para a harmonia entre fontes do poder e entre as diversas fontes de poder religioso que existe, [...] Estado laico é um Estado que não tem uma religião oficial e tem o dever de tolerância para com todas as religiões; [...]A correta leitura da laicidade deve compreendê-la como uma garantia da liberdade religiosa, e não como um princípio que a ela se oponha. Neste sentido, deve ser considerada incompatível com o sistema constitucional brasileiro certa visão que se mostra refratária à manifestação pública da religiosidade pelos indivíduos e grupos que compõem a Nação e que busca valer-se do Estado para diminuir a importância da religião na esfera social."

De modo que a União, os Estados, do Distrito Federal e os Municípios, em todas suas esferas de poder, cumprem não erguer obstáculos ao exercício dos cultos religiosos, mas protegê-los, impedindo que outros os atrapalhem, podendo o Estado recorrer às instituições religiosas com o intuito de obter colaboração delas em assuntos de interesse público para o bem-estar da sociedade.[20]

---

20. Thiago Rafael VIEIRA e Jean Marques REGINA (*Direito religioso: questões práticas e teóricas*, 3ª edição, *ebook*, São Paulo: Vida Nova, 2020, p. 87 e 88; p.298 a 300) assim ressaltam as relevâncias dos direitos humanos de crença, de culto e de suas correspondentes liturgias e do dever estatal de protegê-los: *Dentre as inúmeras liberdades individuais tuteladas pelo estado encontram-se as liberdades de crença e de culto, dispostas no título constitucional dos Direitos e garantias fundamentais, mas especificamente em seu artigo quinto, incisos VI e VII, e se encontram no âmbito de proteção da liberdade de consciência e expressam a liberdade religiosa. A liberdade de crença é a garantia que qualquer cidadão tem, brasileiro ou não, de optar por professar qualquer religião que escolher, assim como, em razão da liberdade de consciência, também, optar por não escolher nenhuma. Da liberdade de culto decorre o livre exercício de suas liturgias, bem como da assistência religiosa nas entidades civis e militares de internação coletiva e a liberdade dos templos de qualquer culto de se organizarem. E quando reza "na forma da lei", obviamente é no sentido de proteger e assegurar que o livre exercício dos cultos religiosos ocorra e não restringi-lo e/ou impedi-lo [...] O texto constitucional é autoexplicativo: "é garantida, na forma da lei, a proteção aos locais de culto e a suas liturgias", ou seja, a lei deve PROTEGER a realização do culto e nunca RESTRINGIR! É o teor do decreto nº 119-A, de 7/1/1890 e do Código Civil brasileiro: "Art. 1º. É proibido à autoridade federal, assim como, como à dos Estados federados, expedir leis, regulamentos, ou atos administrativos, estabelecendo alguma religião, ou vedando-a, e criar diferenças entre os habitantes do país, ou nos serviços sustentados à custa do orçamento, por motivo de crenças, ou opiniões filosóficas ou religiosas. Art. 2º. A todas as confissões religiosas pertence por igual a faculdade de exercerem o seu culto, regerem-se segundo a sua fé e não serem contrariadas nos atos particulares ou públicos, que interessem o exercício deste decreto. Art. 3º. A liberdade aqui instituída abrange não só os indivíduos nos atos individuais, senão também as igrejas, associações e institutos em que se acharem agremiados; cabendo a todos o pleno direito de se constituírem e viverem coletivamente, segundo o seu credo e a sua disciplina, sem intervenção do poder público [...] (Decreto nº 119-A) Art. 44. [...]* ***§1º São livres a criação, a organização, a estruturação interna e o funcionamento das organizações religiosas, sendo vedado ao poder público negar-lhes reconhecimento ou registro dos atos constitutivos e necessários ao seu funcionamento.*** *[Incluído pela Lei nº 10.825, de 22.12.2003] (CCB)". Por fim, são diversos os tratados internacionais que protegem o exercício do culto, [...] Inclusive, cumpre lembrar que, na medida em que o PDM impede o funcionamento de uma organização religiosa está, também, incorrendo em discricionariedade e intolerância religiosa, discriminando a fé dos munícipes daquela cidade e sendo intolerante com sua religião. O Estado deve LUTAR contra a discriminação e a intolerância, e não o contrário! É o teor da Declaração das Nações Unidas sobre a Eliminação de Todas as Formas de*

E essa colaboração recíproca é muitíssimo importante, indispensável e querida pela Constituição de 1988: o Estado brasileiro, por ser laico, não tem uma única religião oficial,[21] mas isso não significa que não deva atuar de forma positiva e colaborativa com todas as religiões, e a recíproca é verdadeira; todas as religiões devem colaborar com o Estado e com a sociedade, na promoção do bem de todos sem preconceitos de origem, raça, sexo, cor, idade e sem quaisquer outras formas de discriminação. (CF, art. 3º, IV), não só na seara do crescimento espiritual dos fiéis, mas, também, no campo da assistência social, da educação para a cidadania, da formação e ensino, da saúde, da alimentação e do abrigo.

Foi para contribuir para o alcance desse escopo, ou seja, para obstar a que os entes federados, por meio de tributação, venham a criar obstáculos às instituições religiosas, aos seus cultos, às suas liturgias e às manifestações de religiosidade do povo, que a Constituição da República, de 1988, no seu art. 150, inciso VI, alínea *b*,

---

Intolerância e de Discriminação Baseados em religião ou crença: "Artigo 4º. §1º Todos os Estados adotarão medidas eficazes para prevenir e eliminar toda discriminação por motivos de religião ou convicções, no reconhecimento, do exercício e do gozo dos direitos humanos e das liberdades fundamentais em todas as esferas da vida civil, econômica, política, social e cultural. §2º Todos os Estados farão todos os esforços necessários para promulgar ou derrogar leis, segundo seja o caso, a fim de proibir toda discriminação deste tipo e por tomar as medidas adequadas para combater a intolerância por motivos ou convicções na matéria." Concluindo: ao impedir a abertura de uma organização religiosa e, por conseguinte, o exercício do culto, o município estará incorrendo numa afronta direta ao preceito fundamental da dignidade da pessoa humana, expressa, neste caso, na liberdade de culto. Ao não permitir que a pessoa humana cultue seu Deus/deuses/Divindades, estará ofendendo o seu íntimo, o bem mais importante de sua alma: sua crença e fé, logo sua dignidade como pessoa humana.

21. Cf. SILVA JR., Antônio Carlos da Rosa. *Entre laicidade e laicismo: por uma interpretação constitucional da relação entre o estado e a religião*, in SILVA Jr. A.C.R.; MARANHÃO, Ney; PAMPLONA FILHO, Rodolfo (coordenadores), "Direito e cristianismo: temas atuais e polêmicos", Rio de Janeiro: Editora Betel, 2014, p. 127.

§ 4º,[22] e art. 195, § 7º,[23] até estabelece as imunidades subjetivas de impostos e de contribuições para a seguridade social em favor das Igrejas.

A esse respeito, Ives Gandra da Silva Martins e Celso Ribeiro Bastos trazem o seguinte escólio ao inciso I do art. 19 da Constituição Federal, *verbis*: "o princípio fundamental é o de não colocação de dificuldades e embaraços à criação de Igrejas. Pelo contrário, há até um manifesto intuito constitucional de estimulá-las, o que é evidenciado pela imunidade tributária que gozam."[24]

Jamais pode ser olvidado que a Constituição brasileira, promulgada em 5 de outubro de 1988, afirma, logo no seu primeiro artigo, que o Brasil é um Estado de Democracia Representativa de Direito, alicerçado na dignidade da pessoa humana, onde todo poder emana do povo (CF, art. 1º, parágrafo único).[25]

É lamentável que alguns ainda confundem Estado laico com o Estado agnóstico ou ateu, este que até mesmo proíbe, restringe ou tolhe a liberdade das instituições religiosas e de seus fiéis, chegando ao ponto, quando toleram alguma coisa, de realizar censura prévia das homilias e de

---

22. CF. *Art. 150. Sem prejuízo de outras garantias asseguradas ao contribuinte, é vedado à União, aos Estados, ao Distrito Federal e aos Municípios*: [...] *VI - instituir impostos sobre* (EC 3/1993)*:* [...] *b) templos de qualquer culto;* [...] *§ 4º. As vedações expressas no inciso VI, alíneas "b" e "c", compreendem somente o patrimônio, a renda e os serviços, relacionados com as finalidades essenciais das entidades nelas mencionadas.*

23. CF. *Art. 195.* [...] *§ 7.º São isentas [imunes] de contribuição para a seguridade social as entidades beneficentes de assistência social que atendam às exigências estabelecidas em lei.*

24. BASTOS, Celso Ribeiro; GANDRA, Ives Gandra da Silva. *Comentários à Constituição do Brasil, promulgada em 5 de outubro de 1988*, 3ª edição, 2º volume, São Paulo: Saraiva, 2004, p. 55.

25. CF. "Art. 1º. [...] Parágrafo único. Todo o poder emana do povo, que o exerce por meio de representantes eleitos ou diretamente, nos termos desta Constituição."

falas de sacerdotes, como tem sucedido nos Países comunistas,[26-27-28] e procuraram desqualificar e afastar valores das religiões e as opiniões de pessoas religiosas de todo e qualquer debate político ou relacionado com os interesses

---

26. Entre os Países ditatoriais que mais perseguem as religiões que não sejam a sua oficial ou que perseguem toda e qual religião, sobretudo o cristianismo, religiões que pregam, entre outros valores a busca da verdade e a liberdade, está a Coreia do Norte, Afeganistão, Somália, Iêmen, Líbia, Nigéria, Paquistão, Irã, Sudão, Índia, China, Cuba, Nicarágua. (https://portasabertas.org.br/lista-munial/paises-da-lista) – pesquisa realizada em 19/5/2023.

27. Cf. TORRES, Daniel Chagas. *A cristofobia no século XXI:* entendendo a perseguição aos cristãos no terceiro milênio, *ebook*, Charleston: Createspace, 2015, posições 2097, 2164 e 2181. A respeito da situação da China em relação às religiões, transcrevam-se os seguintes trechos desta obra: "As Igrejas não autorizadas, entre elas a Igreja Católica Apostólica Romana, ligada ao Vaticano, tem que promover suas atividades de forma subterrânea. Há mais cristãos presos na China que em qualquer outro país no mundo. [...] Por mais que isso possa soar como revelador, a China é signatária do tratado de direitos humanos da ONU. Logo, pela liberdade religiosa fazer parte dos direitos humanos, podemos sim considerar um absurdo completo o que ocorre naquele país. Qualquer atividade religiosa não oficial é alvo de desconfiança e de repressão. Para os Católicos, foi criada uma Associação Católica Patriótica Chinesa (ACPC) que não obedece às normas do Vaticano, mas sim ao partido. Sem nenhum mandato papal, inúmeros bispos são *autoeleitos* e *autoconsagrados*. A Santa Sé já se manifestou explicando que o mandato papal é essencial para a fé católica e uma necessidade básica do credo. [...] Em boa parte dessas ordenações esdrúxulas, [...] às vezes, o próprio candidato pode estar contra a intervenção indevida [...], o que provoca descontentamento dos fiéis e do próprio Vaticano."

28. *CIC* 2425. *A Igreja rejeitou as ideologias totalitárias e ateias, associadas, nos tempos modernos, ao "comunismo" ou ao "socialismo". Por outro lado, recusou, na prática do "capitalismo", o individualismo e o primado absoluto da lei do mercado sobre o trabalho humano* (cf. João Paulo II, Enc. *Centesimus annus*, 10: AAS 83 - 1991 - 804-806; *Ibid.*, 13: AAS 83 (1991) 809-810; *Ibid.*, 44: AAS 83 – 1991 - 848-849). *Regular a economia só pela planificação centralizada perverte a base dos laços sociais: regulá-la só pela lei do mercado é faltar à justiça social, "porque há numerosas necessidades humanas que não podem ser satisfeitas pelo mercado"* (Santo João Paulo II, Enc. *Centesimus annus*, 34: AAS 83 - 1991 - 836). *É necessário preconizar uma regulação racional do mercado e das iniciativas económicas, segundo uma justa hierarquia dos valores e tendo em vista o bem comum. CIC 2426. O desenvolvimento das atividades econômicas e o crescimento da produção destinam-se a socorrer às necessidades dos seres humanos. A vida econômica não visa somente multiplicar os bens produzidos e aumentar o lucro ou o poder; ordena-se, antes de mais, para o serviço das pessoas, do homem integral e de toda a comunidade humana. Conduzida segundo métodos próprios, a atividade econômica deve exercer-se dentro dos limites da ordem moral e segundo as normas da justiça social, a fim de corresponder ao desígnio de Deus sobre o homem* (Cf. II Concílio do Vaticano, Const. past. *Gaudium et spes*, 64: AAS 58 -1966 - 1086).

públicos ou da Administração pública,[29] como se os crentes pudessem ser considerados como cidadãos de segunda ou terceira classes.

Alguns políticos ou doutrinados pela nova ordem mundial,[30] até mesmo infiltrados dentro das instituições religiosas, empregam todas as suas forças para destruir a civilização ocidental judaico-cristã,[31] aspirando mesmo a não deixar pedra sobre pedra,[32] além de buscarem, sem trégua, desacreditar, ridicularizar, lacrar e até mesmo eliminar as pessoas de convicções religiosas tradicionais, justamente a maioria do nosso povo, ainda que o inciso III do mesmo art. 19 da Constituição vede *à União, aos Estados, ao Distrito Federal e aos Municípios criar distinções entre brasileiros ou preferências entre si.*

---

29. *CIC.* 2420. *A Igreja emite um juízo moral em matéria econômica e social, "quando os direitos fundamentais da pessoa ou a salvação das almas o exigem"* (II Concílio do Vaticano, Const. past. *Gaudium et spes,* 76: AAS 58 - 1966 - 1100). *Na ordem da moralidade, ela exerce uma missão diferente da que concerne às autoridades políticas: a Igreja preocupa-se com os aspectos temporais do bem comum em razão da sua ordenação ao Bem soberano, nosso fim último. E esforça-se por inspirar as atitudes justas, no que respeita aos bens terrenos e às relações socioeconômicas.*

30. Cf. ROCCELLA, Eugênia & SCARAFFIA, Lucetta. *Contra o cristianismo: a ONU e a União Europeia como nova ideologia*, São Paulo: Editora Ecclesiae, 2014. COSTA, Alexandre. *Introdução à nova ordem mundial*, 2ª edição, Campinas: Vide Editorial, 2015; COSTA, Alexandre (org.). *As várias faces da nova ordem mundial*, Campinas: Vide Editorial, 2021. JIMÉNEZ, Cristina Martín. *Os donos do mundo*, Campinas: Vide Editorial, 2020.

31. A verdade no sentido de que a Igreja Católica edificou a civilização ocidental pode ser constatada nas seguintes obras de autoria de sérios historiadores: WOODS JR. Thomas E. *Como a Igreja Católica construiu a civilização ocidental*, São Paulo: Quadrante, 2008. HOPS, Daniel. *A história da Igreja Católica* (10 volumes), 3ª edição, São Paulo: Quadrante, 2014. AQUINO, Felipe. *Uma história que não é contada*, 7ª edição, Lorena: Cléofas, 2010; *História da Igreja* (3 volumes), Lorena: Cléofas, 2016.

32. Cf. IBRAHIM, Raymond. *Crucificados: relatos da nova guerra do Islã contra os cristãos*, São Paulo: Editora Ecclesiae, 2013. ANTEQUERA, Luis. Cristofobia: a perseguição aos cristãos no século XXI, Florianópolis: ID Editora, 2020.

Devido a essa ignorância proveniente da confusão entre os conceitos de Estado laico e o Estado laicista,[33] [34] grupos de pessoas da sociedade, altamente intolerantes e com nenhum apreço à democracia, ao direito de expressão, à história, à cultura e às artes, têm demandado as retiradas de símbolos religiosos das repartições públicas,[35] [36] o fim dos feriados religiosos,[37] a remoção da minúscula expressão contida nas

33. TORRES, Daniel Chagas. Obra citada, *e-book*, posições 3176 e 3192: "O Estado Laico significa apenas que o Estado não adotará uma religião oficial, não subvencionará uma religião específica oficial, dará plena liberdade de escolha de religião aos seus cidadãos, inclusive, respeitando o direito de não crença dos ateus ou agnósticos. Em nenhum momento, está dito que os religiosos estão excluídos de defender suas ideias no campo democrático ou excluídos de poder influenciar no quadro político com seu corpo de valores oriundos de suas crenças. O Estado é laico, mas a sociedade não. Lembremos que é do povo que emana todo poder em uma sociedade democrática. Dessa forma, assim como o Estado não é um fim em si mesmo. Ele está para servir à sociedade, e não a sociedade para servir ao Estado. Toda vez que personalidade jurídica estatal quer eliminar os valores íntimos da sociedade, que geralmente se aproximam de seus valores religiosos e de consciência, há um verdadeiro desserviço social. O Estado Laicista, por sua vez, é o que apresenta aversão às religiões, seus valores, suas manifestações públicas. Isso é totalmente diverso da terminologia *Estado Laico*, e muitos não percebem que estão defendendo o laicismo ao invés do verdadeiro Estado Laico."

34. Recomenda-se a leitura do livro de SANTAMARÍA, Francisco. *A religião sob suspeita: laicismo e laicidade*, São Paulo: Quadrante, 2013, que alerta sobre os preconceitos dos não-crentes, esquecidos ou desconhecendo estes o que está expresso na Constituição Brasileira de 1988 em termos de princípios e valores concernentes aos direitos humanos.

35. Paulo Gustavo Gonet BRANCO deixa claro (BRANCO, Paulo Gustavo Gonet. MENDES, Gilmar Ferreira, *Curso de direito constitucional*, 13ª edição, São Paulo: Saraiva, 2018, p. 326): "A liberdade religiosa consiste na liberdade para professar fé em Deus. Por isso, não cabe arguir a liberdade religiosa para impedir a demonstração da fé de outrem ou em certos lugares, ainda que públicos. O Estado, que não professa o ateísmo, pode conviver com símbolos que não somente correspondem a valores que informam a sua história cultural do povo, como remetem a bens encarecidos por parcela expressiva de sua população – por isso, também, não é dado proibir a exibição de crucifixos ou de imagens sagradas em lugares públicos."

36. Cf. RODRIGUES, Eder Bomfim. *Estado laico e símbolos religiosos no Brasil: as relações entre estado e religião no constitucionalismo contemporâneo*, Curitiba: Editora Juruá, 2014, p. 304 a 322.

37. Traga-se também à colação a corroboração de Antônio Carlos da Rosa SILVA JUNIOR sobre o Estado laicista (*O modelo brasileiro de laicidade estatal e sus repercussão na hermenêutica da liberdade religiosa*, obra já citada, páginas 76 e 84): "A expressão laicismo, por seu turno, designaria uma ideologia marcada pelo

cédulas monetárias de Real: *Deus seja louvado*, chegando ao ridículo de defender a destruição do monumento do *Cristo Redentor* – uma das sete novas maravilhas do mundo moderno (embora por motivos óbvios, tal eleição não ter tido o apoio da Unesco, órgão da ONU), bem como chegando **à insensatez** de postular mudanças de nomes religiosos de estados e cidades, entretanto, no mais das vezes, felizmente, o Poder Judiciário pátrio, até aqui, tem resistido,[38] assentando que isso tudo não fere o princípio do Estado laico, sendo mero reflexo da cultura da sociedade brasileira, consequência natural da cultura ocidental cristã.

A laicidade propugna pela inexistência de uma única religião oficial no Estado, acolhe igualmente todas as religiões, respeitando seus valores, muitos deles considerados absolutos, provenientes da natureza e da eleva dignidade do ser humano, seus cultos, os locais de culto e suas liturgias, e mantém e recomenda a colaboração entre as instituições religiosas e o Estado com vista ao atendimento do bem-estar comum da sociedade. Acata a recomendação de

---

indiferentismo ou – quando não – por uma aberta hostilidade à religião, visando enclausurá-la dentro do mundo da consciência e reduzi-la a um assunto de foro íntimo. Nesse caso, o Estado não apenas se absteria de intervir no domínio religioso, mas adotaria atitudes tendentes a afastar qualquer influência religiosa no espaço público [...] propugnaria pela negação de toda intervenção da Igreja, inclusive dos valores religiosos, na vida social e política."

38. O Conselho de Justiça Federal, nos Pedidos de Providências 1.344, 1.345, 1.346 e 1.362, *decisum* public. em 25/6/2007, por maioria, não viu inconstitucionalidade na fixação de crucifixo em repartição pública, no caso, em sala de sessão de Tribunal de Justiça, como é tradição em todo País. O relator, Conselheiro Oscar Argollo, foi muito feliz em fundamentar o seu voto que "não podemos ignorar a manifestação cultural da religião nas tradições brasileiras, que hoje não representa qualquer submissão ao Poder clerical". Realçou que "o crucifixo é um símbolo que homenageia princípios éticos e representa, especialmente, a paz". Esclareceu que as disposições do inciso I do art. 19 da CF/1988 não implicam "vedação para a exposição de símbolo religioso em ambiente de órgão público, ou que a exposição faz o Estado se tornar clerical", tendo concluído que "a presença de um símbolo religioso, *in casu* o crucifixo, numa dependência de qualquer órgão do Poder Judiciário, não viola, discrimina ou, sequer, *perturba ou tolhe os direitos e a ação de outrem ou dos outros.*"

Jesus Cristo: "dai a César o que é de César e a Deus o que é de Deus" (Mateus, 22, 21).[39]

Já o laicismo é averso a toda e qualquer religião, ridiculariza, persegue ou proíbe os valores religiosos, seus símbolos e as Igrejas, nega e aniquila o direito à liberdade de crença religiosa, é indiferente ou nega a verdade e impõe a ditadura do relativismo de valores em favor de seus interesses inconfessáveis, demagogicamente ocultados.[40] Afasta-se da orientação de Jesus Cristo: "E conhecereis a verdade, e a verdade vos libertará" (João 8,32).

Merece aplauso o reconhecimento, pelo Supremo Tribunal Federal (STF), por ocasião do julgamento da ADI nº 2.566/DF, de que a liberdade religiosa não é exercível apenas no âmbito privado, na intimidade do lar ou nos templos, mas também no espaço público, e inclui o direito de tentar convencer os outros, por meio do ensinamento e exemplo de vida, a se converter ou mudar de religião,

---

39. Com essa recomendação, Nosso Senhor Jesus Cristo demonstra sua anuência com o Estado laico: o cristão deve cumprir as leis estatais justas, mas também deve resistir ao Estado quando este se põe contra Deus e a sua lei, cumprindo, assim, a objeção de consciência. O amor cima de tudo e de todos deve ser dirigido para Deus.

40. Organismos internacionais, fundações de trilionários e movimentos ditos como feministas, em nome da suposta defesa da mulher, de sua sexualidade, e da liberdade de ser ela dona do próprio corpo advogam agressivamente e financiam o aborto, como se fosse um legítimo instrumento de saúde pública, mas suas falácias ficam escancaradas, quando silenciam, nada criticam, esquecem a defesa da mulher, quando os abortos, em alguns países totalitários ou comunistas, são praticados por imposição estatal. A esse respeito, André de Carvalho RAMOS (in *Direito internacional dos refugiados*, 2021, p.16) relata que "o ACNUR adotou o seguinte posicionamento sobre esses casos: o 'planejamento familiar' não é uma perseguição *per se*, mas pode ser implementado de modo a perseguir determinadas pessoas. Assim, é necessário que, no caso concreto, haja fatos que evidenciem a perseguição pelas autoridades locais chinesas a determinada família, não bastando seu desejo de não se submeter às políticas gerais de desestímulo e perda de benefícios aos casais com mais de um filho." Este é apenas um exemplo entre outras sofismas, utilizadas por essa gente, que se julga os atuais donos do mundo.

uma vez que discurso proselitista é inerente à liberdade de expressão religiosa.[41] [42]

Assim, ao contrário da defendida impossibilidade de convivência harmoniosa entre o Estado ou o mundo secular e a ciência e as Igrejas e a fé, o que a Constituição brasileira propõe é a colaboração republicana e a soma de esforços tendo como objetivo o alcance do bem-comum.[43]

Na esteira do que proclamou o Santo Padre, o Papa João Paulo II, (Carta Encíclica *Fides et Ratio*): "A fé e a razão (*fides et ratio*) constituem como que as duas asas pelas quais o espírito humano se eleva para a contemplação da verdade. Foi Deus quem colocou no coração do homem o desejo de conhecer a verdade e, em última análise, de O

---

41. BRASIL, STF-Pleno. ADI 2.566/DF, rel. p/ o ac. min. Edson Fachin, j. 16/5/2018, *DJe*-225 de 23/10/2018. "Ementa: AÇÃO DIRETA DE INCONSTITUCIONALIDADE. DIREITO CONSTITUCIONAL. LEI N. 9.612/98. RÁDIODIFUSÃO COMUNITÁRIA. PROBIÇÃO DO PROSELITISMO. INCONSTITUCIONALIDADE. PROCEDÊNCIA DA AÇÃO DIRETA. 1. A liberdade de expressão representa tanto o direito de não ser arbitrariamente privado ou impedido de manifestar seu próprio pensamento quanto o direito coletivo de receber informações e de conhecer a expressão do pensamento alheio. 2. Por ser um instrumento para a garantia de outros direitos, a jurisprudência do Supremo Tribunal Federal reconhece a primazia da liberdade de expressão. 3. A liberdade religiosa não é exercível apenas em privado, mas também no espaço público, e inclui o direito de tentar convencer os outros, por meio do ensinamento, a mudar de religião. O discurso proselitista é, pois, inerente à liberdade de expressão religiosa. Precedentes. 4. A liberdade política pressupõe a livre manifestação do pensamento e a formulação de discurso persuasivo e o uso de argumentos críticos. Consenso e debate público informado pressupõem a livre troca de ideias e não apenas a divulgação de informações. 5. O artigo 220 da Constituição Federal expressamente consagra a liberdade de expressão sob qualquer forma, processo ou veículo, hipótese que inclui o serviço de radiodifusão comunitária. 6. Viola a Constituição Federal a proibição de veiculação de discurso proselitista em serviço de radiodifusão comunitária. 7. Ação direta julgada procedente."

42. O Evangelho segundo São Mateus, 28, 18-20 expressa a ordem de Nosso Senhor Jesus Cristo à Igreja por Ele fundada: "*Portanto, ide e fazei discípulos meus todos os povos, batizando-os em nome do Pai e do Filho e do Espírito Santo, e ensinando-os a observar tudo o que vos ordenei! Eis que Eu estarei convosco todos os dias, até ao fim do mundo.*"

43. *CIC*. 1910. *Se cada comunidade humana possui um bem comum que lhe permite reconhecer-se como tal, é na comunidade política que se encontra a sua realização mais completa. Compete ao Estado defender e promover o bem comum da sociedade civil, dos cidadãos e dos corpos intermédios.*

conhecer a Ele, para que, conhecendo-O e amando-O, possa chegar também à verdade plena sobre si próprio (cf. *Ex* 33, 18; *Sal* 2726, 8-9; 6362, 2-3; *Jo* 14, 8; *1 Jo* 3, 2)."[44]

A respeito do que estamos discorrendo, por ocasião do julgamento da Ação de Descumprimento de Preceito Constitucional Fundamental (ADPF) nº 54, referente ao julgamento da descriminalização de aborto de embrião anencéfalo e a relação entre o Estado laico e o direito de manifestação da sociedade,[45] tendo em vista o debate moral e ético pertinente, o senhor Ministro Gilmar Mendes reconheceu a legitimidade da manifestação, nesse processo, de várias organizações da sociedade, inclusive de organizações de caráter religioso, embora estas, naquela ocasião, em muitíssimo menor número. Traga-se à colação trecho do voto de Sua Excelência, *in verbis*:

> Nesse contexto, é importante refutar a compreensão de que o Estado laico previsto na CF/1988 impede a manifestação e a participação de organizações religiosas nos debates públicos. Os argumentos de entidades e organizações religiosas podem e devem ser considerados pelo Estado, pela Administração, pelo Legislativo e pelo Judiciário, porque também se relacionam a razões públicas e não somente a razões religiosas.
>
> A propósito, o Conselho Nacional de Justiça organizou recentemente Seminário Internacional sobre o Estado Laico e a Liberdade Religiosa, acentuando o caráter de separação, mas também de cooperação mútua entre Estado e Confissões Religiosas (MARTINS FILHO, Ives Gandra da Silva & NOBRE, Milton Augusto de Brito (coords.). Estado Laico e a Liberdade Religiosa. São Paulo: LTr, 2011). [...]

---

44. *Carta Encíclica Fides et Ratio do Sumo Pontífice João Paulo II aos Bispos da Igreja Católica e sobre as relações entre fé e razão,* in *Fides et Ratio* (14 de setembro de 1998) | João Paulo II (vatican.va). Busca realizada no dia 24/5/2023.

45. *CIC.* 2322. *Desde que foi concebida, a criança tem direito à vida. O aborto direto, isto é, querido como fim ou como meio, é uma "prática infame"* (cf. II Concílio do Vaticano, Const. past. *Gaudium et spes,* 27: AAS 58 – 1966 - 1048.), *gravemente contrária à lei moral. A Igreja pune com a pena canônica da excomunhão este delito contra a vida humana.*

> Nos temas de aprofundado conteúdo moral e ético, é importante, se não indispensável, escutar a manifestação de cristãos, judeus, muçulmanos, ateus ou de qualquer outro segmento religioso, não só por meio das audiências públicas, quanto por meio do instituto do *amicus curiae*. [...]
>
> Teço essas considerações para registrar a minha inequívoca posição no sentido de que a admissão de *amici curiae*, de qualquer confissão religiosas, posição ideológica ou política, deve ser privilegiada por esta Corte. Em se tratando de ações de controle abstrato de constitucionalidade, isso é particularmente evidente, ante a repercussão da decisão.
>
> Por outro lado, é preciso ressaltar, como o fez Schmitt ao tratar do conceito do político, que todo assunto capaz de mobilizar ou dividir uma comunidade convola-se imediatamente em matéria afeita à política, deixando de se referir, portanto, apenas à saúde, ao crime etc. Por essa razão, ressalto a minha posição em defesa da possibilidade de manifestação da sociedade, sobretudo em ações delicadas como a presente.

Do Direito comparado, impende trazer à colação o magistério do professor catedrático da Faculdade de Direito da Universidade Nova de Lisboa e da Universidade Autônoma de Lisboa Dr. Jorge Bacelar Gouveia acerca das relações entre Direito e Religião, *in verbis*:

> Como bem se compreende, tem sido tudo menos linear a relação do Direito com a Religião, sendo esta vista tanto sob a ótica institucional – as organizações religiosas – com sob a ótica comportamental – os mandamentos religiosos – que se traduzem em normas de conduta, perante Deus e perante os homens. [...]
>
> Recorrendo os esquemas conceptuais do concurso de normas jurídicas, é viável observar três relações possíveis entre Direito e Religião, no lado normativo que em cada um deles se apresenta manifestamente presente: [...]
>
> As relações de coincidência implicam que as normas jurídicas sejam normas religiosas, sendo esta afirmação verdadeira tanto em um contexto de unitarismo religioso - por só haver uma religião praticada – como em contexto de pluralismo religioso – havendo, nesse caso, várias religiões.
>
> Não são difíceis de se imaginar casos que bem exemplificam esta semelhança de tratamento dado pelo Direito e pela Religião: no

plano dos direitos das pessoas, são várias as situações de identidade normativa, como na proteção da vida humana através do mandamento de "...não matar o próximo".

As relações de indiferença representam a existência de orientações normativas distintas porque pertinentes a âmbitos de convivência diversos, havendo preocupações que só dizem respeito ao Direito e havendo preocupações que só dizem respeito à Religião.

É esta modalidade de relações entre Direito e Religião que melhor assinala a singularidade de cada um deles nos objetivos que levam por diante: o Direito pretendendo regular as relações sociais e a Religião estabelecendo as orientações a seguir pelas pessoas, com Deus e entre si por reflexo de Deus, numa lógica sobrenatural, e não já terrena.

Por isto mesmo, não são difíceis de encontrar exemplos que ilustram estas relações de indiferença, porventura sendo este o campo mais fértil desses mesmos exemplos: a religião tem normas sobre a relação pessoal com deus, enquanto o Direito tem normas administrativas e técnicas que são irrelevantes daquela perspectiva.

As relações de conflito traduzem-se na existência de orientações normativas contrárias, colocando a pessoa na posição de conflito na contraposição entre ser "cidadão" e ser "crente".

O tempo tem vindo a suavizar estas situações de conflito entre o Direito e a Religião, em boa parte fruto de uma concepção hiperbólica de ocupação do espaço próprio do outro.

Contudo, subsistem situações de conflito, sempre indesejáveis, e que se traduzem em pontos relacionados com a moralidade dos atos humanos, como é o caso da proteção da vida no aborto, genericamente condenado pelas normas religiosas, mas em certos termos admitido pelas normas jurídicas. [...]

Não parece ser aceitável, desde logo, a adoção de um modelo de laicismo - não confundir com o modelo de laicidade - em que o Estado, o poder político em geral e o Direito assumem que as religiões não existem, caindo eles próprios numa religião negativa, que é a antirreligião.

Sem dúvida que a França é um Estado que perigosamente se aproxima deste modelo, em cujo ordenamento jurídico certas leis – como a lei do uso dos símbolos religiosos – pretende erradicar qualquer manifestação de religiosidade do espaço público, neste caso, das escolas públicas, numa óbvia violação da liberdade religiosa mais elementar.

> Ou de certa forma nalguns Estados que ainda têm uma inspiração marxista-leninista se verificam limitações graves ao exercício da liberdade religiosa, não tanto no plano individual, quanto no plano institucional, no qual cada confissão religiosa, de âmbito nacional ou internacional, tem o direito de livremente se organizar.
>
> Também parece ser condenável que noutros Estados, como sucede nalguns dos Estados com fusão ou identificação religiosa, religiões não dominantes não sejam toleradas, quando não mesmo reprimidas, limitando-se o culto ao espaço privado de algumas embaixadas...[46]

A verdade é que a Constituição da República Brasileira coloca Deus, a liberdade de crença, de cultos, de liturgias, o ensino das religiões e muitos dos valores religiosos em merecidos pedestais.

O próprio preâmbulo da Constituição de 1988, promulgada confessadamente *sob a proteção de Deus*,[47] [48] já nos dá o norte interpretativo de muitos princípios e normas constitucionais contidos no corpo dela e, em decorrência, essa feliz locução juntamente com os outros princípios e normas

---

46. GOUVEIA, Jorge Bacelar. *Direito, religião e sociedade no estado constitucional*. Belo Horizonte: Arraes Editores, 2013, p. 4 e10.

47. Assim reza o preâmbulo da CF/1988: "Nós, representantes do povo brasileiro, reunidos em Assembleia Nacional Constituinte para instituir um Estado Democrático, destinado a assegurar o exercício dos direitos sociais e individuais, a liberdade, a segurança, o bem-estar, o desenvolvimento, a igualdade e a justiça como valores supremos de uma sociedade fraterna, pluralista e sem preconceitos, fundada na harmonia social e comprometida, na ordem interna e internacional, com a solução pacífica das controvérsias, promulgamos, sob a proteção de Deus, a seguinte Constituição da República Federativa do Brasil."

48. Sobre a força normativa do preâmbulo da Constituição, cf. SARAIVA FILHO, Oswaldo Othon de Pontes. *A interpretação do preâmbulo da Constituição Federal de 1988 - a alusão à expressão "sob a proteção de Deus" - e a autonomia do direito religioso brasileiro, conferida pela Lei Maior*, in "Preâmbulo da Constituição Federal", Ives Gandra da Silva MARTINS, Paulo de Barros CARVALHO e Luiz\ Gonzaga BERTELLI (coordenadores), São Paulo: Noeses, 2021, p. 163 a 195. SILVA, José Afonso da. *Comentário contextual à Constituição*, 7ª edição, São Paulo: Malheiros, 2010, p. 25 e 26. BRANCO, Paulo Gustavo Gonet. MENDES, Gilmar Ferreira. *Opus citatum*, 2018, p. 76 e 77.

constitucionais positivados dão vetor exegético para todas as demais regras do ordenamento jurídico pátrio.[49]

De modo que a locução "sob a proteção de Deus",[50] do anteâmbulo da Constituição do Brasil, demonstra o justo respeito e adesão dos constituintes originários à tradição, à história, à cultura e ao regime democrático, sem que tenha ocorrido sequer o menor arranhão ao fato de a República Federativa do Brasil ser proclamada um Estado laico, tendo em vista, ainda, que a referência a Deus é inter-religioso ou ecumênico, tendo em vista também, o fato de nossa sociedade ser pluralista.[51-52]

Rodrigo Arnoni Scalquette deixa explicado: *Do exposto, a presença de Deus no Preâmbulo da Constituição revela uma opção política de nossa sociedade – a face teísta -, pois o Brasil*

---

49. Na lição de Pinto FERREIRA: "O preâmbulo de uma Constituição nunca deve ser considerado mera fórmula [...]. Ele é, ao contrário, parte integrante da Constituição. Tem, assim, o mesmo valor que a Constituição e está acima das leis ordinárias (in *Curso de direito constitucional*, 12ª edição, São Paulo: Saraiva, 2007, p. 71).

50. Com exceção apenas da Constituição da República Federativa do Brasil de 1891 e da outorgada de 1937, todas as demais Cartas Políticas do Brasil referem-se à proteção Deus.

51. Eis o magistério de Francisco Gérson Marques de LIMA (*Fundamentos constitucionais do processo*. São Paulo: Malheiros, 2002, p. 20 e 21), acerca do significado interpretativo do preâmbulo da CF/1988: "O *preâmbulo* da Constituição serve de parâmetro interpretativo dos preceitos desta, além de proclamar seus princípios básicos. Por força do *Preâmbulo*, a Constituição irradia uma pauta de valores, entre os quais se situa a justiça, a orientar não só a interpretação constitucional, mas a aplicação de todo o ordenamento jurídico, eis que no esquema de validez hierárquica, este deve obedecer à Carta Magna. O *Preâmbulo* traça as diretrizes políticas, filosóficas e ideológicas da Constituição, e expressa objetivamente a ordem que transcende a própria Lei Maior, na medida em que condensa todo o seu espírito e o seu fundamento. E isto deve orientar o atuar jurídico e a prática judicial, vale dizer, todo o processo de aplicação do Direito. Enfim, no *Preâmbulo,* está o espírito da Constituição, funcionando ele como uma justificação do constituinte e do povo e um resumo do teor da nova Carta."

52. **É comum que os valores e objetivos expressos no Preâmbulo da Carta** Política de 1988 sejam invocados como reforço argumentativo em decisões de adjudicação de direitos: STF: RMS 26.071/DF, 1ª T., rel. min. Carlos Britto, *RTJ* 205-1, p. 203; HC 94.163/RS, 1ª T., rel. min. Carlos Britto, *DJe*-200 23/10/2009; HC 92.435/SP, 1ª T., rel. min Carlos Britto, *RTJ* 208-1, p. 287.

não é um país ateu ou agnóstico. Reverencia o Senhor, sem que isso signifique adesão a esse ou àquele movimento religioso e, ainda sim, logo de início, constatamos a sua não neutralidade.[53]

Assim é que a norma constitucional do inciso VI do art. 5º reza que *é inviolável a liberdade de consciência e de crença, sendo assegurado o livre exercício dos cultos religiosos e garantida, na forma da lei, a proteção aos locais de culto e a suas liturgias.*

Insta colimar que a importância atribuída pela Constituição Brasileira aos cultos religiosos, aos locais de culto e suas liturgias é tão proeminente, que ela determina ao legislador infraconstitucional sua proteção por meio de lei ordinária.[54]

E, no inciso VIII do mesmo art. 5º, dispõe a nossa Lei Maior que *ninguém será privado de direitos por motivo de crença religiosa ou de convicção filosófica ou política, salvo se as invocar para eximir-se de obrigação legal a todos imposta e recusar-se a cumprir prestação alternativa, fixada em lei,* chegando, portanto, até mesmo a consagrar a objeção de consciência.[55-56]

---

53. SCALQUETTE, Rodrigo Arnoni. *História do direito:* perspectivas histórico-constitucionais da relação entre Estado e religião São Paulo: Editora Atlas, 2013, p. 175 a 176.

54. Avive-se que os arts. 208 a 211 do Código Penal disciplinam os crimes contra o sentimento religioso e contra o respeito aos mortos.

55. VIEIRA, Thiago Rafael: "O prestígio constitucional da importância do fenômeno religioso é evidente a tal ponto de excepcionar aqueles que, por motivo de crença, optarem por se eximir de atividades militares, fornecendo uma alternativa em outras modalidades de serviço. O ponto fulcral da escusa militar está no fato de o Estado soberano abrir mão de sua força militar, para dar viabilidade ao imperativo da crença religiosa. Trata-se de um ato que reafirma o Estado laico colaborativo, ao compreender o alcance da religião na vida humana: um alcance integral que deve ser respeitado e não maculado por qualquer instituição, dentre as quais se encaixa o próprio Estado." (In *A previsão constitucional do direito religioso no Brasil e sua autonomia constitucional*, in "Dignitas – *Revista Internacional do Instituto Brasileiro de Direito e Religião*", volume 1, nº 1, 2020, p. 18, (http://dignitas.ibdr.org.br/index.php/dignitas/article/view/11)

56. Sobre o direito fundamental à objeção de consciência, cf. GOUVEIA, Jorge Bacelar. In *Direito, religião e sociedade no estado constitucional, opus citatum*, 2013, p. 117 a 147.

De fato, se a pessoa, sem alternativa legal, não fosse dispensada de cumprir determina obrigação imposta a todos diante da objeção de consciência, que não se confunde com desobediência civil, estaria sofrendo ingente transtorno psicológico e agressão moral. Este caso, geralmente, comporta, a nível hermenêutico, o sopesamento de valores constitucionais.

Esclareça-se que a norma constitucional que cuida da alegação de exceção de consciência possui eficácia contida, de modo que tal preceito é plenamente exercitável, sem quaisquer consequências negativas para o indivíduo, enquanto não for editada a lei que estabeleça prestação alternativa ao cumprimento de determinada obrigação. Somente após a expedição dessa norma legal é que ninguém poderá continuar alegando objeção de consciência e se negar a cumprir a prestação alternativa

A seu turno, as normas constitucionais do art. 143, *caput*, §§ 1º e 2º estatuem que *o serviço militar é obrigatório nos termos da lei*, e que compete *às Forças Armadas, na forma da lei, atribuir serviço alternativo aos que, em tempo de paz, após alistados, alegarem imperativo de consciência, entendendo-se como tal o decorrente de crença religiosa e de convicção filosófica ou política, para se eximirem de atividades de caráter essencialmente militar*. Já *as mulheres e os eclesiásticos ficam isentos do serviço militar obrigatório em tempo de paz, sujeitos, porém, a outros encargos que a lei lhes atribuir*.

A relevância da religião é tão reconhecida pela Constituição brasileira que o inciso VII do art. 5º chega a detalhes, pois assegura *a prestação de assistência religiosa nas entidades civis e militares de internação coletiva*.[57]

57. A Lei 9.982/2000, dispõe sobre a prestação de assistência religiosa nas entidades hospitalares públicas e privadas, bem como nos estabelecimentos prisionais civis e militares.

Por sua vez, o preceptivo constitucional do § 1º do art. 210,[58] impõe o ensino religioso facultativo nas escolas públicas do ensino básico,[59] [60] como mais uma demonstração

---

58. CF/1988. "Art. 210. [...] § 1º O ensino religioso, de matrícula facultativa, constituirá disciplina dos horários normais das escolas públicas de ensino fundamental."

59. A respeito da exegese do §1º do art. 210 da CF, Paulo Gustavo Gonet Branco (BRANCO, Paulo Gustavo Gonet. MENDES, Gilmar Ferreira, *opus citatum*, 2018, p. 323.) explica que *o Estado brasileiro não é confessional, mas tão pouco é ateu, como se deduz do preâmbulo da Constituição, que invoca a proteção de Deus. Por isso, admite, ainda que sob a forma de disciplina facultativa a instrução religiosa em escolas públicas de ensino fundamental, permitindo, assim, o ensino da doutrina de uma dada religião para os alunos interessados.* [...] *não faz sentido entender o ensino religioso como atividade acadêmica destituída do propósito de exposição e demonstração dos fundamentos de alguma crença existente. Não fosse assim, não haveria por que o constituinte se dar o cuidado de estabelecer que o ensino religioso é "matéria facultativa". Ensino religioso não se confunde com história ou sociologia das religiões.*

60. Nesse sentido, o STF decidiu que é confessional o ensino religioso, cabendo às instituições públicas de ensino disponibilizar diferentes classes, com aulas específicas ministradas por professores vinculados a diferentes religiões, justamente para atender aos variados interesses dos estudantes, que professam, individualmente, preferência por sua própria crença. BRASIL, STF-Pleno. ADI 4.439/DF, rel. p/ ac. min. Alexandre de Moraes, *DJe*-123 de 21/6/2018. "EMENTA: ENSINO RELIGIOSO NAS ESCOLAS PÚBLICAS. CONTEÚDO CONFESSIONAL E MATRÍCULA FACULTATIVA. RESPEITO AO BINÔMIO LAICIDADE DO ESTADO/LIBERDADE RELIGIOSA. IGUALDADE DE ACESSO E TRATAMENTO A TODAS AS CONFISSÕES RELIGIOSAS. CONFORMIDADE COM ART. 210, §1°, DO TEXTO CONSTITUCIONAL. CONSTITUCIONALIDADE DO ARTIGO 33, *CAPUT* E §§ 1º E 2º, DA LEI DE DIRETRIZES E BASES DA EDUCAÇÃO NACIONAL E DO ESTATUTO JURÍDICO DA IGREJA CATÓLICA NO BRASIL PROMULGADO PELO DECRETO 7.107/2010. AÇÃO DIRETA JULGADA IMPROCEDENTE. 1. A relação entre o Estado e as religiões, histórica, jurídica e culturalmente, é um dos mais importantes temas estruturais do Estado. A interpretação da Carta Magna brasileira, que, mantendo a nossa tradição republicana de ampla liberdade religiosa, consagrou a inviolabilidade de crença e cultos religiosos, deve ser realizada em sua dupla acepção: (a) proteger o indivíduo e as diversas confissões religiosas de quaisquer intervenções ou mandamentos estatais; (b) assegurar a laicidade do Estado, prevendo total liberdade de atuação estatal em relação aos dogmas e princípios religiosos. 2. A interdependência e complementariedade das noções de Estado Laico e Liberdade de Crença e de Culto são premissas básicas para a interpretação do ensino religioso de matrícula facultativa previsto na Constituição Federal, pois a matéria alcança a própria liberdade de expressão de pensamento sob a luz da tolerância e diversidade de opiniões. 3. A liberdade de expressão constitui um dos fundamentos essenciais de uma sociedade democrática e compreende não somente as informações consideradas como inofensivas, indiferentes ou favoráveis, mas também as que possam causar transtornos, resistência, inquietar pessoas, pois a Democracia somente existe baseada na consagração do pluralismo de ideias e pensamentos políticos, filosóficos,

da ingente relevância que o constituinte de 1988 conferiu à história nacional, à cultura religiosa e à democracia, já que, em relação a esta, a quase totalidade do povo brasileiro tem fé e esperança em Deus.

Impende realçar que, obviamente, é constitucional que instituições privadas de ensino básico ou fundamental, médio e superior, vinculadas a determinadas Igrejas, possam ministrar aulas de religião ou disponibilizar momentos de culto e de crescimento espiritual, com base na teologia e nos livros sagrados delas próprios. Afinal de contas, quem procura essas instituições de ensino confessional já é conhecedor dessa vinculação e, justamente, não raras vezes, por isso mesmo há o interesse da pessoa de ver também ministrado, além de conteúdos técnicos, esse tipo de formação religiosa, que ajuda a formar integralmente o discente.

---

religiosos e da tolerância de opiniões e do espírito aberto ao diálogo. 4. A singularidade da previsão constitucional de ensino religioso, de matrícula facultativa, observado o binômio Laicidade do Estado (CF, art. 19, I)/Consagração da Liberdade religiosa (CF, art. 5º, VI), implica regulamentação integral do cumprimento do preceito constitucional previsto no artigo 210, §1º, autorizando à rede pública o oferecimento, em igualdade de condições (CF, art. 5º, *caput*), de ensino confessional das diversas crenças. 5. A Constituição Federal garante aos alunos, que expressa e voluntariamente se matriculem, o pleno exercício de seu direito subjetivo ao ensino religioso como disciplina dos horários normais das escolas públicas de ensino fundamental, ministrada de acordo com os princípios de sua confissão religiosa e baseada nos dogmas da fé, inconfundível com outros ramos do conhecimento científico, como história, filosofia ou ciência das religiões. 6. O binômio Laicidade do Estado/Consagração da Liberdade religiosa está presente na medida em que o texto constitucional (a) expressamente garante a voluntariedade da matrícula para o ensino religioso, consagrando, inclusive o dever do Estado de absoluto respeito aos agnósticos e ateus; (b) implicitamente impede que o Poder Público crie de modo artificial seu próprio ensino religioso, com um determinado conteúdo estatal para a disciplina; bem como proíbe o favorecimento ou hierarquização de interpretações bíblicas e religiosas de um ou mais grupos em detrimento dos demais. 7. Ação direta julgada improcedente, declarando-se a constitucionalidade dos artigos 33, caput e §§ 1º e 2º, da Lei 9.394/1996, e do art. 11, § 1º, do Acordo entre o Governo da República Federativa do Brasil e a Santa Sé, relativo ao Estatuto Jurídico da Igreja Católica no Brasil, e afirmando-se a constitucionalidade do ensino religioso confessional como disciplina facultativa dos horários normais das escolas públicas de ensino fundamental."

Ressalte-se que os direitos naturais, tais como os direitos relativos à vida,[61] à liberdade de pensamento, de crença e de expressão, à informação sem censura prévia,[62] à privacidade, à propriedade privada, o *due* process *of law*,[63] assegurados o contraditório, a ampla defesa com recursos a ela inerentes etc., são considerados como sobredireitos, isto é, em um verdadeiro Estado Democrático de Direito devem prevalecer sobre as demais normas do ordenamento jurídico.

A propósito, todos esses direitos, em especial, o de crença e de liberdade de culto, de sua expressão, com suas liturgias, por serem inerentes à dignidade humana, são

---

61. A CF consagra, no "caput" do seu art. 5º, o direito fundamental à vida, direito humano este protegido por cláusula pétrea (CF, art. 60, § 4º, IV). Aliás, o Pacto de São José da Costa Rica, promulgado pelo Decreto nº 678, de 06.11.1992, com o *status* de diploma supralegal – acima da legislação infraconstitucional e abaixo da Constituição (art. 5º, §§2º e 3º), conforme definido pelo Pleno do STF no julgamento do HC 87.585/TO, rel. min. Marco Aurélio (*DJe*-118 de 26/6/2009) –, define, no seu art. 4º-1, que *todo ser humano é pessoa e que a vida deve ser protegida desde a concepção*. No entanto, no uso da técnica de hermenêutica constitucional de ponderação de princípios e valores constitucionais, o Pleno do STF descriminou a interrupção da gravidez de embrião humano anencéfalo, ainda que a destruição de ovo de tartaruga continue sendo considerado como crime inafiançável contra a fauna, sob o argumento de prevalência, em uma república laica, de princípios bem gerais como os relativos à liberdade sexual e reprodutiva, a *dignidade humana* e autodeterminação (ADPF nº 54/DF, rel. min. Marco Aurélio, *RTJ* vol. 226-1, p. 11).

62. *CIC*. 2494. *A informação midiática está ao serviço do bem comum* (cf. II Concílio do Vaticano, Decr. *Inter mirifica*, 11: AAS 56 - 1964 - 148-149). *A sociedade tem direito a uma informação fundada na verdade, na liberdade, na justiça e na solidariedade*. 2512. *A sociedade tem direito a uma informação fundada na verdade, na liberdade e na justiça. É preciso impor-se moderação e disciplina no uso dos meios de comunicação social.* 2508. *A mentira consiste em dizer o que é falso, com a intenção de enganar o próximo.*

63. CF. *Art. 5º* [...] *XXXVII - não haverá juízo ou tribunal de exceção; LIII - ninguém será processado nem sentenciado senão pela autoridade competente; LIV - ninguém será privado da liberdade ou de seus bens sem o devido processo legal; LV - aos litigantes, em processo judicial ou administrativo, e aos acusados em geral são assegurados o contraditório e ampla defesa, com os meios e recursos a ela inerentes; LVI - são inadmissíveis, no processo, as provas obtidas por meios ilícitos; LVII - ninguém será considerado culpado até o trânsito em julgado de sentença penal condenatória;* [...] *LXI - ninguém será preso senão em flagrante delito ou por ordem escrita e fundamentada de autoridade judiciária competente, salvo nos casos de transgressão militar ou crime propriamente militar, definidos em lei;* [...] *LXXVIII - a todos, no âmbito judicial e administrativo, são assegurados a razoável duração do processo e os meios que garantam a celeridade de sua tramitação* (EC 45/2004).

protegidos até mesmo de emenda constitucional tendente às suas abolições (CF, art. 60, § 4º, IV), ou seja, nem o constituinte derivado, por três quintos (3/5) de votos em votação dupla. e no caso da União, nas duas casas legislativas nem o legislador infraconstitucional, muito menos membros do Poder Judiciário poderiam restringi-los.[64]

Insta ser transcrito o inteiro teor do preceptivo constitucional do art. 60, que cuida de emenda à Constituição, restringindo subjetivamente tal competência ao Poder Constituinte Derivado, além de vedar materialmente a possibilidade de alteração constitucional em determinados casos, *verbo ad verbum*:

> Art. 60. A Constituição poderá ser emendada mediante proposta:
>
> I - de um terço, no mínimo, dos membros da Câmara dos Deputados ou do Senado Federal;
>
> II - do Presidente da República;
>
> III - de mais da metade das Assembleias Legislativas das unidades da Federação, manifestando-se, cada uma delas, pela maioria relativa de seus membros.
>
> § 1º A Constituição não poderá ser emendada na vigência de intervenção federal, de estado de defesa ou de estado de sítio.
>
> § 2º A proposta será discutida e votada em cada Casa do Congresso Nacional, em dois turnos, considerando-se aprovada se obtiver, em ambos, três quintos dos votos dos respectivos membros.
>
> § 3º A emenda à Constituição será promulgada pelas Mesas da Câmara dos Deputados e do Senado Federal, com o respectivo número de ordem.
>
> § 4º Não será objeto de deliberação a proposta de emenda tendente a abolir:
>
> I - a forma federativa de Estado;
>
> II - o voto direto, secreto, universal e periódico;
>
> III - a separação dos Poderes;

64. CF/1988. "Art. 60. [...] § 4º Não será objeto de deliberação a proposta de emenda tendente a abolir: [...] IV - os direitos e garantias individuais."

IV - os direitos e garantias individuais.

§ 5º A matéria constante de proposta de emenda rejeitada ou havida por prejudicada não pode ser objeto de nova proposta na mesma sessão legislativa.

Transcreva-se o seguinte pronunciamento de Alex Bonini sobre o Direito Natural, a Doutrina Social da Igreja, o Estado laico e o laicismo, *ipsis litteris*:

Pelo que vimos até aqui, é possível constatar que a Doutrina Social da Igreja guarda estreita relação com o direito natural, até porque os enunciados que apresenta são fundados na chamada Lei Natural.

Também, não há como deixar de reconhecer que a tradição judaico-cristã, somada ao pensamento grego e ao direito romano, constituíram a base da civilização ocidental.

Com efeito, é possível verificar a existência de vários dispositivos contidos na própria Constituição da República Federativa do Brasil que denotam a força valorativa das ideias que os inspiram. [...]

O Estado Brasileiro, sem dúvida, é laico. Isso não equivale dizer que o Estado deve ser antirreligioso ou mesmo "ateu".

Necessário diferenciar o termo "laicidade", que representa a garantia de que o próprio Estado deve respeitar e assegurar que todos respeitem a liberdade religiosa, princípio consagrado na Constituição (*cláusula pétrea* – art. 5º, VI) e inerente que é à própria dignidade da pessoa humana, do chamado "laicismo", que seria a aversão a tudo o que possa ter origem ou expressar qualquer forma de religiosidade.

O "laicismo", assim entendido, além de contraproducente e semeador de discórdia na sociedade, viola caros princípios constitucionais e outros instituídos em tratados e convenções internacionais e busca, de modo simplista e descabido, apagar, como se fosse possível, a própria história e a contribuição inegável que tantas expressões religiosas tiveram e ainda têm na própria cultura nacional.

Vale lembrar os tristes exemplos de malfadados regimes ditatoriais, como os da extinta União Soviética e da atual Coréia do Norte, que se propuseram a proibir e perseguir, de forma covarde e vil, toda e qualquer manifestação religiosa que não fosse no

> próprio Estado e em seus dirigentes, convertidos que foram em "entidades sagradas".
>
> Infelizmente, ainda hoje, persistem, aqui e alhures, exemplos de quem, ainda tocado por ideologias intolerantes e materialistas, busca silenciar a diversidade de pensamentos, com interesses escusos, mal disfarçados por falaciosas justificativas e, assim, acabam por se transformar naquilo que dizem combater.[65]

Tudo isso posto, **respondendo objetivamente à primeira pergunta formulada**, estou que a função do Direito, em uma sociedade organizada e em Estado que mereça realmente ser reconhecido como um Estado Democrático de Direito, não deve ser apenas a de buscar a aplicação da norma fria positivada, mas sim, interpretando os princípios e as normas postas pelos representantes eleitos pelo povo[66] [67] e as

---

65. BONINI, Alex. *O Direito Natural e a Doutrina Social da Igreja*, in "Laicismo e Laicidade no Direito", Ricardo DIP & André Gonçalves Fernandes (coordenadores), São Paulo: Quartier Latin, 2017, p. 86 a 87.

66. Em que pese a existência das correntes intituladas *neoconstitucionalismo*, *ativismo judicial*, que aqui e acolá se confunde com verdadeiro *ativismo político* e do *consequencialismo*, que a cada dia mais têm usurpado as competências dos demais Poderes nas Cortes Constitucionais de diversos Países, a correta e tradicional jurisprudência de nossa Excelsa Corte Constitucional, com supedâneo na Constituição Brasileira e no nosso Direito Constitucional, é no sentido de que o Poder Judiciário não tem competência legislativa positiva, mas, sim apenas competência legislativa negativa. É, ver, p. e., a Súmula Vinculante nº 37 do STF e a Súmula nº 339: "Não cabe ao Poder Judiciário, que não tem função legislativa, aumentar vencimentos de servidores públicos sob o fundamento de isonomia."

67. Cf. os teores dos incisos V e XI do art. 49 da CF, que conferem competência exclusiva ao Congresso Nacional, por meio de decreto legislativo, para *sustar os atos normativos do Poder Executivo, que exorbitem do poder regulamentar ou dos limites de delegação legislativa*; bem como para zelar pela preservação de sua competência legislativa em face da atribuição normativa dos outros Poderes, inclusive podendo anular eventual decisão judicial que invada a competência do Poder Legislativo, tudo de conformidade com o dogma da separação e harmonia entre os Poderes. CF. *Art. 2º São Poderes da União, independentes e harmônicos entre si, o Legislativo, o Executivo e o Judiciário.* Corrobora essa mansa e pacífica jurisprudência do STF o verbete do § 2º do art. 103 da CF no sentido de que *declarada a inconstitucionalidade por omissão de medida para tornar efetiva norma constitucional, será dada ciência ao Poder competente para a adoção das providências necessárias e, em se tratando de órgão administrativo, para fazê-lo em trinta dias.* O mesmo deve ser entendido em relação ao efeito ou eficácia da decisão judicial no mandado de injunção (CF, art. 5º, LXXI), sendo tolerável no máximo o uso de analogia, enquanto não editada pelo

sobrenormas do Direito Natural,[68] [69] estimular a prevalência do ideal de justiça, o respeito à dignidade da pessoa humana[70] e, sobretudo, promover a *limitação do poder político ou econômico*, como apreciava dizer o saudoso jurista Hugo de Brito Machado em suas enriquecedoras palestras.[71]

Não se nega que o Direito Natural existe objetivamente por si mesmo, por imposição mesmo da natureza e da razão humana, independentemente da maior ou menor aplicação dele em determinado tempo ou lugar.

Entretanto, forçoso é admitir que em um Estado totalitário ou ditatorial ou de exceção, não existe verdadeiramente

---

Poder competente a norma regulamentadora ausente, que vinha obstando o gozo de direitos, liberdades e prerrogativas inerentes à nacionalidade, à soberania e à cidadania, previstos constitucionalmente.

68. *CIC*. 1956. *Presente no coração de cada homem e estabelecida pela razão, a lei natural é universal nos seus preceitos, e a sua autoridade estende-se a todos os homens. Ela exprime a dignidade da pessoa e determina a base dos seus deveres e direitos fundamentais:* "Existe, sem dúvida, uma verdadeira lei, que é a reta razão; ela é conforme à natureza, comum a todos os homens; é imutável e eterna; as suas ordens apelam para o dever; as suas proibições desviam da falta. [...] É um sacrilégio substituí-la por uma lei contrária: e é interdito deixar de cumprir uma só que seja das suas disposições; quanto a ab-rogá-la inteiramente, ninguém o pode fazer" (7. Marco Túlio Cícero, *De re publica*, 3, 22, 33: *Scripta quae manserunt omnia*, Bibliotheca Teubneriana fasc. 39. ed. K. Ziegler - Leipzig 1969 - p. 96).

69. *CIC*. 1901. *Se a autoridade remete para uma ordem fixada por Deus, já "a determinação dos regimes políticos, tal como a designação dos seus dirigentes, devem ser deixados à livre vontade dos cidadãos"* (cf. II Concílio do Vaticano, Cons. dogm. *Lumen Gentium*, 36: AAS 57 – 1965 - 42.). *A diversidade dos regimes políticos é moralmente admissível, desde que concorram para o bem legítimo da comunidade que os adota. Os regimes cuja natureza for contrária à lei natural, à ordem pública e aos direitos fundamentais das pessoas, não podem promover o bem comum das nações onde se impuseram.*

70. *CIC*. 2237. *Os poderes políticos são obrigados a respeitar os direitos fundamentais da pessoa humana. Administrarão a justiça como humanidade, respeitando o direito de cada qual, nomeadamente das famílias e dos deserdados. Os direitos políticos inerentes à cidadania podem e devem ser reconhecidos conforme as exigências do bem comum. Não podem ser suspensos pelos poderes públicos sem motivo legítimo e proporcionado. O exercício dos direitos políticos orienta-se para o bem comum da nação e da comunidade humana.*

71. *CIC*. 1904. *É preferível que todo o poder seja equilibrado por outros poderes e outras competências que o mantenham no seu justo limite. Este é o princípio do «Estado de direito», no qual é soberana a Lei, e não a vontade arbitrária dos homens.*

Direito.[72] O Direito e a Justiça são, nesses Estados, meramente formais: eles não cumprem suas funções essenciais de limitar o poder. Este é absoluto. Para os ditadores que se consideram iluminados, os sobreprincípios do Direito Natural, os princípios e normas constitucionais e legais não passam de indicações, de orientações ou recomendações. O Estado, as Igrejas e o Direito são o que os donos do poder, de acordo com a ideologia própria, disserem que eles são ou que devem ser, ainda que suas imposições contrariem textos claros e expressos da Constituição e das leis e aos valores da maioria. O Estado é o rei absolutista. A segurança jurídica é colocada no espaço, afugentando, inclusive investimentos. Não existe verdadeiro Direito, o que resta é o arbítrio, embora, falseando a verdade, na tentativa de iludir os súditos, possam os donos do poder ilimitado tentar justificar que as decisões impostas estão fundamentadas no Direito positivo e o pior às vezes até possam estar mesmo.

De modo que, **respondendo realisticamente ao quarto quesito**, deixo a ponderação de que os valores e princípios do Direito Natural constantes dos escritos dos jusnaturalistas de formação tomista somente podem maciçamente influenciar o Direito aplicado nos Estados Democráticos de Direito, nomeadamente, naqueles que não nutrem ilegítima aversão às religiões.

Nesse diapasão, o Desembargador do Tribunal de Justiça de São Paulo Ricardo Dip também considera evidente que *a realização*, pelo menos no sentido de concretização ou materialização no mundo dos fenômenos, *do direito natural exige o concurso do direito positivo,* a "*lex in civitate posita*".[73]

---

72. *CIC* 2499. *A moral denuncia a chaga dos estados totalitários, que falsificam sistematicamente a verdade, exercem através da "mídia" o domínio político da opinião, "manipulam" os acusados e as testemunhas dos processos públicos e pensam assegurar a sua tirania sufocando e reprimindo tudo o que consideram como "delitos de opinião".*

73. DIP, Ricardo. *ABC do direito natural*, São Paulo: Editorial Lepanto, 2020, p. 31.

Ainda sobre as contribuições do Direito Natural e da Doutrina Social da Igreja para a implantação da justiça e da realização do bem comum, traga-se, novamente, à colação a manifestação de Alex Bonini, *in verbis*:

> Ao analisar os problemas que afligem a humanidade a Igreja faz uso da chamada Lei Natural, qual seja, aquela que nasce com o ser humano e é inerente a este, independentemente da outorga ou reconhecimento de qualquer Estado ou entidade organizada. Os valores impressos na Lei Natural transcendem as fronteiras dos países, o tempo, condições sociais, ideologias e pensamentos. Portanto, devem ser observados na elaboração de leis que se pretendem justas.
>
> O reconhecimento de valores inalienáveis, ínsitos a todo ser humano, levou a Igreja a elaborar, inserindo, de forma clara e precisa em sua Doutrina, algo que sabidamente sempre promoveu e defendeu, desde os primórdios do Cristianismo.
>
> A chamada Doutrina Social da Igreja, termo cunhado pelo Papa Pio XI, surgiu para designar o corpo doutrinal que tomou forma e se desenvolveu através do Magistério dos Sumos Pontífices e Bispos, a partir do advento da Encíclica *Rerum Novarum* (1891) de autoria do Papa Leão XIII.
>
> Assim, temas como a Pessoa Humana e seus Direitos, a Família, o Trabalho, a Vida Econômica, a Comunidade Política e Internacional, o Meio Ambiente e a promoção da Paz, passaram a ganhar expressa abordagem e constituir inegável contribuição visando o *(sic)* bem-estar de toda a humanidade. [...]
>
> Entende-se por Direito Natural aquele que precede a própria existência do Estado e é inerente ao homem, dada a natureza deste. [...] A capacidade que o ser humano tem de reconhecer sua existência e que esta depende de uma gama de bens tidos como essenciais denota a existência do que chamamos de Direito Natural, o que confere legitimidade a toda legislação para que esta tenha real validade, ou seja, promova e garanta a real dignidade do ser humano. Sem a base de sustentação e validade conferida pela Lei Natural, a lei civil perde seu valor e significado. [...] Ainda, o jusnaturalismo propõe que os direitos naturais são aqueles que, pré-existentes à sociedade e não criação desta, se conhece a partir do reto uso da razão.
>
> Importante observar que o direito natural não se restringe apenas a solucionar as questões vivenciadas por uma determinada

> sociedade, mas busca abarcar os problemas que afligem toda a humanidade. [...]
>
> Infelizmente, a história mostrou as nefastas consequências que o positivismo, largamente empregado em regimes totalitários como vivido na Alemanha nazista, causou. [...]
>
> Assim, entende-se a doutrina social da Igreja como um conjunto de elementos que visam a nortear a ação das pessoas no sentido de promover a vida dos seres humanos em sociedade, evitando que um determinado grupo de indivíduos possa sobrepujar todos os demais em virtude do seu poder político ou econômico, construindo não apenas nocivas oligarquias, mas também estruturas estatais que neguem a natureza e individualidade de cada qual e sua natural vocação à liberdade, que tende a se expressar das mais variadas maneiras, quer nas artes, na literatura, na ciência, no desporto, no lazer, etc, sem, contudo, jamais perder de vista o real sentido que as coisas adquirem quando servem à promoção do bem estar comum. [...]
>
> Desta forma, está a Igreja, ciente de sua missão salvadora, a indicar premissas a serem observadas tanto na edição de normas que visem o *(sic)* bem-estar comum dos homens, como na interpretação das leis que regulam a vida em sociedade, tomando por base, sempre, a Lei Natural e, por meta, a real promoção da dignidade humana. [...]
>
> Há de se lamentar, sem dúvida, que os líderes mundiais não tenham dado a devida atenção ao apelo que representou a aludida Encíclica e é fato, que, infelizmente, até os dias atuais, ainda perdurem, aqui e alhures, defensores das mesmas ideologias pseudossalvadoras que, antes de libertar, só fazem escravizar e explorar a boa fé do povo.[74]

José Bonifácio Borges de Andrada reconhece a relevante contribuição da religião, cristã, para o estabelecimento e a exegese de normas jurídicas, realçando *o que* ela *fez foi remeter os Estados, os partidos políticos e os cidadãos em geral para a natureza e a razão como verdadeiras fontes do direito*.[75]

---

74. BONINI, Alex. *O Direito Natural e a doutrina social da Igreja*, opus citatum, 2017, p. 79 a 86.

75. ANDRADA, José Bonifácio Borges de. *Direito e religião*, in "Laicismo e Laicidade no Direito", Ricardo DIP & André Gonçalves Fernandes (coordenadores), São Paulo: Quartier Latin, 2017, p. 99.

E com o magistério Martin Rhonheimer acerca da influência dos valores para a concretização dos direitos humanos fundamentais, José Bonifácio conclui:

> *quando se diz que a política, vale dizer como criadora do direito, vive dos recursos morais que não são criados por si mesmos, muitos desses recursos morais surgem historicamente, mas também da consciência dos cidadãos, de suas convicções, crenças e valores religiosos ou pelo menos fortemente ligados a eles, assim só uma fundamentação do direito enraizada numa visão metafísica do homem pode proporcionar a uma cultura de direitos humanos fundamentais uma base cognitiva última e estável.*[76]

Quanto à segunda questão, parece claro que a função do verdadeiro jurista é buscar, com sua irrenunciável labuta e sua busca incessante de imparcialidade, das quais resultam contribuições doutrinárias, aperfeiçoar o direito posto com sugestões, aspirando a que a justiça seja realmente justa.

Quanto à terceira indagação, respondo que a função do magistrado é, com esforço de manter a indispensável imparcialidade, se debruçar sobre as partes em contenda e dirimir controvérsias, interpretar e aplicar os princípios, observadas, quando existentes, as regulamentações legais, e as normas jurídicas postas, ciente da presunção de que autoridades eleitas pelo povo só podem ter atuado dentro dos mandamentos constitucionais e legais, somente decretando a inconstitucionalidade ou ilegalidade nos casos evidentes, quando não existirem argumentos jurídicos sólidos que as sustentem. Ter, na consciência, o dever de fazer justiça.

Trilhar firmemente a vereda apertada do conhecido ideal de justiça de Ulpiano - *Juris praecepta sunt haec: honeste vivere, alterum non laedere, suum cuique tribuere,*

---

76. RHONHEIMER, Martin. *Cristianismo e laicidade*, Rialp, Madrid, 2009, p. 192 e 193, *apud* ANDRADA. José Bonifácio Borges de. *Direito e Religião*, in "Laicismo e Laicidade no Direito", Ricardo Dip & André Gonçalves Fernandes (coordenadores), São Paulo: Quartier Latin, 2017, p.110.

traduzindo: "Tais são os preceitos do direito: viver honestamente, não ofender ninguém, dar a cada um o que é seu".[77]

Antes de encerrar, cumpre mencionar que a República Federativa do Brasil é signatária do Pacto de São José da Costa Rica, tendo depositado sua carta de adesão internacional em 25 de setembro de 1992, e tendo sido internalizado tal tratado, promotor dos direitos humanos no ordenamento jurídico brasileiro, através do Decreto promulgados 678, de 6 de novembro de 1992, publicado no *DOU* de 9 de novembro de 1992.[78]

É, também, o artigo 12 desta Convenção Americana sobre Direitos Humanos que garante a todos os seres humanos o direito à liberdade religiosa e de expressar seu credo, inclusive, no espaço público, nos termos a seguir transcritos:

> ARTIGO 12
>
> Liberdade de Consciência e de Religião
>
> 1. Toda pessoa tem direito à liberdade de consciência e de religião. Esse direito implica a liberdade de conservar sua religião ou suas crenças, ou de mudar de religião ou de crenças, bem como a liberdade de professar e divulgar sua religião ou suas crenças, individual ou coletivamente, tanto em público como em privado.
>
> 2. Ninguém pode ser objeto de medidas restritivas que possam limitar sua liberdade de conservar sua religião ou suas crenças, ou de mudar de religião ou de crenças.

---

77. *CIC*. 1928. *A sociedade garante a justiça social, quando realiza as condições que permitem às associações e aos indivíduos obterem o que lhes é devido, segundo a sua natureza e vocação. A justiça social está ligada ao bem comum e ao exercício da autoridade.*

78. Nos termos do §§2º e 3º do art. 5º da CF/1988: "Art. 5º. [...] § 2º. Os direitos e garantias expressos nesta Constituição não excluem outros decorrentes do regime e dos princípios por ela adotados, ou dos tratados internacionais em que a República Federativa do Brasil seja parte. § 3º. Os tratados e convenções internacionais sobre direitos humanos que forem aprovados, em cada Casa do Congresso Nacional, em dois turnos, por três quintos dos votos dos respectivos membros, serão equivalentes às emendas constitucionais." (Incluído pela Emenda Constitucional 45/2004).

3. A liberdade de manifestar a própria religião e as próprias crenças está sujeita unicamente às limitações prescritas pelas leis e que sejam necessárias para proteger a segurança, a ordem, a saúde ou moral pública ou os direitos ou liberdades das demais pessoas.

4. Os pais, e quando for o caso os tutores, têm direito a que seus filhos ou pupilos recebam a educação religiosa e moral que esteja acorde com suas próprias convicções.

Cabe realçar, ainda, que o *caput* do art. 226 da Constituição Brasileira considera a família a base da sociedade e merecedora da proteção do Estado. Já o § 1º do mesmo artigo busca fortalecer o vínculo matrimonial pela gratuidade da celebração do casamento. Por sua vez, o § 2º desse art. 226 faz menção ao casamento religioso distinto do casamento civil, embora que confira a ambos os mesmos efeitos, o que corrobora, sim, deixando estreme de dúvidas, diante de tal distinção de regimes jurídicos, com princípios próprios, a existência de um Direito Religioso como ramo autônomo do Direito Positivo Brasileiro. Já o § 3º do mesmo artigo concede proteção estatal e reconhecimento da união estável entre *o homem e a mulher* como entidade familiar.[79]

Destarte, como Rodrigo Arnoni Scalquette reconhece, *houve, portanto, na elaboração da Constituição Federal de 1988, a intervenção de um contexto religioso que pairou*

79. CF/1988. "Art. 226. A família, base da sociedade, tem especial proteção do Estado. § 1º. O casamento é civil e gratuita a celebração. § 2º. O casamento religioso tem efeito civil, nos termos da lei. § 3º. Para efeito da proteção do Estado, é reconhecida a união estável entre o homem e a mulher como entidade familiar, devendo a lei facilitar sua conversão em casamento. § 4º. Entende-se, também, como entidade familiar a comunidade formada por qualquer dos pais e seus descendentes. § 5º. Os direitos e deveres referentes à sociedade conjugal são exercidos igualmente pelo homem e pela mulher. § 6º. O casamento civil pode ser dissolvido pelo divórcio (redação dada EC 66/2010). § 7º. Fundado nos princípios da dignidade da pessoa humana e da paternidade responsável, o planejamento familiar é livre decisão do casal, competindo ao Estado propiciar recursos educacionais e científicos para o exercício desse direito, vedada qualquer forma coercitiva por parte de instituições oficiais ou privadas. § 8º. O Estado assegurará a assistência à família na pessoa de cada um dos que a integram, criando mecanismos para coibir a violência no âmbito de suas relações."

sobre o direito positivo de uma maneira geral inspirado pela dignidade humana – razão de ser do Direito e da Religião.[80]

O reconhecimento da autonomia do Direito Religioso, com supedâneo nos vários preceptivos da Constituição brasileira, de 1988, destacados neste modestíssimo artigo científico, é de ingente relevância hodiernamente, em que há, aqui e acolá, a tentação de substituir os tradicionais e bem testados valores religiosos por uma ética laicista,[81] fundada no relativismo, ou em direitos humanos negociáveis e modificáveis, pretensamente protetores do individualismo e em todas as formas de diversidade, mas, em boa parte, guiados ao sabor das conveniências da nova ordem ideológica mundial, em que, até mesmo, aspira a instituir uma democracia sem povo e uma religião global sem Deus.[82-83]

Relate-se, por fim, que existem, ainda, diversas regras de diplomas infraconstitucionais, como a do art. 37 § 4º da Lei 9.504/97, que veda propaganda política dentro das Igrejas; as do Decreto 119-A/1890, que proíbe a intervenção da autoridade federal e dos Estados federados em matéria religiosa e consagra a plena liberdade de cultos; as da Lei 6.923/81, que dispõe sobre o serviço de assistência religiosa nas Forças Armadas; as da Resolução normativa do Conselho Nacional de Imigração 39/99, que cuida da concessão de visto para ministros de confissão religiosa ou membro de instituição de vida consagrada ou confessional,

---

80. SCALQUETTE, Rodrigo Arnoni. *Opus citatum*, 2013, p. 172.

81. Nessa nova ordem ideológica, não raro os indivíduos têm todo direito de pensar, de se expressar, de influenciar as decisões políticas dos três Poderes do Estado, desde que seus pensamentos e expressões estejam de conformidade com o que se convencionou chamar de "politicamente correto". Condena-se o espírito crítico, o debate, ainda que científico, e qualquer manifestação contra o sistema estabelecido.

82. Cf. ROCCELLA, Eugênia; SCARAFFIA, Lucetta. *Contra o cristianismo*: a ONU e a União Europeia como nova ordem ideológica, São Paulo: Editora Ecclesiai, 2014.

83. Cf. SANAHUJA, Juan Claudio. *Poder global e religião universal II*, 2ª edição, São Paulo; Katechesis, 2017.

e de congregação ou ordem religiosa; as da Lei 9.982/2000, que dispõem sobre a prestação de assistência religiosa nas entidades hospitalares públicas e privadas, bem como nos estabelecimentos prisionais civis e militares; as do Tratado celebrado pelo Brasil e a Santa-Sé (Igreja Católica Romana) – firmado no Vaticano em 13 de novembro de 2008, ratificado em 7 de outubro de 2009 e promulgado pelo Decreto 7.107/2010; as da Resolução do Conselho Nacional de Política Criminal e Penitenciária n8/2011, que estabelece diretrizes para assistência religiosa nos estabelecimentos prisionais, as da Lei 13.796/2019, que trata de falta às aulas por motivo religioso ou de consciência, a do art. § 1º, do art. 44 do Código Civil, e assim por diante, tudo demonstrando que, existem, à exaustão, princípios e normas próprias e diferenciadas dentro do direito positivo brasileiro, que conferem autonomia ao Direito Religioso.

Para encimar, com a preocupação de não ultrapassar o proposto número máximo de páginas, para esta relevantíssima obra "A Igreja e a Justiça", resta mencionar que a Lei de introdução às Normas do Direito brasileiro – **Decreto-lei 4.657, de 4 de setembro de 1942,**[84] traz importantes normas

84. Os retrotranscritos dipositivos legais aconselham o uso dos princípios da razoabilidade e da proporcionalidade e autorizam, sendo cabível e necessário, a modulação dos efeitos da decisão. Cf. COÊLHO, Fábio Alexandre. *Lei de introdução às normas do direito brasileiro*, 3ª edição, Bauru: Ebook Kindle, 2022, Traga-se à colação comentário sobre o *caput* do art. 20, p. 472 : *Portanto, a previsão legislativa reforça a necessidade de observância dos efeitos práticos das decisões judiciais, deixando claro que deve haver* ***alguma dose de consequencialismo na decisão judicial para que possa estar em conexão com a realidade****. Na linha do exposto, a seguinte passagem de decisão do Supremo Tribunal Federal em demanda envolvendo a concessão de benefício previdenciário: "O Magistrado* ***tem o dever de examinar as consequências imediatas e sistêmicas que o seu pronunciamento irá produzir na realidade social****, porquanto ao exercer seu poder de decisão nos casos concretos, com os quais se depara, os Juízes alocam recursos escassos"* (STF-1ª T. AgR Pet 8002/RS, rel. Min. Luiz Fux, data de julgamento 12/3/2019, data de publicação 1º/8/2019). Cf., também, MOTTA, Fabrício & NOHARA, Irene Patrícia. *LINDB no direito público – Lei 13.665/2018*, coleção *Soluções de direito administrativo: leis comentadas*, série I, administração pública, volume 10, Irene Patrícia Nohara, Fabrício Motta & Marco Praxedes (coordenadores), São Paulo: Editora Thomson Reuters – Revista dos Tribunais, 2019. Os autores, p. 25, assim justificam o *consequencialismo: para evitar*

relacionadas com a boa aplicação das normas jurídicas e que devem ser observadas pelos magistrados e demais operadores do Direito, regras estas inclusas pela Lei 13.665, de 25 de abril de 2018. Transcrevam-se essas normas:

> Art. 20. Nas esferas administrativa, controladora e judicial, não se decidirá com base em valores jurídicos abstratos sem que sejam consideradas as consequências práticas da decisão.
>
> Parágrafo único. A motivação demonstrará a necessidade e a adequação da medida imposta ou da invalidação de ato, contrato, ajuste, processo ou norma administrativa, inclusive em face das possíveis alternativas.
>
> Art. 21. A decisão que, nas esferas administrativa, controladora ou judicial, decretar a invalidação de ato, contrato, ajuste, processo ou norma administrativa deverá indicar de modo expresso suas consequências jurídicas e administrativas.
>
> Parágrafo único. A decisão a que se refere o *caput* deste artigo deverá, quando for o caso, indicar as condições para que a regularização ocorra de modo proporcional e equânime e sem prejuízo aos interesses gerais, não se podendo impor aos sujeitos atingidos ônus ou perdas que, em função das peculiaridades do caso, sejam anormais ou excessivos.
>
> Art. 22. Na interpretação de normas sobre gestão pública, serão considerados os obstáculos e as dificuldades reais do gestor e as exigências das políticas públicas a seu cargo, sem prejuízo dos direitos dos administrados.
>
> § 1º Em decisão sobre regularidade de conduta ou validade de ato, contrato, ajuste, processo ou norma administrativa, serão consideradas as circunstâncias práticas que houverem imposto, limitado ou condicionado a ação do agente.
>
> § 2º Na aplicação de sanções, serão consideradas a natureza e a gravidade da infração cometida, os danos que dela provierem para a administração pública, as circunstâncias agravantes ou atenuantes e os antecedentes do agente.

---

decisões injustas e desequilibradas, que haja ponderação das consequências práticas da decisão, exigindo-se que a motivação de uma decisão de invalidação do ato, contrato, ajuste, processo ou norma administrativa indique, de modo expresso, as suas consequências jurídicas e administrativas.

§ 3º As sanções aplicadas ao agente serão levadas em conta na dosimetria das demais sanções de mesma natureza e relativas ao mesmo fato.

Art. 23. A decisão administrativa, controladora ou judicial que estabelecer interpretação ou orientação nova sobre norma de conteúdo indeterminado, impondo novo dever ou novo condicionamento de direito, deverá prever regime de transição quando indispensável para que o novo dever ou condicionamento de direito seja cumprido de modo proporcional, equânime e eficiente e sem prejuízo aos interesses gerais.

Art. 24. A revisão, nas esferas administrativa, controladora ou judicial, quanto à validade de ato, contrato, ajuste, processo ou norma administrativa cuja produção já se houver completado levará em conta as orientações gerais da época, sendo vedado que, com base em mudança posterior de orientação geral, se declarem inválidas situações plenamente constituídas.

Parágrafo único. Consideram-se orientações gerais as interpretações e especificações contidas em atos públicos de caráter geral ou em jurisprudência judicial ou administrativa majoritária, e ainda as adotadas por prática administrativa reiterada e de amplo conhecimento público.

25. VETADO.

Art. 26. Para eliminar irregularidade, incerteza jurídica ou situação contenciosa na aplicação do direito público, inclusive no caso de expedição de licença, a autoridade administrativa poderá, após oitiva do órgão jurídico e, quando for o caso, após realização de consulta pública, e presentes razões de relevante interesse geral, celebrar compromisso com os interessados, observada a legislação aplicável, o qual só produzirá efeitos a partir de sua publicação oficial.

§ 1º O compromisso referido no *caput* deste artigo:

I - buscará solução jurídica proporcional, equânime, eficiente e compatível com os interesses gerais;

II – VETADO;

III - não poderá conferir desoneração permanente de dever ou condicionamento de direito reconhecidos por orientação geral;

IV - deverá prever com clareza as obrigações das partes, o prazo para seu cumprimento e as sanções aplicáveis em caso de descumprimento.

§ 2º VETADO.

Art. 27. A decisão do processo, nas esferas administrativa, controladora ou judicial, poderá impor compensação por benefícios indevidos ou prejuízos anormais ou injustos resultantes do processo ou da conduta dos envolvidos.

§ 1º A decisão sobre a compensação será motivada, ouvidas previamente as partes sobre seu cabimento, sua forma e, se for o caso, seu valor.

§ 2º Para prevenir ou regular a compensação, poderá ser celebrado compromisso processual entre os envolvidos.

Art. 28. O agente público responderá pessoalmente por suas decisões ou opiniões técnicas em caso de dolo ou erro grosseiro.

§ 1º VETADO.

§ 2º VETADO.

§ 3º VETADO.

Art. 29. Em qualquer órgão ou Poder, a edição de atos normativos por autoridade administrativa, salvo os de mera organização interna, poderá ser precedida de consulta pública para manifestação de interessados, preferencialmente por meio eletrônico, a qual será considerada na decisão.

§ 1º A convocação conterá a minuta do ato normativo e fixará o prazo e demais condições da consulta pública, observadas as normas legais e regulamentares específicas, se houver. (Incluído pela Lei nº 13.655, de 2018)

§ 2º VETADO.

Art. 30. As autoridades públicas devem atuar para aumentar a segurança jurídica na aplicação das normas, inclusive por meio de regulamentos, súmulas administrativas e respostas a consultas.

Parágrafo único. Os instrumentos previstos no *caput* deste artigo terão caráter vinculante em relação ao órgão ou entidade a que se destinam, até ulterior revisão.

Referências

ANDRADA, José Bonifácio Borges de. *Direito e religião*, in "Laicismo e Laicidade no Direito", Ricardo DIP & André

Gonçalves Fernandes (coordenadores), São Paulo: Quartier Latin, 2017.ANTEQUERA, Luis. *Cristofobia:* a perseguição aos cristãos no século XXI, Florianópolis: ID Editora, 2020.

AQUINO, Felipe. *Uma história que não é contada*, 7ª edição, Lorena: Cléofas, 2010.

AQUINO. Felipe. *História da Igreja* (3 volumes), Lorena: Cléofas, 2016.

BONINI, Alex. *O Direito Natural e a Doutrina Social da Igreja*, in "Laicismo e Laicidade no Direito", Ricardo DIP & André Gonçalves Fernandes (coordenadores), São Paulo: Quartier Latin, 2017.

BASTOS, Celso Ribeiro; GANDRA, Ives Gandra da Silva. *Comentários à Constituição do Brasil, promulgada em 5 de outubro de 1988*, 3ª edição, 2º volume, São Paulo: Saraiva, 2004.

BRASIL, STF-Pleno. ADI 2.566/DF, rel. p/ o ac. min. Edson Fachin, j. 16/5/2018, *DJe*-225 de 23/10/2018.

BRASIL, STF. STF: RMS 26.071/DF, 1ª T., rel. min. Carlos Britto, *RTJ* 205-1, p. 203; HC 94.163/RS, 1ª T., rel. min. Carlos Britto, *DJe*-200 23/10/2009; HC 92.435/SP, 1ª T., rel. min Carlos Britto, *RTJ* 208-1, p. 287.

BRASIL, STF-Pleno. ADI 4.439/DF, rel. p/ ac. min. Alexandre de Moraes, *DJe*-123 de 21/6/2018.

BRASIL, STF-Pleno HC 87.585/TO, rel. min. Marco Aurélio, *DJe*-118 de 26/6/2009.

BRASIL, STF-Pleno. ADPF 54/DF, rel. min. Marco Aurélio, *RTJ* vol. 226-1, p. 11.

BRANCO, Paulo Gustavo Gonet. MENDES, Gilmar Ferreira. *Curso de direito constitucional*, 13ª edição, São Paulo: Saraiva, 2018.

CASAMASSO, Marco Aurélio Lagreca. *Estado laico: fundamentos e dimensões do horizonte democrático*, Rio de Janeiro: Editora Processo, 2018.

COÊLHO, Fábio Alexandre. *Lei de introdução às normas do direito brasileiro*, 3ª edição, Bauru: Ebook Kindle, 2022.

DIP, Ricardo. *O Estado laico e o magistério eclesial: acolhimento arrependido da modernidade ou apostasia objetiva das nações católicas*, in "Laicismo e Laicidade no Direito", Ricardo DIP & André Gonçalves Fernandes (coordenadores), São Paulo: Quartier Latin, 2017.

DIP, Ricardo. *ABC do direito natural*, São Paulo: Editorial Lepanto, 2020.

DUARTE, Luiz Fernando Dias. GOMES, Edlaine de Campos. MENEZES, Rachel Aisengart. NATIVIDADE, Marcelo (organizadores). *Valores religiosos e legislação no Brasil: a tramitação de projetos de lei sobre temas morais controversos*, Rio de Janeiro: Garamond, 2009.

FERREIRA, Pinto. *Curso de direito constitucional*, 12ª edição, São Paulo: Saraiva, 2007.

FONSECA, Francisco Tomazoli da. *Religião e direito no século XXI:* a liberdade religiosa no Estado laico, Curitiba: Juruá Editora, 2015.

GOUVEIA, Jorge Bacelar. *Direito, religião e sociedade no estado constitucional*, Belo Horizonte: Arraes Editores, 2013.

HOPS, Daniel. *A história da Igreja Católica* (10 volumes), 3ª edição, São Paulo: Quadrante, 2014.

IBRAHIM, Raymond. *Crucificados: relatos da nova guerra do Islã contra os cristãos*, São Paulo: Editora Ecclesiae, 2013.

LIMA, Francisco Gérson Marques de. *Fundamentos constitucionais do processo*. São Paulo: Malheiros, 2002.

MARTINS FILHO, Ives Gandra da Silva & NOBRE, Milton Augusto de Brito (coords.). Estado Laico e a Liberdade Religiosa. São Paulo: LTr, 2011.

MILANI, Daniela Jorge. *Igreja e Estado*: relações, secularização, laicidade e lugar da religião no espeço público. Curitiba: Juruá Editora, 2015.

MOTTA, Fabrício & NOHARA, Irene Patrícia. *LINDB no direito público – Lei 13.665/2018*, coleção *Soluções de direito administrativo:* leis comentadas, série I, administração pública, volume 10, Irene Patrícia Nohara, Fabrício Motta & Marco Praxedes (coordenadores), São Paulo: Editora Thomson Reuters – Revista dos Tribunais, 2019.

PHILLIPS, Robert. *Last Things First, Roman Catholic Books*, Fort Collins, Colorado, 2004, p. 104, *apud* WOODS JR., Thomas E. "Como a Igreja Católica construiu a civilização ocidental", São Paulo: Quadrante, 2008.

PORTAS ABERTAS. Lista de Países que mais perseguem as religiões, em especial o cristianismo: https://portasabertas.org.br/lista-munial/paises-da-lista;

RAMOS, André de Carvalho. *Direito internacional dos refugiados, e-book*, São Paulo: Editora Expressa, 2021.

RHONHEIMER, Martin. *Cristianismo e laicidade*, Rialp, Madrid, 2009, p. 192 e 193, *apud* ANDRADA. José Bonifácio Borges de. *Direito e Religião*, in "Laicismo e Laicidade no Direito", Ricardo Dip & André Gonçalves Fernandes (coordenadores), São Paulo: Quartier Latin, 2017.

ROCCELLA, Eugênia; SCARAFFIA, Lucetta. *Contra o cristianismo: a ONU e a União Europeia como nova ordem ideológica*, São Paulo: Editora Ecclesiai, 2014.

RODRIGUES, Eder Bomfim. *Estado laico e símbolos religiosos no Brasil: as relações entre estado e religião no constitucionalismo contemporâneo*, Curitiba: Editora Juruá, 2014.

SCALQUETTE, Rodrigo Arnoni. *História do direito: perspectivas histórico-constitucionais da relação entre Estado e religião*, São Paulo: Editora Atlas, 2013.

SANAHUJA, Juan Claudio. *Poder global e religião universal II*, 2ª edição, São Paulo; Katechesis, 2017.

SANTAMARÍA, Francisco. *A religião sob suspeita: laicismo e laicidade*, São Paulo: Quadrante, 2013.

SANTA SÉ. *Catecismo da Igreja Católica*, Brasília: Edições CNBB, 2013.

SANTA SÉ. *Bíblia Sagrada*, Tradução da CNBB, 3ª edição, Brasília: Edições CNBB, 2019.

SANTA SÉ. *Carta Encíclica Fides et Ratio do Sumo Pontífice João Paulo II aos Bispos da Igreja Católica e sobre as relações entre fé e razão*, in *Fides et Ratio* (14 de setembro de 1998) João Paulo II (vatican.va).

SARAIVA FILHO, Oswaldo Othon de Pontes. *A interpretação do preâmbulo da Constituição Federal de 1988 - a alusão à expressão "sob a proteção de Deus" - e a autonomia do direito religioso brasileiro, conferida pela Lei Maior*, in "Preâmbulo da Constituição Federal", Ives Gandra da Silva MARTINS, Paulo de Barros CARVALHO e Luiz\ Gonzaga BERTELLI (coordenadores), São Paulo: Noeses, 2021.

SILVA JUNIOR., Antônio Carlos da Rosa. *Entre laicidade e laicismo: por uma interpretação constitucional da relação entre o estado e a religião*, in SILVA JR. A.C.R.; MARANHÃO, Ney; PAMPLONA FILHO, Rodolfo (coordenadores), "Direito e cristianismo: temas atuais e polêmicos", Rio de Janeiro: Editora Betel, 2014.

SILVA, José Afonso da. *Comentário contextual à Constituição*, 7ª edição, São Paulo: Malheiros, 2010.

TORRES, Daniel Chagas. *A cristofobia no século XXI:* entendendo a perseguição aos cristãos no terceiro milênio, *ebook*, Charleston: Createspace, 2015.

VIEIRA, Thiago Rafael. REGINA, Jean Marques. *Direito religioso: questões práticas e teóricas*, 3ª edição, *ebook*, São Paulo: Vida Nova, 2020.

VIEIRA, Thiago Rafael. *A previsão constitucional do direito religioso no Brasil e sua autonomia constitucional*, in "Dignitas – Revista Internacional do Instituto Brasileiro de Direito e Religião", volume 1, nº 1, 2020, p. 18, (http://dignitas.ibdr.org.br/index.php/dignitas/article/view/11).

WOODS JR., Thomas E. *Como a Igreja Católica construiu a civilização ocidental*, São Paulo: Quadrante, 2008.

A DOUTRINA SOCIAL DA IGREJA, O DIREITO NATURAL E A JUSTIÇA

Marilene Talarico Martins Rodrigues[1]

Palavras-chave: doutrina social da igreja (importância e relevância)– princípios – família – trabalho – relações entre capital e trabalho - declaração de direitos humanos – direito natural e justiça.

Sumário: 1. Considerações Iniciais – 2. O Surgimento da Sociedade Industrial - A Relação Capital e Trabalho –3. O Fundamento da Doutrina Social da Igreja e sua Relevância – 4. Princípios e Valores da Doutrina Social da Igreja: 4.1. Princípio do Bem Comum; 4.2. Princípio da Destinação Universal dos Bens; 4.3. Princípio da Subsidiariedade – 5. O Direito de Participação na Vida Social e Política: 5.1. Princípio da Solidariedade – 6. A Família – 7. O Trabalho Humano – 8. As Relações do Trabalho com o Capital – 9. Direitos do Trabalhador – 10. Propriedade Privada e Função Social – 11. Atividade Econômica – 12. Iniciativa Privada e Econômica – 13. A Declaração Universal dos Direitos Humanos – 14. Direito Natural e Justiça – 15. Respostas aos Quesitos – 16. Considerações finais - Referências.

---

1. Advogada e Consultora, especialista em Direito Tributário pelo Centro de Extensão Universitária - **CEU Law School**. Membro do **Conselho Superior de Direito da FECOMÉRCIO/SP**. Membro do **IASP** - Instituto dos Advogados de São Paulo. Membro da Diretoria da Academia Brasileira de Direito Tributário - **ABDT**. Membro do Instituto Brasileiro de Direito Tributário - **IBDT**. Membro da Academia Paulista de Letras Jurídicas - **APLJ**. Membro da União de Juristas Católicos de São Paulo - **UJUCASP**. Membro do Conselho Superior de Orientação do Instituto Brasileiro de Estudos de Direito Administrativo, Financeiro e Tributário - **IBEDAFT**. Tem participado de diversos Simpósios e debates sobre direito tributário com diversos trabalhos publicados.

1. Considerações iniciais

A **Doutrina Social da Igreja** pode ser entendida como o conjunto de ensinamentos contidos na doutrina da Igreja Católica, conforme o seu Magistério, constante das diversas Encíclicas Papais e pronunciamentos inseridos na tradição multissecular, que versa sobre a **dignidade humana** e sobre o **bem comum**, na vida em sociedade. Embora suas origens surgiram com **Santo Agostinho** e **São Tomás de Aquino**, - e mesmo aos primeiros tempos do Cristianismo - ou aos preceitos bíblicos e ensinamentos apostólicos, à luz de sua dimensão social -, porém foi atribuído ao **Papa Leão XIII**, a partir da **Encíclica "Rerum Novarum"**, publicada em 15 de maio de 1891, o início da Doutrina Social da Igreja em seu sentido estrito.

Esses ensinamentos têm por finalidade estabelecer **princípios**, **critérios** e **diretrizes gerais** na organização social dos povos e nações, embora a Igreja não tenha participação na organização política diretamente; por meio de seus ensinamentos, sugere um convite à ação. A **finalidade da Doutrina Social da Igreja** é levar os homens a corresponderem, com o auxílio também da reflexão racional e das ciências humanas, à sua vocação de construtores responsáveis pela sociedade terrena, conforme ensinamentos do Catecismo da Igreja Católica.

A Doutrina Social da Igreja foi desenvolvida pela contribuição dos Padres da Igreja, de teólogos e canonistas da Idade Média e de pensadores e filósofos católicos dos tempos modernos, porém, se desenvolveu no século XIX, por ocasião do encontro do **Evangelho** com a **sociedade industrial moderna**; suas novas estruturas para produção dos bens de consumo, sua nova concepção da sociedade, do Estado e da autoridade, suas novas formas de trabalho e de propriedade.

Conforme entendimento dessa doutrina, a norma fundamental do Estado deve ser a prossecução da **justiça** e a finalidade de uma **justa ordem social** é garantir a cada um, no respeito ao princípio da **subsidiariedade**, a própria parte nos bens comuns.

Por meio das Encíclicas e pronunciamentos pontifícios, a **Doutrina Social da Igreja** menciona vários temas fundamentais da pessoa humana, a sua **dignidade** e os seus **direitos**, suas **liberdades**, a **família**, sua **vocação** e seus **direitos**; a inserção e a participação responsável de cada um na **vida social**; a **promoção da paz**, o **sistema econômico** e a **iniciativa privada**, o papel do Estado, o trabalho humano, a comunidade política, o **bem comum**, e a sua promoção no respeito aos **princípios da solidariedade** e da **subsidiariedade**, o destino universal dos bens da natureza, e o cuidado com a preservação e a defesa do meio ambiente, o desenvolvimento de cada pessoa e também dos povos; o **primado da justiça** e da **caridade**.

A existência da Doutrina Social da Igreja **não** implica, no entanto, a participação do clero na política. A atividade política é proibida pela Igreja, com exceção às situações de urgência, uma vez que a missão de melhorar e animar as realidades temporais - nomeadamente, mediante a participação política e o cumprimento dos deveres cívicos - que é atribuição confiada aos leigos. A hierarquia eclesiástica, portanto, não está em formar e dirigir governos, ou escolher regimes políticos; sua atribuição consiste em formar pessoas, para que possam exercer cargos de governo, dentro da ética e dos ensinamentos da Doutrina Social da Igreja.

2. O surgimento da sociedade industrial - a relação capital e trabalho

No final do século XIX, com o surgimento da sociedade industrial, modificou-se o contexto social de modo a determinar uma reavaliação do que seria a "**justa ordem da coletividade**". Antigas estruturas sociais foram derrogadas com o surgimento da massa de proletários assalariados, determinando mudanças profundas na **organização social** fazendo com que a "**relação capital e trabalho**" se tornasse uma questão decisiva de um modo até então desconhecido.

As estruturas de produção e o capital tornaram-se o novo poder, que, colocado nas mãos de poucos, comportava para as massas operárias uma **privação de direitos**, contra a qual era preciso reagir. Lentamente, os representantes da Igreja perceberam que das novas formas socioeconômicas surgiram problemas com reflexos na questão da "**justa estrutura social**". Muitas iniciativas pioneiras surgiram à época, entre leigos e religiosos, voltadas para os problemas de pobreza, doenças e carências de serviços de saúde e educação. Entre os pioneiros destacou-se o Bispo de Mogúncia, Wilhelm Emmanuel von Ketteler, entre outros clérigos, religiosos e leigos.

O **Papa Leão XIII**, em 1891, sentindo a urgência de novos tempos e das "coisas novas", elaborou a Encíclica "**Rerum Novarum**". A ela seguiu-se a Encíclica "Quadragesimo Anno", do Papa Pio XI em 1931. O Papa João XXIII publicou, em 1961, a Encíclica "Mater et Magistra" e o Papa Paulo VI, a Encíclica "Populorum Progressio", em 1967, além da Carta Apostólica "Octogesima Adveniens", em 1971. A questão social preocupou, também, o Papa João Paulo II, que publicou três Encíclicas: "Laborem Exercens" (1981), "Sollicitudo Rei Socialis" (1987) e "Centesimus Annus" (1991), pouco tempo depois da queda do Muro de Berlim e da debandada do comunismo na Cortina de Ferro.

Ocorre, entretanto, que a Doutrina Social da Igreja somente foi apresentada de modo sistematizado em 2004, no **Compêndio da Doutrina Social da Igreja**, como resultado do trabalho do Pontifício Conselho Justiça e Paz.

3. O fundamento da doutrina social da Igreja e sua relevância

A Igreja, com sua doutrina social, não entra em questões técnicas e não institui nem propõe sistemas ou modelos de organização social: por esses temas não fazerem parte da missão que Cristo lhe confiou.

Pela relevância do Evangelho e da Fé e pelos efeitos perversos da **injustiça**, a Igreja não pode ficar indiferente às vicissitudes **sociais**: compete à Igreja anunciar sempre e por toda parte os **princípios morais**, mesmo referentes à ordem social, e pronunciar-se a respeito de qualquer questão humana, enquanto o **exigirem os direitos fundamentais da pessoa humana**.

Por esta razão, a Encíclica "**Rerum Novarum**", de Leão XIII, sobre a questão operária, se constituiu na verdadeira Carta Magna da atividade cristã no campo social, **em busca de uma ordem social justa**. Em razão dos problemas resultantes da Revolução Industrial que suscitaram o conflito entre **capital** e **trabalho**; referido documento enumera os erros que provocam o mal social, exclui o socialismo como remédio e expõe, de modo preciso e atualizado, a doutrina católica sobre o **trabalho**, o **direito de propriedade**, o **princípio da colaboração** em contraposição à luta de classes, sobre o **direito dos mais fracos**, sobre a **dignidade dos pobres** e as **obrigações dos ricos**, o **direito de associação** e o **aperfeiçoamento da justiça pela caridade**.

Além de condenar o nazismo de forma expressa na Encíclica "Mit Brennender Sorge", elaborada pelo Papa Pio XI. A Igreja tem rejeitado as ideologias totalitárias e ateias associadas nos tempos modernos ao comunismo ou ao socialismo. Também em relação ao capitalismo ela recusou o individualismo e o primado absoluto da lei de mercado sobre o trabalho humano. A regulamentação da economia exclusivamente por meio de planejamento centralizado perverte na base os vínculos sociais; sua regulamentação unicamente pela lei de mercado vai contra a **justiça social**, uma vez que há muitas necessidades humanas que não podem ser atendidas pelo mercado. Torna-se necessária uma regulamentação racional do mercado e das iniciativas econômicas, de acordo com uma **justa** hierarquia de valores para atingir o **bem comum**.

4. Princípios e valores da doutrina social da Igreja

São princípios básicos da Doutrina Social da Igreja: (1) a dignidade da pessoa humana como criatura, ou seja, a igualdade e a dignidade de todas as pessoas; (2) respeito à vida humana; (3) princípio de associação; (4) princípio de participação; (5) princípio da solidariedade; (6) princípio da subsidiariedade; (7) princípio do bem comum; (8) princípio da destinação universal dos bens.

Os **princípios da dignidade da pessoa humana**, **do bem comum**, **da subsidiariedade** e o **da solidariedade** na Doutrina Social da Igreja, são considerados de caráter geral e fundamental, permanentes e universais. A DSI indica, ainda, valores fundamentais que devem orientar a vida social. Estes valores com fundamento no Catecismo são três:

- **Verdade**: o homem tende naturalmente para a verdade. É obrigado a honrá-la e a testemunhá-la. É obrigado a aderir à **verdade** conhecida e a ordenar toda vida segundo as exigências da verdade. A vida social exige transparência e honestidade e sem confiança recíproca a vida em comunidade torna-se insuportável.

- **Liberdade**: toda pessoa humana, criada à imagem de Deus, tem o direito natural de ser reconhecida como ser livre e responsável. Todos devem a cada um esta obrigação de respeito. O direito ao exercício da liberdade é uma exigência inseparável da dignidade da pessoa humana, sobretudo em matéria **moral** e **religiosa**. Este direito deve ser reconhecido civilmente e protegido nos limites do bem comum e da ordem pública. O exercício da liberdade **não** implica o direito de dizer tudo e fazer tudo sem qualquer limite. A liberdade está sujeita aos limites estabelecidos pela lei e pela Constituição do País. Portanto, é falso pretender que o homem, sujeito da liberdade, se baste a si mesmo tendo por fim a satisfação do seu próprio interesse na fruição dos bens terrenos.

- **Justiça**: conforme ensinamentos de São Tomás de Aquino, "**consiste na vontade perpétua e constante de dar a cada um o que lhe é devido**". A justiça, contudo, não é uma simples convenção humana, porque o que é justo não é originalmente determinado por lei, mas pela identidade profunda do ser humano. Aqui reafirma o "**direito natural**" como sinônimo de respeito à dignidade da pessoa humana, sob uma ótica cristã de valores, como fundamento no direito positivo.

Outros princípios podem ser mencionados, em síntese:

4.1 Princípio do bem comum

Segundo a doutrina da Igreja, por **bem comum** entende-se "o conjunto daquelas condições da vida social que permitem aos grupos e a cada um dos seus membros atingirem de maneira mais completa e desembaraçadamente a própria perfeição".

O bem comum é de responsabilidade de **todos** e empenha todos os membros da sociedade: ninguém está escusado de colaborar, de acordo com as próprias possibilidades, na sua busca e no desenvolvimento, conforme o Catecismo da Igreja Católica. O bem comum é também a razão de ser da autoridade política e para assegurá-lo o governo de cada País tem a tarefa específica de **harmonizar com justiça** os diversos interesses setoriais. O significado do bem comum vai além do simples bem estar econômico e considera a fiscalidade transcendente do ser humano.

4.2 Princípio da destinação universal dos bens

Esta doutrina social sustenta que a propriedade dos bens seja acessível a todos de modo equânime e equitativo. Reconhece a **função social** de qualquer forma de posse e decorre do dever de fazer com que a propriedade seja produtiva. Nesse ponto, o Concílio Vaticano II recomenda com firmeza que não se dê aos pobres a título de caridade o que já lhes é devido a título de **justiça**. Também sobre este princípio, o Papa João Paulo II reafirmou, em Puebla (pronunciamento de 28 de janeiro de 1979): "A esse propósito deve ser reafirmada, em toda a sua força, a opção preferencial pelos pobres". O que não supera o modo de produção capitalista.

4.3 Princípio da subsidiariedade

O princípio da subsidiariedade é realçado na Encíclica "Quadragesimo Anno", do Papa Pio XI. Por este princípio, deve-se respeitar a liberdade e proteger a vitalidade dos corpos sociais intermediários, por exemplo, a família, grupos, associações, entidades culturais, econômicas, ONGs, e outras que são formadas espontaneamente pela sociedade. Não deve o Estado interferir no corpo social e na sociedade civil além do necessário. Por outro lado, deve o Estado exercer atividade **supletiva** quando o corpo social, por si, não consegue ou não tem meios de promover determinada atividade, como também deve o Estado intervir em situações de desequilíbrio e de injustiça social.

Este princípio se opõe às formas de centralização, burocratização, assistencialismo e da presença desnecessária e injustificada do Estado e do aparelho estatal no meio da sociedade civil. O Papa João Paulo II na Encíclica "Centesimus Annus", afirmou: "Ao intervir diretamente, irresponsabilizando a sociedade, o **Estado assistencial** provoca a perda de energias humanas e o aumento exagerado do setor estatal dominando mais por lógicas burocráticas do que pela preocupação de servir os usuários com um acréscimo enorme de despesas".

Não admitir ou admitir de forma inadequada a **liberdade de iniciativa privada**, **econômica** e **os monopólios** desnecessários e injustificados concorrem para desrespeitar o mencionado princípio da subsidiariedade. Por outro lado, estão de acordo com este princípio o **respeito e a promoção efetiva do primado da pessoa humana e da família, a valorização das associações e organizações de nível intermediário**, existentes na sociedade, o respeito a uma **organização social** e **representatividade pluralista**, respeito aos direitos humanos e das minorias, descentralização administrativa e o adequado equilíbrio entre o "público" e o "privado", e a correta responsabilização do cidadão como parte integrante ativa da realidade social e política do Estado, estes são fatores que se colocam na linha de realização deste princípio com vistas ao alcance do bem comum.

5. O direito de participação na vida social e política

A participação na vida social e política é um dever a ser conscientemente exercitado por todos, de forma responsável em vista do bem comum. Toda **democracia deve ser participativa**. É fortemente criticada a negativa deste direito por uma organização do Estado de forma totalitária ou ditatorial, ainda que este direito venha a ser reconhecido formalmente, mas, na prática negado, como também a grandeza do Estado e do seu aparato burocrático são criticados porque em razão deles pode vir a ser negado ao cidadão a possibilidade de participar da vida social e política do País, conforme São Tomás de Aquino. A sua doutrina representa um dos pilares da Doutrina Social Católica.

5.1 Princípio da solidariedade

Este princípio pela globalização crescente da sociedade e de interdependência entre os homens aumenta as possibilidades de relacionamento entre eles. Referido princípio foi sintetizado pelo Papa João Paulo II, na Encíclica "Sollicitudo Rei Socialis", da seguinte forma:

> ... a **solidariedade** não é um sentimento de compaixão vaga ou de entendimento superficial pelos males sofridos por tantas pessoas, próximas ou distantes. Pelo contrário, é a "determinação firme e perseverante" de se empenhar pelo **bem comum**; ou seja, pelo bem de todos e de cada um, porque todos nós somos verdadeiramente responsáveis por todos. Esta determinação está fundada na firme convicção de que as causas que travam o desenvolvimento integral são: "a avidez do lucro" e "a sede do poder" de que se falou. Estas atitudes só poderão ser vencidas com a aplicação em prol do bem do próximo, com disponibilidade, em sentido evangélico, em benefício do próximo em vez de o oprimir para proveito próprio"... "A prática da solidariedade no interior de cada sociedade é válida quando os seus membros se reconhecem uns aos outros como pessoas". "Aqueles que contam com mais, dispondo de uma parte maior de bens e de serviços comuns, hão de sentir-se responsáveis pelos mais fracos e estar dispostos a compartilhar com eles o que possuem". Por outro lado, "os mais fracos, na mesma linha de solidariedade não devem adotar uma atitude meramente passiva ou destrutiva do tecido social; mas, embora defendendo os seus direitos legítimos, fazer o que lhes compete para o bem de todos". "Os grupos intermediários", por sua vez, "não deveriam insistir egoisticamente nos seus próprios interesses, mas respeitar os interesses dos outros."

Segundo a Doutrina Social da Igreja, este princípio leva em conta não somente a **igualdade fundamental entre todos os homens**, mas vê o homem como imagem viva de Deus, resgatada na Paixão de Cristo: "deve ser amado ainda que seja inimigo".

6. A família

Pela Doutrina Social da Igreja, a família é importante para a pessoa humana e para a sociedade. É vista como a célula *mater* e vital da sociedade. A família é considerada a primeira sociedade natural, titular de direitos próprios e originários, é colocada no âmago da vida social e nasce da íntima comunhão de vida e de amor fundada no matrimônio entre duas pessoas. Todos nós nascemos de alguma forma em uma família e nela continuamos ao longo da vida inteira.

A pessoa nasce e cresce no seio de uma família, e é sempre de lá e para lá que ela vai estender a mão em amizade a outras pessoas. A sociedade, portanto, é constituída das famílias e dos frutos das famílias. É por isso que a DSI manda protegê-las ao máximo: é deles que vem a ordem social. O termo família engloba todas as relações de parentesco: avós, primos, cunhados e o que mais vier. A família é a primeira sociedade natural e a primeira escola das virtudes sociais de que as sociedades tem necessidade. Família é amor, acolhimento e proteção.

7. O trabalho humano

O homem, segundo esta doutrina, foi criado *ut operaretur* - "para trabalhar". As realidades criadas, são boas em si mesmas, existem em função do homem. O trabalho, portanto, pertence à condição originária própria do homem. É um instrumento eficaz contra a pobreza e deve ser sempre honrado, é essencial, mas não é o fim último da razão de ser da existência do homem, este não deve esquecer que a última razão de sua existência é **Deus**.

O trabalho representa uma dimensão fundamental do homem como participante da criação e da redenção. O trabalho é meio de santificação. Ninguém pode se sentir no direito de não trabalhar e de viver à custa dos outros. O trabalho é também uma obrigação, vale dizer, um dever do homem. Constitui uma obrigação para consigo, para com a família, a sociedade e a nação.

A pessoa é o parâmetro da dignidade do trabalho: "Não há dúvida, de que o trabalho humano tem seu valor ético, o qual permanece diretamente ligado ao fato de que aquele que o realiza ser pessoa" ("Laborem Exercens"). O trabalho está não no que é feito, mas está em quem o faz: a pessoa humana. O trabalho assim entendido, tem também sua dimensão social: o trabalho é para o homem e não o homem para o trabalho. É um direito fundamental, tem um valor de dignidade e é também uma necessidade para o homem e para este formar e manter uma família, para ter direito à propriedade e para contribuir para o bem comum. "O trabalho é o meio universal de prover às necessidades da vida, quer ele se exerça num terreno próprio, quer em alguma arte lucrativa cuja remuneração, apenas, sai dos produtos múltiplos da terra, com os quais ela se comuta" (Encíclica "*Rerum Novarum*").

Por ser um direito fundamental, toda ordem econômica que se queira voltada para a justiça e para o bem comum deve estar orientada com vistas a alcançar o **pleno emprego**. O dever do Estado há de estar voltado preferencialmente para as políticas que criem condições e garantam ocasiões de trabalho, estimulando a atividade das empresas onde for insuficiente e apoiando-as nos momentos de crise (Encíclica "*Centesimus Annus*"). Para a promoção do direito do trabalho é relevante permitir e incentivar o processo de **livre-organização** dos diversos **setores produtivos** da sociedade, **empresariais** e **sociais**, a cooperação e autogestão e outras formas de atividade solidária.

8. As relações do trabalho com o capital

Pelo seu caráter pessoal e ato humano e em razão da dignidade da pessoa, como regra geral, o trabalho é superior e prevalece em importância a qualquer outro fator de produção, este princípio vale, de modo especial e particular, em relação ao capital. Entretanto, entre um e outro há uma **complementariedade**: "de nada vale o **capital** sem o **trabalho**, nem o **trabalho** sem o **capital**" (Encíclica "*Rerum Novarum*")... "É deveras injusto que um deles, negando a eficácia do outro, se arrogue a si os frutos" (Encíclica "Quadragesimo Anno").

Na relação entre capital e trabalho, deve haver um **equilíbrio** entre as partes para que reine a paz.

9. Direitos do trabalhador

Os direitos do trabalhador se baseiam na natureza da pessoa humana e na sua dignidade. O Magistério da Igreja enumera dentre outros: a **justa remuneração, direito ao repouso, trabalho em ambiente que não lese a sua saúde** e a **integridade moral, respeito à sua consciência, auxílios aos desempregados e suas famílias, direito a aposentadoria e pensão**, nos casos de doença, **direito a auxílios e benefícios sociais** no caso de **maternidade**, direito de **reunião** e **associação**.

O acordo entre patrão e empregado não é suficiente para legitimar o *quantum* da remuneração, ela deve ser suficiente para um sustento digno do trabalhador e da sua família, as leis de mercado não são suficientes para atender a esta **condição de justiça**; o direito natural antecede ao direito de contratar. Se for necessário, cabe ao Estado fixar um valor mínimo para as diversas circunstâncias em que a remuneração do trabalho é devida.

A **greve é reconhecida pela doutrina social como instrumento legítimo**, como último recurso e inevitável e até necessário em vista de um benefício proporcionado, desde que, todos os outros recursos se tenham levado a efeito para evitar o conflito. A **greve legítima**, como justo instrumento de pressão contra os empregadores, contra o Estado e até como meio de pressionar a opinião pública, há de ser sempre **pacífica**, e perde a sua legitimidade se a ela é associada a violência ou quando lhe é atribuído outro fim que não as condições de trabalho ou contrários ao bem comum.

Os **Sindicatos** devem ser instrumentos de **solidariedade** entre os trabalhadores e são um fator construtivo da ordem social. A ação sindical deve ser voltada para o **bem comum**. Não se admite ódio de classes e luta para a eliminação de outrem. **Trabalho e Capital** são indispensáveis para o processo de produção. A doutrina social "**não** interpreta que os Sindicados sejam somente o reflexo de uma estrutura de classe da sociedade, como **não** orienta que eles sejam o expoente de uma luta de classes, que inevitavelmente governe a vida social" (Encíclica "*Laborem Exercens*").

A **finalidade** específica do **Sindicato** é o de **garantir os justos direitos dos homens do trabalho no quadro do bem comum** de toda sociedade, num empenho normal das pessoas em busca do justo bem, não devem se vincular a partidos políticos e nem se envolver na luta pelo poder político, para não se transformar em instrumentos para outros fins que não a solidariedade entre os trabalhadores. Novas formas de solidariedade devem ser criadas de modo a amparar os trabalhadores que se encontram em situações novas de trabalho decorrentes dos problemas e possibilidades dos tempos atuais, e não se enquadram nas formas tradicionais e antigas de emprego da grande indústria ou da grande empresa.

As novidades e as oportunidades que surgem com a **globalização** não podem implicar violações dos direitos inalienáveis do homem que trabalha. A dignidade do trabalho deve ser tutelada sempre. A globalização tem aspectos positivos que devem ser valorados e resulta da natural tendência do homem de se relacionar com o outro homem. Com a globalização e a evolução técnica surge a oportunidade para todos dc "dar expressão a um humanismo do trabalho em âmbito planetário" (Encíclica "*Laborem Exercens*").

10. Propriedade privada e função social

A Doutrina Social da Igreja sustenta que o direito à propriedade privada está subordinado ao princípio da destinação universal dos bens e não deve constituir um impedimento ao trabalho. Não é lícito possuir por possuir, ou possuir contra o trabalho. A propriedade, que se adquire com o fruto do trabalho, tem por dever servir ao trabalho. De tudo "resulta que a propriedade particular é plenamente conforme a natureza, porque o seu fundamento está no trabalho humano ela é o fruto do trabalho" (Encíclica "*Rerum Novarum*").

Esta doutrina pode considerar a reforma agrária em alguns casos específicos, quando se prova a **improdutividade do latifúndio** ou quando acarretar outros males em detrimento do restante da sociedade: "Em alguns países é indispensável uma redistribuição da terra, no âmbito de eficazes políticas de reforma agrária, a fim de superar o impedimento que o **latifúndio improdutivo**, considerado pela Doutrina Social da Igreja, representa a um autêntico desenvolvimento econômico". "Os países em via de desenvolvimento podem combater eficazmente o atual processo de concentração da propriedade da terra, se afrontarem algumas situações que se podem classificar como verdadeiros e próprios nós estruturais. Tais são as carências e os atrasos a nível legislativo quanto ao reconhecimento do título de propriedade da terra e em relação ao mercado de crédito; o desinteresse pela investigação e formação em agricultura; a negligência a propósito de serviços sociais e de infraestruturas nas áreas rurais. A reforma agrária torna-se, portanto, além de uma necessidade política, uma **obrigação moral**, uma vez que a sua atuação obstaculeza nestes países os efeitos benéficos derivados da abertura dos mercados e, em geral, daquelas ocasiões profícuas de crescimento que a globalização em curso pode oferecer" (origem Wikipédia, a Enciclopédia livre - consulta em: 05/04/2023).

Desta forma, o uso socialmente irresponsável do direito de propriedade leva a uma despersonalização da sociedade civil e sugere que se favoreça largamente a empresa familiar proprietária da terra que a cultiva diretamente em determinadas situações.

11. Atividade econômica

A Atividade Econômica deve ser vista como uma forma de coparticipação do homem na criação. É uma questão de **justiça** consigo mesmo e com o próximo a adequada administração dos próprios dons e bens materiais. O progresso material e a atividade econômica devem ser colocados a serviço dos demais e da sociedade. As riquezas existem para serem partilhadas com os demais.

Há uma relação entre **moral** e **economia**, que o Papa Pio XI na Encíclica "Quadragesimo Anno" afirma ser "um erro considerar que a atividade econômica está desvinculada dos **princípios morais** que regem a atividade humana". A riqueza, a economia não é um fim em si mesmo e nem último fim e razão de ser da existência, ela se destina à **produção**, **distribuição** e **consumo** de **bens** e **serviços**, com vistas ao bem do homem e de toda a sociedade para a promoção de um **desenvolvimento solidário** da humanidade.

A Doutrina Social da Igreja admite uma **economia de mercado ou economia livre** numa perspectiva de desenvolvimento integral e solidário, mas se por capitalismo se entende que a liberdade na economia não está balizada por um sólido sistema jurídico que a coloque a serviço da **liberdade humana integral**, a resposta é negativa. A atividade econômica está submetida não só às suas próprias regras, mas também às da **moral** e da ética.

12. Iniciativa privada e econômica

Esta doutrina considera que a liberdade da pessoa humana no campo econômico é um valor fundamental e um direito inalienável a ser promovido e tutelado. Por outro lado, "a empresa não pode ser considerada apenas como uma "sociedade de capitais"; é simultaneamente uma "sociedade de pessoas", da qual fazem parte, de modo diverso e com específicas responsabilidades, quer aqueles que fornecem o capital necessário para a sua atividade, quer aqueles que colaboram com o trabalho" (Papa João Paulo II - "*Centesimus Annus*").

A doutrina social reconhece a **justa função** do **lucro**, mas o lucro por si só não indica que a empresa esteja servindo adequadamente à sociedade; **não é lícito** obter o lucro à custa da dignidade do trabalhador, da sua humilhação e da violação dos seus direitos. Mesmo nas relações internacionais, a prática da usura permanece condenada e merece reprovação os "sistemas financeiros abusivos e usurários" tanto no âmbito das economias nacionais como internacionais. Os "trabalhadores que atuam na empresa constituem o seu patrimônio mais precioso" ("*Centesimus Annus*"), nas grandes decisões estratégicas e financeiras da empresa, de compra e venda, abertura e fechamento dc filiais não é lícito decidir tendo por base os interesses do capital sem olhar para dignidade dos que nela trabalham. Devem organizar a atividade na empresa de modo a favorecer e promover a família do trabalhador.

Por ocasião do Congresso Internacional da "Fundação Centesimus Annus Pro Pontifice", realizado nos dias 21 e

22 de outubro de 2021, no Vaticano, com o tema: “Solidariedade, Cooperação e Responsabilidade”, o **Papa Francisco**, em sua palestra de abertura do evento, sobre o tema, disse que são antídotos para combater as “injustiças, desigualdades e exclusões”.

O Papa Francisco fez um apelo aos presentes e convidou a todos a promover a doutrina social, dizendo que “a **Doutrina Social da Igreja** é um tesouro da tradição”.

Para o Papa “são reflexões importantes numa época em que as incertezas e precariedades que marcam a existência de tantas pessoas e comunidades que são agravadas por um sistema econômico que continua a **descartar vidas** em nome do lucro, incutindo comportamentos vorazes em relação aos recursos da terra e alimentando muitas formas de iniquidade”.

Diante dessas injustiças, “não podemos ficar indiferentes. A resposta à injustiça e à exploração não é apenas denúncia. É antes de tudo, a promoção ativa do bem”.

No “terreno poluído pelo predomínio das finanças, temos necessidade de muitas pequenas sementes que façam brotar uma economia equitativa e benéfica, à medida do homem e digna do homem. Temos necessidade de possibilidades que se tornem realidades, de realidades que deem esperança. Isso significa “**colocar em prática a Doutrina Social da Igreja**” (PICHEL, Miguel Pérez - Notícias do Vaticano).

Em síntese: esta é a Doutrina Social da Igreja, fundamentada pelo Papa Leão XIII, na Encíclica “*Rerum Novarum*” e nas Encíclicas posteriores elaboradas pelos Papas, considerando os ensinamentos da doutrina e do Catecismo.

Podemos afirmar que os primórdios do Direito do Trabalho e os direitos fundamentais surgiram a partir da Encíclica “*Rerum Novarum*”.

13. A Declaração Universal dos Direitos Humanos

Os Direitos Fundamentais como conhecemos hoje, não surgiram todos de uma vez, eles foram sendo conquistados aos poucos e com muita luta até surgir a Declaração Universal dos Direitos do Homem, no dia 10 de dezembro de 1948.

Para substituir a "Liga das Nações", diversos países criaram a Organização das Nações Unidas - **ONU**, tendo como objetivos fundamentais: a) manter a paz e a segurança internacionais; b) promover relações amistosas entre os Estados; c) funcionar como centro polarizador de diálogo e de aproximação entre as nações e os povos para a solução de problemas internacionais de natureza **econômica, social, cultural** e **política**; d) **efetivar o respeito aos direitos humanos.**

A Declaração Universal dos Direitos Humanos tem sido referência obrigatória em todos os programas e projetos de ação de entidades estatais e não governamentais, comprometidas com a proteção de uma variedade de direitos essenciais ao progresso do homem e da humanidade.

Os Direitos Fundamentais do Homem foram adotados e reconhecidos pelos países que adotaram o Estado Democrático de Direito, como regime político.

Com efeito, a Constituição Brasileira de 1988, recepcionou os princípios e as regras da Declaração Universal dos Direitos do Homem, assegurando direitos fundamentais em diversos dos seus dispositivos, principalmente os artigos: (art. 1º) após afirmar que a República Federativa do Brasil constitui-se em Estado Democrático de Direito e tem como fundamentos: I - a **soberania**; II - a **cidadania**; III - a **dignidade da pessoa humana**; IV - os **valores sociais do trabalho e da livre iniciativa**; (art. 3º) constituem objetivos fundamentais da República Federativa do Brasil: I - construir uma sociedade livre, **justa** e **solidária**; II - garantir o desenvolvimento nacional; III - **erradicar a pobreza** e a **marginalização** e **reduzir as desigualdades sociais e regionais**; IV - **promover o**

bem de todos, sem **preconceitos de origem**, raça, sexo, cor, idade e **quaisquer outras formas de discriminação**. O art. 4º (VI) menciona a **defesa da paz**; (IX) cooperação entre os povos para o **progresso da humanidade**. O art. 5º arrola os direitos e garantias fundamentais, ao estabelecer a igualdade de todos perante a lei, sem distinção de qualquer natureza, garantindo aos brasileiros e aos estrangeiros residentes no País a inviolabilidade do **direito à vida**, à **liberdade**, à **igualdade**, à **segurança** e à **propriedade**; (III) ninguém será submetido a tortura nem a **tratamento desumano** ou degradante; (VI) é inviolável a **liberdade de consciência** e de **crença**, sendo assegurado o **livre exercício dos cultos religiosos** e **garantida**, na forma da lei, a **proteção aos locais de culto e suas liturgias**; (VII) é assegurada, nos termos da lei, a **prestação de assistência religiosa** nas entidades civis e militares de **internação coletiva**; (VIII) ninguém será **privado de direitos** por motivo de **crença religiosa**...; (XVII) é plena a **liberdade de associações** e, na forma da lei, a de **cooperativas** independente de autorização; (XXII) é garantido o **direito de propriedade**; (XXIII) **a propriedade** atenderá a sua **função social**. Os direitos e garantias expressos nesta Constituição **não excluem outros** decorrentes do **regime e dos princípios por ela adotados**, ou dos **tratados internacionais** em que a República Federativa do Brasil seja parte (§ 2º, art. 5º), além de outros direitos e garantias espalhados por todo texto constitucional.

Como se constata, diversos desses direitos fundamentais acima mencionados surgiram com a Doutrina Social da Igreja.

14. Direito natural e justiça

Direito Natural ou Jusnaturalismo é uma teoria que procura fundamentar o Direito no **bom senso**, na **racionalidade**, na **equidade**, na **igualdade** e na Justiça.

A teoria do direito natural abrange uma grande parte da filosofia de **São Tomás de Aquino**, **Thomas Hobbes**, **Hugo Grócio**, **Samuel von Pufendorf**, **John Locke** e **Jean-Jacques Rousseau**, entre outros e exerceu uma influência profunda no movimento do **racionalismo jurídico** do século XVIII, quando surge a noção de **direitos fundamentais**, no conservadorismo e no desenvolvimento da "common law" inglesa. Na atualidade, o jurista **John Finnis** é considerado um dos maiores expoentes da escola do Direito Natural.

O **jusnaturalismo teológico** (ou **jusnaturalismo medieval**) foi a teoria e escola jusfilosófica dominante durante a era medieval. Fundada por **Tomás de Aquino**, nos tempos de ouro da **escolástica**; buscava o **conceito de justiça** usando por método um **racionalismo teológico**, influenciado tanto pelo pensamento aristotélico tradicional quanto pela teologia cristã.

Como qualquer teoria jusnaturalista, é preciso postular sobre a **natureza humana** para daí definir, dedutivamente, o Direito. Tomás de Aquino postula que a natureza humana é essencialmente boa.

> **Disse Deus**: "Façamos o homem à nossa imagem, conforme a nossa semelhança." (Gênesis, 1:26)

Em conformidade com a "teologia cristã, a natureza humana nada mais é que a imanência da natureza divina na materialidade do homem mortal. Depreende-se disso que o homem é inerentemente bom, pela sua imanência divina do Gênesis, e é guiado para o justo e conveniente" (DINIZ, Maria Helena, p. 52-53).

Desta forma, as más atitudes humanas representam a fraqueza do seu bem inerente, influenciado pela força contrária do bem; pelo pecado.

Tomás de Aquino, tendo postulado a natureza humana, dedutivamente formula os **princípios morais eternos**,

imutáveis do Direito Natural. Na concepção jusfilosófica medieval, esses princípios estariam materializados no ser humano em sua natureza, portanto, estando em qualquer ser humano, civilizado ou não, ocidental ou não, cristão ou não.

Tais princípios são:

1. **"O homem deve conservar-se"**

   - deveres do homem consigo mesmo;

2. **"O homem deve unir-se com a mulher, para procriar, educar seus filhos"**

   - deveres do homem para com a família e com o grupo social no qual convive;

3. **"O homem deve procurar a verdade"**

   - dever do homem de respeitar sua racionalidade, isto é, de buscar o conhecimento da realidade;

4. **"O homem deve praticar a justiça, dando a cada um o que é seu", "o homem não deve lesar o próximo"**

   - deveres do homem com a sociedade.

Sendo uma teoria jusnaturalista, afirma que esses princípios são imutáveis e eternos do Direito Natural. Logo o **Direito Positivo, legislado, deve buscar sua origem nesses princípios**. Caso não siga, será considerado **injusto**, pois não condiz com a natureza humana. **São Tomás de Aquino** propõe duas modalidades de origem da lei humana a partir da lei natural: a **dedução** e a **conclusão**. O tema é analisado por **John Finnis, tomista** contemporânea, em sua obra "Lei Natural e Direitos Naturais".

Com a utilização do método dedutivo-racional a partir de postulados, a teoria jusfilosófica medieval começou a guiar a ciência do direito para seus moldes científicos (DINIZ, Maria Helena, p. 53).

É importante destacar, a relação entre a **lei positiva** e a **lei natural.** O argumento clássico para esta relação está presente em **São Tomás de Aquino** e consiste em que as duas leis se ligam por uma **conexão** racional. Se por exemplo, usássemos a lei que caracteriza o homicídio como crime, a conexão seria de fácil visualização: a vida humana é um bem; portanto, a lei corrobora e afirma este bem. Assegura o direito à vida.

O direito natural não é um direito **coercitivo** uma vez que parte da **moralidade.** O direito positivo deve observar o direito natural por duas razões principais: pela necessidade (quem necessita) de compelir e forçar pessoas egoístas, (quem define) a agir de modo razoável e bom, e por buscar um padrão futuro de ordem social. Atentando para o fato de que ambos os argumentos derivam da razão prática.

Os **direitos naturais** são **princípios fundamentais de proteção ao homem**, que deverão ser consagrados pela legislação positiva, a fim de que se tenha um ordenamento jurídico substancialmente **justo**. Não é escrito, não é criado pela sociedade, nem é formulado pelo Estado; é um **direito espontâneo**, que se **origina da própria natureza social do homem** e que é revelado pela conjugação da **experiência** e da **razão**, constituído por um conjunto de **princípios** e, não de normas, de caráter **universal**, **eterno** e **imutável**, de origem divina, que protege a **vida**, a **liberdade** e a **propriedade**.

John Locke incorporou o direito natural a muitas de suas teorias e à sua filosofia, especialmente nos dois Tratados sobre o Governo. Discute-se se seu conceito de direito natural alinhar-se-ia mais ao de Tomás de Aquino ou à reinterpretação de Thomas Hobbes, embora se costume dizer que Locke procedeu a uma revisão da teoria de Hobbes com base no **contratualismo** hobbeniano. Locke inverteu o argumento de Hobbes, ao dizer que, se o governante contrariasse o direito natural e deixasse de proteger "**a vida, a liberdade e a propriedade**", as pessoas teriam justificativas para derrubar o regime.

Locke falava a linguagem do direito natural, preferida dos pensadores liberais posteriores; o conteúdo dessa linguagem procurava, em grande medida, **proteger os direitos individuais**. **Thomas Jefferson**, mencionando entendimento de Locke fala em "**direitos inalienáveis**" na **Declaração de Independência dos Estados Unidos**, em que se lê: "Consideramos estas verdades como evidentes, que todos os homens são criados iguais, que seu Criador lhes concede certos direitos **inalienáveis**, que entre estes estão a **Vida**, a **Liberdade** e a busca da **Felicidade**" (tradução livre do original inglês).

Para designar o **novo jusnaturalismo** desenvolvido por John Finnis, Robert. P. George, Joseph Boyle e outros, a partir do artigo "O Primeiro Princípio da Razão Prática" (1965), de Germain Grisez. Esse jusnaturalismo busca, com fundamento nas inclinações **racionais do homem**, identificar **bens humanos básicos** não morais. Posteriormente procura investigar exigências da razão prática, as quais irão imprimir **conteúdo moral** nas ações e compromissos humanos em razão daqueles valores básicos. Com esta descoberta da **razoabilidade** prática, **John Finnis**, especialmente, deu uma nova ênfase às teorias de direito natural contemporâneas, apresentando argumentos razoáveis para rebater e desmistificar as falsas imagens propaladas pelo juspositivismo noventista. Provavelmente, é a teoria jusnaturalista mais conceituada e consolidada nos dias atuais, uma vez que preenche os requisitos de **objetividade, universalidade** e **intelegibilidade** das premissas adotadas.

Assim, é possível definir o **Direito Natural** como uma doutrina jurídica que defende o direito e que o direito positivo deve ser objeto de uma valoração que tem como referência um sistema superior de regras ou de princípios (direito ideal) que lhe condicionam a validade.

Em consequência desta definição (BEDIN, Gilmar Antonio, p. 246), entende que é possível identificar as seguintes características na doutrina do Direito Natural:

a) a legislação em vigor deve ser analisada a partir de determinados conteúdos superiores;

b) estes conteúdos possuem como fonte uma determinada categoria universal e imutável (ideal de justiça);

c) estes conteúdos devem sempre prevalecer sobre as disposições formais da legislação em vigor.

E continua o referido autor: "Que conteúdos, porém, são estes? Estes conteúdos são os referentes a uma ideia de justiça. Por isso, os seus defensores buscam normas e princípios que, independente de seu acolhimento pela instituição positiva do direito, possuem um primado sobre as leis vigentes e o poder estatal que as efetiva. Neste sentido, a legislação vigente será considerada válida apenas à medida em que suas prescrições correspondam às exigências de um ideal de justiça".

E conclui o prof. (BEDIN, Gilmar Antonio, p. 246 e seguintes) uma "regulamentação positiva injusta da conduta humana não tem qualquer validade e não é, portanto, direito em sentido estrito, na medida em que se deva entender por direito apenas uma ordem jurídica válida. Isto transforma a doutrina do Direito Natural em uma compreensão teórica do fenômeno jurídico que submete o fundamento de validade das normas jurídicas em vigor a uma concepção de justiça". Por isso, "para a doutrina do Direito Natural, direito é **direito justo** (validado por um ideal de justiça)".

Historicamente, foram construídas três respostas possíveis em relação à **justiça** a serem utilizadas pelo Direito Natural: (a) esta referência de justiça deve ser própria da natureza (resposta típica do mundo antigo); (b) esta referência de justiça deve ser Deus (resposta típica do mundo medieval); (c) esta referência de justiça deve ser a natureza humana (resposta típica do mundo moderno).

O **primeiro tipo** de direito natural pode ser designado de Doutrina do **Direito Natural Cosmológico**. Este tipo de Direito Natural volta-se para o conceito de ordem natural, isto é, para uma ordem que se descobre na **natureza das coisas**, que é distinta das variáveis leis humanas e pode ser descoberta pela observação racional do homem. É a partir desta observação que podem ser descobertas as normas adequadas à natureza das coisas e que **são justas à medida em que forem corretamente interpretadas pelo homem**. Este é, por exemplo, o pensamento de **Aristóteles** (384-322 a.C.). Para este pensador, há dois tipos de lei. A lei pode ser **própria** (positiva) ou **comum** (natural). A lei própria é a que cada um impõe a si mesmo, e esta pode ser tanto escrita como não escrita. Esta lei está de acordo com a natureza, razão pela qual tem validade universal e possui referência para a validade da lei positiva (própria), que não pode ser violada para ser considerada válida.

Para Aristóteles, é possível dizer que existe, de fato, o **justo** e o **injusto** comum pela natureza, que todos proclamam ou aceitam, ainda que não se tenham de alguma forma pactuado.

O **segundo tipo** de direito natural pode ser designado de Doutrina do **Direito Natural Teológico**. Este tipo de Direito Natural volta-se para uma visão teocêntrica do mundo e para a compreensão das supostas leis divinas que o governam. Isto significa reconhecer que o mundo é organizado pela Divina Providência (vontade de Deus), sendo possível ao homem descobrir racionalmente quais são os desígnios de Deus (leis supremas).

Entre os pensadores que defendem esta posição encontra-se **Tomás de Aquino** (1225-1274 d.C.). Para este pensador, é a **razão divina** que estabeleceu a **ordem geral do universo** e esta ordem pode ser assim compreendida: para ser válida, a lei comum deve estar de acordo com a lei natural e esta com a lei eterna. Em consequência, somente é válida a **lei justa** derivada da **vontade de Deus** (lei eterna).

O **terceiro tipo** de direito natural pode ser designado de Doutrina do **Direito Natural Antropológico**. Este tipo de Direito Natural volta-se para o homem como centro do universo e **portador de um conjunto de direitos naturais inatos**. Nesta perspectiva, temos uma ruptura com a compreensão transcendente do mundo (divina/teológica) e uma grande valorização do ser humano diante do poder da Igreja e do Estado.

Por esta razão, este tipo de Doutrina do Direito Natural representou importante momento histórico, ao princípio da Revelação e do poder absoluto do Estado Moderno: **seu pressuposto fundamental reside no fato de que a legislação de um País** (direito positivo) **somente será válida quando respeitar os direitos naturais inatos dos homens, que o constitui por meio de um contrato social em que manifestou a sua vontade** (contratualismo).

Um dos maiores representantes deste Direito Natural, foi o pensador inglês **John Locke** (1632-1704). Este autor defende que **os homens possuem um conjunto de direitos naturais inatos** (**vida, liberdade** e **propriedade**) e que eles **não são transferidos para o corpo político quando do estabelecimento do contrato social que dá origem ao Estado Moderno**. Por isso, afirma que **toda lei positiva que contrarie estes direitos inatos é inválida**, podendo ser desobedecida por todos os cidadãos, que podem exercer o seu direito de resistência diante da **lei injusta**. Esta doutrina do Direito Natural inspirou a **Revolução Americana** e a **Revolução Francesa**, e **contribuiu** para o início do **constitucionalismo moderno e do Estado de Direito**.

Assim, o que pode ser observado, independente das particularidades de cada tipo específico da **Doutrina do Direito Natural**, é que há algo em comum entre as proposições das três propostas: a **validade do direito positivo está condicionada a uma ordem superior de justiça, que pode ser o cosmos, Deus ou os direitos naturais inatos.**

Em outras palavras, é isto que distingue a doutrina do **Direito Natural** da doutrina do **Direito Positivo**. Para o **Positivismo Jurídico** a validade do direito **independe da validade de uma norma** ou princípio de justiça (superior às normas vigentes). Portanto, o **direito vale para o Positivismo Jurídico**, mesmo que seja injusto. Neste sentido é possível afirmar que a doutrina do Positivismo Jurídico reduz o direito à ordem estabelecida (BEDIN, Gilmar Antonio, p. 249).

Assim, podemos dizer, que são duas as palavras-chave diferenciadoras da Doutrina do Positivismo Jurídico e da Doutrina do Direito Natural (Jusnaturalismo): a palavra "**ordem**" e a palavra "**justiça**". Isto fica bastante claro com as duas proposições latinas que simbolizam cada uma das doutrinas: iustum quia iussum (justo porque ordenado) e iussum quia iustum (ordenado porque justo).

Esta distinção deixa claro que a doutrina do Positivismo Jurídico é uma análise teórica do fenômeno jurídico que pode ser denominada de **monista**, uma vez que reduz o direito à ordem estabelecida (direito é direito positivo). Por outro lado, a distinção referida esclarece que o **Direito Natural** (Jusnaturalismo) é uma doutrina jurídica que pode ser denominada de **dualista**, por trabalhar com dois planos compreensivos: o que se apresenta nas normas positivas em vigor e o que nelas deve apresentar-se para que sejam consideradas **boas**, **válidas** e **legítimas** (justas). Esta dualidade faz com que a doutrina do Direito Natural provoque um tencionamento constante na relação **direito** e **justiça**, embora os valores e princípios do Direito Natural podem influenciar o direito aplicado.

Feitas estas considerações, passamos a responder aos quesitos formulados pelos organizadores.

15. Respostas aos quesitos

1º) A função do Direito nas sociedades organizadas é apenas a busca da aplicação da norma fria ou estimular a procura de um ideal de justiça?

RESPOSTA: A função do Direito nas sociedades organizadas **não** é apenas a busca da aplicação da **norma fria**. É necessário estimular a procura de um ideal de justiça, com fundamento no jusnaturalismo que postula sobre a natureza humana para daí definir, dedutivamente, o Direito. **Tomás de Aquino** afirma que a natureza do homem é essencialmente boa, conforme disse Deus: "façamos o homem à nossa imagem e semelhança" (Gênesis 1:26), e é guiado para o **justo**, portanto, o "homem deve praticar a Justiça, dando a cada um o que é seu", não devendo lesar o próximo. Estes são deveres do homem para com a sociedade.

Sendo uma teoria jusnaturalista, esses princípios morais são **imutáveis** e **eternos** do direito natural.

É importante destacar, a relação entre **lei positiva** e **lei natural**. O argumento clássico para esta relação está presente em **São Tomás de Aquino** e consiste em que duas leis se ligam por uma **conexão** racional.

Exemplo: se o homicídio é crime, e a vida é um bem, portanto, deve ser preservado esse bem; o direito à vida prevalece.

O direito natural não é um direito **coercitivo** uma vez que parte da **moralidade**. O direito positivo deve observar o direito natural por duas razões principais: pela necessidade (quem necessita) de compelir e forçar pessoas egoístas (quem define), a agir de modo **razoável** e **bom**, e para buscar um padrão futuro de ordem social. Atentando para o fato de que ambos os argumentos derivam da razão prática.

Os **direitos naturais** são **princípios fundamentais ao homem**, que deverão ser consagrados pela legislação, com a finalidade de se ter um ordenamento jurídico substancialmente **justo**. Não é escrito, não é criado pela sociedade, nem formulado pelo Estado; é um direito espontâneo, que se origina da própria **natureza social do homem** e que é revelado pela conjugação da experiência e da razão, constituído por um conjunto de **princípios** de caráter **universal**, **eterno** e **imutáveis**, de **origem divina**, que protege a **vida**, a **liberdade** e a **propriedade**, e, portanto, deve ser aplicado a todos para resultar um direito justo.

Por esta razão, o direito natural representa uma doutrina jurídica que defende o direito justo e, portanto, o direito positivo deve ser objeto de uma valoração que tem como referência um sistema superior de regras e de princípios (direito ideal), que lhe condicionam a validade. Seus defensores buscam normas e princípios que, independente de seu acolhimento pela instituição positivo do direito, possuem um primado sobre as leis vigentes e o poder estatal que as efetiva.

Neste sentido, a legislação vigente será considerada válida apenas à medida em que suas prescrições correspondam às exigências de um ideal de Justiça.

2º) A função do jurista é aperfeiçoar o direito posto com sugestões e lutar para que a justiça seja "justa" ou apenas a de aplicar a norma posta?

RESPOSTA: A função do jurista é procurar aperfeiçoar o direito posto, com sugestões e lutar para que a justiça seja "justa", e justiça justa é aquela examinada não somente pela norma posta, mas também pelos princípios e valores do Direito Natural, que protegem a vida, a liberdade e a propriedade, com verdades que são evidentes a todos os homens e representam direitos inalienáveis.

Esses direitos, de certa forma, já constam da Constituição Brasileira de 1988.

Uma lei injusta da conduta humana, por violar princípios e valores garantidos pela Constituição e princípios e valores do direito natural, torna-se inválida não podendo disciplinar o direito, a ser aplicado.

A função do **jurista** é procurar demonstrar a invalidade da norma posta e lutar para que a justiça seja feita.

As disposições normativas de direito devem ser compreendidas nas disposições dos princípios de direito natural, devendo a sua aplicação estar em **harmonia** com referidos textos, e como tal não podem tolerar conflitos ou omissões entre normas sob pena de serem consideradas inválidas.

As normas constitucionais são normas de **garantias** e **princípios** estabelecidos, que devem ser aplicados na sua interpretação. A Suprema Corte, portanto, ao dizer o direito, ao caso concreto, deve cumprir as normas constitucionais e os princípios do direito natural, de forma a aproximar a interpretação a um ideal de Justiça.

O que a Constituição de 1988 deseja é a **efetividade dos direitos fundamentais** do cidadão, na aplicação do direito e os princípios de direito natural levam a essa efetividade.

O contínuo reconhecimento dos direitos fundamentais é a mesma incessante caminhada para a consolidação dos chamados Estados Democráticos de Direito. Não se pode falar em **direitos do homem**, sem aplicação dos direitos humanos e o valor da dignidade da pessoa humana, nos países que adotaram o Estado Democrático de Direito, como regime de organização do Estado, como ocorreu com o Estado brasileiro, garantindo os direitos fundamentais dos cidadãos que não podem ser violados quando de sua aplicação, exatamente por disciplinar relações jurídicas, entre o Estado e as garantias constitucionais da pessoa humana e, portanto, não podem ser violadas nem omitidas, quando da interpretação e aplicação do direito.

O valor da dignidade da pessoa humana, como fundamento no Estado Democrático de Direito, impõe-se como núcleo básico e informador de **todo** ordenamento jurídico, como critério e parâmetro de valorização que orienta a interpretação do sistema constitucional, e dos Direitos Sociais da Igreja.

3º) A função do magistrado é fazer apenas uma justiça formal, o mais das vezes não se debruçando sobre as partes em contenda, ou não fazer injustiça?

RESPOSTA: Nas sociedades organizadas, a função do Direito na busca da aplicação da norma, deve orientar-se na observação da Constituição, sendo fiel ao seu texto e aos princípios de direito natural.

Na interpretação da norma à luz da Constituição, se a norma não estiver em estrita observância do texto constitucional, deve ser declarada a sua invalidade.

É preciso considerar também que os princípios de Direito Natural, são dirigidos em favor da natureza humana e, portanto, direcionados ao homem, para daí definir o Direito.

Tomás de Aquino, postula que a natureza humana é essencialmente **boa** e dedutivamente formula **princípios morais eternos** e **imutáveis** do Direito Natural, que protegem a **vida**, a **liberdade** e a **propriedade**.

John Locke incorporou o direito natural a muitas de suas teorias e à sua filosofia, especialmente nos Tratados sobre o Governo. Discute-se se seu conceito de direito natural alinhar-se-ia mais ao de **Tomás de Aquino** ou à reinterpretação de **Thomas Hobbes**, embora se costume dizer que Locke procedeu-se a uma revisão de Hobbes com base no **contratualismo** hobbeniano. Locke inverteu o argumento de Hobbes, ao dizer que, se o governante contrariasse o **direito natural** e deixasse de proteger "a vida, a liberdade e a propriedade", as pessoas teriam justificativas para derrubar o regime.

Locke falava a linguagem do direito natural, preferida dos pensadores liberais posteriores; o conteúdo dessa linguagem procurava proteger os **direitos individuais. Thomas Jefferson**, mencionando esse entendimento de Locke fala em "direitos inalienáveis" na **Declaração de Independência dos Estados Unidos.**

De certa forma, os direitos fundamentais já estão mencionados na Constituição Brasileira de 1988, e constam do rol do seu art. 5º, como por exemplo: direito à **vida**, à **liberdade**, à **igualdade**, à **segurança**, à **propriedade** (art. 5º, *caput*); liberdade de consciência e de crença (art. 5º, VI); a casa é asilo inviolável do indivíduo (art. 5º, XI); é garantido o direito de propriedade (art. 5º, XXII); a propriedade atenderá a sua função social (art. 5º, XXIII); é garantido o direito a herança (art. 5º, XXX); a lei não prejudicará o direito adquirido, o ato jurídico perfeito e a coisa julgada (art. 5º, XXXVI); a lei punirá qualquer discriminação atentatória aos direitos e liberdades fundamentais (art. 5º, XLI), entre outros.

Desta forma, uma regulamentação positiva injusta da conduta humana não tem qualquer validade, por violar princípios e valores garantidos pela Constituição e pelo Direito Natural, à medida em que se deva entender por direito apenas uma **ordem jurídica válida**. Isto transforma a doutrina do Direito Natural em uma compreensão teórica do fenômeno jurídico que submete o fundamento de validade das normas jurídicas em vigor a uma concepção de **justiça**.

Por esta razão, para a doutrina do Direito Natural, direito é **direito justo** (validade por um ideal de justiça).

A função do magistrado, a exemplo das respostas anteriores, é **fazer justiça** ao caso concreto, interpretando a norma de forma mais abrangente possível, para não resultar em injustiça. Para cumprir a sua função o magistrado **não** deve fazer uma Justiça simplesmente formal, mas procurar dar a cada um o que lhe pertence e, portanto, não pode fazer injustiça, na aplicação da lei.

4º) Como os valores e princípios do direito natural, constantes dos escritos dos jusnaturalistas de formação tomista, podem influenciar o direito aplicado pelo Estado?

RESPOSTA: A doutrina do **Direito Natural Antropológico**, volta-se para o homem como centro do universo e portador de um conjunto de direitos naturais **inatos**. Nesta perspectiva temos uma grande valoração do ser humano diante do poder da Igreja e do Estado.

Este tipo de doutrina do Direito Natural, representou importante momento histórico, ao princípio da Revelação e do poder absoluto do Estado Moderno. **Seu pressuposto fundamental reside no fato de que a legislação de um País** (direito positivo) **somente será válida quando respeitar os direitos naturais inatos dos homens**.

Um dos maiores representantes deste Direito Natural foi o pensador inglês **John Locke** (1632-1704). Ele defende que **os homens possuem um conjunto de direitos naturais inatos** (vida, liberdade e propriedade) e que eles **não são transferidos para o corpo político quando do estabelecimento do contrato social que dá origem ao Estado Moderno**. Por isso, afirma que **toda lei positiva** que contrarie estes **direitos inatos** é inválida, podendo ser contestada por todos os cidadãos, que podem exercer o seu direito de resistência diante da **lei injusta**. Esta doutrina do Direito Natural inspirou a **Revolução Americana** e a **Revolução Francesa**, e contribuiu para o início do constitucionalismo moderno e do Estado de Direito.

Com efeito, para o **Positivismo Jurídico,** a validade do direito independe da validade de uma norma ou princípio de justiça (superior às normas vigentes). Portanto, o direito vale para o Positivismo Jurídico, mesmo que seja **injusto**. Neste sentido é possível afirmar que a doutrina do Positivismo Jurídico reduz o direito à ordem estabelecida. É uma análise teórica do fenômeno jurídico que pode ser denominada de **monista** (direito é direito positivo).

De outra parte, o **Direito Natural** (Jusnaturalismo) é uma doutrina jurídica que pode ser denominada de **dualista**, por postular com dois planos compreensivos: o que se apresenta nas normas positivas em vigor e o que nelas deve apresentar-se para que sejam consideradas **boas**, **válidas** e **legítimas** (justas).

Legislação justa, para o direito natural, é aquela que respeita os direitos naturais que são **inatos** do homem e podem influenciar o direito aplicado, por serem direitos individuais e inalienáveis que já nascem com o homem e devem ser observados pelo direito positivo, ao ser aplicado o Direito pelo Estado.

A Justiça para o Direito Natural, não é simples convenção humana, porque o que é **justo** não é originariamente determinado por lei, mas pela identidade profunda do ser humano (São Tomás de Aquino) - reafirma o direito natural sob uma ótica cristã de valores com fundamento no direito positivo.

A legislação de um País (direito positivo) somente será válida quando respeitar os valores e princípios do direito natural dos homens (vida, liberdade, propriedade). É desta forma que os valores e princípios do direito natural podem influenciar o direito aplicado.

16. Considerações finais

I) Os aspectos mais importantes das Encíclicas, desde a "*Rerum Novarum*" e as demais que a sucederam, para implantação no século XXI, são os **aspectos sociais**. A valorização do homem como pessoa humana em sua **dignidade**;

II) Em relação ao Direito e a sua aplicação, nas sociedades organizadas, a função do Direito não é apenas a busca da aplicação da norma fria, mas de estimular a procura de um ideal de Justiça, nos limites estabelecidos pela Constituição e pelos princípios do Direito Natural;

III) A função do **jurista** é procurar aperfeiçoar o direito posto com sugestões e lutar para que a Justiça seja "justa", para dar a cada um o que lhe pertence;

IV) A função do **Magistrado não** é fazer apenas uma Justiça formal, mas procurar **não** fazer injustiças, devendo interpretar a norma de forma mais abrangente possível à luz da Constituição, assegurando os direitos fundamentais por ela estabelecidos e também os princípios estabelecidos pelo Direito Natural. Assim procedendo o Magistrado estará distribuindo Justiça;

V) A doutrina do Direito Natural ou Jusnaturalismo é uma teoria que procura fundamentar o Direito no bom senso, na racionalidade, na equidade, na igualdade e na Justiça; leva em consideração e postula a **natureza humana** e os princípios morais que são imutáveis e eternos. O direito positivo legislado deve buscar sua ordem em tais princípios: **verdade**, **moralidade**, **igualdade**, **razoabilidade**, **propriedade**, **liberdade** e assegurar à **vida desde a concepção**.

Esses direitos naturais são princípios de proteção da pessoa humana e são **direitos inatos**, que nascem com cada cidadão. E, portanto, a teoria jusnaturalista preenche os requisitos de intelegibilidade, na aplicação do Direito.

É possível, assim, definir o Direito Natural como uma doutrina jurídica que defende o direito e que o direito positivo deve ser objeto de uma valoração que tem como referência um sistema superior de regras ou princípios (direito ideal que lhe condiciona a validade), na aplicação do Direito, de forma a influenciar o direito aplicado pelo Estado, em prol da Justiça.

Referências

BEDIN, Gilmar Antonio. *A Doutrina Jusnaturalista ou do Direito Natural: Uma Introdução*. Revista do Departamento de Ciências Jurídicas e Sociais da UNIJUÍ - Direito em Debate. Ano XXIII nº 42, jul-dez/2014, p. 245-251.

BENJAMIN, Cássio Corrêa. *O Jusnaturalismo Moderno (O Estado de Natureza, o Contrato Social e a Sociedade Civil).* UFMG. Revista Educação e Filosofia nº 37, jan-jun/2005, p. 117-141.

BÍBLIA SAGRADA. N. T. Romanos. Tradução de João Ferreira de Almeida. Brasília: Sociedade Bíblica do Brasil, 1969.

DINIZ, Maria Helena. *Compêndio de Introdução à Ciência do Direito: Introdução à Teoria Geral do Direito, à Filosofia do Direito, à Sociologia Jurídica e* à Lógica Jurídica*: Norma Jurídica e Aplicação do Direito*. 22ª edição. São Paulo: Editora Saraiva, 2011. p. 52-53.

DIREITO NATURAL. Wikipédia, a Enciclopédia livre - consulta em 05/04/2023.

DOUTRINA SOCIAL DA IGREJA. Wikipédia, a Enciclopédia livre - consulta em 05/04/2023.

ENCÍCLICAS PAPAIS:

- *Encíclica "Rerum Novarum"* (Das Coisas Novas). Papa Leão XIII, 15/05/1891

- *Encíclica "Quadragesimo Anno"*. Papa Pio XI, 15/05/1931

- *Encíclica "Mit Brennender Sorge"*. Papa Papa Pio XI, 14/03/1937

- *Encíclica "Mater et Magistra"* (São João). Papa João XXIII, 15/05/1961

- *Encíclica "Pacem in Terris"* (São João). Papa João XXIII, 11/04/1963

- *Encíclica "Populorum Progressio"* (Bem aventurado). Papa Paulo VI, 26/03/1967

- *Encíclica "Laborem Exercens"*. Papa João Paulo II, 14/09/1981

- *Encíclica "Sollicitudo Rei Socialis"*. Papa João Paulo II, 30/12/1987

- *Encíclica "Centesimus Annus"* (São João). Papa João Paulo II, 01/05/1991

- *Encíclica "Lumen Fidei"*. Papa Francisco, 29/06/2013

- *Encíclica "Fratelli Tutti"*. Papa Francisco, 03/10/2020

- *Carta Apostólica "Octogesima Adveniens"*. Papa Paulo VI, 14/05/1971

- *Carta Encíclica "Caritas in Veritate"*. Papa Bento XVI, 29/06/2009

FINNIS, John. *Natural Law and Natural Rights*. Oxford: Clarendon Press, 1992.

HÄBERLE, Peter. *Hermenêutica constitucional*. Tradução de Gilmar Mendes. Porto Alegre: Editora Sérgio Antônio Fabris, 1997.

PICHEL, Miguel Pérez. *Doutrina social da Igreja - Notícias*. Apelo do Papa Francisco no Vaticano em 25/10/2021.

PONTIFÍCIO CONSELHO JUSTIÇA E PAZ. *Compêndio da Doutrina Social da Igreja*. São Paulo: Editora Paulinas, 2011.

RAMALHETE, Carlos. *Doutrina social da Igreja - Uma Introdução*. São Paulo: Editora Quadrante, 2017.

REALE, Miguel. *Direito Natural e Direito Positivo*. São Paulo: Editora Saraiva, 1984.

SCUDELER, Luiz Gonzaga. *Doutrina Social da Igreja e o Vaticano II*. São Paulo: Editora Paulus, 2014.

O DIREITO E O JURISTA NA BUSCA DA JUSTIÇA

Francisco Pedro Jucá[1]

Resumo: A presença do Direito Natural na concepção do Direito é indispensável, para que o Direito como controle social tenda à concretização do valor da Justiça. O jurista precisa de formação humanística sólida, o que permite a percepção clara dos valores e das representações materiais deles. A partir desta cosmovisão, é papel do jurista compreender o fenômeno jurídico e fazê-lo atuar na vida corrente, norteado pela concretização da justiça, para tanto precisa e deve agir na vida social para a difusão da compreensão dos valores pela sociedade, e buscar a progressiva incorporação deles à práxis social. Esta atuação impõe a compreensão clara das divergências, e com ela poder, através do diálogo, buscar o convencimento e a adesão social às práticas axiologicamente orientadas. Sua missão e papel, assim, vão além da atuação restrita ao campo jurídico, indo necessariamente à sociedade como um todo, num processo de permanente evolução aperfeiçoadora.

Palavras-Chave: Direito Natural – Valor Justiça e sua concretização – Atuação do jurista na sociedade – Ética, Justiça e Direito – Direito na vida corrente.

---

1. Membro da UJUCASP, integrante de seu Conselho. Livre Docente e Doutor em Direito (USP). Doutor em Direito (PUC/SP). Pós Doutoramento em Direito Público (U. Salamanca, Esp.). Pós Doutoramento em Direito Social (U. Nac. de Córdoba, Arg.). Presidente da Sociedade Brasileira de Direito Financeiro – SBDF. Presidente da Academia de Direito do Trabalho do Mercosul. Membro da Academia Paulista de Letras Jurídicas e da Academia Paraense de Letras Jurídicas. Professor Titular da Faculdade Paulista de Direito – FADISP. Juiz do Trabalho de 1º Grau da 2ª Região (SP).

1. Introdução

A reflexão que se faz neste ensaio, mais com o intuito de contribuir para a discussão do tema, não se tendo, consequentemente, como acabada esta abordagem, longe disto, pretendendo, quando muito, ser passo inicial, que é o que permite o "engenho e arte" do autor, usando-se a expressão do Vate Lusitano.

Parte-se da concepção do binômio Direito/Justiça, que noutras palavras significa relação idêntica à ideia e realidade. A segunda, claramente de natureza axiológica, de percepção intuitivo-emocional, já o primeiro, de natureza concreta e pragmática, que vem a ser substancialmente a representação material (concretizada) do primeiro.

Com efeito, tem-se que a Justiça é um sentimento de um valor (de fundamental importância) e o Direito é a manifestação concretizada dele, assim sendo, se o primeiro tem caráter marcadamente cultural, traz em si as vicissitudes e traços da realidade que compõem a etapa, o estágio cultural em que se encontra a sociedade.

Esta "construção" é marcada pelo pragmatismo e voltada para a harmonização possível da vida social, que em verdade estabelece limites obrigatórios às condutas e vontades individuais de caráter obrigatório. A propósito, em outro estudo, tive a oportunidade de observar (JUCÁ, Francisco Pedro. *Estado e Direito*, in O Direito na Atualidade, Homenagem a Pedro Ronzelli Junior, Coord. Ademar Pereira, Núncio Theóphilo Neto e Regina Toledo Damião, Org. Ana Flávia Messa e Hélcio de Abreu Dallari Júnior, ed. Rideel. SP, 2011, pp.298-317):

> (...) sumarizando a visão que se tem de Direito, como sendo expressão normatizada do controle social feito pelo aparelho do poder (Estado), a partir da consciência jurídica da sociedade (senso comum gramsciano), destinado a estabelecer regras de conduta genéricas e abstratas para efetivar a adequação

> comportamental, inclusive pelo próprio Estado, pelo exercício da violência que monopoliza (legitimada pela ideologia inserida na consciência jurídica), com caráter coercitivo. Pode-se, ainda, acrescer que, por se exprimir em linguagem que se denomina normativa, este controle se positiva em um conjunto articulado de normas, pelo que a linguagem do Direito é a norma, unidade fundamental do seu discurso.

O que se chamou de discurso normativo, que tem caráter sistêmico e se pretende orgânico, tem o papel de tornar concreta uma convivência na sociedade e entre os indivíduos, com a razoável harmonia possível capaz de atuar numa sociedade de profunda diversidade e variedade interna, na expressão dos sociólogos ingleses contemporâneos: fragmentária, e que deita raízes, o mais possível, em fórmulas consensuais que espelham o "senso comum jurídico", ou "consciência jurídica", a que antes se fez referência.

À primeira vista, pode-se constatar que o Direito é uma construção social porque feito pela sociedade, adotando padrões e referências que espelham a sua concepção de justiça, tal como a percebem e compreendem e, sobretudo, sentem. Daí, é conclusão necessária que o Direito pretende representar a concepção e a ideia de justiça que a sociedade tem, sendo isto historicamente condicionado, porquanto, tanto a percepção quanto a representação estão fundadas nos dados das experiências e circunstâncias vividas pela sociedade naquele exato momento em que o constrói.

É preciso, também, aduzir que o Direito é construído pela sociedade a partir daquelas necessidades sociais (e éticas) que estão postas na realidade (da etapa histórica), as quais a sociedade é capaz de problematizar e elaborar respostas nos seus limites de possibilidades, daí o caráter de contingencialidade pelo qual é marcado, emanação direta da mesma contingencialidade e limitação inerentes à condição humana.

Arthur Kaufmann (KAUFMANN, Athur. *Rechtphilosophie*. Ed. Verlag, Münche, 1997, p. 220), observa:

> Assim partindo da ideia abstrata de direito (princípios gerais de direito) só se pode obter a, mais concreta, lei (norma jurídica), se esta forma colocada em relação com as possíveis situações da vida a regular, também só se produzir direito concreto partindo da lei (norma jurídica, regra jurídica) através da referência às relações reais da vida. Nem se pode obter direito normativo a partir do ser enquanto tal, nem tampouco pode o dever enquanto tal produzir direito real, Só quando norma e situação de vida, dever ser, são postos em relação, em correspondência um com o outro, surge direito real: o direito é a correspondência entre o dever e o ser. O direito é uma correspondência, não tem um caráter substancial, mas sim relacional, o direito no seu todo não é portanto um complexo de artigos de lei, um conjunto de normas, mas sim um conjunto de relações.

É importante mencionar que este caráter de relacionalidade (se é que se pode chamar assim) coincide exatamente com o que se propõe, em síntese, com a busca permanente e persistente da maior aproximação possível entre o Direito e o Justo, tanto na produção das normas em si quanto da aplicação delas na experiência concreta da vida corrente, mesmo sendo forçoso reconhecer com Perelman (PERELMAN, Chaim. *Ethique et Droit,* È*ditions de L'Université de Bruxelles*, 1990, p.78) que:

> Um sistema perfeitamente justo, do qual ninguém teria razão de queixa, só seria realizável por um legislador de uma racionalidade tal que nenhuma das suas decisões apresentasse um aspecto discutível; por- outras palavras, todas as decisões deveriam estar em conformidade com critérios universalmente válidos. Mas isso ainda não chegaria para fazer reinar a justiça absoluta. Porque as distinções de fato, que servem de base à repartição em categorias diversas e diversamente, tratadas, deveriam também ser não somente dadas, mas fundadas na razão.

O problema, tal como se o coloca, está severamente condicionado aos limites de possibilidade da condição humana, isto é, tanto a interpretação do sentimento e ideia de justiça vigente num determinado momento do processo histórico da sociedade, que integra seu senso comum jurídico, quanto a elaboração concretizadora da representação dele desdobrada em normas concretas, objetivas e positivas estão submetidos à contingencialidade humana.

Aí está o desafio. E dele decorre, assim se entende, o impulso reitor da ação do jurista na busca permanente de fazer coincidir o direito com o justo, até porque, se afigura claro que este processo é decorrência da natureza das coisas, com o indelével traço do direito natural.

2. Buscando a Justiça

Não se nega algum traço de utopia no "buscar a justiça", até porque o homem, pela marca original, não é naturalmente justo, quando muito se constrói como tal, com a graça e com o esforço cotidiano, sobretudo com a luta por não desistir, preservando, fortalecendo e dando espaço ao sentimento de justiça que é inerente ao homem, como lhe foi conferido na sua criação.

Giorgio Del Vecchio (DEL VECCHIO, Giorgio. *Lições Preliminares de Filosofia do Direito*, Armênio Amado, Editor, Coimbra, 1951, pp.394-195) leciona:

> O homem tem uma faculdade originária, não induzível da experiência, graças à qual nos é possível distinguir a Justiça da injustiça. Aristóteles já punha em relevo esta faculdade, também designada por sentimento do justo e do injusto. Esta era para ele um dos traços característicos e específicos do homem, em confronto com os outros animais. Não poucas tentativas se fizeram já no sentido de diminuir a importância deste sentimento, por certos autores considerados mera consequência de fatos externos. Alguns disseram que os juízos da nossa consciência mais não são do que reproduções ou imitações dos juízos que no mundo exterior se encontram já feitos; as nossas apreciações seriam assim, um reflexo das apreciações consagradas pelas instituições do ordenamento jurídico a que estamos submetidos.

A lição do Mestre é preciosa e vai ao encontro do que se defende, na medida em que antes mencionamos a existência de percepção intuitivo-emocional, sentimento mesmo dos valores, que por sua natureza são abstratos e eternos, embora, como vimos afirmando, a representação concreta deles no mundo e na sociedade seja histórico-condicionada, porque sujeita às referências e paradigmas das experiências vivenciadas no processo histórico da sociedade. Com efeito, neste espaço é que se insere a necessidade real e efetiva, inerente à condição humana, de buscar a coincidência possível entre a representação e o representado, fazendo o amoldamento aperfeiçoador, tanto da construção normativa quanto da sua aplicação à concretitude da vida em sociedade, deixando claro que o sentimento de justiça está sempre presente e perpassa toda a vivência humana, especialmente em sociedade, naquilo que Carlo Cossio (COSSIO, Carlo. *Teoria Egológica do Direito*. Ed. Perrot, Buenos Aires, s.d.) chamou de "conduta em interferência intersubjetiva", e, mais uma vez se recorre ao já citado Del Vecchio (op.cit.loc.cit.):

> É certo que, na maior parte dos casos, o direito positivo é conforme a nossa consciência; mas esta correspondência pode faltar, e é então que, em contraste com o Direito vigente, se manifesta a inesgotabilidade da consciência jurídica própria do homem. Aliás, se a referida correspondência fosse sempre perfeita, se o direito positivo exprimisse sempre fielmente as aspirações da chamada consciência jurídica, deixaria de existir o estímulo necessário ao progresso do primeiro.

E, mais adiante, arremata:

> Deve admitir-se, portanto, que o sentimento jurídico, inerente à nossa própria natureza, é uma força viva, originária e autônoma, e a fonte primária da evolução do Direito. A determinação do fundamento do Direito e do critério de justiça, ocupou sempre os cultores da Filosofia do Direito.

A propósito, já refletindo em outra oportunidade a respeito (JUCÁ, Francisco Pedro. Direito e Política., in *Estudos Jurídicos em Homenagem ao Professor Silas Rodrigues Gonçalves*, ed. Scortecci, SP., 2006, pp.44 e segs.):

> Adota-se, parcialmente, o posicionamento de Arthur Machado Paupério na sua Introdução Axiológica ao Direito, porque se entende que a ideia de valor, porque sempre presente, ainda que de forma muito variada, sempre se fez integrante da cultura humana em todas as sociedades, pode ser visto como transcendente, socialmente, ao homem, e, portanto, absoluto. Ocorre que, estes valores, são percebidos intuitivo-emocionalmente e por conseguinte não são racionalizados, racionalizados, tem uma explicação discursiva difícil e principalmente imprecisa. Ou seja, os valores são claramente percebidos por todos os homens, em todas as dimensões do seu processo histórico, donde se pode afirmar que todos os homens distinguem e identificam a ideia de valor.

E, mais adiante, observou-se (SARTRE, Jean Paul. Moral e Sociedade, ed. Paz e Terra, SP. 1982, p. 35.):

> (...) que as sociedades efetivamente constroem representações éticas, estabelecendo símbolos modelares de condutas, que podemos denominar como socialmente eleitas como mais interessantes para a explicação social vigente, e, por isso mesmo, desejados, e, este conjunto ordenador de representações ético-comportamentais constitui o substrato moral, dentro do conceito que se tem emprestado de Sartre.[2]

A tensão que se tem estabelecida é a da busca pela concretização de valores no mundo real, entendendo que eles orientam melhor e mais corretamente todas as atividades do homem aos fins de bem comum e de si próprio. Significa aperfeiçoamento da vida e da vida em sociedade, reduzindo a tendência natural à conflitividade, inerente ao egoísmo e a ambição humanas, levando o processo social a fluir

2. Nota: Chamamos de moral ao conjunto de imperativos, valores e critérios axiológicos que constituem lugares comuns de uma classe, de um ambiente social ou de uma inteira sociedade.

da maneira mais serena e tranquila possível, preservando a liberdade, a integridade e o desenvolvimento das potencialidades humanas, como é direito fundamental ínsito à condição humana.

Com esta visão, tem-se que a norma jurídica, todo o discurso normativo, afinal, tem de forma mais explícita ou não, um conteúdo ético que tende a funcionar como elemento nutriz e, mais do que isso, como o que se chama de "conteúdo de empuxo", que dá a dinâmica natural do processo.

Não discrepa o magistério de Miguel Reale (REALE, Miguel. *Filosofia do Direito,* ed. Saraiva, SP., 2010, pp. 219 e 379) quando diz: "Donde pode dizer-se que a Ética é a realização da liberdade, e que o Direito, momento essencial do processo ético, representa a sua garantia específica, tal como vem sendo modelado através das idades, em seu destino próprio de compor em harmonia, liberdade, normatividade e poder."

E arremata o Mestre:

> Dizer que o homem é um ser racional é o mesmo que dizer que é um ser que se dirige. A atuação, portanto, implica sempre uma valoração. Todo valor, por conseguinte, é uma abertura para o dever ser. Quando se fala em valor, fala-se sempre em solicitação de comportamento ou em direção para o atuar. Valor e dever ser implicam-se e exigem-se reciprocamente. Sem a ideia de valor, não temos a compreensão do dever ser. Quando o dever ser se origina do valor, e é recebido e reconhecido racionalmente como motivo da atuação ou ato, temos aquilo que se chama um fim. Fim é o dever ser do valor reconhecido racionalmente como motivo de agir. No pensamento clássico, não se faz precisamente esta discriminação entre valor e fim, de maneira que muitas vezes de fala apenas em fim, mas toda a doutrina finalística oculta em seu seio uma teoria axiológica.

Temos, portanto, que diante do mundo e das coisas (materiais e imateriais), o ser humano racional busca compreender a realidade que o cerca e onde está inserido e, tomando como referência a percepção axiológica (sentimento de valores), estabelece a sua relação com a realidade a partir de coisas e fatos que considera úteis e positivas, e por isso mesmo desejáveis, e outros que as considera más e, portanto, rejeitáveis, indesejáveis. E é a partir desta construção intelectiva, mas a um só tempo intuitivo-emocional, que organiza e constrói o processo convivencial na sociedade e baliza suas relações.

Porém, na leitura que se faz, não se acolhe a separação entre direito natural e direito positivo, vez que o primeiro inspira, orienta e nutre o segundo, até porque é nele que estão mais inseridos e explícitos os valores que alimentam as normas e princípios, transcendendo à contingencialidade da construção normativa positiva, sempre marcada pela precariedade decorrente das vicissitudes da vida social, com sua dinâmica, na qual estão as contradições e paradoxos, a nosso ver inerentes à condição humana.

Exatamente considerando esta contingencialidade é que se precisa invocar a transcendência como inspiradora da percepção humana e da representação dela que se possa fazer. A propósito, Batista Modin (MODIN, Battista. *Introdução à Filosofia* – Problemas, Sistemas, Autores, obras. Ed. Paulus, SP.1981, 0. 103), coincidindo, observa:

> Aliás, é inadmissível que se possa dar autonomia ética para um ser como o homem, um ser finito, criado por Deus, do qual recebe além da existência, também o escopo da sua vida, as regras e meios para atingi-lo. Portanto, a moral está essencialmente ligada a metafísica e tal vínculo apreende-se corretamente no conceito de valor. Como dizem muitos autores, a moral é a ciência dos valores e seu objetivo é promover valores (a justiça, a caridade, a paz, a esperança, a sabedoria, a modéstia, etc.) Mas o que são essencialmente esses valores? Qual é o seu fundamento? Talvez o capricho individual? É a vontade humana que estabelece o que é bem, o que é justo, o que é verdadeiro, o que é puro, ou é a própria realidade que traz consigo esses caracteres? A reflexão metafísica pode mostrar que é a própria realidade que possui esses valores. Por outro lado, o conceito de valor diz respeito a uma vontade (valor é a característica pela qual uma coisa é digna de

ser desejada). Isto significa que a realidade é, como tal, desejada; "quer dizer que na origem das coisas está uma Vontade inteligente, quer dizer o Ser supremo, aquele do qual provém toda a realidade, é a vontade inteligente." Sobre essas bases metafísicas, pode-se levantar um edifício moral suficientemente robusto, universalmente válido e, ao mesmo tempo, solidamente ancorado à realidade concreta e a história.

É esclarecedora e iluminadora a reflexão de Caio Mario da Silva Pereira (DA SILVA PEREIRA, Caio Mário da. *Instituições de Direito Civil,* vol. I, Introdução ao Direito Civil, ed. Gen Forense, RJ, 2009, pp. 4-6) quando leciona:

> Diante de todas as tentativas dos grandes pensadores, Kant, ou Jhering, Regelsberge ou Levy-Ullmann, Kelsen ou Del Vecchio, Savigny ou Radbruch, impotentes para darem noção que se consagrasse por uma receptividade pacífica, limitemo-nos a dizer que o direito é o princípio de adequação do homem à vida social. Está na lei, como exteriorização do comando do Estado; integra-se na consciência do indivíduo que pauta sua conduta pelo espiritualismo de seu elevado grau de moralidade; está no anseio de justiça, como ideal eterno do homem; está imanente na necessidade de contenção para a coexistência. Princípio de inspiração divina para uns, princípio de submissão à regra moral para outros, princípio que o poder público reveste de sanção e possibilita a convivência grupal, para outros ainda.

E, mais adiante, arremata:

> Fixando-se, porém, o jurista na órbita do direito em si, é forçado a reconhecer que acima do direito positivo, e sobre este influindo no propósito de realizar o ideal de justiça, ditado por uma concepção de superlegalidade, o direito natural sobrepaira à norma legislativa, e, com este sentido, é universal e eterno, integrando a normação ética da vida humana em todos os tempos e todos os lugares. Se alguma vez, sob o império de forças antijurídicas, declina o sentimento do justo, a humanidade supera a crise e retoma o seu caminho, procurando sempre o ideal de justiça, que se radica indefectivelmente na consciência humana.

Como se viu antes, sendo os valores eternos e absolutos enquanto percebidos e sentidos pelo ser humano, e que formam o alicerce e fundamento para a compreensão do mundo que forma e a partir da qual orienta seu comportamento e as relações que trava com os semelhantes, convive com o grupo ao qual pertence e se insere, vem a ser, na essência, a bússola comportamental e organizacional para a sociedade humana.

É fato que a exteriorização dele na realidade normativa padece das distorções (e mesmo eventuais desvios interpretativos), daí sua representação concretizadora na linguagem normativa pode induzir a um entendimento equivocado de descolamento e independência entre representado e representação (valor e norma).

Metodologicamente, opta-se por perquirir autores tradicionais, de valor reconhecido pela formação e consciência jurídica entre nós, exatamente com o fim de demonstrar, como se verá adiante, que a ação humana no universo jurídico há de ser necessariamente a busca permanente pela tentativa de coincidência entre valor (representado) e norma (representação), nisto consistindo o que se chama de conteúdo ético do Direito, matéria nutricional do sistema e, mais do que isso, elemento já chamado em outros estudos de "conteúdo de empuxo", como sendo aquilo que impulsiona e dá mesmo a dinamicidade necessária ao Direito (norma) como tentativa de concretização da justiça, seja nas relações entre os indivíduos, seja na organização do grupos sociais em todos os níveis, ou, ainda, no processo de todas as relações humanas.

Mais uma vez, se recorre às luzes de Caio Mario (op.cit. pp.6-7), que dilucida:

> Com o advento do Cristianismo, os Doutores da Igreja retomaram a ideia de direito natural, de origem divina, e desenvolveram o tema da dualidade de princípios, uns constituindo a ordem eterna e outros a ordem humana, que Santo Tomás de Aquino, na lógica das suas deduções, expõe na menção das três espécies de leis: *lex alterna*, que governa o mundo e é inacessível

> ao comum dos mortais; a *lex naturalis*, perceptível pela razão do homem, porém dita pela expressão divina; e *a lex humana* que tende a perfeição à medida que se aproxima da *lex naturalis*.

E mais adiante pontua:

> Vê-se, então, que em mais de dois mil anos de civilização ocidental sempre se admitiu e ainda se afirma que nenhum sistema de direito positivo pode libertar-se das inspirações abstratas mais elevadas. Não é possível situar o fenômeno jus no campo da pura elaboração legislativa, sendo forçoso reconhecer a existência de uma ordem superior e dominante, de uma justiça absoluta e ideal, que o direito positivo realiza dentro do contingente da norma legislada, e sem a qual está dificilmente se distinguiria do capricho estatal.

Aí está o espaço que se apresenta ao jurista, qualquer que seja seu papel e função na sociedade, tantos e tão variados o são, o espaço vital em que, fazendo atuar a intepretação e aplicação da ordem jurídica positivada, precisa fazê-lo com a referência essencial nos valores que orientam e nutrem esta mesma ordem, cabendo-lhe (em caráter imperativo) dentro das atribuições e encargos inerentes à função que ocupa e desempenha, perquirir sempre identificando o conteúdo axiológico da norma, e a partir daí fazer a concretização que lhe caiba, nos fatos e acontecimentos da vida corrente. É o traço fundamental de sua função e papel na sociedade, é o que se espera dele, sempre, entendendo o caráter cristão da sua formação e da sua ação, pois, como aponta Domingos Lourenço Vireira (VIEIRA, Lourenço Domingos. *Doutrina Social da Igreja,* Introdução à ética social. Ed. Paulus, Lisboa, 2013, p.139):

> A reflexão cristã sobre a vida social não estará completa a não ser que resulte numa prática com o fim de ajudar os cristãos a situar as suas atividades na sociedade. [...] O objetivo da prática social cristã é muitas vezes apresentado como esforço para construir uma ordem social cristã" e remete a Encíclica *Pacem in Terris*, João XXIII, destacando: "O pensamento do homem

> comete, frequentemente, o erro de acreditar que as relações dos indivíduos com a comunidade política se podem regular de acordo com as leis às quais estão sujeitas as forças e os elementos irracionais do universo. No entanto, as normas de conduta dos homens são de outro aspecto: é preciso procura-las lá onde Deus os inscreveu para reconhecer a natureza humana".

Com efeito, lidar com o direito como fenômeno social, tendo como referência o valor justiça, não é simples e direto. Demanda reflexão, postura de discernimento diante dos fatos postos, contextualizando no meio em que acontecem, considerando suas circunstâncias objetivas e subjetivas à luz dos critérios éticos do estágio civilizatório, sem perder de vista o valor justiça em seu caráter de virtude cardeal, cabendo, aqui, as palavras de Javier Hervada (*Op. cit.* p.98):

> A justiça é a virtude da ordem justa e, portanto, da ordem social. Nesse sentido, é uma virtude de finalidade social. O que se quer dizer com isso? Fundamentalmente se quer dizer que, embora seja uma virtude pessoal, seu objetivo direto – e, portanto, a origem do seu caráter virtuoso – é a correta relação de cada pessoa ou instituição com o seu. O fim da ação da virtude da justiça não é a subjetividade do eu ou do outro, e sim a objetividade da ordem justa. Se a justiça é virtude, é enquanto a ordem justa é um bem humano, ou seja, corresponde à ordem da pessoa humana e a ordem da sociedade, à qual é expansão da dimensão da pessoa humana; por consequência, a ordem justa pertence à esfera da realização – aperfeiçoamento pessoal – da pessoa.

É exatamente a construção permanente de uma ordem justa, com a valorização integral da dignidade humana, a finalidade última do direito, bem assim como a atividade do jurista em todas as dimensões em que ocorre. Significa dizer, inserir tudo num processo de evolução civilizatória que aproxime o homem, como criatura, ao projeto do seu Criador. Sem dúvida, tem-se, aí, traço forte da transcendentalidade de todo o conjunto, na sua estrutura e funcionamento.

O já citado Battista Modin (MODIN, Battista. *O Homem, Quem é Ele*. Elementos de Antropologia Filosófica, ed. Paulus, SP., 2005, p. 174) com precisão observa:

> Afirmar a primazia da pessoa, como fizemos anteriormente, não significa subscrever os princípios do individualismo iluminístico (Hobbes, Rousseau e outros) e considerar cada homem como absoluto que não necessita de nenhum outro. Ao contrário, o reconhecimento da primazia da pessoa é intimamente ligado à admissão da transcendência; o homem é sempre mais do que ele é, e é menos do que deve ser. Esta necessidade do homem de tender ao super-homem não deriva somente do limite histórico que induz a novos aspectos e realizações. Existe no homem limite mais grave e quantitativo, limite ontológico, que nenhum desenvolvimento histórico poderá alcançar. A pessoa humana não é simples, mas dupla; não possui apenas uma cidadania, mas duas cidadanias. Todo o desequilíbrio interior do homem é ligado a essa difícil situação: ele se encontra situado no mundo, sobre esta terra, neste período histórico, nesta sociedade, mas ao mesmo tempo és consciente de que não pode realizar plenamente a sim mesmo, o seu ser e as suas aspirações no presente âmbito espacio-sócio temporal. Por esse motivo o seu olhar dirige-se além do que o mundo pode oferecer-lhe, o tempo e a sociedade presente, e dirige-se para o horizonte onde espera entrever uma sociedade perfeita que povoa o espaço imenso por uma eternidade.

Ao longo deste breve e superficial ensaio se vem acentuando a importância da percepção consciente do caráter de transcendentalidade que pontua a ética e a moral, e que está sendo as nutrizes fundantes dos critérios informadores e conformadores do controle social explicitado e exercido através do discurso normativo do direito, obriga, por rigor lógico e boa-fé teórica, que o traço do transcendente é necessário e insubstituível, precisamente porque tem presença mais ou mesmo consciente e percebida pelo homem, dela fazendo parte integrante e indissociável, e, em consequência, apresenta-se em tudo o que o homem constrói, seja de material, seja de imaterial.

3. O papel e a função do jurista

No mundo em que se vive, marcado pela violência, a polarização, o choque radical e irracional entre interesses, posições, ambições, no qual a competição natural e normal da vida social se desvia para a exclusão do outro, que chega a implícita e ou até explicitamente negar o outro, e com isso a dignidade que lhe é inerente, ganha especial relevo o papel do jurista, que há de ser necessariamente um "engenheiro social" na medida em que tem a obrigação indeclinável de contribuir no limite de suas forças para minorar a agressividade destrutiva do ambiente social.

Esta engenharia social de que se cogita precisa e deve estar centrada no ser humano enquanto criação de Deus, e sua dignidade é, necessariamente o centro de toda a atenção, mas, sobretudo de toda a ação. Importante reflexão se encontra na Introdução Teologia e Direito (SOARES, Afonso M.L. e PASSOS, João Décio (Coord). *Teologia e Direito*, o mandamento do amor e a meta da justiça. Ed. Paulinas, SP., 2015, p. 13) observando:

> A dignidade humana constitui o valor central da modernidade. O processo de modernização pode ser entendido como um movimento do ser humano, pelo ser humano e para o ser humano. Fora deste valor fundante, nada se justifica e pode ser institucionalizado como moral, legítimo ou legal. Ambiguidades à parte, a modernidade pode ser vista teologicamente como uma espécie de filha secularizada do Cristianismo. A centralidade do ser humano como fim em si mesmo tem seu lugar histórico, semântico e moral, ainda que não exclusivo, na tradição cristã.

Assim sendo, a atuação permanente do jurista neste quadro e contexto em busca da concretização dos valores éticos e da justiça tem em vista o ser humano, figura central da criação, devendo e precisando reconhecer, ter claro mesmo que (*op. cit., loc. cit.*): "No ser humano, digno por si mesmo, livre e responsável por si, pelos outros e pelo planeta como um todo, podemos afirmar a possibilidade e a necessidade de uma convergência ética e um consenso jurídico entre todos os seres humanos."

A propósito, esta compreensão que se considera como a melhor, vai ao encontro da Doutrina Social da Igreja, que a respeito da justiça (Compêndio da Doutrina Social da Igreja, Pontifício Conselho "Justiça e Paz". Ed. Paulinas, SP., 2019, p.122), ensina:

> A justiça é um valor; que acompanha o exercício correspondente da virtude moral cardeal. Segundo a sua formulação mais clássica ela "consiste na vontade constante e firme de dar a Deus e ao próximo o que lhes é devido." Do ponto de vista subjetivo, a justiça se traduz na atitude determinada pela vontade de reconhecer o outro como pessoa, ao passo que, do ponto de vista objetivo, ela constitui o critério determinante da moralidade no âmbito inter-subjetivo e social.

Isto implica o compromisso do jurista como o direito justo, o que significa perquirir sempre e com a necessária profundidade e integridade a representação concreta do valor justiça consentâneo e aplicável aos acontecimentos da vida corrente, tendo em conta a dimensão transcendente que perpassa a todo o processo de sua atuação na sociedade, reconhecendo a fundamentalidade da justiça para a vida da sociedade e a preservação da dignidade humana, atentando ao magistério da *Doutrina Social da Igreja* (op. cit.p.123), que orienta:

> A justiça mostra-se particularmente importante no contexto atual, em que o valor da pessoa, da sua dignidade e dos seus direitos é seriamente ameaçado pela generalizada tendência de recorrer exclusivamente aos critérios da utilidade e do ter. Também a justiça, com base nestes critérios, é considerada de modo redutivo, ao passo que adquire um significado mais pleno e autêntico na antropologia cristã. A justiça, com efeito, não é uma simples convenção humana, porque o que é "justo" não é originalmente determinado pela lei, mas pela identidade profunda do ser humano.

E mais adiante se destaca:

> A plena verdade sobre o homem permite superar a visão contratualista da justiça, que é visão limitada, e abrir também para a justiça o horizonte da solidariedade e do amor: A justiça sozinha não basta; e pode mesmo chegar a negar-se a si própria, se não se abrir àquela força mais profunda que é o amor. Ao valor da justiça, a doutrina social da Igreja aproxima o da solidariedade, enquanto via privilegiada da paz. E a paz é fruto da justiça.

E fazer isto implica recorrer sempre à dimensão axiológica das coisas. Manter a busca constante pela concretização dos valores norteadores da condição efetivamente humana, da criatura à imagem e semelhança do Criador, do igual, mais do que semelhante. Para tanto, recorrer às linhas mestras do Direito Natural é um imperativo, afinal, mais uma vez vamos a Caio Mario (*op. cit.* p.8):

> O anseio superior pela realização do justo abstrato deve sobrepairar ao ordenamento positivo, pois que, no dizer de Del Vecchio, é uma exigência fundamental da consciência humana conceber a ideia do justo como absoluta e admitir um critério absoluto e ideal da justiça e do direito, independente do fato de sua sanção positiva. O direito natural é a expressão destes critérios de justo absoluto e de direito ideal.

É forçoso admitir a presença do transcendente. Se é fato que a construção normativa é criação social a partir de uma determinada experiência histórica vivida, também o é que a interpretação do fatos sociais em si, suas repercussões e implicações vão além da referência axiológica percebida e sentida além da racionalidade, é tão ínsita ao ser humano que dele faz parte integrante e, como tal, componente de seu ser, como obra da criação, o que por óbvio remete ao Criador, e como tal o magistério tomista reforça o entendimento, como diz Fábio Mariano (MARIANO, Fábio. Fundamentos axiológicos do direito, in *Direito e Teologia*, op. cit. p. 79):

> Santo Tomás de Aquino nos deu uma visão na qual busca de plano estabelecer que ambos os conceitos são antagônicos, porém com maior amplitude nos ensina que há uma relação de interdependência, na medida em que reconhece que o direito posto pelo legislador decorre de elementos do direito natural. Se para Aristóteles a base de ambas era a mesma e sem hierarquia, Santo Tomás admite que sobre a norma posta há um direito natural superior.

Daí o estar e agir no mundo, a ação humana, está em todos os momentos vinculada aos valores, à dimensão axiológica e transcendente. Se pode dizer que vai "além do homem" material. Sua dimensão existencial, sempre em interação com o semelhante na convivência de diversas formas, maneiras, momentos, demanda de referencial que norteie o bem e o mau, o certo e o errado, ainda que a compreensão disto seja atingida pela precariedade contingencial da condição humana.

Mesmo assim, é possível perceber que o homem na sua existência busca a realização dos valores que o integram, em todas as dimensões da sua vida, ora de maneira mais explícita, como na ambiência do Direito, ou mesmo mais sutil, nas demais instâncias onde vive. Assim, o que se pode considerar como sendo o imperativo de vivência ética (presentes sempre valores) integra a razão de ser do homem na sua integralidade, constituindo-se num verdadeiro chamamento do Criador, no que se pode considerar como a participação na obra da criação, como, aliás, é destino humano de dominar o restante da criação e da natureza, para que a obra seja realizada.

Isto implica dizer que o homem na sociedade há de estar em ação permanente na construção das relações sociais equilibradas, o que significa necessariamente justas, e, esta ação, tal como se entende, tem caráter transcendental, pois, como assevera S. Josemaria Escrivá (ESCRIVÁ BALAGUER, Josemaria, É o Cristo que passa, ed. Quadrante, SP, 2014, p.171) o Criador quer o homem agindo no mundo, completando a criação tal como determinado: "Mas quer a grande maioria no meio do mundo, nas ocupações terrenas. Estes cristãos devem levar Cristo a todos os ambientes em que se desenvolve o trabalho humano: à fábrica, ao laboratório, ao cultivo da terra, à oficina do artesão, às ruas das grandes cidades e aos caminhos da montanha."

É exatamente assim que vemos as coisas. O jurista (especialmente nos nossos dias) deve levar a busca pela concretização dos valores (justiça) a todos os lugares e ambientes, principalmente na sua atuação profissional e concreta, agindo numa "conformidade com o justo", que é a busca pela justiça. Isto significa que ao examinar a ordem positivada e os casos concretos da vida corrente sobre os quais incide, ao aplicar a norma incidente aos fatos, com a técnica e rigor metodológico necessário e indispensável, precisa e deve ter sempre em vista que seu papel essencial é o de exercer este múnus orientado, direcionando e buscando o justo, tendo sempre claro que é o justo que pacifica, pelo equilíbrio, as relações humanas na sociedade.

A busca pelo direito e pela justiça é a razão de ser e existir do jurista é, portanto, a sua missão.

É importante, a esta altura, acentuar que o campo de atuação, com este matiz destinado ao jurista, alcança a todo o espectro sistêmico. A identificação da necessidade de normatização de uma situação, a concepção da forma desta normatização, a fixação do conteúdo axiológico norteador dela precisa ir ao mesmo percurso ao examinar a ordem posta e compreender o fato concreto sobre o qual incide.

Não se cogite de aqui haver excesso de "idealismo", ou mesmo de ingenuidade. Bem ao contrário, o viés é de absoluto realismo e pragmaticidade, tendo em conta que a experiência mostra à saciedade que quando as relações sociais atendem às exigências de justiça, estas têm o necessário equilíbrio e, assim, a pacificação social acontece de maneira mais permanente.

Expondo o mito da absolvição de Orestes pelo voto de Atena, da tragédia grega, o Cardeal Ratzinger (RATZINGER, Joseph. *Ser Cristão na era neopagã,* ed. Ecclesiae, 2014, vol.I, p.106) mostrando a transformação das Fúrias em Eumênides, que levam à reconciliação, ensina: "Nesse mito está representado algo mais que a superação do sistema da vingança de sangue em favor de ordem justa na comunidade. Hans Urs von Balthasar descreveu esse algo mais: "A graça pacificadora é para ele o restabelecimento comum da justiça, não a justiça do tempo das Fúrias, sem a graça, mas de um direito cheio de graça."

Com razão, o Papa Paulo VI já afirmou que a Justiça é a Base da Paz, ora bem, assim deve ser nas relações e na organização da sociedade humana, e o papel que cabe ao Direito como instrumento do controle social, inclusive para a organização das instituições da sociedade, volta-se sempre e invariavelmente para a Justiça na tentativa de concretizar valores. Do mesmo modo, a atuação do jurista assim deve ser. Afinal, é um sistema estrutural e operativo que existe e deve atuar para o bem comum, para a evolução e realização das potencialidades humanas, como se vem demonstrando ao longo destas breves reflexões.

Para atender às necessidades postas na forma das demandas e das expectativas que se vêm expendindo, é enriquecedora a formulação do ser jurista, o que é e deve ser elaborada por Javier Hervada (HERVADA, Javier. *Lições Propedêuticas de Filosofia do Direito.* Ed. Martins Fontes, SP., 2008, p. 54):

> Jurista é, então, quem sabe o direito, quem tem o discernimento do justo no caso concreto, quem discerne o direito (*ius*) da lesão do direito (*iniuria*) dentro de algumas determinadas e particulares relações sociais. Onde um ofício requerer essa determinação do direito, ali haverá o ofício de jurista, ainda que seja apenas como função auxiliar. O jurista por excelência é o juiz, cuja função central e principal é a de proferir sentença, dizer o direito. Porém, jurista é também o advogado, que diz o que, em sua opinião, é o

> direito do seu cliente. E de jurista é, ou tem uma dimensão de jurista, qualquer ofício ou profissão em que seja necessário estabelecer o direito em relação a algumas pessoas ou instituições.

Tem-se que no exercício desde oficio, como aponta o autor, a centralidade do justo no caso concreto, cujo discernimento é a essência, vem a ser o norte de toda a sua atividade, tendo sempre claro que, como acentua o já referido autor (op.cit.p.60): "A função do jurista é, então, uma função social, uma capacidade operativa quanto à socialidade humana, de modo que se estruture e se desenvolva conforme o direito."

Como se vem demonstrando, considerado o "pano de fundo", que é a sociedade em sua complexidade de dinâmica mutabilidade, tanto material quanto e muito especialmente na dimensão imaterial da cultura, a função do trinômio: justiça, direito e jurista ganha contornos caleidoscópicos, o que pode dificultar e mesmo distorcer a compreensão das coisas, levando, não raro, a indesejáveis equívocos, com consequências não queridas.

A questão que se põe, então, precisa ir ao campo da formação (sempre permanente) do jurista que seja capaz de proporcionar o ferramental e a competência para enfrentar o desafiador quadro que se vislumbra.

O ponto de partida que se identifica é a necessidade imperiosa de que o jurista tenha uma formação básica humanística forte, continuamente alimentada pelo estudo, passando pela sociologia, política, filosofia, história, doutrina cristã. Isto serve de alicerce (que se pretende sólido o suficiente), para compreender com maior clareza o mundo, a realidade social, identificar seus problemas, perceber os desafios postos, e, assim, dispor de ferramental e competências necessárias a problematizar as questões, dando-lhes forma e, a partir delas, buscar a elaboração de respostas compatíveis.

É a percepção do quadro real o mais nítido possível que vai possibilitar o que se vem dizendo – o discernimento necessário – para, tomando a referência axiológica, prestar contribuição desde o processo de formação da ordem jurídica, para, no momento seguinte, chegar a sua interpretação diante do fato concreto da vida corrente, fazendo a necessária aplicação efetiva, mantendo o curso regular do processo social.

Na sociedade, flutuam ideias e concepções da percepção e compreensão da realidade, condicionadas pelas circunstâncias existenciais dos indivíduos e dos grupos sociais, tais concepções interagem e, de alguma forma, encontram pontos de convergência, constituindo parte do senso comum a que se faça referência ao início.

Sem dúvida, até pelas características da condição humana, acontece a permanente concorrência e disputa entre elas, com encontros e desencontros, algumas vezes até com conflitos. É um cadinho de interesses, necessidades e buscas. É assim a vida social na sua realidade concreta e objetiva. Temos aí o espaço, e mais do que isso, a necessidade da ação do jurista como engenheiro social no sentido de formular concepções em conformidade com os valores e expressá-las, difundi-las mesmo, procurando influir ao máximo possível no processo, de sorte a que estas ideias sejam incorporadas e consideradas nos debates e discussões, nas dimensões teóricas e também práticas e concretas, fazendo parte da práxis social, e, com isso, ir à busca da sua inserção nos consensos sociais formadores do "senso comum" constante da cultura da sociedade, chegando a ser mesmo um papel de guia, de referência, a tal ponto que consiga participar da condução do processo de formação deste senso comum, para, a partir dele, contribuir utilmente para a formulação institucional e da ordem jurídica, com um conteúdo ético mais compatível com os valores e, mais do que isso, incorporando neste atuar, participação na construção das representações materiais e históricas de tais valores.

Essa missão tem um quê de "sacerdócio missionário", o tem certamente, e por isso mesmo, como entendemos, é necessária e inadiável. Assim, o que se defende é a ruptura com a passividade, assumindo-se a posição de protagonismo, de agente e mesmo sujeito do processo, esclarecendo-se à sociedade e aos indivíduos acerca da importância e principalmente da utilidade social do constante aperfeiçoamento e elevação dos padrões de qualidade, seja das instituições, seja da ordem jurídica mesmo, em todas as suas dimensões.

Para isso, como antes se pontuou, precisa o jurista dispor de uma formação humanística sólida e consistente, que sirva de base ao estudo científico e metódico do direito como ciência e também como técnica de organização e controle social, de sorte que seja capaz de amoldar-se e adequar-se às necessidades mutáveis da sociedade, porém, em padrões elevados de conteúdo ético, porquanto é este que, exatamente emprestando nobreza ao sistema, o qualifica como contribuinte fundamental para o processo civilizatório da sociedade. Isto significa a busca constante pelo aperfeiçoamento sistêmico.

Em tudo isso está presente uma dinâmica, um constante devir. Há de se ter sempre claro que não existe estaticidade nas coisas, diversamente, trata-se de um processo que está em movimento constante e, assim, é imperioso que se contribua para imprimir um justo e razoável sentido a ele. Para tanto, há que se sair do imobilismo, ir além, a águas mais profundas, difundir, explicitar, explicar os valores aos atores sociais, mostrar de maneira clara e inteligível a utilidade social e humana de tais valores, e, mais do que isso, de evidenciar que na concretitude da vida corrente trarão benefícios generosos a todos e a cada uma, porquanto daí resulta uma sociedade que caminha dirigindo-se à justiça, na qual as relações sociais e individuais igualmente caminham no mesmo sentido, com o que se acentua a paz social, indispensável à boa marcha do processo evolutivo e da construção do bem comum, da felicidade humana pelo se desenvolvimento integral – corpo, mente e espírito.

Nunca como hoje, o papel do jurista na sociedade teve importância tão grande e significativa, tanto mais quando este jurista carrega consigo valores fundados na doutrina cristã, prenhe de amor, misericórdia, fraternidade e caridade.

Com esta bagagem que carrega, tendo a obrigação indeclinável de compartilhá-la, o jurista vai desempenhar o papel que lhe cabe com mais substância e qualidade, que vai além de manter e preservar porque procura sempre aperfeiçoar, e isto vem a ser manifestação da busca pela concretização da justiça.

É fato que ética, moral e direito têm campos próprios e distintos de atuação, porém, também é fato que interagem e se retroalimentam (assim deve ser), porque é o conteúdo ético da norma, como se referiu antes, que lhe empresta a legitimidade substancial, uma vez que a norma posta, despida de conteúdo realmente axiológico que lhe dê sentido, é mera formalidade e, mais do que isso, traz consigo o ovo da serpente de, pela forma, legitimar qualquer coisa, fato ou situação, mesmo que negue os mais comezinhos traços dos princípios relativos à dimensão humana, ficando, assim, reduzidos a mero instrumento do exercício de poder pelo poder, como um fim em si próprio, que é a negação da utilidade social e humana do direito e da organização da sociedade humana.

Daí a importância de o jurista estar presente e ativo nas discussões, nos debates, no exame dos problemas que surgem e, com seu arsenal teórico e prático, contribuir decisivamente para o encaminhamento adequado deste processo, com manifestação por todos os meios possíveis, dando a conhecer aos atores sociais o real significado das coisas e, sobretudo, as dimensões axiológicas delas, levando tudo às instâncias decisórias, fornecendo o quanto possível, intensamente, material de qualidade para a reflexão destes atores.

A omissão, o silêncio, a inação são incompatíveis com a natureza da missão do jurista na sociedade. A ele cabe ser o indutor da qualificação das discussões na busca das soluções para os problemas que se possa resolver através do direito, seja na construção de ordenamento jurídico, seja na interpretação e aplicação dele.

Naturalmente não se está aqui a defender a exacerbação, porque a ação sem moderação facilmente descamba para o excesso, e não raro para a leviandade superficial, que só trazem problemas e nenhuma solução. Diversamente, o que se defende é que esta atuação aconteça nos limites reais estabelecidos para os debates democráticos, com estrito respeito às instâncias formais e legítimas de decisão, obedecidas as formas e os ritos necessários, o que significa contribuição útil e respeitável, com a credibilidade da ponderação e do equilíbrio.

Neste particular, é essencial que se deixe claro que o direito não é "narrativa" nem opinião emocional de circunstância, é mais nobre, muito mais, exige, assim, ponderação, só assim terá a utilidade real advinda de compatibilidade sistêmica, isto é, sua adequada incorporação ao sistema jurídico na sua inteireza, nele se inserindo harmonicamente, modificando quando necessário, mas preservando a unidade, sendo indispensável o caráter de tecnicalidade em tudo.

A defesa dos valores precisa ser firme e até mesmo intransigente, mesmo que de forma sutil, cuidadosa, atenta às sensibilidades próprias da condição humana, apontando mais para a adesão pelo convencimento do que pela imposição, hipótese em que será mera emanação e exercício de poder como fim em si, quando na verdade precisa e deve ser vinculada à utilidade social, com finalidade nobre e enobrecedora, até porque traz em si conteúdo axiológico.

O enfoque que se dá ao longo de toda esta reflexão tem, sem dúvida, caráter de alguma subjetividade, não se nega nem se foge, ao contrário, se o reafirma. Com isso, quer se deixar claro que a compreensão que se tem de direito tem raízes (profundas) nos valores cristãos-católicos, que orientam a leitura que se faz da realidade e de como se identifica os problemas da sociedade, bem assim como se propõe enfrentá-los.

Desta forma, pode-se afirmar que a elaboração feita é de matriz cristã-católica, trazendo em si os valores que consideram o homem na sua inteireza como criatura destinada ao Criador, e para o qual Ele tem um plano, considerando-se como criatura única, daí a ênfase na salvaguarda da dignidade humana, na consideração pela condição humana, na preocupação da preservação desta criatura a quem o Criador conferiu especial nobreza.

Exatamente por estes motivos assim é o homem, e é assim que este forma a sua mundividência ou cosmovisão, molda a sua compreensão da realidade do mundo onde vive e como com ele interage permanentemente, pautando toda a sua ação pelos valores, devendo buscar fazer prevalecê-los e concretizá-los, nisto consistindo o real sentido de existência que o move, pouco importando o grau de consciência que tenha, porque aí está e tem sede a natureza do seu processo vivencial, do complexo das relações das quais participa direta ou indiretamente.

Neste quadro, observando os elementos que o compõem, podem-se extrair algumas conclusões, ainda que se possa considerá-las provisórias, porque obtidas dentro de uma reflexão permanente e em pleno curso.

4. Conclusões

Nestas brevíssimas reflexões, traz-se ao diálogo a conexão indissociável entre os valores éticos e morais e o direito, observando que o controle social coercitivo que o direito exerce, e este é o seu papel primordial, necessariamente é nutrido pelo conteúdo axiológico presente em toda a construção normativa, com inspiração maior ou menor no Direito Natural.

Esta inspiração, que é o real conteúdo da norma, tem sempre a referência do transcendente, porque a noção da transcendência e o recorrer a ela é a possibilidade mais consistente de convivência e superação da contingencialidade da condição humana, da sua consequente precariedade e, sobretudo, consciência da própria finitude.

O papel do jurista, tal como se o infere no estudo, é o de buscar, sempre e permanentemente, o aperfeiçoamento da concretização dos valores, fazendo-o pela construção da hermenêutica normativa e sua aplicação à concretitude da vida corrente; mas também, pela atuação reflexiva sim, mas ativa na busca pelo aperfeiçoamento das instituições da sociedade e da própria ordem jurídica, provocando a reflexão e propondo concretamente correções, participando das discussões nas instâncias decisórias da sociedade e das instituições.

Sendo o Direito marcado pela dinâmica do processo social, aqueles que dele se ocupam, de todas as formas, não podem ser expectadores passivos do processo, antes disso e bem diversamente, têm a responsabilidade de buscarem, sempre, protagonismo, motivando e difundindo ao longo de toda a sociedade o sistema axiológico que precisa prevalecer para o bem da sociedade e dos indivíduos.

O exercício deste papel exige que o jurista tenha e busque melhorar sempre a sua cultura humanística, sua formação teórica, que deve incluir as formulações antagônicas e opostas, de forma a que consigam, através do conhecimento dos discursos contrários, reforçar e aumentar a substância do próprio discurso, com o que é possível o convencimento e adesão, em momento evolutivo posterior.

Neste mesmo estudo, fizeram-se referências expressas a autores e correntes antagônicas e contrárias ao que se defende, e, metodologicamente, assim se faz para tentar mostrar que sempre é possível defender os valores fundamentais, fazer com que valham, noutras palavras: combater o bom combate.

Referências

Compêndio da Doutrina Social da Igreja, Pontifício Conselho "Justiça e Paz". São Paulo: Paulinas, 2019.

COSSIO, Carlo. *Teoria egológica do direito*. Buenos Aires: Ed. Perrot, s.d.

DA SILVA PEREIRA, Caio Mário da. *Instituições de direito civil, vol.I*. Introdução ao Direito Civil. Rio de Janeiro: Forense, 2009.

DEL VECCHIO, Giorgio. *Lições preliminares de filosofia do direito*. Editor: Armênio Amado, Coimbra, 1951.

ESCRIVÁ BALAGUER, Josemaria. *É o Cristo que passa*. São Paulo: Ed. Quadrante, 2014.

HERVADA, Javier. *Lições propedêuticas de filosofia do direito*. Martins Fontes. São Paulo: Martins Fontes.

JUCÁ, Francisco Pedro, Coord. PEREIRA, Ademar; THEÓPHILO Neto, Núncio e DAMIÃO,

Regina Toledo. Org. MESSA, Ana Flávia e DALLARI Junior, Hélcio de Abreu. *Estado e Direito in O Direito na Atualidade, Homenagem a Pedro Ronzelli Junior*. São Paulo: Rideel, 2011.

JUCÁ, Francisco Pedro. Direito e Política, in *Estudos Jurídicos em Homenagem ao Professor Silas Rodrigues Gonçalves*. São Paulo: Scortecci, 2006.

KAUFMANN, Athur. *Rechtphilosophie*. Ed. Verlag, München, 1997.

MARIANO, Fábio. *Fundamentos axiológicos do direito, in Direito e Teologia,* s.d.

MODIN, Battista. *Introdução à Filosofia – Problemas, Sistemas*, Autores, obras. São Paulo: Ed. Paulus, 1981.

MODIN, Battista. *O Homem, Quem é Ele?Elementos de Antropologia Filosófica*, São Paulo, 2005.

PERELMAN, Chaim. *Ethique et Droit, Èditions de L'Université de Bruxelles*, 1990.

RATZINGER, Joseph. *Ser Cristão na era neopagã*, ed. Ecclesiae, 2014, vol. I.

REALE, Miguel. *Filosofia do Direito.* , São Paulo: Saraiva, 2010.

SARTRE, Jean Paul. *Moral e sociedade*. São Paulo: Ed. Paz e Terra, 1982.

SOARES, Afonso M.L. e PASSOS, João Décio (Coord). *Teologia e Direito, o mandamento do amor e a meta da justiça.* São Paulo: Ed. Paulinas, 2015.

VIEIRA, Lourenço Domingos. *Doutrina Social da Igreja.* Introdução à ética social. Lisboa: Ed. Paulus, 2013.

DIREITO E JUSTIÇA

O direito é um fenômeno social[1] *e sua prática é argumentativa – i.e., baseia-se na argumentação daquilo que é permitido ou proibido.*

André L. Costa-Corrêa[2]

Resumo: Através da compreensão do que seja direito para Dworkin, Kelsen, Hart e Neumann, identificou-se que Direito é a ordem emanada ou reconhecida por agentes comunicantes legítimos que detêm o poder, político ou jurídico, para definir um específico ideal de justiça a ser implementado para a sociedade, a fim de ordenar, de forma satisfatória, a conduta humana ou para direcioná-la para proporcionar as necessidades humanas vitais dos demais membros da sociedade, dessa e do próprio Estado. Concluindo-se, assim, que aplicar a indistinta e universalmente lei a todos os casos concretos de forma a preservar a ordem instituída pelos comandos jurídicos e possibilitar, sempre que possível, a alteração válida desses é o foco de atuação dos agentes jurídicos (advogados e magistrados) para a preservação do Direito e para a busca da justiça em um Estado Democrático de Direito.

---

1. Nesse sentido, ver: DWORKIN, Ronald. *O império do direito* – trad. Jefferson Luiz Camargo; rev. técnica Gildo Sá Leitão Rios. São Paulo: Martins Fontes, 2003, p. 17.

2. Professor, conferencista e consultor em direito público. Mestre e Doutor em Direito pela Pontifícia Universidade Católica de São Paulo (PUC/SP). Especialista em Direito Tributário pela PUC/SP e pelo Centro de Extensão Universitária. Membro da Academia Paulista de Letras Jurídicas (APLJ) – cadeira 26. Membro da União dos Juristas Católicos de São Paulo, da International Fiscal Association, da Associação Brasileira de Direito Financeiro, do Conselho Superior de Direito da FECOMERCIO e do Núcleo de Estudos Estratégicos em Tributação (NEET).

Palavras-chave: Direito – Justiça – Interpretação – igualdade e universalidade de aplicação dos enunciados.

Sumário: 1. Introdução – 2. A predefinição do que seja Direito, enunciados normativos ("lei") e norma ("Lei"): 2.1. *O Direito para Dworkin;* 2.2. *O Direito para Kelsen;* 2.3. *O direito para Hart;* 2.4. *O Direito para Neumann* – 3. Definição epistemológica do que seja Direito com base nas premissas dogmáticas referenciadas – 4. Direito, justiça e direitos naturais – 5. A atuação perante o Direito – 6. Conclusão – Referências.

1. Introdução

A União dos Juristas Católicos de São Paulo (UJUCASP) solicitou que os seus membros promovessem uma análise sobre "a Igreja e a Justiça". Em especial, que seus membros analisassem se: (a) a função do Direito nas sociedades organizadas é apenas a busca da aplicação da norma fria ou estimular a procura de um ideal de justiça? (b) a função do jurista é aperfeiçoar o direito posto com sugestões e lutar para que a justiça seja "justa" ou apenas a de aplicar a norma posta? (c) a função do magistrado é fazer apenas uma justiça formal, o mais das vezes não se debruçando sobre as partes em contenda, ou não fazer injustiça? e (d) como os valores e princípios do direito natural constantes dos escritos dos jusnaturalistas de formação tomista podem influenciar o direito aplicado pelo Estado?

Ressalte-se, preliminarmente, que se concorda com Hart que "poucas questões respeitantes à sociedade humana têm sido postas com tanta persistência e têm obtido respostas, por parte de pensadores sérios, de formas tão numerosas, variadas, estranhas e até paradoxais como a questão 'O que é direito?[3]". E com Alexy[4] de que o problema dessa

3. HART, H. L. A. *O conceito de direito* – trad. A Ribeiro Mendes. Lisboa: Fundação Calouste Gulbenkian, 5ª ed., 2007, p. 05.

4. ALEXY, Robert. *O conceito e a validade do direito* – org. Ernesto Garzón Valdés; trad. Gercélia Batista de Oliveira Medes. São Paulo: WMF Martins Fontes, 2009, p. 03.

definição está na relação entre direito e moral – a qual acaba por contrapor o positivismo e o não positivismo (e, nessa hipótese, em especial, o direito natural).

Em face disso, como há limitação formal para análise da questão de forma mais profunda, o presente estudo buscará analisar efetivamente qual a função (significado) do Direito com base no pensamento de Dworkin,[5] Kelsen,[6] Hart,[7] Neumann[8] - apresentando uma síntese do pensamento desses autores. E, através da compreensão do que seja Direito, definir qual a função do jurista e do magistrado enquanto agentes legítimos de atuação no campo jurídico.

Ressalte-se, preliminarmente, ainda, que não se fará uma análise ou distinção entre Direito, enunciado jurídico, norma e regra para se fixar o que seja "Direito". Em especial, porque se acredita que o "Direito" – seja expresso pela regra ou pela norma – é fundamentalmente enunciado e, portanto, representa tanto os elementos que possibilitam a construção de um enunciado normativo quanto o próprio enunciado normativo. Direito é regra e norma porque Direito é, fundamentalmente, enunciado – lembrando que tal afirmação não afasta categoricamente a possibilidade de que os costumes, enquanto condutas não enunciadas por signos linguísticos, ou "direitos naturais" sejam desconsiderados como sendo representativos do que seja "Direito"

---

5. DWORKIN, Ronald. *O império do direito* – trad. Jefferson Luiz Camargo; rev. técnica Gildo Sá Leitão Rios. São Paulo: Martins Fontes, 2003.

6. KELSEN, Hans. *O problema da justiça* – trad. João Baptista Machado. São Paulo: Martins Fontes, 1993; Teoria geral do Direito e do Estado - trad. Luís Carlos Borges. São Paulo: Martins Fontes, 1998; e Teoria pura do direito – trad. João Baptista Machado. São Paulo: Martins Fontes, 1997.

7. HART, H. L. A. *O conceito de direito* – trad. A Ribeiro Mendes. Lisboa: Fundação Calouste Gulbenkian, 5ª ed., 2007.

8. NEUMANN, Franz. *O império do direito*: teoria política e sistema jurídico na sociedade moderna – trad. Rúrion Soares Melo; Prefácio e revisão da tradução José Rodrigo Rodriguez. São Paulo: Quartier Latin, 2001.

porque se toma como pressuposto epistemológico que ambos também são Direito.

Destarte, a proposta do presente artigo não se debruçará profundamente sobre o que seja o "Direito" e nem sobre as múltiplas possibilidades semânticas que cada um dos autores acima utiliza para definir o significado do que seja "Direito". Em face disso, o presente estudo utilizar-se-á da compreensão dos referidos autores para definir metodologicamente o que seja o Direito a fim de se estabelecer, por consequência lógica, a sua função e qual o papel dos juristas e magistrados (enquanto agentes comunicantes legítimos) perante o Direito.

2. A predefinição do que seja Direito, enunciados normativos ("lei") e norma ("Lei")

2.1 O Direito para Dworkin

Preliminarmente, é importante mencionar que se concorda com Dworkin[9] de que "as pessoas frequentemente se veem na iminência de ganhar ou perder muito mais em decorrência de um aceno de cabeça do juiz do que de qualquer norma geral que provenha do legislativo" – esse é pelo menos um sentimento crescente da comunidade jurídica brasileira em face das decisões dos Tribunais Superiores (em especial, em face de algumas decisões do Supremo Tribunal Federal). Nesse sentido, afirma o autor que os processos judiciais suscitam, sempre, pelo menos em princípio, três diferentes tipos de questões: **questões de fato**, **questões de direito** e as **questões interligadas de moralidade política e fidelidade** – i. e., se há ou não justiça na

9. DWORKIN, Ronald. *O império do direito* – trad. Jefferson Luiz Camargo; rev. técnica Gildo Sá Leitão Rios. São Paulo: Martins Fontes, 2003, p. 03.

aplicação da lei e se houver injustiça na aplicação da lei se cabe aos magistrados a ignorância da lei.[10]

Em relação às questões interligadas de moralidade política e fidelidade, Dworkin ressalta que muitas vezes as pessoas divergem quanto ao que é certo e errado em termos morais, mas que tais divergências não suscitam especiais (graves) problemas nos tribunais.

Por outro lado, há uma grande quantidade de divergências sobre a aplicação ou não do direito (i. e., sobre as proposições jurídicas / enunciados jurídicos) em casos concretos. Nesse caso, as partes divergem sobre os "fundamentos do direito" (i. e., sobre a verdade ou falsidade de outras proposições jurídicas que, sendo mais conhecidas, tornam um dado enunciado jurídico específico verdadeiro ou falso) – compreendida, nesse caso, como divergências teóricas – ou sobre se os fundamentos das proposições jurídicas foram observados ou não em um dado caso ou se tais proposições jurídicas existem ou não (nesse caso, tais divergências podem ser compreendidas como divergência empírica sobre o direito).

Tais divergências provocam o questionamento constante de qual é efetivamente o "Direito" – esse sendo compreendido como o enunciado jurídico que deve ser aplicado para dirimir a questão concreta.

Mas, se o Direito deve ser compreendido como aquilo que as instituições jurídicas –por exemplo, as legislaturas, tribunais e doutrina – decidiram (enunciaram) no passado,[11] qual a razão de haver divergências morais e de fidelidade? Em outros termos. Se o direito realmente fosse compreendido apenas e tão somente como a decisão (enunciação) do que foi anteriormente fixado por um agente comunicante

---

10. Nesse sentido, ver: DWORKIN, Ronald. *O império do direito*, p. 06.

11. Idem, p. 10.

legítimo primário – logo, independente do que deveria ser – qual a razão de haver divergências teóricas entre os operadores do direito?

Segundo Dworkin,[12] nessa hipótese, a divergência não é quanto ao fundamento do direito, mas, sim, **sobre aquilo que o direito deveria ser**. Divergem, pois, sobre as questões de moralidade e fidelidade, não de direito. Logo, parte substancial das divergências sobre os "fundamentos do direito" deveria ser compreendida, na verdade, como **divergência moral, i. e., como divergência quanto à justiça ou não dos enunciados jurídicos previamente emitidos pelos agentes comunicantes legítimos.**

Em face disso, poder-se-ia construir uma síntese lógica de que não cabe aos operadores do direito – salvo os que estiverem no plano legislativo ou na elaboração de normas individuais e concretas colaborativas entre as partes (v. g., relações contratuais) – a disputa sobre as questões morais e de fidelidade em relação aos enunciados jurídicos. Razão pela qual, caberia a esses apenas e tão somente discutir se os elementos fáticos necessários e indispensáveis para aplicação dos enunciados normativos anteriormente emitidos estão ou não presentes no caso concreto para definir a aplicação daqueles. Ou, no máximo, discutir os limites semióticos dos termos linguísticos utilizados para a construção dos enunciados normativos e da norma a ser gerada pelos agentes comunicantes legítimos, a fim de se verificar a sua aplicabilidade ou não aos fatos prévios. Devendo, portanto, haver **a preservação dos interesses normativos e o reforço à fidelidade da norma** (e, consequentemente, dos enunciados normativos). Havendo, assim, uma predileção por se aplicar a norma enunciada (i. e., os enunciados jurídicos) aos casos concretos. Nessa hipótese, **não cabe uma análise emotiva sobre os enunciados jurídicos a serem aplicados**

12. DWORKIN, Ronald. *O império do direito*, p. 10-11.

e sobre a norma concreta, i. e., *se o resultado de sua aplicação é justo, razoável, bom ou se haverá discordância da sociedade ou da opinião pública sobre a norma exarada.*

O direito, nessa hipótese, é, portanto, um dado apriorístico à decisão do julgador.

Por outro lado, Dworkin reconhece que, na prática, há uma pressão sobre o sistema jurídico para que os agentes comunicantes legítimos realizem sempre uma análise emocional sobre os enunciados jurídicos e sobre a norma a ser exarada a fim de, em havendo necessidade, superar os enunciados jurídicos *a priori* e buscar a formatação de uma norma que "corrija" o sistema jurídico. Nesse caso, aqueles **passam a exercer uma posição política a fim de rever, sistematicamente, a moralidade dos enunciados normativos**. O que implica com que os agentes comunicantes legítimos *passem a emitir normas jurídicas que sejam, sob seu ponto de vista, mais justas, razoáveis, boas e que não causem discordância perante a maioria da sociedade ou da opinião pública* – **mesmo que tais normas contrariem os enunciados normativos existentes no sistema jurídico**.

Essa dualidade teleológica, quanto ao que deve prevalecer nos conflitos, é o que possibilita a compreensão de que os operadores do Direito devem apenas e tão somente aplicar friamente os enunciados jurídicos para a formatação da norma ("visão conservadora"), por um lado, ou atuar firmemente na revisão dos enunciados jurídicos para a criação de um ideal de justiça ("visão progressista").

Em face disso, Dworkin reconhece que, por vezes, a palavra "Lei" pode apresentar dois "sentidos". Um que indica um conjunto de signos que formam um dado enunciado normativo. Outro, que descreva o "direito criado ao se promulgar o documento."[13] Em outros termos. Seria como

13. DWORKIN, Ronald. *O império do direito*, p. 21.

se a "Lei" pudesse ser representada de forma diversa pelo significado dos enunciados que a formam e pelos sentidos que esses termos apresentam para seus intérpretes – como se fosse possível uma dissociação entre o que seja "sentido" e o que seja "significado" de um signo ou de uma expressão linguística. Condição que possibilita, na visão daquele, uma distopia entre **o significado da lei** e o **sentido identificado por seus múltiplos intérpretes.**

Assim, Dworkin pondera que para os adeptos[14] da possibilidade de a norma ser construída a partir do sentido que o intérprete quer conferir aos enunciados jurídicos haverá, mesmo quando os enunciados não sejam compostos por signos vagos ou ambíguos, uma divergência, por parte de seus intérpretes e agentes comunicantes legítimos, quanto ao sentido que se deve conferir ao enunciado normativo para elaboração da norma ("Lei"). Nessa hipótese, para seus adeptos, há a superação da simples "interpretação literal" do "significado acontextual" dos signos (i. e., o "significado que lhes atribuiríamos se não dispuséssemos de nenhuma informação especial sobre o contexto de seu uso ou as intenções de seu ator[15]") para se buscar um sentido que seja possível, mas não expresso pelo mero significado dos signos contidos nos enunciados normativos. **O direito seria**, portanto, **compreendido**, nessa hipótese por Dworkin, **não como sinônimo da extensão do significado dos enunciados normativos que possibilitam a construção da norma, mas, sim**, como **o sentido que possibilita a construção da norma com base**, por vezes, **no limite semântico dos enunciados normativos**; a norma ("Lei") seria, assim, o sentido a ser conferido pelos seus intérpretes aos enunciados normativos e não o efetivo significado desses porque a "Lei" seria um sentido derivado de uma interpretação e

14. Nesse sentido, ver a posição, por exemplo, do juiz Earl quando do julgamento do caso Elmer (Riggs vs. Palmer, 115, Nova York, 506, 22 N. E. 188 (1889).

15. DWORKIN, Ronald. *O império do direito*, p. 22.

não um sentido qualquer a partir do significado (superinterpretação) – o que possibilitaria concluir, portanto, que para esses **o direito não é apenas a aplicação fria do significado dos enunciados jurídicos, mas, sim, um ideal de justiça expresso pelo sentido conferido por seus agentes comunicantes legítimos** (mesmo que decorrente de uma superinterpretação dos signos que compõem os enunciados normativos que lhe a sua formação). A "Lei" seria, portanto, expressão do sentido (i. e., da intenção) do seu intérprete, do seu agente comunicante legítimo, porque o sentido conferido por esse integra, de alguma forma, o significado dos enunciados jurídicos – e, consequentemente, se não o fizer, não possibilitará a formação da "Lei". **A "Lei" seria um sentido de justiça a ser extraído dos enunciados normativos pelo agente comunicante legítimo.**

A Lei (e, consequentemente a compreensão do que seja Direito) seria o produto do agente comunicante legítimo que interpreta o enunciado jurídico; havendo, portanto, por vezes, dissociação entre a "Lei" imaginada pelos agentes comunicantes legítimos emissores primários dos enunciados jurídicos (v. g., legisladores) e a "Lei" obtida pelo processo interpretativo dos demais agentes comunicantes legítimos.

Nestes termos, a "Lei" obtida pelo processo interpretativo dos demais agentes comunicantes legítimos poderia acrescer significado não contido na "Lei" imaginada e emitida pelos agentes comunicantes legítimos primários. Poderia, portanto, realizar uma superinterpretação do enunciado normativo primário para ajustá-lo a questões não previamente definidas, consideradas ou "normatizadas" – mesmo que fora da zona cinza da mera ambiguidade.

Dworkin, apoiando-se na interpretação da decisão do caso Elmer (Riggs vs. Palmer, 115, Nova York, 506, 22 N. E. 188 (1889) – reforça essa posição pela análise do voto proferido pelo juiz Earl no caso Riggs vs. Palmer porque nesse ficou evidenciado que *a definição do significado do enunciado normativo ("Lei") não deveria ignorar o contexto histórico quando da análise do enunciado normativo e que se deveria levar em conta os antecedentes dos princípios gerais de direito.* Ou seja, para os que buscam uma interpretação além do mero significado literal dos enunciados jurídicos, **a busca do sentido possível dos enunciados deveria ser ajustada pelos princípios de justiça pressupostos em outras partes do Direito.** Em especial, porque "é razoável admitir que os legisladores têm uma intenção genérica e difusa de respeitar os princípios tradicionais da justiça, a menos que indiquem claramente o contrário";[16] e, também, porque "tendo em vista que uma lei faz parte de um sistema compreensivo mais vasto, o direito como um todo, deve ser interpretada de modo a conferir, em princípio, maior coerência a esse sistema."[17]

Em sentido contrário, Dworkin remete à análise da decisão da Suprema Corte do Estados Unidos no caso *Tennessee Valley Authority vs. Hill* (437 U.S. 153, 1978), o qual reforçou o arquétipo de que **não cabe aos agentes comunicantes legítimos que interpretam enunciados normativos a procura** (formulação) **por significados não contidos nesses quando os significados dos signos que lhe compõem forem claros o suficiente para não gerar qualquer ambiguidade**. Em especial, *porque não cabe ao agente comunicante legítimo, nesse caso, buscar ("especular"), por superinterpretação, a fixação de qualquer outro significado aos enunciados normativos que os agentes comunicantes legítimos primários poderiam ter fixado ao emitir o enunciado normativo.* Sendo tal possibilidade possível apenas se se comprovar inequivocadamente, por bom senso, que essa era a verdadeira intenção dos agentes comunicantes legítimos primários quando da emissão dos enunciados normativos.

16. DWORKIN, Ronald. *O império do direito*, p. 25.

17. Idem.

Por outro lado, Dworkin, reforçando que os signos que conformam o enunciado jurídico apresentam – por força das regras linguísticas – um significado e, portanto, um determinado "uso" representativo, afirma que **a "Lei" será efetivamente aquilo que corresponder efetiva e corretamente àquilo que tiver sido enunciado pelo agente comunicante legítimo primário** (ou, nos termos de Austin por uma pessoa ou grupo que ocupe uma posição soberana, i. e., por pessoa ou grupo cujas ordens sejam obedecidas e que não tenham o costume de obedecer a ninguém[18]) – ou seja, para tal concepção, o "Direito" **é uma questão de decisões históricas tomadas por aqueles que detêm o poder político**[19]. Ou, nos termos de Hart,[20] a "Lei" **será efetivamente aquilo que corresponder efetiva e corretamente àquilo que tiver sido enunciado apenas pelo agente comunicante legítimo e que for aceito pela comunidade jurídica como válida.**[21]

---

18. Nesse sentido, ver: DWORKIN, Ronald. *O império do direito*, p. 41.

19. Idem, p. 42.

20. Segundo Hart, o verdadeiro fundamento do direito está na aceitação, por parte da comunidade como um todo, de uma regra-mestra fundamental ("regra de reconhecimento") que atribui a pessoas ou grupos específicos a autoridade de criar leis.

21. Dworkin afirma quanto às teorias de Austin e de Hart que: "a teoria de Hart, como a de Austin, gerou um grande número de debates entre aqueles que foram atraídos por sua ideia básica. Em que consiste a 'aceitação' de uma regra de reconhecimento? Muitos oficiais da Alemanha nazista obedeciam às ordens de Hitler como se fossem leis, mas só o faziam por medo. Isso significa que aceitavam uma regra de reconhecimento que o autorizava a criar leis? Se assim for, então a diferença entre a teoria de Hart e a de Austin torna-se ilusória, porque então não haveria diferença entre um grupo de pessoas que aceita uma regrar de reconhecimento e outro que, por medo, simplesmente adota um modelo forçado de obediência. Se não for assim, se a aceitação exige algo além da mera obediência, então parece possível afirmar que não havia direito na Alemanha nazista, que nenhuma proposição jurídica era verdadeira, lá ou em muitos outros lugares nos quais a maioria das pessoas afirmaria a existência de um direito, ainda que malévolo ou impopular. E assim a teoria de Hart não seria capaz de apreender, afinal, o modo como todos os advogados usam a palavra 'direito'. Os especialistas refletiriam sobre este e outros aspectos da teoria de Hart, porém, uma vez mais, sua ideia fundamental, de que a verdade das proposições jurídicas depende essencialmente de padrões convencionais de reconhecimento do direito, conquistou um amplo assentimento" (DWORKIN, Ronald. *O império do direito*, p. 43).

Dworkin menciona, ainda, a concepção jusnaturalista (radical) de que "Direito" e "Justiça" são conceitos idênticos, de tal modo que nenhuma proposição jurídica injusta pode ser verdadeira[22] – podendo, entretanto, ser o teste da moral aplicado apenas para determinar a verdade (aplicação ou extensão do significado) *do enunciado jurídico quando houver a possibilidade de diferentes interpretações ou quando houver inconclusividade quanto à aplicação ou não do enunciado à questão de fato.*

Cabe mencionar, também, que Dworkin menciona a concepção da escola do realismo jurídico para determinação do significado dos enunciados normativos, a qual defende que a determinação do significado depende do contexto.[23]

---

22. DWORKIN, Ronald. *O império do direito*, p. 44.

23. Ressalte-se que se compreende que os elementos do sistema jurídico são constituídos, segundo o primado da homogeneidade sintática, na modalidade de enunciados categóricos. Isto é, são constituídos por expressões de signos linguísticos que visam a transmitir um determinado conteúdo comunicacional dentro de um contexto comunicacional. Melhor dizendo. Os elementos do sistema jurídico são constituídos linguisticamente para, através dos sequenciamentos de signos de uma linguagem idiomática, transmitir outputs comunicacionais para sujeitos determinados – sujeitos comunicantes legítimos e sujeitos observadores, a fim de conter a entropia e a complexidade interna do sistema jurídico e do meio onde se encontra. Em outros termos. Os elementos do sistema jurídico se constituem em enunciados porque, sendo constituídos em linguagem, procuram transmitir um determinado conteúdo em um dado contexto.

Entretanto, não se quer desconsiderar ou mitigar por completo a função do campo subjetivo de representação dos símbolos no processo de compreensão da linguagem. Pelo contrário. Reconhece-se que os símbolos linguísticos se encontram em uma dada situação comunicacional (contexto), e, por essa, razão, a compreensão do campo sintático depende da pragmática, posto que o sentido das expressões somente pode ser resolvido pela explicação dos contextos pragmáticos – os quais abrangem a situação" ou momento histórico em que a interpretação é realizada quanto às possibilidades de sentido existentes quando da interpretação.

Em especial, porque se compreende que cada signo linguístico de uma língua corresponde a um dado aspecto fonético (imagem acústica), gestual (imagem mímica) e/ou gráfico (imagem gráfica – ideográfica etc.) e a um determinado aspecto sintático, semântico e pragmático. Melhor dizendo. Cada signo apresenta uma forma (um significante), um significado e algumas significações – ou, em termos *saussureanos*, uma imagem sígnica (um significante), um significado e uma ou várias significações. Isto é, cada signo possui uma expressão sígnica, a qual representa um pensamento que lhe referencia uma ou mais coisas (significante), e, também, um conceito

Segundo Dworkin, as duas versões, sob o ponto de vista do leigo, baseiam-se na concepção de que o direito é uma simples questão de fato. Porém, segundo o autor, tal questão é mais sofisticada. Nesse sentido, afirma:

> A maioria dos leigos supõe que, nos repertórios, existem normas jurídicas para decidir cada questão que se possa trazer à presença de um juiz. A versão acadêmica do ponto de vista da simples questão de fato nega tal concepção. Ela enfatiza que o direito pode ser silencioso a propósito do litígio em questão porque nenhuma decisão institucional anterior emite, sobre ele, qualquer opinião. Talvez nenhuma instituição competente jamais tenha decidido se os trabalhadores podem ou não pedir indenização por danos provocados por colegas de trabalho. Ou o direito pode silenciar porque a decisão institucional pertinente apenas estipulou vagas diretrizes ao declarar, por exemplo, que um locador deve dar a uma viúva um tempo "razoável" para pagar seu aluguel. Nessas circunstâncias, de acordo com a versão acadêmica, nenhuma decisão pode fiar-se em que aplicar a lei é preferível a mudá-la. O juiz, portanto, não tem nenhuma opção a não ser exercer seu discernimento para criar uma nova norma, preenchendo as lacunas onde o direito silencie e tornando-o mais preciso onde for vago.

(significado) e um ou mais sentidos (significações), em um dado contexto. Portanto, cada signo é uma associação entre imagem sígnica, interpretante, conteúdo e sentido, isto é, entre uma forma, uma percepção, características ideais de um objeto (ou acontecimento) que representa e sentidos em um dado contexto. Sendo que tal associação é o que constitui o signo linguístico em si. Isto é. O signo linguístico é a representação da associação entre forma, significante, significado e significação – ou, se adotada a terminologia de Husserl, entre significado e significação. Ou, como se prefere: entre imagem, percepção, conteúdo e sentido.

Assim, signo somente pode ser definido na relação com o objeto (acontecimento) e com o significante/interpretante, visto que tanto o objeto (acontecimento) quanto o significante/interpretante são partes constitutivas do signo (ou do processo de representação). Isto porque um signo representa um algo externo para uma ideia na mente, onde o seu representado/significado é um objeto (acontecimento); o comunicado, a significação, e; a ideia que provoca, o seu significante/interpretante – razão pela qual se coaduna com a posição *wittegensteineana* de que somente no contexto da proposição é que se possa precisar o significado do signo.

Porém, compreende-se que: (a) não existe signo sem conteúdo; (b) que o conteúdo não está no suporte físico do signo ou no contexto em que é utilizado, mas é construído na mente daquele que o constrói ou que lhe interpreta e; (c) que o conteúdo de um signo é condicionado pelos referenciais culturais ou contextuais que o envolve.

> Nada disso justifica o ponto de vista da simples questão de fato, segundo o qual o direito é sempre uma questão de fato histórico e nunca depende da moralidade. Apenas acrescenta que, em certas ocasiões, advogados experientes podem descobrir que não existe absolutamente norma jurídica alguma. Todas as questões sobre a natureza do direito têm, ainda, uma resposta histórica categórica, embora algumas tenham respostas negativas. A questão da fidelidade é então substituída por uma questão diferente, igualmente distinta da questão do direito, que podemos chamar de questão de reparação. O que fariam os juízes na ausência da norma jurídica? Essa nova questão política abre espaço a uma divergência de opiniões muito semelhante à divergência original sobre a questão da fidelidade, pois os juízes que não têm escolha a não ser criar um novo direito podem introduzir ambições diferentes nessa iniciativa. Devem preencher as lacunas com prudência, preservando ao máximo o espírito do ramo do direito em questão? Ou devem fazê-lo democraticamente, tentando chegar ao resultado que, segundo acreditam, represente a vontade do povo? Ou devem arriscar-se, tentando tornar o direito resultante tão justo e sábio quanto possível, em sua opinião?[24]

Tais questões levam à discussão efetiva de qual seria o limite dos agentes comunicantes legítimos não legiferantes para fixar o enunciado jurídico quando não há uma enunciação (decisão) anterior. E, em especial, se tais agentes possuem ou não um caráter democrático para fazê-lo em um sistema jurídico.

2.2 O Direito para Kelsen

Kelsen, buscando definir o significado do que seja o direito, adverte que talvez não seja possível encontrar uma característica comum que possibilite distinguir o fenômeno geralmente chamado de "Direito" de outros fenômenos sociais similares, mesmo que seja possível colocá-lo em nítido contraste com outras ordens sociais que perseguem

24. DWORKIN, Ronald. *O império do direito*, p. 12-13.

o mesmo propósito que o Direito.[25] Porém, tal dificuldade não impede que o autor afirme ser ilegítima a formulação de um conceito mais restrito do que seja "Direito", mesmo que tal formulação não alcance todos os fenômenos geralmente identificados como "Direito"[26] – em especial, nesse sentido, o autor afirma que o conceito do que seja "Direito", por vezes, **representa tão somente um determinado viés político ou um ideal específico de justiça** (como, por exemplo, o ideal de democracia e de liberalismo expresso na compreensão dos Estados democráticos capitalistas), mantendo outras ideias de justiça ou viés políticos fora da compreensão do que seja a representação do que seja o Direito para aquele *representamen* (como, por exemplo, os sistemas normativos facistas, nazistas e comunistas para os sistemas normativos democráticos);[27] sobretudo, **porque a definição do que seja Direito não tem qualquer conotação moral** (não sendo, portanto, passível de ser analisado o sistema normativo, o Direito, como bom ou justo). Em face disso, afirma Kelsen que **o direito é uma ordem[28] da conduta humana**, i. e., um sistema (conjunto) de regras que, possuindo uma unidade, regula a conduta humana[29] na so-

---

25. KELSEN, Hans. *Teoria geral do Direito e do Estado* - trad. Luís Carlos Borges. São Paulo: Martins Fontes, 1998, p. 28.

26. KELSEN, Hans. *Teoria geral do Direito e do Estado*, p. 07.

27. Nesse sentido, Kelsen afirma que "do ponto de vista da ciência, livre de quaisquer julgamentos valorativos, morais ou políticos, a democracia e o liberalismo são apenas dois princípios possíveis de organização social, exatamente como o são a autocracia e o socialismo. Não há nenhuma razão científica pela qual o conceito de Direito deva ser definido de modo a excluir estes últimos" (KELSEN, Hans. *Teoria geral do Direito e do Estado*, p. 07-08).

28. Kelsen esclarece que "uma 'ordem' é um sistema de normas cuja unidade é constituída pelo fato de todas elas terem o mesmo fundamento de validade" (KELSEN, Hans. *Teoria pura do direito* – trad. João Baptista Machado. São Paulo: Martins Fontes, 1997, p. 33).

29. Kelsen adverte, porém, que "o fato de o Direito ser uma ordem da conduta humana não significa que a ordem jurídica diga respeito apenas à conduta humana, que nada além da conduta humana faça parte do conteúdo das regras" (KELSEN, Hans. *Teoria geral do Direito e do Estado*, p. 05).

ciedade. O Direito é, portanto, um meio social específico, e não um fim.

Logo, se para Kelsen o Direito não é um fim, **Direito e Justiça são dois conceitos diferentes**[30] – inclusive, existem ordens jurídicas que, a partir de certo ponto de vista, são compreendidas como injustas. Assim, afirmar que **o Direito é justo significa dizer que essa ordem regula a conduta dos homens de forma satisfatória a todos**[31] (ou, pelo menos, para a maioria da sociedade), ou seja, que todos os homens "encontram nela a felicidade[32]" porque o anseio por justiça é o eterno anseio do homem por felicidade – logo, a "justiça é a felicidade social"[33] determinada pelas normas

30. Segundo Kelsen, "libertar o conceito de Direito da ideia de justiça é difícil porque ambos são constantemente confundidos no pensamento político não científico, assim como na linguagem comum, e porque essa confusão corresponde à tendência ideológica de dar aparência de justiça ao Direito positivo. Se Direito e justiça são identificados, se apenas uma ordem justa é chamada de Direito, uma ordem social que é apresentada como Direito é – ao mesmo tempo – apresentada como justa, e isso significa justificá-la moralmente. A tendência de identificar Direito e justiça é a tendência de justificar uma dada ordem social. É uma tendência política, não científica. Em vista dessa tendência, o esforço de lidar com o Direito e a justiça como dois problemas distintos podem cair sob a suspeita de estar repudiando inteiramente a exigência de que o Direito positivo deve ser justo. Essa exigência é evidente por si mesma, mas o que ela realmente significa é outra questão. De qualquer modo, uma teoria pura do Direito, ao se declarar incompetente para responder se uma dada lei é justa ou injusta ou no que consiste o elemento essencial da justiça, não se opõe de modo algum a essa exigência" (KELSEN, Hans. *Teoria geral do Direito e do Estado*, p. 08-09).

31. Kelsen afirma que "é obvio que não pode existir nenhuma ordem 'justa', ou seja, uma ordem que proporcione felicidade a todos, caso se defina o conceito de felicidade em seu sentido original, restrito, de felicidade individual, dando como significado de felicidade de um homem aquilo que ele considera que isso seja. Porque, então, é inevitável que a felicidade de um indivíduo entre, em algum tempo, em conflito com a de outro. Uma ordem justa não é possível mesmo com a suposição de que ele procure concretizar não a felicidade individual de cada um, mas sim a maior felicidade possível do maior número possível de indivíduos. A felicidade que uma ordem social é capaz de assegurar pode ser felicidade apenas no sentido coletivo, ou seja, a satisfação de certas necessidades, reconhecidas pela autoridade social, pelo legislador, como necessidades dignas de serem satisfeitas, tais como as necessidades de alimentação, vestuário e moradia" (KELSEN, Hans. *Teoria geral do Direito e do Estado*, p. 09).

32. KELSEN, Hans. *Teoria geral do Direito e do Estado*, p. 09

33. Idem.

jurídicas. Mas o que possibilita a "felicidade social"? Não há uma resposta única porque cada ordem jurídica é a representação da ponderação média dos valores, dos anseios e aspirações da sociedade que visa a regular, promover.[34] Então, cada sociedade, cada ordem jurídica, possui um conjunto de valores próprios, subjetivos,[35] que expressam emocionalmente os interesses dos indivíduos na sociedade – ressalte-se, entretanto, que apesar de não haver uma individualidade única de valores, visto que há uma profusão de valores na sociedade, há uma influência mútua de valores entre os indivíduos em determinados grupos (v. g., na família, na classe, na tribo, na profissão) que possibilita com que haja uma concordância social sobre o sistema de valores que deve prevalecer e, por conseguinte, direcionar a formulação das normas jurídicas (apesar da ponderação individual de que seus valores, por vezes, devem prevalecer sobre os valores dos demais membros da sociedade).

Exemplo dessa preferência subjetiva valorativa, para Kelsen,[36] é a compreensão da existência de valores mais elevados e absolutamente válidos e justos por serem emanados da natureza, da razão humana ou da vontade de Deus – a saber, os valores emanados pelo direito natural – que devem prevalecer sobre os valores arbitrariamente impostos ou conferidos por um legislador humano através do Direito positivo.[37]

---

34. Kelsen conclui que "todo sistema de valores, em especial um sistema de moral com a sua ideia central de justiça, é um fenômeno social, o produto de uma sociedade e, portanto, diferente de acordo com a natureza da sociedade dentro da qual ele emerge" (KELSEN, Hans. *Teoria geral do Direito e do Estado*, p. 11).

35. Kelsen adverte que "caso a asserção de tais fins últimos surja na forma de postulados ou normas de justiça, eles sempre repousam sobre julgamentos de valor puramente subjetivos e, portanto, relativos. É desnecessário dizer que há um grande número de tais julgamentos de valor, diferentes uns dos outros e inconciliáveis" (KELSEN, Hans. *Teoria geral do Direito e do Estado*, p. 11).

36. KELSEN, Hans. *Teoria geral do Direito e do Estado*, p. 13-14.

37. Kelsen pondera, entretanto, que "nenhuma das numerosas teorias de Direito natural conseguiu até agora definir o conteúdo dessa ordem justa de um modo que pelo menos se aproxime da exatidão e objetividade com que a ciência natural pode

Kelsen ressalta, ainda, que a identificação de direitos naturais é, por vezes, consequência direta do processo de positivação de determinados valores pelas sociedades (como, por exemplo, o direito à propriedade privada) que se tornaram, em certo tempo e sob certas condições políticas e econômicas, expressão do Direito positivo.[38] Razão pela qual Kelsen afirma que "se os princípios de Direito natural são apresentados para aprovar ou desaprovar uma ordem jurídica positiva, em qualquer dos casos, sua validade repousa em julgamentos de valor que não possuem qualquer objetividade"[39] porque "uma análise crítica sempre demonstra que eles são apenas a expressão de certos interesses de grupo ou classe[40]" – assim, "ela ou justifica o Direito positivo proclamando sua concordância com a ordem natural, racional ou divina, uma concordância afirmada, mas não provada; ou põe em questão a validade do

---

determinar o conteúdo das leis da natureza ou a ciência jurídica, o conteúdo de uma ordem jurídica. Aquilo que até agora tem sido proposto como Direito natural ou, o que redunda no mesmo, como justiça, consiste, em sua maior parte, em fórmulas vazias, como suum cuique, 'a cada um o seu', ou tautologias sem sentido como o imperativo categórico, ou seja, a doutrina de Kant de que os atos de alguém devem ser determinados somente por princípios que se queiram obrigatórios para todos os homens. Mas a fórmula 'a cada um o seu' não responde à questão do que é 'o seu de cada um', e o imperativo categórico não diz quais são os princípios que se deveria desejar que fossem obrigatórios para todos os homens. Alguns autores definem justiça pela fórmula 'Você fará o certo e evitará fazer o errado'. Mas o que é certo e o que é errado? Trata-se de uma questão decisiva e que permanece sem resposta. Quase todas as fórmulas consagradas que definem justiça pressupõem a resposta esperada como evidente por si mesma. Mas essa resposta não é, de modo algum, evidente. Na verdade, a resposta ao que é o seu de cada um, a qual é o conteúdo dos princípios gerais obrigatórios a todos os homens, ao que é certo e o que é errado – a resposta a todas essas perguntas deve, supostamente, ser dada pelo Direito positivo. Consequentemente, todas essas fórmulas de justiça têm o efeito de justificar qualquer ordem jurídica positiva. Elas permitem que qualquer ordem jurídica positiva desejada tenha a aparência de justa" (KELSEN, Hans. *Teoria geral do Direito e do Estado* - trad. Luís Carlos Borges. São Paulo: Martins Fontes, 1998, p. 15).

38. KELSEN, Hans. *Teoria geral do Direito e do Estado*, p. 15-16.

39. Idem, p. 16.

40. Ibidem.

Direito positivo sustentando que ele se encontra em contradição com algum dos pressupostos absolutos."[41]

Então, para Kelsen[42] a compreensão de que uma ordem jurídica é justa deriva da certeza de que os elementos dessa ordem jurídica são aplicados em todos os casos em que, de acordo com seu conteúdo, uma dada regra jurídica deva ser aplicada; sendo injusta quando seus elementos são aplicados em um caso, mas não em outros casos similares. Assim, justiça, no sentido de legalidade, é uma qualidade que se relaciona não com o conteúdo em si da ordem jurídica, mas, sim, com sua aplicação. Logo, *a declaração de que uma determinada conduta é legal ou ilegal, justa ou injusta, independe da vontade ou dos sentimentos de quem julga porque ela pode ser aferida, objetivamente, pela análise da efetiva aplicação equânime da lei para os múltiplos casos similares.*

Por outro lado, Kelsen compreende que a função de toda e qualquer ordem jurídica é fazer com que os indivíduos se abstenham de certos atos que, por alguma razão, são considerados nocivos à sociedade, e fazer com que sejam executados outros que, por outras razões, são considerados úteis à sociedade;[43] bem como, em induzir o indivíduo a se abster de interferir na esfera de interesses dos outros indivíduos através de meios específicos. E, a ordem jurídica pode vincular, para tanto, certas vantagens à observância de certa conduta, bem como vincular desvantagens à sua não observância – e, por conseguinte, fazer com que o desejo pela vantagem prometida ou o medo pela ameaça da desvantagem atue como motivação para dos indivíduos

---

41. KELSEN, Hans. *Teoria geral do Direito e do Estado*, p. 16-17.

42. Idem, p. 20.

43. Ibidem, p. 21.

em sociedade.[44] *Direito é, portanto, fundamentalmente, uma ordem coercitiva.*[45]

2.3 O direito para Hart

Hart começa a sua análise sobre o conceito do que seja Direito reconhecendo que qualquer homem instruído é capaz de informar que os sistemas jurídicos existem: (a) regras[46]

---

44. KELSEN, Hans. *Teoria geral do Direito e do Estado*, p. 22.

45. Kelsen afirma que o "Direito, com Certeza, é uma ordenação que tem como fim a promoção da paz, na medida em que proíbe o uso da força nas relações entre os membros da comunidade. Contudo ele não exclui absolutamente o uso da força. O Direito e a força não devem ser compreendidos como absolutamente antagônicos. O direito é uma organização da força. O Direito e a força não devem ser compreendidos como absolutamente antagônicos. O Direito é uma organização da força. Porque o Direito vincula certas condições para o uso da força apenas por certos indivíduos e sob certas circunstâncias. O Direito autoriza certa conduta que, sob todas as outras circunstâncias, deve ser considerada 'proibida'; ser considerada proibida significa ser a própria condição para que tal ato coercitivo atue como sanção. O indivíduo que, autorizado pela ordem jurídica, aplica a medida coercitiva (a sanção) atua como um agente dessa ordem ou – o que equivale a dizer o mesmo – como um órgão da comunidade, constituído por ela. Apenas esse indivíduo, apenas o órgão da comunidade, está autorizado a empregar a força. Por conseguinte, pode-se dizer que o Direito faz uso da força um monopólio da comunidade. E, precisamente por fazê-lo, o Direito pacifica a comunidade" (KELSEN, Hans. *Teoria geral do Direito e do Estado*, p. 30).

46. Hart ressalta que "é verdade que existem regras de muitos tipos diferentes, não só no sentido óbvio de que, ao lado das regras jurídicas, há regras de etiqueta e de linguagem, regras de jogos e clubes, mas também no sentido menos óbvio de que, mesmo dentro de qualquer destas esferas, as realidades que se chamam regras podem surgir de modos diferentes e podem ter relações muito diferentes com a conduta a que dizem respeito. Assim, mesmo dentro do direito, algumas regras são estabelecidas através da legislação; outras não são feitas por nenhum acto intencional. Mais importante do que isso: algumas regras são imperativas no sentido de que exigem que as pessoas se comportem de certas maneiras, v.g., se abstenham de violências ou paguem impostos, que o desejem fazer, quer não; outras regras, como as que prescrevem os procedimentos, formalidades e condições para a celebração de casamentos, testamentos ou contratos, indicam o que as pessoas devem fazer para efectivarem os seus desejos. O mesmo contraste entre estes dois tipos de regras pode também ver-se entre aquelas regras de um jogo que proíbem certos tipos de conduta, sob cominação de um castigo (jogo contrário às regras ou insultos ao árbitro) e aquelas que estabelecem o que deve fazer-se para marcar pontos ou para ganhar. Mas mesmo se não atendermos por ora a esta complexidade e considerarmos apenas a primeira espécie de regra (que é típica do direito criminal) encontraremos, mesmo entre autores contemporâneos, a maior divergência de pontos de vista

que proíbem ou impõem certos tipos de comportamento, sob cominação de pena; (b) regras que exigem que as pessoas compensem aqueles que por si são ofendidos de certas maneiras; (c) regras que especificam o que deve ser feito para outorgar testamentos, celebrar contratos ou outros instrumentos que configurem direitos e que criem obrigações; (d) tribunais que determinam quais são as normas e quando foram violadas e que estabelecem o castigo ou a compensação a ser pagos; e (e) um Poder Legislativo competente para fazer novas regras e abolir as antigas.[47] E questionando se tais características comuns são tão facilmente percebidas pelos indivíduos nos múltiplos sistemas jurídicos, qual a razão de haver tão distintos conceitos do que seja o Direito?

Em seguida, combatendo a posição de Austin, *defende que nem toda ordem coercitiva emanada por alguém é efetivamente uma norma jurídica* – e, portanto, representa o Direito. Exemplo dessa questão é a ordem emanada por um bandido ao caixa do banco: "passe-me o dinheiro ou atiro".

Em face disso, Hart afirma que a coercitividade da ordem não é importante para se identificar ou não a existência de uma norma jurídica e, portanto, do Direito. Em especial, porque ele supõe que *a maior parte das ordens é mais frequentemente obedecida do que desobedecida pela maior parte dos afetados.*[48] O que configura que há, mesmo que de forma essencialmente vaga ou imprecisa, um "hábito geral de obediência". Logo, para que se verifique a existência de Direito não é imprescindível que existam algumas pessoas ou corpos de pessoas, internamente soberanos e externamente independentes, que emitam ordens gerais, que são

---

quanto ao significado da asserção de que existe uma regra deste tipo imperativo simples" (HART, H. L. A. O conceito de direito – trad. A Ribeiro Mendes. Lisboa: Fundação Calouste Gulbenkian, 5ª ed., 2007, p. 13).

47. HART, H. L. A. *O conceito de direito,* p. 07.

48. Idem, p. 29.

geralmente obedecidas, as quais sejam baseadas em ameaças que serão levadas a cabo se houver a desobediência das referidas ordens[49] - sobretudo, porque existem normas (como, por exemplo, as que conferem poderes jurídicos para julgar ou legislar ou para constituir ou alterar relações jurídicas) que são desprovidas de coerção ou porque nada análogo a uma prescrição explícita lhes dá existência.[50]

Por outro lado, Hart afirma que Direito não pode ser compreendido como a combinação da existência de regras[51] primárias e secundárias porque é "claro que os diversos conjuntos de casos em que a palavra 'direito' é usada não estão ligados por uma tão simples uniformidade[52]."

2.4 O Direito para Neumann

Neumann afirma que pelo *caráter coercitivo é que o Direito pode ser distinguido do costume e da moralidade* – ressaltando, inclusive, que esse é o ponto de distinção e não a origem de sua emissão (Estado) porque o Direito pode ser emitido tanto pelo Estado quanto por outros agentes comunicantes

49. HART, H. L. A. *O conceito de direito*, p. 31.

50. Idem, p. 90.

51. Hart afirma que "é verdade que a ideia de uma regra não é, de forma alguma, uma ideia simples" porque há "a necessidade de distinguir entre dois tipos de regras diferentes, embora relacionados, se quisermos fazer justiça à complexidade de um sistema jurídico. Por força das regras de um tipo, que bem pode ser considerado o tipo básico ou primário, aos seres humanos é exigido que façam ou se abstenham de fazer certas acções, quer queiram ou não. As regras do outro tipo são em certo sentido parasitas ou secundárias em relação às primeiras: porque asseguram que os seres humanos possam criar, extinguir ou modificar as regras antigas, ou determinar de diferentes modos a sua incidência ou fiscalizar a sua aplicação. As regras do primeiro tipo impõem deveres, as regras do segundo tipo atribuem poderes, públicos ou privados. As regras do primeiro tipo dizem respeito a acções que envolvem movimento ou mudanças físicos; as regras do segundo tipo tornam possíveis actos que conduzem não só a movimento ou mudança físicos, mas a criação ou alteração de deveres ou obrigações" (HART, H. L. A. *O conceito de direito*, p. 91).

52. HART, H. L. A. *O conceito de direito*, p. 91.

legítimos.[53] Razão pela qual afirma que, com base na formulação de Wilhelm Dilthey (*Einlcitung in die Geiteswissenschaften*, vol.1), o Direito **é a ordenação das metas da sociedade que é mantida por meio da coerção exercida por sua própria organização externa**. Em especial, que:

> O direito (*law*), no sentido filosófico, deve ser definido como uma "realidade que tem como sua função servir à ideia do direito (*Rechtsidee*). O conceito de direito (*Rechsbegriff*) está direcionado à ideia de direito (*right*)". Por um lado, a ideia de direito contém a demanda por justiça e, por outro, a demanda pela satisfação das necessidades humanas vitais, assim como do Estado em várias esferas da vida social. A definição da ideia de justiça é aqui tão irrelevante quanto a sua realização histórica. O que é importante neste ponto é o fato de que o direito, no sentido filosófico, não corresponde de forma idêntica às necessidades do Estado e da sociedade. Na tensão dialética entre justiça e necessidade reside o principal problema da filosofia.[54]

Vê-se, assim, que Neumann faz uma distinção clara entre o que seja a norma (*law*) e o que deve ser o Direito (*right*), o qual expressa uma ideia enquanto aquela expressa uma realidade. Sendo **a ideia do direito direcionado à justiça, enquanto as normas jurídicas se direcionam a atender as necessidades humanas vitais definidas, da sociedade e do Estado** – razão pela qual o Direito, enquanto expressão das normas jurídicas, é um "julgamento hipotético a respeito do comportamento futuro do Estado."[55]

53. NEUMANN, Franz. *O império do direito*: teoria política e sistema jurídico na sociedade moderna – trad. Rúrion Soares Melo; Prefácio e revisão da tradução José Rodrigo Rodriguez. São Paulo: Quartier Latin, 2001, p. 47.

54. Idem, p. 49.

55. Ibidem, p. 51.

3. Definição epistemológica do que seja Direito com base nas premissas dogmáticas referenciadas

Com base na compreensão dos autores acima, compreende-se que Direito é a ordem emanada ou reconhecida por agentes comunicantes legítimos que detém o poder, político ou jurídico, para definir um específico ideal de justiça a ser implementado para a sociedade, a fim de ordenar, de forma satisfatória, a conduta humana ou para direcioná-la para proporcionar as necessidades humanas vitais dos demais membros da sociedade, dessa e do próprio Estado. Mas o Direito não é apenas o produto enunciado por aqueles agentes comunicantes ou a aplicação fria do significado dos enunciados jurídicos, mas, sim, o conjunto representativo desses e, também, das demais ordens, coercitivas ou não, que, definindo condutas ou ideais, direcionam, historicamente, a conduta humana a um determinado fim – o qual, pode-se compreender como sendo a expressão de justiça se corresponder efetiva e corretamente àquilo que tiver sido buscado pela enunciação jurídica, pelo costumo ou pelo "direito natural" como válidos.

4. Direito, justiça e direitos naturais

Segundo Kelsen, "a justiça é uma qualidade ou atributo que pode ser afirmado de diferentes objetos. Em primeiro lugar, de um indivíduo. Diz-se que um indivíduo, especialmente um legislador ou um juiz, é justo ou injusto. Neste sentido, a justiça é representada como uma virtude dos indivíduos. Como todas as virtudes, também a virtude da justiça é uma qualidade moral; e, nessa medida, a justiça pertence ao domínio da moral."[56] No tocante ao indivíduo, portanto, a justiça é atribuída a uma dada conduta em face de outros indivíduos. A justiça, como todas as demais virtudes, é uma qualidade moral e, portanto, pertencente ao

56. KELSEN, Hans. *O problema da justiça* – trad. João Baptista Machado. São Paulo: Martins Fontes, 1993, p. 03.

domínio da moral e não ao do Direito.[57] Mas, "a conduta social de um indivíduo é justa quando corresponder a uma norma que prescreve uma determinada conduta."[58]

Nesse sentido, para o Direito, uma conduta (ou decisão) ser justa ou injusta é sempre uma apreciação quanto à conduta perante uma terceira pessoa. Será justa ou injusta a conduta que for ou não compatível com a conduta expressa pela norma jurídica como sendo a conduta justa a ser seguida. Mas, toda norma do Direito é justa? Se compreendida como justa a norma jurídica válida, sim; porém, se os enunciados jurídicos positivos forem analisados perante o que se espera que eles enunciem em relação às necessidades e garantias naturais dos seres humanos em sociedade, somente serão compreendidas como justas as normas do Direito que forem **positivamente válidas e compatíveis com os direitos naturais[59-60] - estes enquanto expressão da**

57. Nesse sentido, ver: KELSEN, Hans. *O problema da justiça*, p. 67.

58. Idem, p. 03.

59. Nesse sentido, Kelsen afirma que "para a questão da validade do direito, isto é, para a questão de saber se as suas normas devem ser aplicadas e acatadas, é decisiva a relação que se pressuponha entre justiça e direito. Sobre este ponto apresentam-se duas concepções diametralmente opostas. Segundo uma delas, um direito positivo apenas pode ser considerado como válido na medida em que a sua prescrição corresponda às exigências da justiça. Direito válido é direito justo: uma regulamentação injusta da conduta humana não tem nenhuma validade e não é, portanto, direito, na medida em que se deva entender por direito apenas uma ordem válida. Isto quer dizer que a validade da norma de justiça é o fundamento da validade do direito positivo. Segundo a outra concepção, a validade do direito positivo é independente da validade da norma de justiça. Um direito positivo não vale pelo fato de ser justo, isto é, pelo fato de a sua prescrição corresponder à norma de justiça – e vale mesmo que seja injusto. A sua validade é independente da validade de uma norma de justiça. É esta a concepção do positivismo jurídico, e tal é a consequência de uma teoria jurídica positivista ou realista, enquanto contraposta à doutrina idealista" (KELSEN, Hans. *O problema da justiça*, p. 67-68).

60. Segundo Kelsen, "o direito natural, trazido ao confronto com o direito positivo, poderia na verdade servir de medida ou critério de apreciação para o efeito de decidir se este direito é justo ou injusto, mas não poderia pôr em questão a sua validade". E, também, "a teoria do direito natural pergunta pelo fundamento da validade do direito positivo, quer dizer, se e por que uma ordem jurídica positiva vale, e dá a esta pergunta uma resposta categórica, isto é, absoluta (incondicional), afirmando que ela vale porque o seu conteúdo corresponde ao conteúdo do direito natural e, por isso, é justo, ou que ela não vale porque o seu conteúdo contradiz o conteúdo do direito

proteção comum, ideal e universal, em qualquer tempo e lugar, para os parâmetros humanos mínimos. Em outros termos. "Se a conduta humana será compreendida como justa se for compatível com a conduta expressa no Direito e se a conduta expressa pelas normas jurídicas positivas será compreendida como justa se for válida e, também, compatível com os preceitos do direito natural; logo, a conduta humana será justa se for compatível, em último nível, com os preceitos de direito natural."

Em relação à compreensão de que a norma do Direito sempre será considerada justa por ser uma norma válida no sistema jurídico, i. e., que toda norma válida em um dado sistema jurídico deverá ser compreendida como justa, concorda-se com Kelsen[61] de que seria um contrassenso compreender que as normas do Direito poderiam ser justas e não injustas quando simplesmente cumprissem com os requisitos formais e materiais para sua enunciação (mesmo que esse seja o pressuposto do próprio positivismo jurídico!). Normas jurídicas também são percebidas pelos seus intérpretes como sendo injustas, mesmo que tenham sido enunciadas cumprindo com todos os requisitos materiais e formais para sua elaboração e, portanto, sejam juridicamente consideradas como sendo válidas. Então, compreender validade como expressão de justiça para as normas positivas não é uma verdade absoluta. Normas válidas podem ser normas injustas.

Em face disso, pode-se afirmar que a qualidade de justiça de uma dada norma positiva pode ***estar relacionada com a maior ou menor aderência do conteúdo dessas às normas de justiça transcendentais*** (metafísicas) – expressas, por vezes, por agentes comunicantes legítimos religiosos (na

---

natural, O fundamento de validade do direito positivo é essencialmente vinculado ao seu conteúdo. O direito positivo é válido porque tem um determinado conteúdo e, por isso mesmo, é justo; não é válido porque tem o conteúdo oposto e, por isso mesmo, é injusto. Nesta determinação do conteúdo do direito positivo através do direito natural, situado para além do direito positivo, reside a essencial função desse mesmo direito natural" (KELSEN, Hans. *O problema da justiça*, p. 113 e 115-116).

61. Idem, p. 11.

hipótese da verificação perante normas e preceitos religiosos emitidos por agentes religiosos ou pela própria divindade) ou pela relação de justiça natural. Nessas hipóteses, como a norma de justiça transcendental não podem ser compreendidas pela razão humana, os indivíduos devem acreditar na justiça que elas constituem porque o seu ideal de justiça é absoluto – afastando, assim, aquele ideal positivo de justiça (a saber: a mera validade da norma positiva).[62] Por outro lado, a justiça das normas positivas pode estar relacionada com um ideal de justiça racional – o qual, diferentemente do metafísico, não pressupõe nenhuma crença na existência de uma instância metafísica transcendental. Nessa hipótese, a razão humana, através da análise racional das múltiplas experiências vividas, concebe o ideal do que seja justo.[63]

Porém, os ideais de justiça metafísicos ou racionais representam múltiplos ideais de justiça, a depender dos valores que visam a promover, sendo que mesmo que diferentes entre si e entre uns dos outros e, por vezes, até mesmo, contraditórios entre si, eles não excluem a possibilidade de um outro ideal de justiça. Então, concorda-se com Kelsen de que "apenas nos será lícito conferir uma validade relativa aos valores de justiça constituídos através destes ideais."[64]

Então, como compreender um enunciado jurídico (positivo) como justo ou injusto? Apesar da ponderação de Kelsen de que a percepção de justiça ou injustiça perante um enunciado jurídico seja algo relativo e que, portanto, passível de que um mesmo enunciado jurídico seja considerado justo, sob um dado critério, e injusto, sob outro ponto de vista. E, inclusive, que o Direito não é passível de ter seu objeto apreciado ou valorado, mas apenas verificada a sua validade ou não.[65] Compreende-se que a apreciação da justiça ou injustiça de um enunciado jurídico (ou, do próprio

62. Nesse sentido, ver: KELSEN, Hans. *O problema da justiça*, p. 16-17.

63. Nesse sentido, ver: Idem, p. 17.

64. KELSEN, Hans. Ibidem, p. 17-18.

65. Nesse sentido, ver: KELSEN, Hans. *O problema da justiça*, p. 69-70.

Direito) passa fundamentalmente pela análise da validade desse enunciado – ou nos termos expressos por Kelsen, se o enunciado jurídico está em conformidade ou não com a norma hipotética fundamental.[66] Mas, a análise da validade para aferição de ser um enunciado jurídico justo ou injusto deve ir além da mera análise formal-material de sua enunciação – não que esse ponto seja dispensável para análise da justiça do Direito, como se verá adiante – posto que deve ser analisada também a sua forma de aplicação (interpretação), a fim de que se possa definir se uma dada norma jurídica (enquanto produto interpretativo dos enunciados jurídicos ou como mero enunciado jurídico) é ou não justa.

Destarte, compreende-se que os enunciados jurídicos positivos passam a representar um categórico de justiça se **forem enunciados de forma geral e abstrata e se forem aplicados de forma indistinta e universalmente a todos os que venham a praticar atos que se subsumam ao comando geral e abstrato previsto naqueles.**[67] Justiça, no sistema jurídico, nesse sentido, passa a ser sinônimo de **universalidade e igualdade de aplicação da norma para todos os casos concretos.**[68] **Independentemente a quem se aplique a norma ou de quem aplica a norma**. Do contrário, enunciados jurídicos (a) que se destinem a uma determinada pessoa, sem regular situação específica dessa para com outras pessoas, para lhe conceder condições, benefícios, favores, proteção, garantias,

66. KELSEN, Hans. *O problema da justiça*, p. 70.

67. Nesse sentido, ver: KELSEN, Hans. *O problema da justiça*, p. 56.

68. Importante mencionar que se concorda com Kelsen de que "a exigência ou postulado de que todos os homens sejam tratados por igual, ou seja, de que não se deve fazer menção de nenhuma das desigualdades de fato existentes, qualquer que seja o conteúdo que possa ter o tratamento conforme com a norma pressuposta pela norma de justiça, conduz a consequências absurdas; e, de fato, não há nenhum sistema moral que contenha a norma que manda tratar os menores da mesma forma que os adultos, os homens da mesma forma que as mulheres, os doentes mentais como as pessoas normais, os desordeiros da mesma forma que os pacíficos. Não é possível deixar de lado todas as desigualdades em toda e qualquer espécie de tratamento. Certas desigualdades têm de ser tomadas em consideração. Trata-se apenas de saber quais as desigualdades que devem ser desprezadas e quais os indivíduos que, portanto, podem ser considerados como iguais" (KELSEN, Hans. *O problema da justiça*, p. 53).

direitos ou deveres distintos em relação aos demais sujeitos de direito; ou (b) que sejam aplicados de forma distinta, mesmo em face de regra universal, por um dado sujeito de direito ou intérprete serão sempre consideradas como normas injustas. Mas, não basta apenas que os referidos enunciados jurídicos, para serem considerados justos, sejam aplicados de forma indistinta e universalmente a todos os que venham a praticar atos que se subsumam ao comando geral e abstrato previsto naquele, é indispensável, também, que os enunciados jurídicos tenham sido exarados por agentes comunicantes legítimos em um dado sistema jurídico e que tenham sido enunciados por esses dentro dos seus limites de competência e na forma prescrita e não vedada no próprio sistema jurídico.

De certa forma, a expressão categórica de justiça acima exposta se aproxima da compreensão da própria igualdade perante a lei[69-70] – a qual, segundo Kelsen, é compreendida por muito como sendo o princípio da justiça puro e simples.[71]

Ressalte-se, entretanto, que **apenas o referido categórico expresso acima não é suficiente para compreender**

---

69. Segundo Kelsen, "a chamada igualdade perante a lei é respeitada sempre que a lei é aplicada tal como, de acordo com o seu próprio sentido, deve ser aplicada, sempre que o órgão aplicador do direito considera como relevantes apenas aquelas desigualdades que a lei manda ter em conta. A igualdade perante a lei não é, portanto, de forma alguma, igualdade mas conformidade com a norma. Ela consiste em que a fixação de uma norma individual – a decisão do órgão aplicador do direito – corresponde a uma norma geral" (KELSEN, Hans. *O problema da justiça*, p. 60).

70. Importante mencionar que Rawls afirma que existem dois princípios de justiça em sistema democrático. O primeiro expresso na seguinte proposição: "(1) Cada pessoa tem direito igual a um sistema plenamente adequado de liberdades e de direitos básicos iguais para todos, compatíveis com um mesmo sistema para todos"; enquanto que o segundo expressa que "(2) As desigualdades sociais e econômicas devem preencher duas condições: em primeiro lugar, devem estar ligadas a funções e a posições abertas a todos em condições de justa (fair) igualdade de oportunidades; e, em segundo lugar, devem proporcionar a maior vantagem para os membros mais desfavorecidos da sociedade". Ressalte-se, entretanto, que se discorda, profundamente, que o segundo princípio de justiça de Rawls para Estados democráticos seja efetivamente um princípio de justiça porque ele expressa mais uma visão utilitarista de igualdade, como, por sinal, reconhecido pelo próprio autor (RAWLS, John. *Justiça e democracia* – trad. Irene A. Paternot; seleção, apresentação e glossário Catherine Audard. São Paulo: Martins Fontes, 2000, p. 207-208).

71. KELSEN, Hans. *O problema da justiça*, p. 32.

efetivamente o que seja um enunciado justo no direito positivo. Em especial, porque existirão situações em que impor uma condição (ou sanção) igual para fatos distintos implicará um sentimento de injustiça. Então, nesses casos, a igualdade deverá ser substituída pela proporcionalidade, a fim de possibilitar com que haja uma gradação de retribuição ou de punição em face da não equivalência dos bens jurídicos afetados. Justo será, portanto, o enunciado jurídico que possibilitar a gradação da sanção em face dos bens jurídicos lesionados ou a maior ou menor proporcionalidade da proteção de um dado bem jurídico em face de outros bens jurídicos. Ressalte-se, porém, que a proporcionalidade sempre se baseará em uma análise subjetiva dos valores – razão pela qual a sua aplicação não pode ser realizada sem o primeiro categórico (i. e., que a enunciação jurídica e a sua aplicação sejam gerais, abstratas e universalmente aplicadas aos sujeitos de direito).

Além disso, é importante mencionar que a compreensão de que um determinado enunciado jurídico é justo hoje não implica com que, obrigatoriamente, ele seja considerado justo amanhã. A compreensão da justiça em relação **ao enunciado está diretamente relacionada aos aspectos históricos, políticos, sociais, filosóficos, ambientais e, dentre outros, econômicos em que o sistema jurídico (Direito) está inserido**[72], razão pela qual, por vezes, a aplicação isonômica do enunciado para todos os casos fáticos que se subsumam genericamente ao seu texto é substituída,

---

72. Nesse sentido, válida é a ponderação de Rawls de que as condições históricas e sociais dos Estados democráticos modernos modificam "profundamente as exigências de uma concepção de justiça política que pudesse ser posta em prática". E, também, que a concepção do que é justiça "deve ter em conta uma diversidade de doutrinas e a pluralidade das concepções do bem que se defrontam e que são efetivamente incomensuráveis entre si, sustentadas pelos membros das sociedades democráticas existentes". Bem como, que "a teoria da justiça como equidade é concebida como uma concepção política da justiça válida para uma democracia, ela deve tentar apoiar-se apenas nas ideias intuitivas que estão na base das instituições políticas de um regime democrático constitucional e nas tradições públicas que regem a sua interpretação" (RAWLS, John. *Justiça e democracia*, p. 204-205).

proporcionalmente, por interpretação, para determinados casos fáticos, possibilitando, assim, com que a isonomia seja equitativamente ajustada a fim de manter a compreensão da justiça em relação ao enunciado jurídico (Direito). Porém, mesmo nessa hipótese, como evidenciado antes, será necessário que essa nova compreensão argumentativa seja aplicada **de forma indistinta e universalmente a todos os que venham a praticar atos que se subsumam ao comando geral e abstrato previsto naqueles** – mesmo que tal prática possibilite, em uma análise temporal, a percepção de que a aplicação do enunciado a casos anteriores foi injusta.

Assim, outro ponto categórico que implica a análise da justiça ou não dos enunciados jurídicos (e, portanto, do Direito) é a estabilidade de aplicação isonômica ou de revisão equitativa do significado do enunciado jurídico para casos que até então eram submetidos a um mesmo enunciado jurídico e, portanto, subsumiam a determinados efeitos jurídicos.

Do contrário, a alterabilidade do significado e, consequentemente, das aplicações dos enunciados jurídicos (Direito) a determinados eventos e não a outros, bem como o giro de aplicação dos mesmos a eventos que deveriam se subsumir a novas interpretações equitativas dos enunciados jurídicos (Direito) e que passam a ser subsumidas a interpretação anterior modificada proporcionalmente para conter distinções subjetivas não previstas originalmente quando da enunciação daqueles, implicará um sentimento de injustiça perante os sujeitos jurídicos inseridos em um dado ordenamento jurídico. Condição, portanto, que infirma que a estabilidade da interpretação, aplicação e modificação dos enunciados jurídicos está diretamente relacionada com a percepção subjetiva de justiça em um dado sistema jurídico.

Há, ainda, um ponto importante a ser analisado para a compreensão do que seja um enunciado jurídico justo. A saber: se os enunciados jurídicos devem ou não ser democraticamente escolhidos por aqueles a quem serão aplicados.

Em outros termos. Se apenas um Estado Democrático de Direito é um Estado de Direito justo ou não? Tal princípio de justiça da autodeterminação não se refere, entretanto, ao enunciado, mas, sim, à sua produção.[73] Logo, se se compreende que um **enunciado jurídico somente será justo se sua aplicação for indistinta e universalmente aplicável a todos os que venham a praticar atos que se subsumam ao comando geral e abstrato previsto naqueles e se prever consequências ou se prescrever relações deônticas iguais e/ou proporcionais de forma geral e abstrata**, pode-se compreender que a autodeterminação enunciativa seja, também, um corolário do categórico da justiça para os enunciados jurídicos. Mas, o primado da autodeterminação enunciativa somente o será se o processo de enunciação do Direito estiver inserido em um sistema político democrático porque esse implica que apenas e tão somente os agentes comunicantes legítimos, direta e livremente escolhidos pela população, sejam autorizados para fazê-lo. Do contrário, haverá uma enunciação injusta. Ressalte-se, ainda, entretanto, que o princípio da autodeterminação enunciativa, em um Estado Democrático, não implica com que efetivamente a enunciação (Direito) represente o interesse da maioria da população porque o que esse visa a garantir é que os representantes escolhidos pela população serão competentes para definir, subjetivamente, os enunciados a serem aplicados a todos os membros da sociedade de forma indistinta e universal – mantendo-se a isonomia ou a proporcionalidade de sua aplicação, a depender das situações que vise a regulamentar[74] – a fim de se afastar qualquer traço de arbitrariedade na enunciação do Direito.

---

73. Nesse sentido, ver: KELSEN, Hans. *O problema da justiça*, p. 49.

74. Nesse sentido, Kelsen afirma que "a ordem social vigente deve harmonizar-se, não com a vontade de todos os que lhe estão submetidos, mas apenas com a vontade do maior número possível". Assim, "consequentemente, aceita-se o princípio da maioria. A justiça da autodeterminação transforma-se em justiça da democracia" (KELSEN, Hans. *O problema da justiça*, p. 50).

5. A atuação perante o Direito

Dworkin afirma, em relação ao positivismo, que alguns positivistas têm uma resposta rápida sobre as divergências interpretativas dos enunciados jurídicos. Afirmam esses que: "os juízes fingem divergir sobre a natureza do direito porque o público acredita que o direito sempre existe e que os juízes devem sempre segui-lo."[75] Segundo Dworkin, essa resposta é pouco convincente. Mas, de fato, "não existe nenhuma evidência de que, quando advogados e juízes parecem discordar sobre a lei, eles estejam falando a verdade."[76] Em especial, porque a divergência interpretativa se dá por causa da inexistência de regras precisas e exatas para o uso das palavras, o que acaba por permitir a existência de casos limítrofes e nebulosos que possibilitam interpretações um tanto diferentes entre si. Então, a divergência interpretativa sobre o direito é puramente uma diferença verbal.

Concorda-se com Hart de que "todas as regras têm uma penumbra de incerteza em que o juiz tem de escolher entre alternativas."[77] Mas, a penumbra da incerteza deve ser apenas e tão somente relacionada com a dificuldade de os intérpretes compreenderem a representatividade ou não do signo linguístico para determinados casos – por exemplo, um conjunto organizado de poucas folhas é ou não um livro? Uma barraca de camping é ou não uma casa? Logo, a possibilidade de escolha dos magistrados ou dos demais agentes jurídicos (advogados, professores, doutrinadores etc.) está restrita ao campo possível do significado do signo, não sendo possível àqueles definir que uma "mesa com marcações gráficas" seja compreendida como sinônimo de livro para fins de aplicação de um enunciado jurídico. Do contrário, estar-se-á diante de

---

75. DWORKIN, Ronald. *O império do direito*, p. 46.

76. Idem, p. 48.

77. HART, H. L. A. *O conceito de direito*, p. 17.

uma superinterpretação do signo linguístico e, sobretudo, de uma arbitrariedade do intérprete – a qual poderá, inclusive, ser injusta se for utilizada para aplicar o enunciado jurídico de forma a possibilitar uma conduta individualizada ou desigual perante outros casos concretos.

Ressalte-se, também, que escolher na penumbra de incerteza pode possibilitar com que a decisão da escolha seja baseada em valores subjetivos, i. e., em aspirações pessoais que possam estar desconectados com os anseios e ideais da sociedade, o que pode aumentar a percepção de injustiça – em especial, quando a escolha possibilitar com que uma dada possibilidade indistinta e universalmente aplicável a outras situações não venha a ser coberta pela mesma interpretação do enunciado jurídico.

6. Conclusão

Em face disso, compreende-se que a função do jurista e do magistrado é buscar a aplicação dos enunciados jurídicos, positivos ou não, de forma indistinta e universalmente a todos os casos concretos que venham a se subsumir ao comando geral e abstrato previsto naqueles. Mas, também, possibilitar que haja o aperfeiçoamento do Direito, não por meio de arbitrariedades subjetivas, através de giros interpretativos, a fim de que esse expresse efetivamente comandos, iguais ou proporcionais, para melhor ordenar a conduta humana ou para direcioná-la para proporcionar as necessidades humanas vitais dos demais membros da sociedade, dessa e do próprio Estado – mas, sempre em consonância com os ideais de justiça da maioria da sociedade.

Assim, aplicar a indistinta e universalmente lei a todos os casos concretos de forma a preservar a ordem instituída pelos comandos jurídicos e possibilitar, sempre que possível, a alteração válida desses é o foco de atuação dos agentes jurídicos para a preservação do Direito e para a busca da justiça.

Referências

ALEXY, Robert. *O conceito e a validade do direito* – org. Ernesto Garzón Valdés; trad. Gercélia Batista de Oliveira Medes. São Paulo: WMF Martins Fontes, 2009.

DWORKIN, Ronald. *O império do direito* – trad. Jefferson Luiz Camargo; rev. técnica Gildo Sá Leitão Rios. São Paulo: Martins Fontes, 2003.

HART, H. L. A. *O conceito de direito* – trad. A Ribeiro Mendes. Lisboa: Fundação Calouste Gulbenkian, 5ª ed., 2007.

KELSEN, Hans. *O problema da justiça* – trad. João Baptista Machado. São Paulo: Martins Fontes, 1993.

______. *Teoria geral do Direito e do Estado* - trad. Luís Carlos Borges. São Paulo: Martins Fontes, 1998.

______. *Teoria pura do direito* – trad. João Baptista Machado. São Paulo: Martins Fontes, 1997.

NEUMANN, Franz. *O império do direito:* teoria política e sistema jurídico na sociedade moderna – trad. Rúrion Soares Melo; Prefácio e revisão da tradução José Rodrigo Rodriguez. São Paulo: Quartier Latin, 2001.

RAWLS, John. *Justiça e democracia* – trad. Irene A. Paternot; seleção, apresentação e glossário Catherine Audard. São Paulo: Martins Fontes, 2000.

O DIREITO SEGUNDO A FILOSOFIA PERENE

Rodrigo R. Pedroso[1]

Resumo: Este artigo pretende introduzir o leitor no modo como os temas jurídicos são abordados pela filosofia perene, entendida como aquela que atravessou os séculos e resistiu ao tempo. Esclarecendo inicialmente o próprio conceito de filosofia perene, passa-se à compreensão que ela proporciona a respeito dos conceitos fundamentais de justiça, direito e lei.

Palavras-chave: Aristóteles – Direito – Filosofia do direito – Filosofia perene – Justiça – Lei Eterna – Lei humana – Lei natural – Tomás de Aquino.

> *"Quanto eu amo, ó Senhor, a vossa lei!*
>
> *Permaneço o dia inteiro a meditá-la"*
>
> (Sl 118, 97)

1. Advogado graduado pela FD/USP. Mestre em filosofia pela FFLCH/USP. Procurador da Universidade de São Paulo. Membro da UJUCASP (União dos Juristas Católicos de São Paulo) e do Centro de Estudos de Direito Natural "José Pedro Galvão de Sousa".

"A razão reta, conforme à natureza, gravada em todos os corações, imutável, eterna, cuja voz ensina e preceitua o bem, afasta do mal que proíbe e, ora com seus mandados, ora com suas proibições, jamais se dirige inutilmente aos bons, nem fica impotente ante os maus. Essa lei não pode ser contestada, nem derrogada em parte, nem anulada; não podemos ser isentos de seu cumprimento pelo povo nem pelo Senado; não há que procurar para ela outro comentador nem intérprete; não é uma lei em Roma e outra em Atenas, uma antes e outra depois, mas una, sempiterna e imutável, entre todos os povos e em todos os tempos; uno será sempre o seu imperador e mestre, que é Deus, seu inventor, sancionador e publicador, não podendo o homem desconhecê-la sem renegar-se a si mesmo, sem despojar-se do seu caráter humano e sem atrair sobre si a mais cruel expiação, embora tenha conseguido evitar todos os outros suplícios"

(M. Túlio Cícero, *A República*, III, 17)

1. Introdução

Dos quesitos sobre o tema "a Igreja e a justiça", propostos pelo ilustre coordenador do XI volume da Biblioteca da UJUCASP, Prof. Dr. Ives Gandra da Silva Martins, à meditação dos membros desta confraria jurídica, propusemo-nos responder ao quarto: Como os valores e princípios do direito natural, constantes dos escritos dos jusnaturalistas de formação tomista, podem influenciar o direito aplicado pelo Estado?

Para esse objeto, tentaremos fazer uma exposição sintética dos princípios e conceitos fundamentais do tomismo ou, como preferimos falar, da filosofia perene, relativos à matéria jurídica.

Preliminarmente, todavia, procuraremos esclarecer o que entendemos por filosofia perene e por que designamos assim o tomismo.

2. Dissipando uma possível confusão

O uso da expressão "filosofia perene" pode levar os desatentos a nos confundir com adeptos do *perenialismo*, falsa doutrina que repudiamos com toda a firmeza, visto que nada mais é que uma forma contemporânea da velhíssima heresia gnóstica, que persegue a Igreja desde os seus inícios e constitui, provavelmente, o pior inimigo do cristianismo no plano da doutrina, segundo o testemunho dos santos padres.

No campo doutrinal, é possível reduzir os concorrentes da religião cristã a dois tipos: o materialismo (a negação do espírito) e o gnosticismo (a negação da matéria), sendo o segundo muito mais perigoso. Para chegar a essa conclusão, basta considerar as constantes e extensas advertências que os autores do Novo Testamento fizeram aos fiéis da Igreja primitiva contra a heresia gnóstica (*cf.* Cl 2,16-23; 1Tm 4,1-5; 2Pd 2,1-22; 1Jo 4,1-21; Jd 4-18), ao passo que da doutrina do materialismo pouco falaram, como que deixando à razão humana o trabalho de refutá-la.

O gnosticismo é a crença na salvação pelo conhecimento (em grego, γνῶσις). Não se trata aqui, todavia, de um conhecimento qualquer, mas de um conhecimento oculto, esotérico, iniciático, de per si inacessível à razão humana. Aliás, para os gnósticos, a razão é fonte de engano e escrava da lógica, tem medo do absurdo e impede que o homem alcance o conhecimento (gnose) de que ele é Deus, ou melhor, uma centelha divina aprisionada na matéria, um anjo acorrentado a um cadáver.

A malignidade especial do gnosticismo vem de seu caráter capcioso, pelo qual, como alerta o papa Francisco, "disfarça-se de verdade católica"[2] ou, no dizer de S. Irineu

2. Exortação apostólica *Gaudete et exsultate*, 35

de Lião, "parece mais verdadeiro que a própria verdade"[3]. O gnosticismo promete o encontro com Deus por meio de um conhecimento salvador que o homem encontraria, para além da lógica e da razão, no interior de si mesmo. Trata-se de um pseudomisticismo em que o indivíduo, buscando aderir a Deus, consegue apenas inebriar-se consigo próprio, ao contrário da autêntica mística cristã, em que o homem se une a Deus pela caridade sobrenatural e pelo dom espiritual da sabedoria. É doutrina de gente orgulhosa, particularmente sedutora para aqueles interessados numa vida espiritual mais profunda.

É certo que a fé é de fato um conhecimento salvador, mas ela só opera quando vivificada pelo amor-caridade (*cf.* Gl 5,6). Sem o amor-caridade, o conhecimento da fé não salva; pelo contrário, está morto (*cf.* Tg 2,26). Quem ama passou da morte à vida: "aquele que não ama permanece na morte" (1Jo 3,14). Esse é outro traço identificador do gnóstico: toda a vez que se nos oferece uma vida espiritual sem amor, trata-se de gnosticismo. E o amor que se requer para a vida espiritual autêntica não é qualquer, mas o amor cristão, a virtude sobrenatural da caridade, que envolve renúncia, doação e generosidade.

Outra diferença da fé para com o pretenso conhecimento dos gnósticos é que ela vem de fora para dentro: "a fé vem pelo ouvir" (Rm 10,17). A fé precisa ser ensinada e é da Igreja que recebemos a fé. A falsa gnose, que René Guénon chamava de "tradição" e "metafísica" e Frithjof Schuon de "*philosophia perennis*", deturpando o sentido dessas expressões, ao contrário da fé, pretende ser uma participação direta e intuitiva no conhecimento divino. A fé é a resposta do cristão a Deus que se revela, procede da Revelação pública, pela qual Deus dirige sua Palavra a suas criaturas. A gnose pretende ser uma revelação oculta,

3. *Adversus hæreses*, I, 2.

superior à própria fé, uma intuição íntima que se obtém por meio de uma experiência iniciática. Aliás, por uma outra característica a fé nos vem do exterior: ela é dom de Deus, um ato inspirado e auxiliado pela graça, que somos incapazes de fazer por nossas próprias forças.

Esse é mais um ponto que incompatibiliza totalmente o gnosticismo com o cristianismo: o desprezo ou desconhecimento da graça. A mística cristã consiste na graça que deifica o homem, elevando-o acima de sua natureza a fim de participar da vida sobrenatural da Santíssima Trindade. Já o gnóstico pretende obter a plena realização espiritual sem qualquer auxílio da graça. Afinal, trata-se de descobrir em si próprio a divindade interior, de libertar a centelha divina que se encontra em si mesmo: o gnóstico prescinde de Deus porque acredita ser Deus.

Ao cristianismo repugna toda a forma de gnose ou conhecimento oculto, iniciático. Nosso Senhor deixou isso bem claro: "Eu falei publicamente ao mundo; ensinei sempre na sinagoga e no Templo, onde concorrem todos os judeus, e nada disse em segredo" (Jo 18,20). No cristianismo, nada há de oculto e a Igreja jamais pretendeu ocultar mistério algum aos fiéis. É certo que, nos primeiros séculos, quando o cristianismo ainda era uma religião perseguida, havia a "lei do arcano", pela qual a Igreja impôs aos fiéis a regra de ocultar os dogmas da Fé e as cerimônias do culto aos que não houvessem aderido a ela pelo batismo. Era uma medida exigida pelas circunstâncias difíceis em que viviam os cristãos da época e desapareceu quando não mais se fazia necessária. Do mesmo modo, quando se fala corretamente em iniciação cristã, o que se quer é fazer referência aos sacramentos do batismo, da confirmação e da Eucaristia, em seu papel de engendrar, robustecer e alimentar a vida da graça.

Em lugar da iniciação, tal como entendida pelos adeptos do gnosticismo, o cristianismo propõe a evangelização.

Entre ambas – iniciação e evangelização – existe uma oposição total, absoluta e incontornável. Na evangelização, trata-se de levar a verdade que salva a todos os homens; na iniciação, trata-se de impedir que ela saia de um círculo restrito de pessoas.

Deus deu a conhecer sua vontade aos homens e a esta vontade é que "todos os homens se salvem e cheguem ao conhecimento da verdade" (1Tm 2,4). Sabe-se que os últimos recados que damos quando partimos referem-se às coisas que mais nos são caras. Ora, as últimas palavras do Senhor Jesus, ao despedir-se dos Apóstolos antes de ascender aos céus, foram estas: "Ide, pois, ensinai todas as gentes" (Mt 28,19-20).

Para a época em que foi formulado, tratava-se de um pedido insólito. Até onde se sabe, esta foi a primeira vez na história da humanidade em que alguém teve a ideia de que havia um bem que devesse ser levado a todos os homens em toda a terra, sem distinção alguma, independentemente de sexo, raça ou condição social, estivessem ou não preparados para recebê-lo – "Deus não faz acepção de pessoas" (At 10,34), como disse o primeiro papa. Foi esta a primeira vez que se enunciou que existe algo a que todos os homens têm direito. Por isso, quando um cristão anuncia o Evangelho, ele não o faz como quem faz um favor, mas como quem entrega a outrem algo que lhe pertence, que é seu direito. De modo que considera que, se acaso sonegasse aos homens o Evangelho, cometeria uma injustiça: "Ai de mim, se eu não evangelizar" (1Cor 9,16).

Não há, portanto, nada que mais se oponha ao esoterismo ou ao gnosticismo do que esse ímpeto evangelizador do cristianismo. É possível citar aqui um exemplo característico dessa oposição entre evangelização e iniciação. O jesuíta São Francisco Xavier, ao chegar à Índia, ficou profundamente chocado com alguns brâmanes que, reconhecendo que seus milagres provinham do alto, pediram-lhe que lhes ensinasse a doutrina do Deus dos cristãos, prometendo-lhe que jamais diriam alguma palavra a ninguém do que lhes fosse ensinado. Em sua carta de 12 de janeiro de 1544, ele conta que "tive que responder-lhe que nada diria, se ele não me prometesse, pelo contrário, de publicar, por toda a parte e em alta voz, o que soubesse de nossa religião".

"O que vos digo em voz baixa e ao ouvido, pregai-o em voz alta e abertamente" (*cf.* Mt 10,27). Viver às claras: "Porque todo aquele que faz o mal, aborrece a luz e não se chega para a luz, a fim de que não sejam reprovadas as suas obras; mas aquele que procede segundo a verdade, chega-se à luz, a fim de que suas obras sejam manifestas como feitas segundo Deus" (Jo 3,20-21).

Através dos séculos, o gnosticismo revestiu-se de inúmeras formas: o marcionismo, o maniqueísmo, o catarismo. No século XX, manifestou-se não só na teosofia de Helena Blavatsky, como também no tradicionalismo de René Guénon e no perenialismo de Frithjof Schuon (CORNÉLIS-LÉONARD, 1961, p. 106). Assim sendo, perenialismo é a forma de gnosticismo desenvolvida por Frithjof Schuon e *philosophia perennis* (em latim) foi o nome que ele deu à gnose. Nada disso tem a ver com a perspectiva adotada neste trabalho, exceto a semelhança do nome.

O perenialismo de Frithjof Schuon sustenta a *unidade transcendente das religiões*, pregando que todas as grandes religiões da humanidade, entre elas o cristianismo, o maometismo e o hinduísmo, são simples formas exteriores e exotéricas pelas quais se exprime o conhecimento esotérico, a gnose, que ele chama de *philosophia perennis*. O dogma da fé, nessa perspectiva, é reduzido a um mito, à expressão simbólica da gnose supostamente presente em todas as religiões, como nessa comparação efetuada por um discípulo de Schuon: "enquanto os teólogos disputam nas trevas, cotejando Cristo a Maomé, a narrativa, em si, é "luz sobre luz": Maomé não corresponde a Cristo, mas a Maria, o portador humano do Verbo divino; Cristo não é Maomé, é o Verbo divino, o Logos, Kalimat'ullah"[4]. Obviamente, essa relativização do dogma e a equiparação de Maomé a Maria não é a linguagem de um cristão, nem tampouco é compatível com a fé católica.

É preciso ficar bem claro que aquilo que Schuon e os perenialistas, seus discípulos, chamam de *philosophia perennis* não é de modo algum o que comumente entendemos por filosofia, mas a gnose, o pretenso conhecimento oculto que, por supostamente estar na raiz de todas as religiões, seria por isso mesmo superior a todas elas. Os gnósticos em geral tomaram da Cabala, o gnosticismo judaico, o hábito de retirar de seu contexto termos bíblicos, ou de uso geral, para usá-los com sentido diferente a fim de designar suas entidades. Assim, René Guénon, mesmo sendo adversário da metafísica aristotélica, usou o termo "metafísica" para denominar a gnose, como seu discípulo fez o mesmo com a expressão *philosophia perennis*. É sempre nesse jogo de palavras que os gnósticos operam.

Ademais, os gnósticos nutrem um profundo desprezo pela filosofia, na medida em que esta é obra da razão humana e constitui o saber propriamente humano. Vejam o que diz GUÉNON do surgimento da filosofia na Grécia: "viu-se aparecer, em breve, alguma coisa de que se não tinha ainda tido nenhum exemplo e que deveria seguidamente exercer uma influência nefasta sobre todo o mundo ocidental: referimo-nos a esse modo especial de pensamento que tomou e conservou o nome de "filosofia" (...) uma pretensa sabedoria puramente humana, portanto de ordem simplesmente racional, tomando o lugar da verdadeira sabedoria tradicional, suprarracional e "não humana" (...). Uma filosofia, mesmo se é verdadeiramente tudo o que ela pode ser, não tem qualquer

4. O. de CARVALHO, Lembrete de Natal, 2000, disponível in *https://olavodecarvalho.org/lembrete-de-natal/* [16-06-2023]

direito a esse título, porque se mantém inteiramente na ordem racional, ainda que não negue o quc a ultrapassa, e porque é apenas uma construção erguida por indivíduos humanos, sem revelação ou inspiração de qualquer espécie, ou, para resumir tudo isso numa única palavra, porque ela é qualquer coisa de essencialmente "profano"".

Outro, todavia, é o pensamento da Igreja sobre a filosofia, visto que considera a reflexão da razão humana sobre as criaturas, com suas próprias luzes naturais, um caminho para a descoberta do Criador: "o que se pode conhecer de Deus é-lhes manifesto, pois Deus lho manifestou. De fato, as coisas invisíveis d'Ele, depois da criação do mundo, compreendendo-se pelas coisas feitas, tornaram-se visíveis, e assim o seu poder eterno e a sua divindade" (Rm 1,19-20). Assim como há um direito natural, também há uma religião natural, que serve de base racional ao cristianismo e que se descobre cientificamente pela filosofia. E é dessa filosofia perene, obra excelente da razão humana, e portanto distinta da falsa *philosophia perennis* dos gnósticos, que queremos agora tratar.

3. O que entendemos por filosofia perene

A nenhuma disciplina ou saber particular é dado julgar ou demonstrar os próprios princípios. O mesmo vale para o direito. Portanto, para compreender os fundamentos do direito é necessário apelar para um saber superior, no caso as ciências filosóficas, especialmente a ética ou filosofia moral. Cino de Pistoia, grande jurista da Idade Média, amigo de Dante e de Boccaccio, mestre de Bártolo de Saxoferrato, era bastante assertivo em dizer que o direito é disciplina subalternada à ética (*cf.* LOPES, 2002, p. 137).

A ética é uma das ciências que compõem a filosofia, este saber propriamente humano de que falamos no item anterior. Nas palavras de Jacques MARITAIN, "a filosofia é a própria sabedoria, tal qual convém à natureza humana" (2001, p. 19). Os filósofos antigamente eram chamados sábios; conta Cícero que foi Pitágoras quem inventou a palavra, a partir de dois outros termos gregos: φίλος (amigo) e σοφία (sabedoria).[5] Indagado por Leonte, príncipe de Fliunte, sobre em que saber era versado, Pitágoras respondeu que em nenhum, mas que era apenas um filósofo, um amigo da sabedoria, como a dizer que a sabedoria propriamente dita convém apenas a Deus.

No entanto, se observamos a filosofia tal como ela se apresenta atualmente, nos deparamos com um fato desconcertante: não existe *a* filosofia, mas *filosofias* muito diversas e logicamente incompatíveis entre si. Ademais, parece não haver insensatez que não tenha encontrado um filósofo para defendê-la. O exame das filosofias modernas parece não nos levar a outra conclusão que ao relativismo integral. Diante desse cenário, como nos posicionar?

O título deste livro facilita o nosso trabalho: a Igreja e a justiça. Se o escopo é compreender a justiça em suas relações com a Igreja e se para compreender a justiça é necessário recorrer ao saber superior da filosofia, nosso trabalho é facilitado porque a Igreja tem, pelo menos desde a encíclica *Æterni Patris*, de Leão XIII, uma filosofia oficial, confirmada pelo cânon 251 do vigente Código de Direito Canônico: a filosofia de Aristóteles e S. Tomás de Aquino, que aqui chamamos de filosofia perene, como também é designada em outros documentos eclesiásticos e no próprio direito canônico.

O cristianismo não é uma filosofia, um saber especificamente humano, pelo contrário, é algo de muito mais elevado: é uma doutrina sobre-humana, sobrenatural, cujo mestre é o próprio Deus encarnado, que nos ensina a única religião verdadeira. No entanto, a Igreja tem necessidade de

5. *Tusculanæ disputationes*, V, III, 8.

uma filosofia, ao menos para a formação dos seus sacerdotes. Ademais, sendo o cristianismo uma religião sobrenatural de certo modo alicerçada sobre a religião natural, uma religião revelada elevada sobre uma religião demonstrável, tem necessidade de uma filosofia que lhe proporcione cientificamente os fundamentos racionais da fé. A ciência sagrada (a teologia) pressupõe a filosofia, de modo análogo como a graça pressupõe a natureza e a fé pressupõe a razão.

O papa Leão XIII, ele mesmo filósofo tomista, aluno do padre jesuíta Taparelli d'Azeglio, um dos responsáveis pelo renascimento da filosofia de Aristóteles e S. Tomás de Aquino no século XIX, encareceu de modo enfático a importância da reta filosofia para o desenvolvimento e a defesa da cosmovisão cristã na encíclica *Æterni Patris*, de 4 de agosto de 1879: "a filosofia, quando retamente usada pelos intelectuais, serve de certa maneira a aplainar e preparar o caminho à verdadeira fé" (n. 6). "É grande glória da filosofia ser considerada sustentáculo da fé e baluarte firme da religião" (n. 14). "A ordem da própria Providência Divina requer que para reconduzir os povos à fé e à salvação se peça ajuda também à ciência humana" (n. 5). "A causa geradora dos males que nos afligem e nos ameaçam está nas doutrinas culpadas que foram ensinadas sobre as realidades divinas e humanas, primeiramente pelas escolas filosóficas e, depois, se infiltraram em todas as camadas da sociedade" (n. 3). "Deus providentíssimo, assim como contra a crueldade dos tiranos suscitou em defesa da Igreja mártires fortíssimos e pródigos de sua magnanimidade, assim aos falsos filósofos e aos heréticos opôs homens sumos no saber, para que eles defendessem o tesouro das verdades reveladas, com a ajuda da razão humana" (n. 21).

Na linha de Leão XIII e do magistério dos papas que o sucederam, o cânon 251 do Código de Direito Canônico, promulgado aos 25 de janeiro de 1983 pelo papa S. João Paulo II, segundo a doutrina do concílio ecumênico

Vaticano II, determina que a formação filosófica dos sacerdotes católicos deve basear-se no "patrimônio filosófico perenemente válido" - *patrimonio philosophico perenniter valido*, no original latino. Essa expressão reproduz *ipsis litteris* o consignado no n. 15 do decreto conciliar *Optatam totius*, de 28 de outubro de 1965. Em 15 de dezembro de 1965, a Congregação para a Educação Católica, interpretando autenticamente o decreto conciliar, explicou que, por essa expressão, se devia entender essencialmente a filosofia de S. Tomás de Aquino.

Aliás, a expressão usada no decreto conciliar e no Código de Direito Canônico tem sua fonte num dos principais documentos do magistério do papa Pio XII, a encíclica *Humani generis*, em cujo parágrafo 32 adverte-se contra aqueles que desprezam a *filosofia perene*, aquela "que a Igreja aceitou e aprovou". Ora, a Igreja não aceitou nem aprovou outra filosofia que não a sistematizada por Aristóteles e corrigida e desenvolvida por S. Tomás de Aquino – então, é dessa filosofia que se deve falar quando se usa corretamente a expressão "filosofia perene". A Igreja pela voz de Pio XII chama de "perene" essa filosofia porque "a verdade e sua expressão filosófica não podem mudar com o tempo"[6]. E, entre os bens que segundo Pio XII essa filosofia perene proporciona, o que toca mais de perto o objetivo deste livro é o de "expressar de maneira conveniente a lei que o Criador imprimiu nas almas dos homens"[7].

Portanto, a filosofia perene, tal como a Igreja católica a entende, nada tem a ver com os delírios gnósticos que Frithjof Schuon e seus discípulos tentaram veicular fazendo uso mau e equívoco da expressão latina *philosophia perennis*, mas corresponde àquela única filosofia, elaborada à luz natural da razão humana, que venceu o tempo e perdurou

6. *Humani generis*, 30.

7. *Ibidem*, 29.

pelos séculos: a filosofia originalmente sistematizada por Aristóteles e posteriormente corrigida e desenvolvida por S. Tomás de Aquino, mas que conta com a contribuição de inúmeros pensadores através dos tempos.

Um ponto que deve ficar bem claro é que a filosofia perene é verdadeira não porque a Igreja escolheu, mas a Igreja a escolheu por ser a filosofia verdadeira. Aliás, ela é perene por ser a verdadeira filosofia, pois a verdade permanece para sempre. É uma filosofia que possui valor intrínseco e permanente, e por essa razão a Igreja católica a quis fazer sua.

Como diz Luís de RÆYMÆKER, "o tempo submete doutrinas e escolas a uma rude prova e bens raras resistem de modo duradouro" (1961, p. 164). Há dois mil e quinhentos anos os homens se dedicam à filosofia: seria uma terrível falha se nada houvessem descoberto de permanente nesse domínio. Seria mais para desanimar do que para encetar novas tentativas.

Nenhuma outra escola filosófica, além da que teve como mestres Aristóteles e S. Tomás de Aquino, resistiu com o mesmo êxito aos embates do tempo. Mesmo para quem não tem fé, este é um motivo razoável para interessar-se por ela, estudá-la e, ao fim, abraçá-la. Além disso, nenhuma outra filosofia defende com mais consistência e certeza os valores espirituais, a existência de Deus e a imortalidade da alma humana, de modo que todos os que creem em Deus estão obrigados, em nome da moral e da razão, quando se veem na necessidade de escolher uma filosofia, a adotar a de Aristóteles e S. Tomás de Aquino.

Entretanto, erraria quem estudasse a filosofia perene de modo dogmático ou como objeto de pura erudição. Isso seria abrir porta ao relativismo. Nossa ambição deve ser apropriarmo-nos da verdade que ela contém. Como advertiu S. Tomás: "estudar filosofia não é saber o que os homens disseram, mas descobrir a verdade das coisas".[8]

Os representantes da filosofia perene não buscam, portanto, a originalidade, mas a verdade das coisas. Seu primeiro sistematizador, Aristóteles, foi o ponto culminante de toda a filosofia grega, um gênio daqueles que apenas aparecem uma vez a cada mil anos. Quem está familiarizado com suas obras sabe que ele não enfrentava uma questão ou assunto sem recapitular e examinar tudo o que os filósofos seus predecessores ensinaram sobre a matéria. É com base nessa discussão cautelosa e exaustiva dos pensadores que vieram antes dele, em confronto com o exame reflexivo e atento da realidade, que Aristóteles edifica seu sistema filosófico.

Aliás, diz a mais antiga história da filosofia que chegou até nós que "Aristóteles era o discípulo mais autêntico de Platão"[9]. Ou seja, segundo Diógenes Laércio, ninguém entendeu Platão mais bem que Aristóteles. Ele construiu seu sistema filosófico com base num conhecimento profundo dos filósofos que o precederam, numa fiel e atenta observação da realidade e numa cerrada aplicação da lógica, arte que ele próprio fundou, como propedêutica de todo o conhecimento humano. Podemos dizer, portanto, que a filosofia perene começou com Tales de Mileto e os pré-socráticos, e foi progredindo até encontrar sua sistematização com Aristóteles.

Progresso: esse é outro traço característico e singular da filosofia perene. Assim, podemos dizer que só a filosofia perene é verdadeiramente científica porque é a única que tem progresso. Pois todo o conhecimento científico progride no tempo, é sistematicamente progressivo. E, dentre todas as escolas e movimentos filosóficos, a filosofia perene

---

8. *In libros Aristotelis De cœlo et mundo expositio*, I, 22, 8.

9. Diógenes Laércio, *Vidas e Doutrinas dos Filósofos Ilustres*, V, 1, 1.

é a única que acumula organicamente uma grande série de conhecimentos provenientes de vários pesquisadores. Enquanto a filosofia moderna se vê continuamente às voltas com o trabalho de reinventar a roda, a filosofia aristotélico-tomista é cumulativa, fértil em novas conclusões ao longo dos tempos, sempre concordantes com os antigos princípios.

Destarte, a filosofia perene não parou em Aristóteles. Pelo contrário, S. Tomás de Aquino virá, séculos depois, purificar e aprofundar o sistema daquele que chama de Filósofo por excelência e que Dante deu o título de "*maestro di color che sanno*", enriquecendo-o com inúmeras contribuições de outros autores, de dentro e fora da Igreja. Quando S. Tomás vai definir a justiça na *Suma Teológica,*[10] por exemplo, ele não usa a definição de Aristóteles, mas a de Ulpiano, presente no Digesto do direito romano.[11] É óbvia a razão dessa opção de S. Tomás: a definição de Ulpiano representava um desenvolvimento mais rigoroso da enunciada por Aristóteles em sua Ética *Nicomaqueia* e, sem entrar em contradição com esta, expressava com mais exatidão a verdade da coisa a ser definida. E, do mesmo modo que cita o direito romano, S. Tomás faz referência a outros autores pagãos e cristãos que podem tranquilamente ser incorporados à filosofia perene.

Aliás, o dominicano ROYO Marín (*cf.* 1996, p. 9), discípulo de S. Tomás de Aquino, enumera entre as fontes subsidiárias da teologia moral cristã os filósofos gregos Sócrates, Platão e os estoicos Cícero e Sêneca, já citados por S. Tomás na *Suma Teológica*. Isso nos permite considerá-los como representantes da filosofia perene. Assim, podemos considerar a filosofia perene como uma escola que principia com Tales de Mileto e os pré-socráticos, desenvolve-se com Sócrates

10. IIa IIæ, q. 58, a. 1.

11. D. 1, 1, 10.

e Platão, é sistematizada por Aristóteles e depois dele conta com os estoicos, Boécio, S. Agostinho, S. Boaventura, encontrando em S. Tomás de Aquino um mestre comparável ao Estagirita, e ainda Francisco Suárez, João de S. Tomás, S. Afonso de Ligório e seus discípulos até hoje.

Não obstante, por ser progressiva, a filosofia perene está aberta às contribuições de outras escolas filosóficas que tenham valor autêntico: ela acolhe a verdade, independentemente de quem a tenha proferido. Ocorre que as filosofias modernas em geral são sistemas desenvolvidos a partir de princípios equivocados, de modo que as premissas falsas de que partem comprometem negativamente todo o conjunto. Por outro lado, a dialética tomista, na *Suma Teológica* e nas questões disputadas, deu-nos o exemplo de, ao refutar uma doutrina contrária, ressalvar, mediante as distinções e explicações apropriadas, a parcela de verdade que ela pode conter.

Há que se prevenir, contudo, o risco de fazer a filosofia perene degenerar em *ecletismo*, que justapõe irrefletidamente pedaços de várias filosofias que pouco têm a ver uns com os outros. O ecletismo conduz ao relativismo e ao desprezo da verdade, na medida em que acaba achando que, em filosofia, tudo vale a mesma coisa. A filosofia perene tem uma unidade de sistema e de consistência lógica que lhe foi dada primeiramente por Aristóteles e depois confirmada por S. Tomás. Os princípios, métodos e conceitos fundamentais de Aristóteles e S. Tomás entram aí como a *forma* ou a estrutura desse sistema, enquanto que as contribuições dos outros filósofos são absorvidas como *matéria*. De modo que não podem ser reconhecidos como verdadeiros discípulos de Aristóteles e S. Tomás de Aquino senão aqueles que, renunciando à pretensão de substituir as vigas e pilares desse edifício milenar, consideram os conceitos fundamentais, os princípios e os métodos que esses dois mestres descobriram como essencialmente suficientes e radicalmente preferíveis a quaisquer outros, tendo em vista o progresso mesmo das ciências filosóficas.

Não se pode encerrar este item, todavia, sem fazer menção aos ilustres personagens que cultivaram a filosofia perene em nossa Nação, aplicando-a no domínio do direito, os quais demonstram a vocação de nossa Pátria "para os temas filosóficos de caráter jurídico e social", já assinalada por Luís CASTAGNOLA (1970, p. 562). Entre eles, sobrepuja a todos José Pedro GALVÃO DE SOUSA, o maior filósofo do direito das Américas e do hemisfério Sul. Também Alexandre Correia, tradutor de S. Tomás; Clovis Lema GARCIA, José Fraga Teixeira de CARVALHO, Ricardo DIP, Ylves José de Miranda GUIMARÃES, Adib Casseb, Cícero Harada, alguns dos quais estão citados em nossa bibliografia.

4. O conceito de direito

Não nos parece valer muito a pena fazer referência a que dizem os filósofos modernos sobre o conceito de direito, porque cada um pretende ter sua opinião original, sem se ater à verdade das coisas e sem encontrar sequer um ponto de convergência. É uma verdadeira Babel em que não se encontra progresso, nem cultura, nem futuro. Tercio Sampaio FERRAZ JR. chega a classificar a filosofia do direito como disciplina "zetética analítica pura" (1994, p. 45). Segundo esse autor, que aplica a terminologia de Viehweg, "O enfoque zetético desintegra, dissolve as opiniões, pondo-as em dúvida. Questões zetéticas têm uma função especulativa explícita e são infinitas. (...) Nestes termos, o seu questionamento é infinito, pois até admite uma questão sobre a própria questão" (1994, p. 41). Ora, essa pretensão de um questionamento infinito, de uma discussão que nunca chega a uma conclusão definitiva, de uma investigação que não encontra um fundamento seguro que proporcione uma resposta sólida, profunda e estável, além de inútil, é altamente perturbadora para a razão humana. Efetivamente, quem pergunta quer resposta e a verdade é o bem do intelecto, em que ele encontra repouso. "O inferno é um sem-fim que nem se pode ver. Mas a gente quer Céu é porque quer um fim: mas um fim com depois dêle a gente tudo vendo", escrevia Guimarães ROSA (1970, p. 49). Com essa perspectiva "zetética", não é de admirar-se que as filosofias modernas nem sequer consigam chegar a um conceito de direito e menos ainda avançar para além. As modernas filosofias do direito não têm valor teórico e com razão são desprezadas na prática.

Compulsemos então as obras práticas de direito, ditas "dogmáticas", e vejamos o que dizem sobre o seu conceito. Vocês verificarão que todas elas trazem um duplo conceito de direito: o direito em sentido *objetivo* ou *norma agendi* e o direito em sentido *subjetivo* ou *facultas agendi*. Consultemos, por exemplo, Vicente RAO: "No direito positivo, uma distinção fundamental existe entre a norma considerada em si e a faculdade que ela confere às pessoas, singulares ou coletivas, de procederem segundo o seu preceito, isto é, entre a norma que disciplina a ação (*norma agendi*) e a *faculdade* de agir de conformidade com o que ela dispõe (*facultas agendi*). Aquela, como mandamento, ou diretriz que é, vive fora da pessoa do titular da faculdade conferida e constitui o direito objetivo; esta, que na pessoa do titular se realiza, forma o direito subjetivo" (1997, p. 187).

Qual é nossa surpresa quando descobrimos que nenhum desses dois corresponde ao conceito de direito da filosofia perene. Para esta, o sentido primário do direito não corresponde à norma do agir (algo muito pouco objetivo, apesar do nome que lhe dão os livros jurídicos), nem tampouco à faculdade de agir. Aliás, o direito como faculdade de agir, ou direito subjetivo, nem é mencionado por Aristóteles e S. Tomás de Aquino. Aparentemente, até mesmo a prática jurídica contemporânea, influenciada decerto por más filosofias, perdeu o conceito genuíno de direito.

Depois de haver estudado as obras de Aristóteles e as do jurista-filósofo romano Túlio Cícero, o direito romano e o canônico, e tendo observado a prática jurídica de sua época, S. Tomás de Aquino define o direito como sendo *o objeto da justiça*: "jus est objectum justitiæ".[12] Este, de fato, é um conceito muito mais *objetivo* do direito que aquele presente nos livros jurídicos contemporâneos, o qual seria mais bem designado como "direito normativo".

Porém, é possível que à primeira vista não tenhamos sequer elementos conceituais para compreender o que S. Tomás quis dizer por "objeto da justiça". Então, é preciso nos esforçar para desenvolver mais bem esse ponto.

Hoje, se perguntarmos às pessoas o que é a justiça, algumas vão responder que é um "ideal"; outras, que é um "valor"; outras ainda vão dar respostas semelhantemente vagas e assim por diante. Para S. Tomás, todavia, a justiça era algo muito mais denso, muito mais consistente, muito mais carregado de sentido que um "ideal" ou um "valor". Para S. Tomás, a justiça é uma *virtude moral*. Ou seja, para a filosofia perene – o que significa que para a Igreja também – mais que um ideal ou um valor, a justiça é uma disposição de caráter, um hábito que aperfeiçoa o homem enquanto tal e que é necessário para que ele alcance seu fim último, isto é, sua felicidade, sua realização pessoal. E, sendo a justiça uma virtude, ela, mais que um valor ou um ideal, é algo que se pratica.

Assim sendo, o direito é aquilo que o homem justo faz, o direito é o produto da prática da justiça: é isso o que S. Tomás quer dizer como sendo *objectum justitiæ*. O homem justo faz coisas justas e essas coisas justas constituem o direito – como diz S. Tomás, "*jus primo impositum est ad significandum ipsam rem justam*".[13] O direito, em sentido

12. *Summa Theologiæ*, IIa IIæ, q. 57, a. 1.

13. *Summa Theologiæ*, IIa IIæ, q. 57, a. 1, ad 1.

verdadeiramente objetivo, não é a norma de agir, mas a própria coisa justa.

O conceito de direito e de justiça da filosofia perene pressupõe uma compreensão integral do homem e de sua natureza. Não é possível entender o que seja o direito sem entender o que é o homem e a que fim ele naturalmente se orienta.

A justiça é uma virtude. Virtudes são hábitos que aperfeiçoam as operações humanas. As virtudes dividem-se em duas classes: (1) virtudes intelectuais ou dianoéticas, que aperfeiçoam a própria operação do intelecto ou razão; e (2) virtudes morais ou éticas, que aperfeiçoam as operações das potências não racionais, subordinando-as à razão.[14] O apetite concupiscível, por exemplo, que tem por objeto os prazeres sensíveis e seu contrário, a dor, não é racional em si mesmo. A virtude que aperfeiçoa o apetite concupiscível é a temperança, que subordina o uso dos prazeres à razão. A potência irascível, que constitui o instinto humano de ataque e defesa, também não é racional em si. A virtude que a aperfeiçoa é a fortaleza ou coragem, que subordina à razão o impulso de atacar ou de fugir.

A justiça é uma virtude moral porque aperfeiçoa a operação da vontade, que é uma potência distinta da inteligência ou razão. S. Tomás usa para a justiça a definição dada por Ulpiano, no direito romano: "*justitia est constans et perpetua voluntas jus suum unicuique tribuens*"[15] (justiça é a vontade constante e perpétua de dar a cada um o seu direito). No entanto, à vista do que foi exposto, podemos também definir a justiça como sendo simplesmente a subordinação da vontade à inteligência, a participação da vontade na razão ou, ainda, a racionalidade da vontade.

---

14. Aristóteles, *Ética Nicomaqueia*, I, 13, 1103a5.

15. *Summa Theologiæ*, IIa IIæ, q. 58, a. 1.

O direito é o objeto da justiça, a própria coisa justa, aquilo que o homem justo faz: "*jus sive justum*", repete várias vezes S. Tomás. O grego tinha apenas uma palavra para designar o direito e a coisa justa: δίκαιον. Entretanto, alguém pode praticar o direito, ou seja, o que é justo, sem ser ele mesmo justo, sem possuir a virtude da justiça – por medo da punição, por exemplo. Por isso, impõe-se essa distinção: "*justum dicitur aliquid ad quod terminator actio justitiœ, etiam non considerato qualiter ab agente fiat*".[16] Em português, o direito é o que a ação da justiça realiza, sem levar em consideração a maneira de proceder de quem age. Esse é um conceito puramente objetivo de direito, que abstrai das disposições subjetivas do agente. Para Aristóteles e S. Tomás é uma coisa bastante óbvia que a justiça não consiste apenas em praticar o direito (as coisas justas), mas principalmente nas disposições interiores da vontade.

Destarte, podemos dizer que a justiça é a retidão da vontade e o direito, a retidão das obras (nestas compreendidas também as abstenções, na medida em que é justo não fazer o que nos é proibido). Nesse sentido, o direito é a subordinação à razão das operações humanas exteriores.

Outro diferencial da justiça é que ela aperfeiçoa o homem em relação a outro. Como diz S. Tomás: "Entre as demais virtudes, é próprio da justiça ordenar o homem no que diz respeito a outrem. (...) As demais virtudes aperfeiçoam o homem somente no tocante a si próprio".[17] Também Aristóteles diz que a justiça é πρὸς ἕτερον[18] (em relação a outro). Expliquemos agora por que deve ser assim.

---

16. *Ibidem*, IIa IIæ, q. 57, a. 1.

17. *Ibidem*, IIa IIæ, q. 57, a. 1.

18. Ética *Nicomaqueia*, V, 2, 1130b1.

A filosofia política moderna, influenciada pelo nominalismo da escolástica decadente, concebeu individualisticamente o homem. Não obstante, para Aristóteles como para S. Tomás, estava bem claro que o homem não se basta a si mesmo vivendo como indivíduo isolado. "Quem vive só, bastando-se a si mesmo, ou é Deus ou fera".[19] Se a natureza do homem é essa, então é necessária uma virtude que aperfeiçoe o homem em relação ao próximo. Tal virtude é a justiça: por essa virtude, o bem do próximo é condição para meu próprio bem.[20]

A justiça é necessária porque o homem não se basta a si mesmo como indivíduo isolado, não é autossuficiente por natureza, muito pelo contrário. Ora, a troca, ou comutação, é o meio natural de adquirir-se o que não se tem.[21] Daí surge a primeira espécie do justo ou direito (δίκαιον) que, segundo Aristóteles, corresponde ao ἴσον (igual ou equivalente). Assim, numa troca ou comutação qualquer, o justo ou o direito é que cada uma das partes dê à outra o *equivalente* do que recebe, algo de igual valor. Esse é o direito nas comutações (τὸ δίκαιον ἐν τοῖς συναλλάγμασιν) ou justo comutativo.

Como todas as outras virtudes morais, a justiça consiste num meio-termo ou termo médio. No entanto, esse termo médio da justiça tem suas especificidades, que passamos a expor agora, porque têm relevância para a doutrina do direito.

Em primeiro lugar, nas demais virtudes éticas o meio-termo é tomado da pessoa, enquanto na justiça ele é tomado das coisas. Explica S. Tomás: "As outras virtudes morais têm por objeto principalmente as paixões, cuja retificação leva

19. Aristóteles, *Política*, I, 1, 11, 1253a29.

20. Aristóteles, Ética *Nicomaqueia*, V, 1, 1130a4.

21. *Idem*, *Política*, I, 3, 11, 1257a16.

em conta o próprio homem". Ora, os homens diferem entre si, segundo sua compleição física, de modo quc o meio-termo da temperança para um pode não ser o mesmo para outro: o que é comer demais para alguém, pode ser comer de menos para outrem, algumas pessoas resistem mais à bebida que outras etc. "Ao contrário, a matéria da justiça é a operação exterior que, por ela mesma ou pela coisa que usa, tem uma proporção devida com outra pessoa. Por isso, o meio-termo da justiça consiste em certa igualdade de proporção da coisa exterior com a pessoa exterior. Ora, a igualdade é realmente o meio-termo entre o mais e o menos, como diz Aristóteles. Logo, a justiça toma o meio-termo da coisa".[22] Esse dado trazido por S. Tomás é importante porque tínhamos definido o direito como o objeto da virtude da justiça, abstraído das disposições interiores do agente. Vemos agora aqui que a justiça tem por objeto um meio-termo real. Portanto, o próprio direito, tal como identificado pela filosofia perene, vai consistir nesse meio-termo real, objetivo, tomado das coisas (*medium rei*, em latim).

Em segundo lugar, enquanto as outras virtudes morais são um meio-termo entre dois vícios (a coragem, por exemplo, é o meio-termo entre a covardia e a temeridade), o mesmo não vale para a justiça. Esta, ao contrário, é um termo médio entre fazer o injusto e sofrê-lo: fazer o injusto é obter mais do que é direito (justo), sofrer o injusto é ser privado de algo que é direito. Ora, fazer o injusto é vício, mas não sofrê-lo.[23]

Vimos, portanto, que o direito é um termo médio racional tomado das coisas na relação de cada um com o próximo. Podemos dizer então que a virtude da liberalidade subordina à razão o uso das coisas próprias, enquanto a justiça, que tem por objeto o direito, subordina à razão o

---

22. *Summa Theologiæ*, IIa IIæ, q. 58, a. 11.

23. Aristóteles, Ética *Nicomaqueia*, V, 5, 1133b30.

trato das coisas alheias. O direito, em outras palavras, é a correta atribuição ou a atribuição racional das coisas às pessoas: *suum cuique tribuere* (dar a cada um o que é seu). Para Aristóteles, o termo médio do direito consiste no ἴσον (igual ou equivalente).

A observância do direito, do justo, não é apenas uma satisfação subjetiva, menos ainda uma frivolidade ou questão de positivismo, mas uma necessidade social objetiva. Se o direito nas comutações ou justo comutativo não for observado, por exemplo, uma parte enriquecerá em detrimento de outra e, se esse processo continua, chegará ao ponto em que uma das partes ficará impossibilitada de participar nas comutações, pois não terá mais o que trocar, até ser escravizada pela outra.[24] Por isso a usura, que viola o justo comutativo, é uma praga social: segundo Aristóteles, "de todos os modos de aquisição, a usura é o mais contrário à natureza".[25]

Ao enumerar as comutações, em que o justo comutativo deve ser observado, Aristóteles as divide em voluntárias e involuntárias. Entre as voluntárias ele menciona as compras e vendas, os mútuos, os comodatos, os depósitos, as locações – ou seja, os contratos em geral. As comutações involuntárias ele divide em clandestinas (furto, adultério, envenenamento, lenocínio, estelionato, falso testemunho) e violentas (lesão corporal, sequestro, homicídio, roubo, injúria).[26] Por aí se entende que, para a filosofia perene, também a aplicação das penas cai sob o justo comutativo: a pena justa é aquela necessária e suficiente para subtrair ao infrator toda a vantagem que ele obteve com a prática do ilícito.

Os delitos são chamados "comutações involuntárias" porque neles a pena é imposta sem se ter em conta a

---

24. *Ibidem*, V, 5, 1133a10.

25. *Política*, I, 3, 23, 1258b7.

26. Ética *Nicomaqueia*, V, 2, 1131a.

vontade do autor do delito. Entretanto, ao abordar a diferença entre justo comutativo e o talião, Aristóteles salienta que a aplicação da pena é justa somente quando o delito foi cometido voluntariamente: "Os legisladores punem e castigam os que fazem o mal, a menos que tenham sido forçados a isso ou agido por uma ignorância da qual eles próprios não sejam a causa".[27]

Não obstante, não é apenas nas comutações que o direito como ἴσον tem aplicação. As distribuições, ou seja, quando temos uma coisa comum a ser dividida, também constituem um problema jurídico, ou seja, de reta atribuição das coisas às pessoas. Assim, paralelamente ao direito nas comutações, haverá outro ἴσον, que constituirá o direito nas distribuições (τὸ δίκαιον ἐν ταῖς διανομαῖς) ou justo distributivo. A diferença entre o ἴσον no justo comutativo e no justo distributivo é que, nas comutações, o igual é tomado segundo uma proporção aritmética (tanto por tanto), enquanto nas distribuições ele é tomado segundo uma proporção geométrica. Para que uma distribuição seja justa, deverá haver igualdade entre a relação, ou razão, que existe entre as pessoas a quem se distribui e a razão existente entre as coisas que são distribuídas. Assim, Aristóteles define o direito nas distribuições como sendo atribuir partes iguais a pessoas iguais e, se as pessoas não forem iguais, partes desiguais na exata medida em que se desigualam.[28]

Tanto o justo comutativo quanto o justo distributivo constituem o objeto da justiça particular, que é uma virtude especial, distinta das outras. Entretanto, pertence à justiça ordenar o homem em relação a outro. Ora, isso pode acontecer quando o bem do próximo é condição para que se realize nosso próprio bem, como vimos até aqui, nas comutações e distribuições, como também quando se trata de ordenar o

---

27. *Ibidem*, III, 5, 1113b21.

28. Ética *Nicomaqueia*, V, 3, 1131a18-24.

homem não em relação a outro particularmente considerado, mas relativamente ao bem comum. Nesse caso, teremos um conceito mais amplo de justiça e de direito.

O bem comum, para a filosofia perene, não é um conceito vazio ou uma figura de retórica, mas algo objetiva e realmente existente. É o bem comum que constitui a comunidade: as pessoas formam uma comunidade na medida em que são unidas por um bem comum. E, para usar a terminologia de Ferdinand TÖNNIES (*cf.* 1947, p. 19), a comunidade *se organiza* em sociedade, a fim de atuar como uma "unidade de ordem, forma da multidão ordenada".[29] Aristóteles definia a sociedade como sendo "a divisão dos ofícios e a convergência dos esforços".[30] Existe sociedade onde quer que haja indivíduos desempenhando funções diferentes, mas que confluam para um mesmo escopo geral. Esta é uma concepção *orgânica* da sociedade, que a concebe por analogia com o próprio corpo humano, concepção semelhante àquela que o Apóstolo dos Gentios tinha da Igreja como corpo místico de Jesus Cristo: "Assim como num só corpo temos muitos membros, e nem todos os membros têm a mesma função, assim, ainda que muitos, somos um só corpo no Cristo e cada um de nós membros uns dos outros" (Rm 12, 4-5). A sociedade, para a filosofia perene, não é um invento humano ou o produto de um mítico "contrato social", como querem os filósofos modernos, mas algo que pertence às coisas da natureza: o estado de natureza do homem é o estado social.

Ao bem comum podem ser ordenados os atos, não somente da justiça particular, como também os de todas as outras virtudes. Explica S. Tomás: "É de se considerar que quem vive em sociedade é parte e membro da sociedade toda. Por isso, quem faz o bem ou o mal para alguém dessa

29. *Summa Theologiæ*, Ia, q. 39, a. 3.

30. *Política*, I, 1, 5, 1252b3.

sociedade, isso recai sobre toda a sociedade; por exemplo, aquele que fere a mão, consequentemente fere o homem".[31] Assim também, o membro da sociedade que pratica qualquer virtude acrescenta à virtude de toda a sociedade. Deste modo, mesmo os atos das virtudes que ordenam o homem em relação a si mesmo e não a outro, como a temperança ou a fortaleza, são ordenáveis ao bem comum.

A ordenação para o bem comum chama-se *lei*. Com efeito, é assim que S. Tomás define a lei: "*quædam rationis ordinatio ad bonum commune, ab eo qui curam communitatis habet, promulgata*"[32] (lei é certa ordenação da razão para o bem comum, promulgada por quem tem o cuidado da comunidade). Ora, quando necessários para produzir ou conservar o bem comum, a lei pode preceituar não apenas os atos da justiça particular, como também os de qualquer virtude, como quando preceitua o ato da coragem, ao proibir o soldado de desertar em campo de batalha.[33] Essa é mais uma razão por que a justiça que ordena a vontade do homem ao bem comum pode compreender todas as virtudes.

Portanto, a justiça que ordena o homem em relação ao bem comum não é uma virtude especial ou particular, mas a virtude integral e completa. Por essa razão, usamos "justo" como sinônimo de "homem íntegro" (*cf.* Mt 1,19). Isso vai levar Aristóteles a dizer que "justiça" é um termo equívoco (ὁμώνυμον)[34] porque designa tanto a parte como o todo. Para distingui-la da justiça particular, chamamos essa virtude total de "justiça legal", visto que ela ordena o homem ao bem comum e à lei pertence fazer essa ordenação. Do mesmo modo, em relação ao direito, teremos um δίκαιον em sentido particular que consiste no ἴσον (o igual ou equivalente nas

31. *Summa Theologiæ*, Ia IIæ, q. 21, a. 3.

32. *Ibidem*, Ia IIæ, q. 90, a. 4.

33. Aristóteles, Ética *Nicomaqueia*, V, 1, 1129b20.

34. *Ibidem*, V, 1, 1129a25.

comutações e distribuições) e um δίκαιον em sentido geral que consiste no νόμιμον (o legal).[35] O direito comutativo e o direito distributivo, portanto, são partes do direito legal que, como objeto da justiça, é o efetivo cumprimento da lei.

A lei não é próprio direito (objetivo), mas a causa dele. Explica mais uma vez S. Tomás: "Na mente do artista preexiste a razão da obra a realizar, a qual se chama a regra da arte. Assim também, da obra justa (o direito) a ser determinada pela razão, preexiste na mente uma razão, que é certa regra da prudência. (...) Por isso, a lei não é propriamente o direito, mas certa razão do direito (*aliqualis ratio juris*)[36]". O direito é algo de concreto, enquanto a lei é geral e abstrata. Podemos chamar a lei de direito por analogia, na medida em que ela causa o direito, que é o analogado primário. Assim, seguindo a filosofia perene, preferimos chamar de *direito objetivo* esse sentido concreto e primário de objeto da justiça; de *direito normativo*, as leis e demais fontes do direito; e de *direito subjetivo*, a faculdade de agir. No próximo item, aprofundaremos o conceito de lei.

5. O conceito de lei

É provável que a primeira lei com que cada homem se tenha deparado seja aquela que ele encontra em sua consciência.

Todo o ser humano tem consciência moral. Ela faz parte da estrutura natural da mente humana. O homem é, por definição, o animal racional. Isso significa que todo o homem tem uma potência apreensiva ou cognitiva que se chama razão ou inteligência. Por metonímia, o povo costuma chamar essa potência por uma de suas operações: o "juízo". É verdade que o funcionamento da inteligência

---

35. *Ibidem*, V, 2, 1130b5.

36. *Summa Theologiœ*, IIa IIæ, q. 57, a. 1, ad 2.

depende do desenvolvimento biológico do ser humano (ao redor dos 7 anos de nascido a fisiologia está madura para o desabrochar do exercício da inteligência, é a "idade da razão") e pode ser perturbado ou impedido por fatores orgânicos. Entretanto, a inteligência sempre está lá, mesmo que por uma causa ou outra não possa ser usada.

Dessa inteligência, cada ser humano pode fazer dois usos:[37] (1) ele pode usá-la simplesmente para conhecer, para entender como as coisas são e, nesse caso, falamos de um uso *teórico* ou *especulativo* da razão; ou (2) para dirigir os próprios atos e, neste caso, falamos num uso *operativo* ou *prático* da razão. Mas é isso: todo o homem tem razão prática.

E a consciência é uma operação da razão prática. A consciência é o julgamento (juízo) que a razão prática faz dos atos concretos que vamos realizar e dos que já realizamos, segundo o certo e o errado, ou o lícito e o ilícito. Ou como a define S. Afonso de Ligório: "*est judicium seu dictamen practicum rationis, quo judicamus quid hic et nunc agendum ut bonum, aut vitandum ut malum*".[38] A consciência é a regra próxima dos atos humanos: é ela que nos avisa que não devemos fazer algo, porque é errado; é ela que nos acusa quando descumprimos os seus ditames. Pecar é, em primeiro lugar, agir (ou omitir-se) contra a consciência. E, para ter consciência, basta ter razão prática, o que todo o homem tem. Até mesmo os sociopatas têm consciência: eles apenas são insensíveis aos seus juízos, não sentem perturbação emocional quando violam a consciência, mas isso não significa que não a têm. Para que pudéssemos admitir que os sociopatas não têm consciência, teríamos de admitir que eles também não têm razão prática, mas, se fosse assim, não seriam capazes de sair na rua.

---

37. *Cf.* Aristóteles, Ética *Nicomaqueia*, VI, 1, 1139a.

38. *Theologia moralis*, I, I, I, 2.

Todo o homem, pois, tem consciência. E é na consciência que encontramos a lei natural. Pois, ao contrário do que pretenderam Kant e seus sequazes, a consciência de nenhum modo é autônoma: ela não dá normas a si mesma. A liberdade de consciência, no sentido de que esta seria o árbitro supremo e independente do bem e do mal, é uma imoralidade e um absurdo.[39] A consciência não julga a norma da moralidade, mas unicamente se o ato concreto que praticamos ou vamos praticar se ajusta ou não àquela norma. E a primeira norma de moralidade que a consciência encontra é a *lei natural*.

A lei natural é um desenvolvimento e um desdobramento da apreensão do conceito de bem pela razão prática. A razão teórica desdobra o conceito de ser nos seus primeiros princípios lógico-ontológicos: identidade, não contradição, terceiro excluído e razão suficiente. Esses primeiros princípios permitem todo o trabalho subsequente da razão teórica. Do mesmo modo, a razão prática apreende o ser sob a razão de bem: aquilo que todos apetecem, o que é apetecível enquanto tal. Ora, se o bem é o apetecível enquanto tal, então o bem deve ser apetecido e o mal, seu contrário, deve ser evitado. *Fazer o bem e evitar o mal*: este é o princípio primeiro e universalíssimo da razão prática e da lei natural.[40] A clareza na apreensão deste princípio chama-se *sindérese*.

No entanto, esse primeiro princípio talvez seja demasiado universal para servir de norma de moralidade. O bem deve ser feito, isso é evidente, mas o que é o bem? A experiência e a educação oferecem matéria à aplicação desse princípio universalíssimo de modo a tirarmos dele conclusões próximas ou princípios secundários, que constituem as normas da lei natural. Assim entendemos que matar um inocente é mau, logo não devemos fazê-lo; honrar os pais

---

39. *Cf.* Gregório XVI, enc. *Mirari vos*, 14.

40. *Summa Theologiæ*, Ia IIæ, q. 94, a. 2.

é bom, logo devemos praticá-lo. O Decálogo foi uma forma pela qual Deus confirmou por sua Revelação os princípios secundários da lei natural, derivados daquele princípio universalíssimo: "fazer o bem e evitar o mal".

Das conclusões próximas da lei natural, é possível ainda tirar conclusões remotas, como a indissolubilidade do matrimônio ou a proibição da vingança privada. Entretanto, essas conclusões remotas já não são tão claras para a inteligência da maior parte dos homens, ao contrário do que ocorre com as conclusões próximas.

A lei natural nada mais é que o conhecimento do certo e do errado. Digam o que quiserem os filósofos modernos, mas todo o ser humano, uma vez chegado à idade da razão, tem o conhecimento do certo e do errado; sabe, por exemplo, que não deve matar ou roubar. Esse conhecimento natural do certo e do errado, presente na razão de todo o homem que vem a este mundo, é o que a filosofia perene e a Igreja católica chamam *lex naturalis*, "lei natural".

Por duas razões essa lei é dita natural: (1) por ser naturalmente conhecida e (2) porque ordena o homem ao fim correspondente à sua natureza. Todo o homem sabe ou, pelo menos, é capaz de saber o que é universalmente bom para a natureza humana. Essa lei natural, embora se encontre na consciência de cada um, é a mesma para todos, pois o conceito de bem é universal e é evidente que o que é bom para o homem enquanto tal é bom também para cada um dos homens, singularmente considerados.

A lei natural, apesar de excelente, por sua própria universalidade não é suficiente para atender sozinha às necessidades dos homens dos diversos tempos e lugares: por tal razão, ela é completada pelas leis humanas.

As leis humanas derivam da lei natural e isso por dois modos: (1) por conclusão ou consequência lógica, como quando proíbe o homicídio; (2) por determinação, preenchendo algo que a lei natural deixou em aberto, como quando comina pena ao homicídio.[41] A lei natural é, portanto, a vida das leis humanas, que morrem quando se apartam dela. Assim, retomando o que dizíamos no item anterior, o δίκαιον νόμιμον (o justo ou direito legal) vai dividir-se em coisas que são justas por natureza e outras que são justas por convenção. O que é universalmente bom para o homem enquanto tal é justo por natureza e é preceituado pela lei natural. Ademais, é também justo por natureza (ou seja, é de direito natural) obedecer às leis humanas que não contrariam a lei natural.

Aliás, se entendemos com Aristóteles que o justo em sentido amplo significa aquilo que está conforme à lei, a única forma de uma lei ser justa é sua conformidade com uma lei superior. Nesse sentido, as leis humanas são justas (e são direito) apenas na medida em que são conformes à lei natural e à lei divina positiva.

A lei natural preenche todos os requisitos da definição tomista de lei: ela é uma ordenação da razão, orientada para o bem comum de todo o universo, que é o próprio Deus, fim último da criação e "*bonum commune omnium*".[42] Seu legislador também é o mesmo Deus, que a promulgou na criação e na consciência de cada homem que chega à idade da razão. Promulgada, para a filosofia perene, quer dizer publicada: esta não guarda a distinção frívola e inútil que a doutrina brasileira fez entre promulgação e publicação da lei, a lei se promulga verdadeiramente quando é publicada.

S. Tomás definia a lei natural, esse conhecimento do certo e do errado que todo o homem tem, como sendo "a participação da Lei Eterna na criatura racional".[43] E a Lei Eterna

41. *Summa Theologiæ*, Ia IIæ, q. 95, a. 2.

42. *Summa Theologiæ*, IIa IIæ, q. 26, a. 3.

43. *Ibidem*, Ia IIæ, q. 91, a. 2.

é "a Razão da Divina Sabedoria, segundo é diretiva de todos os atos e movimentos".[44] Ou seja, a Lei Eterna é o próprio Deus,[45] fundamento último, fonte primeira e causa eficiente do direito: "Por Mim reinam os reis, e por Mim decretam os legisladores o que é justo. Por Mim imperam os príncipes, e os poderosos decretam a justiça" (Pr 8, 15-16). A Providência Divina é a execução da Lei Eterna nas criaturas.[46]

Além da lei natural, das leis humanas e da Lei Eterna, existem as leis divinas positivas, dadas para permitir aos homens uma participação mais perfeita e elevada na Lei Eterna.[47]

6. À guisa de conclusão

Muito ainda teríamos que dizer sobre o que ensina a filosofia perene sobre os temas jurídicos. O que fizemos foi apenas uma exposição muito sumária que mereceria ulteriores desenvolvimentos, que infelizmente não cabem nos limites deste trabalho. Porém, esperamos que a exposição suscite o interesse dos leitores para o estudo das grandes obras dessa filosofia, especialmente as de Aristóteles e os comentários a elas feitos por S. Tomás de Aquino.

Vimos, portanto, que a filosofia perene constata que, por natureza, o indivíduo humano não é autossuficiente: ele não pode alcançar o fim para que essa natureza o orienta sem o concurso dos outros. Destarte, tem necessidade também de uma virtude que aperfeiçoe e retifique suas operações em relação aos outros: ao próximo particularmente considerado, mas também ao bem comum da sociedade de que faz parte. Essa é a virtude da justiça.

44. *Ibidem*, Ia IIæ, q. 93, a. 1.

45. *Ibidem*, Ia IIæ, q. 91, a. 1.

46. *Ibidem*, Ia IIæ, q. 93, a. 1.

47. *Ibidem*, Ia IIæ, q. 91, a. 4, ad 1.

A justiça, vontade constante e perpétua de dar a cada um o seu direito, é a subordinação da vontade à razão ou a racionalidade da vontade. O direito é seu objeto: consiste nas operações a que a virtude da justiça leva a fazer, ou seja, naquilo que o homem justo faz. Como em todas as outras virtudes morais, o objeto da justiça ou direito é um termo médio. Ocorre que, na justiça, de modo peculiar, esse termo médio é real e puramente objetivo: é tomado das coisas em relação às pessoas. Em outras palavras, o direito é a reta atribuição ou a atribuição racional das coisas às pessoas. É a obra da justiça, abstraída de suas disposições interiores.

Esse termo médio em que consiste o direito, nas relações com os particulares, se exprime como ἴσον (o igual ou equivalente nas comutações e distribuições). Nas comutações, essa equivalência é avaliada aritmeticamente; nas distribuições, segundo uma proporção geométrica. Em relação ao bem comum, o termo médio do direito se exprime como νόμιμον (legal). O direito comutativo e o direito distributivo, objetos da justiça particular, fazem parte do direito legal, objeto da justiça que é virtude total, tendo em vista que a obra de todas as virtudes pode ser ordenada ao bem comum. Lei é uma ordenação da razão para o bem comum, promulgada por quem tem o cuidado de certa comunidade.

Em sua consciência, o homem encontra a lei natural, conhecimento natural do certo ou errado, daquilo que é universalmente bom ou mal para a natureza humana. Para completar e ajustar essa lei natural aos tempos e lugares, foram criadas as leis humanas, derivadas daquela por modo de conclusão ou determinação. O justo legal, objeto da virtude da justiça geral, se divide nas coisas que são de direito natural e naquelas que são justas apenas por convenção.

A lei natural se define como uma participação da criatura racional na Lei Eterna que, sendo o plano do governo divino do mundo, identifica-se com o próprio Deus, fonte de todo o direito e justiça, bendito pelos séculos dos séculos, amém!

Nota sobre a citação de obras clássicas

As obras clássicas, como a Bíblia, os escritos dos autores gregos, latinos e medievais, a Suma Teológica e o direito romano, têm seu sistema próprio de citação, consolidado pelo uso e pela tradição, que dificilmente se harmoniza com o sistema "autor-data" recomendado pelos editores. O mesmo problema ocorre com os documentos do magistério da Igreja católica. Assim, para as obras clássicas e os documentos do magistério eclesiástico mantivemos seu sistema tradicional de referência, em notas de rodapé, usando o sistema "autor-data" apenas para as obras modernas, em que seu uso não há inconveniente.

Referências

ÆRTNYS, e DAMEN, *Theologia moralis, I*[16] Taurinum, 1950.

CASTAGNOLA, Luís e PADOVANI, Umberto, *História da Filosofia*[8], São Paulo, 1970.

CATHREIN, Victor, *Philosophia moralis,*[18] Friburgus, 1940.

CORNÉLIS, e LÉONARD, *La Gnose* éternelle, trad. cast. de F. Revilla, *La gnosis eterna*, Andorra, 1961.

D'AZEGLIO, Luigi Taparelli, *Corso elementare di natural Diritto*, trad. port. de N. Rossetti, *Curso de Direito Natural*, São Paulo, 1945.

DIP, Ricardo, *ABC do Direito Natura, l*[2] São Paulo, 2022.

FERRAZ JR., Tercio Sampaio, *Introdução ao Estudo do Direito – Técnica, decisão, dominação*[2], São Paulo, 1994.

FRANCA, Leonel, *Noções de História da Filosofia,*[24] Rio de Janeiro, 1990.

FRASSINETTI, Giuseppe, *Compendio della teologia morale I,*[11] Torino, 1936.

GALVÃO DE SOUSA, José Pedro, GARCIA, Clovis Lema, e CARVALHO, José Fraga Teixeira de, *Dicionário de Política*, São Paulo, 1998.

GALVÃO DE SOUSA, José Pedro, *O Positivismo Jurídico e o Direito Natural*, São Paulo, 1940.

GUIMARÃES, Ylves José de Miranda, *Direito Natural* – Visão metafísica & antropológica, Rio de Janeiro, 1991.

GUTIÉRREZ García, José Luis, *Doctrina pontificia* – Documentos jurídicos, Madrid, 1960.

LOPES, José Reinaldo de Lima, *O Direito na História – Lições introdutórias,*[2] São Paulo, 2002.

MARITAIN, Jacques, *Introdução Geral à Filosofia,*[18] Rio de Janeiro, 2001.

MEINVIELLE, Julio, *De la cábala al progresismo*, Buenos Aires, 1994.

PRÜMMER, Dominicus, *Manuale iuris canonici,*[5] Friburgus, 1927.

RÆYMÆKER, Luís de, *Introduction à la philosophie*, 1956, trad. port. de Alexandre Correia, *Introdução à Filosofia*, São Paulo, 1961.

RAO, Vicente, *O Direito e a Vida dos Direitos I,*[4] São Paulo, 1997.

ROSA, João Guimarães, *Grande Sertão: Veredas*, Rio de Janeiro, 1970.

ROYO Marín, Antonio, *Teología moral para seglares I – Moral fundamental y especial,*[7] Madrid, 1996.

TILLOY, Anselmo, *Tractado Theorico e Pratico de Direito Canonico*, Vizeu, 1899.

TÖNNIES, Ferdinand, *Gemeinschaft und Gesellschaft*, trad. cast. de J. Rovira Armengol, *Comunidad y sociedad*, Buenos Aires, 1947.

VALLET de Goytisolo, Juan, *Metodología jurídica*, Madrid, 1988.

VILLEY, Michel, *Philosophie du droit*, 2001, trad. port. de M. V. Martinez de Aguiar, *Filosofia do Direito*, São Paulo, 2003.

O PARADOXO E A CONGRUÊNCIA DO DIREITO E DA JUSTIÇA

Roberto Antônio Vallim Bellocchi[1]

Rosana Boscariol Bataini Polizel[2]

Resumo: Este artigo faz um breve estudo acerca da justiça e do direito, quando se aproximam e quando se distanciam, quando são congruentes e quando se tornam paradoxos, analisando o papel do jusnaturalismo e sua representatividade perante a sociedade de modo geral, diante da formalidade que abarca o que é justo e o que é direito.

Palavras-chave: justiça – direito – paradoxo – congruência – sociedade – jusnaturalismo – direito natural.

---

1. Formado pela Faculdade de Direito da Pontifícia Universidade Católica de São Paulo. Integrou a Magistratura Paulista entre 1966 e 2010. Foi nomeado Desembargador do Tribunal de Justiça, exerceu a Presidência desta Corte durante o biênio 2008/2009 e foi Governador de São Paulo, em exercício, no período de fevereiro de 2009. Advogado atuante na área de consultoria.

2. Mestre e especialista em Direito pela Pontifícia Universidade Católica de São Paulo. Professora de Direito com ênfase em Direito e Processo do Trabalho. Leciona em Cursos Universitários de Graduação e Pós-Graduação em Direito, Recursos Humanos, Administração, Contabilidade e Gestão. Advogada atuante.

1. Introdução

A adequação do direito à justiça é uma tarefa constante do jurista, do juiz, do operador do direito.

Não é de hoje que se reflete sobre o tema, haja vista que por melhor que seja a lei, se não adequada aos fins sociais, bem como as transformações dos ideais de justiça, tornar-se-ia inócua.

É certo que princípios e valores da verdade são imutáveis, todavia, sempre há adaptações a serem feitas dentro de uma sociedade, para que os fins sejam amparados nas virtudes.

O sonho de todo operador do direito é o transcrito na Bíblia, no livro do Profeta Isaías 32, 15-17:

> "15 - Até que sobre nós se derrame o espírito do alto, então o deserto se mudará em vergel, e o vergel tomará o aspecto de uma floresta. 16 – No deserto reinará o direito, e a justiça residirá no vergel. 17 – A justiça produzirá a paz e o direito assegurará a tranquilidade."

De fato, o Profeta Isaías já reportava, em muitos de seus capítulos, sobre a busca incessante pela justiça em consonância com o direito.

Vergel é terreno em que se cultivam árvores frutíferas e plantas ornamentais, um belo jardim, um farto pomar, um horto florestal e assim, em perfeita analogia com a natureza, Isaías dignifica o direito e a justiça em uma comparação sublime.

É, no mínimo, salutar pensar e contribuir para que o direito e a justiça caminhem juntos, mas sabemos, que nem sempre isso é possível, tendo em vista, não raro, nos depararmos com questionamentos de como proceder diante de uma lei injusta ou equivocada, muito embora justiça seja uma das acepções da palavra direito.

Pois bem, este breve artigo esmiuça, sem a pretensão de exaurir, tamanho problema que assola a humanidade desde sua existência e, assim, poder refletir sempre e melhor sobre a mais nobre das virtudes: a justiça.

2. Justiça formal e informal

A Justiça chamada Formal significa que não há uma determinação sobre quais categorias são essenciais, já que a Constituição Federal permite englobar seres humanos numa mesma categoria.

Assim sendo, seja qual for o desacordo entre eles, ser justo é tratar da mesma maneira os seres que são iguais, que possuem uma mesma característica, a única que se deva levar em conta na administração da justiça.

A expressão aristotélica, "devemos tratar igualmente os iguais e desigualmente os desiguais, na medida de sua desigualdade" é utilizada comumente para explicar o princípio da igualdade e também o de justiça.

A palavra utilizada por Aristóteles para designar justiça é díke. A definição aqui exposta sobre díke é a dada por Marilena Chauí:

> Inicialmente, díke significa: uso, maneira ou modo de ser e de agir, à maneira de, ao modo de, costume. A seguir, o uso e o modo de ser ou agir se torna uma regra de conduta, a norma correta de ser e agir, ganhando assim, o sentido jurídico de certo, justo, conforme às leis e ao direito, donde: justiça. Por extensão, refere-se ao processo judiciário ou ao julgamento de uma ação para saber se está ou não conforme à justiça, à lei, ao direito. No plural, significa a consequência de um julgamento: decreto, punição, recompensa. A função de díke é impor uma regra de equilíbrio entre os seres e punir a transgressão da regra. Estabelece uma medida justa para avaliar o modo de ser e de agir dos homens e, a seguir, por extensão, é vista como impondo medida a todas as coisas do mundo (natural e humano). A palavra díkaios significa: o que está conforme à regra, o que é conveniente e adequado ao direito; honesto, justo

legítimo, tratamento merecido, castigo merecido. Por extensão, refere-se a tudo o que se realiza em conformidade com uma regra (um escritor pode ter díkaios, um cavalo pode ser díkaios, um juiz deve ser díkaios, etc). O oposto de díke é adikía: o que não está conforme à regra, à lei, ao uso, ao direito, à justiça, o injusto, o desmedido, o desequilibrado, o desnaturado.

Fato é que, a Justiça Formal está atrelada ao Estado, onde o Poder Judiciário possui a autoridade para dizer e desdizer o que é ou não justo e, diante do desanimo da sociedade com a insegurança jurídica e letargia desse poder, é que se desenha o informalismo.

A crítica ao legalismo-formalismo ataca, por exemplo, a doutrina kelseniana, surgindo a compreensão da incapacidade deste modelo. No Brasil, esta crítica ganha corpo nas últimas décadas; nos EUA, regido por outra tradição jurídica, a rejeição aos efeitos perversos do culto às fórmulas legais e processuais rígidas ecoa há mais de um século.

A rejeição aos efeitos do formalismo acaba por trazer um movimento pela defesa de soluções menos formais (ou informais) ante os dilemas enfrentados pelo Direito e pelo Poder Judiciário.

Podemos chamar de ideologia do informalismo, com reflexos importantes e profundos sobre as perspectivas traçadas para as transformações do sistema de Justiça, aparecendo uma combinação de mecanismos extrajudiciais de solução de conflitos.

As formas extrajudiciais de solução de conflitos, se realizadas dentro da ética, tornam-se a melhor forma de desafogamento do Poder Judiciário. Tais formas de solução de conflito, além de deixar as partes satisfeitas, desoneram o Estado e contribuem para a conciliação de modo adequado, gratificante e justo.

O ser humano, na busca de melhores acomodações para seus interesses, vai modificando sua relação com o mundo em que vive, daí aparecerem as mudanças que geram novas maneiras de organização social, judicial e extrajudicial.

Sendo a Justiça, um sistema aberto de valores em constante mutação, por melhor que seja a lei, por mais avançados os seus princípios, haverá sempre a necessidade de se engendrar novas fórmulas jurídicas para ajustá-la às constantes transformações sociais, logo há lugar para a interpretação ajustada àquela.

Assim, há a necessidade de regulamentação das formas de solução de conflitos judiciais e extrajudiciais, estas últimas visando, entre outras coisas, a descongestionar o Poder Judiciário, como já dito.

Não é possível esperar a inspiração e boa vontade do legislador, enquanto os frutos sociais apodrecem, cabendo-nos a tarefa de, não somente propor as mudanças no Direito, mas também operacionalizá-las para que não terminem por se separar da Justiça.

Não obstante, muitas formas extrajudiciais de solução conflitos trazem consigo a resistência, e, apesar do cansaço com a insegurança judicial, impera a autonomia da vontade das partes, de modo que a função do direito, nas sociedades organizadas, não pode, e nem deve ser, a aplicação da norma fria da lei, mas, sim, a procura de um ideal de justiça.

Em suma, seja a Justiça Formal ou Informal, o direito deve valorizar o dinamismo humano, estabelecendo bases sociais mínimas para o convívio e determinação de garantias, principalmente, inerentes à dignidade da pessoa humana.

3. Não fazer injustiça

A função do magistrado é, basicamente, não fazer injustiça, para tanto, temos algumas regras que norteiam tal premissa, a saber:

Decreto-Lei 4.657/42, com redação dada pela Lei 13.655/20018 - Lei de Introdução às normas do Direito Brasileiro - LINDB

Art. 20. Nas esferas administrativa, controladora e judicial, não se decidirá com base em valores jurídicos abstratos sem que sejam consideradas as consequências práticas da decisão.

Decreto-Lei 5.452/43 – Consolidação das Leis do Trabalho.

Art. 852-I. [...]

§ 1º. O juízo adotará em cada caso a decisão que reputar mais justa e equânime, atendendo aos fins sociais da lei e as exigências do bem comum.

Lei 9.099/95 – Lei dos Juizados Especiais Cíveis e Criminais.

Art. 6º. O Juiz adotará em cada caso a decisão que reputar mais justa e equânime, atendendo aos fins sociais da lei e às exigências do bem comum.

Resta claro, que o julgador deve considerar as consequências de suas decisões, expondo o caminho que o seu raciocínio percorreu para chegar à percepção que lhe pareceu necessária e adequada a cada caso, fazendo o direito aproximar-se ao máximo da justiça efetiva, com bom uso da hermenêutica.

Havendo conflito entre as regras, segundo Alexy, é necessário que uma delas integre uma hipótese de exceção à outra, ou então que uma delas seja invalidada e expurgada do ordenamento, em nome da subsistência da outra, verificando-se se a regra está dentro como exceção, ou fora por invalidação do ordenamento.

Constatada a contradição entre "juízos concretos de dever-ser", se ela não pode ser sanada com a inserção de uma "cláusula de exceção" em uma das regras, então se deve decidir qual delas deve ser invalidada.

Contudo, a solução para a colisão entre princípios não é essa. Nesses casos, um princípio não é tomado como exceção ao outro e nenhum deles precisa ser invalidado.

Na verdade, em uma dimensão de pesos, considera-se que, nas situações concretas, os princípios têm pesos distintos e que o princípio que mais pesar tem preferência em relação ao outro.

Há quem entenda, que a ponderação não é exclusividade dos princípios, mas que as regras também podem conviver abstratamente, todavia, colidir concretamente. As regras admitem formas argumentativas, como a analogia e a hermenêutica.

Humberto Ávila diz que é necessário lançar mão de ponderação:

> Ponderação diz respeito tanto aos princípios quanto às regras, na medida em que qualquer norma possui um caráter provisório que poderá ser ultrapassado por razões havidas como mais relevantes pelo aplicador diante do caso concreto. O tipo de ponderação é que é diverso.

Princípios como a dignidade da pessoa humana, a economicidade, a moralidade, a impessoalidade, a isonomia, a saúde e a tantos outros, devem estar acompanhadas de um esforço argumentativo.

Fredie Didier Jr., nos traz a reflexão de que não adianta invocar o princípio se não houver a argumentação, e o efeito prático de cada decisão:

> Não basta, por exemplo, que o magistrado invoque o direito fundamental à saúde, fazendo considerações genéricas sobre o tema – que, muitas vezes, podem ser reproduzidas em tantos outros casos semelhantes –, para deferir a determinado paciente tratamento em hospital particular à custa do Estado ou para determinar o seu internamento imediato em hospital público sem respeitar os critérios de regulação. É preciso que o magistrado considere e trate expressamente das consequências dessa sua decisão, especialmente quanto aos reflexos que ela pode gerar no orçamento e na execução de outros projetos ligados à saúde ou quanto aos reflexos que pode gerar em relação a outros pacientes do sistema de saúde que aguardam, na fila da regulação,

> uma oportunidade de atendimento. Ao se deparar com princípios normativos, o julgador deve buscar os possíveis sentidos do texto e sopesá-los, considerando as consequências práticas decorrentes de cada um deles; e à luz das consequências possíveis, definir o sentido que será atribuído ao conceito indeterminado.

Portanto, deve o julgador esclarecer os sentidos extraídos da norma e quais as consequências práticas acarreta tais significados, justificando a solução dada através da ponderação. Ainda Fredie Didier Jr. complementa:

> Depois de apurar o princípio normativo que regula o caso e seus possíveis sentidos, e depois de considerar as consequências práticas decorrentes da adoção desses possíveis sentidos, cabe ao julgador adotar a solução que, em comparação com as outras soluções possíveis para o caso, demonstre ser a medida necessária e adequada – ou, em outras palavras, a medida mais proporcional. Isso vale para qualquer solução a que se chegue: imposição de prestação (fazer, não fazer ou pagar quantia), tutela declaratória ou tutela constitutiva (como a invalidação de ato jurídico, por exemplo)

Destarte, em que pese o conceito aberto de justiça, cabe ao magistrado, ao exercer seu mister, não apenas fazer a Justiça Formal, mas sim, não fazer injustiça.

4. Direito natural

O Direito Natural, tão dilacerado atualmente, supõe a existência de um direito universal, estabelecido pela natureza. É a ideia universal de justiça. As principais características do Direito Natural são a estabilidade, imutabilidade e plena confiabilidade.

Jusnaturalismo, portanto, é composto por normas e direitos que nascem incorporados ao homem, como o direito à vida, por exemplo, possui seus valores estabelecidos por Ordem Divina, bem como pela Razão. Os seres humanos têm direitos inalienáveis e irrevogáveis, que independem de qualquer legislação criada por governos.

São Tomás de Aquino ensina aos contemporâneos, o realismo de sua filosofia, frente ao idealismo atual. Foi em Paris – o maior centro de estudos teológicos do seu tempo – que ele pôde compor a sua gigantesca obra, a Suma Teológica, verdadeira síntese do passado e intuição do futuro. Até hoje, essa obra não encontrou similar, nem em matéria de Filosofia, nem em matéria de Teologia.

No direito, a *Summa Theologica*, é conhecida por ser um exemplo de desenvolvimento consistente e organizado dos pressupostos jusnaturalistas, fornecendo as balizas para o florescimento do jusnaturalismo moderno.

A decadência filosófica, pós-tomismo, começa com o nominalismo de Ockham, as palavras são meros nomes, não traduzindo a essência das coisas. Seguido pelo racionalismo de Descartes, que duvida de tudo, a não ser de seu próprio pensamento, desembocando no idealismo de Kant, que defende que as coisas devem se reger pelas nossas ideias e não o nosso pensamento pela realidade das coisas.

As raízes nominalistas e kantianas do positivismo de Kelsen – que tentou purificar o direito de qualquer senso de justiça – e do neoconstitucionalismo atual – que sobrepõe a vontade do juiz à do constituinte – com a deletéria identificação do Direito com o Poder, e da insegurança jurídica, fazem valorizar a filosofia aristotélico-tomista, em que o papel não aceita o que vai contra a Natureza e a Justiça.

O jusnaturalismo de São Tomás de Aquino é conhecido por ser um exemplo de formulação do direito em que o seu fundamento último encontra-se em Deus. Todavia, não se limita a uma simples defesa da Divindade como fundamento do Direito, da Comunidade e do ser Humano.

Para São Tomás de Aquino, as leis, a política, o agir humano em si possuem objetivos, que na filosofia tomista é a beatitude.

Beatitude para filosofia é o estado permanente de perfeita satisfação e plenitude alcançado apenas pelo sábio, tal felicidade beatífica é buscada e refletida por uma longa tradição filosófica que remonta a Aristóteles e que acaba por condicionar a um significado religioso da palavra, isto é, teologicamente, felicidade profunda de quem desfruta a presença de Deus e que somente é atingida, em sua plenitude, na vida eterna.

Santo Tomás diz que o direito ou o justo implica uma obra adequada a outra por algum modo de igualdade. A vontade humana, em virtude de um consentimento comum, pode determinar o justo, em coisas que por si mesmas em nada repugnam à justiça natural.

Diz ainda que o justo legal é o que, a princípio, pode ser indiferentemente de um modo ou de outro; mas uma vez estabelecido deve permanecer no que é, mas o que em si mesmo repugna ao direito natural não pode a vontade humana torná-lo justo.

Para o Santo, o direito ou o justo natural, é o que, por natureza, é adequado e proporcionado a outra coisa, tal adequação se resolve ou por consideração absoluta em si mesma ou por atender a uma consequência resultante da natureza da coisa a que se refere.

Sem dúvida, que os valores e princípios do direito natural constantes nos escritos dos jusnaturalistas de formação tomista influenciam o direito aplicado pelo Estado.

O jusnaturalismo moderno torna o estudo objetivo e natural, quiçá racional, sobre justiça, direito, moral e política. Denota-se a possibilidade de pensar o direito de forma universal, refletir sobre Direito Natural é considerar direitos que podem ser concebidos pela razão, verdades absolutas e incontestáveis, sendo os mais óbvios, a vida e a liberdade.

Desenvolve-se o direito natural, no jusnaturalismo moderno, apesar de não ser sustentado na teologia, partindo de pressupostos filosóficos herdados de São Tomás, desmistifica influências e ressalta aprendizados ainda atuais para a compreensão do fenômeno jurídico.

Compreende-se, portanto, que as ações humanas possuem razão de ser, discernimento este relacionado com a definição do que é moralmente bom e moralmente mau, ainda que não se possa defini-lo perfeitamente, haja vista, as próprias inclinações humanas.

No entanto, a finalidade é o bem comum e o objetivo nobre do aperfeiçoamento do ser humano, num exame crítico do que o direito é e de como deve ser, para alcançar a justiça justa, aqui um trocadilho redundante, porém manifesto.

5. Conclusão

Definir o que é justo e direito apresenta-se como um desafio constante dos juristas, e claro, dos operadores do direito de modo geral, uma vez que se deve fazer valer os princípios jurídicos como, razoabilidade, proporcionalidade e adequação para que o bem comum seja alcançado de forma equânime.

Além disso, a interpretação e aplicação de cada norma devem possuir conteúdo eminentemente prático inerente a experiência humana, para que não seja apenas uma conclusão jurídica vazia, mas sim social.

Com a justiça formal, podemos indagar a exigência das normas jurídicas formuladas com ajuda de critérios objetivos, muito embora a decisão judicial possa ter independência diante das reações subjetivas do juiz, devemos destacar que é necessário um mínimo de racionalidade, previsibilidade, regularidade, pressupostos estes que o direito natural comporta. Se assim não fosse, seria impossível a existência de uma ordem jurídica plausível.

De outra banda, a justiça dita informal, também procura o mesmo fim, o bem comum através de soluções equânimes de conflitos, harmonizando a norma com o fim social, por meio das formas extrajudiciais para dirimir celeumas.

A norma jurídica, em especial as provenientes do processo legislativo, deve ter eficácia, pois de nada adianta uma norma se não for possível aplicá-la ao caso concreto.

Compreender a ciência jurídica é entender que é uma ciência que causa efeitos diretos na qualidade e forma de vida das pessoas, portanto, é necessária, a verificação da ponderação dos interesses públicos e privados.

Pelo viés da justiça informal, quanto menos o Estado interfere na vida privada das pessoas, maior será a eficácia da pacificação de conflitos, sem esquecer a necessidade de educar a sociedade para a autocomposição e heterocomposição de conflitos. Afinal, a garantia da liberdade como direito fundamental, não pode ser limitada a mera intervenção estatal.

Platão, Aristóteles e Kant fundamentam que a justiça será alcançada quando os seres humanos se tornarem portadores da razão, consagrando a razão como instrumento capaz de tornar os indivíduos de uma sociedade, alinhados ao contexto estrutural de suas sociedades que são reguladas pelo Estado.

Obviamente, uma sociedade desenvolvida como propunha Platão, permite a criação de um Direito avançado e alinhado, no mínimo, a essa ideia de justiça, embora seja difícil o conceito de justiça, como falamos, é imperioso percebê-la para que seja real uma estrutura de Estado no exercício do Poder.

Destarte, direito e justiça devem andar atrelados, de modo que um esteja organizado com o outro, seja na Justiça Formal ou Informal.

São Tomás de Aquino dedica questões específicas à justiça e à justiça social, entendida por ele como justiça legal. Para o Doutor Angélico, a lei estabelece o que é direito e o cumprimento do direito é a justiça.

O direito enquanto objeto da virtude da justiça é observado por São Tomás de Aquino ao relatar que a justiça apresenta como característica, entre outras virtudes, ordenar o homem em tudo o que se refere aos outros. O que supõe certa igualdade, é que a igualdade refere-se sempre aos outros.

Para o sistema elaborado por Santo Tomás de Aquino, o direito não se confunde com a lei, como ocorre no positivismo. A lei não é o mesmo direito, senão certa razão deste *aliquatis ratio iuri*. Se algo em si mesmo se opõe ao direito natural, não pode fazer justo por vontade humana, por exemplo, se fosse instituído que é lícito furtar ou cometer adultério. Por consequência, o direito positivo deverá estar fundamentado no Direito Natural.

Na mesma vertente, há o exemplo do aborto, a vontade humana não pode simplesmente resolver que se escolha por provocá-lo, ainda que, paradoxalmente, em algumas circunstâncias positivistas é transcrito como lícito, cujas ocasiões, se opõem ao Direito Natural, haja vista que a vida é prioridade. Conforme Padre Luiz Carlos Lodi da Cruz:

> O direito positivo não pode permitir a morte direta de um inocente. É o direito natural, acima de tudo, que protege a vida da criança por nascer.

A oportunidade humana de escolher entre valores diametralmente opostos comprova a existência do livre arbítrio, ou seja, da capacidade de julgar aquilo que é certo e aquilo que é errado.

A nobreza do ato moral consiste em, através da inteligência, discernir o mal do bem e executar o escolhido através da vontade, destinando-se para um determinado fim.

Santo Tomás especifica a justiça como a disposição constante de atribuir a cada um o que lhe pertence, *suum cuique tribuere*.

Tendo em vista que a razão humana é variável, não há um código absoluto invariável, embora a busca por justiça deva ser contínua, somente a vontade de Deus é perpétua, então a justiça só pode estar em Deus.

Fato é que as abordagens feitas por São Tomás de Aquino classificou a justiça e revolucionou o direito, de forma a regulamentar as relações humanas, abriu a possibilidade de obter respostas por meio da razão, sem, entretanto, negar a fé.

A Justiça é determinada por valores naturais da própria humanidade, valoração subjetiva da sociedade em um determinado tempo, cuja expressão aflora pela equidade, que deve ser usada para aplicar a lei às finalidades sociais, portanto, o direito não é apenas uma norma escrita, mas caracterizada por esta e pelo brio da justiça.

É possível também outro conceito, apresentado por Eduardo Bittar, para quem díke é entendido como justiça, termo com inúmeras interpretações e ainda há uma definição de justiça menos geral, e não mais díke, mas sim dikaiosýne, isto é:

> Justiça é entendida em seu aspecto subjetivo e individual como virtude; prática reiterada de atos de justiça.

Por fim, Justiça é uma das virtudes cardeais, que significa eixo e diz respeito ao relacionamento do indivíduo com as outras pessoas, com a sociedade. A virtude da justiça é exercê-la sem sacrifício, é algo natural, que transcende a vontade humana.

Referências

ALEXY, Robert. *Teoria dos direitos fundamentais*. Tradução de Virgílio Afonso da Silva, São Paulo: Malheiros Editores, 2014.

AQUINO. Santo Tomás de. Suma Teológica. https://sumateologica.files.wordpress.com/2017/04/suma-teolc3b3gica.pdf

ARISTÓTELES, Ética a Nicômacos. 2ª edição. Brasília: Editora Universidade de Brasília, 1992.

ÁVILA, Humberto. *Teoria dos princípios* - 21ª edição. Bahia: JusPodivm, 2022.

BÍBLIA SAGRADA. Livro do Profeta Isaías 32, 15-17. Tradução dos Originais, mediante a versão dos Monges de Maredsous (Bélgica), Centro Bíblico Católico. 95ª edição. São Paulo: Ave Maria, 1995.

BITTAR. Eduardo C.B. *A justiça em Aristóteles*. Rio de Janeiro: Forense Universitário, 1999.

CHAUÍ, Marilena. *Introdução à história da filosofia:* dos pré-socráticos a Aristóteles. São Paulo, Brasiliense, 1994.

CICCO, Claudio de. *História do pensamento jurídico e da filosofia do direito*. 7ª edição. São Paulo: Saraiva, 2013.

CRUZ, Padre Luiz Carlos Lodi da. *Aborto na rede hospitalar pública o Estado financiando Crime*. Goiás: Múltipla, 2007.

DIDIER JR., Fredie. Princípio da Boa-fé Processual no Direito Processual Civil Brasileiro e Seu Fundamento Constitucional. *Revista do Ministério Público do Rio de Janeiro* nº 70, out./dez. 2018.

PERELMAN, Chaïm. Ética e Direito. Trad. Maria Ermantina de Almeida Prado Galvão. 2ª edição. São Paulo: Martins Fontes, 2005.

RICARDO, Padre Paulo. *Teologia Fundamental* I. Introdução a Teologia. São Paulo: Ecclesiae, 2010.

VILLEY, Michel. *A formação do pensamento jurídico moderno*. 2ª edição. São Paulo: WMF Martins Fontes, 2009.

Decreto-Lei 4.657/42, incluído a Lei 13.655/18 - Lei de Introdução às normas do Direito Brasileiro.

Decreto-Lei 5.452/43 – Consolidação das Leis do Trabalho.

Lei 9.099/95 – Lei dos Juizados Especiais Cíveis e Criminais.

DIREITO CANÔNICO E JUSTIÇA

Edson Luiz Sampel[1]

Resumo: Com a análise de diversas normas e institutos canônicos, pretende-se transmitir a essência da justiça atuante em cada setor do Direito da Igreja, destarte, com resposta positiva ao questionamento do ínclito organizador deste livro, isto é, o Direito Canônico estimula realmente a procura do ideal de justiça. Demais, à guisa de informação, explicita-se o recente magistério do Papa Francisco acerca da inadmissibilidade da pena de morte, com a alteração do próprio Catecismo da Igreja Católica.

Palavras-chave: Direito Canônico, justiça, católicos, pena de morte.

Homenagem póstuma

Dedico este capítulo à memória do grande amigo Dr. João Carlos Biagini, leigo destemido, advogado militante e arguto defensor dos valores morais. Do céu, certamente esse varão conspícuo intercederá em prol do sucesso deste livro.

---

1. Doutor em Direito Canônico pela Pontifícia Universidade Lateranense, do Vaticano. Professor Ordinário do Instituto Superior de Direito Canônico de Londrina. Bacharel em Direito e em Teologia pela Pontifícia Universidade Católica de São Paulo. Membro da Sociedade Brasileira de Canonistas. Presidente da Comissão Especial de Direito Canônico da 116ª Subseção da OAB-SP. Juiz do Tribunal Eclesiástico de Uberaba.

> "Sem o Poder Judiciário não há Justiça. Respeita teus julgadores como desejas que teus julgadores te respeitem. Só assim, em ambiente nobre a altaneiro, as disputas judiciais revelam, em seu instante conflitual, a grandeza do Direito."
>
> ("Decálogo do Advogado", Ives Gandra da Silva Martins).

Introdução

Este capítulo do livro pretende demonstrar o liame entre o Direito Canônico e a efetivação do ideal da justiça no próprio grêmio da Igreja. A argumentação se desenvolverá ao lume do seguinte quesito apresentado pelo eminente organizador da obra, Prof. Dr. Ives Gandra da Silva Martins: **"A função do Direito nas sociedades organizadas é apenas a busca da aplicação da norma fria ou estimula a procura de um ideal de justiça?"**

Neste diapasão, é mister discorrer a respeito da Igreja como sociedade ou povo de Deus. Em seguida, expõem-se algumas normativas que incrementam a justiça na sociedade fundada por Jesus Cristo há dois mil anos, atualmente composta de mais ou menos um bilhão e duzentos milhões de membros.

Se a Igreja Católica é deveras modelo para o infatigável anseio por justiça, mérito que ensejou o título deste livro (***"A Igreja e a Justiça"***), obviamente, faz-se imprescindível discorrer a propósito dalguns mecanismos do Direito Canônico, os quais sobremodo coadjuvam na implementação da justiça entre os católicos.

À guia de informação, disserta-se, ainda, a propósito do recente magistério do Papa Francisco sobre a pena de morte, considerada agora inadmissível e antagônica ao Evangelho, com doutrina reelaborada na última edição típica do Catecismo da Igreja Católica.

1) Igreja: sociedade e povo de Deus

A) Sociedade perfeita

A Igreja católica é uma sociedade perfeita. Embora o Concílio Vaticano II aparentemente opte pelo termo "povo de Deus", emprega outrossim a nomenclatura "sociedade". Se não, vejamos.

Não é exato que o Concílio Vaticano II haja banido o termo "sociedade perfeita" em referência à Igreja, preferindo exclusivamente a locução "povo de Deus". A constituição dogmática *Lumen Gentium*, por exemplo, em vários pontos, emprega o termo "sociedade", para denominar a Igreja católica: "Esta Igreja, constituída e organizada neste mundo como *sociedade*, subsiste na Igreja católica (...).[2]" Ainda: "São incorporados plenamente à *sociedade que é a Igreja* aqueles que (...).[3]"

O vocábulo "sociedade", como qualificação da Igreja, desponta também no número 20 da mencionada constituição dogmática. Nem poderia ser diferente. A perfeição da Igreja como sociedade, isto é, o fato de ela dispor de todos os recursos para atingir seu fim, assim como o Estado possui, é ditame de Direito Divino Positivo, pois deste modo quis o Divino Fundador constituir a Igreja. É certo que não se depara com o epíteto "perfeito" no documento conciliar em tela (diz-se apenas "sociedade"), todavia, se a Igreja é sociedade (juridicamente equivalente a "povo de Deus"), ela decerto detém a integralidade dos recursos e meios para atingir seu escopo soteriológico, caso contrário, admitiríamos que Jesus instituira uma sociedade incapaz e limitada, o que é um absurdo.

---

2. N. 8, grifos nossos.

3. N. 14b, grifos nossos.

Nesta linha de raciocínio, socorre-nos o conspícuo canonista, cardeal Gianfranco Ghirlanda que, em 23 de março de 2023, proferiu a aula inaugural da Faculdade de Direito Canônico São Paulo Apóstolo. Ouçamo-lo:

> Assim estruturada como um "corpo" e com uma "alma", a Igreja, como sociedade juridicamente perfeita, existe compreendida na realidade sobrenatural e divina do mistério total da Igreja. Isto faz que a Igreja, também como sociedade perfeita, se diferencie de qualquer outra sociedade.[4]

B) Povo de Deus

O novo conceito "Povo de Deus", do Concílio Vaticano II, não desqualifica a concepção jurídica segundo a qual a Igreja é sociedade perfeita, conforme vimos acima. Anelaram os padres conciliares tão somente propor um termo que solide as peculiaridades sociais (e fundacionais) da Igreja. Eis a explanação de José R. Villar:

> A noção de Povo de Deus, ao assumir analogicamente o conceito social de "povo", econtrou grande acolhida na canonística, que vê nela uma categoria ordenadora da Igreja (...) A nova sistemática não procede diretamente do direito secular, porém da realidade da Igreja em si mesma, tal como se manifesta na Revelação Divina e que foi declarada no Concílio Vaticano II.[5]

Com efeito, a Igreja é deveras sociedade perfeita, mas *sui generis* (Povo de Deus). Estado e Igreja são sociedades, contudo, a essência jurídica da sociedade eclesial não haurimos no ordenamento da sociedade civil (embora haja muitíssimas semelhanças), mas nos corolários da encarnação

4. Ghirlanda, Gianfranco. *O Direito na Igreja*, Aparecida: Santuário, 2007, p. 90.

5. Villar, José R. *Diccionario General de Derecho Canónico*, Volume VI, Navarra: Universidade de Navarra, 2012, p. 660.

da Segunda Pessoa da Santíssima Trindade. Novamente nos assiste o ínclito cardeal Ghirlanda:

> A Igreja, como corpo místico de Cristo, como sacramento radical de salvação, como comunhão criada pela ação do Espírito Santo, tem seu analogado principal no mistério do Verbo encarnado, e não na sociedade civil.[6]

Exatamente! Deus se fez homem e elegeu doze apóstolos, outorgando-lhes o mandato de proclamar o Evangelho e administrar os sacramentos mundo afora, até o fim dos tempos (Mc 16, 15-18). Aqui nasce a sociedade eclesial, já guarnecida dos ditames constitucionais do Direito Divino Positivo. De fato, escrevi alhures:

> O Divino Fundador [da Igreja católica] lançou as bases jurídicas da conspícua sociedade do novo testamento. A eleição dos doze apóstolos, fato histórico inconteste, corroborado inclusive por estudiosos acatólicos, demonstra a intenção do salvador de que o evangelho e os sete sacramentos se comunicassem aos homens de todas as gerações, até o fim do mundo.[7]

C) Membros da Igreja Católica

Integram a Igreja leigos e clérigos.[8] Assim, a hierarquia é parcela da Igreja, mas não seu todo. Frisa o cardeal Ghirlanda:

> (...) a Igreja se articula em várias ordens de pessoas, que se expressam juridicamente em diversas categorias jurídicas.[9]

6. Ghirlanda, Gianfranco. *O Direito na Igreja*, p. 73.

7. Sampel, Edson Luiz. *Noções de Direito Constitucional Canônico*, Aparecida: Santuário, 2020, p. 9.

8. Cânon 207, §1º do *Codex Iuris Canonici* (CIC).

9. Ghirlanda, Gianfranco. *O Direito na Igreja*, Aparecida: Santuário, 2007, p. 98.

Como sabemos, a hierarquia é formada pelos diáconos (transitórios ou permanentes), presbíteros e bispos. Sem embargo, a maioria dos membros da Igreja são leigos, homens e mulheres.[10] A propósito, o Concílio Vaticano II avançou sobremaneira na definição do "leigo"; quase engendrou uma definição positiva, extirpando, ao menos, o advérbio "não". Vejamos:

> Pelo nome de leigos aqui são compreendidos **todos os cristãos** (*omnes chrisfideles*), exceto (*praeter*) os membros de ordem sacra e do estado religioso aprovado na Igreja.[11]

Melhorou muito! Não se diz simplesmente que "leigo é quem *não* recebeu o sacramento da ordem", em impostação gramaticalmente negativa. Todavia, ainda não se chegou a um conceito plenamente afirmativo ou positivo do vocábulo "leigo". Meditando sobre este assunto, *data maxima venia*, cuido que logrei cunhar uma definição cabalmente positiva. Ei-la:

> Leigo é o membro da Igreja católica que vive **plenamente** a secularidade e, em virtude do sacramento do batismo, participa do múnus real, sacerdotal e profético de Jesus Cristo.

Deveras, a secularidade não é exclusiva dos leigos, porquanto os clérigos também a experimentam, uma vez que não estão fora do mundo (do século), porém, só o leigo vivencia a secularidade *plenamente*. De feito, o Concílio Vaticano II acentua esta característica do papel laical, ensinando que a evangelização promovida pelos leigos "(...) adquire características específicas e eficácia particular pelo fato de se realizar **nas condições comuns do século**.[12]" O

10. Juridicamente falando, todas as freiras fazem parte do laicato.

11. Constituição dogmática *Lumen Gentium*, n. 31, grifos nossos.

12. Constituição dogmática *Lumen Gentium*, n. 35a, *in fine*.

Código Canônico normatiza o magistério conciliar. Observemos a tradução do cânon 225, § 2º:

> Têm [os leigos] também o dever peculiar, cada um segundo sua própria condição, de impregnar e aperfeiçoar a ordem temporal com o espírito evangélico e, assim, dar testemunho de Cristo, especialmente na realização das atividades temporais e no exercício das tarefas seculares.

2) Os mecanismos para a consecução da justiça no âmbito da Igreja

A) Direito Penal Canônico

Que crimes ou delitos ocorrem no grêmio da Igreja? A partir do cânon 1364 do novo Livro VI, tipificam-se comportamentos malsãos. Vejamos alguns exemplos.

Desprezo ao Santíssimo Sacramento

> Quem joga fora as espécies consagradas ou as leva ou retém para finalidade sacrílega, incorre em excomunhão *latae sententiae*, reservada à Sé Apostólica; o clérigo pode ser punido com o acréscimo de outra pena, sem excluir a expulsão do estado clerical.[13]

Este delito, diga-se de passagem, monstruoso, pode ser perpetrado igualmente por um leigo.

Ordenação cismática

> "O bispo que confere a consagração episcopal sem mandato pontifício e quem a recebe incorrem em excomunhão *latae sententiae*, reservada à Sé Apostólica.[14]"

13. Tradução do cânon 1382, § 1º.

14. Tradução do cânon 1387.

Nesta hipótese, o sujeito ativo do delito só pode ser um clérigo.

Tentativa de conferir a ordenação sagrada a uma mulher

> (...)
>
> § 3.º Quem quer que tente conferir a ordem sagrada a uma mulher, assim como a mulher que tenta receber tal ordem incorrem em excomunhão *latae sententiae*, reservada à Sé Apostólica; o clérigo, ainda, pode ser punido com expulsão do estado clerical.[15]

Este é um delito novo no Código Canônico, tipificado pelo Supremo Legislador com a reforma de 2021. É impossível a ordenação de mulheres para o sacerdócio. Ensinou-o *ex cathedra* São João Paulo II através de documento emanado em 1994:

> Portanto, para que seja excluída qualquer dúvida em assunto da máxima importância, que pertence à própria constituição divina da Igreja, em virtude do meu ministério de confirmar os irmãos (cfr *Lc* 22,32), declaro que a Igreja não tem absolutamente a faculdade de conferir a ordenação sacerdotal às mulheres, e que esta sentença deve ser considerada como definitiva por todos os fiéis da Igreja.[16]

A Igreja expressa seu *non possumus*. De fato, nosso Senhor elegeu apenas varões como apóstolos.

Observamos que nos dois delitos mencionados acima, a pena é a excomunhão, a reprimenda mais grave na Igreja. Note-se, ainda, que a referida pena é aplicada *latae sententiae*, vale dizer, automaticamente, sem o devido processo legal. É uma peculiaridade do Direito Processual Canônico para as infrações mais graves.

---

15. Tradução do cânon 1379, § 3º.

16. Carta apostólica *Ordinatio Sacerdotalis*, n. 4.

Descumprimento do dever de residência

> Quem descumpre gravemente a obrigação de residência, à qual está sujeito em razão de ofício eclesiástico, deve ser punido com justa pena, sem excluir, após a admoestação, a privação do ofício (...).[17]

Este delito, em tese, só pode ser cometido por um clérigo e não se impõe pena específica. Aqui outra peculiaridade do Direito Penal Canônico com a locução *iusta poena* (pena justa). Quando sentenciar, o juiz, em face das circunstâncias concretas, infligirá a pena mais convinhável, à luz do princípio de que toda pena canônica é medicinal, ou seja, visa à recuperação de delinquente, e, precipuamente, o julgador levará em conta o axioma máximo de que a salvação das almas é a suprema lei da Igreja.

Repressão à pedofilia e a outros abusos sexuais

O Papa Francisco tem agido implacavelmente no combate à pedofilia, por desgraça protagonizada por uma minoria de clérigos devassos. Neste diapasão, várias medidas foram tomadas. Pontuou Francisco:

> Os crimes de abuso sexual ofendem nosso Senhor, causam danos físicos, psicológicos e espirituais nas vítimas, e lesam a comunidade dos fiéis. Para que tais fenômenos, em todas as suas formas, não aconteçam mais, é necessária a conversão contínua e profunda dos corações, atestada por ações concretas e eficazes que envolvam a todos na Igreja, de modo que a santidade pessoal e o empenho moral possam concorrer para fomentar a plena credibilidade do anúncio evangélico e a eficácia da missão da Igreja. Isso só se torna possível com a graça do Espírito Santo derramado nos corações, porque sempre nos devemos lembrar das palavras de Jesus: "Sem mim, nada podeis fazer" (Jo 15, 5). Embora já muito se tenha feito, devemos continuar a aprender

17. Tradução do cânon 1396.

das lições amargas do passado a fim de olhar com esperança para o futuro.[18]

A punição do cânon 1395

Demos uma olhada na tradução portuguesa deste cânon.

> § 1º. O clérigo concubinário, exceto o caso mencionado no cânon 1394, e o clérigo que persiste em escândalo em outro pecado externo contra o sexto mandamento do decálogo, sejam punidos com suspensão. Se, após advertências, persistir o delito, podem-se acrescentar gradativamente outras penas, até a demissão do estado clerical.
>
> § 2º. O clérigo que tenha cometido outro delito contra o sexto mandamento do decálogo, em sendo praticado publicamente com violência, ameaças ou contra menor de dezoito anos, puna-se com justas penas, não excluída a demissão do estado clerical, se for o caso.

Observe-se que tanto no parágrafo primeiro quanto no segundo, é factível enquadrar a pedofilia. Deveras, o parágrafo primeiro alude a "outro pecado externo", *alio peccato externo* (além do concubinato) e inflige, a princípio, a suspensão e, na hipótese de persistência do comportamento ignóbil, faculta-se ao juiz apenar até com a demissão do estado clerical. Nada obstante, é o § 2º que arrosta mais diretamente a pedofilia, vez que se reporta ao delito contra o sexto mandamento do decálogo, praticado em detrimento de menor de dezoito anos.

A punição prevista no cânon em apreço é um tanto quanto pífia. De fato, "pressionadas pela sociedade civil, as autoridades eclesiásticas começaram a agir para lancetar o cancro pedófilo do grêmio da Igreja católica."[19] Desta feita,

---

18. Preâmbulo da carta apostólica *Vos estis lux mundi* (9/5/2019).

19. Sampel, Edson Luiz. *A pedofilia como causa de excomunhão automática do*

em 2021, como vimos, o Papa Francisco promulgou o novo livro sexto do Código Canônico, ou seja, o novo Direito Penal Canônico, com a seguinte tipificação criminal:

> Seja punido com a privação do ofício e com outras penas justas, sem excluir, se o caso requerer, a expulsão do estado clerical, o clérigo:
>
> 1º. que comete um deligo contra o sexto mandamento do decálogo com um menor ou com pessoa que habitualmente tem uso imperfeito da razão ou a que o direito reconhece igual tutela;
>
> 2.º que recruta ou induz a um menor, ou a uma pessoa que habitualmente tem uso imperfeito da razão, ou à qual o direito reconhece igual tutela, para que se exponha pornograficamente ou para participar de exibições pornográficas, tanto verdadeiras quanto simuladas;
>
> 3.º que imoralmente adquire, conserva, exibe ou divulga, em qualquer forma e com qualquer instrumento, imagens pornográficas de menores ou de pessoas que habitualmente tenham o uso imperfeito da razão (...).[20]"

Parece que a nova descrição comportamental abarca assim a pedofilia como outros delitos que lesionam adolescentes e indivíduos incapazes. Observe-se certa similitude com o que dispõe o Estatuto da Criança e do Adolescente:

> Art. 240. Produzir, reproduzir, dirigir, fotografar, filmar ou registrar, por qualquer meio, cena de sexo explícito ou pornográfica, envolvendo criança ou adolescente. [21]

Inadmissibilidade da pena de morte – recente magistério do Papa Francisco – mudança do Catecismo da Igreja Católica

---

clérigo. Revista científica *Lumen Veritatis*, vol. 12 (1-2), n. 46-47, janeiro a junho de 2020, p. 29.

20. Tradução do novo cânon 1398.

21. Art. 240 da Lei 8.069/90.

O Direito do Estado proíbe a pena de morte, mas não de forma absoluta, porquanto existe a exceção do caso de guerra.[22] Nesta hipótese, o soldado que desertar do campo de batalha, eventualmente, será executado conforme sentença da corte marcial.

Não há nenhum dispositivo no Código Canônico acerca da pena capital. Nada obstante, a doutrina católica repudia-a veementemente. Na verdade, houve certa evolução no entendimento do tema. Quando vem a lume em 1992, o Catecismo da Igreja Católica propugna a possibilidade da pena máxima:

> A este título, o ensinamento tradicional da Igreja reconheceu como fundamentado o direito e o dever da legítima autoridade pública de infligir penas proporcionadas à gravidade dos delitos, **sem excluir, em casos de extrema gravidade, a pena de morte.**[23]

O magistério de São João Paulo II, no entanto, passou a advogar a extinção da pena de morte, considerada desnecessária e contraproducente. Em 1995, na monumental encíclica *Evangelium Vitae*, o santo padre pronuncia-se enfaticamente:

> No mesmo horizonte, situa-se igualmente a aversão cada vez mais difusa na opinião pública à pena de morte – mesmo vista só como instrumento de "legítima defesa" social –, tendo em consideração as possibilidades de que uma sociedade moderna dispõe para reprimir eficazmente o crime, de forma que, enquanto torna inofensivo quem o cometeu, não lhe retira definitivamente a possibilidade de se redimir. (n. 27c).

Em 2017, o Papa Francisco, no exercício do assim chamado poder das chaves (cf. Mt 16, 19), reformulou

---

22. Art. 5º, XLVII, da Constituição Federal.

23. N. 2266 da primeira edição do *Catecismo da Igreja Católica*, grifos nossos.

completamente a doutrina da Igreja a respeito da pena capital. Vejamos a atual redação do Catecismo da Igreja Católica:

> Durante muito tempo, considerou-se o recurso à pena de morte por parte da autoridade legítima, depois de um processo regular, como proposta adequada à gravidade de alguns delitos e meio aceitável, ainda que extremo, para a tutela do bem comum. Hoje vai se tornando cada vez mais viva a consciência de que a dignidade da pessoa não se perde, mesmo depois de ter cometido crimes gravíssimos. Além disso, difundiu-se nova compreensão do sentido das sanções penais por parte do Estado. Por fim, foram desenvolvidos sistemas de detenção mais eficazes, que garantem a indispensável defesa dos cidadãos sem, ao mesmo tempo, tirar definitivamente ao réu a possibilidade de se redimir.
>
> Por isso, **A IGREJA ENSINA, À LUZ DO EVANGELHO, QUE A PENA DE MORTE É INADMISSÍVEL**, porque atenta contra a inviolabilidade da pessoa, e empenha-se, com determinação, em favor de sua abolição em todo o mundo.[24]

Importante esclarecer que o ensinamento de Santo Tomás de Aquino relativamente à legítima defesa,[25] amiúde estendido à pena capital, convinha para a época em que a Suma Teológica foi escrita. Todavia, se confrontado com a realidade hodierna, o Doutor Angélico decerto não poria a pena de morte em pé de igualdade com a legítima defesa.

Em 2020, na encíclica *Fratelli Tutti*, o Papa Francisco volta a exprobrar a pena de morte:

> Quero assinalar que é impossível imaginar que hoje os Estados não possam dispor de outro meio, que não seja a pena de morte, para defender a vida de outras pessoas do agressor injusto.[26]

---

24. Catecismo da Igreja Católica, n. 2267, grifos nossos.

25. Suma Teológica, 2-2,64,7.

26. N. 267.

Além disso, o atual Sucessor de São Pedro critica, outrossim, a pena de prisão perpétua, tachando-a de "pena de morte escondida.[27]"

B) Direito Processual Canônico

Para a composição dos litígios, não há, na face da terra, expediente mais civilizado que o processo. Empregam-no todas as culturas hodiernas. A propósito, a forma escrita do processo judicial advém do Direito Canônico.[28] A tão festejada *conciliação* outrossim provém da doutrina católica.[29]

Existem diversas peculiaridades do processo canônico que o diferençam sobremaneira do congênere estatal. Neste capítulo do livro, enfocaremos algumas delas, a fim de demonstrar que a salvação das almas é efetivamente a suprema lei da Igreja.[30] Nada obstante, a caridade que permeia a lei canônica não enlanguesce a justiça. Isto restou claro, por exemplo, quando estudamos algumas diretrizes que o Papa Francisco promulgou com vistas na punição da pedofilia.

Tribunal eclesiástico

Os tribunais eclesiásticos são *cortes matrimoniais*, ou seja, órgãos do Poder Judiciário da Igreja que julgam casamentos, se válidos ou inválidos. Noventa por cento ou mais das causas desses sodalícios tangem ao sétimo sacramento. Cada diocese deveria ter um tribunal eclesiástico. Nem sempre isto é possível, principalmente pela exiguidade de recursos humanos capacitados. Desta feita, há muitos

---

27. Encíclica Fratelli Tutti, n. 268.

28. Lima Lopes, José Reinaldo. *O Direito na História*. São Paulo: Atlas, 2014, p. 89.

29. Sampel, Edson Luiz. *Questões de Direito Canônico*. São Paulo: Paulinas, 2010, p. 63.

30. Cânon 1752.

tribunais interdiocesanos, abrangentes de diversas dioceses. Os leigos, com formação em Direito Canônico, participam ativamente dos tribunais eclesiásticos, quer na condição de juízes, defensores do vínculo ou advogados. Com efeito, em 2015, efetivando ingente reforma do processo de nulidade de matrimônio, o Papa Francisco tornou factível que um colégio judicante, sempre com três juízes, componha-se de dois leigos e um clérigo.[31]Antigamente, era obrigatória a participação de dois clérigos e um leigo.

3) Peculiaridades do Direito Canônico

Pontifício Conselho para a Interpretação dos Textos Legislativos

Há um dicastério (órgão) da cúria romana, o Pontifício Conselho para a Interpretação dos Textos Legislativos, que tem a última palavra sobre a exegese ou a interpretação de alguma lei canônica, principalmente o Código, é claro. Este conselho não é um tribunal de última instância, que atua sob o influxo de recursos processuais, produzindo, assim, jurisprudência com súmulas vinculantes. Os tribunais máximos na Igreja são a Rota Romana e a Assinatura Apostólica. O conselho em apreço exara interpretação vinculante quando provocado por alguma autoridade eclesiástica, mormente um bispo. Por exemplo, algum tempo após a promulgação do Código Canônico vigente, certa diocese do Brasil encaminhou ao conselho uma indagação acerca da correta hermenêutica do cânon 917, a fim de espancar a dúvida remanescente a propósito do número de vezes que um fiel pode comungar por dia. O conselho dirimiu a dúvida, asseverando que um fiel só pode receber

31. Cânon 1673, § 3º.

o sacramento da eucaristia duas vezes por dia, interpretando autenticamente o sentido jurídico da palavra *iterum*, conforme explicita o cânon em tela.

Os pronunciamentos deste conselho, não corriqueiros, findam qualquer celeuma. Aplica-se no caso o adágio *Roma locuta, causa finita*.

Pena *latae sententiae*

É a aplicação imediata e automática da punição ao infrator, sem o devido processo legal (*due process of Law*). O aludido expediente jurídico repugna à mentalidade contemporânea. Em todos os Estados civilizados, nenhum cidadão pode ser punido sem o direito de defesa, efetivado através de um processo judicial em que se observe o contraditório. Na verdade, o princípio 9.º da confecção do Código Canônico em vigor determinava a parcimônia no emprego dessa sorte de pena:

> Com referência ao direito de coação, a que a Igreja não pode renunciar, como sociedade externa, visível e independente, as penas sejam geralmente *ferendae sententiae* e irrogadas e remitidas somente no foro externo. As penas *latae sententiae* reduzam-se a poucos casos e somente sejam irrogadas contra crimes gravíssimos.

A justificativa para a pena automática ou *latae sententiae* é a gravidade do delito, bem como a dificuldade de castigar o infrator. Por exemplo, o crime de aborto, acoimado de excomunhão *latae sententiae*[32] costuma ser praticado ocultamente. Como descobrir a perpetração do delito? No entanto, nem mesmo esse motivo justifica mais a pena automática e a propensão é realmente abolir o tal instituto odioso e tipicamente canônico.

---

32. Cânon 1397, § 2º.

A tendência, creio eu, é a extinção paulatina desse instituto penal exclusivamente canônico. Sem embargo, como reparamos acima, o Papa Francisco, na reforma de 2021, houve por bem punir a tentativa de ordenação de uma mulher com a excomunhão automática, *latae sententiae*.

Pena não determinada

No Direito Penal Estatal, sempre se determina claramente a sanção imposta ao delito. Por exemplo: o art. 121 do Código Penal fulmina a pena de 6 a 20 anos de reclusão para o praticante do homicídio ("Matar alguém: pena - reclusão de 6 a 20 anos"). No Direito Penal canônico, existe a figura da pena indeterminada que, na verdade, será infligida pelo julgador e não pelo legislador. O cânon 1396, supramencionado, estatui a punição com justa pena (*iusta poena*) ao clérigo que viola a obrigação de residência que lhe incumbe em razão do ofício eclesiástico.

A tese subjacente a esta peculiaridade do Direito Penal Canônico é de que o juiz, diante do caso concreto, está mais bem apetrechado para sopesar melhor as circunstâncias do cometimento do delito e cominar a pena apropriada.

Nada obstante, a reforma de 2021 estabeleceu penas para delitos que não contavam com punições específicas ou determinadas.

A excomunhão

Enganam-se os que creem que a pena de excomunhão exclui o fiel do paraíso. Na verdade, a excomunhão afasta o católico das atividades na Igreja. Assim sendo, o excomungado não pode receber a hóstia consagrada, embora lhe seja lícito assistir à missa. É interdito ao excomungado exercer qualquer função eclesial, como catequista, professor de escola católica, juiz canônico etc.

O decreto de excomunhão é sempre emitido por tempo indeterminado. Assim que o excomungado se arrepender da conduta infracional, suspende-se a punição e a Igreja o acolhe com amor. Em 1988, monsenhor Lefebvre, bispo ultraconservador, foi excomungado automaticamente (*latae sententiae*), por haver consagrado quatro bispos sem o competente mandato do papa. Infringiu o disposto no então cânon 1382:

> O bispo que, sem o mandato pontifício, confere a consagração episcopal e, igualmente, os homens que recebem a dita consagração, incorrem em excomunhão *latae sententiae*, reservada à Sé Apostólica.[33]

Em 2011, após vários colóquios entre as autoridades do Vaticano e os infratores, o Papa Bento XVI levantou a pena de excomunhão dos quatro bispos consagrados por Lefebvre. Esses senhores voltaram a exercer o ministério episcopal no redil católico.

Normas com caráter exortativo ou conceitual

Não é da índole da lei, estatal ou canônica, definir ou exortar. De fato, a lei tem de apresentar comandos, ordens; é da essência da lei prescrever o comportamento social adequado.

No Código Canônico, entretanto, existem normas com caráter exortativo e conceitual. Neste diapasão, por exemplo, o cânon 210 *exorta* os fiéis a empenhar suas forças a fim de levar vida santa e promover o crescimento da Igreja e da contínua santificação dela. Não se pode asseverar que esta norma seja jurídica. Cuida-se mais de uma disposição de ordem ascética, cujo cumprimento não pode ser exigido do fiel.

---

33. Tradução do atual cânon 1387.

O cânon 879 é exemplo típico de definição. A lei conceitua o sacramento da crisma. Vamos ver a tradução:

> O sacramento da confirmação [crisma], que imprime caráter, e pelo qual os batizados, continuando o caminho da iniciação cristã, são enriquecidos com o dom do Espírito Santo e vinculados mais perfeitamente à Igreja, fortalece-os e mais perfeitamente os obriga a ser testemunhas de Cristo pela palavra e pela ação e a difundirem e a defenderem a fé.

Os três poderes: legislativo, executivo e judiciário

Estabelece o cânon 135 que o poder na Igreja se distingue em *legislativo*, *executivo* e *judiciário*. Sem embargo, não ocorre no âmbito eclesial o mesmo que sucede na sociedade política. No Estado, os três poderes são independentes e autônomos. Na Igreja, os três poderes estão concentrados na pessoa do bispo. No Estado, máxime nas sociedades ocidentais, o poder emana do povo, que elege os membros do legislativo e do executivo. Na Igreja, o poder emana de Deus, porquanto a Igreja é instituição de origem divina.

De qualquer forma, para bom andamento do governo da diocese, o bispo pode delegar os poderes executivo e judiciário. Um clérigo, chamado de vigário geral, normalmente exerce as funções executivas. Enquanto que outro clérigo, o vigário judicial, cumpre com as obrigações processuais, de julgamento das lides. O bispo, salvo o papa, bispo de Roma, não pode delegar o poder legislativo,[34] vale dizer, o próprio bispo tem de elaborar as leis da diocese.

Na Igreja, então, fala-se mais propriamente de *distinção* de poderes e não de *separação* de poderes, já que, o bispo, na condição de sucessor dos apóstolos, goza dos três poderes, de forma plena.

---

34. Cânon 135, § 2º.

Constituição apostólica *Praedicate Evangelium*

A nova constituição da cúria romana, "Pregai o evangelho" (*Preadicate evangelium*), em vigor desde 5 de junho de 2022, ensejou mudanças radicais na administração da Igreja. Com efeito, o Papa Francisco inculca um princípio que toca no próprio exercício do poder. De fato, lê-se na mencionada constituição:

> Cada instituição curial cumpre a sua missão em virtude do poder recebido do pontífice romano em cujo nome age com poder vicário (como representante) (...). Por esta razão, qualquer fiel pode presidir a um dicastério ou a um organismo (...).[35]

Quando se diz "qualquer fiel", evidentemente incluem-se os leigos (os católicos comuns). Sobre este ponto da novíssima constituição, mais uma vez nos auxilia o renomado canonista cardeal Guirlanda que, na coletiva de imprensa que apresentou a "Pregai o Evangelho", explicou que a norma da referida constituição confirma a tese de que o poder de governo da Igreja não advém do sacramento da ordem (conferido aos padres e bispos), mas da missão canônica, *missio canonica* (espécie de mandato), outorgada pelo papa a qualquer pessoa, homem ou mulher, clérigo ou leigo. Cuida-se de fresquíssima exegese do cânon 135. Neste diapasão, nada obsta que um dicastério importante como, o Dicastério da Doutrina da Fé seja confiado à gestão de um leigo ou uma leiga com larga competência teológica.

A constituição "Pregai o evangelho", que se compagina de chofre com o projeto do Papa Francisco da "Igreja sinodal", ora em andamento, longe de alterar apenas o dia a dia da cúria romana, refletirá em todas as dioceses, no mundo inteiro, encorajando posturas já previstas pelo Direito Canônico e impulsionando os bispos a determinadas

---

35. N. 5 dos Princípios e Critérios para o Atendimento da Cúria Romana.

mudanças. Quem sabe, dentro em breve, não haverá no Brasil um leigo a presidir algum tribunal eclesiástico (vigário judicial)!

O Papa Francisco não quer destruir a Igreja. Muito pelo contrário! Quer o santo padre, isto sim, delir práticas necrosadas, restaurando a saúde da Igreja, dando voz e vez aos leigos, os quais, em virtude do sacramento do batismo, integram a Igreja tanto quanto os clérigos.

Rescrito e privilégio

O instituto do *rescrito* não existe no ordenamento legal do Estado. O rescrito, atualmente arrolado no Código Canônico entre os *atos administrativos*, é figura proveniente do Direito Romano.

Segundo o cânon 59, § 1.º, o rescrito consiste num ato administrativo baixado *por escrito* pela autoridade executiva, mediante o qual se concede um privilégio, uma dispensa ou uma graça, a pedido de algum fiel. Tem esse nome de *rescrito*, porque o concedente geralmente registra o teor do ato administrativo, com deferimento ou indeferimento, no verso da própria petição do interessado.

O privilégio, por seu turno, delineado no cânon 76, é um tipo de graça. De fato, o privilégio é como se fosse uma lei particular, promulgada em favor de uma ou mais pessoas, físicas ou jurídicas. O privilégio, *grosso modo* veiculado pelo rescrito, pode ser contrário ao direito ou antecedente da normativa jurídica (*contra vel praeter ius*).

A caridade e a justiça no Direito Canônico

A justiça, essencial tanto ao Direito Canônico quanto ao Direito do Estado, é a virtude pela qual se dá a cada um o que lhe é devido. Assim, a *justiça* apregoa que um livro pertence a João enquanto outro livro é de propriedade de André. Já a caridade, mais ampla que a justiça, assere que as duas obras literárias pertencem a ambos, a João e a André.

Uma peculiaridade bastante relevante no direito canônico é exatamente a virtude teologal da caridade, permeando a elaboração das leis e, principalmente, a atividade dos operadores do direito, mormente dos juízes. Assim, ao julgar um caso concreto, o juiz eclesiástico não levará em conta tão somente a justiça, mas a caridade, o amor cristão. O cânon 1752 sintetiza a injunção jurídica da caridade, ao dispor que a salvação das almas (*salus animarum*), ou seja, o bem maior dos cristãos, é a suprema lei da Igreja (*suprema lex ecclesiae est*).

Conclusão

Constatou-se que a justiça pervade o ordenamento jurídico da Igreja de maneira onímoda. Deveras, se o direito adjetivo compõe as lides propriamente ditas, dando a cada um o que é seu, o direito substantivo não se exime de inculcar a justiça. Fá-lo mediante punições adequadas, bem como através de institutos peculiares a respeito dos quais dissertamos laconicamente neste capítulo do livro.

Assim, a justiça e a caridade fazem-se presentes em cada um dos 1752 cânones do Código Canônico. Com efeito, o principal diploma legislativo da Igreja Católica embebe-se dessas duas virtudes, mormente da caridade, a qual se liga diretamente a Deus.

Os leigos, isto é, os membros da Igreja Católica que vivem plenamente a secularidade, conforme conceituamos no item 1C, redescobrem seu papel no pontificado do Papa Francisco. De fato, os clérigos são assaz importantes na cura de almas e os leigos, malgrado incumbidos de evangelizar as entranhas do mundo secular, generosamente colocam-se a serviço da Santa Madre Igreja em instâncias até pouco tempo ocupadas exclusivamente por clérigos.

Assim, esforçamo-nos por responder à questão preambular referentemente ao ideal de justiça e cuido que a resposta indica que o Direito Canônico decerto estimula o tão sonhado ideal, precipuamente após as reformas do Código Canônico efetivadas pelo Papa Francisco, sobre as quais não pudemos discorrer amplamente.

Especificamente sobre a pena de morte (adendo incluído neste capítulo, a título de informação), ora inadmitida pelo magistério, mercê das mudanças que o Papa Francisco promoveu no Catecismo da Igreja Católica, percebe-se clarividentemente relevante contributo da Igreja, a qual, perita em humanidades,[36] sempre forceja por burilar e aperfeiçoar as instituições estatais, com vistas na consecução da justiça.

Referências

Constituição Dogmática *Lumen Gentium*. Concílio Vaticano II, 1965.

Codex Iuris Canonici (Código Canônico). Editora BAC, 2021.

Catecismo da Igreja Católica. Brasília: Edições CNBB, 2022.

São Paulo VI. Encíclica *Populorum Progressio*, 1967.

São João Paulo II. Encíclica *Evangelium Vitae*, 1995.

Carta Apostólica Ordinatio Sacerdotalis, 1994.

Papa Francisco. Encíclica *Fratelli Tutti*, 2020.

Constituição Apostólica Preadicate Evangelium, São Paulo: Paulinas, 2022.

36. Encíclica Populorum Progressio, 13.

GHIRLANDA, Gianfranco. *O Direito na Igreja*, Aparecida: Editora Santuário, 2007.

JAVIER OTADUY, Antonio Viana e Joaquim Sedano (organizadores). *Diccionario General de Derecho Canónico*, Navarra: Universidade de Navarra, 2012.

LIMA LOPES, José Reinaldo. *O Direito na História*, São Paulo: Atlas, 2014.

SAMPEL, Edson Luiz. *Noções de Direito Constitucional Canônico*, Aparecida: Editora Santuário, 2007.

Questões de Direito Canônico, São Paulo: Paulinas, 2010.

A pedofilia como causa de excomunhão automática do clérigo, São Paulo: Revista Científica *Lumen Veritatis*, Vol. 12 (1-2), n. 46-47, janeiro a junho de 2020.

CONSIDERAÇÕES SOBRE A VIRTUDE DA JUSTIÇA

Victor Emanuel Vilela Barbuy[1]

Resumo: Neste artigo, trataremos da Justiça, buscando, antes de tudo, revelar a nobreza de tal virtude e demonstrar a sua relevância e necessidade para as pessoas e para a ordem social, sustentando que é preciso que os juristas católicos procurem se tornar mais justos a cada dia e pugnem por uma sociedade em que impere a Justiça e o Direito Natural seja respeitado e o Estado se paute pelas regras da Moral, do Direito e da Justiça.

Palavras-chave: Justiça – Direito – Direito Natural – Bem comum.

Introdução

No presente artigo, faremos uma série de considerações sobre a Justiça, buscando demonstrar a relevância e

---

1. Advogado e professor universitário. Bacharel em Direito pela Universidade Presbiteriana Mackenzie (2008) e Mestre (2014) e Doutor (2020) em Direito Civil, na Área de História do Direito, pela Faculdade de Direito da Universidade de São Paulo. Membro da União dos Juristas Católicos de São Paulo (UJUCASP) e da União Brasileira de Juristas Católicos (UBRAJUC), sócio-titular do Instituto Histórico e Geográfico de São Paulo e sócio contribuinte do Instituto Histórico e Geográfico de Santos, além de conselheiro do Comitê de Civismo e Cidadania da Associação Comercial de São Paulo.

necessidade de tão nobre e excelsa virtude para os homens e para a sociedade, com a consciência de que nesta só haverá paz, ordem e bem-estar quando nela reinar a Justiça.

Esperamos deixar claro, neste trabalho, que, diversamente do que muitos julgam na hora presente, a Justiça nasce do Direito e não o contrário e que o que precede o Direito Positivo não é a Justiça, mas sim o Direito Natural, aqui entendido como sinônimo de Lei Natural, Lei esta que está inscrita nos corações de todas as pessoas e impõe que busquemos o bem e evitemos o mal.

Como pretendemos demonstrar em nosso artigo, é preciso que os juristas católicos procurem se tornar cada vez mais justos e lutem por uma sociedade em que impere a Justiça e em que o Direito Natural seja respeitado, assim como pela instauração de um autêntico Estado Ético de Direito e de Justiça, Ético por se inspirar na Ética e se mover por um ideal ético, e de Direito e de Justiça por se pautar nas regras do Direito e da Justiça e ser movido por um ideal de Direito e de Justiça.

Considerações sobre a virtude da justiça

Em sentido amplo, Justiça significa harmonia, conformidade, congruência, proporção (DEL VECCHIO, 1960, p. 1; BRUCCULERI, 1956a, p. 6; SOUSA, GARCIA e CARVALHO, 1998, p. 298). Neste sentido bastante lato e um tanto vago, é costume denominar-se justa, por exemplo, não só uma lei e uma sentença, mas também uma previsão, uma observação crítica, uma operação lógica ou aritmética e mesmo uma máquina calculadora e medidora enquanto não erra e corresponde à sua finalidade (DEL VECCHIO, 1960, loc. cit.). Assim, na linguagem corrente, diz-se que uma determinada observação crítica é justa quando é bem fundamentada e pertinente, do mesmo modo que se afirma que as peças de uma máquina estão bem ajustadas quando elas se entrosam para o bom funcionamento de tal máquina com vistas ao efeito colimado (SOUSA, GARCIA e CARVALHO, 1998, loc. cit.).

Na Bíblia, o predicado da Justiça é atribuído, antes de tudo, a Deus (DEL VECCHIO, 1960, p. 5) e a palavra "Justiça" é com frequência também empregada como sinônimo de santidade, sendo justo, pois, o varão santo (BRUCCULERI, 1956a, pp. 7-8; ROYO MARÍN, 2020, p. 504; TANQUEREY, 2017, p. 528; SOUSA, GARCIA e CARVALHO, 1998, loc. cit.), a que se referem os Salmos, os livros sapienciais e o Novo Testamento.

Na Hélade, Platão, que tratou da Justiça sobretudo em seus diálogos *A República* e *Górgias* entendia que tal virtude constitui o centro de toda a vida moral, não apenas dirigindo todas as demais virtudes, como também dando a elas a própria capacidade para existir e as mantendo a salvo, enquanto nela, isto é, na Justiça subsistem (*A República*, Livro IV, Cap. IX, 433 b. 2006, p. 155). Nesta mesma ordem de ideias, ainda na Grécia, Aristóteles, no Livro V de sua Ética *Nicomaqueia*, considerou a Justiça uma virtude universal e uma atividade conforme à lei da Pólis que abrange a totalidade da Ética (Livro V, Cap. 1. 2020, pp. 124-128). Nesse sentido de cumprimento à lei, a Justiça é, segundo o Estagirita, a "excelência moral perfeita", a "mais elevada forma de excelência moral", mais maravilhosa que a estrela matutina e a vespertina e em que se resume toda a excelência moral (Livro V, Cap. 1, 1130 a. 2020, p. 127). Para o Filósofo, com efeito, a Justiça é a forma perfeita de excelência moral porque ela é a prática efetiva da excelência moral perfeita, sendo perfeita porque as pessoas dotadas do sentimento de Justiça podem praticá-la não apenas em relação a si mesmas, como também em relação ao próximo (*Idem, loc. cit.*). Daí o Estagirita reputar bem ditas as seguintes palavras de Bias, um dos chamados Sete Sábios da Grécia: "O exercício do poder revela o homem", visto que os governantes necessariamente exercem o seu poder em relação aos outros homens e são, ao mesmo tempo, membros da comunidade (Idem, loc. cit.). Pelo mesmo motivo, considera-se, nos dizeres do autor de *Política* (Idem, pp. 127-128), que "a justiça, e somente ela entre todas as formas de excelência moral, é o 'bem dos outros'", já que ela se relaciona com o próximo, uma vez que realiza o que é vantajoso para os outros.

Mais tarde, em Roma, Cícero, que neste ponto como noutros, reproduz os ensinamentos da Filosofia Grega, sustentou que a Justiça é "senhora e rainha de todas as virtudes" (*De Officciis*, Livro III, 28 Tradução nossa).

No Antigo e no Novo Testamento, a Justiça muitas vezes se identifica, como restou dito, com a santidade ou, em outras palavras, com a perfeição e a prática das virtudes ou a observância dos mandamentos da Lei Divina e a adesão perfeita à vontade de Deus (BRUCCULERI, 1956a, pp. 7-8), como podemos vez nas seguintes passagens das Sagradas Escrituras: "Foi ela [a sabedoria] que conduziu o justo por caminhos direitos quando fugia da ira/ do seu irmão,/ e lhe mostrou o reino de Deus,/ e lhe deu o conhecimento das coisas santas, e o enriqueceu nos trabalhos,/ e fez frutificar os seus esforços." (Livro da Sabedoria, 10, 10); "Mas, se o justo se apartar da sua justiça e vier a cometer a iniquidade, segundo todas as abominações que o ímpio pratica, porventura viverá? Serão esquecidas todas as obras de justiça que tiver feito; por causa da prevaricação em que caiu e do pecado que cometeu, por causa disto morrerá." (Ezequiel, 18, 24); "Bem-aventurados os que têm fome e sede de justiça, porque serão saciados" (São Mateus, 5, 6); "Porque eu vos digo que, se a vossa justiça não exceder à dos escribas e à dos fariseus, não entrareis no reino dos céus" (São Mateus 6, 20).[2]

---

2. As passagens das Sagradas Escrituras por nós citadas foram traduzidas pelo Padre Manuel de Matos Soares (*Bíblia Sagrada*. Tradução do Padre Manuel de Matos Soares. Campinas, SP: Ecclesiae, 2021).

Esse mesmo conceito de Justiça como Santidade que se encontra nas Sagradas Escrituras pode ser igualmente achado nos escritos dos Santos Padres da Igreja (BRUCCULERI, 1956a, p. 9). Segundo Santo Ambrósio (*De Paradiso*, III, 22. In: MIGNE, Tomo XIV, 1845, p. 283), é a Justiça a mãe prolífica de outras virtudes. São João Crisóstomo (*Mathaeum Homil.*, XII, § 1. In: MIGNE, Tomo LVII, 1862, p. 203), por seu turno, a definiu como observância dos mandamentos. Para Santo Agostinho, por sua vez, a Justiça é o amor do Sumo Bem, ou seja, de Deus (*De moribus Ecclesiae Catholicae*, I, 15. In: MIGNE, Tomo XXXII, 1845, p. 1322) e, como a virtude não é senão "ordo amoris", "ordem do amor" (*A Cidade de Deus*, Livro XV, Cap. 22. 2013, Parte dois, p. 222), a Justiça, virtude que dá a cada um o que é seu (Livro XIX, Cap. 4. 2013, Parte dois, p. 420; Livro XIX, Cap. 21. 2013, Parte dois, p. 444), gera no homem uma ordem, procedente da natureza, segundo a qual a alma está submetida a Deus, o corpo, à alma, e a alma e o corpo, a Deus (Livro XIX, Cap. 4. 2013, Parte dois, p. 420).

Consoante sublinhou o Padre Angelo Brucculeri (1956a, p. 9), essas significações do termo Justiça são muito amplas e por vezes metafóricas.

Em sentido próprio ou estrito, a Justiça é uma virtude essencialmente social que regula as relações entre os homens (Idem, loc. cit.) e pode ser definida como um hábito da alma segundo o qual, com vontade constante e perpétua, alguém dá a cada um o seu direito ou, nas palavras de Santo Tomás de Aquino (*Suma Teológica*, Segunda parte da segunda parte, questão 58, artigo 1º, solução. Tradução nossa),[3]

---

3. Realizamos a nossa própria tradução das passagens por nós citadas da *Suma Teológica* e da *Suma contra os Gentios*, de Santo Tomás de Aquino, mas ressaltamos que há boas traduções de ambas as obras para o português e que não deixamos de reler nelas alguns dos trechos que revimos ao escrever o presente artigo (*Suma Teológica*. Primeira parte da segunda parte, questões XC-XCVII ("Das Leis"). Tradução de Alexandre Corrêa. 1ª edição. Volume IX. São Paulo: Livraria Editora Odeon, 1936; *Suma Teológica*. Segunda parte da segunda parte, questões LVII-LXXIX ("Do

"um hábito pelo qual, com vontade constante e perpétua, atribuímos a cada um o que lhe pertence" (*"Iustitia est habitus secundum quem aliquis constanti et perpetua voluntate ius suum unicuique tribuit"*). Tal definição de Justiça se constitui, em última análise, na perfeita síntese da definição de Justiça de Ulpiano, transcrita no *Digesto* de Justiniano [*"Iustitia est constans et perpetua voluntas ius suum cuique tribuendi"* ou, em tradução nossa, "Justiça é a constante e perpétua vontade de atribuir a cada um o seu direito"(*Digesto*, Livro I, Capítulo I, 10)] e das definições de Aristóteles ["a justiça é a disposição da alma graças à qual" os homens "se dispõem a fazer o que é justo, a agir justamente e a desejar o que é justo" (*Ética a Nicômacos*, Livro V, Cap. 1, 1129a. 2020, p. 124)] e de Cícero [*"Iustitia est habitus animi communi utilitate conservata, suam cuique tribuens dignitatem"* ou, em tradução de nossa lavra, "Justiça é o hábito da alma que, conservando a utilidade comum, atribui a cada um a sua dignidade" (*De Inventione*. Livro II, 53)].

Havendo citado o nome de Santo Tomás de Aquino, reputamos ser mister assinalar que a obra desse magno teólogo e filósofo, príncipe dos doutores da Igreja, adquiriu uma importância ímpar não apenas para a Teologia e a Filosofia, como também para o Direito. Com efeito, consoante escrevemos algures (2011, p. 643), o pensamento jusnaturalista tradicional ou clássico, que se assenta na tradição formada

---

Direito, da Justiça e de suas partes integrantes"). Tradução de Alexandre Corrêa. 1ª edição. Volume XIV. São Paulo: Livraria Editora Odeon, 1937; *Suma Teológica*. Primeira seção da segunda parte, questões 49-114 ("Os hábitos e as virtudes - os dons do Espírito *Santo* - Os vícios e os pecados - A lei antiga e a lei nova"). Vários tradutores. Coordenação de Carlos Josaphat Pinto de Oliveira. Volume 4. 2ª edição. São Paulo: Edições Loyola, 2010; *Suma Teológica*. Segunda seção da segunda parte, questões 57-122 ("Justiça- Religião – Virtudes sociais"). Vários tradutores. Coordenação de Carlos Josaphat Pinto de Oliveira. Volume 6. 2ª edição. São Paulo: Edições Loyola, 2012; *Suma contra os gentios*. Livros I e II. Tradução de D. Odilão Moura, O.S.B., baseada em parte em tradução de D. Ludgero Jaspers, O.S.B. Revisão de Luís A. de Boni. 1ª edição. Volume 1. Porto Alegre: Escola Superior de Teologia São Lourenço de Brindes, Sulina Editora; Caxias do Sul: Universidade de Caxias do Sul, 1990).

pelos filósofos da Hélade, pelos jurisconsultos de Roma e pelos teólogos e canonistas da Cristandade, tem, inegavelmente, seu ponto culminante em Santo Tomás de Aquino. Assim, se, como aduziu Étienne Gilson, "a religião cristã subsistiu e prosperou por doze séculos sem o tomismo, mas desde Santo Tomás de Aquino não mais se representa sem ele" (1974, p. 5), igualmente podemos dizer que a doutrina do Direito Natural Tradicional subsistiu e prosperou por séculos sem o tomismo, mas desde o Aquinate já não mais se representa sem ele (BARBUY, 2022, p. 185).

Consoante frisou Michel Villey (2008, p. 117), o gênio de Santo Tomás de Aquino consiste, antes e acima de tudo, em superar e integrar, em uma visão integral do Mundo, a sabedoria cristã e a sabedoria pagã, que não são incompatíveis, uma vez que ambas, a Revelação e a mais elevada Filosofia alcançada pela cultura pagã, emanam da mesma fonte divina. E cumpre sublinhar que o Doutor Comum (Santo Tomás de Aquino) fez isto não apenas com o pensamento grego, em particular com a Filosofia, e com o pensamento romano, especialmente com a Jurisprudência ou Ciência do Direito, mas também com o pensamento árabe e hebraico, de sorte que, conforme assinalou Umberto Padovani (1958, p. 179), representa ele "a síntese crítica do pensamento clássico e cristão, hebraico e árabe". Em uma palavra, a doutrina do chamado Anjo das Escolas se constitui na perfeita síntese de tudo aquilo de nobre e elevado que havia sido produzido por seus antecessores no campo do pensamento (Cf. BARBUY, 2011, p. 640).

Como ressaltou Rubens Limongi França (1961, pp. 264-265. Grifos em negrito no original), foi na Escolástica, com o pensamento de Santo Tomás, que o Direito Natural atingiu um desenvolvimento cujas noções foram capazes de resistir até o tempo presente, se constituindo nas colunas sobre as quais foi possível "edificar uma ciência jurídica que, sem perder de vista a realidade externa dos fatos, não fizesse abstração dos juízos de valor, propiciando assim a restauração da concepção **integral**, e, por isso mesmo, **realista** e verdadeiramente **científica** do Direito".

Analisando os dois tratados da *Suma Teológica* em que Santo Tomás versou sobre assuntos jurídicos, a saber, o Tratado da Lei e o Tratado da Justiça, também denominado Tratado do Direito e da Justiça, não podemos deixar de reconhecer que ambos se constituem em pequenos-grandes tratados jusfilosóficos, que fazem de seu autor o maior filósofo do Direito de todos os tempos, jamais havendo outro pensador formulado tão rica, sólida e profunda doutrina a respeito da Justiça, da Lei, do Direito Natural e do Direito Positivo quanto aquela formulada pelo Aquinate (BARBUY, 2022, p. 184). Concordamos, pois, com Léon Duguit (1927, p. 122), quando este, tendo em vista o Tratado da Justiça do Doutor Comum, aduz que "a análise do sentimento de justiça foi feita por Santo Tomás de Aquino em termos nunca depois ultrapassados".

Como enfatizou Miguel Reale, "há uma completa Teoria do Direito e do Estado admiravelmente integrada no sistema tomista" (1999, p. 637) e "a doutrina tomista da justiça inspira-se em Aristóteles, assim como haure ensinamentos em Santo Agostinho, mas nela emerge algo de novo e profundo" (Idem, p. 641).

Conforme fez ressaltar Josef Pieper (2023, p. 65), a doutrina a propósito da virtude da Justiça, tal como se encontra na obra tomista, em particularmente na *Suma Teológica* (Segunda parte da segunda parte, questões 57 a 122) e no *Comentário à Ética de Aristóteles* (Livro V, números 885-1108), está presente de modo original na tradição da sabedoria e na concepção da vida do Ocidente, sendo este fato tão indiscutível quanto aquele de ser o Aquinate justamente considerado o Doutor Universal da Cristandade.

Voltemos à definição de Justiça de Santo Tomás de Aquino. Nela, encontramos o termo "ius" (ou "jus"), que expressa o Direito no seu sentido originário, o objeto da Justiça, o que é estritamente devido a alguém (SOUSA, GARCIA e CARVALHO, 1998, p. 298).

Isto posto, cumpre assinalar que, diversamente do que muitos julgam atualmente, o Direito precede a Justiça e não o contrário, o que, aliás, fica bem claro na definição tomista de Justiça. Assim, como sublinhou o próprio Doutor Angélico (Santo Tomás de Aquino), na *Suma contra os gentios* (Livro II, Cap. 28), se o ato de justiça consiste em dar a cada um o que é seu, isso ocorre porque o ato de justiça é precedido pelo ato pelo qual uma coisa se torna propriedade de alguém. Comentando tal passagem da obra de Santo Tomás de Aquino, destacou Josef Pieper (2023, p. 67) que tal frase "exprime com superior limpidez um aspecto verdadeiramente fundamental": "A justiça é qualquer coisa que surge em segundo lugar. A justiça pressupõe o direito". Neste mesmo diapasão, o Padre Luigi Taparelli d'Azeglio (1843, p. 151) escreveu que a Justiça nasce espontânea da ideia do Direito e o Padre Angelo Brucculeri (1956a, p. 21) observou que a Justiça não pode ser concebida senão em função do Direito, de que é a salvaguarda fiel.

Neste mesma ordem de ideias, escreveu Javier Hervada (2011, p. 25. Tradução nossa. Grifos em itálico no original) que "*a justiça segue ao direito*" e que é ela "a virtude de cumprir e respeitar o direito, não a virtude de criá-lo". Como observou o mesmo Hervada (Idem, p. 27), o que precede, não a todo o Direito, mas ao Direito Positivo é o Direito Natural e quando usamos expressões como "exigências de justiça" ou "normas de justiça" é a ele que nos referimos.

Isto posto, é mister salientar que, como fez ressaltar o Doutor Universal (*Suma Teológica*, Segunda parte da segunda parte, questão 57, artigo 2ª, resposta à segunda objeção), "o que em si mesmo repugna ao direito natural não pode a vontade humana torná-lo justo". Ainda como frisou o Doutor Comum (*Suma Teológica,* Segunda parte da segunda parte, questão 60, artigo 5º, Resposta à primeira objeção), a lei escrita que contiver alguma disposição contrária ao Direito Natural, será injusta e não terá força para obrigar ninguém a nada, sendo, em verdade, não uma lei, mas, antes, uma corrupção da lei. A expressão "direito natural" pode referir-se a quatro coisas distintas, a saber, ao justo objetivo, ao direito subjetivo, à Lei Natural ou à Ciência do Direito Natural, e nesse caso se refere à Lei Natural, inscrita por Deus no mais íntimo da pessoa humana, em sua natureza animal e racional, de que sua inteligência toma consciência, e que prescreve ao homem que faça o bem e evite o mal, sendo o bem aquilo que é bom para sua natureza racional ou, em outros termos, aquilo que lhe convém, e o mal aquilo que prejudica o seu verdadeiro e autêntico desenvolvimento (GUERRY, 1960, pp. 9-10). Santo Tomás de Aquino definiu a Lei Natural como a participação da Lei Eterna pela criatura racional, à qual pertence "o lume da razão natural, por meio do qual discernimos o bem e o mal" e que "não é senão a impressão em nós do lume divino" (*Suma Teológica.* Primeira parte da segunda parte, questão 91, artigo 2º, solução), sendo a Lei Eterna, ainda segundo o Aquinate, a razão da divina sabedoria enquanto dirige o Universo, regendo todos os atos e movimentos (*Suma Teológica,* Primeira parte da segunda parte, questão 93, artigo 1º, solução). Assim, podemos dizer que, pela Lei Natural, encontra-se gravada na razão de toda pessoa a ordem da moralidade, isto é, daquilo que é bom e daquilo que é mau, do que deve fazer e do que deve evitar (MEINVIELLE, 2020, p. 57), e de tal modo gravada que em seus enunciados mais gerais e universais não pode ela ser arrancada do coração humano (Idem, loc. cit.; AQUINO, *Suma Teológica.* Primeira parte da segunda parte, questão 94, artigo 6º, solução).

Feitas essas breves considerações a propósito do Direito Natural, tornemos a tratar da Justiça. É ela uma das quatro virtudes cardeais, ao lado da Prudência, da Fortaleza e da Temperança e se distingue das demais virtudes cardeais por pressupor a *alteridade*, isto é, uma relação *ad alterum*, de pessoa para pessoa (SOUSA, GARCIA e CARVALHO, 1998, p. 299). Em outras palavras, o justo é justo relativamente aos outros (PIEPER, 2023, p. 80) e ser justo é dar valor ao outro por ser outro, dizendo a Justiça que há um outro, que não é como eu, e que tem os seus direitos (Idem, p. 78). Assim, o justo revela-se justo porque confirma o outro naquilo em que ele é diferente, e procura dar-lhe o que lhe pertence (Idem, loc. cit.) ou, em outros termos, o seu direito. Neste sentido, escreveu o Aquinate (*Suma Teológica*, Segunda parte da segunda parte, questão 57, artigo 1º, solução) que o caráter particular da Justiça, dentre as demais virtudes, é o de orientar os atos humanos naquilo que diz respeito aos outros, enquanto as demais virtudes procuram a perfeição do homem somente naquilo que lhe diz respeito ou, em outras palavras, enquanto considerado em si mesmo. Como salientou o Doutor Angélico (Idem, loc. cit.), a Justiça implica uma certa igualdade, como o indica o próprio nome, visto que do que implica igualdade se diz vulgarmente que está ajustado, e a igualdade supõe relação com outrem, enquanto as demais virtudes, como afirmamos, aperfeiçoam a pessoa tão somente naquilo que se refere a si própria. Destarte, em uma palavra, a Justiça, diferentemente das demais virtudes cardeais, diz respeito ao outro (PIEPER, 2023, p. 77).

Mais excelente dentre as virtudes cardeais depois da Prudência (ROYO MARÍN, 2020, p. 504), a Justiça é, no entanto, inferior às virtudes teologais, e inclusive também a uma de suas virtudes derivadas, a da Religião (Idem, loc. cit.; GARRIGOU-LAGRANGE, 2021, p. 683), que é anexa à Justiça porque nos faz prestar a Deus o culto que lhe é devido (TANQUEREY, 2017, p. 532), tendo, portanto, um objeto mais nobre, elevado, superior (AQUINO, *Suma Teológica*, Segunda parte da segunda parte, questão 81, artigo 6º, solução; GARRIGOU-LAGRANGE, 2021, loc. cit.; ROYO MARÍN, 2020, loc. cit.).

A Justiça deve ser vivificada pela Caridade (GARRIGOU-LAGRANGE, 2021, loc. cit.; Idem, 1946, p. 395). Como fez sublinhar o Padre Garrigou-Lagrange (2021, loc. cit.), tanto a Justiça quanto a Caridade regram os bons relacionamentos entre as pessoas, mas diferem uma da outra. Com efeito, "a justiça nos prescreve *dar a cada um o que lhe é devido* e deixá-lo usar de seu *direito*", enquanto "a caridade é a virtude pela qual nós amamos a Deus acima de tudo e, *por amor a Deus, nosso próximo como a nós mesmos*" (Idem, 2021, loc. cit. Grifos em itálico no original). Portanto, a Caridade "ultrapassa, e muito, o respeito ao *direito dos outros*, para nos fazer tratar as outras pessoas humanas como irmãos em Jesus Cristo, para que amemos como "*outros nós mesmos*", no amor de Deus" (Idem, 2021, loc. cit. Grifos em itálico no original).

Em suma, como demonstrou o Anjo das Escolas (Santo Tomás de Aquino), a Justiça considera ao próximo como outra pessoa, sendo essencialmente *ad alterum*, enquanto a Caridade considera ao próximo como um outro nós mesmos (GARRIGOU-LAGRANGE, 1946, loc. cit.).

A Justiça faz reinar a paz tanto na vida individual quanto na vida social (TANQUEREY, 2017, p. 528), sendo, pois, de grande importância e de absoluta necessidade nessas duas ordens (individual e social) (ROYO MARÍN, 2020, p. 504). Precisamente porque respeita os direitos de cada um, faz a Justiça reinar, outrossim, a honradez nos negócios, do mesmo modo que reprime as fraudes, protege os direitos dos pequenos e humildes, refreia as rapinas e injustiças dos fortes sobre os fracos, e assim estabelece a ordem na sociedade (TANQUEREY, 2017, loc. cit.). Destarte, sem a Justiça o que impera é a anarquia, a luta entre os interesses rivais, a opressão dos fracos pelos fortes e, enfim, o triunfo do mal (*Idem, loc. cit.*).

Assim, a Justiça põe ordem em todas as coisas e, por conseguinte, traz consigo a paz e o bem-estar de toda a sociedade, uma vez que a paz não é senão a "tranquilidade na ordem" (ROYO MARÍN, 2020, p. 505).

Baseado na definição de Justiça de Santo Tomás de Aquino (*Suma Teológica*, Segunda parte da segunda parte, questão 58, artigo 1º, solução. Tradução nossa), o Padre Antonio Royo Marín (2020, p. 504) escreveu que, em sentido estrito, isto é, como virtude especial, a Justiça pode ser definida como:

> Um hábito sobrenatural que inclina constante e perpetuamente a vontade a dar a cada um o que lhe pertence estritamente.
>
> a) "UM HÁBITO SOBRENATURAL..." como todas as demais virtudes infusas e dons do Espírito Santo.
>
> b) "...QUE INCLINA CONSTANTE E PERTUAMENTE...", porque, como adverte Santo Tomás, "Não basta, com efeito, querer respeitar a justiça em um momento, em certo negócio; pois, quase não se encontra quem, em tudo, queira agir injustamente. É preciso que o homem, sempre e em tudo, tenha a vontade de observar a justiça" (58, 1 ad 3). A palavra *constante* designa firmeza nesse propósito, e a expressão *perpetuamente*, a intenção de guardá-lo sempre (ad 4).
>
> c) "...A VONTADE..." A justiça, como virtude, reside na vontade, não no entendimento, já que não se ordena a dirigir um ato cognoscitivo (como a prudência), mas a regular as relações devidas com os demais, ou seja, o *bem honesto* nas operações, que é o objeto da vontade (58, 4).
>
> d) "...A DAR A CADA UM O QUE LHE PERTENCE ESTRITAMENTE..." Nisto ela se distingue das suas virtudes anexas, como a gratidão, a afabilidade, etc., que não se baseiam em um *direito estrito* do próximo, mas em certa honestidade e conveniência; e da caridade ou beneficência, que nos obriga a socorrer o próximo *como irmão*, sem que tenha direito estrito a uma esmola.

Três são as notas típicas ou condições da Justiça, a saber: *alteridade* (a Justiça, como restou dito, sempre se refere a outra pessoa), *direito estrito* (não é um presente, mas sim algo devido) e *adequação exata* (nem mais nem menos do que aquilo que é devido) (ROYO MARÍN, 2020, p. 504).

Para que alguém seja considerado justo em toda a extensão do vocábulo, deve apartar-se do mal (não qualquer, mas o nocivo ao próximo e/ou à sociedade) e fazer o bem (não qualquer, mas o devido a outro e/ou à sociedade) (Idem, loc. cit.). São estes dois mandamentos as chamadas partes integrais da Justiça, sem as quais – ou sem alguma das quais – esta se tornaria deficiente ou imperfeita (Idem, p. 505).

Segundo a chamada classificação aristotélico-tomista das formas de Justiça, elaborada por Aristóteles no Livro V da *Ética Nicomaqueia* e largamente desenvolvida por Santo Tomás de Aquino nos comentários a esta obra do Estagirita e na *Suma Teológica*, a Justiça se divide em Justiça Legal ou Geral e Justiça Particular, sendo esta última subdividida em Justiça Comutativa e Justiça Distributiva.

A Justiça Comutativa é aquela que se dá nas relações interpessoais, por exemplo, entre credor e devedor e entre comprador e vendedor, enquanto a Justiça Distributiva é aquela que parte da sociedade para os indivíduos, naquilo que concerne à distribuição de encargos ou de benefícios. Segundo Santo Tomás de Aquino, com a Justiça Distributiva é dada ao indivíduo a parte que lhe cabe do todo social (*Suma Teológica*, Segunda parte da segunda parte, questão 61, artigo 2º), isto é, a parte do Bem Comum, do "*bonum commune*" a que a pessoa tem direito (PIEPER, 2023, p. 129). Na Justiça Comutativa, há absoluta igualdade na própria coisa devida, enquanto na Justiça Distributiva há igualdade proporcional, não havendo rigor de igualdade no que diz respeito ao objeto, desde que respeitadas: a proporcionalidade entre os méritos, as aptidões e as funções de cada indivíduo (BARBUY, 2012, p. 320; SOUSA, GARCIA e CARVALHO, 1998, p. 299), sendo, neste sentido, justo aquilo que é proporcional e injusto o que viola a proporcionalidade, como sustentou Aristóteles (Ética a *Nicômacos*, 1131b. 2022, p. 132).

Posto isto, faz-se mister sublinhar que por Bem Comum compreendemos (BARBUY, 2012, p. 323), com base nas definições do Padre Viktor Cathrein (1913, p. 563) e do Papa São João XXIII (1961), *o conjunto de condições aptas a permitir o integral desenvolvimento* do homem, da família e dos demais grupos naturais integrantes da sociedade. Bem de todos e de cada um, é o Bem Comum o bem da sociedade, das pessoas consideradas não isoladamente, mas sim em comum; o bem que toca a todos, em bloco, e também a cada um, em particular, e é, ademais, o bem intermediário entre o bem particular e o Bem Divino, Sumo Bem ou Bem Supremo, que é Deus (MICHEL, 1932, p. 18).

Como aduziu o Venerável Papa Pio XII, na Encíclica *Summi Pontificatus* (1939), deseja o Criador que exista a soberania civil, como afirmou o seu predecessor Leão XIII, na Encíclica *Immortale Dei*, de 1885, a fim de que ela "regule a vida social de acordo com as prescrições de uma ordem imutável nos seus princípios universais, para que torne mais fácil à pessoa humana, na ordem temporal, alcançar a perfeição física, intelectual e moral, e para que a ajude a conseguir o fim sobrenatural" (PIO XII, 1939). "Nobre prerrogativa e missão do Estado é, pois," nos dizeres do Papa Pio XII (Idem), "o fiscalizar, auxiliar e ordenar as atividades particulares e individuais da vida nacional, fazendo-as convergir harmonicamente para o bem comum", bem este que "não pode ser determinado por concepções arbitrárias, nem pode receber a sua norma primariamente da prosperidade material da sociedade, mas sim do desenvolvimento harmônico e da perfeição natural do homem, a quem, como meio, é pelo Criador destinada à sociedade". Assim, na expressão do Papa Pio XII (Idem), "considerar o

Estado como fim a que tudo deve ser dirigido e subordinado, seria o mesmo que prejudicar a verdadeira e duradoura prosperidade das nações".

Retornemos à classificação aristotélico-tomista das formas de Justiça. Segundo ela, como restou dito, a Justiça se divide em Justiça Geral ou Legal e em Justiça Particular.

A Justiça Geral ou Justiça Legal é aquela que vai da pessoa para a sociedade e que fundamenta a obrigação, que todos têm, de contribuir para o Bem Comum. Enquanto parte da sociedade, os indivíduos lhe são subordinados, visto que o todo prepondera sobre a parte (AQUINO, *Suma Teológica*, Segunda parte da segunda parte, questão 58, artigo 5º, solução). Isto deve ser entendido, porém, sem que se perca de vista a dignidade e a intangibilidade da pessoa humana e seu fim último transcendente, em relação ao qual deve a sociedade proporcionar condições favoráveis a cada pessoa no cumprimento de sua destinação (BARBUY, 2012, p. 320; SOUSA, GARCIA e CARVALHO, 1998, p. 299). O mesmo vale para o Estado, que não se confunde com a sociedade, mas que é, como ela, um instrumento da pessoa humana, submetendo-se aos fins transcendentes desta (TELLES JUNIOR, 1938, pp. 31-32), sendo, pois, meio e não fim do homem (PIO XII, 1939; ATHAYDE, 1932, p. 77; SALGADO, 1936. In: Idem, 1957, p. 443; BARBUY, 1953; Idem, 1957, p. 77; SOUSA, 1976, pp.12-13; SOUZA, 1893, p. 63; CATHREIN, 1913; PAUPÉRIO, 1979; NOGUEIRA, 1940; TELLES JUNIOR, 1938, p. 31; Idem, 2007, p. 80; MALUF, 1991, p. 309; AZAMBUJA, 1998, p. 122; ACQUAVIVA, 2000). A propósito, como bem asseverou o Padre Viktor Cathrein (1913, p. 558), o pressuposto de que o Estado seja um fim em si mesmo é um pressuposto que implica o aniquilamento da pessoa humana.

Das três formas de Justiça da classificação aristotélico-tomista, a mais eminente dentre elas é, sem sombra de dúvida, a Justiça Legal ou Geral, uma vez que o Bem Comum tem preeminência sobre o bem particular (AQUINO, *Suma Teológica*, Segunda parte da segunda parte, questão 58, artigo 12, solução), sendo, segundo o Aquinate (Idem), tal forma de Justiça que Aristóteles tinha em mente ao afirmar que a mais nobre das virtudes morais é a Justiça e nem a estrela da manhã nem a estrela vespertina são tão admiráveis como ela.

Claro exemplo de Justiça Legal, assim chamada pelo fato de competir à lei ordenar os atos humanos em prol do Bem Comum (BARBUY, 2012, p. 320 SOUSA; GARCIA e CARVALHO, 1998, p. 299), embora as demais formas de Justiça também sejam legais, uma vez que regidas por leis (TELLES JUNIOR, 2008, p. 368), é o pagamento de impostos, que deve ser de acordo com as faculdades de cada contribuinte, tendo como fundamento o Bem Comum (DEFROIDMONT, 1933, p. 248; PINTO, 1936, p. 14).

À tradicional divisão aristotélico-tomista das formas de Justiça, alguns autores acrescentam outras formas de Justiça, dentre as quais a mais relevante é, sem dúvida alguma, a Justiça Social, que, segundo Johannes Messner (S/d, pp. 419-420), respeita essencialmente aos grupos sociais, obrigando patrões e empregados no decorrer das negociações de contratos coletivos de trabalho e estabelecendo um conjunto de regras para a ordem socioeconômica. A exemplo de autores como os padres Garrigou-Lagrange (1946, p. 394; 2021, p. 679), Heinrich Pesch (1913, p. 270), George Ceslaus Rutten (1946, p. 54), Martin Stanislas Gillet (1927, p. 96), Joaquín Azpiazu (1952, pp. 38-39), Angelo Brucculeri (1956a, p. 25), Antonio Royo Marín (2020, p. 506), Constant van Gestel (1956, p. 143), Jean-Yves Calvez e Jacques Perrin (1960, pp. 647-648) e de juristas como José Pedro Galvão de Sousa, Clovis Lema Garcia, José Fraga Teixeira de Carvalho (1998, p. 299), Miguel Reale (1999, p. 641) e Arthur Machado Paupério (1993, pp. 63-64.), entendemos que a Justiça Social não é uma nova forma de Justiça, mas sim um novo nome para a Justiça Geral ou Legal da classificação tomista das formas de Justiça.

A expressão "Justiça Social" foi definida pela primeira vez na primeira metade do século XIX pelo filósofo tomista e sacerdote jesuíta italiano Luigi Taparelli D'Azeglio (1843, p. 151), que prelecionou que ela nasce espontânea da ideia do Direito, devendo "igualar de fato todos os homens naquilo que diz respeito aos direitos de humanidade".

O também jesuíta Angelo Brucculeri (1956a, p. 26). Grifos em itálico no original), por seu turno, definiu a Justiça Social como *"uma virtude que nos leva a cumprir toda a ação virtuosa em ordem ao bem comum, à qual o homem não poderá subtrair-se sem violar o direito da sociedade à cooperação de seus membros"*.

O primeiro Papa a empregar a expressão "Justiça Social" foi São Pio X, na Encíclica *Iucunda Sane* (1904), e mais tarde o Venerável Papa Pio XI a usou diversas vezes, algumas delas na Carta Encíclica *Quadragesimo Anno* (1931), em que afirmou, dentre outras coisas, que "cada um deve (...) ter a sua parte nos bens materiais; e deve procurar-se que a sua repartição seja pautada pelas normas do bem comum e da justiça social".

Os fundamentos da Justiça Social são a natureza social da pessoa humana, a noção orgânica da sociedade e do Bem Comum e a finalidade social dos bens da terra (GUERRY, 1960, p. 176).

Com efeito, o primeiro fundamento da Justiça Social se encontra na sociabilidade natural do homem, no sentido de que a pessoa humana apenas vive plenamente e se desenvolve de forma integral dentro da sociedade e por ela, em razão de tudo o quanto esta lhe proporciona para a sua vida física, intelectual e moral (*Idem, loc. cit.*). Ora, este direito, baseado na natureza social do homem, de encontrar na sociedade os meios de viver a sua vida com dignidade e de nela se realizar plenamente enquanto homem, não existe para algumas categorias sociais que, ainda que em graus diversos, dele se encontram privadas (*Idem, loc. cit.*). É particularmente em relação àqueles que se encontram na miséria e têm, inegavelmente, o direito de viver uma vida mais humana, que a Justiça Social deve ser exercida (*Idem*, pp. 176-177). Tal dever decorre da comunidade de natureza dos homens, da solidariedade social e das responsabilidades que todos os cidadãos, enquanto membros da sociedade, têm para com os outros membros desta que se encontram privados do reconhecimento prático de seus direitos naturais perante a sociedade (Idem, p. 177).

O segundo fundamento da Justiça Social, por seu turno, se encontra na concepção orgânica da sociedade. A sociedade não é, com efeito, um aglomerado de indivíduos justapostos, mas sim um corpo vivo em que todos os membros têm o dever de se ajudar mutuamente a fim de que todos possam efetivamente participar na vida da comunidade humana (*Idem, loc. cit.*). Em outras palavras, o homem, como ente essencialmente social e político, não vive em sociedade como um ente isolado, sendo parte de diversos grupos, organismos ou corpos sociais naturais e, assim, não é a sociedade uma multidão amorfa de indivíduos, mas sim um conjunto orgânico e uma hierarquia de grupos em que todos devem se auxiliar mutuamente e contribuir com o Bem Comum (BARBUY, 2020, p. 86).

O terceiro fundamento da Justiça Social, por sua vez, se encontra na finalidade social dos bens terrenos ou, em outros termos, no destino comum destes, de forma tal que devam servir às necessidades de todos conforme os princípios de uma distribuição das riquezas mais justa e equilibrada (GUERRY, 1960, loc. cit.). Esta finalidade ou função social dos bens terrenos foi, aliás, muito bem exposta por Santo Tomás de Aquino no Tratado da Justiça da *Suma Teológica* (*Suma Teológica*, Segunda parte da segunda parte, questão 66, artigo 2º, solução), em que prelecionou que, ao fazer uso das coisas materiais, não deve a pessoa humana tê-las como próprias, mas sim como comuns, de modo que cada um as comunique facilmente aos outros, quando delas tiverem necessidade.[4]

Segundo observou o Papa Pio XI, na Encíclica *Quadragesimo Anno* (1931), urge sujeitar e subordinar novamente a economia a um princípio diretivo seguro e eficaz e a prepotência econômica que sucedeu à livre concorrência não pode de modo algum ser tal princípio, sendo, portanto, forçoso "recorrer a princípios mais nobres e elevados: à justiça e à caridade sociais". É necessário, segundo Pio XI (Idem), que a Justiça Social penetre integralmente as instituições dos povos, assim como toda a vida social, e que "esse espírito de justiça manifeste a sua eficácia constituindo uma ordem jurídica e social que informe toda a economia, e cuja alma seja a caridade". A Justiça Social e a Caridade Social são, portanto, os dois grandes princípios diretivos da ordem econômica, segundo a Doutrina Social da Igreja ou, em outros termos, o ensino social católico (IBÁÑEZ LANGLOIS, 1994, p. 212).

A Justiça se completa pela Equidade, que *é um corretivo da Justiça Legal e cujo uso se faz* necessário sempre que, num determinado caso, pelas particularidades deste, a aplicação de uma lei justa promova a injustiça (ARISTÓTELES, *Ética a Nicômacos,* Livro V, Cap. 10, 1137b. 2020, pp. 147-149; AQUINO, *Suma Teológica*, Segunda parte da segunda parte, questão 120, artigo 1º).

---

4. Sobre a concepção tomista e cristã da propriedade, que é também a concepção de propriedade da Doutrina Social da Igreja: BARBUY (2020; 2021); BRUCCULERI (1956b).

Conclusão

Esperamos haver demonstrado, no presente artigo, a relevância e necessidade da nobre e sublime virtude da Justiça para a sociedade, com a consciência de que nesta só haverá paz, ordem e bem-estar quando nela verdadeiramente reinar a Justiça em todas as suas formas e, em particular, naquela Geral ou Social, que é de fato mais bela que a estrela da manhã e que a estrela vespertina.

Encerramos o presente artigo salientando que é mister que os juristas católicos procurem se tornar cada vez mais justos e pugnem sempre por uma sociedade em que impere a Justiça e em que o Direito Natural seja respeitado, assim como pela instauração de um autêntico Estado Ético de Direito e de Justiça, Ético por se inspirar na Ética e se mover por um ideal ético, e de Direito e de Justiça, por se pautar nas regras do Direito e da Justiça e ser movido por um ideal de Direito e de Justiça.

Referências

ACQUAVIVA, Marcus Claudio. *Teoria Geral do Estado*. 2ª edição, revista e aumentada. São Paulo: Saraiva, 2000.

AGOSTINHO, Santo Aurélio (Sanctus Aurelius Agostinus). *De moribus Ecclesiae Catholicae*. In: MIGNE, Jacques Paul (Organizador e editor). *Patrologiae Cursus Completus, Series Latina*. Tomo XXXII. Paris: Migne, 1845.

_____. *A Cidade de Deus (contra os pagãos)*. Parte dois. Tradução de Oscar Paes Leme. Introdução de Emmanuel Carneiro Leão. 8ª edição. Petrópolis, RJ: Vozes, 2013.

AMBRÓSIO, Santo (Sanctus Ambrosius). *De Paradiso*. In: MIGNE, Jacques Paul (Organizador e editor). *Patrologiae Cursus Completus, Series Latina*. Tomo XIV. Paris: Migne, 1845.

AQUINO, Santo Tomás de (Sanctus Thomas Aquinas). *Suma Teológica.* Primeira parte da segunda parte, questões XC-XCVII (*Das Leis*). Tradução de Alexandre Corrêa. 1ª edição. Volume IX. São Paulo: Livraria Editora Odeon, 1936.

_____. *Suma Teológica.* Segunda parte da segunda parte, questões LVII-LXXIX (*Do Direito, da Justiça e de suas partes integrantes*). Tradução de Alexandre Corrêa. 1ª edição. Volume XIV. São Paulo: Livraria Editora Odeon, 1937.

_____. *Suma contra os gentios.* Livros I e II. Tradução de D. Odilão Moura, O.S.B., baseada em parte em tradução de D. Ludgero Jaspers, O.S.B. Revisão de Luís A. de Boni. 1ª edição. Volume 1. Porto Alegre: Escola Superior de Teologia São Lourenço de Brindes, Sulina Editora; Caxias do Sul: Universidade de Caxias do Sul, 1990.

_____. *Suma Teológica.* Primeira seção da segunda parte, questões 49-114 ("Os hábitos e as virtudes - os dons do Espírito *Santo* - Os vícios e os pecados - A lei antiga e a lei nova"). Vários tradutores. Coordenação de Carlos Josaphat Pinto de Oliveira. Volume 4. 2ª edição. São Paulo: Edições Loyola, 2010.

_____. *Suma Teológica.* Segunda seção da segunda parte, questões 57-122 ("Justiça- Religião – Virtudes sociais"). Vários tradutores. Coordenação Carlos. Josaphat Pinto de Oliveira. Volume 6. 2ª edição. São Paulo: Edições Loyola, 2012.

ARISTÓTELES. Ética a *Nicômaco.* Tradução de Mário da Gama Kury. Prefácio de José Ricardo de Lima Lopes. 1ª Edição. São Paulo: Editora Madamu, 2020.

ATHAYDE, Tristão de (Alceu Amoroso Lima). *Política.* 1ª edição. Rio de Janeiro: Livraria Católica, 1932.

AZAMBUJA, Darcy. *Teoria Geral do Estado.* 38ª edição, São Paulo: Globo, 1998.

AZPIAZU, S.J., Joaquín. *El Estado Corporativo.* 5ª edição. Madrid: Compañia Bibliografica Española, 1952.

BARBUY, Heraldo. *Sumo bem e suma riqueza.* Separata do *Anuário da Faculdade de Filosofia "Sedes Sapientiae"*, da Universidade Católica de São Paulo, 1953.

_____. "A Família e a Sociedade". In: *Servir*, n° 1297, ano XXVII, São Paulo, 20 de setembro de 1957, pp. 75 e 77.

BARBUY, Victor Emanuel Vilela. "Aspectos do Direito na obra de Santo Tomás de Aquino". In: *Revista da Faculdade de Direito*, volume 106 (106/107), São Paulo, Universidade de São Paulo, 2011/2012, pp. 631-651.

_____. *Justiça e Bem Comum.* In: ZOVICO, Marcelo Roland (Organizador). *Filosofia do Direito: Estudos em homenagem a Willis Santiago Guerra Filho.* São Paulo: Editora Clássica, 2012.

_____. *Da concepção individualista à função social da propriedade: a contribuição da Doutrina Social da Igreja no cenário jurídico nacional.* Tese de Doutorado em Direito Civil, na área de História do Direito. Faculdade de Direito da Universidade de São Paulo, São Paulo, 2020.

_____. "A propriedade e sua função social à luz da Doutrina Social da Igreja". In: SILVA, Francisco de Assis Costa da; PACHECO, Marcio de Lima. (Org.). *Filosofia, teologia, ensino e discurso:* perspectivas. 1ªedição. Porto Alegre: Editora Fi, 2021, pp. 162-253.

_____. "Santo Tomás de Aquino, filósofo do Direito". In: *Revista UniÍtalo em Pesquisa*, Volume 12, N. 2, São Paulo, abr. de 2022, pp. 175-201.

BÍBLIA. *Bíblia Sagrada.* Tradução do Padre Manuel de Matos Soares. Campinas, SP: Ecclesiae, 2021.

BRUCCULERI, SJ, Angelo. *A Justiça Social*. Tradução portuguesa não assinada. Prólogo de Lúcio Craveiro da Silva. Porto: Livraria Apostolado da Imprensa, 1956 (1956a).

_____. *A função social da propriedade*. Tradução portuguesa não assinada. Porto: Livraria Apostolado da Imprensa, 1956 (1956b).

CALVEZ, S.J., Jean-Yves e PERRIN, S.J., Jacques. *Igreja e Sociedade Económica*. Tradução de Agostinho Veloso, S.J. Porto: Livraria Tavares Martins, 1960.

CATHREIN, S.J., Viktor. *Filosofia Morale*. Volume II. Tradução italiana. Firenze: Librería Editrice Fiorentina, 1913.

CICERO, Marco Túlio (Marcus Tullius Cicero). *De Officiis*. Disponível em: https://www.thelatinlibrary.com/cicero/off.shtml. Acesso em: 15 jun. 2023.

_____. *De Inventione*. Disponível em: http://www.thelatinlibrary.com/cicero/inventione.shtml. Acesso em: 15 jun. 2023.

CRISÓSTOMO, São João (Sanctus Ioannes Chrysostomus). *Mathaeum Homil*. In: MIGNE, Jacques Paul (Organizador e editor). *Patrologiae Cursus Completus, Series Graeca*. Tomo LVII. Paris: Migne, 1862.

D'AZEGLIO, S.J., Luigi Taparelli. S*aggio teoretico di Diritto Naturale appoggiato sul fato*, Livorno, Vincenzo Mansi Editora, 1843.

DEFROIDMONT, Jean. *La Science du Droit Positif*. Paris: D. de Brouwer,1933.

DEL VECCHIO, Giorgio. *A Justiça*. Tradução de António Pinto de Carvalho. Prefácio de Clóvis Beviláqua. São Paulo: Edição Saraiva, 1960.

DUGUIT, Léon. *Traité de Droit Constitutionnel*. 3ª edição. Tomo I. Paris: E. de Boccard, 1927.

FRANÇA, Rubens Limongi. “Direito Natural e Direito Positivo”. In: *Revista da Universidade Católica de São Paulo*, volume XXII, fascículo 39, São Paulo, set. 1961, pp. 243-281.

GARRIGOU-LAGRANGE, O.P. *La síntesis tomista*. Tradução de Eugenio Melo. Buenos Aires: Ediciones Desclée de Brouwer, 1946.

_____. *As três idades da vida interior.* Tradução de Antonio Carlos Santini, Margarida Hulshof e Paulo Roberto de Andrada Pacheco. Tomo II. 2ª edição. São Paulo: Cultor de Livros, 2021.

GESTEL, Constant van. *A Igreja e a Questão Social.* Tradução e adaptação do Padre Fernando Bastos de Ávila. Rio de Janeiro: Livraria Agir Editora, 1956.

GILLET, O.P., Martin Stanislas. *Coscienza cristiana e giustizia sociale*. Tradução italiana de D. L. T. Rigattieri. Prefácio de Monsenhor Carlo Dalmazio Minoretti, Arcebispo de Gênova. Torino: Marietti, 1927.

GILSON, Étienne. “Avant-propos”. In: PIOLANTI, Antonio (Organizador). *San Tommaso: fonti e riflessi del suo pensiero* (*Studi tomistici*, vol. 1). Roma: Pontificia Acaddemia Romana di San Tommaso, Città Nuova Editrice, 1974, pp. 5-9.

GUERRY, Monsenhor Émile-Maurice. *A Doutrina Social da Igreja*. Tradução portuguesa. Lisboa: Livraria Sampedro, 1960.

HERVADA, Javier. *Introducción crítica al Derecho Natural.* 11ª edição. Pamplona: EUNSA (Ediciones Universidad de Navarra, S.A.), 2011.

IBÁÑEZ LANGLOIS, José Miguel. *Doutrina Social da Igreja*. Tradução de Maria da Graça de Mariz Rozeira. 2ª edição: Lisboa, Rei dos Livros, 1994.

JOÃO XXIII, São. Carta Encíclica *Mater et Magistra*, dada em Roma aos 15 de maio de 1961. Disponível em:. https://www.vatican.va/content/john-xxiii/pt/encyclicals/documents/hf_j-xxiii_enc_15051961_mater.html. Acesso em: 15 jun. 2023.

MALUF, Sahid. *Teoria Geral do Estado.* 21ª edição. São Paulo: Saraiva, 1991.

MEINVIELLE, S. J., Julio. *Concepção Católica da Política.* Tradução de José Eduardo Câmara. 2ª edição. Vitória: Editora Centro Anchieta, 2020.

MESSNER, Johannes. Ética Social (o Direito Natural no Mundo Moderno). Tradução de Alípio Maia de Castro. São Paulo: Editora Quadrante, Editora da Universidade de São Paulo, s/d.

MICHEL, Suzanne. *La notion thomiste du Bien Commun.* Prefácio de Georges Renard. Paris : Librairie Philosophique J. Vrin, 1932.

NOGUEIRA, José Carlos de Ataliba. *O Estado é um meio e não um fim.* 1ª edição. São Paulo: Revista dos Tribunais, 1940.

PADOVANI, Humberto (Umberto) e CASTAGNOLA, Luís. *História da Filosofia.* 3ª edição. São Paulo: Melhoramentos, 1958.

PAUPÉRIO, Arthur Machado. *Teoria Geral do Estado.* 7ª edição. Rio de Janeiro: Forense, 1979.

______. *Introdução ao Estudo do Direito.* 3ª edição. Rio de Janeiro: Forense, 1993.

PIEPER, Josef. *Virtudes fundamentais: as virtudes cardeais e teologais.* Tradução de Beckert da Assumpção, Narino e Silva e Paulo Roberto de Andrada Pacheco. São Paulo: Cultor de Livros: 2023.

PINTO, Manoel Lacerda. *O fundamento do imposto*. Tese de concurso para Lente Catedrático de Ciência das Finanças da Faculdade de Direito do Paraná. Curitiba: Papelaria Irmãos Guimarães, 1936.

PIO X, São. Carta Encíclica *Iucunda Sane*, dada em Roma aos 12 de março de 1904. Disponível em: http://www.vatican.va/content/pius-x/la/encyclicals/documents/hf_p-x_enc_12031904_iucunda-sane.html. Acesso em: 15 jun. 2023.

PIO XI. Carta Encíclica *Quadragesimo Anno*, dada em Roma aos 15 de maio de 1931. Disponível em: https://w2.vatican.va/content/pius-xi/pt/encyclicals/documents/hf_p-xi_enc_19310515_quadragesimo-anno.html. Acesso em: 15 jun. 2023.

PIO XII. Carta Encíclica *Summi Pontificatus*, dada em Castel Gandolfo aos 20 de outubro de 1939. Disponível em: https://w2.vatican.va/content/pius-xii/pt/encyclicals/documents/hf_p-xii_enc_20101939_summi-pontificatus.html. Acesso em: 15 jun. 2023.

PLATÃO. *A República (ou Sobre a justiça, diálogo político)*. Tradução de Anna Lia Amaral de Almeida Prado. 1ª edição. São Paulo: Martins Fontes, 2006.

REALE, Miguel. *Filosofia do Direito*. 19ª edição. São Paulo: Saraiva, 1999.

ROYO MARÍN, O.P., Antonio. *Teologia da Perfeição Cristã*. Prefácio de Albino G. Menéndez-Reigada, O.P. Tradução de Flávio M. P. Gomes e Dalton César Zimmermann. 4ª edição. Anápolis, GO: Magnificat, 2020.

RUTTEN, O.P., George Ceslaus. *A Doutrina Social da Igreja, segundo as encíclicas "Rerum Novarum" e "Quadragesimo Anno*. Tradução não assinada. Rio de Janeiro: Livraria AGIR Editora, 1946.

SALGADO, Plínio. "Estado Totalitário e Estado Integral" (1936). In: *Madrugada do Espírito*. 4ª edição. In: *Obras*

Completas. 2ª edição, volume 7. São Paulo: Editora das Américas, 1957, pp. 443-449 (artigo publicado originalmente no jornal *A Offensiva*, do Rio de Janeiro, em 1º de novembro de 1936).

SOUSA, José Pedro Galvão de. *Iniciação à Teoria do Estado*. São Paulo: Editora Revista dos Tribunais, 1976.

SOUSA, José Pedro Galvão de; GARCIA, Clovis Lema e CARVALHO, José Fraga Teixeira de. *Dicionário de Política*. São Paulo: T.A. Queiroz, 1998.

SOUZA, José Soriano de. *Princípios gerais de direito público e constitucional*. Recife: Casa Editora Empresa d'A Província, 1893.

TANQUEREY, S.S.D.D., Adolphe. *Compêndio de teologia ascética e mística*. Tradução não assinada. São Paulo: Cultor de Livros, 2017.

TELLES JUNIOR, Goffredo. *Justiça e Júri no Estado Moderno*. São Paulo: Empresa Gráfica da Revista dos Tribunais, 1938.

_____. *Carta aos Brasileiros, 1977*, 1ª edição, São Paulo, Editora Juarez de Oliveira Ltda., 2007.

_____. *Iniciação na ciência do direito*. 4ª edição revista e atualizada. São Paulo: Saraiva, 2008.

VILLEY, Michel. *Filosofia do direito:* definições e fins do Direito: os meios do Direito. Prefácio de François Terré. Tradução de Márcia Valéria Martinez de Aguiar. Revisão técnica de Ari Solon. 2ª edição. São Paulo: Martins Fontes, 2008.

A IGREJA E A JUSTIÇA

A Justiça humana, criada e aplicada por homens, Face à Justiça Divina, ensinada pela Igreja

Dávio Antonio Prado Zarzana[1]

Conteúdo em resposta às 3 das perguntas propostas, a saber:

1 – A função do Direito nas sociedades organizadas é apenas a busca da aplicação da norma fria ou estimular a procura de um ideal de justiça?

2 – A função do jurista é aperfeiçoar o direito posto com sugestões e lutar para que a Justiça seja "justa" ou apenas de aplicar a norma posta ?

3 – A função do magistrado é fazer apenas uma justiça formal, o mais das vezes não se debruçando sobre as partes em contenda, ou não fazer injustiça?

1. Advogado formado pela Faculdade de Direito da Universidade. De São Paulo, Economista e Bacharel em Ciências Contábeis. pela Associação de Ensino de Marília, Ex-Professor de Pós. Graduação de Planejamento Tributário da Fundação Getúlio. Vargas em São Paulo, conferencista em Direito Tributário. Participante e dirigente de vários Ministérios e Pastorais, em diversas paróquias da Diocese de Santo Amaro.

Palavras-chave: Justiça maior – Direito – aplicação – norma fria – caminho – verdade – vida – códigos – equidade – função – poeta - jurista – saber – penas – magistrado – contendas - ordenamento - sociedades diversas – juiz de garantias – juiz poderoso – ativismo – suspeição – "Fake News"- STF - prender condenando – decisão exagerada – divino – sabedoria – perfeição.

Sumário: 1 . Citações bíblicas preliminares, pertinentes à Justiça, Direito, Juiz, Jurista. 2. Aplicar norma fria e Direito aleatoriamente. 3. Breves características históricas do Direito pertinentes a nosso tema. 4. A função do Direito e a procura de um ideal de justiça nas sociedades organizadas. 5. A função do jurista é aperfeiçoar o direito posto com sugestões e lutar para que a Justiça seja "justa" ou apenas de aplicar a norma posta ? 6. A função do magistrado é fazer apenas uma justiça formal, o mais das vezes não se debruçando sobre as partes em contenda, ou não fazer injustiça ? 7. Conclusão - A Igreja, O Divino, a Sabedoria face a tais funções de operação da Justiça. Referências

1. Citações bíblicas preliminares, pertinentes à Justiça, Direito, Juiz, Juristas:

Por que colocamos as citações bíblicas pertinentes a este trabalho?

Em virtude, em primeiro lugar porque "o Trono de Deus está edificado sobre a justiça e o Direito".

E aí colocando uma situação marcante: em virtude de ser o livro mais conhecido, credenciado e vendido do mundo e, principalmente, mais consultado em necessidades diversas desde a Idade Média, para tratar em várias partes de comportamento, permitindo responder, em passagens diversas, com sabedoria, discernimento e até ensino, dúvidas inerentes a nosso texto.

Vamos às citações:

> *Não seguirás o mau exemplo da multidão. Não deporás num processo, metendo-te do lado da maioria de maneira a perverter a justiça. **(Êxodo 23, 2)***

Foge também das paixões da mocidade; e segue a justiça, a fé, o amor, e a paz com os que, com um coração puro, invocam o Senhor. ***(2 Timóteo 2:22)***

Nem tampouco apresenteis os vossos membros ao pecado por instrumentos de iniquidade; mas apresentai-vos a Deus, como vivos dentre mortos, e os vossos membros a Deus, como instrumentos de justiça. ***(Romanos 6:13)***

Não sereis injustos em vossos juízos: Não favorecerás o pobre nem terás complacência com o grande; mas segundo a justiça julgarás o teu próximo. ***(Levítico 19, 15)***

Ele faz justiça ao órfão e à viúva, e ama o estrangeiro, ao qual dá alimento e vestuário. ***(Deuteronômio 10, 18)***

Não farás curvar a justiça, e não farás distinção de pessoas; não aceitarás presentes, porque os presentes cegam os olhos do sábio e destroem a causa dos justos. ***(Deuteronômio 16, 19)***

A boca do justo fala sabedoria e a sua língua exprime a justiça. ***(Salmos 36, 30)***

A justiça e o direito são o fundamento de vosso trono, a bondade e a fidelidade vos precedem. ***(Salmos 88, 15)***

Mas o julgamento com justiça se fará, e o seguirão os retos de coração. ***(Salmos 93, 15)***

Pratico o direito e a justiça; não me entregueis aos que me querem oprimir. ***(Salmos 118, 121)***

É pela justiça que um rei firma seu país, mas aquele que o sobrecarrega com muitos impostos o arruína ***(Provérbios 29, 4)***

Digo-vos, pois, se vossa justiça não for maior que a dos escribas e fariseus, não entrareis no Reino dos Céus ***(Mateus 5, 20)***

Na mesma cidade vivia também uma viúva que vinha com frequência à sua presença para dizer-lhe: Faze-me justiça contra o meu adversário. Todavia, porque esta viúva me importuna, lhe farei justiça, senão ela não cessará de me molestar. ***(Lucas 18, 5)"***

Não julgueis pela aparência, mas julgai conforme a justiça. ***(João 7, 24)***

Ele te declarou, ó homem, o que é bom; e que é o que o Senhor pede de ti, senão que pratiques a justiça, e ames a benignidade, e andes humildemente com o teu Deus ***(Miqueias 6:8)***

Fazer justiça e juízo é mais aceitável ao Senhor do que sacrifício. ***(Provérbios 21:3)***

> *Bem-aventurados os que têm fome e sede de justiça, porque eles serão fartos; (* ***Mateus 5:6)***

Ainda alguns outros versículos bíblicos, agora mostrando o tremendo resultado que experimentam, conforme este Livro Sagrado, quando se busca a justiça. Benefícios para agora e para quem quiser crer, para a eternidade!

> *Não andeis, pois, inquietos, dizendo: Que comeremos, ou que beberemos, ou com que nos vestiremos? Porque todas estas coisas os gentios procuram. Decerto vosso Pai celestial bem sabe que necessitais de todas estas coisas; Mas, buscai primeiro o reino de Deus, e a sua justiça, e todas estas coisas vos serão acrescentadas.* ***(Mateus 6:31-33)***
>
> *E o efeito da justiça será paz, e a operação da justiça, repouso e segurança para sempre (* ***Isaías 32:17)***
>
> *Combati o bom combate, acabei a carreira, guardei a fé. Desde agora, a coroa da justiça me está guardada, a qual o Senhor, justo juiz, me dará naquele dia; e não somente a mim, mas também a todos os que amarem a sua vinda. (* ***2 Timóteo 4:7-8)***

Quase poderíamos já afirmar que seguindo as diretrizes retro, que a Bíblia relata, obedecendo aos procedimentos e conselhos que advêm dessas palavras sábias, teríamos uma sociedade com muito mais Justiça e uma aplicação de normas não friamente, mas já bem influenciada por um envolvimento socioeconômico e espiritual, ofertando à Sociedade um como que um "justo benigno" campo de ideias e decisões.

Em verdade crentes em Deus, ou não crentes, ao lerem tais citações sem preconceito, acabarão encontrando inspiração para fortalecer o Direito, a elaboração de normas pelo jurista, bem como poderá o juiz verificar alguns sinais para sua decisão.

O infinito desafia nossa compreensão, infunde-nos curiosidade extrema e atrai-nos para descobrir mais e mais os sentidos do viver, do bem viver, onde e quando...

2. Aplicar norma fria e Direito aleatoriamente

Aplicar norma fria, feita por homens, a toda situação que pareça pertinente e/ou inerente, e pronto. Justiça seja feita. Serviu para o caso concreto e assim quem opera o Direito do caso respira aliviado – caso encerrado.

Conheceu-se bem as partes envolvidas na causa e o meio social onde vivem ou onde operam?

Irrelevante dir-se-á, pois a justiça é cega. Mas cega após verificar o "entorno" e consequências, ou cega sempre friamente no "caso em julgamento" com enquadramento automático?

Examinar consequências? Não, ignore-se dúvida implícita ou aparentemente existente em casos sub judice". Caso encerrado, resolvido – "bola pra frente" e que se danem outras situações envolvidas, mesmo que possam ser relevantes".

Entendamos melhor do que falo: vamos examinar um pouco o desenvolvimento da organização das sociedades humanas e a aplicação da Lei.

Um grupo numeroso de caçadores e cidadãos de certa influência, de uma tribo no sul da Ásia, digamos no território onde hoje fica a Tailândia, deslocava-se para oeste, hoje no Laos ou Vietnã, à procura de caças diversas, ou animais ou aves, para usarem seus ossos ou penas utilizáveis em diversos utensílios.

Queria ficar por lá por uns meses, até obterem o que queriam, ou talvez até conquistar tal território.

Ocorre que, no território de caça ou conquista encontravam outra tribo habitando nesse território, que se opunha firmemente a tal "invasão" e havia lutas violentas.

Que fazer? Prevalecia o povo mais forte?

Mas a tribo invasora e os habitantes locais perceberam que a matança e guerra acabavam por dizimar e destruir muitos seres humanos integrantes de seus povos, pois tudo aconteceria de novo, passado algum tempo.

Daí, os mais sábios e antigos fazedores de leis e acordos tentaram e conseguiram se encontrar, sem luta, criando meios para discutir uma repartição, também distribuição de caças, utensílios, materiais diversos, em proveito de ambos os povos.

Surgiram as trocas, as linguagens de sinais, o consentimento de fazerem operações em locais demarcados e as trocas ou divisões se faziam em terrenos destinados a este "primitivo" comércio ou até "fórum" de debates sobre as operações.

Matavam ou afastavam quem desobedecia às ordens, instruções, ou invadia locais proibidos.

Assim o homem percebeu, desde tempos remotos, que para viver em aglomerados, tribos ou povos, protegidos e coesos, necessitaria usos costumes e organização social comuns.

Se não o fizesse, a morte ou perdas significativas poderiam aniquilá-lo.

Assim sabiamente quis defender-se em conjunto, ou até individualmente, para prover suas necessidades básicas e poder conservar seus territórios.

Era necessário determinar, prover, respeitar, ditar normas de usos e costumes e fazer paz ou – guerra com os vizinhos, só se necessário, ou para deter invasões.

Daí se tornou primordial construir-se uma hierarquia e divisão de poderes, possibilitando divisão inteligente de tarefas, nas diferentes situações existentes.

Vamos dar um passo adiante.

Começou o ser humano a perceber, que a simples aplicação da norma fria a todo caso ou disputa que parecia ser de características praticamente iguais, num primeiro instante dava certa satisfação de um dever cumprido.

Pensou-se que era proveitoso e mais seguro, aparentemente.

Porém, daí notou-se que como os indivíduos são diferentes, mesmo praticando ações formalmente idênticas, resultavam por vezes em injustiças, erros.

Como Vicente Rao escreve, em seu livro O Direito e a vida dos Direitos, Editora Resenha Tributária, São Paulo, 1976:

> *É certo que o direito se apodera do homem desde antes de seu nascimento e o mantém sob sua proteção até depois de sua morte. Mas certo também é que, sempre e a todo instante, o considera como parte de uma comunhão, que é a sociedade, fora da qual o homem, civilmente, não poderia viver.*
>
> *Por isso é que a sociedade e direito forçosamente se pressupõem, não podendo existir aquela sem este, nem este sem aquela. Ubi societas ubi jus. Se a coexistência social resulta da natureza humana, também da natureza do homem, que Deus fez à sua semelhança, o direito decorre.*

Quando a lei aplicável era correta em sua forma típica a um evento, começou a percepção de que o paciente ou organização começavam a reagir diferentemente.

Em seguida, eventos posteriores deterioravam ou até inutilizavam as finalidades ou características do "julgamento" passado.

Surgiam algumas consequências inesperadas ou desagradáveis ao convívio social.

Por vezes, atingia um homem inocente, ou ajudava-se o culpado ou culpados ou até outros grupos estranhos ao "processo" a se livrar de crimes, por aplicação somente da letra fria da lei apressadamente, desconsiderando o entorno envolvido, ou outros fatos, quer em casos cíveis, penais ou até envolvendo mais de um povo ou nação.

Condenava-se a afastar do convívio social, a pagar muito o que fosse devido a outrem, à perda de membros do corpo como a mão aos que furtaram, a torturas, pessoas que foram vistas nos locais de crimes, que tinham em suas mãos produtos furtados, que foram vistas perto de assassinatos.

E o que dizer de Cesare Lombroso?

Cesare Lombroso, médico psiquiatra, foi o principal fundador da Escola Positiva, ao lado de Enrico Ferri e Raffaele Garofalo, responsáveis por inaugurar a etapa científica da criminologia no final do século XX.

> *Lombroso defendia a ideia da predisposição biológica do indivíduo à conduta antissocial, ao qual ele chamou de criminoso nato.*
>
> *O criminoso nato seria, na verdade, uma pessoa que possui uma patologia que a leva a ter condutas criminosas. A conclusão é que esse indivíduo deveria ser tratado e curado, como um doente. Ele não precisaria de cadeia, e sim de hospital, para que pudesse ser recuperado da sua anomalia.*
>
> *No caso do criminoso nato, este se caracteriza, do ponto de vista físico, por possuir um crânio pequeno, grande órbita ocular, testa inclinada, protuberância na parte inferior traseira da cabeça. Do ponto de vista psicológico, é insensível, impulsivo e não sente remorso.*

Imagine-se a aplicação destas regras friamente, como premissas inelutáveis, para qualquer crime ou até organização criminosa...

Devo citar na aplicação de normas frias e por vezes fora de contexto, que questões de territórios, de invasões, eram resolvidas por Tratados mal redigidos, por analogias inaplicáveis, à força, ou por texto "frio" porque existente.

O homem sábio, comprometido com o bem viver, com o bem-estar social, tende por vezes, a encontrar o certo, justo, digno e bem medido, não aplicando exatamente determinada lei, supostamente aplicável ao caso.

E daí? Como? Utilizando sabedoria, equilíbrio, experiência, discernimento, até iluminamento divino, empregando técnicas, estratégias legais outras para o "decisum"., inclusive modulagem de efeitos, ou até procrastinando ocorrências de julgamentos, o que inclui habilidade de retirar de pauta com sabedoria certos casos, por possível futura realidade mais justa.

Tanto é verdade que há a eterna busca do "melhor". Do melhor sistema, mais eficiente, mais controlador de desequilíbrios, mais HUMANO e, por esse motivo julgamos oportuno aqui, uma inspiração de quem descreveu tão bem definir um sentido de vida com verdadeira justiça, em palavras de Charles Chaplin:

> *O Caminho da Vida*
>
> *O caminho da vida pode ser o da liberdade e da beleza, porém nos extraviamos.*
>
> *A cobiça envenenou a alma dos homens... levantou no mundo as muralhas do ódio... e tem-nos feito marchar a passo de ganso para a miséria e morticínios.*
>
> *Criamos a época da velocidade, mas nos sentimos enclausurados dentro dela. A máquina, que produz abundância, tem-nos deixado em penúria.*
>
> *Nossos conhecimentos fizeram-nos céticos; nossa inteligência, empedernidos e cruéis. Pensamos em demasia e sentimos bem pouco.*
>
> *Mais do que de máquinas, precisamos de humanidade. Mais do que de inteligência, precisamos de afeição e doçura. Sem essas virtudes, a vida será de violência e tudo será perdido.*
>
> Charles Chaplin , O Grande Ditador (1940).
>
> *Nota: Trecho do discurso final* do filme de Charles Chaplin «O Grande Ditador» (1940).

3. Breves características históricas do Direito pertinentes a nosso tema

Viajemos para tempos que nos precederam.

Na Antiguidade, já se constatou a necessidade de leis a regular o comportamento de cada indivíduo.

Leis foram criadas para organizar a sociedade e por consequência a civilização, estabelecendo o que cada indivíduo poderia ou não fazer. Eram as leis que determinavam o que era certo e o que era errado. Mas é claro, obedecendo às determinações religiosas e culturais de cada povo. Inicialmente as leis partiam de princípios religiosos e tinham por objetivo legitimar (tornar legal, aceitável) a sociedade tal como ela era.

Direito na Civilização Mesopotâmica. Os primeiros códigos da Mesopotâmia que se conhecem são oriundos dos povos sumérios, os primeiros a se estabelecerem na Mesopotâmia.

O Código Estela dos Abutres de 2.450 a.C. é considerado hoje o mais antigo código do mundo. Mas, na verdade, trata-se do mais antigo tratado diplomático conhecido, pois ali estão escritos os termos da paz entre Lagash e Umma (cidades). Motivado pelos que lutavam pelos direitos de irrigação e na guerra entre as duas cidades-estados, Lagash foi a vencedora.

Citemos a importância do Código de Hamurabi.

O Código de Hamurabi abrange diversos aspectos da vida babilônica: comércio, família, propriedade, herança, escravidão, incluindo os delitos e as respectivas punições segundo a categoria social do acusado e da vítima.

E o Egito? Até os tempos de hoje discute-se se a civilização egípcia teve códigos, isto é um direito codificado, pois não foram encontrados textos que atestassem diretamente o fato. O faraó era a própria encarnação da divindade (dos seus deuses) e dele emanavam todas as diretrizes, ordenamentos, decisões mais abrangentes ou definitivas importantes ou não.

No Oriente em geral, mormente toda a região asiática, verificamos que houve sim usos e costumes observados e compilados na Índia, China, Japão e outros países.

Muitos "sistemas jurídicos" foram promulgados e aplicados consoante religiões e conforme as dinastias, reis, príncipes ou imperadores no Poder.

O Direito grego praticamente nasce das aspirações de Homero, pois suas obras e epopeias trazem regras de conduta, bem como as possíveis penas para a violação dessas regras, daí porque podemos afirmar que em Homero assiste-se à gestação do Direito Grego.

E como era a aplicabilidade do Direito na Grécia antiga?

Eram considerados cidadãos, segundo a lei ateniense de Péricles, os homens que fossem filhos de pessoas detentoras do mesmo estatuto. Era também necessário que o pai reconhecesse o filho e que este fosse enquadrado na estrutura social vigente na cidade natal.

E muito relevante se torna realçar que os deuses gregos exerciam uma influência muito grande nas normas, nos Poderes e até nos motivos de guerras entre, por exemplo, Atenas e Esparta.

Ao chegar ao edifício sede de Poder em Atenas – o Areópago – o apóstolo Paulo ao verificar tantos deuses cultuados viu que havia um altar cultuando "o Deus desconhecido". E não perdeu tempo em sua "pregação" lá, para afirmar que servia a esse Deus desconhecido, que tudo criou".

E em Roma, berço de nosso Direito e de outras civilizações ocidentais, quais poderíamos citar como princípios do direito romano?

Princípios fundamentais básicos: a vida, a liberdade, a propriedade, e a segurança.

A Lei das Doze Tábuas consagrou o chamado *Jus civile*, a laicização do direito, e contemplou a família, o casamento, o divórcio e as heranças; a posse e a transferência de propriedade, os assaltos e as injúrias contra pessoas e bens; as dívidas, a escravatura, a sujeição por insolvência com acordo das partes (*nexum*).

Ulpiano, importante jurista romano, resumiu em três os conceitos pelos quais devia ser regida a sociedade romana e consequentemente suas leis: *não prejudicar ninguém, viver honestamente e dar a cada um aquilo que lhe corresponde.*

Desde os primórdios de Roma, *Aequitas*, ou também *Aecetia*, era a deusa das trocas justas e dos comerciantes honestos e, em tal representação, da mesma forma que a *Justitia*, carregava uma balança na mão como sinal de equidade e "*fairness*".

Santo Tomaz de Aquino realçava esses termos gregos *epiikia* dirigido à equidade e *epiike* ao equitativo.

Até a própria etimologia da palavra equidade denotaria forte ligação de um modo geral, a uma situação de obediência e, em particular, à obediência ao legislador e sua intenção, sendo que aqui vemos uma quase invasão ao intelecto do autor da lei, por métodos difíceis, por vezes, de merecerem total credibilidade.

O romanista José Carlos Moreira Alves refere a *aequitas* no direito romano como um ideal ético que existe, em estado amorfo, na consciência social e, quando necessário, tende a tra*nsformar-se em Direito Positivo.*

Estendendo um pouco mais o que se disse sobre equidade, porque muito importante para a correta aplicação no mundo da JUSTIÇA MAIOR, DO DIREITO MELHOR, lembro a seguir Vicente Rao:

Em seu livro o *Direito e a Vida dos Direitos*, pág. 56 Ed. Resenha Universitária, São Paulo, 1976, cita o jurista Alípio Silveira, em *Conceito e Funções da Equidade em Face do Direito Positivo*, com magistral enriquecimento de fontes pertinentes:

> *Equidade:*
>
> *a – ideia ou noção de direito;*
>
> *b - forma especial do direito em contraposição à forma literal (Miraglia)*
>
> *c – direito ideal (P. VANDER EYKEN);*
>
> *d – direito justo – (STAMMLER)*
>
> *e – direito natural (PAULO, ARISTÓTELES, SANTO TOMÁS, DEL VECCHIO)*
>
> *f – moral, princípio ético (G. MAGGIORE, GROPPALI)*
>
> *g – justiça absoluta (TEIXEIRA DE FREITAS)*
>
> *h- justiça natural ou justo natural;*
>
> *i - poder discricionário (MICCELI CALAMANDREI)*
>
> *j - standard jurídico, norma individualizadora, maleável ou flexível (G. RIPERT); direito equitativo, normas de cultura (M. E. MAYER); normas mistas de direito positivo e direito natural (BRUGGI)*
>
> *k – justiça do caso concreto;*
>
> *l – espírito da lei (CÍCERO, DERNBURG, FERRINI)*
>
> *m – qualidade da lei de adaptar-se às circunstâncias variáveis dos fatos, segundo certos critérios (PACCHIONI, ESPÍNOLA)*
>
> *n – caridade, piedade, benevolência, benignidade humanidade;*
>
> *o – princípios supremos da justiça (GENY)*
>
> *p – justo moral (A. GIANNI)*
>
> *q – natureza dos fatos (A. ASQUINI)*

r – modo de sentir da consciência coletiva (MICELLI, BEVILAQUA, CARNELUTTI, D'ALESSIO, etc.);

s – juízo do bônus vir, sensato e normal (PRADELLA, ROTONDI, FADDA e BENSA, etc.).

De mister ressaltar que não conseguimos identificar uma História progressiva do Direito, propriamente dita, mas valores, tradições e culturas que diferenciaram os caminhos escolhidos para corporificá-lo, elegendo o que sistematizariam como seus "Códigos".

Povos identificados pela mesma linguagem ou tradições culturais, tenderam e tendem a aplicar tipos diferenciados de Direitos, como o Direito Romano e suas instituições, Direitos de povos do Oriente, "Common-law", etc.

A tradição europeia continental foi muito influenciada pelo Direito Romano e de suas instituições — mas muito menor na tradição anglo-americana e quase nenhuma para os povos de tradição islâmica.

A história do direito ajuda a entender o processo de evolução e constante transformação das civilizações humanas, no decorrer da história dos diversos povos e consequentemente das diversas culturas, do ponto de vista jurídico, bem como a influência que teve a Igreja e seus ensinamentos, derivados da doutrina cristã, iluminando a ciência do bem conviver.

E agora como o Direito pode ser feito para melhorar o mundo?

4. A função do Direito e a procura de um ideal de justiça nas sociedades organizadas

Os homens poderosos, o ser humano em sua maioria, particularmente os que se entendem mais fortes, que querem controlar a sociedade e até talvez você, caro leitor, talvez pensem que escritores, romancistas, poetas, sonhadores de ideais não merecem crédito nesta formação de Justiça e para promover sociedade mais justa e fraterna.

Eles não serviriam tecnicamente para auxiliar a fazer sociedades mais justas ou fraternas.

Engano seu. Atrevendo-me escrevo em francês, um poema pequeno de um poeta que era importante no Estado francês, mas fazia poemas até antes de fazer leis:

> *Qui a le gouvernement*
>
> *Quand tu écris le poéme ?*
>
> *Tu le partages*
>
> *Avec bien plus fort que toi*
>
> *Aprés tu joueras le role*
>
> *Du Conseil d'État*
>
> GUILLEVIC, *Art poétique*, p. 95.
>
> *Les poètes sont les législateurs non reconnus du monde*
>
> Shelley, *Défense de la poésie*, 1821.

Ou seja:

> Quem tem o Governo
>
> Quando tu escreves o poema?
>
> Tu os compartilhas
>
> Com os bem mais fortes que tu
>
> Depois tu vais desempenhar teu papel
>
> Do Conselho de Estado
>
> GUILLEVIC, Arte poética, p. 95
>
> Os poetas são os legisladores não reconhecidos do mundo
>
> Shelley, Defesa da poesia, 1821.

Em poemas e escritos muito, muito se colaborou e se chamou a atenção para os problemas sociais, as condutas e o espírito humano.

Ah! A função do Direito!

Quando entramos na faculdade, quando temos mestres de grande saber, e se temos verdadeira vocação, bebemos e saboreamos lições inolvidáveis de conceitos e formação de leis, de Constituição a prevalecer para devida organização social.

Antes de aprendermos as normas práticas, somos apresentados devagar ao Direito Civil mas prevalecem ainda os ensinamentos de sabedoria e de história das leis.

Sim, entramos na função social do Direito que quer guardar em suas entranhas a promoção de igualdade e justiça, dependendo, portanto, do desenvolvimento histórico, político, econômico e cultural da sociedade à qual se destina.

Afirma-se que o Direito flui da necessidade de se ordenar a vida coletiva, como sugere o princípio muito repetido, do "ubi societas, ibi jus" (onde está a sociedade, está o direito).

Mas como estão machucando a Justiça, a Sociedade, o cerne do Direito, nos dias de hoje.

De acordo com os ensinamentos de Miguel Reale:

> *Ubi jus, ibi societas, não se podendo conceber qualquer atividade social desprovida de forma e garantia jurídicas, nem qualquer regra jurídica que não se refira à sociedade. O Direito é, por conseguinte, um fato ou fenômeno social; não existe senão na sociedade e não pode ser concebido fora dela. Uma das características da realidade jurídica é, como se vê, a sua socialidade, a sua qualidade de ser social. (REALE, 2001, p.16)*

Assim, ao construirmos um ordenamento jurídico, indicamos direitos e deveres, traçando limites que objetivem a melhor convivência social, é o próprio desenvolvimento social que determina como será o Direito, de modo que a evolução de um está atrelada à do outro.

Nas palavras de Émile Durkheim (1999, p.67),

> *"a vida geral da sociedade não se pode desenvolver um pouco que seja sem que o direito se desenvolva ao mesmo tempo e na mesma relação".*

De tal afirmação, é extraída a ideia de que, para que se alcance o desenvolvimento social pleno, indispensável se faz a evolução do direito, que não ocorre senão pelo trabalho de seus operadores: os juristas.

5. A função do jurista é aperfeiçoar o direito posto com sugestões e lutar para que a Justiça seja "justa" ou apenas de aplicar a norma posta? E como entender a Equidade necessária para um melhor cumprimento da lei

Surge então a ideia de que, para que se alcance o desenvolvimento social pleno, ou ao menos razoável desenvolvimento normativo-positivo, por meio do trabalho de seus operadores principais: que seriam os juristas.

Procuram-se juristas! Não, não se conseguem bons resultados publicando anúncios em veículos de divulgação de notícias ou sites.

Ele até poderia tomar o direito posto ou existente, ou latente, para traçar, modificar ou inovar a norma posta e como aplicá-la, mas daí abrangeria todos os fatos envolvidos?

Ou teria obrigatoriamente de deixar brecha ao Juiz para discernir a aplicabilidade da norma?

Constitui preocupação sua que a aplicação da norma eleita ou ratificada seja saudável, adequada, realmente construtora do "bom e do justo", conforme diziam os romanos?

E, como já vimos, importante considerar um equilíbrio, uma busca de equidade, para qualificar as decisões e as sentenças:

Roma outra vez, vindo também da Grécia, a grande importância da equidade:

> "*Summum jus, summa injuria* – deflui do conceito intrínseco de Equidade.
>
> A admissão desta, que é o justo melhor, diverso do justo legal e corretivo do mesmo, parecia aos gregos meio hábil para abrandar e polir a ideia até então áspera do Direito. Nesse sentido também ela abriu brecha no granito do antigo romanismo, humanizando-o cada vez mais. 'Fora do *oequum* há somente o *rigor juris*, o *jus durum, summum, callidum*, a *angustissima formula* e a *summa crux*. A *oequitas* é *jus benignum, temperatum, naturalis justitia, ratio humanitatis*"

A Equidade em três dimensões jurídicas (*aequitas* romana, *equity* no *common law* e equidade no direito positivo brasileiro), sinaliza que a equidade é inserida, usualmente, de um modo "negativo".

Como assim?

Aplica-se a equidade como uma coadjuvante da norma aplicável.

Ela é entendida como uma corretora da lei, quer por apontada omissão, quer por esta alargar demais a aplicabilidade quando esta for demasiado genérica e, pois, não comportar a solução adequada para o caso concreto.

Santo Tomaz de Aquino ao comentar temas aristotélicos indicava:

> "*A equidade a algo útil para a aplicação da lei, onde esta é omissa devido à sua generalidade.*"
>
> Agora em Kant "*a reclamação que se funda na equidade somente tem força no tribunal da consciência (forum coeli), ao passo que*

a questão de direito é discutida no tribunal civil (forum soli s. civile)."

O que muitos autores denominam sentido negativo da equidade, faz-se presente em alguns Códigos expressamente, chamamos "negativo" da equidade como no Código Civil Suíço:

> "[d]*eve o Juiz, quando se lhe não depara preceito legal apropriado, decidir de acordo com o direito consuetudinário, e, na falta deste segundo, à regra que ele próprio estabeleceria, se fora legislador.*"

Embora possa ser criticada a decisão que se deu por equidade, não concordo que esse tenha sido um mal para aplicação do Direito, podendo sim alargar-se a norma fria, por meio de uma Equidade que se verifique de suma paz, acatada e prestigiada.

É um alívio para os juristas perceberem ou verificarem que as normas que elaboraram podem ser ou foram aplicadas, em um caso concreto, alcançando melhor aplicação da Justiça.

Por isso mesmo em nossos tempos, a equidade em alguns casos é até usada e considerada um avanço na aplicação da lei criada ou comentada pelos juristas, particularmente diria nos países da "common law" onde se percebe mais incongruências quando se aplica jurisprudência muito antiga.

O jurista, na sociedade contemporânea, vai além do conhecimento técnico do direito, expandindo-se ao conhecimento do homem inserido no contexto social, em suas interações.

Requer-se notório saber jurídico, mas um bom jurista deve ter capacidade crítica e poder acompanhar a evolução da sociedade atual, tarefa esta difícil, tendo em vista a velocidade cada vez maior em que ocorrem as transformações nos tempos modernos.

Ainda mais, com a Internet, cite-se o Google, o Whatsapp, utilizam-se conhecimentos e posicionamentos da própria hora em que se decide ou se informa algo. As possibilidades de legislar, de mudar o mundo, a nação, as leis – que espantoso desafio e como proceder?

Quando se legisla sobre documentos ou provas documentais, mister se faz contemplar na norma o que está sendo abrangido e dizer como e quando não valem o teor de documentos ou evidências hoje questionáveis.

Assim, se o legislador determinar que o testamento deve ter tais e tais requisitos para valer, também se deve afirmar que só vale o documento registrado em cartório ou, na dúvida, se for certificado por peritos competentes que não é falso ou foi adulterado.

Quando se legisla sobre o comportamento humano, sobre por exemplo dirigir embriagado e matar uma pessoa na calçada, pode-se exigir teste do bafômetro, ou prova pericial, mas também identificação clara de quem o prendeu, de testemunhas se houver, de inexistência de ter sido situação forjada por determinado site ("fake") e introduzida como fato real no mundo existente em que vivemos.

Não se trata de se permitir a diminuição do rigor da aplicação da pena ou de desfazimento de negócios ou ordenamentos de pessoa jurídica, mas evitar-se fraude "fabricada por "experts" em programas virtuais.

Hoje em dia o Jurista, afirmando ser minha posição, hoje mais que nunca deve-se legislar pensando **que o criminoso só é desestimulado à prática do delito, se souber que é certa sua punição.**

E a Lei deveria declarar penas mais rigorosas e de maior dissociação do criminoso ao convívio social.

Quem hoje comete um furto, ou um roubo, é na maior parte das vezes levado pela polícia ao Delegado, cumprem-se as formalidades, exames das pessoas envolvidas, até se constata que tem ficha criminal, feitas diligências e até audiência esclarecedora competente, mas em seguida, na realidade, é solto podendo sair até pela porta da frente da Delegacia ou local onde se encontre.

Até por vezes paga fiança ou cumpre outro tipo de apontamento referente a locais onde atuou, ou até devolução de determinados bens.

MAS QUANTA HIPOCRISIA! E que falar dos crimes hediondos, dos roubos com várias mortes, da formação de quadrilha!

A lei penal deveria prever, até permitida tal possibilidade, óbvio, por emenda constitucional competente, até modificação constitucional por Poder bastante qualificado se aceito, que a prisão em flagrante desses marginais deveria implicar retirada desses criminosos do convívio social por uns 2 anos, sem direito a nenhum contato com qualquer pessoa, fora seu advogado, a cada digamos 15 dias, sem direito a visitas íntimas, a ninguém da família, sem saídas de Natal, ou qualquer outra.

E depois continuaria preso no cumprimento da pena, ou, na hipótese de pena menor que os dois anos, liberdade, mas sem direito a nenhuma reparação por parte do Estado, porque a sociedade teve de ser preservada no tempo do crime, e o tempo foi necessário para tanto, sem nenhuma alegação pelo apenado.

A punição para crimes hediondos, para crimes contra a vida em série, deveria ser de 50 anos ou prisão perpétua, sem saída do presídio, nem para tratamento médico usual, mantido um setor de UTI no presídio, para necessidades, isento o Governo ou o presídio de qualquer responsabilidade por eventual morte do prisioneiro, com direito, depois de 2 anos de cumprimento da pena, de receber visitas de esposo ou esposa, ou familiares, uma vez por mês, com toda a segurança ainda assim.

Ressocialização do preso só em prisões adequadas, com acompanhamento psiquiátrico, após os 2 anos, e com acompanhamento de juízes de execução da pena e responsáveis pelo julgamento.

Retornando ao tema – Jurista - ele não é só o estudioso da ciência do Direito.

A função do jurista vai muito além da indicação, da criação ou aplicação de determinadas leis.

O jurista possui, sobretudo, o papel de reelaborar os modelos jurídicos já estabelecidos, promovendo um processo de desconstrução e reconstrução do Direito. Nesse sentido, é o ensinamento do Professor Paulo Lôbo:

"Todo ordenamento jurídico se acha condicionado historicamente e depende das circunstâncias sociais e econômicas, traduzindo, em grande parte, uma determinada ideologia ou uma concepção do mundo. Daí exigir-se do jurista, também, uma postura crítica, pois sua função não é de um mero possibilista técnico, nem sua tarefa o aplauso incondicional dos mandados do poder político." (LÔBO, 1983, p. 20)

O jurista deve ser possuidor de notável saber jurídico. Conforme nos ensina Bodenheimer:

> *"O que mais se precisa no preparo dos juristas de hoje é fazê-los conhecer bem as instituições e os problemas da sociedade contemporânea, levando-os a compreender o papel que representam na atuação daqueles e aprenderem as técnicas requeridas para a solução destes."*

Finalizando, respondo assim à inquirição sobre se o jurista:

Jurista não é "robot" jurídico. Ele tem alma, não é realmente cego como a figura da justiça pretende infundir.

Imparcial sim, indiferente não. A lei é para atingir pessoas, não simplesmente códigos ou papéis.

Deve amar a vida e a sociedade à qual pertence para superar-se ao fazer a lei, comentar, opinar, para realmente ser de notório saber.

Jurista deve procurar ser fonte de esclarecimento, bem-vindo para ser ouvido e assim ajudar a obter o equilíbrio social.

Jurista "Juris et de Jure" – de direito e por direito ! Tentar ao menos...

6. A função do magistrado é fazer apenas uma justiça formal, o mais das vezes não se debruçando sobre as partes em contenda, ou não fazer injustiça?

6.1 Generalidades

Espera-se que o magistrado, conforme se depreende, tenha a capacidade de julgar bem. E muitos discutem sobre o que é uma decisão justa, querendo "adaptar" melhor a lei ao fato concreto.

O Juiz inicia sua carreira, usualmente no Brasil, sendo aprovado em concurso público e indicado para uma Vara de determinado Foro, onde deve se apresentar e começar a julgar as questões pendentes, não sem, obviamente, ter uma instrução a respeito do local, Foro, servidores a seu serviço e casos existentes na Vara.

Significa examinar os elementos processuais, a legislação que possa ou deva ser aplicada, a situação efetiva das partes, jurisprudência aplicável, situações diferenciais para exata correspondência ao direito aplicável, daí bem fundamentando sua decisão.

E a equidade na decisão do Juiz? Pode ou deve por vezes ser aplicada?

Retornando ao jurista Alípio Silveira, no Livro de Vicente Rao, já anteriormente referido, há princípios que são relevantes citar aqui, quando o Juiz decidir:

> *d – direito justo – (STAMMLER)*
>
> Tente com muito vigor ser justo, primordialmente.
>
> *e – direito natural (PAULO, ARISTÓTELES, SANTO TOMÁS, DEL VECCHIO)*
>
> Lembre-se da história da natureza humana e os valores que foram naturalmente a base da organização social.
>
> *f – moral, princípio ético (G. MAGGIORE, GROPPALI)*
>
> Revista-se o magistrado: de agir e escrever o que fica mais de acordo com a moral e bons costumes da sociedade, da ética mais aplicável e ordeira.
>
> *g – justiça absoluta (TEIXEIRA DE FREITAS)*
>
> Pense que pode se tornar a sentença, a decretadora absoluta de aplicação irreversível, quando perceber ser este o caso "sub judice".
>
> *h- justiça natural ou justo natural;*
>
> Nunca esquecer que é muito bom quando pode estar conforme esse justo natural.

É pedir demais de um homem só, diríamos. Mas com eventual percepção de que possa ter errado, ou não concordando as partes com sua decisão, resta o recurso a outra Instância.

Agora, de decisão do Supremo Tribunal Federal não cabe recurso. Só uma tentativa de ação rescisória do julgado, demorada e dificilmente obtendo êxito.

Bem, uma ideia é se socorrer do Poder Legislativo, sendo o caso perceptível, para tentar mudar ou criar outra Lei, que alcance diferentemente a situação.

O juiz tem missão sublime e oremos, aqueles que creem, para que Deus os ilumine.

O Juiz não é um "super-homem", mas deve ser alguém correto, de costumes moderados e estudioso do Direito e sua aplicação, na vida social e individual.

Desde já chamo a atenção para o que escrevo adiante, sobre a terrível regra que talvez seja o maior empecilho à boa decisão do Juiz, que se eleva acima de tudo como condição primeira e antecedente do Bom Juiz – **A SUA NÃO SUSPEIÇÃO.**

Porém, fazendo algumas considerações antes da suspeição, citemos os tempos antigos, onde conflitos levavam à escolha de um terceiro, neutro conforme sabido, para construir uma decisão imparcial.

O Senado Romano costumava formar membros que exerciam funções de Juízes para certas questões que pudessem merecer decisões fundamentadas e de peso até "Jus inter gentium" – entre povos, gentes de costumes diversos.

Quando se examina acontecimentos ou ocorrências antigas, em que se decidiram desde questões muito relevantes, até brigas entre vizinhos, a figura do Juiz era alguém até considerado como ligado à divindade, de classe mais elevada.

Já os índios americanos possuíam Conselhos especiais de anciãos, ou pajés, ou consultores credenciados para resolver, até em rituais especiais, até mesmo para declarar ou não guerra a outras tribos.

Evoluindo mais os povos, preferiu-se formar ou indicar um terceiro neutro, merecedor de uma posição privilegiada na sociedade - cidadão com habilidades específicas.

Agora - existe alguma previsão onde se busca indicar um "Juiz natural"?

Na Convenção Americana de Direitos Humanos – da qual o Brasil é signatário –, o artigo 8º preceitua que todo indivíduo tem o direito de ser ouvido por um «juiz ou tribunal competente, independente e imparcial, estabelecido anteriormente pela lei».

Mas como fica o eterno dilema de aplicação da lei, ou de qual lei ao fato concreto, debruçando-se sobre as partes envolvidas e ainda sem correr o risco de cometer injustiças, face às particularidades de cada região, de cada conceito monetário envolvido, cada situação de capacidade das partes?

Daqui já se deve separar o Direito Civil, do Direito Penal e daí as situações de leis comerciais, de Administração Pública, leis de Direito Internacional públicas ou privadas, Trabalhistas, enfim, juízes para serem hábeis em cada tipo de Direito envolvido é o que se busca modernamente.

6.2 Juiz de Garantias

Quanto à iniciativa de usarmos um "juiz de garantias" – figura tida como melhor para dividir investigação e julgamento em duas pessoas, propugna-se que os processos penais passem a ter um acompanhamento por dois juízes.

O de Garantias se responsabilizará na parte investigativa, enquanto a apuração e as sentenças permanecem sob a responsabilidade de outro magistrado.

O resultado será uma seleção das funções jurisdicionais, na investigação e no julgamento.

O Juiz de Garantias, trataria, por exemplo, de assuntos que envolvam prisão provisória, ou, impostos, entidades bancárias, telefonia e ordens de busca e apreensão.

> *Margarete Coelho cita a operação Lava-Jato como um exemplo dessa divisão de tarefas, pois, segundo ela, isso já acontece em casos específicos como esse. Nesse caso, um grupo de trabalho foi*

> *criado para ajudar nas investigações, com membros do Ministério Público Federal.*

E conforme **Francisco Codevilla**, juiz federal aposentado; *a Europa é a principal referência quando se discute a figura do juiz das garantias, mas é preciso estar atento às particularidades da realidade brasileira antes de importar essa função para o país.*

> *"Trazemos experiências de contextos bastante diferentes do nosso, principalmente na Europa. No mínimo, (para implementar a função) nós precisamos de dois juízes em cada comarca. Pois bem, talvez não seja a realidade do Distrito Federal e de São Paulo, por exemplo, mas tenho certeza de que várias comarcas do interior desses estados não têm sequer um juiz, nem promotor. Isso já é uma dificuldade para a implementação do juiz das garantias".*

Segundo os defensores da proposta, a função pode ajudar a dar mais imparcialidade aos julgamentos.

Um dos caminhos estudados para lidar com as diferenças regionais no número de juízes, segundo Codevilla, é a regionalização. Nesse caso, se um juiz é o único responsável por *uma pequena comarca, por exemplo, poderia atuar na investigação e, depois, remeter o julgamento a outro magistrado fora da comarca (o das garantias), que analisaria o caso a distância.*

Concordo com **Débora Valle de Brito**, juíza federal criminal do Rio de Janeiro, quando disse:

> *"A atividade do juiz de garantias é justamente aquela mais necessária para o presencial, que é a audiência de custódia", afirmou a magistrada, para quem também é fundamental que a função seja decidida por sorteio, assim como acontece com o juiz natural — ponto que ainda não ficou claro na regulamentação.*
>
> *A instituição do modelo foi suspensa em janeiro de 2020 em razão de questionamentos de entidades ligadas a juízes e ao Ministério Público. A proposta está há dois anos no Supremo Tribunal Federal, sob responsabilidade do ministro Luiz Fux.*

6.3 O Juiz "poderoso total"

Agora vem forte aquela pergunta já antes insinuada: pode o Juiz ao aplicar na solução do caso não só a norma fria (a Lei que entende aplicável), mas também ser "proativo", querendo efetivar o cumprimento de uma Justiça plena, estendendo seus braços abrangendo outros Poderes, até o Legislativo, o Executivo?

Seria correto e desejável?

Pode o Juiz ir além da norma aplicável e querer fazer "Justiça completa", em seu entender, como quando a lei manda cessar uma atividade ilegal, que não implica prisão do infrator, mas assim mesmo mandar prendê-lo, colocá-lo na prisão onde determinar?

Entendo que não. Não pode intervir na vida e liberdade das pessoas, sem respaldo legal adequado.

Pode o STF mandar processar criminalmente qualquer pessoa que esteja atrapalhando o que entende ser a boa governabilidade do País, ou seja, contestando ou atrapalhando o funcionamento do Poder Executivo, ou pode cassar o mandato de um membro do Poder Legislativo, porque está usando meios que ele Juiz entende ilegais no exercício de seu mandato?

Mesmo sem formação adequada de processo pertinente instruído, ainda quando devesse intervir o Procurador Geral da República, ou caber a iniciativa ao Ministério Público, e mesmo sem oitiva?

Por que o STF anulou o processo do ex-Presidente, ora Presidente, tirando-o da prisão mesmo tendo ele antes praticado atos ilícitos, permitindo sua possível elegibilidade, sabendo que realmente poderia se candidatar e agora é Presidente do Brasil, ignorando qualquer convulsão social eventual?

Não importa ao Super Juiz se puder alterar uma realidade nacional, agir em nome do povo que nem o elegeu?

Respondo eu:

O Juiz não deveria, não poderia, não pode tentar fazer justiça completa ou ignorar o País e agir em lugar do povo, sem ser seu representante, continuando depois a assumir todos os Poderes que se lhe oponham.

O juiz é importantíssimo, no convívio social, mas não pode invadir quando e quanto quiser competências de outros poderes ou criar legislação nova, sob pena de se tornar o "rei que decide sozinho usando poderes que podem inutilizar ou prejudicar a necessária atuação de outros Poderes".

Mas pode e até deve alertá-los e, até penso, colocar ideias e providências que outros Poderes poderiam regulamentar ou criar, dentro de suas competências.

Mas não pode ser Legislativo ou Executivo.

Ativismo judicial e excesso de abrangência põem em risco o Estado Democrático de Direito de um país.

Para mim, priorizem-se os princípios constitucionais, como um verdadeiro garantidor das promessas realizadas pelos constituintes, que são os únicos que poderiam apontar solução total, sendo o Poder Legislativo quem deve se debruçar sobre a matéria, aprimorar as Leis e sempre se socorrer dos Procuradores da República e Ministério Público, para alguma providência ou parecer que julguem dever ser adotado.

Nós ainda não somos como a Venezuela, por exemplo, onde o Poder Legislativo e o Judiciário são dominados pelo Poder Executivo e daí o Juiz já sabe o que agrada ou não ao Presidente (Presidente?) Ou será que queremos ser? Ou somos e nem sabemos?

6.5 O Juiz - suspeição

Agora então vamos à suspeição. Chegou o tema...

Pode o Juiz de qualquer Fórum, de qualquer Instância, examinar e decidir sobre qualquer causa que seja colocada ou distribuída para seu julgamento, sem quaisquer restrições?

A resposta correta é Não! Como assim? Não foi distribuída a ele? Ou não foi solicitado seu voto?

Sim, mas ao conhecer da realidade dessa atribuição ou distribuição, fica claro que a matéria envolve situações pessoais ou familiares ou delicadas, que poderiam tornar sua decisão alvo de suspeita, ou até prejudicar partes ou a própria sociedade.

Portanto para mim é imoral e pode qualificar o Juiz como contaminador do Poder em que atua, atraindo males, até violência e vingança por sua própria culpa ou mesmo dolo, se se provar o que o que e como o motivou a decidir.

Deve declarar-se suspeito, não deve decidir ou influir na decisão.

Desta forma, para ficar com a pergunta deste item, melhor evitar contendas ou até injustiças, quer realmente veladas ou reveladas na sentença, ou mesmo gerar violências até a já referida convulsão social.

Chamamos o Código de Processo Civil, em seu artigo 145, aqui útil para a matéria:

Art. 145. Há suspeição do juiz:

> *I - amigo íntimo ou inimigo de qualquer das partes ou de seus advogados;*
>
> *II - que receber presentes de pessoas que tiverem interesse na causa antes ou depois de iniciado o processo, que aconselhar alguma das partes acerca do objeto da causa ou que subministrar meios para atender às despesas do litígio;*

III - quando qualquer das partes for sua credora ou devedora, de seu cônjuge ou companheiro ou de parentes destes, em linha reta até o terceiro grau, inclusive;

IV - interessado no julgamento do processo em favor de qualquer das partes.

§ 1º Poderá o juiz declarar-se suspeito por motivo de foro íntimo, sem necessidade de declarar suas razões.

Isso se aplica a qualquer Instância, mesmo ao Supremo Tribunal Federal?

Sim. Entendo que é obrigatório, porque saudável, justo e/ou totalmente justificável e vinculante.

E é o mínimo de moral e honestidade que se espera de um homem público, ainda mais julgando situações importantes e controversas.

Lembremos outro artigo seguinte:

Art. 142. Convencendo-se, pelas circunstâncias, de que autor e réu se serviram do processo para praticar ato simulado ou conseguir fim vedado por lei, o juiz proferirá decisão que impeça os objetivos das partes, aplicando, de ofício, as penalidades da litigância de má-fé.

Art. 143. O juiz responderá, civil e regressivamente, por perdas e danos quando: (Vide ADPF 774)

I - no exercício de suas funções, proceder com dolo ou fraude;

Isso se aplica a qualquer Instância, mesmo ao Supremo Tribunal Federal?

Sim. E é o mínimo de moral e honestidade que se espera de um homem público, ainda mais julgando situações importantes e controversas.

Já houve julgamentos na última década, no nosso Supremo Tribunal Federal, em que haveria suspeição de Ministro ou Ministros, mas Ministros nem cogitaram em declararem-se suspeitos, mesmo sabendo-se que tinham defendido como advogados ou interessados, pessoas físicas, advogados ou Partidos políticos.

Da não indicação de suspeições passaram até a legislar ou tomar medidas, mormente o Supremo Tribunal Federal, em particular, pelo que se vê nas televisões e informativos, jurídicos ou não, através, por exemplo, pelo que Ministro Alexandre de Moraes, que tenta utilizar o Poder como legislador, julgador, promotor e coator de pessoas ou instituições, determinando atos coercitivos ou administrativos, julgando com falsa equidade e alcance judicial inexistente, indo contra os próprios livros que escreveu sobre o Direito.

Julgar casos que são de competência do Poder Legislativo, aplicar penas, decretar prisões ou cassar mandatos de deputados federais.

Por que? Não sei. Talvez um dia saberemos melhor. Talvez...

Se os Poderes devem ser harmônicos e independentes entre si, pode o STF sempre que entender deva fazê-lo cassar deputados, acusar de crimes o Presidente da República, ou componentes do Poder Executivo?

Realçando as medidas: Pode abrir inquéritos, mandar prender pessoas sem ouvir o Ministério Público, mandar prender militares, fazer oitiva em processos mesmo sem a participação dos advogados e sem audiência marcada com tempo hábil para eventual defesa e sem dar a conhecer o conteúdo do processo à defesa?

Agora, se isso tudo já ocorreu, por que estamos inertes?

6.6 Norma fria e "Fake News"

E que dizer de aplicar norma fria às chamadas "Fake News" (notícias falsas)?

Ora, hoje com os meios multiplicados de comunicação via Internet, alcançando milhões de pessoas, dependendo do meio ou canal utilizado, criam-se notícias ou situações que nunca ocorreram, ou que ocorreram em bem menor frequência que o divulgado.

Pretende-se distorcer para acabar com a reputação de pessoas ou instituições, prejudicando-as, mesmo destruindo-as, minimizando sua importância ou atribuindo a elas culpa ou criação de situações que nunca ocorreram.

O problema é - qual a norma fria que se aplicará?

Existem tipificados crimes relativos aos delitos que forem considerados aplicáveis a essas colocações falsas. Seriam calúnia, injúria, difamação, estelionato, formação de quadrilha, por exemplo, entre outros ?

Mas o que acontece se poderes ou pessoas começarem a querer punir de forma até aleatória os que, em seu entender violaram as leis, a Constituição ou os bons costumes ?

A liberdade de expressão é assegurada pela nossa Constituição, assim como se prestigia a aplicação da lei penal ou civil quando consideradas aplicáveis a essas falsidades.

Bom lembrar que sempre houve a divulgação, por meios diversos e numerosos, de "fake News". Não é novidade. Novidade são os meios hoje empregados e o alcance maior.

Tem de haver muito cuidado na repressão de tais supostos ou claros atos e notícias por escrito, verificando-se quanto atingem o que e até quando.

Em caso recente envolvendo o ex-Presidente, quer-se condená-lo (aliás parece que os poderes da esquerda brasileira querem, a todo custo, prendê-lo), para eliminar "perigos" aos planos de tomada do Poder absoluto.

E para isso, valem CPIs, acusações de participação em movimentos do dia 8 de janeiro de 2023 etc.

Mas como o Congresso Nacional vai votar e não desrespeitar a Constituição Federal?

Sabendo-se que Ministro do STF, que virou Juiz Supremo da Legalidade e intérprete Soberano de Lei Constitucional Penal?

Temo um futuro assim explosivo...

7. Conclusão - A Igreja, O Divino, a Sabedoria face a tais funções de operação da Justiça

Indo ao nosso item final, afirmamos que justiça perfeita só a de um Juiz Supremo – Deus.

Deste modo, onde se tocariam, onde se difeririam as normas de Direito das normas divinas, portanto dos escritos sagrados?

A justiça humana deveria refletir o mais próximo possível o espírito imortal, que carrega.

Dediquemo-nos então a comparar a justiça humana com o Livro da Sabedoria de Deus, da Bíblia Sagrada, porque daí poderemos "beber" da sabedoria escrita por homens inspirados por Deus:

1. Amai a justiça, vós que governais a terra, tende para com o Senhor sentimentos perfeitos, e procurai-o na simplicidade do coração,*

Ainda ocorre que o jurista ou o Juiz cristão, quando em momentos difíceis de resolução sobre o direito aplicável e sua medida, consultarem certos trechos da Bíblia, como no **Eclesiastes, Eclesiástico, na Sabedoria ou Novo Testamento**, não raro encontrando subsídios para o Relatório ou sentença de casos "sub judice".

4. A sabedoria não entrará na alma perversa, nem habitará no corpo sujeito ao pecado;

O problema sobre não poder ser um juiz ou jurista sábio, se manifesta claro, quando, por exemplo, juízes ou juristas vivem em estado permanente de pecado pessoal, de vidas dissolutas, ou pertencem a organizações criminosas.

5. O Espírito Santo educador das almas fugirá da perfídia, se afastará dos pensamentos insensatos, e a iniquidade que sobrevém o repelirá.

Aqui, mais explícito, fica claro que o Espírito Santo purificador, iluminador, não habitará, não clareará a mente do insensato, prenúncio da iniquidade que vai maquinar.

Quanto aos outros versículos:

6. Sim, a sabedoria é um espírito que ama os homens, mas não deixará sem castigo o blasfemador pelo crime de seus lábios, porque Deus lhe sonda os rins, penetra até o fundo de seu coração, e ouve as suas palavras.

Castigo para juízes desejosos de justificar o mal que espalham.

Agora comportamentos e afirmações importantes:

11. Acautelai-vos, pois, de queixar-vos inutilmente, evitai que vossa língua se entregue à crítica, porque até mesmo uma palavra secreta não ficará sem castigo, e a boca que acusa com injustiça arrasta a alma à morte.

14. Ele criou tudo para a existência, e as criaturas do mundo devem cooperar para a salvação. Nelas nenhum princípio é funesto, e a morte não é a rainha da terra,

15. Porque a justiça é imortal.*

Em negrito, coloquei ao leitor os versículos 4 a 6 e 11, 14 e 15. Por quê?

Já expliquei nas entrelinhas entre um e outro, mas agora enfatizando e lembrando outros aspectos:

A justiça não foi criada pelo homem, mesmo que as pessoas que não creem em Deus possam dizer que foi resultado do "convívio social" primitivo.

A sabedoria para bem julgar e aplicar uma lei com maior perfeição não é herdada pelo DNA.

Ela transcende o conhecimento simples, a mera observação, obtida por invenção ou observação quantificada de atos, pessoas e fatos.

Contemplando o universo e tudo que existe, hoje em dia negar a Deus é quase insano. Freud negou, mas seu discípulo famoso Jung acreditou...

Bem que o homem ateu tenta viver assim, e temendo sempre a morte sem o dizer, porque para ele, morrer é a maior tragédia possível. Pobre mortal...

A justiça está inserida no infinito e é base da vida universal.

Como dito no versículo 15 retro da Sabedoria, a justiça é imortal.

O que é justiça segundo a Igreja Católica?

> *A justiça* **é a virtude moral que consiste na constante e firme vontade de dar a Deus e ao próximo o que lhes é devido.** *A justiça para com Deus chama-se «virtude da religião».*
>
> *"E chamou Moisés a todo o Israel, e disse-lhes: Ouve, ó Israel, os estatutos e juízos que hoje vos falo aos ouvidos; e aprendê-los-eis, e guardá-los-eis, para os cumprir." Deuteronômio 5:1*

Desde a Idade Antiga, sempre apareceram grupos que defendem, equivocadamente, a inimizade entre o direito e a Igreja judaica e/ou cristã (portanto quer no Antigo, quer no Novo Testamento da Bíblia).

No entanto, mesmo com a perseguição à Igreja, percebe-se a influência dela no elemento jurídico mesmo dos primeiros séculos e sua presença no mundo jurídico.

E a Lei entregue pelo próprio Deus a Moisés - o Decálogo *(Ex. 31.18)* repercutiu desde sempre.

Afirmam muitos que é muito melhor obedecer aos 10 mandamentos de Deus, do que ficar sujeito completamente às leis humanas, que corrompem.

É inegável que muitos assuntos tratados nas leis hebraicas são reproduzidos no ordenamento jurídico contemporâneo. E isso não se deve ao acaso. Todos os valores, sentimentos, e inclusive normas sociais, advêm do pensamento e regras religiosas, especialmente do modelo judaico-cristão.

Se no Antigo Testamento Deus estabelece regras, os Evangelhos demonstram que Jesus não se opunha às leis dadas por Deus a seu povo. Ao contrário, afirmava que não veio revogá-las, mas sim cumpri-las *(Mt 5:17)*. A oposição radical de Jesus não se dirige à lei, mas à interpretação que era realizada pelos escribas e fariseus, que corromperam muitas de seu sentido original.

Com relação à lei humana, a atitude fundamental de Jesus é de obediência, como demonstra a sua resposta acerca do tributo a César *(Mt 22:21)*.

A Igreja chegou a liderar estudos jurídicos, a ter eminentes juristas e brilhantes autores de leis diversas, auxiliando, quando chamada, ou quando pensava ser seu dever, colaborando com a sociedade, durante todos os séculos, propondo textos de leis mais próximas ao bem comum.

Com a fé católica, **nosso povo herdou a capacidade de respeitar o diferente**. Vemos a capacidade de nosso povo de se relacionar com pessoas de outras crenças, embora esse respeito possa levar, por vezes, a um sincretismo que é negativo para os dois lados.

Para a Igreja, a educação foi uma poderosa estratégia no que diz respeito à expansão e à manutenção da sua hegemonia, e, por meio da sua doutrina, até ditou a educação corporal de crianças, jovens e mulheres para que pudessem somar forças à religião.

Nunca para somente impor o cristianismo em si, mas para ajudar um bem maior para a humanidade, qual seja de vivermos em harmonia, paz e aperfeiçoamento.

Sabemos que as leis são elaboradas por legisladores e felizmente a igreja possui ampla representação junto aos poderes constituídos a fim dar equilíbrio ao processo legislativo.

E aí surge o desafio: Possuímos uma considerável representação nos poderes legislativos, mas no Judiciário, querendo significar todos os cartorários, auxiliares, assistentes de juízes, juízes auxiliares, pareceristas, a influência cristã atualmente é até evitada, cortados até valores ou exemplificações cristãs, sob pretexto muito forte da laicidade da República, formulando teses diferentes para mudarem jurisprudência ou Poder.

É preciso modernizar e atualizar, dizem, teses para acolher novos tipos de família, novas normas para parceiros de vida, existência de gêneros diversos, tolerância maior com mídias pornográficas, elevar punições contra pseudorracismos mesmo quando nem existentes, procurando direcionar o Poder para os "novos poderosos", para uma Nova Ordem Mundial.

Até crucifixos e imagens não raro são retirados de tribunais, por um inexplicável ódio contra os valores que formaram nossa brasilidade, como Terra de Santa Cruz.

Exemplo de resistência e defesa dos valores cristãos no judiciário, o Procurador da República, Dr. Guilherme Schelb adverte:

> *Toda a doutrina de direitos humanos no Brasil e EUA, assim como a jurisprudência no Supremo Tribunal Federal (STF) está contaminada pelo marxismo cultural. Para estes, a "revolução" deve ocorrer paulatinamente, por meio de sutis e progressivas mudanças culturais, especialmente por meio de decisões de Tribunais e da Educação. Vejam o exemplo do movimento político-ideológico gay: no início pleiteavam o reconhecimento de direitos civis aos homossexuais, mas, era só um pretexto. Hoje propõe a mudança de sexo para crianças (PLC 5002/2013, Câmara Deputados) e a proibição do uso dos termos "mãe" e "pai" na identificação civil de crianças e adolescentes (Estatuto da Diversidade da OAB);*

A Justiça e as Instituições vêm se distanciando da devida atenção da natureza humana criada por Deus.

Negam as características essenciais do ser humano, quanto mais admitem perversões sexuais e reclassificações de gêneros e sexos, ainda mais admitem julgamentos sumários sem defesa, buscam a guerra para impor a cidadãos indefesos novas formas escravagistas de trabalho, incitando práticas de orgias e desrespeitos ao próximo.

Assim mais leis e decisões erradas proliferam. Na sociedade atual, a Igreja Católica – como muitas outras instituições religiosas – sofreu um grande declínio da sua influência.

Essa perda de influência ocorreu inclusive em lugares onde a Igreja era mais importante, como quanto à família, a religiosidade desta, o casamento religioso indissolúvel se não foi antes nulo, a frequência a cultos e cerimônias.

A Igreja ainda luta para conservar valores importantes pertinentes à justiça e tipos de famílias A igreja é contra a união civil entre pessoas do mesmo sexo e em muitos países ainda não foi aprovado este tipo de união, por interferência da Igreja.

A Igreja não se fecha a acolhimento de pessoas LGBTQIA+, porém não os permite comungar, informando que vivem em pecado se mantêm relações sexuais. A Igreja incentiva e colabora em normas e políticas contra o aborto. Também uso de preservativos não é apoiado genericamente pela Igreja. O Estado é laico, mas a preservação de patrimônios artísticos são na maioria de igrejas e obras católicas. Lembrando que o Vaticano é considerado como um País. O Papa tem status de Presidente do Vaticano. As normas e punições dentro do Vaticano por seus habitantes são de competência deste, inclusive existindo tribunais e julgamentos desse Estado. A Igreja Católica é uma das instituições mais antigas do mundo contemporâneo.

A Igreja se opõe fortemente a algumas ações escandalosas e imorais, que vão contra a doutrina católica, praticadas por certos membros e clérigos católicos (ex: abuso sexual de menores por membros da Igreja Católica) e reforçou críticas referentes ao modo como essa doutrina trata a sexualidade e a moralidade em geral. Para finalizar, a aplicação da Justiça e sua difícil medida de aplicação, vamos a um texto da Bíblia sobre "crime e castigo" – alguns versículos do Salmo 32 da Bíblia Ave – Maria, que poderiam andar ao lado do que a Igreja credencia como Justiça total.

1. Exultai no Senhor, ó justos, pois aos retos convém o louvor.

4. Porque a palavra do Senhor é reta, em todas as suas obras resplandece a fidelidade:

5. **Ele ama a justiça e o direito**, da bondade do Senhor está cheia a terra. (grifo nosso)

9. Porque ele disse e tudo foi feito, ele ordenou e tudo existiu.

12. Feliz a nação que tem o Senhor por seu Deus, e o povo que ele escolheu para sua herança.

14. Do alto de sua morada observa todos os habitantes da terra;

15. Ele, que formou o coração de cada um, está atento a cada uma de suas ações.

18. Eis os olhos do Senhor pousados sobre os que o temem, sobre os que esperam na sua bondade,

19. A fim de livrar-lhes a alma da morte e nutri-los no tempo da fome.

20. Nossa alma espera no Senhor, porque ele é nosso amparo e nosso escudo.

22. Seja-nos manifestada, Senhor, a vossa misericórdia, como a esperamos de vós.

Referências

A BÍBLIA SAGRADA – EDITORA AVE-MARIA, 2001

ALVES, José Carlos Moreira. *Direito Romano*. 13ª ed. Vol. I. Rio de Janeiro: Editora Forense, 2002, p. 78.

AMARAL JUNIOR, J. L. M. Do. *Estado de direito e ativismo judicial*. São Paulo: Editora Quartier Latin, 2010.

AMARAL NETO, Francisco Santos. A Equidade no Código Civil Brasileiro. In: *Revista do Centro de Estudos Judiciários do Conselho da Justiça* Federal, Brasília, n. 25, p. 16-23, abr./jun. 2004.

ARISTÓTELES. *Ética a Nicômaco*. 3ª ed. Traduzido por Mário da Gama Kury. Brasília: UnB, 2001.

BARROSO, L. R. Neoconstitucionalismo e constitucionalização do Direito. O triunfo tardio do Direito Constitucional no Brasil. *Jus Navigandi*, Teresina, ano 10, n. 851, nov. 2005.

BECCARIA, Cesare, *Dos Delitos e das Penas*. Texto integral – Editora Saraiva bolso – Nova Fronteira, Rio de Janeiro, 2011.

BOWMAN, Jim. Priests at Work: catholic pastors tell how they apply Church Law in difficult cases. Xlibris Corporation, 2001.

CANOTILHO, J. J. G. *Direito Constitucional*. 7ª. Ed. Coimbra: Almedina, 1994.

DALLARI, D. A. *Elementos da teoria geral do Estado*. 28ª. Ed. Brasil: Saraiva, 2009.

_____. *O poder dos juízes*. São Paulo: Saraiva, 1996.

DAVID, R. Os Grandes Sistemas do Direito Contemporâneo. 4ª. Ed. São Paulo: Martins Fontes, 2002.

DINIZ, Maria Helena. As Lacunas no Direito. 6ª ed. São Paulo: Saraiva, 2000.

DURKHEIM, É. *Da Divisão Social do Trabalho*. 2ª. Ed. São Paulo: Martins Fontes, 1999.

DWORKIN, R. A justiça de toga. São Paulo: WMF Martins Fontes, 2010.

FACHIN, Luiz Edson. *Teoria crítica do direito civil*. Rio de Janeiro: Renovar, 2003.

GIFIS, Steven H. *Law Dictionary*. Woodbury: Barron's Educational Series, 1984.

HAEBERLIN, Mártin. O Juiz e a Outra História: uma abordagem do princípio da imparcialidade a partir dos problemas da subsunção. In: *Revista da AJURIS*, n. 104, Ano XXXIII, Porto Alegre, p. 169-188, dez. 2006.

HAEBERLIN, Mártin. Abordagens da Equidade: aproximações sobre um conceito chave das humanidades e das ciências sociais. In: *Intuitio,* vol. 9, n. 2, Porto Alegre, p. 06-32, dez. 2016.

KANT, Immanuel. *Doutrina do Direito.* 2ª ed. Traduzido por Edson Bini. São Paulo: Ícone, 1993.

LOBO, P. L. N. Do contrato no Estado Social: crise e transformações. Maceió: Edufal, 1983.

LONG, Bill. Words!: an introduction. Disponível em: <http://drbilllong.com/Words/Words.html Acesso em: 20 set. 2017.

MAXIMILIANO, Carlos. *Hermenêutica e Aplicação do Direito.* 19ª ed. Rio de Janeiro: Forense, 2005.

PERELMAN, Chaïm. *Ética e Direito.* Traduzido por Maria Ermantina Galvão. São Paulo: Martins Fontes, 2002.

RAO, VICENTE - O Direito e a vida dos direitos – 2ª Edição – Editora Resenha Tributária – São Paulo 1976.

RAWLS, J. *Uma teoria da justiça.* 3ª. Ed. São Paulo: Martins Fontes, 2008.

REALE, M. *Lições preliminares de direito.* 25ª. Ed. Brasil: Saraiva, 2001

ROPPO, Enzo. O Contrato. Traduzido por Ana Coimbra e M. Januário Gomes. Coimbra: Almedina, 1988.

SILVEIRA, Alípio. *Conceito e funções da equidade em face do direito positivo.* São Paulo: [s.e.], 1943.

SMITH, BAILEY e GUNN. Modern English Legal System. 4ª ed. London: Sweet and Maxwell, 2002.

SMITH. Greek Lexicon entry for Epieikeia. In: The New Testament Greek Lexicon. Disponível em: http://www.searchgodsword.org/lex/grk/view.cgi?number=1932 Acesso em: 20 set. 2017.

TOMÁS DE AQUINO. *Comentário a la Ética a Nicómaco de Aristóteles*. 2ª ed. Traduzido por Ana Mallea. Barañáin, 2001.

WIEACKER, Franz. *História do direito privado moderno*. 2ª ed. Lisboa: FCG, 1993.

WILSON, Richard. La Parola. Disponível em: http://www.laparola.net/vocab/parole.php?parola= %99pie%85keia. Acesso em: 20 set. 2017.

YOUNG, Hobart Peyton. *Equity: in theory and practice*. Princeton: Princeton University Press, 1994.

O "JUSCONSTRUTIVISMO" E O ESPLENDOR DA VERDADE: UMA IGREJA QUE BUSCA A JUSTIÇA COM BASE EM VALORES PERMANENTES

Pe. Bruno Otenio[1]

Roberto Victalino de Brito Filho[2]

Resumo: O presente artigo tem por objetivo apresentar algumas considerações sobre os princípios de direito natural frente à apostasia da verdade e a ditadura do relativismo.

Abstract: The purpose of this article is to present some considerations about the principles of natural law against the apostasy of truth and the dictatorship of relativism.

Palavras-chave: Direito Natural – Apostasia da Verdade – Ditadura do Relativismo

Keywords: Natural Law – Apostasy from Truth – Dictatorship of Relativism

---

1. Presbítero incardinado na Diocese de Guarulhos, Bacharel em Teologia pela PUC-SP; Licenciado em Filosofia pelo Centro Universitário Assunção, com aprofundamento em Logoterapia e Análise existencial; Fundador e Professor do Instituto Católico Dominus Iesus; Pesquisador do Observatório Nacional de Direito Natural e Biopolítica.

2. Advogado, Mestre em Direito Político e Econômico pela Universidade Mackenzie; Pós-Graduado em Direito Constitucional e Direito do Trabalho; Professor Universitário; Membro da UJUCASP – União dos Juristas Católicos de São Paulo.

Sumário: 1. Introdução – 2. Apostasia da Verdade – 3. Lei e Justiça – 4. Conclusão – 5. Referências.

1. Introdução

Os fundamentos da justiça e o encontro de critérios estáveis para tomada de decisões jurídicas sempre foram objeto de intensos debates na comunidade jurídica, social e filosófica.

Na mesma toada, estão os Princípios de Direito Natural na medida em que, ao longo dos séculos, igualmente foram objeto de discussões massificadas a respeito da justeza e eficácia de sua aplicação ou não. É que tais princípios, buscando estabelecer um esteio seguro e perene para a aplicação da justiça, valem-se de valores universalmente considerados ao longo da humanidade.

São Tomás de Aquino, na Suma Teológica, afirma que "[...] A promulgação da lei da natureza se dá por tê-la Deus infundido na mente humana, de modo a ser naturalmente conhecida". Ou seja, a lei natural está na humanidade desde a sua criação e, por consequência, a criatura humana deve ser reflexo dos princípios que permeiam a referida lei como a busca do bem e da justiça como corolário da compreensão da natureza humana para realização de sua plenitude com propagação de virtudes sociais, econômicas e políticas que visam a fazê-lo alcançar a sua plena realização e a do seu próximo.

Sua base de sustentação está na ideia de que existem valores inerentes e universais que são norteadores da conduta humana e devem servir de sustento para a justiça. E, justamente, por não estarem adstritos a leis e ao convencionamento humano, são de ordem "natural" uma vez que advêm da própria natureza humana.

Assim é que, neste contexto, teríamos dois caminhamos ao voltarmos o olhar ao direito aplicado: de um lado a legislação positivada, aquela emanada da humanidade, permeada de certo subjetivismo em razão da possibilidade de variação decorrente de tempos em tempos e de um lugar para o outro; e, de outro lado, os princípios cujo fundamento esteja no direito natural, eixados em base sólida e duradoura que, justamente por isso, serviriam como critério para determinar se uma lei é justa ou injusta, ou, até mesmo, a real verdade das coisas, por exemplo.

Isto porque, também a verdade livre de distorções ou subjetividades, é essencial para a existência de um ordenamento jurídico justo e legítimo. Não é demais destacar que, na vertente do que já se disse, o Direito Natural está baseado na certeza de que existem verdades universais que de rigor devem ser salvaguardas de qualquer desrespeito e relativismos.

A verdade fundada no Direito Natural transcende, ultrapassa e sobrepuja qualquer limitação cultural, temporal ou subjetiva uma vez que busca se fundar em valores universais testados ao longo da humanidade.

Entretanto, assim como o Direito Natural, a verdade também tem sido alvo de grandes críticas e ataques na sociedade moderna. Ambos sofrem com o chamado relativismo moral sob a alegação de que seriam construções sociais e culturais, portanto inexistentes como pressupostos universais. Com base nisso, não poderiam ser aplicados como espécies de modelos a todas ou, sequer, a mais de uma sociedade ou cultura.

Há ainda o preconceito e discriminação por tais postulados estarem, em parte, calcados no Tomismo. Assim, para um Estado que pretende estar secularizado a qualquer custo, já não importa se a teoria é correta ou não, se é verdadeira ou falsa. Importa afastá-la, pois no Estado laicista, a ordem é: se tem religião, não presta.

Ocorre que, em que pese os princípios de ordem natural terem sua gênese na tradição cristã e na filosofia tomista, sua importância supera qualquer divisa religiosa.

Destaque-se que o interesse da sociedade contemporânea em afastar os princípios do direito natural e a verdade tratada até aqui é prejudicial a ela mesma. É que tais conceitos combatem, justamente, o relativismo moral, exercendo uma função unificadora e pacificadora, trazendo em seu bojo o respeito a princípios éticos universais, enfrentando uma sociedade cada vez mais confusa em razão de tantos relativismos e diversidades de opiniões pessoais.

Entretanto, conforme se verá a seguir, os ataques e críticas ao Direito Natural e a verdade têm acontecido de forma contundente e também silenciosa, demandando atenção e destreza para não se tornar uma vítima ou, pior, um carrasco.

2. Apostasia da verdade

O Catecismo da Igreja Católica nos parágrafos 675-676, diz:

> Antes da vinda de Cristo, a Igreja deverá passar por uma prova final, que abalará a fé de numerosos crentes. A perseguição, que acompanha a sua peregrinação na Terra, porá a descoberto o **mistério da iniquidade**, sob a forma duma impostura religiosa, que trará aos homens uma solução aparente para os seus problemas, **à custa da apostasia da verdade**. A suprema impostura religiosa é a do Anticristo, isto é, dum pseudomessianismo em que o homem se glorifica a si mesmo, substituindo-se a Deus e ao Messias Encarnado. Esta impostura anticrística já se esboça no mundo, sempre que se pretende realizar na história a esperança messiânica, que não pode consumar-se senão para além dela, através do juízo escatológico. A Igreja rejeitou esta falsificação do Reino futuro, mesmo na sua forma mitigada, sob o nome de milenarismo, e principalmente sob a forma política dum messianismo secularizado, "intrinsecamente perverso".

Estes parágrafos do Catecismo da Igreja revelam sua visão escatológica sobre a história humana e sobre si mesma. Ao mesmo tempo que, devido a este caráter escatológico, direciona o olhar do fiel para o futuro, entregando-lhe, como chamou Padre Antônio Vieira, uma *História do Futuro*, possibilitando uma melhor, prudente e sincera antecipação de acontecimentos adversos e preparando-o para responder, resistir e confrontar aos mesmos.

A *apostasia da Verdade* é o ponto central destes dois parágrafos do Catecismo da Igreja Católica sobre os acontecimentos dramáticos desta prova final que antecede a Vinda Gloriosa de Cristo.

Tendo em vista este anúncio profético e singular do atual catecismo católico, é possível compreender as denúncias feitas pelos últimos três Pontífices da Igreja sobre o grande mal que enfrentamos em nosso tempo: *apostasia da Verdade*. Cada um nomeou esta apostasia de maneiras diferentes, sem contradição e de modo complementar. São João Paulo II chamou-a de "Cultura da Morte"; Bento XVI chamou-a "Ditadura do Relativismo; e o atual Pontífice, o Papa Francisco, chamou-a "Cultura do Descarte".

Assim disse São João Paulo II na Encíclica *Evangelium Vitae*, nº 12:

> Com efeito, se muitos e graves aspectos da problemática social atual podem, de certo modo, explicar o clima de difusa incerteza moral e, por vezes, atenuar a responsabilidade subjetiva no indivíduo, não é menos verdade que estamos perante uma realidade mais vasta que se pode considerar como verdadeira e própria estrutura de pecado, caracterizada pela imposição de uma cultura antissolidária, que em muitos casos se configura como verdadeira **"cultura de morte"**. É ativamente promovida por fortes correntes culturais, econômicas e políticas, portadoras de uma concepção eficientista da sociedade.

Nesta mesma direção em 2005, na missa *Pro Eligendo Romano Pontifice*, o então Cardeal Joseph Ratzinger (futuro Papa Bento XVI) delineou o que ele combateu e chamou de "Ditadura do relativismo":

> Quantos ventos de doutrina conhecemos nestes últimos decênios, quantas correntes ideológicas, quantas modas de pensamento... a

> pequena barca do pensamento de muitos cristãos foi muitas vezes agitada por estas ondas lançadas de um extremo ao outro: do marxismo ao liberalismo, até à libertinagem, ao coletivismo radical, do ateísmo a um vago misticismo religioso, do agnosticismo ao sincretismo e por aí adiante. Ter uma fé clara, segundo o Credo da Igreja, muitas vezes é chamado de fundamentalismo. Enquanto o relativismo, isto é, deixar-se levar "aqui e além por qualquer vento de doutrina", aparece como a única atitude à altura dos tempos hodiernos. **Vai-se constituindo uma ditadura do relativismo** que **nada** reconhece como definitivo e que deixa como última medida apenas o próprio eu e as suas vontades.

Em setembro de 2021, em seu discurso à Assembleia Plenária da Pontifícia Academia para a Vida, o Papa Francisco alerta e denuncia:

> ... aqui gostaria de mencionar que somos vítimas de uma **cultura do descarte.** Há o descarte de crianças que não queremos acolher, com aquela lei do aborto que as envia para o remetente e as mata diretamente. E hoje isto tornou-se um modo "normal", um hábito terrível, é realmente um homicídio, e para o compreender bem talvez nos possa ajudar fazer uma dupla pergunta: é justo eliminar uma vida humana para resolver um problema? É justo contratar um assassino para resolver um problema? O aborto é assim. E depois, por outro lado, os idosos: os idosos que também são um pouco "material descartável", pois não são úteis [...] Mas eles são a sabedoria, são as raízes da sabedoria da nossa civilização, e **esta civilização descarta-os**! Sim, em muitos lugares existe também a lei da eutanásia "escondida", como eu a defino: é aquela que leva a dizer: "os medicamentos são caros, demos apenas metade"; e isto significa encurtar a vida dos idosos [...] Com isto negamos a esperança: a esperança das crianças que nos trazem a vida que nos fazem ir em frente, e a esperança que está nas raízes que os idosos nos dão. **Descartamos ambos.** E depois, aquele descarte diário, a vida é descartada. Prestemos atenção a esta **cultura do descarte**: não é problema de uma lei ou de outra, é um problema de descarte [...] Este é um caminho que não podemos percorrer: o caminho do descarte.

Como se pode ver, o anúncio profético sobre a *apostasia da verdade* e as denúncias dos últimos três Papas da Igreja Católica, estão em perfeita harmonia.

Esta *apostasia da verdade* encontra eco em diversos setores da realidade humana como um todo, tais como os setores: políticos, religiosos, teológicos, teleológicos, psicológicos, filosóficos, sociológicos, culturais, educacionais e jurídicos. Com relação a este último setor, veremos a seguir.

3. Lei e justiça

Quando falamos ou usamos a palavra "Jurista", logo vem à mente uma confusão de noções sobre "leis", "direitos", "legislação", "poder judiciário", "tribunais", "advogados", "juízes", entre outras. Não cabe e nem é a intenção deste artigo dividir, explicar ou conceituar cada uma destas realidades e como elas se relacionam. A intenção é mostrar como a Igreja, e por consequência, os cristãos, entendem e promovem a justiça. Mas uma justiça que tenha por base a Verdade e a Caridade. Que esteja vinculado à "realidade das coisas" ou "natureza das coisas". E como seu contrário gera uma espécie de "jusconstrutivismo" cuja base e fundamento é a *apostasia da verdade*.

O Catecismo da Igreja Católica, no parágrafo 1807, define *Justiça* da seguinte forma:

> *A justiça* é a virtude moral que consiste na constante e firme vontade de dar a Deus e ao próximo o que lhes é devido. A justiça para com Deus chama-se "virtude da religião". Para com os homens, a justiça leva a respeitar os direitos de cada qual e a estabelecer, nas relações humanas, a harmonia que promove a equidade em relação às pessoas e ao bem comum. O homem justo, tantas vezes evocado nos livros santos, distingue-se pela retidão habitual dos seus pensamentos e da sua conduta para com o próximo. «Não cometerás injustiças nos julgamentos. Não favorecerás o pobre, nem serás complacente para com os poderosos. Julgarás o teu próximo com imparcialidade» (*Lv* 19, 15). «Senhores, dai aos vossos escravos o que é justo e equitativo, considerando que também vós tendes um Senhor no céu» (*Cl* 4, 1).

Uma pessoa justa pode ser equiparada a um prego na madeira que não permite folga. Tal metáfora dá a entender que uma pessoa justa é firme e comprometida com a verdade e a equidade, não permitindo que exista espaço para injustiças ou desvios de conduta. Desta forma, tão logo como um prego bem fixado na madeira, a pessoa justa é estável em seus princípios e valores, buscando permear suas ações de maneira correta e imparcial nas situações do dia a dia. A pessoa justa busca ser um exemplo de retidão e integridade, permanecendo inabalável em seus princípios e valores, mantendo-se fiel aos seus ideais éticos.

Como se pode perceber, a Igreja, por outro lado, retoma a clássica noção de que justiça "é dar ao outro o que lhe é de direito". No entanto, ela não entende este conceito de forma "positivista", apenas como uma regra de conduta a ser seguida, mas como uma atitude advinda da liberdade, portanto, uma virtude. Por isso diz que *a justiça é a virtude moral que consiste na constante e firme vontade de dar a Deus e ao próximo o que lhes é devido*.

Não é possível compreender a justiça sem compreender o que é Lei.

Segundo o Dr. Ives Gandra da Silva Martins: *"A Lei, de rigor, é o instrumento de regulação convivencial na sociedade e é definida por quem tem o poder de impô-la e de fazê-la respeitada."*[3]

Frédéric Bastiat define Lei como *"a organização coletiva do Direito individual de legítima defesa"*.[4]

John Finnis, à luz de Santo Tomás de Aquino, define a Lei como: *"uma ordenação da razão para o bem comum*

3. MARTINS, Ives Gandra da Silva. *Uma breve introdução ao direito*. – 2ª edição. São Paulo: Migalhas, 2015. p. 101.

4. BASTIAT, Frédéric. *A Lei*. São Paulo: LVM Editora, 2019. p. 42.

de uma comunidade [completa], promulgada pela pessoa ou corpo responsável por cuidar da comunidade".[5]

Todas estas definições têm em comum a compreensão de que Lei é um instrumento de ordem e harmonia de um povo, de uma comunidade ou grupo de pessoas e convivência, seja porque é uma ordenação da razão para o bem comum (Finnis-Aquino), uma organização coletiva (Bastiat) e uma regulação convivencial na sociedade (Ives-Gandra).

A Lei é justa quando ordenada ao bem comum, da harmonia social e prosseguindo do direito individual a legítima defesa.

Uma lei absurda é, para Tomás de AQUINO, uma lei a que falta "ratio legis", ou seja, "sentido de lei": é uma lei sem sentido.[6]

Bastiat[7] ensina que cada pessoa recebeu, de maneira certa da natureza, de Deus, o direito de defender sua Pessoa, sua Liberdade, sua Propriedade. E se cada homem tem esse direito de defesa, mesmo por meio da Força, sua Pessoa, Liberdade e Propriedade, muitos homens têm o Direito de concertar-se, de entender-se e de organizar uma *Força comum* para prover regularmente a essa defesa. Assim, Frédéric Bastiat vai mostrando a necessidade de um Direito Coletivo fundado no Direito individual.

No que se refere à Igreja Católica, o interesse principal das suas intervenções no debate público é a tutela e a promoção da dignidade da pessoa e, como consequência, ela chama conscientemente a uma particular atenção aos

---

5. FINNIS, John. *Direito Natural em Tomás de Aquino:* sua reinserção no contexto juspositivismo analítico. Porto Alegre: Sergio Antonio Fabris Ed., 2007. p. 72.

6. LOPES, José Reinaldo de L. *Curso de Filosofia do Direito* - O Direito Como Prática. Grupo GEN, 2021. E-book. ISBN 9786559771554. Disponível em: https://integrada.minhabiblioteca.com.br/#/books/9786559771554/. Acesso em: 09 jun. 2023.

7. BASTIAT, 2019. p. 42.

princípios que não são negociáveis: a Defesa e a promoção da Vida, o Reconhecimento da Família natural e o Direito dos Pais de Educação dos próprios filhos.

O Papa Bento XVI nesta direção diz:

> [...] entre estes princípios não negociáveis, emergem as seguinte: a) tutela da vida em todas as suas fases, desde o primeiro momento da concepção até à morte natural; b) o reconhecimento e a promoção da estrutura natural da família, como união entre um homem e uma mulher baseada no matrimónio, e a sua defesa das tentativas de a tornar juridicamente equivalente a formas de uniões que, na realidade, a danificam e contribuem para a sua desestabilização, obscurecendo o seu carácter particular e o seu papel social insubstituível; e, c) a tutela do direito dos pais de educar os próprios filhos.[8]

De maneira lúcida, o Papa continua dizendo:

> Estes princípios não são verdades de fé mesmo se recebem ulterior luz e confirmação da fé. Eles estão inscritos na natureza humana e, portanto, são comuns a toda a humanidade. A ação da Igreja de os promover não assume, por conseguinte, um carácter confessional, mas dirige-se a todas as pessoas, prescindindo da sua filiação religiosa. Ao contrário, esta ação é tanto mais necessária quanto mais estes princípios forem negados ou mal compreendidos porque isto constitui uma ofensa contra a verdade da pessoa humana, uma grave ferida infligida à própria justiça.[9]

Tanto Frédéric Bastiat como o Papa Bento XVI reafirmam a necessidade de uma Lei que defenda os Direitos da Pessoa Humana como um ato de Justiça. Negados estes direitos, ou mal compreendidos, constitui-se uma ofensa

---

8. Discurso do Papa Bento XVI aos participantes no Congresso promovido pelo Partido Popular Europeu no dia 30 de Março do ano de 2006. Disponível em: https://www.vatican.va/content/benedict-xvi/pt/speeches/2006/march/documents/hf_ben-xvi_spe_20060330_eu-parliamentarians.html Acesso em: 26 maio 2023.

9. *Idem.*

contra a verdade da própria natureza humana. A Lei se torna injusta toda vez que não se respeita a natureza das coisas.

Ora, se por Lei compreendemos *o instrumento de regulação convivencial na sociedade, a organização coletiva do Direito individual de legítima defesa e uma ordenação da razão para o bem comum de uma comunidade [completa], definida e promulgada pela pessoa ou corpo responsável por cuidar da comunidade*, qualquer que seja o motivo que leva essa mesma pessoa ou corpo responsável a impor leis que desrespeitam as pessoas desta mesma comunidade, estará cometendo um grave ato de injustiça.

Diz Frédéric Bastiat:

> A lei pervertida! A lei - e de todos os poderes coletivos da nação com ela - a lei, digo, não apenas desvirtuada de seu propósito, mas posta a serviço de um propósito inteiramente contrário! A lei transformada em instrumento de todo o tipo de cobiça em vez de seu freio! A própria lei culpada dos males que deveria punir! Se isto for verdade, trata-se de um fato grave, para o qual me deve ser permitido chamar a atenção dos meus concidadãos.[10]

John Finnis, no livro *Direito Natural em Tomás de Aquino*, também ensinará sobre a perversão da lei:

> Todos que governam no interesse deles próprios mais do que no interesse do bem comum são tiranos, pois este é o significado de ser um tirano na clássica linha de pensamento seguida por Tomás de Aquino. A tirania envolve tratar seus súditos como escravos – pessoas usadas para o benefício do mestre. As leis dos tiranos não são leis *simpliciter*, mas ao contrário disto, um tipo de perversão de lei (*pervertitas legis*).

Friedrich A. Hayek, em sua obra *Direito, Legislação e Liberdade: sobre regras e ordem*, nos ensinará que:

---

10. Bastiat, 2019, p. 41.

> A legislação – a criação intencional de leis – foi corretamente considerada, entre todas as invenções do homem, aquela carregada das mais graves consequências, mais profunda nos seus efeitos até do que o fogo e a pólvora. Ao contrário do próprio direito, que jamais foi "inventada" no mesmo sentido, a invenção da legislação ocorreu relativamente tarde na história da humanidade. Ela entregou nas mãos dos homens um instrumento de grande poder que eles necessitavam para realizar algum bem, mas que ainda não aprenderam a controlar para que não gere grande mal. Abriu ao homem possibilidades inteiramente novas e lhe deu uma nova sensação de poder sobre o seu destino. No entanto, a discussão acerca de *quem* deveria deter esse poder ofuscou indevidamente a questão muito mais fundamental *de até onde* esse poder deveria se estender. Com certeza, continuará sendo um poder perigosíssimo enquanto acreditarmos que só fará mal se exercida por homens maus.[11]

A Lei ou a legislação (como diz Hayek) deve ser um compromisso em prol da justiça e, assim, criar as condições de fundo para o bem comum. Naturalmente um político, um jurista, um legislador, procurará o sucesso, sem o qual não poderia jamais ter a possibilidade de uma ação prática efetiva; mas o sucesso há de estar subordinado ao critério da justiça, à vontade de atuar o direito e à inteligência do direito.

A Igreja Católica, como vimos, ensinará que a *justiça*, essencial tanto ao Direito Canônico quanto ao Direito de Estado, *é a virtude pela qual se dá a cada um o que lhe devido*. Assim, a justiça apregoa que um livro pertence a João, enquanto outro livro é de propriedade de André.[12] No entanto, a justiça por si só poderá desembocar exatamente na gélida lei pela lei. Ou a letra pela letra. E o que isso diferenciaria de um juspositivismo? Por isso, junto à justiça faz-se necessária a *Virtude da Caridade* como ação moral de cada indivíduo e como *consciência social* de cada instituição. Ora, *a caridade*,

---

11. HAYEK, Friedrich A von. Direito, *Legislação e liberdade*: sobre regras e ordem. São Paulo: Faro Editorial, 2023. p. 95.

12. SAMPEL, Edson Luiz. *Resumo de direito canônico*. Aparecida, SP: Editora Santuário, 2014. pp. 37-38.

mais ampla que a justiça, verbera, como exemplificado acima, que as duas obras literárias pertencem a ambos, a João e André. Isto é, lógica da caridade é o bem comum, a comunhão, a unidade, a partilha, a fraternidade, o perdão e bondade prática. Ora, a Igreja pode contribuir significativamente com a sociedade e as instituições legislativas, judiciárias e executivas, principalmente neste campo da caridade como base e fundamento da própria justiça.

Uma peculiaridade bastante relevante no Direito Canônico é exatamente a virtude teologal da caridade, permeando a elaboração das leis e, principalmente, a atividade dos operadores do direito, mormente os juízes. Assim, ao julgar um caso concreto, o juiz eclesiástico não levará em conta tão somente a justiça, mas a caridade, o amor cristão. Sem deixar, certamente de se cumprir a justiça.[13] O cânon 1752 do Código de Direito Canônico sintetiza a injunção jurídica da caridade, ao dispor que a salvação das almas (*salus animarum*), ou seja, o bem maior dos cristãos é a suprema lei da Igreja (*suprema lex ecclesiae est*). Analogamente, o bem comum deveria ser o bem maior das autoridades públicas. A justiça na Caridade, e Caridade na Verdade, deveriam ser a regra de conduta e julgamento para todo corpo judiciário e legislativo.

Aqui cabe reproduzir partes do famoso discurso ao Parlamento Alemão em 2011 proferido por Bento XVI,[14] por ocasião de sua visita à Alemanha.

Disse, magnificamente, o Papa:

> Grande parte da matéria, que se deve regular juridicamente, pode ter por critério suficiente o da maioria. Mas é evidente que,

---

13. *Ibidem, Idem*, p. 38.

14. *Discurso do Papa Bento XVI ao Parlamento Federal alemão:* Palácio Reichstag *de Berlim - 22 de setembro de 2011.* **Viagem Apostólica à Alemanha – de 22 a 25 de setembro de 2011.** *Disponível em: https://www.vatican.va/content/benedict-xvi/pt/speeches/2011/september/documents/hf_ben-xvi_spe_20110922_reichstag-berlin.html* Acesso em: 26 maio 2023.

nas questões fundamentais do direito em que está em jogo a dignidade do homem e da humanidade, o princípio maioritário não basta: no processo de formação do direito, cada pessoa que tem responsabilidade deve ela mesma procurar os critérios da própria orientação [...] nas decisões de um político democrático, a pergunta sobre o que corresponda agora à lei da verdade, o que seja verdadeiramente justo e possa tornar-se lei não é igualmente evidente. Hoje, de fato, não é de per si evidente aquilo que seja justo e possa tornar-se direito vigente relativamente às questões antropológicas fundamentais. À questão de saber como se possa reconhecer aquilo que verdadeiramente é justo e, deste modo, servir a justiça na legislação, nunca foi fácil encontrar resposta e hoje, na abundância dos nossos conhecimentos e das nossas capacidades, uma tal questão tornou-se ainda muito mais difícil.

Como se reconhece o que é justo? Na história, os ordenamentos jurídicos foram quase sempre religiosamente motivados: com base numa referência à Divindade, decide-se aquilo que é justo entre os homens. Ao contrário doutras grandes religiões, o cristianismo nunca impôs ao Estado e à sociedade um direito revelado, nunca impôs um ordenamento jurídico derivado duma revelação. Mas apelou para a natureza e a razão como verdadeiras fontes do direito; apelou para a harmonia entre razão objetiva e subjetiva, mas uma harmonia que pressupõe serem as duas esferas fundadas na Razão criadora de Deus. Deste modo, os teólogos cristãos associaram-se a um movimento filosófico e jurídico que estava formado já desde o século II (a.C.). De fato, na primeira metade do século II pré-cristão, deu-se um encontro entre o direito natural social, desenvolvido pelos filósofos estóicos, e autorizados mestres do direito romano. Neste contato nasceu a cultura jurídica ocidental, que foi, e é ainda agora, de importância decisiva para a cultura jurídica da humanidade. Desta ligação pré-cristã entre direito e filosofia parte o caminho que leva, através da Idade Média cristã, ao desenvolvimento jurídico do Iluminismo até à Declaração dos Direitos Humanos e depois à nossa Lei Fundamental alemã, pela qual o nosso povo reconheceu, em 1949, "os direitos invioláveis e inalienáveis do homem como fundamento de toda a comunidade humana, da paz e da justiça no mundo".

Foi decisivo para o desenvolvimento do direito e o progresso da humanidade que os teólogos cristãos tivessem tomado posição contra o direito religioso, requerido pela fé nas divindades, e se tivessem colocado da parte da filosofia, *reconhecendo como fonte jurídica válida para todos a razão e a natureza na sua correlação*. Esta opção realizara-a já São Paulo, quando afirma na *Carta aos Romanos*: "Quando os gentios que não têm a Lei [a *Torah* de

Israel], por natureza agem segundo a Lei, eles (...) são lei para si próprios. Esses mostram que o que a Lei manda praticar está escrito nos seus corações, como resulta do testemunho da sua consciência" (*Rm* 2, 14-15). Aqui aparecem os dois conceitos fundamentais de natureza e de consciência, sendo aqui a "consciência" o mesmo que o "coração dócil" de Salomão, a razão aberta à linguagem do ser. Deste modo se até à época do Iluminismo, da Declaração dos Direitos Humanos depois da II Guerra Mundial e até à formação da nossa Lei Fundamental, a questão acerca dos fundamentos da legislação parecia esclarecida, no último meio século verificou-se uma dramática mudança da situação. Hoje considera-se a ideia do direito natural uma doutrina católica bastante singular, sobre a qual não valeria a pena discutir fora do âmbito católico, de tal modo que quase se tem vergonha mesmo só de mencionar o termo.

Queria brevemente indicar como se veio a criar esta situação. Antes de mais nada é fundamental a tese segundo a qual haveria entre o ser e o dever ser um abismo intransponível: do ser não poderia derivar um dever, porque se trataria de dois âmbitos absolutamente diversos. *A base de tal opinião é a concepção positivista*, quase geralmente adotada hoje, de natureza. Se se considera a natureza – no dizer de Hans Kelsen – "um agregado de dados objetivos, unidos uns aos outros como causas e efeitos", então realmente dela não pode derivar qualquer indicação que seja de algum modo de carácter ético. Uma *concepção positivista de natureza*, que compreende a natureza de modo puramente funcional, tal como a conhecem as ciências naturais, não pode criar qualquer ponte para a ética e o direito, mas suscitar de novo respostas apenas funcionais. Entretanto o mesmo vale para a razão numa visão positivista, que é considerada por muitos como a única visão científica. Segundo ela, o que não é verificável ou falsificável não entra no âmbito da razão em sentido estrito. Por isso, a ética e a religião devem ser atribuídas ao âmbito subjetivo, caindo fora do âmbito da razão no sentido estrito do termo. Onde vigora o domínio exclusivo da razão positivista – e tal é, em grande parte, o caso da nossa consciência pública –, as fontes clássicas de conhecimento da ética e do direito são postas fora de jogo. Esta é uma situação dramática que interessa a todos e sobre a qual é necessário um debate público; convidar urgentemente para ele é uma intenção essencial deste discurso.

O conceito positivista de natureza e de razão, a visão positivista do mundo é, no seu conjunto, uma parcela grandiosa do conhecimento humano e da capacidade humana, à qual não devemos de modo algum renunciar. *Mas ela mesma no seu conjunto não é uma cultura que corresponda e seja suficiente ao ser humano em toda a sua amplitude.* Onde a razão positivista se considera como a única cultura suficiente, relegando todas as outras realidades culturais para o estado de subculturas, aquela diminui o homem, antes, ameaça a sua humanidade [...] A razão positivista, que se apresenta de modo exclusivista e não é capaz de perceber algo para além do que é funcional, assemelha-se aos edifícios de cimento armado sem janelas, nos quais nos damos o clima e a luz por nós mesmos e já não queremos receber estes dois elementos do amplo mundo de Deus. E, no entanto, não podemos iludir-nos, pois em tal mundo autoconstruído bebemos em segredo e igualmente nos "recursos" de Deus, que transformamos em produtos nossos. É preciso tornar a abrir as janelas, devemos olhar de novo a vastidão do mundo, o céu e a terra e aprender a usar tudo isto de modo justo.

Quando na nossa relação com a realidade há qualquer coisa que não funciona, então devemos todos refletir seriamente sobre o conjunto e todos somos reenviados à questão acerca dos fundamentos da nossa própria cultura. Seja-me permitido deter-me um momento mais neste ponto. A importância da ecologia é agora indiscutível. Devemos ouvir a linguagem da natureza e responder-lhe coerentemente. Mas quero insistir num ponto que, a meu ver, hoje como ontem, é descurado: existe também uma ecologia do homem. Também o homem possui uma natureza, que deve respeitar e não pode manipular como lhe apetece. O homem não é apenas uma liberdade que se cria por si própria. O homem não se cria a si mesmo. Ele é espírito e vontade, mas é também natureza, e a sua vontade é justa quando respeita a natureza e a escuta e quando se aceita a si mesmo por aquilo que é e que não se criou por si mesmo. Assim mesmo, e só assim, é que se realiza a verdadeira liberdade humana.

[...] Aqui deveria vir em nossa ajuda o património cultural da Europa. Foi na base da convicção sobre a existência de um Deus criador que se desenvolveram a ideia dos direitos humanos, a ideia da igualdade de todos os homens perante a lei, o conhecimento da inviolabilidade da dignidade humana em cada pessoa e a consciência da responsabilidade dos homens pelo seu agir. Estes conhecimentos da razão constituem a nossa memória cultural. Ignorá-la ou considerá-la como mero passado seria uma amputação da nossa cultura no seu todo e privá-la-ia da sua integralidade. A cultura da Europa nasceu do encontro entre Jerusalém, Atenas e Roma, do encontro entre a fé no Deus de Israel, a razão filosófica dos Gregos e o pensamento jurídico de Roma. Este tríplice encontro forma a identidade íntima da Europa. Na consciência da responsabilidade do homem diante de Deus e no reconhecimento da dignidade inviolável do homem, de cada

> homem, este encontro fixou critérios do direito, cuja defesa é nossa tarefa neste momento histórico.

Assim como o Papa Bento XVI, que atribui ao exclusivismo da visão positivista do direito um problema quanto à justiça e à própria dignidade da pessoa humana e seus direitos fundamentais, Hayek também ensinará que uma visão meramente positivista acarretará outros males. Ele ensinará que é falso o ensinamento de que toda lei é, pode e deve ser produto da livre invenção de um legislador. Um produto errôneo daquele racionalismo construtivista.[15]

Hayek ainda dirá: *"para o homem moderno, a crença de que toda lei que governa a ação humana é produto da legislação parece tão óbvia que a alegação de que o direito é mais antigo que a legislação tem quase o caráter de um paradoxo"*. Ou seja, o homem moderno, porque não o contemporâneo? Acredita piamente no "construtivismo" das leis por parte da livre vontade de um legislador, falar sobre direitos fundamentais, naturais e essenciais do homem, soará como um discurso essencialista cristão e medieval, antiquado aos tempos atuais.

Eis o problema denunciado por Hayek: *o construtivismo jurídico*. Ou, em outra palavra, o "Jusconstrutivismo".

Neste sentido, a luz do que foi dito, os jusconstrutivismo possui por fraqueza e por fundamento, a livre vontade do legislador de modo independente da natureza das coisas. Pensamento este originador de um certo relativismo moral, ético, filosófico e até mesmo antropológico, tal como ensinou o Dr. Ricardo Dip em sua obra: *"Os Direitos Humanos e o Direito Natural"*.

Diz Ricardo Dip: *"Quando o indivíduo preceitua a si próprio toda a norma da ação, o atomismo das normas éticas não pode senão e consequentemente desembocar na "ilimitação"*

15. HAYEK, 2023, p. 96.

de condutas todas "justificáveis".[16] Quando o Dr. Ricardo Dip, afirma: "*Quando o indivíduo preceitua a si próprio toda a norma da ação*", quer dizer, quando homem encontra em si mesmo, em sua vontade independente da natureza das coisas, segundo seu próprio arbítrio, tudo se torna "justificável". Ora, como já citado, era exatamente isso que denunciava Bento XVI em seu discurso ao Parlamento Alemão:

> Também o homem possui uma natureza, que deve respeitar e não pode *manipular* como lhe apetece. O homem *não é apenas* uma liberdade que se cria por si própria. *O homem não se cria a si mesmo.* Ele é espírito e vontade, mas é também natureza, *e a sua vontade é justa quando respeita a natureza* e a escuta e quando se aceita a si mesmo por aquilo que é e que não se criou por si mesmo.

Esta relativização arbitrária que adentra o sistema jurídico brasileiro, e já tiraniza o Ocidente, não tem outra raiz senão a já citada *apostasia da verdade* como profeticamente denunciou o Catecismo da Igreja Católica.

Com esta *apostasia da verdade*, caberá aos homens dessocializados, na sua privacidade plural, decidir, por si próprio, o que pode e o que não pode ser "agido".[17] Com isso, o Relativismo axiomático vai se tornando o *modus operandi* dos magistrados, dos políticos, das legislações, enfim, da sociedade como um todo. Esse relativismo axiomático é a consciente ou inconscientemente a base filosófica ou ideológica do que chamamos de jusconstrutivismo, isto é, "*a lei do pensamento não é a verdade, mas a opinião*!" Eis o slogan da Ditadura do Relativismo, que nada mais é do que a própria apostasia da verdade. Ditadura esta que gerará as mais variadas e justificáveis "éticas" absurdas e incontestáveis. Se não há Verdade, tudo é relativo! Como diria Nietzsche:

---

16. DIP, Ricardo Henry Marques. *Os direitos humanos e o direito natural*: de como o homem Imago Dei se tornou Imago Hominis. São Luis, MA: Livraria Resistência Cultural Editora, 2022, p. 44.

17. *Ibidem, idem.* p. 46.

"Não há fatos eternos, como não há verdades absolutas", logo, tudo é condicionado, tudo efêmero, tudo é relativo.

Hayek dirá que,

> é necessário libertarmo-nos inteiramente da concepção errônea de que pode haver uma sociedade que se constitui e, num segundo momento, se outorga suas próprias leis. Essa concepção errônea é a base do racionalismo construtivista que, de Descartes e Hobbes, através de Rousseau e Bentham, até o positivismo jurídico contemporâneo, tem impedido os estudiosos de perceberem a verdadeira relação entre direito e governo. Só é possível a um grupo de homens manter-se unido através das relações ordenadas a que chamamos uma sociedade se os indivíduos observarem certas normas comuns. Provavelmente, portanto, estaremos mais próximos da verdade se invertermos a ideia plausível e muito difundida de que o direito deriva da autoridade e considerarmos, ao contrário que toda autoridade deriva do direito não no sentido de que o direito institui a autoridade, mas no de que a autoridade infunde obediência porque (e só na medida em que) aplica leis cuja existência se presume ser independente dela, leis fundamentadas numa opinião difusa acerca do que é certo. Nem toda lei pode, portanto, ser produto de legislação; o poder de legislar pressupõe, entretanto, o reconhecimento de algumas normas comuns; e tais normas subjacentes ao poder de legislar podem também limitar esse poder.[18]

John Finnis ensinará que se os propósitos da lei requerem ações que ninguém não deveria fazer, não se pode agir justamente de acordo com ela; a obrigação moral de alguém não é obedecer, mas sim desobedecer: ST I-II q. 96 a. 4. E se se seus propósitos autorizarem tais atos (por exemplo, o estupro, furto, infanticídio), sua autorização é moralmente vazia e de nenhum efeito (II-II q. 57 a. 2 ad 2).[19]

Ainda sobre autoridade e obrigatoriedade da lei, tal como afirmadas por Hayek, encontrará em Finnis um melhor esclarecimento:

---

18. HAYEK, 2023. p. 119.

19. FINNIS, 2007. pp. 75-76.

> Mas a obrigatoriedade e autoridade da lei estão sujeitas às condições adicionais, derivadas da natureza e base racional completa da autoridade política. Se o legisladores (i) estão motivados não pelo interesse do bem comum da comunidade, mas por avareza e vaidade (motivações privadas que fazem deles tiranos, o que quer que seja o conteúdo de sua legislação); ou (ii) agem fora da autoridade garantida a eles; ou (iii) ao agirem tendo em vista o bem comum, repartem os ônus necessários de forma injusta, suas leis são injustas e no foro da consciência razoável não são mais leis, senão atos de violência [*magis sunt violentiae quam leges*]: I-II q. 96 a. 4. Falta autoridade moral a tais leis, isto é, não vinculam na consciência; ninguém está, nem obrigado a não se formar com seus preceitos.[20]

Vê-se, portanto, como a Ditadura do Relativismo e a Apostasia da Verdade, embora não sendo exatamente a mesma coisa, estão umbilicalmente interligadas.

O Papa Bento XVI, ao cunhar o termo "Ditadura do Relativismo", dispôs sobre a visão do mundo em que os valores morais e as verdades objetivas são relativizados, ou seja, são considerados subjetivos, dependentes e sujeitos de adequação aos interesses particulares de cada indivíduo ou de sua cultura. Desta forma, não existiria uma verdade absoluta ou universalmente válida aplicável a todos. Pelo contrário. Nesse contexto, cada pessoa é livre para definir sua própria verdade e moralidade, em um ambiente em que tudo é permitido e conveniente uma vez que não há regras absolutas que incidam sobre todos.

Já a "Apostasia da Verdade", embora se refira ao repúdio da verdade, principalmente em termos de princípios éticos e morais, trata-se de efetiva negação à verdade objetiva, com manifesta renúncia à busca e adesão a princípios considerados universais. É o indivíduo que abandona deliberadamente a verdade pura, ou seja aquela que independe de opiniões ou percepções pessoais uma vez que está baseada em fatos e princípios universais que podem ser

20. *Ibidem, Idem*. p. 76.

verificados e validados por métodos racionais e evidências testadas ao longo da humanidade.

Desta forma, ambos conceitos estão relacionados à relativização da verdade e dos valores, embora a "Ditadura do Relativismo" seja mais ampla, referindo-se a uma visão de mundo em que a verdade é considerada subjetiva, ou seja, privada e particular (cada um faz a sua própria verdade); a "Apostasia da Verdade" é uma manifestação consciente de rejeição da verdade objetiva em favor de uma perspectiva subjetiva ou relativista.

4. Conclusão

Vê-se, portanto, que negar verdades universais em detrimento de princípios do direito natural traz profunda ameaça a fundamentos éticos e morais que dão alicerce ao tecido social. Não bastasse isso, a ascensão da imposição de um relativismo como modelo de sociedade, contribui seriamente para fragilizar algumas bases da justiça e cegar a caridade, que dão sustento aos ditames da liberdade, da dignidade humana, entre outros imperativos indeclináveis a uma sociedade que ambiciona ser harmoniosa, justa, fraterna e promotora do bem comum.

Referências

AQUINO, Tomás de. *Suma teológica*. ed. Carlos-Josaphat Pinto de Oliveira, OP. Trad. Aldo Vannucchi et al. São Paulo: Loyola, 2004. v. 5.

BASTIAT, Frédéric. A Lei. São Paulo: LVM Editora, 2019. p. 42.

BITTAR, Eduardo Carlos B.; ALMEIDA, Guilherme Assis de. *Curso de filosofia do direito*: Grupo GEN, 2022. E-book. ISBN 9786559772698. Disponível em: https://integrada.

minhabiblioteca.com.br/#/books/9786559772698/. Acesso em: 09 jun. 2023.

DIP, Ricardo Henry Marques. *Os direitos humanos e o direito natural:* de como o homem Imago Dei se tornou Imago Hominis. São Luis, MA: Livraria Resistência Cultural Editora, 2022. p. 44.

Discurso do Papa Bento XVI ao Parlamento Federal alemão: Palácio Reichstag de Berlim - 22 de setembro de 2011. Viagem Apostólica à Alemanha – de 22 a 25 de setembro de 2011. Disponível em: https://www.vatican.va/content/benedict-xvi/pt/speeches/2011/september/documents/hf_ben-xvi_spe_20110922_reichstag-berlin.html . Acesso em: 26 maio 2023.

Discurso do Papa Bento XVI aos participantes no Congresso promovido pelo Partido Popular Europeu no dia 30 de Março do ano de 2006. Disponível em: https://www.vatican.va/content/benedict-xvi/pt/speeches/2006/march/documents/hf_ben-xvi_spe_20060330_eu-parliamentarians.html Acesso em: 26 maio 2023.

FINNIS, John. *Direito Natural em Tomás de Aquino:* sua reinserção no contexto juspositivismo analítico. Porto Alegre: Sergio Antonio Fabris Ed., 2007. p. 72.

HAYEK, Friedrich A von. *Direito, legislação e liberdade:* sobre regras e ordem. São Paulo: Faro Editorial, 2023. p. 95.

LOPES, José Reinaldo de L. Curso de Filosofia do Direito - O Direito Como Prática: Grupo GEN, 2021. E-book. ISBN 9786559771554. Disponível em: https://integrada.minhabiblioteca.com.br/#/books/9786559771554/. Acesso em: 09 jun. 2023.

MARTINS, Ives Gandra da Silva. *Uma breve introdução ao direito*. 2ª edição. São Paulo: Migalhas, 2015. p. 101.

TOMAS DE AQUINO, Santo. *Suma Teológica*. São Paulo: Edições Loyola, 2001.

DIÁLOGOS ENTRE O DIREITO E A MORAL E A (IN)EFETIVIDADE DO DIREITO CONCRETIZADO PELO JUIZ: REFLEXÕES JUSNATURALISTAS E POSITIVISTAS

Regina Vera Villas Bôas[1]

Gabrielle Valeri Soares[2]

Ivan Martins Motta[3]

---

1. Bi-Doutora em Direito das Rel. Sociais e em Direitos Difusos e Col. e Mestre em Direito Rel. Sociais, todos pela Pontifícia Universidade Católica de São Paulo (PUC/SP). Pós-Doutora em Democracia e Direitos Humanos pela Universidade de Coimbra/Ius Gentium Conimbrigae. Professora e Pesquisadora nos PG e PPG em Direito da PUC/SP. Coordenadora do Juizado Especial Cível (PUC/SP) e do PP "Diálogo de Fontes: Efetividade dos Direitos, Sustentabilidade, Vulnerabilidades e Responsabilidades (PUC/SP) - CV: http://lattes.cnpq.br/4695452665454054; ID http://orcid.org/0000-0002-3310-4274.

2. Mestre e Doutoranda em Filosofia do Direito na Pontifícia Universidade Católica de São Paulo (PUC/SP). Especialista em Direito Civil e Empresarial e em Direito e Processo do Trabalho pela Faculdade de Direito Professor Damásio de Jesus. Graduada em Direito pela Fundação Armando Álvares Penteado. Advogada. E-mail: gabriellevaleriadv@gmail.com. ORCID: https://orcid.org/0000-0003-4956-1805.

3. Doutor e Mestre em Direito Penal pela Pontifícia Universidade Católica de São Paulo (PUC/SP). Professor universitário aposentado da disciplina de Direito Penal nos Programas de Graduação e Pós-Graduação. Advogado criminalista. E-mail: i.motta@terra.com.br

"(...) Dentro do espírito kantiano, o direito rege o comportamento exterior, a moral enfatiza a intenção, o direito estabelece uma correlação entre os direitos e as obrigações, a moral prescreve deveres que não dão origem a direitos subjetivos, o direito estabelece obrigações sancionadas pelo Poder, a moral escapa às sanções organizadas".

(**Chaïm Perelman**)[4]

Resumo: O estudo ora desenvolvido objetiva delinear importante debate entre as correntes jusnaturalista e positivista, sob a ótica da aplicação do Direito pelo juiz, no mundo fático, valendo-se de diálogos entre "o Direito e a Moral". Procura responder à questão: "*a função do Direito nas sociedades organizadas é apenas a aplicação da letra descrita na norma (norma fria) ou a estimulação da procura de um ideal de justiça?*". Importante justificativa do presente trabalho reside nas possíveis contribuições ofertadas pelas disciplinas da Teoria Geral do Direito e da Filosofia Jurídica ao Direito e à Justiça, consubstanciadas pelos diálogos entre "Direito e a Moral", e que trazem às luzes relevantes reflexões realizadas por jusnaturalistas e positivistas. A metodologia de pesquisa utilizada envolve procedimento histórico, observacional e documental, a partir de objetivo explicativo e abordagem qualitativa, de natureza básica. Os resultados parciais obtidos exibem controvérsias referentes à separação e/ou vinculação entre o Direito e a Moral existentes no âmbito jurídico, tematizada por meio da diferenciação entre regras e princípios, apontando a coerção estatal como uma efetiva função exercida pelo Direito.

Palavras-chave: Jusnaturalismo e Positivismo – Direito e Moral – Direito e Justiça. (In) efetividade do Direito – Coerção Estatal.

Abstract: The study now developed aims to outline an important debate between the naturalist and positivist currents, from the perspective of the application of Law by the judge, in the factual world, making use of dialogues between "Law and Morality". It seeks to answer the question: "Is the function of Law in organized societies just the application of the letter described in the norm (cold norm) or the stimulation of the search for an ideal of justice?". An important justification for this work resides in the possible contributions offered by the disciplines of the General Theory of Law and Legal Philosophy to Law and Justice, embodied in the dialogues between "Law and Morals", and which bring to light relevant reflections carried out by jusnaturalists and positivists . The research methodology used involves a historical, observational and documental procedure, based on an explanatory objective and a qualitative approach, of a basic nature. The partial results obtained show controversies related to

---

4. PERELMAN, Chaïm. Ética e Direito. Tradução maria Ermantina Galvão G. Pereira. SP: Martins Fontes, 1996, p. 298-299.

the separation and/or connection between Law and Moral existing in the legal scope, thematized through the differentiation between rules and principles, pointing to state coercion as an effective function exercised by Law.

Keywords: Jusnaturalism and Positivism. Law and Morals. Law and Justice. (In)effectiveness of Law. State Coercion.

1. Introdução:

O presente texto, que recebe o título "***Diálogos entre o direito e a moral e a (in)efetividade do direito concretizado pelo juiz: reflexões jusnaturalistas e positivistas***" foi produzido com o objetivo de compor a Obra intitulada "***A Igreja e a Justiça***", organizada pelos Professores Doutores Ives Gandra da Silva Martins e Luiz Gonzaga Bertelli, aos quais são endereçados os agradecimentos dos autores do presente capítulo, pelos honrosos convites formulados.

A pesquisa ora desenvolvida, por meio de diálogos entre o direito e a moral, buscando refletir sobre a (in) efetividade do direito concretizado pelo juiz, realiza importante debate entre as correntes jusnaturalista e positivista, focado na acepção do Direito como Justiça. Questiona sobre as implicações desse diálogo nas decisões judiciais, ocasião esta, contextualizada por marcos histórico-filosóficos relevantes, percorrendo alguns ideários de Platão, Aristóteles, Cícero, São Tomás de Aquino, Santo Agostinho, Grócio, Pufendorf, Hobbes, Locke, Rousseau, Chaïm Perelman, Miguel Reale, entre outros marcos teóricos da presente pesquisa.

A partir da doutrina de Juliano Maranhão e Ronald Dworkin, o estudo argúi a respeito do "contraponto positivista", bem como sobre as suas possíveis insuficiências e inconsistências concretizadas por ocasião da adjudicação do Direito. Recorda que o resgate da filosofia jusnaturalista cristã, construída por São Tomás de Aquino e Santo Agostinho, depende, em certa medida, de uma contextualização histórica traçada pelo diálogo entre a corrente jusnaturalista e o positivismo jurídico; que o positivismo jurídico é marcado pela tese da separação entre o Direito e a Moral, mas que, todavia, referida corrente não consegue explicar o momento da aplicação do Direito, seja porque deságua em decisionismos, seja porque não elucida com precisão os chamados "casos difíceis".

Nesse sentido, a importante questão a ser refletida, qual seja, "*a função do Direito nas sociedades organizadas é apenas a aplicação da letra descrita na norma (norma fria) ou a estimulação da procura de um ideal de justiça?*", em grande medida, depende da maneira pela qual a conexão entre o Direito e a Moral é ressignificada pelos atuais teóricos, e da maneira como ela surge no momento da aplicação do Direito pelos juízes e tribunais. Importante justificativa da pesquisa está consubstanciada nas efetivas contribuições ofertadas ao Direito e à Justiça pelas disciplinas Teoria Geral do Direito e pela Filosofia Jurídica, trazendo às luzes reflexões realizadas por jusnaturalistas e positivistas, concretizadas por diálogos entre "o Direito e a Moral".

Miguel Reale (2002, p. 14-16), lecionando sobre "o Direito e as disciplinas afins", afirma que muitos problemas que envolvem a compreensão, entre outras, a origem, o processo e as transformações do Direito, são de ordem filosófica e "constituem um conjunto de indagações indispensáveis à penetração nas razões fundantes da experiência jurídica", sendo a "Filosofia do Direito uma perquirição permanente e desinteressada das condições morais, lógicas e históricas do fenômeno jurídico e da Ciência do Direito". Pensar a questão relativa ao fundamento ou à legitimidade do Direito "envolve o problema ético do Direito, ou axiológico, isto é, dos valores do Direito", indagando os filósofos do Direito sobre "os princípios lógicos, éticos e histórico-culturais do Direito". Ao lecionar sobre a diferença entre a Filosofia do Direito e a Ciência do Direito - esta última diante da indagação científica que aprecia as suas condições de possibilidade -, conclui que "toda ciência requer indagações sobre as condições lógicas do seu desenvolvimento" e, chegando a Ciência do Direito a certos resultados, torna-se imperioso o "conhecimento sobre o seu grau de segurança e certeza".

Sob esse prisma, a Filosofia do Direito e a Filosofia da Ciência Jurídica entendem que o filósofo não fica circunscrito a referido tema de ordem lógica, já que indaga, também, a respeito de "valores éticos e históricos da juridicidade", não se atendo a Ciência Jurídica à análise de quadros particulares de normas, eis que busca elaborá-los conforme conceitos gerais ou princípios unificadores. Pensada como "theoresis" (grego), a "teoria" implica a conversão do assunto em problema, que permanece sujeito à pesquisa e à indagação, "superando particularidade de casos isolados, englobando-os de maneira a serem compreendidos, favorecendo a correlação entre si, as partes e o todo". A Ciência Jurídica, assim, "se eleva ao plano de uma Teoria Geral do Direito, designando a parte geral comum a todas as formas de conhecimento positivo do Direito", fixando nortes, "princípios e diretrizes que elucidam a estrutura das regras jurídicas e sua concatenação lógica", além de fornecer motivos governantes dos diferentes âmbitos da experiência jurídica (REALE, 2022, p. 18-19).

Por seu turno, Cordeiro (1998, p. 30) afirma que a Ciência do Direito atual não admite, ainda, mecanismos que comportem uma integralização entre princípios públicos (exemplo: princípio da legalidade ou da igualdade de tratamento) e privados (liberdade de contratação e de estipulação ou do primeiro entendimento).

A metodologia de pesquisa utilizada envolve procedimento histórico, observacional e documental, a partir de objetivo explicativo e abordagem qualitativa, de natureza básica. Os resultados parciais obtidos exibem controvérsias referentes à separação e/ou interação entre o Direito e a Moral existentes no âmbito jurídico, tematizada pela diferenciação entre regras e princípios, apontando a coerção estatal como uma efetiva função exercida pelo Direito, sem prescindir de críticas edificadas pelos pontos de vista dissonantes.

2. Diferentes acepções do direito natural

Conceito comum ofertado ao jusnaturalismo está relacionado à doutrina postulante da existência de um Direito Natural sustentado por um sistema normativo de condutas subjetivas, distintas das normas positivas formuladas pelo Estado, as quais consideradas anteriores e superiores ao Direito Positivo, apresentam validade por si mesmas. O jusnaturalismo sustenta a prevalência do Direito Natural sobre o Direito Positivo, nas ocasiões de conflitos, podendo a sua origem histórica ser traçada desde a Grécia Antiga, fato esse exemplificado pelo excerto da peça "Antígona" (Sófocles) que anuncia: "[...] *nem eu creio que teu édito tenha força bastante para conferir a um mortal o poder de infringir as leis divinas, que nunca foram escritas, mas são irrevogáveis; não existem a partir de ontem, ou de hoje; são eternas, sim! E ninguém sabe desde quando vigoram!* [...]".

A esse respeito, importante é a afirmação de Cláudio de Cicco (2006, p. 21-22) de que "todos os povos iniciam a sua trajetória com a ideia da sacralidade da moral e do direito, de natureza imutável, sendo a mutabilidade derivada da contingência histórica". Recorda, ainda, a lição de Heráclito, asseverando que tudo se move, persistindo, todavia, uma harmonia que exibe como perene, conhecida como "a ideia de logos divino"; observada a necessidade da existência de uma lei que é eterna, na própria diversidade das leis. Nesse sentido, também, entende Sócrates, que na voz da consciência enxerga "um reflexo dos valores supremos e da ordem do mundo estabelecida por Deus".

Platão, por sua vez, concebe a ideia da tripartição da alma, qual seja, a alma logística, alma irascível e alma apetitiva. A alma logística se vincula à cabeça e à figura do filósofo e seria a responsável por diferenciar o ser humano dos outros seres, capacitada à reflexão, imaginação, opinião e razão, fato este que lhe permite o acesso às ideias similares contempladas pelos deuses. A supremacia da alma logística sobre as demais garante consistência à virtude platônica, predominando o vício nas ocasiões de sobrepujança das outras almas sobre a alma logística, situação essa narrada por Bittar e Almeida (2015, p. 120) como: os deuses estão a favor do homem que escolhe o *modus vivendi* virtuoso – sacrifício cujas compensações revelam a sua submissão ao julgamento dos deuses justos e dos injustos, dos bons e dos maus, dos virtuosos e dos viciosos; a justiça humana é impune para recriminar condutas, e a ética humana é insuficiente ao controle dos desregramentos do homem, estando presente a continuidade da vida como prova de punição daqueles que se desigualam dos demais. Segundo Sócrates, se fosse diferente "ensejaria o grande benefício da morte opaca e escura, prenhe de trevas e silêncio, pois aquele que erra apagaria todos os vícios e atrocidades".

A filosofia de Platão repousa na noção de "ideia", e conforme depreendido do Mito de Er (Livro X da República) "é por reminiscência que se consegue recuperar as ideias que estão latentes na alma humana, estas esquecidas na sua passagem e condições no Hades para a Terra" (BITTAR; ALMEIDA, 2015, p. 121). A existência de um mundo material (imperfeito e mutável) e de um mundo ideal (perfeito e imutável), na visão da Platão, concebe a existência de uma justiça divina, também, além de distinguir o justo "em virtude da natureza", do justo "em virtude da lei" (CICCO, 2006, p. 22).

Bittar e Almeida (2015, p. 124) lecionam que existe, além da justiça humana, relativa e ineficaz, há uma justiça

– absoluta e infalível – que governa o cosmos e da qual não escapam os infratores, não devendo ser ela entendida somente sob o ponto de vista terreno, transitório e humano, eis que é metafísica com raízes além da vida, estando vigente uma Justiça Universal que recompensa a prática do bem, e penaliza a do mal. Afirmam que "o homem justo, por suas razões singulares, participa da ideia do justo e, por isso, é virtuoso".

Aristóteles diferencia o "justo legal" do "justo natural", referindo-se o primeiro às normas de uma determinada pólis, normas estas emanadas do legislador, situado o justo natural, do outro lado – fundamentado na natureza humana (e não na vontade do legislador). Bittar e Almeida (2015, p. 147) asseveram sobre esse contexto que o "*díkaion phýsikon*" (justo natural) é o por ele próprio e por todas as partes designam uma igual, possuindo a mesma "*dýnamis*" (potência), sem depender a sua existência de quaisquer atos de positividade, decisões e/ou opiniões e conceitos. Lecionam que "ser por natureza" "é tal qual é, e apesar de variar, mudar, relativizar-se, independentemente de outro fator senão a "*phýsis*" (a própria natureza)". Em contrapartida, o "*díkaion nomikón*" (justo legal) é aquele que independentemente de sua forma (indiferença inicial), mas que, todavia, em sendo "*positum*" (positivado), afasta indiferenças e se transforma em necessário: "o ato do legislador de criação da lei torna o indiferente algo necessário".

Enquanto o justo natural é conceituado como o conjunto de regras que resguarda a universalidade da sua aplicação, validade e aceitação, eis que alicerçado na natureza humana, não estando vinculado à vontade do legislador, o justo legal é decorrente da vontade do legislador e da cultura de cada povo, razão pela qual podem ser divergentes de lugar a lugar "não obstante essas variações, compartilham os povos, de maneira intemporal e incondicional, relativamente às noções e princípios comuns, fundamentados na natureza racional do homem". O estado *phýsis* (natureza) é "o mesmo que o estado não técnico, algo pré-dado ao espírito humano, que participa da essência da coisa tal qual parte indispensável e sem a qual não haveria que se falar em completude essencial." (BITTAR; ALMEIDA, 2015, 149 e 151).

Aristóteles, por sua vez, entende que o justo legal deve ser baseado no justo natural, eis que este designa a causa (princípio) de todo o movimento produzido pelo justo legal, levando à crença de que "a legislação perfeita é a adequação plena do legal ao natural, o que representa uma atualização integral de toda justiça em seu sentido absoluto", ressaltada a justiça natural como parte da justiça política que objetiva à plena realização do homem, integrado à estrutura do convívio social. Sendo o homem um animal racional e naturalmente um *zwon politikón* (ser político), a sua plena realização está condicionada à própria natureza que o engendra - a sociabilidade -, à politicidade, à autoridade, ao relacionamento, à reciprocidade e a conectividade. Reger-se o homem sob o signo de sua natureza, equivale à situação de "estar ele sob o governo da razão, significando no âmbito social que o homem está sob o governo das leis, qual seja, "a razão sem paixão" (BITTAR; ALMEIDA, 2015, p. 151e 153).

Aristóteles, assim como Cícero, vincula a moral à realização da natureza humana, preconizando o estoicismo que essa natureza humana somente progride com o respeito às regras do cosmos e à ordem das coisas, exibida a relação entre a ética estoica e a ataraxia (ausência plena de perturbações da mente, oriundas da falta de excessivo abalo "do quc é bom", e "do que é mau"; revela "a descoberta de sua interioridade, como posse de um estado imperturbável diante das ocorrências externas". A ética estoica demanda obediência aos mandamentos éticos pelo dever, e não porque isso importe benefício, nomeada como obediência em razão do fato de os mandamentos éticos serem oriundos de leis naturais, não se sobrepondo à natureza ao ser humano, da qual emanam as normas do agir. Nessa obediência àquilo que é natural se encontra domiciliada uma maneira de intuição daquilo que é natural (e elementar), além de consentâneo à conservação e manutenção da vida humana – é a intuição das normas naturais que outorga ao homem capacidade de discernir sobre o que é favorável e/ou desfavorável ao seu bem agir. (BITTAR; ALMEIDA, 2015, p. 176, 179 e 180).

Cícero (2005, p. 110) postula a existência de uma lei natural, imutável e eterna, encontrando no cosmos o fundamento da ética e da justiça, sendo a "sociabilidade condição natural humana, de modo que a organização do Estado, das leis e da justiça sejam condições à realização da própria natureza humana". Entende Cícero que a "razão reta" que existe de acordo com natureza, "gravada nos corações, imutável, eterna", proclama e "prescreve o bem, afasta do mal que proíbe e, ora com seus mandatos, ora com suas proibições, jamais se dirige inutilmente aos bons, nem fica impotente ante os maus"; não podendo a lei ser derrogada em parte/contestada/anulada, nem descumpridas pelo povo e pelo senado, nem passível de outras interpretações e intérpretes; "não devendo ser compreendida diferentemente em Roma e Atenas, sendo uma antes e outra depois, mas uma, sempiterna e imutável, entre todos os povos e em todos os tempos". Deus é imperador e mestre uno, sendo sancionador, inventor e publicador; referida lei não pode ser desconhecida pelo homem, sem que ele renegue a si mesmo, se despoje do seu caráter humano "e sem atrair sobre si a mais cruel expiação, apesar de ter evitado todos os outros suplícios".

Cícero, Platão e Aristóteles são os principais expoentes do jusnaturalismo, na Antiguidade Clássica, tendo Santo Agostinho e São Tomás de Aquino, no Cristianismo, corroborado a retomada da escola do direito natural. Os ideários dessa tríade continuam a existir por intermédio da filosofia cristã, a qual proclama a lei natural como aquela "lei escrita nos corações dos homens, e que o Decálogo seria a expressão acabada". Importante as notas: "Santo Agostinho considera as ideias subsistentes de Platão e a razão natural dos estoicos como a "Sabedoria de Deus", a *Lex Aeterna*, da qual emana a lei natural"; Santo Agostinho, retoma Platão e preconiza que "a justiça divina se baseia na lei divina (*lex Aeterna*), sendo ela absoluta, imutável, perfeita, além de servir de fundamento da lei humana" (CICCO, 2006, p. 22).

Nessa seara, Bittar e Almeida (2015, p. 258-261; 223-224) lecionam que rapidamente a filosofia agostiniana pode ser identificada, quando se pesquisa a problemática da justiça, vindo ela marcada pela noção "romano-ciceroniana, a qual aponta o governo de direito como o justo, qual seja, "aquele em que a justiça é o dar a cada um o que é seu (*suum cuirque tribuere*)". Referida virtude "coordena vontades e interesses e estabelece a ordem", não existindo República sem ordem, ordem sem direito e direito sem justiça, observado que ao ser despedaçada essa ordem, a ordem de Deus, simultaneamente se despedaça, atribuindo à pessoa, algo não merecido por ela. Importante, também, a consideração sobre a sobriedade, o equilíbrio e a sabedoria prática, devidos na distribuição daquilo que é devido a cada um, anotado como injusto o fato de ser atribuído algo a alguém, a quem não se deveria oferecer e, consequentemente, "se deixa de atribuir a alguém algo que lhe é devido". Nesse sentido, a justiça se relaciona com a ordem de Deus sobre o homem, das virtudes sobre os vícios, da razão sobre as paixões; "não vislumbra na natureza um código imutável incondicionado e absoluto, mas uma justiça variável e contingente como a razão humana".

São Tomás de Aquino, por sua vez, define justiça a partir da ética. Isso porque "ética" (*éthos*), para os gregos, tem o significado de hábito – reiteração de atos à realização de determinado fim – designando a prática constante de atribuição a cada um do que é seu. A palavra "lei" para São

Tomás de Aquino" pode significar distintas acepções, entre outras, lei eterna, lei natural, lei das gentes e lei humana, as quais influem no conceito de justiça. Enquanto a lei eterna é promulgada por Deus e não se sujeita às variações humanas, sendo considerada o princípio e o fim de todo o universo, a lei natural retrata a lei eterna de maneira parcelar, sendo comum aos homens e aos animais. São Tomás de Aquino admite a mutabilidade da natureza humana, não vislumbrando (na natureza) o jusnaturalismo tomista "um código imutável incondicionado e absoluto, mas uma justiça variável e contingente como a razão humana" (BITTAR; ALMEIDA, 2015, p. 258 e 259).

Nesse sentido, apesar de a lei humana ser considerada convencional e relativa, deve buscar refletir a lei natural e a lei eterna, fato este que afirma a retratação daquilo que a lei natural preceitua pela lei humana, devendo o legislador positivar aquilo ofertado pela natureza e o que dela decorre. Ora, se o que é contrário à lei natural for positivado, se transforma em aparato de direito injusto, ilegítimo, iníquo, e apesar do fato de a lei positiva não estar conforme a lei natural, não justifica a desobediência àquilo criado pelo homem; afinal, para São Tomás de Aquino, a desobediência só se justifica na presença de um entrechoque entre a lei eterna e a lei humana (BITTAR; ALMEIDA, 2015, p. 261).

Cláudio de Cicco (2006, p. 79-81) afirma que o fato de a lei eterna estar escrita na natureza humana, justifica o fato de a lei natural ser entendida como a "própria lei eterna, enquanto aplicada à natureza humana", recordando que a lei positiva "torna explícito o que a lei natural não exprime concretamente", de maneira que a "lei positiva que não deriva da lei natural é uma falsa lei, uma lei corrupta", revelando que a ideia de direito natural da Escola Escolástica sofre modificações dentro das próprias escolas tomistas, alcançando apogeu com São Tomás de Aquino. Com base em Aristóteles e nos jurisconsultos romanos, era fiel ao direito natural - no seu sentido mais genuíno ou clássico -, não sendo influenciado pelas doutrinas de negação da capacidade humana de alcançar naturalmente o bem na ordem temporal - negação essa, partida de Santo Agostinho. Reagindo ao pessimismo luterano, a Escola Escolástica tardia insiste com a capacidade do ser humano de alcançar naturalmente as verdades da ordem natural, realizando um "retorno a São Tomás de Aquino (Suárez, Vitória, Soto e Molina), com algumas infidelidades". O racionalismo do século XVIII encadeia a Revolução de 89 e, após, o positivismo jurídico, buscando garantir conquistas da burguesia (Código Civil Francês) e formação da consciência nacional (Constituições); a Renascença retoma os valores clássicos, gregos e romanos; a persistência da cosmovisão de São Tomás de Aquino; a existência de antropocentrismo, durante a Renascença, recordando Cláudio de Cicco (2006, p. 107) que o "peso da civilização e cultura medievais ainda continuava a se fazer sentir, mesmo em países poderosamente influenciados pela Reforma Protestante".

O Direito Natural surgido com os gregos (Platão, Aristóteles e Cícero) é posteriormente retomado pela filosofia cristã (Santo Agostinho e São Tomás de Aquino) e, em uma terceira fase (século XVII), o jusnaturalismo passa a identificar a razão enquanto guia das ações humanas (laicização da cultura moderna), amparado nos ideários, principalmente, de Hugo Grócio, Samuel Pufendorf, Hobbes, Locke e Rousseau. Nessa seara, a Escola Clássica do Direito Natural surge com Hugo Grócio, responsável por eleger a razão (e não Deus ou a natureza) como princípio último das coisas. Hugo Grócio, com supedâneo na matemática e na geometria, coloca o método dedutivo como o que propicia a "reta razão a alcançar as regras invariáveis da natureza humana" (BITTAR; ALMEIDA, 2015, p. 284).

Esclarece Cláudio de Cicco (2006, p. 130-131) que nos Países Baixos, o domínio dos espanhóis marca raízes na

Holanda e na Bélgica, região de nascimento de Hugo Grócio, fato este que explica as influências do neo-estoicismo de Erasmo e dos jesuítas, na composição do seu livro "*De Iure Belli ac Pacis*", o qual projeta as bases do moderno direito internacional a partir de ideário de direito supranacional, racional e natural, sempre existente, mesmo que, por absurdo, inexistisse Deus" ("Etsi daremus si Deus non esse")".

Pela doutrina de Cláudio de Cicco (2006, p. 131-133), o Renascimento, consubstanciado pelo retorno ao pensamento clássico e ruptura com o pensamento medieval –, apesar das distintas tônicas a respeito –, informa a identificação de Hugo Grócio com os neo-estoicos, anotando que "um dos princípios fundamentais do estoicismo romano, na esteira de Giuseppe Carle, era a identificação do *ius naturale* de Aristóteles (*diké* ou justiça na pólis) com o *ius civile* atuado, *in acto*, com um encaminhamento próprio". Também, que o pensamento de Grócio é desenvolvido na medida do questionamento da ingerência do monarca nos assuntos de consciência individual, observado que, na ocasião, os súditos professam a mesma religião do monarca. Recorda que Hugo Grócio vislumbra a necessidade de conciliação entre a consciência do cidadão e a ordem jurídica vigente, buscando respostas na racionalidade comum dos seres humanos, lembrando, por meio de Solari, de dois momentos do pensamento de Hugo Grócio: "Grócio do *Imperium circa Sacra* - fundamenta na natureza humana o poder do rei sobre questões religiosas que interessam ao Estado (à maneira de Bossuet)"; "*De Iure Belli ac Pacis* - já laicizado e naturalístico, não concebida como função, zelar também pelo bem espiritual de seus súditos (à maneira de Voltaire)". Esses dois momentos do pensamento de Hugo Grócio são repetidos em Locke, que concebe o estado de natureza como um estado de paz e felicidade humana – primeiro estribado na vontade divina e, após calcado na ideia de razão.

O pensamento de Aristóteles que concebe o estado natural do homem enquanto vida na *pólis*, local em que a natureza humana pode se realizar, é retomado por São Tomás de Aquino; Hobbes concebe o estado de natureza como sinônimo de uma situação anormal, em que o homem é o lobo do homem, persistindo uma guerra de todos contra todos; Locke afirma o surgimento do Estado como garantia dos direitos naturais, e não como o Estado-Leviatã hobbesiano – contraposto à destruição da sociedade –, e afirma que a ideia de "contrato social", exibida por distintas matizes, exibe uma função controladora do Estado; enquanto que Hobbes se apresenta o Estado como mantenedor da ordem social, ideia essa retomada, mais tarde por Rousseau (CICCO, 2006, p. 136/137).

Samuel Pufendorf, discípulo de Hugo Grócio se refere ao direito natural como aquele "acessível pela razão natural, ínsito à natureza própria do homem, como elemento fundamental à paz entre os homens, a partir da legitimidade de atuação do Estado soberano" (BITTAR; ALMEIDA, 2015, p. 284).

Ao se pautar o debate da matéria na Gneseologia, a doutrina de Miguel Reale é invocada para afirmar que entre os problemas enfrentados pela Gneseologia, reside a questão da origem do conhecimento, surgindo daí indagações sobre a identificação das fontes de emanação, além da localização, identificação e medida de contribuição dos elementos à formação do conhecimento humano, surgindo em resposta três correntes: o racionalismo, o empirismo e o criticismo, preconizando o racionalismo que "os fatos não são fontes de todos os conhecimentos, sendo que eles não oferecem, por eles próprios, condições de certeza". Em face de verdades de fato, em que os resultados são provisórios e expostos a consecutivas verificações e retificações, as verdades de razão (inerentes ao pensamento humano) agregam certeza e universalidade, não se admitindo a hipótese da identidade dos contrários ou da admissão simultânea (de "A e não-A"), sendo as verdades de razão, não oriundas do fato, mas sim condições do pensamento, objetivando o conhecimento daquilo "que está nos fatos ou que nos fatos se revela" (REALE, 2002, p. 87, 93-94).

E, mais: o intelectualismo, entendido como uma das maneiras de realização do racionalismo, designa uma corrente "originária de Aristóteles, que reconhece a existência de 'verdades de razão', e atribui à inteligência uma função positiva no ato de conhecer", porquanto a razão não possui a capacidade de conter, em si mesma, "verdades universais como ideias inatas, atingindo-as em face dos fatos particulares que o intelecto coordena", sendo ele (intelecto) capaz de extrair "os conceitos ínsitos no real, operando sobre as imagens que o real oferta". Vinculado, assim, o racionalismo ao Direito Natural (Aristóteles, Santo Agostinho, São Tomás de Aquino, Cícero e Hugo Grócio), entendido, de um lado, como aquele inerente à razão, ou como aquele do conjunto de "princípios inatos" dos homens; e, de outro lado, como aquele que sustenta a inexistência de direitos inatos; aquele cujas ideias inatas inexistem, aceitando princípios universais elaborados pela razão, que se vale da experiência e ultrapassa o plano da simples generalização, pelo hábito racional de "querer o bem e a evitar o mal". Entendido o direito empírico como aquele vivido pela humanidade, em casos concretos e particulares, expresso em leis ou em regras costumeiras, mutável pela sua natureza, variável de local a local, e de época a época – observado que acima desse direito sobrevive um ideal de valores jurídicos, designando a constância e a universalidade da razão humana "correspondente à natureza do homem em sua universalidade" (REALE, 2002, p. 96-98).

Interessante, na visão de Miguel Reale (CICCO, 2006, p. 138), é a identificação feita por Locke aos empiristas moderados, além da vinculação ofertada por Solari das concepções contratualistas ao racionalismo – inclusive àqueles advindas de correntes empíricas -, explicada a contradição pela "não busca do fundamento da sociedade na natureza das coisas, mas sim entendido o estado de vida social similar à obra de reflexão": "voluntária e racional, do homem".

O contexto histórico e filosófico delineado e o contraponto positivista expresso, até esse momento dos presentes estudos, propiciam a concretização de verticalizadas reflexões sobre interconexões entre o Direito e a Moral, temática essa a ser tratada, a seguir, pela presente pesquisa.

3. A (im)possibilidade de interconexão entre o direito e a moral: o contraponto positivista

Tema debatido no âmbito jurídico se refere à relação entre o Direito e a Moral, realizando-se inúmeras reflexões importantes sobre a possibilidade (ou não) de se conceituar e apreender o Direito desconectado do âmbito da Moral. A tese da "vinculação" entre o Direito e a Moral remete às doutrinas do direito natural, conectando Direito e Moral natural, seja ela de ordem cósmica, divina ou racional, diferentemente das doutrinas amparadas em correntes positivistas que sustentam a tese da "separação" de ambos.

Pela doutrina de Norberto Bobbio (1909, p. 234-235), o positivismo jurídico não designa um "bloco único", mas sim, uma corrente que exibe distintos caracteres, podendo ser entendido como um método de estudo do direito, uma teoria do direito ou, ainda, uma ideologia jurídica. Necessário recordar da "ideologia juspositivista que pressupõe a teoria juspositivista, pressupondo esta, o método positivista"; havendo críticas dirigidas ao positivismo jurídico, que consideram tanto os aspectos como os autores relacionados às referências exibidas. Assim, as críticas ao método positivista concretizam um juízo de conveniência, avaliando a idoneidade do método à consecução de determinado fim;

as críticas à teoria juspositivista se valem de um juízo de veracidade ou de falsidade em face da descrição da realidade a que ela se propõe realizar; as críticas à ideologia juspositivista se fundamentam nos juízos de valores, já que "a ideologia não descreve a realidade, mas procura nela influir", fato este que impede a consideração de ser ela "verdadeira ou falsa", mas não a de ser ela "boa ou má".

Exibido o positivismo jurídico pelas acepções: método científico, ideologia e teoria do direito, esclarece Bobbio (1909, p. 131) que "como método científico", o positivismo jurídico pressupõe uma maneira de abordar o direito, entendendo que o jurista "deva estudar o direito igualmente ao modo pelo qual o cientista estuda a realidade natural, abstendo-se de formular juízos de valor". Desse comportamento, deriva a "teoria da validade do direito" (do formalismo jurídico), validade essa fundada em critérios da sua estrutura formal (aspecto exterior), prescindindo do seu conteúdo, o que não implica a afirmação simultânea da validade da norma jurídica e a afirmação do seu valor. Dessa seara, decorre a possibilidade de a descrição positivista do Direito ser completa (ou não) e de o conceito de Direito não ser isento de juízos valorativos, eis que a pretensão avalorativa pode ser, em certa medida, valorativa, por si própria, como no caso do princípio disjuntivo de Descartes, influenciador da história ocidental, conforme orientado por Edgar Morin (2010, p. 76), ao explicar que a disjunção separa "a cultura dita humanista da literatura, da poesia e das artes, da cultura científica".

O positivismo jurídico "como ideologia" designa uma visão extremista do positivismo jurídico (enquanto ideologia), a partir de visão moderada, defendendo Bobbio (1909, p. 236), que essa visão, não necessariamente, leva ao totalitarismo, porquanto "a ordem, a igualdade formal e a certeza como os valores próprios do direito representam sustentação ideológica em prol do Estado liberal, e não do

Estado totalitário ou, de qualquer maneira, tirânico". Assim, a ideologia positivista se dirige à teoria juspositivista, a qual se reporta ao método positivista, este considerado como substrato último da ideologia positivista, extrema ou moderada, que desvela problemas com consequências na estrutura ideológica, qual seja: a verificação avalorativa do fenômeno jurídico (visão do direito como casca, sem substância) introduz as dificuldades: a incompletude da avaliação do fenômeno jurídico; a escolha do paradigma simplificador em detrimento do paradigma complexo; e, a opção pela posição avalorativa que "per se" não é imparcial.

O positivismo jurídico "como teoria do direito" designa o positivismo jurídico, cuja teoria do direito se ampara em outras teorias distintas. De início, o juspositivismo define o direito em função do elemento "coação", do qual deriva a teoria da coatividade do direito", sendo ela (teoria) entendida como consequência da maneira que o direito é entendido, qual seja, considerado como fato "o direito é aquele que vige como tal na sociedade - normas que são feitas valer por meio da força [...]"; quanto às "fontes do direito", observada a parte histórica, o positivismo jurídico - afirmada a teoria da legislação como fonte preeminente do direito "direito sub *specie legis* [...]", compreende a norma como um comando "que formula a teoria imperativista do direito, subdividida em numerosas subteorias", e que concebe o imperativo "como positivo ou negativo, como autônomo ou heterônomo, como técnico ou ético." (BOBBIO, 1909, p. 132).

Realizado o cotejo dos vieses do positivismo jurídico, torna-se imperiosa a introdução do pensamento de Hans Kelsen, por ser ele o principal expoente da teoria do "positivismo normativista". Pela Teoria Pura do Direito, o doutrinador busca conferir cientificidade ao fenômeno jurídico, procurando isolá-lo de influências externas, diferenciando aquilo que é jurídico (fenômeno jurídico puro) daquilo que não é jurídico, como a sociologia, a antropologia, a religião, a cultura, observado que "o dever-ser jurídico não se enraíza em qualquer fato social, histórico; não é condicionado por nada que perverta a sua natureza de puro dever-ser". Pela teoria, o ordenamento jurídico é identificado com a noção de Estado, cuja concepção se liga a toda a ordem jurídica centralizada, não remetendo à validade da norma jurídica (conceito chave da teoria kelseniana) aos juízos valorativos (certo ou errado), entendida a diferença normativa entre "ser válida (ou inválida)" e "ser verdadeira (ou falsa)", conforme os "procedimentos formais da criação normativa", prescritos em certos ordenamentos jurídicos. Importante a lembrança de que a "validade não submete a norma ao juízo do certo ou do errado, mas ao juízo jurídico, propriamente dito, ou seja, ao juízo da existência ou não (pertinência a um sistema formal) para determinado ordenamento jurídico"; de que o fundamento de todo o ordenamento jurídico repousa na "norma fundamental", não confundida com o conceito de Constituição, porquanto remete ao pressuposto lógico do sistema – fechado, hierarquizado, autossuficiente e dentro do qual cada norma retira a sua validade da norma superior; de que a Ciência Jurídica é permeada por juízos de Direito e não por juízos de justiça; proposta essa descritiva (concepção metodológica), sem o objetivo de estudar determinado ordenamento jurídico, mas de compreender as "estruturas com as quais se constrói o Direito Positivo, estruturas essas comuns a todos os sistemas, independentemente de sua localização geográfica ou situação histórico-temporal." (BITTAR; ALMEIDA, 2015, p. 398-401 e 404).

Hans Kelsen, conforme expõem Bittar e Almeida (2015, p. 406/409), separa o Direito da Moral, lecionando que a norma pode ser válida e injusta, eis que a justiça não é condição de validade da norma, sendo a validade da norma retirada daquela (norma) que lhe é imediatamente superior. Para Hans Kelsen, o conceito de justiça é relativo, não havendo um ideário de justiça comum a todos os homens, lugares e tempos, detendo-se ele nas exposições e contradições sobre a justiça no Antigo Testamento (princípio da retaliação) e justiça no Novo Testamento (lei do amor e do perdão de Jesus Cristo). Interessante a menção de que a justiça platônica é desprovida de conteúdo material, eis que possui caráter transcendental e inatingível pela justiça imperfeita e mutável dos seres humanos; que a justiça aristotélica é fadada ao fracasso, devido à virtude da sua "matematização"; que o jusnaturalismo não consegue sucesso na empreitada de debates sobre o conceito de justiça, porquanto fundado em ideia de natureza fluida, mutável e discutível; que o positivismo jurídico é insuficiente ao explicar o fenômeno da aplicação ou adjudicação do Direito, por parte dos juízes.

Nessa seara, a grande questão imposta se refere à identificação daquilo que é o Direito, anunciando a relevante questão sobre a necessidade (ou não) de o jurista identificar um conteúdo moralmente bom, ou correto. Juliano Maranhão (2012, p. 25-26) leciona que "a afirmação da neutralidade moral como condição de sucesso às teorias jurídicas é formulada pelos positivistas que creem na possibilidade de apurar as valorações dos participantes", o que se refere a um "dado externo, objetivo socialmente identificável, sem a necessidade de engajamento em considerações morais". Considerada a existência de outra corrente, capitaneada pelo jusnaturalismo, pelo culturalismo e pelo historicismo, cuja crença está na indissociabilidade do Direito da questão moral, asseverando que a moralidade do direito se transpõe, porque o direito tem conteúdo moralmente justificável ou porque entende ser impossível compreendê-lo sem a identificação de seus propósitos morais. Esse conteúdo necessário de moralidade pode ser exibido de várias maneiras, reveladas por meio de três ordens na história do pensamento jurídico, ou por um resgate do ideal jusnaturalista [...], ou por perspectiva historicista, como um reflexo da inserção do jurista em certa cultura, a partir de valores morais historicamente constituídos, dos quais as normas, o direito e seu conhecimento são expressões dela; ou, ainda, uma síntese de ambos, conforme doutrina de Karl Larenz (2012, p. 26)

Pelo ideário de Ronald Dworkin (MARANHÃO, 2012, p. 28), a utilização de princípios morais e de políticas públicas – inclusive, por vezes, de maneira privilegiada em relação às regras com *pedigree* – importa a existência de dissenso entre os próprios operadores do direito, a respeito do conteúdo e propósitos morais da prática jurídica, cuja existência não pode ser neutra. Observada a convenção dos juízes sobre as fontes, no momento da aplicação do Direito, torna-se relevante o questionamento sobre as interpretações e justificativas oferecidas pelos magistrados em suas decisões.

Acerca do comprometimento da separação entre o Direito e a Moral, recorda-se das razões jurídicas compreendidas pelos tribunais como vinculantes, apesar do não cumprimento da regra de seu reconhecimento, fato este que implica a não explicação da sua força vinculante pela tese das fontes. Esses princípios vinculantes e extrajurídicos são capazes de afastar razões jurídicas (com pedigree) em casos claros, evidenciando que a força vinculante desses princípios só pode ser explicada pelo mérito moral de seu conteúdo. E, havendo razões vinculantes para os tribunais, cuja força decorre de seu mérito moral, competindo com as razões de pedigree, fica comprometida a tese da separação entre direito e moral. O derradeiro passo, todavia, se refere ao ataque à própria tese das fontes; observado que os princípios, por seu conteúdo controverso, não podem ser parte de uma convenção objetiva que identifica atos normativos que detêm autoridades, e que a razão indicada pelo critério de *pedigree* se coloca em questão, nos casos claros e claramente injustos, implicando esses fatos a inexistência de regra mestra aceita pelas autoridades, passíveis de identificação de razões de recursos nas decisões, por parte dos juízes (MARANHÃO, 2012, p. 55).

Juliano Maranhão (2012, p. 61) indica que a teoria de Dworkin anuncia a possibilidade de o Direito ser compreendido como uma justificativa moral para o exercício da coerção estatal, não admitindo Dworkin "a neutralidade (e aqui transparece sua versão da tese de justificação moral do direito), pois vê o direito como uma empresa coletiva que se justifica moralmente em cada ato de adjudicação (o que é distinto de entender o direito como moralmente justificado)".

Por derradeiro, os estudos revelam que os debates acadêmicos sobre a existência de "separação ou vinculação entre o Direito e a Moral" estão distantes de serem atenuados, doutrinando os positivistas que a separação não impede que sejam tecidas críticas ao Direito, notadamente no campo político, doutrinando os jusnaturalistas, os culturalistas e os historicistas a impossibilidade de separação entre ambos ("Direito e Moral") ou, ainda, a inconveniência dessa separação, por meio do consequencialismo.

Notas finais:

A presente pesquisa traz algumas lições doutrinárias das correntes jusnaturalista e positivista, refletidas a partir da efetivação do Direito pelos juízes, procurando realizar aproximação entre "o Direito e a Moral". Ao refletir sobre a questão se "*a função do Direito nas sociedades organizadas seria apenas a aplicação da letra descrita na norma (norma fria) ou a estimulação da procura de um ideal de justiça*", os estudos apontam a necessidade da contribuição, notadamente, das disciplinas da Teoria Geral do Direito e da Filosofia Jurídica à solução jurídica justa. Referidas soluções podem ser consubstanciadas a partir da efetivação de diálogos consistentes e profícuos entre o "Direito e a Moral ", trazidos às luzes por debates provocados por doutrinadores jusnaturalistas e positivistas.

Ao trazer à baila questões enfrentadas pelas doutrinas do positivismo jurídico e do jusnaturalismo, revela ideários de pensadores clássicos e contemporâneos, entre outros, Platão, Aristóteles, Cícero, São Tomás de Aquino, Santo Agostinho, Grócio, Pufendorf, Hobbes, Locke, Rousseau, Kelsen, Bobbio, Dworkin, Perelman, Hart, Maranhão. Os estudiosos preconizam que ambas as doutrinas podem corroborar a efetividade da Justiça contemporânea. Uma das abordagens traz ao cenário reflexivo a doutrina do positivismo jurídico exaltando a separação entre "o Direito e a Moral", apoiado na noção "democrática" de que qualquer conteúdo, em princípio, pode ser Direito, respeitada a possibilidade de divergências e críticas; e a doutrina do jusnaturalismo fundada na existência de uma inerente conectividade entre "o Direito e uma Moral", ofertada pela razão, pelo cosmos ou pela divindade.

Ao trazer questões sobre a insuficiência do positivismo jurídico em face da aplicação do "Direito na acepção de Justiça", os estudos ressaltam dificuldades atinentes ao enfrentamento de sua aplicação pelos julgadores. O momento da aplicação do Direito, segundo a doutrina de Hart, revela o exato instante em que referidos aplicadores do Direito devem se ater às fontes utilizadas, lembrando que os princípios são imbuídos de conteúdo controverso, não sendo possível a realização de uma convenção objetiva em torno da sua aplicação. Além dessa realidade, estão presentes no mesmo cenário, os chamados "casos difíceis", que possibilitam a prevalência dos princípios sobre as regras com "pedigree".

O tema "separação ou vinculação entre o Direito e a Moral" permite questionamentos e tratamentos com efetividade dentro do próprio sistema jurídico, enfrentando as necessárias diferenças entre "regras" e "princípios".

Ainda, relativamente ao questionamento soerguido na presente pesquisa, envolvente da "*função do Direito nas sociedades organizadas como a busca da aplicação da norma fria ou estimular a procura de um ideal de justiça"*, referida função, na esteira do pensamento de Ronald Dworkin, é aquela que procura justificar a coerção estatal. Percebe-se, todavia, que a noção de Justiça se encontra intrínseca nessa função do Direito, qual seja, o "Direito como justificativa da coerção estatal", afastando eventuais arbitrariedades nas decisões de juízes. Essa consideração contribui, também, com a verificação da conformidade dos atos dos poderes judiciário, legislativo e executivo com as normas do ordenamento jurídico, resguardando a segurança jurídica dos cidadãos.

As notas finais da presente pesquisa comportam observação relevante feita por Arthur Kaufmann (2009, p. 59) sobre o dever que possui toda filosofia de separar o direito do não direito/injustiça, resultando, daí, as indagações fundamentais sobre a Filosofia do Direito, relacionadas à compreensão sobre o direito correto, e o reconhecimento ou realização do direito correto, perguntas estas, as quais unidas, conduzem à pergunta sobre a "justiça como critério valorativo para o direito positivo e, como tal, à pergunta sobre a validade do direito".

Herbert L. A. Hart (2001, p. 6) lembra a doutrina de John Austin (*The Province of Jurisprudence Determined,* 1832. Lição VI - ed. 1954, p. 259), que afirma que "o direito constitucional é apenas a moral positiva"; e a doutrina de Hans Kelsen (*General Theory of Law and State* – 1949, p. 61) lecionando que "não se deve roubar – se alguém roubar será punido: a primeira norma, se chegar a existir, está contida na segunda, que é a única norma genuína – o Direito é a norma primária quc cstatui a sanção".

Herbert Hart (2001, p. 129-130), se refere à patologia de um sistema jurídico lembrando que o fato de as regras entendidas como válidas, oficialmente, serem obedecidas, normalmente, e lembra que a possibilidade da existência de "um divórcio entre os setores privado e oficial", em face da desobediência geral às regras entendidas como válidas, diante "dos critérios de validade utilizados pelos tribunais". Afirma que as inúmeras maneiras de ocorrência dessa situação se inserem na matéria da "patologia dos sistemas jurídicos", designando uma maneira de ruptura dentro do sistema jurídico, o qual "envolve sempre a violação de algumas leis, além de acarretar a substituição não autorizada de um conjunto de autoridades por outros indivíduos, e não uma nova constituição ou sistema jurídico".

A garantia da existência, manutenção e progresso da humanidade, além da prática da harmonia social e sociabilidade humana, exige o respeito à liberdade de cada um. A sociabilidade humana, a harmonia social e a liberdade de cada um, somadas à prática da igualdade, requerem a garantia de vida sadia (meio ambiente ecologicamente equilibrado). O respeito à ética, aos valores da moral existente, às normas jurídicas, todos consubstanciados no texto constitucional vigente, deve ser compatível com as ordens respeitadas e compartilhadas pelas pessoas em suas sociedades, observado o senso razoável à admissão de práticas que não desrespeitem crenças, valores éticos, textos legais e constitucionais, que importem a garantia de direitos e de convivência entre as pessoas, de suas dignidades e do respeito ao meio ambiente sadio e ecologicamente, em prol das presente e futuras gerações, independentemente de correntes doutrinárias que fundamentem referidas situações.

Por derradeiro, a metodologia de pesquisa utilizada no presente estudo envolve procedimento histórico, documental e observacional, apoiada em objetivo explicativo e abordagem qualitativa, de natureza básica, apresentando resultados parciais obtidos por meio de debates relacionados à separação e/ou à vinculação entre "o Direito e a Moral", enfrentados na seara jurídica, tematizada por inúmeros diálogos, entre outros: o posicionamento das correntes doutrinárias do positivismo e do jusnaturalismo, e os apontamentos de concepções do Direito, entre os quais:

Direito como norma, Direito como regra; Direito como lei, Direito como Justiça, Direito como coerção estatal, sempre buscando compreender a efetiva função exercida por ele (Direito), notadamente, na contemporaneidade.

Referências

ALMEIDA, Guilherme Assis De; BITTAR, Eduardo C. B. *Curso de filosofia do direito*. São Paulo: Atlas, 2015.

BOBBIO, Norberto. *O positivismo jurídico:* lições de filosofia do direito. São Paulo: Ícone, 1995.

CICCO, Cláudio de. *História do pensamento jurídico e da filosofia do direito*. São Paulo: Saraiva, 2006.

CORDEIRO, António Menezes. *Manual de direito bancário*. Coimbra: Livraria Almedina, 1998.

DWORKIN, Ronald. *O império do direito*. São Paulo: Martins Fontes, 1999, capítulos VI e VII.

HART, Herbert L.A. *O conceito de Direito*. Trad. A. Ribeiro Mendes, 3ª ed., Lisboa: Fundação Calouste Gulbenkian, 2001.

KAUFMANN Arthur. *Introdução à filosofia do Direito e à Teoria do Direito Contemporâneas*, Tradução Marcos Keel, 2ª ed. Lisboa: Fundação Calouste Gulbenkian, 2009.

KELSEN, Hans. *Teoria pura do direito*. São Paulo: WMF Martins Fontes, 2009.

MARANHÃO, Juliano Souza de Albuquerque. *Positivismo jurídico lógico-inclusivo*. Marcial Pons Ediciones jurídicas y sociales S/A: 2012.

MORIN, Edgar. *Introdução ao pensamento complexo*. Porto Alegre: Sulina, 2005.

MELLO, Leonel Itaussu Almeida. John Locke e o individualismo liberal. *In* WEFFORT, Francisco Correa (Coord.). *Os clássicos da política:* Maquiavel, Hobbes, Locke, Montesquieu, Rousseau, 'O Federalista'. Ática, 2012, p. 111-187.

PERELMAN, Chaïm. *Ética e Direito.* Tradução maria Ermantina Galvão G. Pereira. SP: Martins Fontes, 1996.

REALE, Miguel. *Lições preliminares de direito,* 26ª ed. SP: Saraiva, 2002.

_____. *Filosofia do direito.* São Paulo: Saraiva, 2002.

SÓFOCLES, Sófocles. *Antígona,* v. XXII. 2005. (Clássicos Jackson).

VECCHIO, GIORGIO DEL. *Lições de filosofia do direito.* Tradução António José Brandão. 5 ed. Coimbra, Portugal: Armênio Amado - Editor, sucessor - Coimbra, 1971. (Studium, n. 58 e 59). Tradução de: Leziooi dl Filosofia dei Dtrltoo.

VILLAS BÔAS, Regina Vera. Reflexões sobre o conteúdo normativo-axiológico do preâmbulo constitucional: concretização dos direitos fundamentais constitucionais. In *O preâmbulo da CF.* Orgs. Ives Gandra S. Martins (et al) SP: Noeses, (p. 459- 482) 2021.

_____; SOARES, Gabrielle Valeri. A proteção jurídica dos grupos minoritários e vulneráveis: a importância da função contramajoritária do Poder Judiciário, (p. 01-21), Vol. 16, n.º, *Rev. Foco,* Curitiba, 2023.

JUSNATURALISMO, TEXTUALISMO E ORIGINALISMO

João Antonio Heinisch[1]

Resumo: O objetivo deste artigo é averiguar se o Jusnaturalismo Tomista exerce alguma influência na filosofia jurídica do falecido Juiz da Suprema Corte Americana Antonin Scalia e, assim, descobrir qual a relação entre as doutrinas jurídicas a que ele subscreve, especificamente o Originalismo e o Textualismo, e a Filosofia Jurídica derivada de Santo Tomás de Aquino.

Palavras-chave: Originalismo – Tomismo – Textualismo – Jusnaturalismo – Direito Constitucional.

1. O Jusnaturalismo Tomista

Paolo Grossi[2] descreve o ordenamento medieval em que Santo Tomás está inserido: uma ordem jurídica com uma pluralidade de fontes e fundada na comunidade de almas. A Comunidade (*civitas*) é o "todo orgânico em que

---

1. Graduado em Direito pela Escola de Direito da FGV-SP (2017) e em Ciências Contábeis pela Trevisan Escola de Negócios (2021). Pós-graduado em Advocacia Contratual e Responsabilidade Civil pela EBRADI (2022).

2. GROSSI, Paolo. *A ordem jurídica medieva*. Editora Martins Fontes. Biblioteca Jurídica WMF. 1ª Edição. 2014

se realiza o bem comum" mais perfeita na autonomia (*perfectio*) que o Indivíduo. A *lex* (poder normativo) é ligada ao *consensus* da comunidade. Um "poder que emana do povo" por assim dizer. São Alberto Magno descreve assim o processo legislativo: o povo, que será obrigado a observar a lei (pois ela lhe é útil), dá o seu assentimento, o jurista lhe dá forma técnica e conteúdo, cabendo ao príncipe apenas sancionar com a sua autoridade. Vontade do soberano, não orientada pela razão, não é *lex* mas *iniquitas*.

O Professor Dimitri Dimoulis[3] considera o Direito Natural em Aquino (Mandamentos Divinos) como um intermediário entre Ulpiano (gregariedade natural dos seres humanos começando pela família) e Pufendorf (Convivência pacífica pela racionalidade), este último culminando na Declaração de Independência dos EUA.

A Escolástica[4] de Santo Tomás de Aquino divide o Direito em Eterno (o que em Santo Agostinho vemos como a Revelação), o Direito Natural (razão e interpretação humana) e o Direito Humano (aplicação em casos concretos). O método da análise da Natureza das coisas pela razão, Aquino obtém de Aristóteles (por meio de seu amigo Guilherme de Moerbeke) e de Pedro Abelardo da escola de Chartres, cuja dialética que lembra muito a prática de um tribunal: a apresentação de uma tese, confrontada por uma antítese, levando a obtenção de uma síntese. Esta Verdade, desta forma não se mostraria diretamente, mas a partir de um confronto concreto. Comparato atribui a Santo Tomás o racional que permitiu, no século XX, que os Estados Unidos da América admitissem a inconstitucionalidade de normas em caso concreto (a inconstitucionalidade em tese já

3. DIMOULIS, Dimitri. *Manual de introdução ao direito*. 5ª Edição. Thomson Reuters. Revista dos Tribunais. 2013.

4. BAGNOLI, Vicente; BARBOSA, Susana Mesquita; OLIVEIRA, Cristina Godoy Bernardo de. *Introdução à história do direito*. Editora Atlas. São Paulo. 2014

existia desde o século XIX, como falaremos mais adiante sobre Marbury v. Madison).

Paul E. Sigmund[5] concordaria com Comparato. O autor mostra como Aquino abriu caminho para o Constitucionalismo. Em sua obra sobre governantes (*De Regime Principum*), Aquino exalta a Monarquia, com a "Cadeia do Ser" Neoplatônica concentrando o poder em um governante, visto que os cidadãos e os recursos devem ser ordenados para um único fim harmônico. Nas palavras de Lesaffer,[6] Aquino (assim como Huguccio) trás uma teoria ascendente do poder com a natureza humana criada por Deus servindo de legitimidade para articular o bem comum (*bonum commune*) como um propósito secular de legitimação do poder. Sigmund relembra, porém, que Aquino não ignorava a possibilidade de que os monarcas pudessem se corromper; Sigmund inclusive nos fala de como Santo Tomás teve contato com ideias democráticas comentando a Política de Aristóteles e na observação das Cidades-Estado da Itália no Medievo.

Prossegue Sigmund: em seu Comentário às Sentenças de Pedro Lombardo, Aquino ainda jovem ventila a possibilidade de ações privadas e coletivas (incluindo Tiranicídio) para usurpadores, mas não para governantes legítimos, mesmo que estes empreguem mal seus poderes. Um jurista católico tratando a legitimidade da investidura do legislador em seus poderes apesar da qualidade dúbia de seus julgamentos. Existe alguma influência do Doutor Angélico na doutrina de um dos mais famosos juízes católicos americanos, responsável por interpretar a Constituição Americana na Suprema Corte?

---

5. E. SIGMUND, Paul. *The Cambridge Companion to Aquinas*. Edited by Eleanore Stump and Norman Kretzman. Cambridge University Press. 1993.

6. LESAFFER, Randall. *European Legal History*. A Cultural and Political Perspective. Cambridge University Press, 2009.

2. Scalia em seu contexto

Cesar Mecchi Morales,[7] no texto de sua dissertação para o doutorado, demonstra como a estirpe de Blackstone, Joseph Story, Henry Campbell Black e Scalia privilegia o significado histórico comum à época, o mais conhecido, o popular, "óbvio, claro e comum". Interessante pontuar[8] que Santo Tomás de Aquino considera os preceitos naturais como "preceitos naturais conhecidos por todos", embasado na noção Agostiniana de que a culpa original prejudica mais a consciência do indivíduo das leis eternas do que a percepção do grupo.

Carlos Alexandre de Azevedo Campos[9] nos oferece um panorama detalhado de como o juiz Scalia ocupou seu lugar na história da Suprema Corte. Scalia se destacou no fenômeno do novo constitucionalismo, superando o originalismo que buscava vagamente as "intenções" dos legisladores, em favor de uma nova cepa que se concentra nos significados comuns e correntes das expressões usadas na época da redação constitucional. A história contada por Azevedo Campos começa no período da Corte Warren (1953-1959) com uma grande prevalência de juízes progressistas, percebidos como ativistas pelos mais conservadores. Sob a égide de Nixon, passou-se ao período conhecido como Corte Burger (1969-1986), que tomava como lemas *law and order* e *strict construction* para restringir o ativismo judiciário. Esta iniciativa não foi bem sucedida, visto

---

7. MORALES, Cesar Mecchi. *Originalismo e interpretação constitucional*. Universidade de São Paulo. Faculdade de Direito. 2011. Orientador Professor Associado Alexandre de Moraes.

8. MACEDO JR., Ronaldo Porto. *Curso de filosofia política*. Editora Atlas.1ª edição.2008.

9. CAMPOS, Carlos Alexandre de Azevedo. Antonin Scalia e o STF. 07.03.16. Os Constitucionalistas. https://www.osconstitucionalistas.com.br/antonin-scalia-e-o-stf

que o caso Roe v. Wade que estendeu o "direito ao aborto" em terras americanas data deste período.

Com a presidência de Reagan, sob a influência do advogado-geral Edwin Messe III, surgiu a Corte Rehquist (1986-2006), em uma tendência que visava a reverter Roe v. Wade e atribuir mais independência aos estados. É nesse contexto que Antonin Scalia chega à Corte, junto com o originalista William Rehquist, que dá nome ao período. Com o Governo Bush, chegamos ao período da Corte Roberts, em que Scalia expressou diversas opiniões célebres: contra leis federais (*District of Columbia v. Heller*) e estaduais (*McDonald v. Chicago*) que restringe o porte de armas de fogo, e o caso *Citizens United* em que foi admitido o financiamento de campanhas políticas por empresas e sindicatos.

Steven F. Hayward[10] descreve, de maneira rica em detalhes, a relação entre os juízes Antonin Scalia e Clarence Thomas. Apesar de concordarem em diversas decisões, eles seguem duas vertentes distintas do Originalismo Constitucional. Thomas pensa tanto na Declaração de Independência como na lei natural como linhas mestras para a ação dos juízes. Scalia e ele estão de acordo sobre os ensinamentos da lei natural, mas os guias interpretativos de Scalia diante da Constituição são apenas as opiniões registradas dos fundadores e a "linguagem operacional dos estatutos". O autor diz que esta discussão reflete tanto a "*strict construction*" do período Nixon e os argumentos da "intenção original" do período Reagan. Esta discussão, muito presente na Federalist Society (grupo universitário de que Scalia participava), está melhor ilustrada segundo Hayward nos debates entre Harry Jaffa e Walter Berns.

Segundo Hayward, o grupo de Jaffa, Richard Epstein e Randy Barnett destaca o princípio da igualdade entre

10. F. HAYWARD, Steven. Two kinds of Originalism. Winter 2017. National Affairs. Disponível em: https://www.nationalaffairs.com/publications/detail/two-kinds-of-originalism

todos os homens baseado na Declaração de Independência, enquanto Berns, Robert Bork e Harvey Mansfield Jr. destacam a função de um Governo Forte como garantidor dos direitos naturais de seus cidadãos por meio do direito civil (um contratualismo de ênfase constitucional). Uma disputa entre a "alma constitucional" e a "alma declaracional", como o autor faz questão de citar Thomas West. Para Hayward essa noção do Contrato Social (como Hobbes e Locke) na América data desde George Washington na carta de transmissão para o projeto de Constituição no último dia da convenção da Filadélfia em 1787. A escola de Berns, prossegue Hayward, não é tão radicalmente oposta a Jaffa como a de Willmoore Kendall, mas teme o apelo ao direito natural pelo ativismo judicial.

Mansfield Jr. atraiu a inimizade de Jaffa em 1993 ao chamar o princípio da Igualdade de "meia-verdade autoevidente" e dizer que as desigualdades entre os homens deveriam ser respeitadas. Berns publicou em 1953 no Western Political Quarterly, sobre o precedente Buck v. Bell da Suprema Corte de 1927 que manteve um estatuto da Virgínia permitindo esterilizações involuntárias de "débeis mentais". O artigo de Berns foi escrito em oposição ao chefe da maioria, o Juiz Oliver Wendell Holmes Jr., trazendo na academia a "dissidência que faltava" na Corte. Berns recrimina as teorias dos eugenistas americanos, expondo os casos concretos de deficientes prejudicados por essa decisão até a década de 1950, bem como seu uso restrito do devido processo legal. Berns cita A.T. Mason, para sustentar que as injustiças perpetradas por maiorias legislativas devem ser coibidas pela Suprema Corte, pois representam uma infração contra o devido processo legal daqueles que a sofrem.

A controvérsia é: qual era a intenção original dos fundadores? O Berns de 1953, diz Hayward, parece estranhamente próximo de Jaffa. O artigo apareceu antes do ativismo da Corte Warren, e Berns mudou de ideia. A partir da década de 1950, Berns voltou seus estudos para a Jurisprudência e a Suprema Corte de uma forma mais direta enquanto Jaffa focava em Lincoln e na Guerra Civil. Em 1957, sai o primeiro livro de Berns "Freedom, Virtue and the First Amendment". A tese do livro é que a Liberdade depende da virtude individual e não se exaure na retirada de todos os impedimentos (*libertarianism*), repreendendo a incapacidade de restringir fenômenos como a obscenidade, por exemplo.

Longe de ser inimigo do intervencionismo estatal, o autor pinta o retrato de Berns argumentando contra a permissividade da Primeira Emenda. Uma visão irrestrita da liberdade de expressão, diz Berns, "impediu o exercício da virtude política, sabedoria prática ou prudência, pelo juiz da Suprema Corte... Seja por desígnio ou descuido, o liberalismo ignora o problema da virtude.". Segundo sua escola de pensamento, "a formação do caráter é o principal dever do governo" como depreendido da linguagem da *Ordinance* do Noroeste de 1787. Esse pretenso fomento da virtude seria a origem da politização do judiciário, que os críticos de Berns apontaram como favorecendo visões de esquerda por décadas.

Pois bem, Hayward continua contando a história: presenciando as atitudes da Corte Warren nos anos 60 e 70, Berns foi se aproximando da "supremacia legislativa" de Locke, até sua oposição frontal contra a jurisprudência envolvendo a lei natural e o descontrole da "Constituição Viva" a serviço de engenheiros sociais de esquerda. Em 1983, Berns expressou sua apreensão de que a revisão judicial em nome de um direito natural poderia dinamitar a sociedade baseada nesses direitos, com ele e Bork se insurgindo contra os abusos que percebiam contra a 14ª Emenda em particular. Um originalismo textual tão estrito, diz o autor, se mostra idêntico ao Positivismo Jurídico. Essa atitude baniu o aprendizado do Direito Natural (fundamental na história do país) da maioria dos ambientes educacionais estadunidenses, salvo, diz o autor, as Faculdades Católicas, em favor do Positivismo.

O juiz Antonin Scalia diz, com todos as letras, que em seu entender o regime democrático é por natureza um regime da maioria (quer se concorde ou discorde dele), e que os direitos e proteções de que goza a minoria não dependem da própria natureza democrática, mas da maioria que os concede (Hayward cita *A Matter of Interpretation*). Para Scalia "não existe "filosofar" na constituição", sendo ela estritamente pragmática ao contrário da Declaração de Independência, da Declaração Francesa dos Direitos do Homem.

Na mesma Corte, por outro lado, temos Clarence Thomas como um campeão da lei natural, ele foi inclusive atacado por isso durante sua nomeação em 1991 pela esquerda, com Joe Biden tentando constrangê-lo com um livro de Richard Epstein, enquanto separava os direitos naturais em "bons" (aqueles voltados à Justiça Social) e "maus" (aqueles voltados a liberdade). Percebemos aqui que a visão de direito natural não se encaixa perfeitamente em nenhum dos dois grandes partidos americanos, e que mesmo eles fazem um *cherry picking* de quais aspectos do direito natural clássico desejam aplicar. Temos, pois, que a defesa do direito natural, como ele é classicamente concebido, não faz um autor "Esquerdista", da mesma forma que restringir todas as visões antirrevolucionárias, por assim dizer "Conservadoras", a mera aplicação da lei é igualmente falho. Da mesma forma, Mecchi Morales mostra que o originalismo por si pode ter tanto aplicações "progressistas" quando "conservadoras".

Um olhar leigo ficaria atarantado ao ver juristas conservadores como Bruce Fein condenando Thomas justamente por sua defesa das leis naturais, sendo contra a sua nomeação por seu alinhamento com pensadores como Leo Strauss, o Prof. Allan Bloom da Universidade de Chicago ou o próprio Prof. Harry Jaffa (Claremont College). Hayward vê esta questão como uma divisão na Direita Americana, mesmo que muitos dos detratores de Thomas hoje aplaudam sua carreira.

Uma vez descritas as disputas entre os originalistas, como explicar o Textualismo? Herman Philipse[11] descreve esta teoria como uma reação à doutrina da interpretação de Hans-George Gadamer. Esta teoria, defende Philipse, seria a mãe da teoria da "Constituição-Viva" que os oponentes de Scalia apoiam. Em apertada síntese, o que é a teoria de Gadamer para entendermos a oposição de Scalia e Philipse? Gadamer alega que interpretar não é atribuir um significado científico, objetivo e permanente, mas um "processo infinito" que pode, e deve fornecer resultados diferentes e mesmo contraditórios seguindo as mudanças da sociedade. Esta teoria está ancorada em três princípios: a historicidade dos seres humanos (o entendimento é determinado pelo período histórico em que se vive), a equivalência entre interpretar e aplicar o texto no presente, e, por fim, a impossibilidade de reaver o significado original do texto. O objetivo real da interpretação seria concordar com o autor sobre o tópico do texto (o significado deste último nos escapa).

Como é o caso do Relativismo na Filosofia, apesar de funcionar para romper as "amarras" da escola interpretativa anterior, não é firme o suficiente para erigir ou justificar uma interpretação nova por si só. Gadamer torna a interpretação irrelevante, como Philipse evidencia: se todas as interpretações são iguais, nenhuma delas é uma solução com autoridade. Gadamer tenta contornar essa terra desolada fincando duas bases para uma nova interpretação: (1) tradição interpretativa e (2) a fusão de horizontes culturais. No caso do primeiro, a disputa entre interpretações opostas em um mesmo período histórico é dirimida pela

11. PHILIPSE, Herman. Antonin Scalia's Textualism in philosophy, theology, and judicial interpretation of the Constitution. Utrecht Law Review. 2007. Disponível em: https://utrechtlawreview.org/articles/10.18352/ulr.53

tendência histórica das interpretações anteriores. No segundo, a fusão do horizonte originário do legislador com o horizonte atual do interpretador anula, de certa forma, as limitações que a história impunha. Estas duas soluções negam automaticamente os princípios estabelecidos pelo próprio Gadamer, conferindo estabilidade dos significados ao texto que julga convenientes.

Como estamos em um periódico católico, e Philipse trata do textualismo em outros campos como a Teologia e a Filosofia, cabe aqui o questionamento: estaria um jurista católico sendo contraditório ao abraçar o Textualismo? Afinal ele reconhece tanto a soberania da Sagrada Tradição quanto do Sagrado Magistério, invocando uma autoridade extratextual quando o assunto são as Sagradas Escrituras? Argumentamos que não, apesar de entender, como vamos evidenciar, que a Doutrina de Scalia é apenas vagamente relacionada com a de Santo Tomás, e descende de uma outra linhagem jusnaturalista.

Como podemos averiguar pela *Dei Verbum*, Tradição e Escrituras fazem parte de um mesmo Depósito de Fé, ao qual o Senhor confiou autoridade. A Igreja não relativiza o significado do Texto, como um processo infinito que pode gerar resultados contraditórios igualmente válidos, cada um para sua época. Por mais que assim o desejem vários teólogos. **O significado é fixo** com a doutrina mais antiga tendo força vinculante conferida por uma autoridade (Papa), que não pode se contradizer. Consideramos no mínimo temerário trazer para leis humanas o mesmo método aplicado para leis Eternas (sem qualquer adaptação), uma vez que a infalibilidade do Papa é garantida pelo próprio Deus Humanado em matéria de Fé e Moral, mas consideramos demonstrado que a Teologia Católica, não sendo Textualista, também não é partidária do Relativismo de Gadamer.

3. Seria Scalia um Tomista?

O Ministro da Suprema Corte Americana, Clarence Thomas, católico, lembra em seu tributo[12] ao falecido colega como Scalia, a despeito de sua fé reverente, se dispôs a criticar a posição leniente de Santo Tomás de Aquino com o arbítrio judicial, desde que ela se dispusesse a cumprir com a equidade que o legislador originário pretendia. Ele teceu essa crítica durante a comemoração dos oitocentos anos da ordem Dominicana, a qual o santo pertenceu.

Mesmo sendo católico como John Finnis, Antonin Scalia não fundava expressamente sua análise da lei em uma supremacia da lógica e da filosofia tomista, nem em qualquer outro conjunto principiológico extralegal. De fato, Martin S. Flaherty[13] agrupa Antonin Scalia junto de outros textualistas como Bruce Ackerman, Robert Bork e agrupa Finnis com Ronald Dworkin, Lawrence Sager e Richard Epstein. Essa lição pode ser especialmente benéfica para o Brasil, para que a intelectualidade católica possa voltar a ter um papel ativo nas mais diversas correntes acadêmicas, obtendo assim maior penetração no cenário nacional, e elevando o nível do debate por meio da promoção do Reinado Social de Cristo.

Jonathan Culbreath[14] reconhece a divergência entre o tomismo e o originalismo, mas aceita que a doutrina americana ressoa ecos das palavras do Doutor Angélico ao

---

12. THOMAS, Clarence. A tribute to Justice Antonin Scalia. The Yale Law Journal. Disponível: https://openyls.law.yale.edu/bitstream/handle/20.500.13051/10291/37_126YaleLJ1600_2016_2017_.pdf?sequence=2&isAllowed=y

13. S.FLAHERTY, Martin.The Better Angels of Self-Government. Fordham Law Review. Volume 71. Issue 5. 2003. Disponível: https://ir.lawnet.fordham.edu/cgi/viewcontent.cgi?article=3894&=&context=flr&=&sei-redir=1&referer=https%253A%252F%252Fscholar.google.com.br%252Fscholar%253Fstart%253D20%2526q%253DAntonin%252BScalia%252BThomism%2526hl%253Dpt-BR%2526as_sdt%253D0%252C5#search=%22Antonin%20Scalia%20Thomism%22

14. CULBREATH, Jonathan. Thomas Aquinas Against the Originalists. Thomistica. 27/04/2020. https://thomistica.net/essays/aquinas-against-the-originalists?format=amp

tratar da limitação do arbítrio judicial. Segundo Aquino, o texto do legislador é preferível ao arbítrio da interpretação casuística do juiz por três razões. Primeiramente, porque o número de homens bem formados necessários ao funcionamento do Judiciário no cotidiano é muito maior do que aquele do legislativo. Em segundo lugar, porque o tempo disponível para se refletir durante a redação de uma lei permite que a análise seja mais detida do que a de um julgamento concreto que demanda mais urgência. Por último, porque os legisladores julgam em abstrato e os juízes, quando confrontados com as vicissitudes do caso concreto podem se deixar levar pelas suas paixões e humores, não sendo devidamente insuspeitos e isentos em sua análise. (ST, I-II, q. 95, a. 1, ad 2).

Culbreath sintetiza o ceticismo de Scalia: A Democracia se vale das eleições, e não de garantias constitucionais para garantir que suas leis refletem os "valores atuais". Esta linha já escandalizaria o sempre crescente veio neoconstitucionalista em voga, sempre pessimista quanto aos legisladores, colocando suas esperanças na mutação constitucional. Segundo Scalia, as garantias constitucionais visam, pelo contrário, a evitar certas mudanças nos valores originários, vistas como indesejáveis. De fato, a ação do juiz ao inovar pode, segundo o juiz, restringir os direitos que a Constituição resguarda. O Textualismo de Scalia restringe inclusive[15] a força normativa dos valores pretendidos pelo legislador se estes não forem incorporados ao texto legal.

Por outro lado, Culbreath cita o Pe. Anthony Giambrone, O. P., rememorando que para o santo "o juiz também era o legislador – um plenipotenciário, como um rei – e não simplesmente o intérprete preso à mão do texto promulgado

15. NETO, A. F. O Originalismo na América. Cadernos do Programa de Pós-Graduação em Direito – PPGDir./UFRGS, *[S. l.]*, v. 1, n. 4, 2014. DOI: 10.22456/2317-8558.50462. Disponível em: https://seer.ufrgs.br/index.php/ppgdir/article/view/50462. Acesso em: 27 mar. 2023.

por alguma legislatura". Não devemos ser anacrônicos e arrancar noções modernas do texto do Dominicano. O autor medieval não concebia a "separação de poderes" dos iluministas, para ele, o juiz é um ministro do soberano.

Adrian Vermeule[16] dá mais detalhes da liberdade gozada por esse "ministro real". Os operadores do direito baseiam-se em *aequitas* (*epikeia* do grego) para dirimir ambiguidades e generalidades, esclarecendo, limitando ou mesmo complementando a lei. O juiz não estaria recorrendo a algo fora da lei, mas efetivamente praticando a lei segundo Vermeule. Thomas de Aquino, ao falar de "dispensas", fala de desvios da letra da lei, mas não da própria lei. Essa distinção, diz Vermeule, soaria "bizarra e autocontraditória" para um textualista. Como veremos, porém, Scalia não é um completo oposto de Aquino, mas apenas uma prole perdida de um primo distante. Bem distante.

O padre Joseph Koterski[17] destaca que os pais fundadores, nominalmente Jefferson, beberam de fontes jusnaturalistas. A formulação de Locke dos direitos naturais (vida, liberdade e propriedade) é refletida quase literalmente na Jeffersoniana (vida, liberdade e busca da felicidade). Koterski fala de como Lorde Blackstone tratava do tema da busca da felicidade como elemento intrínseco do direito natural do agir humano, mas Blackstone não vê esta felicidade de uma forma teológica como Tomás de Aquino, ou mesmo como Aristóteles no cumprimento do destino natural. Blackstone fala de uma felicidade intrinsecamente pessoal.

O padre Koterski também identifica a influência do direito natural em Sir Edward Coke no *Calvin Case* (1608) e no *Bonham Case* (1609). No primeiro caso, Coke disse que o

16. VERMEULE, Adrian. The Original Scalia. Harvard Journal of Law and Public Policy. 2023. Disponível em: https://www.harvard-jlpp.com/the-original-scalia-adrian-vermeule/

17. KOTERSKI S.J., Joseph. Fordham University. Natural Law and Human Nature. Part 2 of 2. Teaching Company. 2002

homem não poderia ser privado do Direito Natural, e que esse direito é imutável, enquanto no segundo, temos o juiz inglês atribuindo aos magistrados o poder de esvaziar atos do parlamento por meio de decisões judiciais caso estes contrariassem o direito natural. Não é à toa que Koterski fala do caso *Marbury v. Madison*: o controle legal, o controle constitucional deriva de um poder que a própria constituição não previa, mas que os juízes ingleses já anteviam no direito natural.

Jack N. Rakove[18] nos recorda que Madison provavelmente foi leitor de Blackstone, e que suas críticas aos legisladores parlamentares têm ecos das impressões do mestre britânico, considerando as reflexões destes pouco sérias, sua técnica defeituosa, e inclusive chega a sugerir a **criação de um Conselho Revisor com poder de reforma, com a finalidade de restaurar a "clareza" ao produto legislativo.** Um Judiciário revisor talvez? O autor nos fala de um debate com Madison em que Elbridge Gerry critica as pretensões de Madison de reunir as opiniões expressas no exame legislativo (na Pensilvânia, Virgínia e Carolina do Norte). Gerry apoia Blackstone colocando os sinais favorecidos na interpretação como sendo os "mais naturais e prováveis" (palavras, contexto, assunto, consequências, espírito e razão da lei).

Segundo Johnathan O'Neill,[19] Scalia não pretende recuperar o estado mental subjetivo de um legislador, mas compreender o entendimento comum adotado na época deste através dos debates de ratificação, as atas do primeiro congresso, as opiniões judiciárias e comentários contemporâneos ao parlamentar. Importante lembrar que Scalia é mais restritivo, diz O'Neill, do que se esperaria de um originalista, quando trata da História Legislativa, temendo

---

18. N. RAKOVE, Jack. Original Meanings. Politics and Ideas in the Making of the Constitution. Vintage Books. A division of Random House Inc. 1996

19. O'Neill. Johnathan. *Originalism in American Law and Politics*. A Constitutional History. The Johns Hopkins University Press, 2005.

que as partes apresentem uma versão distorcida que distraia o juiz daquilo que realmente foi ratificado. Essa objeção tem algo da preocupação de Gerry sobre a inexatidão da memória e a dificuldade de reproduzir o estado mental do legislador.

Vermeule vê influências tomistas em Scalia justamente quando se faz a pergunta mais importante: "quem decide? (...) qual ator ou tribunal legal, está autorizado a dispensar ou aplicar *aequitas* ou *epikeia*?" Onde não há emergência não há risco súbito de dispensa imediata. Segundo Tomás de Aquino, a dispensa pode ser concedida apenas por quem está em autoridade e tem poder em casos semelhantes. Os juízes não precisam ser esse ator; os juízes podem concluir que a própria lei atribui esse poder a outros atores legais, como, modernamente, o Presidente e órgãos administrativos. Como diz a lei clássica, o pretor urbano, um magistrado sem autoridade formal para promulgar uma *lex*, tem, no entanto, autoridade para ajudar, complementar ou corrigir "a lei civil no interesse público" (*propter utilitatem publicam*). O corpo resultante da lei magisterial é, dizem os juristas clássicos, "voz viva" da lei civil.

Vermeule também nos lembra de que a visão clássica distingue dois sentidos diferentes de direito: *lex* (o direito civil positivo escrito) e *ius* (o direito ampliado, que os advogados clássicos chamavam de "a arte do bom e do equitativo"). Esta é uma distinção que é preservada em muitas línguas europeias até hoje (*ley* e *derecho* em espanhol, por exemplo). Em inglês, muitas vezes confundimos os dois, usando right" ou rights" de maneiras confusas e usando uma única palavra (*law*) para abranger *lex* e *ius*. Scalia, diz o autor, identifica essa distinção.

Michel Villey[20] informa que Hobbes chama *Lex* de *Law* (Obrigação) e *Ius* de *Right* (Liberdade). A posição de Hobbes

20. VILLEY, Michel. *Questões de Tomás de Aquino Sobre Direito e Política*. Martins

é interessante para entender Scalia, zeloso guardião dos ideais dos *Founding Fathers* que beberam deste contratualismo. Mas o que Villey tem a nos dizer sobre Santo Tomás? Em primeiro lugar sobre como a sua reflexão se dedicava a averiguar a ligação entre o Direito e a Justiça. O Santo se dedica a uma tarefa de etimologia digna de Scalia, e cita São Isidoro de Sevilha (que estudou o *Digesto* do Imperador Justiniano) e Aristóteles, para chegar à conclusão de que o Direito é objeto da Justiça. É claro que Villey nos lembra de que Celso discorda desta visão, sendo para ele o Direito "exercício da Inteligência", e mesmo o próprio Isidoro de Sevilha, que menciona o Direito também como obra da prudência.

Santo Tomás considera os Universais (bom, belo, justo, verdadeiro...) como atributos de Deus. Deus, na filosofia Tomista, é Puro Ato e não possui partes ou aspectos distintos dentro de si que possam entrar em conflito. Deus simplesmente é ("Eu sou o que sou). Logo, dizer que o Direito é obra da Prudência ou da Inteligência não é algo que afronte Tomás de Aquino, pois a Inteligência e a Prudência não podem, em sua filosofia, contradizer a justiça, sob a ameaça de serem néscias e imprudentes. Como Villey nos mostra: A Justiça (*Dikaion*) para Aristóteles está nas coisas, não na ação. O que a atividade do homem justo (*Dikaios*) faz é promover esta ordem através do seu ato, sua virtude (*Dikaiosuni*).

Villey censura, de maneira enérgica, Tomistas posteriores mais modernos como George Kalinowski (Vitória e Suarez também) que, segundo ele, trata a Justiça de Santo Tomás como uma metonímia. Como assim? Para estes autores, a Lei é como a taça, e o Vinho é a justiça, e eles atribuem a Santo Tomás a ideia de tomar literalmente a "taça de vinho" e não o "vinho". Isso permitiria uma visão mais próxima de um direito puro de Kelsen, com o Direito sendo aquilo que é prescrito no Diploma Legal.

Fontes. Biblioteca Jurídica WMF. São Paulo, 2014.

4. A Tradição como Direito Natural

Hadley Arkes[21] retrata como a interpretação estrita da lei feita por Scalia já carrega embutida em si propriedades jusnaturalistas no caso *District of Columbia v. Heller*, que fala do direito de portar armas. Scalia alega que faz pouco sentido deixar a frase "manter e portar armas" ser restrita meramente aos que servem em milícias. Scalia diz que a Segunda Emenda "codificou um direito preexistente": ela "reconhece implicitamente a preexistência do direito e declara apenas que ele 'não deve ser infringido'". Scalia aqui fala de um princípio normativo que precede a lei escrita. Ele obviamente reconhece a existência de um Direito Natural, sua crítica é quanto à banalização desta abordagem em que juízes desconsideram a Constituição para aplicar suas próprias visões partidárias.

Como o juiz pode então buscar esse Direito preexistente segundo Scalia? Ele apela à tradição. Arkes nos diz que Scalia recorre à noção que os súditos ingleses tinham de "porte de armas" na época da fundação dos Estados Unidos. Ele se vale então de Blackstone em seus comentários sobre as leis da Inglaterra, e da expressão "o direito natural de resistência e autopreservação". Arkes indaga se ele estaria falando de um entendimento Hobbesiano apartado da moral (instinto de sobrevivência), em que mesmo um assaltante pode reagir em legítima defesa. Arkes acha que não, que Scalia faz uma valoração moral à lei que Blackstone chamou de "a lei da natureza e da razão", mesmo que em outro artigo,[22] confirma que Scalia alega tratar realmente da "autodefesa". O autor questiona essa alegação, pois menções à "autopreservação" não estavam no texto

---

21. ARKES, Hadley. Scalia and the lure of Natural Law. Disponível em: https://www.firstthings.com/web-exclusives/2008/07/scalia-and-the-lure-of-the-nat

22. ARKES, Hadley. A Natural Law Manifesto. Disponível em: https://jameswilsoninstitute.org/about/a-natural-law-manifesto

da Segunda Emenda. Resta saber se Scalia apela para um princípio que não depende de menção expressa para sua validade ou atribui essas noções a Blackstone e James Wilson, e também aos seus leitores naquela época.

Arkes não vê qualquer evidência desse entendimento sendo amplamente aceito na fundação, no "entendimento original". Essa abordagem, ele diz, converte a jurisprudência em história legislativa e levanta a questão: quantos dos constituintes da Segunda Emenda realmente incorporaram esse entendimento? Arkes pergunta aos originalistas se a decisão em Loving v. Virginia (1967) derrubando as leis que proibiam o casamento entre linhas raciais deveria ser mantida. A questão, o autor diz, se resolve no erro de princípio da discriminação racial: a raça não é um bom critério para se julgar qualquer aptidão, que dirá a aptidão de casar.

Arkes também fala do caso Gonzales v. Oregon, e da opinião dissidente de Scalia sobre uma política de suicídio assistido em Oregon. Segundo o Tribunal, o governo federal rege o uso de "substâncias controladas" nos Estados Unidos, e o procurador-geral o fez, mantendo o entendimento seguido desde Hipócrates: "o propósito da medicina era curar, restaurar, não matar e despachar pacientes". O juiz Kennedy até admitia essa visão, mas alegava uma diversidade de visões sobre o assunto, mutáveis segundo o tempo. Scalia rechaça essa relativização, alegando que o procurador-geral não escolhe meramente sua visão preferida, mas um entendimento moral estabelecido há muito tempo, "a interpretação mais natural".

Arkes aborda, ainda, o caso *Rapanos v. Estados Unidos* (2006), que tratou dos limites à atuação do Corpo de Engenheiros do Exército que reivindica jurisdição sobre *wetlands* (tipo de zonas húmidas), incluindo "qualquer coisa essencialmente molhada". Ele destacou que os estatutos não têm em seu escopo "poças transitórias ou fluxos efêmeros de água", e enfrentou o juiz Kennedy com essa questão:

"que uso linguístico possível aceitaria que tudo o que afeta as águas dos Estados Unidos são águas dos Estados Unidos?" Arkes vê nisto um apelo à lógica proposicional, que não está prescrito na Constituição, mas é fundamental para ajudar a estabelecer os limites do alcance de uma lei federal.

Frederik Mark Gedicks e Roger Hendrix[23] percebem certa discricionariedade do Executivo sendo tolerada por Scalia quando ele admite a edificação de monumentos aos Dez Mandamentos, edificados pelo Governo Civil. Importante sublinhar que a argumentação desses autores ao criticarem Scalia, não é tanto questionar a tese central: o governo pode contrariar pontualmente, de maneira não violenta, os valores de quem discorda do decálogo, pois os valores deste representam uma ética inter-religiosa, suprarreligiosa da maioria que fundou a cultura americana. Eles focam sua contenda em questionar até que ponto essa maioria é tão unida quanto Scalia pretende, ou se ela é mesmo uma maioria. De fato, porque aplicar leis inevitavelmente vai contrariar a vontade de alguém, então questionar a tese central poderia soar utópico.

Cass R. Sunstein[24] classifica Scalia como um "Burkeano de Maioria", que vê a Estabilidade da Tradição como algo que obriga os juízes, mas não os atores políticos. Em outras palavras, um conservador que é refratário às revoluções dos teóricos, mas acolhe aquelas que passam pelo processo democrático. Scalia seria também um minimalista no que se refere ao poder do juiz de teorizar com base na tradição. Ele prossegue: O juiz deve procurar a aplicação mais específica da tradição em que esta protege ou nega

23. GEDICKS, Frederick Mark;HENDRIX, Roger. Uncivil Religion: Judeo-Christianity and The Commandments. Brigham Young University 2007. Disponível: https://digitalcommons.law.byu.edu/faculty_scholarship/316/

24. R. Sunstein, Cass. *A Constitution of Many Minds*. Princeton University Press. 2009

proteção a um direito. Cabe ao juiz seguir a tradição, não atribuir um caráter a ela. É o que se chama "tradição em níveis baixos de abstração".

Os juristas católicos que escolhem apelar para o Textualismo e para o Originalismo com a finalidade de resguardar os valores católicos estão aderindo ao vício dos conservadores de matriz burkeana: fogem do conflito de valores com os revolucionários se abrigando atrás da segurança jurídica. Isso é meramente um freio. O conservador de hoje vai recuando e abraçando a bandeira do progressista de ontem. A Igreja tem um conjunto fixo de princípios e valores, que abrange desde uma militância antidivorcista, que conservava o *status quo* antes da lei do divórcio até uma tendência reformista que recentemente revogou o entendimento da Suprema Corte Americana no caso Roe v. Wade e as leis de segregação que impedia casamentos inter-raciais.

Se a ideia destes juristas é zelar pelos valores civilizacionais que construíram não apenas o Ocidente (citando o Professor Thomas Woods e outros), mas também a África, o Oriente Médio e o Leste Europeu antes do Cisma, eles estão lutando com uma das mãos amarrada às costas. A estabilidade legalista é um caminho. É desejável para a harmonia social. Mas as pautas revolucionárias de todos os matizes devem ser enfrentadas sendo chamadas por seus nomes. Não basta se recostar na inércia do Legislativo para combater a eutanásia, o aborto, a difusão da pornografia, das drogas e da blasfêmia do vandalismo contra símbolos católicos. Esta inércia pode muito bem mudar seu sentido, tratando leis iníquas como "direito adquirido".

5. Relevância no Cenário Brasileiro

O Brasil foi fundado não apenas em uma tradição Luso-Católica, mas durante o período da Contrarreforma.

Isso, como nos mostra Bray, Pajola e Gonzalez,[25] garantiu uma oposição à cepa de jusnaturalismo Protestante-Liberal-Contratualista que originou os Estados Unidos. Mesmo Tomás Antonio Gonzaga, que era mais alinhado com os republicanos e liberais, escreveu um Tratado de Direito Natural Tomista. Este tratado, nos contam, foi ofertado ao Marquês de Pombal, de todas as pessoas. José Soriano de Souza (1833-1895) da Universidade de Recife não apenas produziu as apostilas de Direito Romano como as de Direito Constitucional em sua Alma Mater. As influências de José Soriano de Souza não eram as anglófonas de Scalia ou dos founding fathers, mas dos italianos da escolástica-tomista (Rosmini, Taparelli, Prisco, Tolomei, Romagnosi e Mamiani).

Com o renascimento da relevância da intelectualidade não socialista no Brasil temos: Liberais (Mises e *Law and Economics*); "Olavistas" (verve Econômica Liberal importada dos Estados Unidos e uma admiração pela Tradição Católica do Ocidente), Movimentos Católicos (todo tipo de comunidades de leigos e clérigos incluindo alguns cismáticos), Monarquistas e algo de Integralismo que ainda não logrou grande projeção. Essa colcha de retalhos também envolve algo de influências maçônicas e protestantes eventuais (inclusive entre os Monarquistas). O que une esses grupos é a revolta contra a proeminência dos marxistas (incluindo a Teologia da Libertação) no cenário nacional. Essa união pode estar meramente postergando um atrito futuro, e um desses atritos pode se dar no âmbito jurídico entre uma nova cepa de Jusnaturalismo Neotomista e o Positivismo, primo do Textualismo.

O Tomismo e o Neotomismo têm sido deixados de lado pelo preconceito laicizante que sofrem, mas devemos nos

25. BRAY, Renato Toller; PAJOLA, Marcelo Tadeu; GONZALEZ, Everaldo T. Quincili. *A Cultura Jusnaturalista de Inspiração Cristã no Brasil*. Justiça Divina e Justiça Social.

lembrar de sua relevância anterior que inclui luminares do Largo de São Francisco como Alexandre Correia e Godofredo da Silva Telles Junior.[26] O professor Telles distingue o Direito da Física como algo que nasce de "três elementos entrosados: Espírito, Fato e Norma". A norma não é física no sentido em que não surge do Fato, e nem meramente do Espírito, mas de um julgamento que o Espírito Humano faz do fato concreto da vida, não representando um "ser, mas um dever ser".

Tratamos agora de Scalia, e de como Telles conversa com ele. Para Telles e para Santo Tomás, temos que o poder de legislar e o poder jurisdicional não têm fronteiras tão claras, com Tomás chamando o juiz de legislador e Telles chamando a legislação de julgamento. No entanto, isso não está tão distante do pensamento de Scalia como poderíamos pensar. Se entendermos que para Scalia a Constituição já é produzida por um julgamento, que a vida política da sociedade americana já fez o seu julgamento e o cristalizou por maioria na Carta Magna. Então podemos entender no Originalismo de Scalia um respeito ao "juízo originário" (o constituinte), que estava imbuído de valores jusnaturalistas. Mas devemos entender que Scalia nunca demonstrou sua preferência pelo constituinte por uma concordância de valores, mas pelo processo democrático que moveu a Constituição (algo parecido com Telles).

Agora, se de um lado temos noções jurídicas em Telles que tem algum parentesco com Scalia, por outro temos o Professor Alexandre Correia, em uma visão religiosa/moral/política muito mais em linha com o conservadorismo de Scalia, com seu artigo intitulado "O Tomismo é incompatível com o Marxismo"[27]. Neste artigo, o Professor critica o Arcebispo de Olinda e Recife por suas falas na conferência

26. CAMPOS, Fernando Arruda. *Tomismo e Neotomismo no Brasil*. São Paulo: Editora Grijalbo Ltda. 1968.

27. CORREIA, Alexandre. *O Tomismo é Incompatível com o Marxismo*. Colégio Pedro II. 1976. Rio de Janeiro.

"o que faria Santo Tomás de Aquino diante de Karl Marx". Além das diversas condenações que os Marxistas receberam dos papas, Correia levanta as inconsistências que ele identifica entre o Doutor Angélico e o Materialista Histórico "predileto do arcebispo".

Marx e Engels, ao alcunhar o casamento de parte da superestrutura de alienação e exploração, vão na contramão do Direito Natural Tomista. Correia demonstra que desde Ulpiano, a tendência do homem e da mulher ao consórcio matrimonial é vista como originada da tendência presente já nos animais, mas não só dela, sendo uma inclinação especificamente humana como ato refletido e não meramente da natureza. Algo interessante aqui: o homem é citado como Correia como alguém que tende ao agir racional, no caso do Matrimônio, temos a procriação, a educação da prole e a sociedade conjugal. A sociedade doméstica, diz Correia, é anterior à sociedade civil, e o homem além de "animal político", é "animal conjugal". Temos, portanto, que a visão utilitarista do "Matrimônio e da Adoção Gay", do Divórcio, do "Poliamor" e outras tendências revolucionárias pode até encontrar guarida em teses descendentes de Blackstone e Coke, no mundo Anglo-saxão, em um Jusnaturalismo que, como diz o Padre Koterski, se calca na "realização pessoal", isto é, no primado dos Valores Liberais e não do Tomismo.

Sobre a questão do Direito à Propriedade, Correia enfrenta o impasse de que Santo Tomás descreve a posse comum dos campos, inclusive isentando o jurisdicionado da acusação de furto em casos de necessidade para manter a própria vida. Isso parece favorecer a narrativa do Arcebispo de um diálogo entre Marxismo e Tomismo, mas é apenas um equívoco. Quando o Doutor Angélico fala da posse comum, está tratando do direito natural que os homens e os brutos (os animais) partilham entre si. Aquino aceita a classificação de Gaio, que distingue o Direito Natural do

Direito Positivo (Direito das Gentes). O próprio Gaio afirma, por outro lado, que o Direito das Gentes é o Direito Natural propriamente humano. Aquino, sendo estudioso deste Jurisconsulto Romano, sabe que a propriedade está abrangida em uma visão mais ampla do direito natural, proveniente, como diria Telles, do agir do Espírito sobre o Fato produzindo a Norma. O Espírito, como diria Correia, é aquele tendendo à racionalidade, algo que o cinismo marxista jamais aceitaria como algo maior que o interesse.

6. Conclusão

Resta demonstrado que, apesar de não ser um jusnaturalista tomista, seu originalismo e textualismo derivam de um jusnaturalismo mais moderno, derivado de Locke, Burke e Blackstone, através dos pais fundadores. A correspondência[28] de Eric Voegelin e Leo Strauss sintetiza o processo que originou esta nova cepa. Na carta 43 (29/04/1953), Strauss aponta uma divergência radical entre a visão aristotélica (direito natural pré-moderno) e a lockeana (direito natural moderno), cabendo a ressalva de que Strauss reconhece que os dois conceitos não eram perfeitamente isolados em sua época: no idealismo alemão, a liberdade se apresenta como uma síntese da Virtude pré-moderna e do Direito Subjetivo contratualista. Basicamente, a única distinção relevante entre um jusnaturalismo moderno e o Utilitarismo seria o reconhecimento do direito natural.

Voegelin, na carta 34 (04/12/1950), dá maiores detalhes sobre como o jusnaturalismo moderno foi concebido. A gnose medieval (e.g. Joaquim de Fiore) "segue o fato histórico como resposta para o sentido da existência (...) ao invés do Transcendente". Isso leva ao protestantismo ortodoxo

28. Strauss, Leo; Voegelin, Eric. Fé e Filosofia Política. *A Correspondência entre Leo Strauss e Eric Voegelin* 1934-1964. É realizações Editora, 2017.

partindo de Lutero abandonando a *fides caritate formata*, em favor de uma fé "conhecimento deliberado". Calvino foi mais longe na imanentização, Voegelin diz, abandonando a *cognitio fidei* em favor da *certitudo salutis*. O próprio Strauss já considerava o Marxismo como provavelmente derivado do Protestantismo Liberal que veio depois.

Strauss[29] aponta o ponto fulcral na separação de Richard Hooker e John Locke. Hooker, segundo Strauss, tem a mesma noção de Direito Natural de Santo Tomás. Tomás bebeu dos escritores Patrísticos (como Santo Agostinho), que beberam dos Estóicos, que beberam de Sócrates. Mas a ruptura entre Hooker e Locke, diz Strauss, interromperia os ideais que chegaram razoavelmente consistentes nessa Tradição Jurídica. Entre Hooker e Locke estava Hobbes, em cuja época brotou a chamada Ciência Moderna (não teleológica), que nega a finalidade, nega aquela tendência do Universo a uma ordem racional pré-ordenada. Focando em como as coisas mecanicamente funcionam, e não no que as partes e a harmonia entre elas apontam como sua finalidade. Importante pontuar que a ordem do Universo no Medievo era imbuída da benevolência da Divina Providência, longe da aleatoriedade fria da *moira* dos gregos.[30]

Aquino acreditava[31] na Ordem Natural como um Dom de Deus, que através "simpatias naturais" (*amores affectiones*), provenientes das diferenças entre as coisas criadas promoviam uma rede gigantesca expressa em diferentes níveis de sensibilidade (intelectual, racional, animal ou natural). Se o mundo fosse entendido como um grande texto, um livro, onde todas as coisas estão impregnadas de significado,

29. STRAUSS, Leo. *Direito Natural e História*. Com Introdução de Miguel Morgado. Edições 70 LDA. 2009

30. L. WEINREB, Lloyd. Natural Law and Rights. in, *Natural Law and Theory*, Contemporary Essays. edited by Robert P. George. Oxford. 2007

31. HESPANHA, António Manuel. *Cultura Jurídica Europeia*. Síntese de um milénio. Editora Almedina. 2012

essa rede seria a coesão e a coerência deste texto. Será que nossa sociedade ainda é capaz de conceber conceitos assim? Esperemos que sim, pois, se o mundo for mesmo mera disputa (política, violência e consumo), mesmo que o direito seja fonte de pacificação, o que valeria à pena pacificar?

Se Hooker, cristão Anglicano, falava de um "dever de amor mútuo" entre os homens, Locke falava de um dever de não causar danos aos outros. O Estado de Natureza em Aquino, em Grócio, é uma sociedade civil. É uma Sociedade Civil pré-cristã, anterior à Revelação de Moisés segundo Aquino. Esta situação claramente é distinta do otimismo selvagem de Montaigne e Rousseau, bem como do pessimismo de Hobbes. Aquino, para arrepio dos modernos, é muito mais "empático" com os gentios do que os fundadores da modernidade.

Na Common Law, Scalia vê o ativismo encarnado na figura do *stare decisis*. Tomas Berkmanas[32] (que curiosamente tem quase o nome de um outro santo tomás, inglês) explica que na obra de Blackstone, as decisões judiciais eram consideradas como evidências da lei, não como lei em si. Essa mudança se operou entre os séculos 18 e 19 como uma "tentativa malfadada de adaptar o *common law* ao Positivismo e à Democracia". Berkmanas sistematiza os ideais de Scalia para as cortes, expostos em sua obra "a matter of interpretation", em uma estrutura de três andares, cada um dependente do anterior, como as leis da robótica de Asimov (comparação dele).

Em primeiro lugar, a ditadura da Democracia que dá suporte à validade das normas, sendo o que Schmitt descreve como "o soberano que produz e garante a normalidade". Em segundo lugar, temos os direitos humanos e o arcabouço da constituição regular de um regime democrático.

32. BERKMANAS, Tomas. Vytautas Magnus University. Publicado pela Sciendo. 2020.Disponível em: https://sciendo.com/article/10.1515/bjes-2020-0009.

Por fim, no terceiro nível, temos os princípios éticos e legais mais fundamentais de uma sociedade, que serão eternizados pelo Judiciário, quando necessário for. Recomendamos aos leitores que voltem ao princípio do texto, e relacionem estes três andares com os três níveis do Direito Natural de Santo Tomás. Como muda a Sociedade, e como se replicam os modelos. Como se repetem os modelos... E o sentido muda completamente.

Ao fim deste texto, recomendamos aos leitores a obra de Robert P. George.[33] Ele censura Dworkin e demonstra simpatia pelo comedimento de Scalia em evitar o Judiciário como "foro de princípios elevados", ou seja, como lugar para discutir questões morais com implicações de larga escala, entendendo a Constituição como favorecendo as "Instituições de Autogoverno Democrático" (Legislativo eleito). Scalia se opôs ao ativismo judicial para aprovar o aborto baseado na noção de que decisões morais cabem ao Legislativo. George, por seu lado, argumenta que o Regime democrático se baseia no princípio da Igualdade, e chancelar a execução de inocentes, dignos de proteção igual à concedida aos nascidos, erode a própria fundação da Democracia. Scalia disse, discursando na Pontifícia Universidade Gregoriana em Roma, que caso o povo demande o aborto, o Congresso de um Regime Democrático deve conceder isto.

Consideramos a solução de George elegante, pois consegue ser fiel aos ensinamentos da Santa Madre Igreja enquanto se coaduna com os princípios dos três andares do livro de Scalia. E como faz isso? Buscando a gênese da legitimidade democrática, atravessando de um só golpe todos os três andares. Buscando o significado da Democracia que pode ser apreendido pelo maior número de pessoas possível, enquanto resguarda o valor da vida humana que

---

33. P. GEORGE, Robert. In *Defense of Natural Law*. Oxford University Press. 2004; P. GEORGE, Robert. The Clash of Orthodoxies. Law, Religion and Morality in Crisis. ISI Books. Quarta Reimpressão. 2007

preexiste à democracia. Nada mais Scaliano e anti-Scaliano ao mesmo tempo.

Paul E. Sigmund, mencionado no começo deste texto, menciona como Santo Tomás se mostrava disposto a tolerar certas infrações contra a ordem natural (Prostituição, Usura, Liberdade de Culto para os Infiéis) para impedir danos maiores ou evitar que certos bens fossem coibidos junto com os vícios. Podemos tolerar as inconsistências de Scalia, e ainda assim entendê-lo como juiz católico? Não arriscamos uma resposta, mas acreditamos que suas ideias e sua prática são de suma importância para o agir dos juristas católicos do futuro.

ATIVISMO JUDICIAL - UM VÍRUS A SER COMBATIDO NO CORPO VIVO E INTEGRAL DO DIREITO

Lutfe Mohamed Yunes[1]

Resumo: Uma parcela do Poder Judiciário, também nas suas esferas superiores, vem desvirtuando a essência do direito e do processo legislativo inerente ao próprio direito, principalmente no que diz respeito ao procedimento necessário às promulgações das leis, dentro de um movimento que pode ser denominado ativismo judicial. Sobre essa questão, relevante entender a consequência nefasta dessa movimentação pelos operadores do direito, principalmente por parcela do magistrado, a partir das raízes da filosofia e da teoria geral do direito, por meio dos trabalhos de São Tomás de Aquino, no que diz respeito à parte da sua obra que trata da *Essência das Leis* – Quest. XC. – São Tomás de Aquino – Suma Teológica – v. IV – e de Montesquieu, em *O Espírito das Leis* – Livro Décimo Primeiro – "Das leis que formam a liberdade política em sua relação de constituição". O objetivo é entender, a partir daí, se a sociedade brasileira, no que diz respeito à segurança jurídica, caminha para um porto seguro ou para a morte do corpo vivo e integral do direito, visto que o direito, desvirtuado na sua essência, pode ser um instrumento de poder e manipulação nas mãos de poucos, e, muitas vezes, aplicado em prol do cumprimento de interesses nem sempre republicanos, corrompendo-se, enfim, o sentido mais amplo do que é a justiça, a qual tem, em última instância, como fiel guardiã a Igreja Católica, única e verdadeira Igreja instituída por Nosso Senhor Jesus Cristo.

Palavras-chave: ativismo judicial; filosofia do direito; teoria geral do direito; jusnaturalismo; direito positivo; direito societário.

---

1. Bacharel em direito e Mestre em Direito Comercial pela PUC/SP, especialista em direito da empresa e negócios pela FGV/SP e advogado em São Paulo.

Sumário: 1. Introdução. 2. A integralidade e a unicidade do direito e das questões filosóficas sobre perseguir a verdade no direito e de sua interpretação, sob a luz do jusnaturalismo, em contrapartida da corrente denominada Ativismo Judicial: 2.1. A unicidade e a integralidade do Direito; 2.2. A busca pela verdade no e pelo Direito; 2.3. Montesquieu – Livro Décimo Primeiro – Das leis que formam a liberdade política em sua relação de constituição (relação com a insegurança jurídica e o ativismo judicial); 2.4. São Tomás de Aquino – A Suma Teológica, v. IV, Quest. XC. – Da essência da Lei – Sua relação com a insegurança jurídica e a aplicação desavisada do instituto da desconsideração da personalidade jurídica; 2.5. Da relativização da letra lei como fonte do ativismo judicial; 2.6. A Igreja como guardiã da Justiça dos homens e divina. 3. Exemplo - contradição jurisprudencial na esfera trabalhista propriamente dita e em comparação com tribunais de outras áreas do direito. 4. Conclusão. Referências.

1. Introdução

No que diz respeito à vertente primordial filosófica de pensamento cristão do presente capítulo desta obra autoral, invoca-se, preliminarmente, o direito de todo ser humano à liberdade de pensamento, consciência e religião e de sua manifestação pelo ensino, pela prática, pelo culto em público ou em particular, nos termos do artigo 18 da Declaração Universal dos Direitos Humanos, adotada e proclamada pela Assembleia Geral das Nações Unidas (Resolução n. 217-A III), em 10 de dezembro 1948; posto que, mesmo que tal capítulo esteja sob o manto de uma instituição (associação sem fins lucrativos) de natureza intrinsicamente católica, não em poucos momentos do caminhar profissional e autoral de um operador do direito, falar e professar a fé católica, baseada na crença de um Deus único e verdadeiro e a obediência às leis, instruções e dogmas de sua única e verdadeira igreja – Igreja Católica, foi, é e será ainda motivo de embates; e, em não raros momentos, de certo preconceito velado de colegas referente à eventual falta de conexão e conhecimento da técnica científica do direito e da sua relação com a ordem divina, como se Deus, ciência e leis não se falassem ou não se convergissem, o que é exatamente o contrário disto o que acontece na ordem natural, científica e espiritual das coisas.

De toda feita, focar-se-á, inicialmente, sobre os aspectos filosóficos que circundam o ativismo judicial, como vírus no corpo sagrado, vivo e integral do direito.

Ademais, discorrer-se-á, filosoficamente, para fins exemplificativos, na convergência entre a parte filosófica e a parte prática do direito sobre um tema específico do direito, para dispor sobre a necessidade de respeito às leis para se fazer respeitar a livre-iniciativa, a justiça econômica e social e a função social da empresa, no alicerce da autonomia patrimonial das pessoas jurídicas, de tal sorte que, uma vez respeitada uma parte do corpo do direito, o corpo vivo e integral do direito é inteiramente respeitado.

2. A integralidade e a unicidade do direito e das questões filosóficas sobre perseguir a verdade no direito e de sua interpretação, sob a luz do jusnaturalismo, em contrapartida da corrente denominada ativismo judicial

2.1 A unicidade e integralidade do Direito

É se tratando do ser humano que, analógica e filosoficamente, começa-se a escrever que, da mesma forma que o corpo humano é uno, em termos físico, metafísico, orgânico e biologicamente constituído, em sua relação de integralidade, o direito também o é e possui a mesma característica de relação de unicidade e integralidade, incluindo-se sua essência metafísica[2-3], para o Estado Democrático de Dire-

2. Immanuel Kant – Fundamentação da Metafísica dos Costumes – página 14 - Desta maneira surge a ideia duma dupla metafísica, uma Metafísica da Natureza e uma Metafísica dos Costumes. **Nota do autor** – Immanuel Kant é um dos primeiros pensadores que traz a ideia de que o direito e a moral são partes divididas de um unitário (a exterioridade e a interioridade).

3. CARVALHOSA, Modesto. *Tratado do direito empresarial.* I – Teoria Geral da Empresa. 1ª Ed. São Paulo. Revista dos Tribunais. 2016. Kant insistiu que as leis morais devessem ser o único "fato da razão", fato que não tem, porque não precisa ter, qualquer justificativa para além da força que nos impressionam. Cohen (Hermann

to, para a sociedade civil organizada, e, consequentemente, para os operadores do direito.

Ainda, é diante de sua natureza de unicidade e integralidade, vale dizer que as divisões relacionadas às matérias do direito servem meramente para fins acadêmicos e de especialização profissional, inclusive nas cortes brasileiras, sem retirar das respectivas matérias a relação entre elas de interdependência e integridade direta, mais uma vez, como se corpo humano fosse.

Tais assertivas são essenciais, porque depararemos com a completude do direito como único, integral e interdependente, inclusive ao abordar a aplicação do instituto da desconsideração da personalidade jurídica na esfera trabalhista, como um dos exemplos, para esta obra, da forma que pode se dar o ativismo judicial.

Vale dizer que fazer tal analogia entre uma ciência e o corpo humano, ou mesmo entre a religião e o mesmo corpo humano, não é ideia criativa deste autor.

São Paulo, o apóstolo dos gentios, instituído por Cristo Jesus, exorta na sua carta escrita aos Coríntios o quanto segue:

> 1 Coríntios 12:12-28 12 - O nosso corpo tem muitas partes, mas o conjunto constitui um só corpo. (..). 21 O olho nunca poderá dizer para a mão: “Não preciso de ti.” Nem a cabeça poderá dizer aos pés: “Vocês são-me inúteis.” **22 - De facto, algumas partes que parecem mais fracas e menos importantes são realmente as mais necessárias. 23 - E as partes que consideramos menos**

Cohen), fundador do neokantismo em Marburg e figura central do pensamento filosófico alemão dos anos 1870 até a final da Primeira Guerra), contrariado, tentou demostrar que uma justificativa melhorada decorreria da reflexão transcendental sobre a ideia da vontade pura, ou seja, da ideia de uma vontade que é condicionada por qualquer causa antecedente e que, portanto, é livre. Argumentou, fundado em Kant, que uma tal vontade seria possível apenas sob a condição de as leis morais se aplicassem sobre ela. Mas para confrontar Kant, observou que a liberdade da vontade é em si um ideal, um fim para direcionarmos nossas ações. Página 60. **Nota 2 do Autor** – Trata-se aqui, da linguagem moderna sobre a Lei Natural e sua relação da Lei Humana, com base na condição da existência de um livre arbítrio que nos leva a Deus.

dignas são aquelas que vestimos com o maior cuidado. Protegemos cuidadosamente do olhar dos outros aquelas partes que não deveriam ser vistas; 24 enquanto há outras partes que não precisam deste cuidado especial. Assim Deus juntou o corpo de tal maneira que são dadas honras extras às partes que têm menos dignidade. 25 - Assim é criada uma harmonia entre os membros, de maneira que todos os membros cuidam uns dos outros igualmente. 26 - Se uma parte sofre, todas as partes sofrem com ela, e se uma parte é honrada, todas as partes ficam satisfeitas.

As palavras do Santo Apóstolo não poderiam ser mais apropriadas para o quanto se quer buscar com presente capítulo desta obra, que é demonstrar que o acúmulo de decisões judiciais ou utilização do ferramental jurídico, por exemplo, de contrato ou acordos, de forma inapropriada e humanamente contaminada sobre uma parte ou aspecto do direito, como, no caso exemplificativo, na aplicação do instituto da desconsideração da personalidade jurídica, afeta o direito e suas respectivas bases como um todo.

Com efeito, o direito tem sofrido os mais diversos ataques na sua essência, na sua unicidade e integralidade, mesmo que seja para atingir suas "*partes mais fracas e menos importantes*", por diversos motivos, sendo os mais contundentes e perigosos aqueles ataques provenientes da corrente denominada ativismo judicial[4] e dos interesses próprios do *staff jurídico.*[5]

---

4. *Teoria do Direito* – Luis Fernando Barzotto, p. 17 – **O ativismo judicial no positivismo kelseniano está ligado à sua concepção voluntarista do direito. O direito, na visão positiva, é essencialmente vontade, e não razão.** (grifos nossos)

5. As considerações referentes à staff jurídico e a virada argumentativa se encontram em Teoria do Direito – Luis Fernando Barzotto, p. 9 e 10. **Os textos aqui reunidos representam alguns passos de uma jornada acadêmica e existencial marcada pela questão central a filosofia do direito: "o que é o direito?".** Essa questão guiou o pensamento jus filosófico até meados do século XX. **A partir daí, ela foi substituída por uma indagação mais orientada à prática jurídica a saber: "como se aplica o direito?".** Assim, as teorias sobre o direito foram substituídas por teorias da argumentação, teoria dos princípios e da interpretação jurídica. Essa "virada argumentativa" da filosofia do direito significou que ela adotaria a perspectiva do staff jurídico (advogados, juízes, promotores, professores, etc.). ***Ora, para o staff jurídico, ao lado do interesse por doutrinas que estivessem um caráter mais operacional, interessava***

É diante de tal argumentação que, dever-se-ia entender que quando se fere qualquer parte do corpo vivo, sagrado e integral do direito, no que tange às impropriedades na interpretação dos diplomas legais em conjunto, o arcabouço jurídico como um todo não é respeitado, ou seja, o corpo inteiro do direito que sofre, e se contamina e se contradiz o mote humano e divino do direito, dentro os quais o jusnaturalismo e, para o nosso caso, utilitariamente, a vertente de Hans Kelsen do papel de Pacto de Ordem[6] do Direito, quando uma parte do corpo do Direito é atacado.

Importante entender o conceito por trás da comunhão, unicidade e integralidade do direito, que nos leva entender, filosoficamente, que um único normativo ou instituto jurídico, por mais perfeito que pudesse ser, no sentido de querer controlar o egoísmo humano[7] baseado na vertente

---

também doutrinas que expandissem seu próprio poder, em detrimento da legislação produzida democraticamente. Assim, a vinculação do direito com a lei passou a ser vista como uma posição anacrônica e reacionária, ao passo que doutrinas que identificam o direito com princípios, direito e valores passaram a ser amplamente adotados como "vanguardistas", "libertadoras" ou "atuais". Assim, no pensamento jurídico contemporâneo, tende-se a considerar exclusivamente o ponto de vista do aplicador do direito e não a perspectiva dos destinatários, que são também, em uma democracia, os autores do direito: os cidadãos. Repete-se na teoria do direito a dicotomia característica da teoria política: os problemas podem ser tratados "do ponto de vista do governante ou do ponto de vista do governado: *ex partes principis* ou *ex parte populi*". A opção da atual filosofia do direito por uma perspectiva *ex partes principis* - o ponto de vista dos aplicadores do direito – é suficientemente notória para dispensar demonstrações. Na prática, o que se observou é que a filosofia doo direito feita *ex partes principis* pôs o direito a serviço de ideias particulares, o que significou a sua "privatização". De fato, quando não se sabe o que é o direito, quais são suas características essenciais que podem ser captadas por todos, a sua aplicação como algo "comum" é inviabilizada. O intérprete / aplicador se torna um militante de suas próprias crenças morais e ideologias políticas, que ele se apressa a apresentar como "jurídicas" sob o abrigo de conceitos como Constituição, direitos fundamentais, princípios, etc. E outros termos: a filosofia do direito ao renega sua questão central sobre o conceito de direito, furtou às pessoas os recursos teóricos para saber se estão em um estado de direito ou se estão à mercê do ativismo dos intérpretes. (grifos nossos).

6. Vide *Teoria do Direito* – Luis Fernando Barzotto – página 35 – De um ponto de vista funcional e teleológico, o direito é ordem, isto é, sua existência está fundada na necessidade de estabilização das expectativas na sociedade. De um ponto de vista estrutural, o direito é promessa recíproca, acordo, pacto ou aliança entre as pessoas.

7. Hans Kelsen. *La dottrina pura del diritto* (tradução italiana de Mario Losano da

do positivismo[8] kelseniano, não deveria se sustentar, por um milésimo de segundo, se todo o arcabouço jurídico histórico, funcional, teleológico prévio, e que se faz presente, na lei natural conforme bem explicado por São Tomás de Aquino; e, em termos humanos, também se faz presente na doutrina do formalismo jurídico legislativo consubstanciado por Max Weber,[9-10] que se resume nos aspectos de generalidade, positividade e procedimentalidade das normas, lastreada em um sistema legislativo completo, consistente e coerente, para, enfim, afastar e combater agora um vírus, que denominamos de ativismo judicial e das melhores técnicas de promulgação de leis, não existisse.

---

segunda edição alemã da Teoria Pura do Direito), p 76. "É psicologicamente impossível agir com base em motivos diversos da inclinação ou interesses egoísticos".

8. Vide *Teoria do Direito* – Luis Fernando Barzotto – página 14 – O direito é a técnica de controle social que consiste em ameaçar os indivíduos com a interferência coativa na sua esfera de interesses se eles violarem as condições de convívio estabelecidas pelo próprio direito: Uma técnica que consiste em obter a conduta social desejada dos homens através da ameaça de uma medida de coerção a ser aplicada em caso de conduta contrária. (Hans Kelsen, General Theory, p. 19).

9. Vide *Teoria do Direito* – Luis Fernando Barzotto – páginas 77 e 82 – O tema central da teoria social de Max Weber é o processo de racionalização que conferiu ao Ocidente sua fisionomia própria. O que diferencia o Ocidente de outras civilizações é que somente ele alcançou uma organização política racional – O Estado racional; uma organização racional do saber: a ciência; e uma conduta metodicamente orientada: a disciplina na vida profissional. Embora Weber afirme o caráter polissêmico do termo, podemos dizer que o conteúdo comum a todos os seus usos da expressão "racionalização" é "ordenar" ou "conferir ordem". "O homem ocidental, tendo feito a "experiência da irracionalidade do mundo" (Max Weber, A política como vocação, p.116), ou seja, do seu caráter caótico e desordenado, lançou-se a ordená-lo pela razão (página 77). (..) O direito moderno possui um caráter formal na medida em que sua obrigatoriedade não está vinculada a qualquer conteúdo ético, político, econômico, etc., mas por manifestar-se na forma de uma norma geral, cuja criação (positividade) e aplicação ocorrem segundo um determinado procedimento. (..) O direito se distingue da ética quando ele é direito formal, ou seja, quando sua validade não deriva de seu conteúdo moral, mas das características formais de suas normas: generalidade, positividade e procedimentalidade.

10. Vide - *Teoria do Direito* – Luis Fernando Barzotto – página 86 – O direito formal exige a formação de uma corporação de juristas de formação técnica: Nunca existiu um "direito" mais ou menos desenvolvido do ponto de vista formal, isto, um complexo de máximas conscientes de decisão, sem a colaboração preponderantemente de juristas. Max Weber (Economia y sociedade – página 531).

Percebe-se que estamos nos afastando cada vez das raízes do direito, por motivos próprios e particulares (na esfera privada – já com a definição do Staff Jurídico); e, sobre o pacto de ordem, em termos governamentais (na esfera pública), neste caso para maior perpetuação e dominação do poder.

2.2 A busca pela verdade pelo e no Direito

Há uma Verdade, caso contrário, as próprias leis da natureza seriam relativas.

Há uma Verdade nos fatos e no direito. Por mais que haja diversos observadores de um mesmo fato, o olhar do observador não modifica a verdade, porque a verdade é uma só na essência dos fatos, na intenção de quem agiu ou omitiu, bem como no próprio direito, cabendo ao ser humano trabalhar, pelo discernimento, pela ciência e seu respectivo processo de observação, para descobri-la.

Assim, pode-se expressar que a Verdade[11] é absoluta[12] e objetiva,[13] de forma que com ela se extirpam dúvidas[14] dos nossos corações.

No direito, Fábio Ulhoa Coelho concorda com a tese de que há uma interpretação verdadeira da lei e que há autores que se ocupam de tal questão (o que me faz pensar que não estou sozinho nesta busca), conforme disposto:

---

11. João 14, 6. "Sou o Caminho, a Verdade e a Vida, ninguém vem ao Pai, senão por mim".

12. João, 18, 37 – 38 – Pilatos disse: "Então, tu és rei?" Jesus respondeu: "Tu dizes que eu sou rei. Eu nasci e vim ao mundo para isto: para dar testemunho da verdade. Todo aquele que é da verdade escuta a minha voz". Pilatos disse "Que é a verdade"?

13. Isaac israelense ben Solomon, também conhecido como Isaac Israelense, o Velho, e Isaac Judeu, foi um dos principais médicos e filósofos judeus que viveram no mundo árabe de seu tempo. É considerado o pai do neoplatonismo judaico medieval.

14. Santo Agostinho, As Confissões, I, 1,1 "Fizeste-nos para Ti e inquieto está nosso coração, enquanto não repousa em Ti".

> Qual dos métodos é o mais indicado para se encontrar a verdadeira interpretação da norma jurídica? Alguns autores se ocupam dessa questão e procuram qualificar um deles e desqualificar os demais. O pressuposto de tal indagação é a existência de uma única interpretação verdadeira para cada norma jurídica.[15].

Deveria ser diante da busca da verdade que os operadores do direito, que se encontram em uma posição mais relevante,[16] nas palavras de J. Rawls, quanto à investigação do propósito intrínseco da realização ou aplicação das leis, deveriam insistentemente buscar pelo aprimoramento legal, na doutrina, contratos ou até pela provocação do Poder Judiciário, sobretudo pelas suas instâncias superiores, para o verdadeiro sentido da aplicação da norma e a obtenção da paz social pela norma eficaz.[17]

O grande problema é que o ser humano deixou de se perguntar se há uma Verdade.

Retoricamente, pergunta-se: Por que deixamos de nos perguntar se somos obra da Criação do Deus ou mero fruto do acaso? Ou Por que o ser humano deixou de se preocupar, então, em buscar a causa primeira[18] das coisas, o que

---

15. COELHO, Fábio Ulhoa. *Curso de direito civil.* v. 1. 3. ed. São Paulo: Saraiva, 2010, p. 101.

16. Assim, sobre o conceito de como devem agir aquelas pessoas que ocupam posição social mais relevante: RAWLS, John. *Uma teoria da justiça.* Trad. Jussara Simões. 4. ed. São Paulo: Martins Fontes, 2016, p. 113. As posições sociais relevantes especificam, então, o ponto de vista geral do qual se devem aplicar dos dois princípios da justiça à estrutura básica. Desse modo, levam-se em conta dos interesses de todos, pois todos são cidadãos iguais e têm seu lugar na distribuição de renda e riqueza ou no âmbito das características naturais fixas em que se baseiam as distinções. Alguma seleção das posições relevantes, para que se chegue a uma teoria coerente da justiça social, é preciso haver, e aquelas escolhidas devem estar de acordo com os seus princípios primeiros.

17. Vide - *Teoria do Direito* – Luis Fernando Barzotto – página 16. A norma eficaz é aquela que produz a paz. Assim como o único poder relevante para uma teoria política centrada na paz é o poder efetivo (Hobbes), a única norma relevante para uma teoria jurídica centrada na paz é a norma eficaz (Kelsen).

18. Tradução livre: "Façamos uma pausa para fazer um balanço, porque as coisas

pela prova aristotélica da existência de Deus, nos levaria irremediavelmente a Deus ou ao desespero?

A resposta para não queremos responder às perguntas acima, é que isto não serve aos senhores (dinheiro, fama e poder) ou aos próprios interesses pessoais, consciente ou inconscientemente, egoísticos de nós seres humanos.

Assim, o que se originou sobre a forma de pensamento atual dos seres humanos, é que vivemos atualmente em dois mundos distintos, ou melhor, o mesmo mundo com duas correntes antagônicas de pensamento.

O mesmo mundo, que se dividiu em uma corrente de pensamento conservadora e outra corrente progressista.

---

ficaram um pouco abstratas. Começamos observando que não pode haver dúvida de que a mudança ocorre, e que a mudança só pode ocorrer se as coisas tiverem potenciais que possam ser atualizados. Vimos também que qualquer mudança requer um modificador no sentido de que sempre que um potencial é atualizado, deve haver algo já atual que o atualize. Tendo introduzido esta distinção entre dois tipos de séries nas quais um potencial é atualizado por outro, que é atualizado por outro. O primeiro tipo, que chamamos de série linear, é o tipo que geralmente imaginamos quando pensamos em mudança. Foi ilustrado pelo café sendo resfriado pelo ar circundante na sala, que foi resfriado pelo ar condicionado, que foi ligado como resultado de você ter pressionado um determinado botão, e assim por diante. Nesse tipo de série, os membros têm seu próprio poder casual. Depois de ligá-lo, o ar condicionado pode continuar a resfriar o ambiente mesmo depois que você não estiver mais presente. Mesmo o ar gelado permanecerá por algum tempo depois que o ar condicionado for desligado e, portanto, manterá a energia para resfriar o café. O que chamamos de série hierárquica de causas é muito diferente. Aqui, toda causa difere da primeira porque tem seu poder causal apenas de maneira derivada. Assim, a escrivaninha, o piso e a fundação não têm poder para sustentar a xícara de café, exceto na medida em que a derivam da terra sobre a qual repousa toda esta série. Isso nos leva além do que normalmente pensaríamos como mudança, porque normalmente pensaríamos na sequência da xícara, escrivaninha, piso, fundação e terra como simultâneas. Mas o que importa é que ainda temos a atualização de potenciais, cuja noção foi introduzida como uma forma de dar sentido à mudança. O potencial da xícara de estar a um metro do chão é atualizado pela mesa, o potencial da mesa de segurar a xícara no alto é atualizado pelo chão e assim por diante. FESSER, Edward. *Five proof of existence of God.* The Aristotelian Proof. São Francisco (EUA), Ignatius Press, 2017.

Sobre a divisão e da bipolaridade dos mundos e de suas "verdades", o filósofo e professor na Universidade de Oxford, John Finnis, nos expressa o seguinte:

> em 1953, Leo Strauss[19] prefaciou seu estudo da lei natural como a advertência de que a questão do direito natural se apresenta hoje como uma questão de lealdade sectária. Olhando em torno de nós, vemos duas facções hostis, pesadamente glorificadas e guardadas. Uma delas é ocupada por liberais de várias espécies, a outra pelos discípulos católicos e não católicos de São Tomás de Aquino.[20]

John Finnis continua sua explanação sobre o abismo existente entre a corrente liberal daquela época e a corrente baseada nos ensinamentos de São Tomás de Aquino, tanto para católicos quando não católicos. Para o autor, o debate não precisaria mais ser tão polarizado à época de sua obra.

Todavia, o que ele desconhecia à época é que a polarização tomaria conta do mundo, baseada, em síntese, nas exatas duas correntes de pensamento (progressismo e conservadorismo) que norteiam o comportamento dos cidadãos dos mais variados lugares do mundo, principalmente da parte ocidental, no qual a possibilidade do questionamento e a liberdade de pensamento filosófico estão mais presentes, o que, diga-se de passagem, é algo bom e virtuoso. Interesse notar que a maioria das pessoas não tem a oportunidade de se aprofundar sobre o tema e os conceitos – sem prejuízo de entenderem dentro do âmago de seu ser as diferenças, apesar de não saberem explicar,[21] posto

---

19. STRAUSS, Leo. *Natural rights and history.* Chicago: University of Chicago Press, 1953, p. 7.

20. FINNIS, John. *Lei natural e direito natural.* São Leopoldo: Unisinos, 2006, p. 12.

21. KEMPIS, Tomás de. *Imitação de Cristo.* 2. ed. Petrópolis: Vozes, 2011, p. 23-24. "Tópico 3. Que te aproveita discutires sabiamente sobre a Santíssima Trindade, se não é humilde, dessagrando, assim, a essa mesma Trindade? Na verdade, não são palavras elevadas que fazem o homem justo; mas é a vida virtuosa que o torna agradável a Deus. Prefiro sentir a contrição dentro da minha alma, a saber defini-la. Se

também ser esta a essência do direito natural, a diferença entre valores, moral e da ética entre as correntes.

Na mesma linha pensamento, pode-se afirmar que o mesmo abismo que separa o direito natural do progressismo, proclamado como figura de "avanço científico" pela nova ideologia de ordem global, tem sua condição imposta e ataca o corpo do direito, porque será pela quebra e pela destruição da tradição filosófica grega, cristã e judaica, que o direito, e assim, o direito natural, será subjugado pelas correntes ideológicas predominantemente do progressismo contemporâneo, cuja atitude de ataque se dá também pelo ativismo judicial.

Diante todo o exposto, para entender a dinâmica de como a busca pela Verdade se dá também pelo discorrer da ciência do Direito, volta-se a atenção ao enfoque dirigido às premissas e aos conceitos envolvendo a liberdade ordenada, trazida nesta pesquisa pelos estudos do filósofo Montesquieu, para debater a ideia de que não há condição de se falar de liberdade, se esta não estiver sob o aval das leis, sob as quais vivem os cidadãos; e, ainda, sob os ensinamentos de São Tomás de Aquino, entende-se que a lei regida no seu devido processo de promulgação, pelo limite imposto pela própria razão humana, é, enfim o entorno à liberdade humana, levando ao crescimento do indivíduo, (e, assim, também do Estado), para o nosso exemplo prático, em termos econômicos e financeiros, com base na justiça social e econômica (art. 170 da CF/1988).

---

soubesse de cor toda a Bíblia e as sentenças de todos os filósofos, de que te serviria tudo isso sem caridade e a graça de Deus? Vaidade das vaidades, e tudo vaidades (Ecl 1,2), senão amar a Deus e só a ele servir. A suprema sabedoria é esta: pelo desprezo do mundo tender as coisas dos céus".

2.3 Montesquieu – Livro Décimo Primeiro – Das leis que formam a liberdade política em sua relação de constituição (relação com a insegurança jurídica e o ativismo judicial)

Será a obra de Montesquieu, nesta pesquisa, um dos pilares para se entender melhor a insegurança jurídica atual, inclusive pela prática do ativismo judicial.

Para isto, iniciam-se estas considerações com base na percepção de liberdade sob a ótica de Montesquieu:

> Diversos significados atribuídos à palavra liberdade – *Não existe palavra que não tenha recebido tantos significados e tenha marcado os espíritos de tantas maneiras quanto a palavra liberdade. [...] Capítulo III – É verdade que nas democracias o povo parece fazer o que quer; mas a liberdade política não consiste em se fazer o que se quer.* **Em um Estado, isto é, numa sociedade onde existem leis, a liberdade só pode consistir em poder fazer o que se deve querer e em não ser forçado a fazer o que não se tem o direito de querer.** Deve-se ter em mente o que é a independência e o que é a liberdade. **A liberdade é o direito de fazer tudo o que as leis permitem; e se um cidadão pudesse fazer o que elas proíbem ele já não teria liberdade, porque os outros também teriam esse poder[22] (grifos nossos).**

Leitores, por favor, leiam com atenção! Liberdade é o direito de fazer tudo o que as leis permitem!

Assim, é exatamente no quesito liberdade, que se consegue entender como o cidadão pode se sentir inseguro perante as instituições que o cercam e que deveriam servi-lo.

Isto porque o homem, ao deter o poder em mãos, desvirtua o exercício da sua liberdade e abusa da própria virtude, tornando-a um vício e um mal.

22. MONTESQUIEU. *O Espírito das Leis.* Trad. Cristina Murachco. 2. ed. São Paulo: Martins Fontes, 2000, p. 166, Capítulo II.

O abuso do poder pelo homem, ensina o filósofo, não será nunca caracterizado como liberdade política. O próprio poder precisa de limites, o que não está acontecendo no judiciário brasileiro, pelo ativismo judicial, senão vejamos:

> **A democracia e a aristocracia não são Estados livres por natureza.** A liberdade política só se encontra nos governos moderados. Mas ela nem sempre existe nos Estados moderados; **só existe quando não se abusa do poder; mas trata-se de uma experiência eterna que todo homem que possui poder é levado a dele abusar; ela vai até onde encontra limites. Quem diria! Até a virtude precisa de limites.** ***Para que não possa abusar do poder, é preciso que, pela disposição das coisas, o poder limite o poder.*** **Uma constituição pode ser tal que ninguém seja obrigado a fazer as coisas a que a lei não obriga e a não fazer aquelas que a lei permite** (grifos nossos).[23]

Esses apontamentos demonstram alguns aspectos essenciais acerca da liberdade e sua relação com as leis.

O primeiro deles é a necessidade de cada cidadão entender o grau e a certeza de segurança jurídica que o cerca para viver pacificamente, ao menos com sua consciência, cujo agente principal, o guardião do *status quo* jurídico,[24] deveria ser o Poder Judiciário.

O segundo ponto é o interesse da coletividade sobre o indivíduo, tornando clara a abrangência da regra de ouro do direito natural, qual seja, "Faze ao outro o que queres que façam a ti",[25] de tal sorte que o homem baseado na corrente

---

23. MONTESQUIEU. *O Espírito das Leis*. Trad. Cristina Murachco. 2. ed. São Paulo: Martins Fontes, 2000, p. 166.

24. Idem, p. 167-168.. "Existem em cada Estado três tipos de poder: o poder legislativo, o poder executivo das coisas que dependem do direito das gentes e o poder executivo daquelas que dependem o direito civil. [...] Como terceiro, ele castiga os crimes, ou julga as querelas entre os particulares. Chamaremos a este último poder de julgar [...]".

25. BARZOTTO, Luis Fernando. *Filosofia do direito* – os conceitos fundamentais e a tradição jusnaturalista. Porto Alegre: Livraria do Advogado, 2010, p. 159. Assim, a lei como medida e a lei como ordem não esgotam a experiência da lei. O ser

filosófica do direito natural e do liberalismo econômico, sem prejuízo de um estado mais fiscalizador e menos autoritário, poderia tocar a própria sorte[26] dos seus empreendimentos para si e para os outros que o cercam, ou seja, para seus colaboradores e sociedade civil como um todo.

Novamente sobre o tema da segurança jurídica ou sua antítese (a insegurança jurídica), uma condição da atual situação brasileira, considerando a divisão tríplice de exercício do poder, chama atenção: trata-se do medo do cidadão comum em relação à incoerência de decisões e de algumas esferas do Poder Judiciário.

Montesquieu, ao tratar do assunto, mencionou o fato de o cidadão não ter que temer outro cidadão: "A liberdade política, em um cidadão, é esta tranquilidade de espírito que provém da opinião que cada um tem sobre a sua segurança; e para que se tenha esta liberdade é preciso que o governo seja tal que um cidadão não possa temer outro cidadão".[27]

O que Montesquieu não vislumbrou é que o cidadão comum iria temer o cidadão com o poder nas mãos revestido do poder do Estado que julga (o Poder Judiciário), como parasita que tem poderes de ceifar o corpo e a alma do Estado e de seus próprios concidadãos. O que menos se vê atualmente é o que o filósofo define como "tranquilidade de espírito", algo que provém da opinião de cada um sobre a sua própria insegurança.

---

humano exige ser reconhecido como pessoa, e por isso, a mediação social da lei deve incorporar uma relação de amizade. A medida exposta na lei e a ordem por ela imposta devem respeitar o caráter de pessoa do ser humano, e isso só ocorre se a amizade é o sentido da lei. Pode-se propor como fórmula da aliança que existe entre os seres humanos e que deve se expressar na lei, a regra de ouro – "Faze ao outro o que queres que façam a ti".

26. "Como, em um Estado livre, **todo homem que supostamente tem uma alma livre deve ser governado por si mesmo**" MONTESQUIEU. *O Espírito das Leis*. Trad. Cristina Murachco. 2. ed. São Paulo: Martins Fontes, 2000, p. 170.

27. Idem, p. 168.

Quem é que tem tranquilidade de espírito neste país? Ou melhor, quem é que tem tranquilidade de espírito para empreender neste país, por exemplo?

Para ratificar este raciocínio, deve-se ir aos fatos. Em 10 de fevereiro de 2023, o jornal *O Estado de S. Paulo* noticiou: *Empresas projetam perdas bilionárias com decisão do STF sobre impostos – especialistas dizem que decisão dos ministros do Supremo de autorizar a revisão de sentenças tributárias favoráveis às companhias vai gerar insegurança jurídica.*

Abaixo, em síntese, o cerne da matéria julgada no âmbito do STF:

> Empresas de vários setores começaram a fazer as contas sobre os prejuízos que terão com uma decisão tomada pelo Supremo Tribunal Federal. **Na quarta-feira, o STF estabeleceu que sentenças antes consideradas definitivas em disputas sobre o pagamento de impostos podem ser alteradas.** Ou seja, uma empresa pode ter levado anos brigando com o governo na Justiça, ter ganhado em todas as instâncias e, ainda assim, não ter segurança de que o problema terá sido superado. [...] Insegurança. ***Por alterar julgamentos definitivos na Corte, o tema foi visto pelo mercado como fonte de insegurança jurídica***, pois trata-se da primeira vez que o STF se manifestou sobre o tema, impedindo que os contribuintes que tinham decisões transitadas em julgado pudessem se organizar para esse novo cenário, afirmou Thales Stucky[28] (grifos nossos).

Vê-se claramente a ferida causada na segurança jurídica em função do abuso do poder exercido pelo Poder Judiciário, na sua mais alta instância, eivada de uma falsa liberdade de exercício do Direito, que extrapolou o limite da sua alçada na tripartição do poder do Estado.

Não por menos, Montesquieu, dispõe sobre a falta de liberdade diante de acontecimentos deste tipo:

---

28. O ESTADO DE S. PAULO. Bancos querem responsabilizar acionistas da Americana. 26 jan. 2023. Disponível em: https://www.estadao.com.br/economia/negocios/americanas-bancos-responsabilizacao/. Acesso em: 11 mar. 2023.

> Tampouco existe liberdade se o poder de julgar não for separado do poder legislativo e do executivo. **Se estivesse unido ao poder legislativo, o poder sobre a vida e a liberdade dos cidadãos seria arbitrário, pois o juiz seria o legislador**. Se estivesse unido ao poder executivo, o juiz poderia ter força de um opressor[29] (grifos nossos).

Grita-se - O Juiz não pode NUNCA ser o legislador, como nos ensina o filósofo.

Ainda neste diapasão, em 6 de fevereiro de 2023, o *Estado de S. Paulo* opina em seu editorial: "O necessário silêncio dos juízes – Alexandre de Moraes voltou a falar de casos sob sua jurisdição – alguns deles que correm em segredo de justiça. Juiz fala apenas nos autos".

O país precisa de um STF eficiente e discreto", conforme se observa em parte do texto abaixo transcrito:

> **É absolutamente inconveniente, para dizer o mínimo, que um ministro do STF se considere autorizado a tecer comentários a respeito de casos sob a sua jurisdição, avaliando manobra golpista factível, se estava bem estruturada, se foi bem pensada**. Ao que se sabe, as investigações ainda estão em andamento. No entanto, o relator considera-se habilitado a manifestar publicamente sua visão dos fatos. *Esse protagonismo fora dos autos de ministros do Supremo não faz bem ao País. Fora dos limites da lei não há caminho saudável.* Não há construção de soluções. A Lei Orgânica da Magistratura é cristalina. "É vedado ao magistrado manifestar, por qualquer meio de comunicação, opinião sobre processo pendente de julgamento, seu ou de outrem, ou juízo depreciativo sobre despachos, votos ou sentenças de órgãos judiciais, ressalvada a crítica nos autos em obras técnicas ou no exercício do magistério (art. 36, III).[30]

---

29. MONTESQUIEU. *O Espírito das Leis*. Trad. Cristina Murachco. 2. ed. São Paulo: Martins Fontes, 2000, p. 168.

30. O ESTADO DE S. PAULO. O necessário silêncio dos juízes – Alexandre de Moraes voltou a falar de casos sob sua jurisdição – alguns deles que correm em segredo de justiça. Juiz fala apenas nos autos. O país precisa de um STF eficiente e discreto. *Editorial*. 6 fev. 2023. Disponível em: https://www.estadao.com.br/opiniao/o-necessario-silencio-dos-juizes/. Acesso em: 01 mar. 2023.

Embora tenha sido publicada em 1748, *O espírito das leis* nunca se mostrou tão atualizada sob a ótica da discrepância de tudo o quanto foi ali esclarecido para o bem da sociedade civil organizada. Segundo Montesquieu: "**Mas, se os tribunais não devem ser fixos, os julgamentos devem sê-lo a tal ponto que nunca sejam mais do que um texto preciso da lei. Se fossem uma opinião particular do juiz, viveríamos em sociedade sem saber precisamente dos compromissos que ali assumimos**"[31] (grifos nosso).

O filósofo profetizou o movimento do ativismo judicial.

Evidentemente, não cabe ao Poder Judiciário legislar porque, se assim fosse, todo o poder do Estado estaria condicionado a uma arbitrariedade sem precedentes concentrada nas mãos de poucos cidadãos, conforme registrou Montesquieu.

Antes de se adentrar à lógica e aos ensinamentos de São Tomás de Aquino sobre a essência das leis, relevante continuar o debate com a doutrina de Montesquieu visando a compreender melhor, como pano de fundo, a dinâmica do nível de responsabilidade do poder legislativo:

> Como, em um Estado livre, **todo homem que supostamente tem uma alma livre deve ser governado por si mesmo**, seria necessário que o povo em conjunto tivesse o poder legislativo. Mas, como isto é impossível nos grandes Estados e sujeito a muitos inconvenientes nos pequenos, **é preciso que o povo faça através de seus representantes tudo o que não pode fazer a si mesmo.**[32]

O homem tem e deve ter a alma livre para se autogovernar, sob os aspectos da própria lei natural. Mas como é impossível ter isso nos grandes Estados, fez-se o poder legislativo, com base no instituto da representação política.

---

31. MONTESQUIEU. *O Espírito das Leis*. Trad. Cristina Murachco. 2. ed. São Paulo: Martins Fontes, 2000, p. 170.

32. Idem.

O outro lado dessa questão é a outra face da moeda nefasta do ativismo judicial, que é inoperância do poder legislativo em relação a sua competência de legislar adequadamente, estando o poder legislativo, na maioria das vezes, infelizmente, muito mais preocupado nos assuntos que lhe garantam a perpetuação no poder pelos seus partidos e de seus representantes, deixando de lado sua função principal legislativa para tratar, em grande parte do tempo, da exposição midiática de seus participantes em comissões ou na defesa de emendas parlamentares para suprir a fome arrecadatória de parte de seu curral político.

2.4 São Tomás de Aquino – A Suma Teológica, v. IV, Quest. XC. – Da essência da Lei – Sua relação com a insegurança jurídica e a aplicação desavisada do instituto da desconsideração da personalidade jurídica, a título exemplificativo

Devemos-nos perguntar, prelimarmente: O que é a lei?

Sobre a razão da lei (para o que serve a lei), já foi trazido uma parte do entendimento sobre o tema quando da abordagem sobre o pacto social pela vertente do entendimento de Hans Kelsen.

Porém, sobre a essência do espírito das leis, conforme discorrida por outros autores de outras linhas de pensamento, a doutrina de Hans Kelsen nos tem pouco a dizer, posto que sua obra, qual seja, a Teoria Pura do Direito, se propõe a "garantir um conhecimento apenas dirigido ao direito e excluir deste conhecimento tudo o quanto não pertença ao seu objeto".[33]

É justamente deste ponto que se inicia nesta pesquisa o estudo da obra abrangente e complexa de São Tomás de

---

33. KELSEN, Hans. *Teoria Pura do Direito.* São Paulo. Martins Fontes. 6ª Edição. 1998, p. 01.

Aquino, *Suma Teológica*, acerca da essência das leis, cujos trechos serão aqui transcritos quando oportuno e necessário.

> Ora, quanto à lei, devemos considerá-la, primeiro, em geral. Segundo, nas suas partes. E sobre a lei, em geral, há tríplice consideração a fazer. **A primeira é sobre a essência dela. A segunda sobre a diferença entre as leis. A terceira sobre os efeitos da lei.** Na primeira questão discutem-se quatro artigos: 1º se a lei é algo de racional; 2º do fim da lei; 3º da sua causa; 4º da promulgação da lei[34]. Ademais, trata-se da diversidade das leis. "Em seguida devemos tratar da diversidade das leis. E, neste ponto, discutem-se seis artigos: 1º Se há uma lei eterna; 2º Se há uma lei natural; 3º Se há uma lei humana; 4º Se há uma lei divina; 5º se é uma só, ou várias; 6º Se há uma lei do pecado"[35]. Ao final, verificam-se os efeitos da lei: "Em seguida devemos tratar dos efeitos da lei. E nesta questão, dois artigos devem ser discutidos: 1º se o efeito da lei é tornar os homens bons; 2º se os efeitos da lei são: ordenar, proibir, permitir e punir, como diz o legisperito".[36]

A pretensão é conduzir o raciocínio para o entendimento sobre como a lei natural e a lei humana, pelo norte da razão, com base na promulgação de leis, têm o condão de levar o homem ao bem maior da liberdade, exatamente pelas leis que o regulam e limitam, para o crescimento da economia, pela justiça econômica e social, afastando-se, por fim, a ditadura da vontade de poucos, exercida pelo ativismo judicial. As leis, em última análise, como nos 10 mandamentos, que são as Leis de Deus, nos devem levar ao caminho da Verdade para atingimento do céu.

Iniciando-se o debate pela característica da objeção inerente da obra de São Tomás de Aquino, verificar-se-á, então, que as leis naturais não precisariam de promulgação (pois a lei natural o é assim por excelência), logo, ser

---

34. AQUINO, Tomás. *Suma Teológica,* v. IV, 2. ed. Escola Superior de Teologia São Lourenço de Brindes, Porto Alegre, 1980, p. 1.732.

35. Idem, p. 1.736.

36. Ibidem, p. 1.745.

promulgada não seria, necessariamente, ser essência da lei, donde a resposta à primeira objecção: "*A promulgação da lei da natureza se dá por tê-la Deus infundido na mente humana, de modo a ser naturalmente conhecida*".

Sobre a lei natural, melhor definição não há:

> Solução – Como já dissemos, sendo a lei regra e medida, pode de dois modos estar num sujeito: como no que regula e mede, e como regulado e medido; pois, na medida em que se um ser participa da regra ou da medida, nessa mesma é regulado ou medido. Ora, todas as cousas sujeitas à Divina Providência são reguladas e medidas pela lei eterna, como do sobredito resulta. Por onde é manifesto, que todas participam, de certo modo, da lei eterna, enquanto que por estarem impregnadas dela se inclinam para os próprios atos e fins. Ora, entre todas as criaturas, a racional está sujeita à Divina Providência de modo mais excelente, por participar ela própria da providência, provendo a si mesma e às demais. **Portanto, participa da razão eterna, donde tira a sua inclinação natural para o ato e fim devidos. E a essa participação da lei eterna pela criatura racional se dá o nome de lei natural.** Por isso, depois do Salmista ter dito – Sacrificai sacrifício de justiça – continua, para como responder aos que perguntam quais sejam as obras da justiça: Muitos dizem – quem nos patenteará os bens? A cuja pergunta da resposta: Gravado está, Senhor, sobre nós o lume do teu rosto, querendo assim dizer que o lume da razão natural, pela qual discernimos o bem e o mal, e que pertence à lei natural, não é senão impressão em nós do lume divino. Por onde é claro, que a lei natural não é mais do que a participação da lei eterna pela criatura racional.[37]

É diante da apropriação da beleza e da extraordinariedade do conceito da lei natural que se passa a concretizá-lo, com o objetivo de se entender a dinâmica da realização de leis humanas pela razão prática (estas sim que precisam de promulgação) **e em razão da faculdade e do exercício da própria razão humana**.

37. AQUINO, Tomás. *Suma Teológica*, v. IV, 2. ed. Escola Superior de Teologia São Lourenço de Brindes. Porto Alegre, 1980, p. 1.744.

> Como já dissemos, a lei é um ditame da razão prática. Ora, dá-se que o modo de proceder da razão prática é semelhante ao da especulativa, pois ambas procedem de certos princípios para certas conclusões, como antes ficou estabelecido. Por onde devemos concluir que, assim como a razão especulativa, de princípios indemonstráveis e evidentes tira as conclusões das diversas ciências, **cujo conhecimento não existe em nós naturalmente, mas são descobertos por indústria da razão; assim também, dos preceitos da lei natural, como de princípios gerais indemonstráveis, necessariamente a razão humana há-de proceder de certas disposições mais particulares. E estas disposições particulares, descobertas pela razão humana, observadas as outras condições pertencentes à essência da lei, chamam-se leis humanas como já dissemos.** E por isso, Túlio, na sua Retórica, diz que a origem do direito está em a natureza; daí em razão da utilidade, nasceram certas disposições costumeiras; depois, o medo e a religião sancionaram essas disposições oriundas da natureza e aprovadas pelo costume.[38]

Fica mais fácil e elucidativo de entender: A lei natural, em busca do sentido do bem comum devido a todos os homens, que regula e mede a nós e a todos, nos dá, pela razão, o sentido para a lei humana, submetida, intuída e forjada pela força da mesma razão, com a promulgação das leis.

Por sua vez, diante do processo de promulgação das leis, São Tomas de Aquino nos ensina que nasce a obrigação das pessoas em respeitarem o bem comum. E, se assim não existe a promulgação, não seria lei.

Assim, sobre a necessidade de se promulgar leis, o doutor da Igreja descreve:

> Solução – Como já dissemos, a lei é imposta aos que lhe estão sujeitos, como regra e medida. Ora, a regra e a medida impõe-se aplicando-se aos regulados e medidos. Por onde, para a lei ter força de obrigar – o que lhe é próprio – é necessário seja aplicada aos homens, que por ela devem ser regulados. **Ora, essa aplicação se**

38. AQUINO, Tomás. *Suma Teológica*, v. IV, 2. ed. Escola Superior de Teologia São Lourenço de Brindes. Porto Alegre, 1980, p. 1.746.

faz por chegar a lei ao conhecimento deles, pela promulgação. Logo, a promulgação é necessária para a lei vir a ter força[39].

Ademais, o fato de se regular e sermos regulados pelas leis e que estas, se bem moldadas, têm como fulcro o bem comum, faz com que se entenda a razão de se constar e de se defender na CF/1988, os elementos da justiça econômica e social, a qual se desdobra para a livre-iniciativa, basicamente instada pelos seus alicerces da autonomia patrimonial da pessoa jurídica e da segregação de riscos entre pessoa jurídica e física, para os fins exemplificativos descritos no capítulo III da presente obra.

O que acontece atualmente é que o ativismo judicial fere o corpo vivo e integral do direito, primeiramente, pelo fato de legislar, quando isto não é e nunca deverá ser de sua competência, e, em segundo lugar, legislando, inoportunamente, com decisões inapropriadas, não obedece à procedimentalidade da promulgação das leis, e, por fim, mas não menos importante, acaba por privilegiar muitas vezes um único indivíduo ou interesses próprios, contra o bem maior da República, que se é buscar o bem comum de todos.

2.5 Da relativização da letra lei como fonte do ativismo judicial

Durante o percurso de um mestrado recém-realizado, exatamente nas aulas das matérias de Teoria Geral do Direito e da Filosofia do Direito, foi possível conhecer o processo de relativização do direito material positivo, com base na relação de flexibilização da interpretação da linguagem, nem tanto pelos pontos de observação de sinônimos ou de elementos da analogia linguística, mas sim por um processo

39. COELHO, Fábio Ulhoa. *Curso de direito civil*. v. 1. 3. ed. São Paulo: Saraiva, 2010, p. 36.

de abstração sobre o fato que uma palavra de um dispositivo legal pode ter, por exemplo, diversas interpretações, dependendo de quem a lê e interpreta; o que poderá inclusive ser objeto de modificação de acordo com o avanço ou regresso da realidade social.

A questão não é atual no direito e pode ser pensada sob a égide da diferenciação filosófica entre a zetética e a dogmática.

A zetética se fundamenta no seu significado em grego (*zetein*), que é perquirir ou questionar, o que quando aplicado ao direito visa a especular ou aproximá-lo da realidade social, em utilizada crítica elaborada por Tercio Sampaio Ferraz Junior à "antítese" da zetética, que é a dogmática.

Em contrapartida, a dogmática tem seu significado baseado na palavra grega (*dokein*), doutrinar, que quando implementado para a dogmática jurídica impõe-se, teoricamente, por determinar direitos e obrigações aos cidadãos pelos estatutos e ordenamentos jurídicos de maneira mais objetiva.

Nesse contexto, Tercio Ferraz Sampaio Junior destaca algumas das principais características da zetética e da dogmática:

> [...] Ora, as normas (ou dogmas de ação) são, elas próprias, um produto abstrato, e **as regras sociais de interpretação (dogmas que dizem como devem ser entendidas as normas) são também um produto abstrato**. Temos, pois, um produto abstrato, as regras, que têm por objeto outro produto abstrato, as normas. Daí a dupla abstração (no sentido de isolar normas e regras de seus condicionantes zetéticos). Pois bem, o objeto do conhecimento jurídico-dogmático é essa dupla abstração, que o jurista elabora num grau de abstração ainda maior (regras sobre as regras de interpretação das normas). **Com isso, seu estudo paga um preço: o risco de distanciamento progressivo da própria realidade social.** [...] o enfoque zetético visa saber o que é uma coisa, já o enfoque dogmático preocupa-se em possibilitar uma decisão e orientar a ação.[40]

---

40. FERRAZ JUNIOR, Tercio Sampaio. *Introdução ao estudo do direito:* técnica, de-

Se formos comparar quanto disposto pelo professor Tercio Ferraz e São Tomás de Aquino, sem sombra de dúvida, diante de tamanha disparidade sobre a essência das leis, devemos entender que um deles está redondamente enganado e não me caberá fazer tal juízo de valor.

O fato é que, enquanto em São Tomás de Aquino, explica a essência das leis naturais, pela vivência em consonância da moral cristã, judaica grega, e que, a utilização da razão humana faz com que as leis naturais brotem para leis humana, Tercio Ferraz dispõe sobre a abstração das leis baseada na interpretação dos juristas de quem as constrói e as aplicam.

Ademais, atualmente, na cátedra, percebe-se que a relativização ou até mesmo a abstração do direito, ganhou contornos mais concretos, segundo o entendimento de Maria Celeste Cordeiro Leite dos Santos:

> A verdade é uma característica da linguagem e depende do referencial adotado. Os pensamentos jurídicos são, como qualquer pensamento, frase de uma dada língua. São significativos e podem ser compreendidos dentro do conjunto dessa língua. Daí a autenticidade de algumas palavras[41] [...] Para Gadamer,[42] "a forma de realização da compreensão é a interpretação, **todo compreender é interpretar e toda a interpretação se desenvolve em meio a uma linguagem que pretende deixar falar o objeto e ao mesmo tempo a linguagem própria de seu intérprete**".[43]

---

cisão, dominação. 4. ed. São Paulo: Atlas, 2003, p. 40.

41. SAUSSURE, Ferdinand de. *Curso de linguística geral.* São Paulo: Cultrix, 1998, p. 15-32. Segundo o autor, duas partes compõem a linguagem (i) uma social (essencial), que é a língua (*langue*); (ii) outra individual (acessória), que é a fala (*parole*). Língua é um sistema de signos artificialmente constituído por uma comunidade de discurso e fala é o ato de seleção e atualização da língua, dependente da vontade do homem e diz respeito às combinações pelas quais ele realiza o código de língua com o propósito de constituir seu pensamento.

42. GADAMER, Hans Georg. *Verdade e método.* 3. ed. Petrópolis: Vozes, 1999, p. 467.

43. SANTOS, Maria Celeste Cordeiro Leite dos. *O novo Código de Processo Civil brasileiro, um enigma a ser decifrado* – percepções cognitivas na interpretação da norma. São Paulo: Max Limonad, 2016, p. 30-31.

Objetivamente, leva-se a entender, então, que é com base no ferramental da relativização da linguagem que há um distanciamento do jusnaturalismo e do enquadramento da aplicação da norma pelos juízes, nos termos da doutrina kelseniana, de tal sorte que o ativismo judicial, como expressão da vontade de um operador do direito, fora da moldura da norma, se torna uma realidade, nas mais diversas esferas do direito, inclusive quando se trata sobre o tema da desconsideração da personalidade jurídica, o que poderá ser tratado mais propriamente dito a seguir, a tal ponto que de se entender também os limites da sua aplicação e a diferenciação da sua aplicação nos tribunais.

2.6 A Igreja como guardiã da Justiça dos homens e divina

Gostaria de tratar agora da Santa Igreja Católica como guardiã da Justiça divina e dos homens.

Nosso Senhor Jesus Cristo, durante a sua vida pública, ao formar o Corpo Místico e Material de sua Igreja, proveu a Santa Igreja Católica do poder de Autoridade para fazer valer o seu reino e sua justiça divina também na terra. A promessa feita para São Pedro foi esta: *"E eu te digo que tu és Pedro, e sobre esta pedra edificarei a minha Igreja, e as portas do inferno não prevalecerão contra ela. Eu te darei as chaves do reino dos céus" (Mt. 16, 17-19).*

Uma das formas pela qual a Igreja abre as portas do céu é pelo exercício dos sacramentos instituídos pelo próprio Nosso Senhor Jesus Cristo e confiados à Santa Igreja Católica. O próprio São Tomás de Aquino afirma que nos sacramentos encontramos tudo que precisamos para nossa vida terrena, qual seja, batismo (nascer), crisma (crescer), eucaristia (nutrir-se), unção dos enfermos (recuperar as forças), confissão (curar-se quando adoece), ordem (ser guiado) e matrimônio (propagar a espécie).

E é exatamente pelos sacramentos confiados à Santa Igreja Católica, que podemos viver plenamente a justiça divina, não só aquela justiça de que se trata a virtude moral e também aristotélica "de dar aos outros aquilo que lhe é devido", mas também aquela que o autor Michel Gasnier, em sua obra, José, o silencioso, define como: "*(a justiça)* é na verdade esse conjunto de perfeições que fazem com que o homem esteja totalmente de acordo com a lei de Deus, em harmonia completa com sua Vontade".

Mandamentos e Sacramentos. É assim que se verifica o sentido maior da justiça e sua relação com Deus e o direito, o que se dá pela observância da lei de Deus, pelos seus mandamentos, que se reflete, em nós mesmo, pela lei natural, a qual pela razão lúcida e límpida, se torna lei humana, inerente ao direito.

3. Exemplo de contradição jurisprudencial na esfera trabalhista propriamente dita – ativismo judicial

O CC/2002, que passou por ampla reforma, recepcionou o instituto da desconsideração da personalidade jurídica (art. 50), e, com devidas cautelas, mais recentemente, a partir da promulgação da Lei 13.874/2019 (Lei da Liberdade Econômica), aprimorou o art. 49-A[44] com a devida modificação ao art. 50.[45]

---

44. Art. 49-A e parágrafo único. A pessoa jurídica não se confunde com os seus sócios, associados, instituidores ou administradores e que a autonomia patrimonial das pessoas jurídicas é um instrumento lícito de alocação e segregação de riscos, estabelecido pela lei com a finalidade de estimular empreendimentos, para a geração de empregos, tributo, renda e inovação em benefício de todos.

45. Art. 50. em caso de abuso da personalidade jurídica, caracterizado pelo desvio de finalidade ou pela confusão patrimonial, pode o juiz, a requerimento da parte, ou do Ministério Público quando lhe couber intervir no processo, desconsiderá-la para que os efeitos de certas e determinadas relações de obrigações sejam estendidos aos bens particulares de administradores ou de sócios da pessoa jurídica beneficiados direta ou indiretamente pelo abuso, dispondo-se sobre o caráter do elemento da ação direta ou indireta do sujeito que realizou o ato ilícito ou fraudulento (Art. 50)

A explicitação doutrinária e histórica da regra geral da autonomia patrimonial, que é fundamental para o mercado brasileiro de negócios e de empreendedorismo, para que agentes, pessoas físicas, sócias ou administradoras da pessoa jurídica, pudessem (e possam) ter segregado o risco do seu patrimônio pessoal, em face da autonomia patrimonial da pessoa jurídica, conforme ensina Fábio Ulhoa Coelho:

> Em decorrência da autonomia patrimonial da pessoa jurídica, as obrigações desta não são, em princípio, imputáveis aos seus membros. Como já assentado, os integrantes da pessoa jurídica (os associados da associação, sócios da sociedade ou instituidor da fundação) não respondem, em regra, pelas obrigações desta, porque são sujeitos de direito distintos, autônomos, inconfundíveis.[46]

Entendeu-se que a autonomia patrimonial também não deve absoluta, sobretudo nos casos de fraude e de manipulação do negócio societário.[47]

Porém, uma corrente doutrinária referente ao instituto da desconsideração da personalidade jurídica adentrou, também, pelo direito positivo brasileiro, com a promulgação do CDC, que em seu parágrafo único do art. 28 dispôs que "*Também poderá ser desconsiderada a pessoa jurídica sempre que sua personalidade for, de alguma forma, obstáculo ao ressarcimento de prejuízos causados aos consumidores*",

---

46. COELHO, Fábio Ulhoa. *Curso de direito civil.* v. 1. 3. ed. São Paulo: Saraiva, 2010, p. 242.

47. O princípio da autonomia patrimonial pode ser manipulado na realização de fraudes, principalmente quando a pessoa jurídica é uma sociedade. [...]. Para evitar a manipulação fraudulenta da autonomia patrimonial das pessoas jurídicas, desenvolveu-se uma teoria que aperfeiçoa o instituto: a da desconsideração da personalidade jurídica. Sua sistematização deu-se em trabalho dos anos 1950 do jurista alemão Rolf Serick (1955). Segundo seu principal postulado, sempre que a autonomia patrimonial das pessoas jurídicas for manipulada para a realização de uma fraude, o juiz pode ignorá-la e imputar a obrigação diretamente à pessoa que procurou furtar-se aos seus deveres COELHO, Fábio Ulhoa. *Curso de direito civil.* v. 1. 3. ed. São Paulo: Saraiva, 2010, p. 243.

em total contrassenso sobre tudo o que é estabelecido pelo Código Civil de 2002, instituto jurídico apropriado para tratar sobre o tema.

O fato é que mesmo depois da promulgação do CC/2002, grande parte do judiciário trabalhista continua se utilizando das impropriedades do CDC sobre o tema para fazer justiça com as próprias mãos, o que é o mote do ativismo judicial.

Assim, o "encavalamento jurídico" fez surgir perante os tribunais brasileiros uma situação *sui generis* relacionada a duas teses relativas ao instituto da desconsideração da personalidade jurídica, o que os operadores de direito chamam de *teoria maior* (aquela diretamente relacionada ao cumprimento dos requisitos do CC/2002)[48] e *teoria me-*

---

48. [...] INSTAURAÇÃO DO INCIDENTE DE DESCONSIDERAÇÃO DA PERSONALIDADE JURÍDICA. Esclarecem os agravantes que [...] a Lei n. 13.874/2019 (Lei da Liberdade Econômica), alterou o artigo 50 do Código Civil no tocante à possibilidade de desconsideração da personalidade jurídica, sendo agora necessário que se comprove o desvio de finalidade ou confusão patrimonial por parte da Sociedade [...]. O juízo de origem julgou procedente o pedido de desconsideração da personalidade jurídica da reclamada sob o argumento de que: [...] Depreende-se, em face da ata de ID. d9082c1, que a 1ª executada é uma sociedade anônima de capital fechado. No cadastro na JUCEMG, consta que os manifestantes como sócios administradores da reclamada. A responsabilidade dos acionistas assemelha-se à dos sócios das empresas constituídas sob a modalidade por quotas de responsabilidade limitada [...] Dessa forma, é possível a desconsideração da personalidade jurídica da sociedade por ações para fins de garantia do crédito trabalhista, mormente se considerada a sua natureza alimentar. Não há óbice legal, portanto, para que sejam os sócios retro enumerados incluídos no polo passivo da execução, até porque não foram encontrados bens de propriedade da empresa executada para satisfazer o crédito exequendo (fls. 1066/1067). Examina-se. A posição da Turma é neste sentido: Essa d. Turma, até então, vinha adotando a utilização da Teoria Menor no âmbito juslaboral, com fulcro no artigo 769 da CLT, que permite a aplicação supletiva do CDC, entendendo pela sua compatibilidade com o arcabouço trabalhista, por se tratar de tutela ao hipossuficiente. Todavia, após as alterações legislativas promovidas pela Lei 13.467/2017, a maioria desta d. Turma passou a entender que não é mais cabível a observância da Teoria Menor nesta Especializada, pelo que revejo meu posicionamento anterior, passando a aderir a tal entendimento turmário majoritário. A Lei 13.467/2017, como cediço, alterou a CLT em diversos aspectos, dentre eles, com a inclusão de previsão expressa da necessidade de instauração do incidente de desconsideração da personalidade jurídica no processo do trabalho, conforme redação dada ao art. 855-A da CLT, determinando-se a aplicação subsidiária do procedimento previsto nos arts. 133 a 137 do CPC. Assim, passou a ser assegurado aos sócios e à pessoa jurídica o exercício da

nor (diretamente relacionada ao mero cumprimento dos requisitos do CDC).[49]

Exemplificadamente, o desrespeito aos limites da aplicação da desconsideração da personalidade jurídica, em

---

ampla defesa e do contraditório em caso de pedido de desconsideração da personalidade jurídica, inclusive permitindo a realização de dilação probatória. A determinação de adoção do referido procedimento, ao garantir o direito de defesa ao sócio, deixa clara a intenção do legislador em vedar a desconsideração da personalidade jurídica pelo mero inadimplemento da dívida pela empresa, como vinha sendo feito na esfera trabalhista, o que dispensaria qualquer produção de provas. Portanto, não é mais admissível a aplicação subsidiária da Teoria Menor da desconsideração da personalidade jurídica prevista no Código de Defesa do Consumidor ao processo do trabalho, eis que esta não se harmoniza com as novas regras procedimentais da CLT. Pelo exposto, para desconsideração da personalidade jurídica faz-se necessário o preenchimento dos pressupostos legais a autorizar a responsabilização dos sócios e administradores, conforme previsto no art. 50 do CC [...]. Assim, nos termos do dispositivo supracitado, exige-se prova de abuso da personalidade jurídica, caracterizado pelo desvio de finalidade ou pela confusão patrimonial para que seja autorizada a inclusão dos sócios na execução, o que não foi observado no caso em tela. Cediço que a personalidade da pessoa jurídica não se confunde com a de seus sócios e administradores, portanto, via de regra, não podem os bens pessoais destes serem atingidos por dívidas contraídas por aquela, sob pena de desvirtuar a própria natureza e autonomia da pessoa jurídica. A exceção é feita apenas nos casos de abuso da personalidade, como exposto, visando *(sic)* coibir tentativas de fraude e má-fé por parte dos integrantes da empresa. A autonomia da pessoa jurídica visa *(sic)* assegurar também os princípios constitucionais econômicos, garantindo a livre iniciativa, além do direito de propriedade, o que só reforça a conclusão de que a desconsideração da personalidade jurídica deve ser medida excepcional, não podendo atingir o patrimônio pessoal de sócios e administradores que tenham atuado com boa-fé na administração dos negócios, sem qualquer abuso ou intenção de lesar credores. No aspecto, o entendimento mais recente desta d. Turma se dá no sentido de que o mero inadimplemento da empresa Devedora não implica concluir pela culpa automática dos sócios. No caso em apreço não foi demonstrado e sequer alegado abuso da personalidade jurídica, caracterizado pelo desvio de finalidade ou pela confusão patrimonial, nos termos do artigo 50 do CC. [...]. Ante o exposto, dá-se provimento ao apelo para julgar improcedente o pedido de desconsideração da personalidade jurídica e determinar a exclusão dos sócios agravantes do polo passivo da execução. BRASIL. Tribunal Regional Federal da 3ª Região. Processo n. 0010404-55.2016.5.03.0030, Terceira Turma, Rel. Danilo Siqueira de C. Faria, j. 21-05-2021 (grifos nossos).

49. AGRAVO DE PETIÇÃO. DESCONSIDERAÇÃO DA PERSONALIDADE JURÍDICA. TEORIA MENOR. Na perspectiva da denominada "teoria menor", o mero descumprimento da legislação do trabalho, previamente reconhecida em sentença, independentemente da demonstração de fraude, autoriza a desconsideração da personalidade jurídica. BRASIL. Tribunal Regional do Trabalho da 1ª Regional, AP 0117084420145010021, Rel. Rildo Albuquerque Mousinho de Brito, 3ª Turma, Public. 16-06-2021 (grifos nossos).

última análise, trata-se de uma situação de desrespeito da segurança jurídica como um todo, como o desrespeito à observância dos princípios constitucionais e legais da livre-iniciativa, da justiça econômica e social e a função social da empresa, sob o manto do Estado Democrático de Direito.

4. Conclusão e solução

O desrespeito, mesmo que pontual à legislação aplicável vigente, no caso ora em tela, que trata da aplicação da desconsideração da personalidade jurídica, é uma violência ao corpo e ao arcabouço jurídico do direito como um todo. Isto porque, a doença de qualquer membro do corpo se trata da doença do corpo inteiro, o qual poderá levá-la à morte.

Em termos filosóficos, o direito, em sua mais sublime essência, deve voltar às suas raízes relacionadas às divisões de competência das instituições republicanas e ao respeito absoluto das leis, de caráter material e/ou processual, diante da soberania do Estado (o que se faz é o reconhecimento por força de lei), construído inicialmente pelas leis do direito natural, que brotam para um processo histórico estrutural de organização firmado pela razão para sociedades mais civilizadas, como aconteceu no Ocidente, afastando a tendência corrosiva do ativismo judicial.

Tecnicamente, os sócios das sociedades limitadas detêm, em tese, uma vez integralizado todo o capital social em uma sociedade limitada ou anônima, sua responsabilidade patrimonial (relacionada à sua pessoa física) limitada ao capital social da respectiva sociedade. Esse instituto não foi criado para beneficiar o sócio, mas como impulsionador, para empreendedores e instituidores, das mais diversas escalas, possam cumprir com a parcela que lhes cabem nos princípios de justiça social do Estado, conforme preconizada pela CF/1988, gerando e circulando riqueza, tributos e empregos para a sociedade civil organizada como um todo.

Porém, esse elemento fulcral do direito societário, pelo ativismo judicial, inclusive pela relativização da linguagem e do processo de hermenêutica das normas, nem sempre vem sendo respeitado nas esferas do Poder Judiciário, sobretudo no âmbito trabalhista, o que impede (ou pelo menos deixa mais tímido) empreendedores e investidores de projetarem seus investimentos de forma segura em termos jurídicos, criando um ambiente no mercado brasileiro de insegurança jurídica, o que não acontece nas outras duas esferas do direito aqui mencionadas, quais sejam, o direito tributário e o direito falimentar, o que, repita-se, é um contrassenso para estrutura una, completa e integral do direito.

Como solução, o que deveríamos almejar, então do judiciário, principalmente, dos superiores tribunais?

Utilizemos de um conceito básico de *Compliance* e de um ensinamento de um santo da Igreja Católica, os quais se complementam para mesma ideia de difusão de conhecimento e de valores para toda a sociedade civil organizada.

Sobre o instituto e a matéria de *Compliance,*[50] o princípio norteador que trago à baila é o *Tone From the Top*.

O princípio expressa, em breve síntese, que a alta administração de uma empresa deve estar integral e

---

50. *Compliance* – A Excelência na Prática – Wagner Giovanini – p.20 – *Compliance* é um termo oriundo do verbo inglês "*to comply*", significando cumprir, satisfazer ou realizar ação imposta. Não há tradução correspondente para o português. Embora algumas palavras tendam a aproximar-se de uma possível tradução, como, por exemplo, observância, submissão, complacência ou conformidade, tais termos podem soar díspares. *Compliance* refere-se ao cumprimento rigoroso das regras das leis ou dentro ou fora das empresas. No mundo corporativo, *Compliance* está ligado a estar em conformidade com as leis e regulamentos internos à organização. E, cada vez mais, vai além do simples atendimento à legislação, busca consonância aos princípios da empresa, alcançando a ética, a moral, a honestidade e a transparência, não só na condução dos negócios, mas em todas atitudes das pessoas.

completamente envolvida com os valores de integridade e de combate à corrupção para que, não só pelo exemplo, mas pela ação direta de seus atos profissionais corporativos, a alta administração demonstre, para todos os colaboradores da entidade jurídica, a conformidade e o envolvimento institucional da empresa com os valores altamente éticos do instituto e da matéria de *Compliance*.

Paralelamente a isto, sobre a menção do Santo da Igreja Católica realizada acima, Fidel Gómez,[51] sacerdote que viveu com São Josemaria Escrivá, recorda a seguinte passagem com referido santo:

> Comentávamos um acontecimento que agora não me lembro, e ele falou-me da necessidade de fazer apostolado também com os intelectuais, porque, acrescentou, "são como montanhas cobertas de neve: quando a neve derrete, a água desce e faz com os vales frutificarem.

Assim, utilizando-se da relação do *Compliance* com a metáfora do Santo Católico, o alto escalão da administração das empresas são o vale, e os estudiosos e gestores de *Compliance* são a montanha, de onde os seus conhecimentos técnicos, éticos e até morais sofrem o derretimento para adentrar na terra do vale (alta administração) para que a terra frutifique, não somente em termos financeiros e operacionais, mas também com os valores de *Compliance*, para o bem da empresa e dos *stakeholders*.

Vamos trazer nossa metáfora para o sistema jurídico brasileiro.

Quem são as montanhas e os vales, em matéria de Direito, com base na instituição do princípio de *Compliance Tone - from the Top* para alta administração judicial do Estado de Direito?

---

51. Disponível em: https://opusdei.org/pt-br/article/rua-larra/

Poderíamos dizer que "alta administração", então, do Poder Judiciário compete ao Superior Tribunal de Justiça em matéria de lei ordinária e ao Superior Tribunal Federal em matéria constitucional, para zelar, sempre, dentro dos princípios perseguidos e constituídos do Direito, pela segurança jurídica do Estado de Direito. Os tribunais superiores deveriam ser parte muito importante do topo da montanha, haja vista inclusive os requisitos necessários para que os ministros possam ser escolhidos;[52] de onde, então, os seus conhecimentos filosóficos e teleológicos jurídicos sofreriam o derretimento para adentrar na terra do vale (para instâncias menores do judiciário e para demais operadores do direito) para que a terra frutificasse na consolidação expressa prática do verdadeiro significado do que é o Direito e de sua aplicabilidade. Não percamos a esperança!!!

Referências

AQUINO, Tomás. *Suma Teológica*, v. IV, 2. ed. Escola Superior de Teologia São Lourenço de Brindes, Porto Alegre, 1980.

BARZOTTO, Luis Fernando. *Teoria geral do direito*. Porto Alegre: Livraria do Advogado, 2017.

_____. *Filosofia do direito* – os conceitos fundamentais e a tradição jusnaturalista. Porto Alegre: Livraria do Advogado, 2010.

COELHO, Fábio Ulhoa. *Curso de direito civil*. v. 1. 3. ed. São Paulo: Saraiva, 2010.

_____. *Curso de direito civil*. v. 2. 4. ed. São Paulo: Saraiva, 2010.

52. Art. 101. O Supremo Tribunal Federal compõe-se de onze Ministros, escolhidos dentre cidadãos com mais de trinta e cinco e menos de sessenta e cinco anos de idade, de notável saber jurídico e reputação ilibada.

_____. *Curso de direito comercial.* v. 2. 11. ed. São Paulo: Saraiva, 2008.

FERRAZ JUNIOR, Tercio Sampaio. *Introdução ao estudo do direito:* técnica, decisão, dominação. 4. ed. São Paulo: Atlas, 2003.

_____. *A legitimidade na Constituição de 1988.* 4. ed. São Paulo: Atlas, 1989.

FESSER, Edward. *Five proof of existence of God.* The Aristotelian Proof. São Francisco (EUA), Ignatius Press, 2017.

FINNIS, John. *Lei natural e direito natural.* São Leopoldo: Unisinos, 2006.

GASNIER, Michel. *José o Silencioso.* São Paulo. Quadrante. 2020

KANT, Immanuel. *Fundamentação da metafísica dos costumes.* Portugal: Almedina/Edições 70, 2007.

KELSEN, Hans. *Teoria pura do direito.* São Paulo. Martins Fontes. 6ª Edição. 1998.

_____. *La dottrina pura del diritto.* Trad. italiana Mario Losano. Turim: Einaudi, 1990.

_____. *General theory.* Cambrigde, Harvard University, 1949.

KEMPIS, Tomás de. *Imitação de Cristo.* 2. ed. Petrópolis: Vozes, 2011.

MONTESQUIEU. *O Espírito das Leis.* Trad. Cristina Murachco. 2. ed. São Paulo: Martins Fontes, 2000.

O ESTADO DE S. PAULO. Bancos querem responsabilizar acionistas da Americana. 26 jan. 2023. Disponível em: https://www.estadao.com.br/economia/negocios/americanas-bancos-responsabilizacao/. Acesso em: 06 mar. 2023.

O ESTADO DE S.PAULO. O necessário silêncio dos juízes – Alexandre de Moraes voltou a falar de casos sob sua jurisdição – alguns deles que correm em segredo de Justiça. Juiz fala apenas nos autos. O país precisa de um STF eficiente e discreto, Editorial. 6 fev. 2023. Disponível em: https://www.estadao.com.br/opiniao/o-necessario-silencio-dos-juizes/. Acesso em: 01 mar. 2023.

RAWLS, John. Uma teoria da justiça. Trad. Jussara Simões. 4. ed. São Paulo: Martins Fontes, 2016.

SANTOS, Maria Celeste Cordeiro Leite dos. *O novo Código de Processo Civil brasileiro, um enigma a ser decifrado* – percepções cognitivas na interpretação da norma. São Paulo: Max Limonad, 2016.

STRAUSS, Leo. *Natural rights and history.* Chicago: University of Chicago Press, 1953.

TRESE, Leo J. *A Fé Explicada.* São Paulo. Quadrante. 2014.

O CONTEÚDO JURÍDICO DA SUBSIDIARIEDADE: DO PRINCÍPIO DE DIREITO NATURAL A UMA TEORIA DO CONTROLE DO DIREITO POSITIVO

João Vitor Lozano Jeronymo[1]

Matheus Perez Toniolli[2]

Resumo: No presente artigo, atendo-se à subsidiariedade, percorreu-se um verdadeiro itinerário que envolveu desde os fundamentos do direito, os princípios do direito natural, explicitados na Doutrina Social da Igreja, até a sua positivação e condições de sua devida aplicação no direito brasileiro. Enfim, partiu-se do princípio de direito natural a uma teoria do controle do direito positivo, notadamente a partir da subsidiariedade enquanto postulado.

---

1. Bacharel em Direito pela PUC/SP, pós-graduando em Direito Tributário pelo IBET e membro da UJUCASP.

2. Bacharel em Direito pela PUC/SP, pós-graduando em Direito Tributário pelo IBDT e membro da UJUCASP.

Palavras-chave: Princípio da subsidiariedade – direito natural – doutrina social da Igreja –jusnaturalismo clássico – federalismo – liberdade econômica – postulado da subsidiariedade.

1. Introdução

No contexto contemporâneo, vemos uma grande crise nos Estados de Direito. Acumulam-se notícias de golpes, perseguições, opressões de nações por seus próprios governos, e, quando achamos que os periódicos já não nos podem surpreender, despontam relatos de abuso da força pelos poderes constituídos. A disrupção social parece ser especialmente efervescente nas sociedades atuais.

Com o advento da modernidade, o Iluminismo, que pretendia abolir as ditas *trevas* do Absolutismo, acabou por desvencilhar o Estado dos limites do direito natural para vinculá-lo a princípios abstratos, os quais, no mais das vezes, servem não ao bem comum da nação, mas sim aos interesses escusos de elites cleptocráticas e das ideologias totalitárias e pseudodemocráticas.

Em que pese todos os tempos hajam padecido de suas próprias moléstias (não se pretende promover aqui uma espécie de saudosismo romântico), o governante estava amarrado à viga da moral e do direito natural, tido como fundamento e finalidade do direito. Aliás, o Estado, enquanto termo final da convivência política, estava também ligado aos interesses dos grupos menores que o formavam, vale dizer, todos os grupos sociais de diferentes amplitudes e finalidades, as empresas, os sindicatos, as agremiações profissionais, a Igreja, até chegar à célula *mater* da sociedade: a família.

Em função desse modo de organização, que variava conforme cada sociedade política, valendo citar os concelhos, os *fueros* e as cortes medievais, obtinha-se respeito à pluralidade e autonomia locais, ao mesmo tempo em que se promovia a coesão social e a busca do bem comum das nações. Isso só ocorreu porque esses grupos menores, os chamados grupos intermediários, gozavam de representação não apenas *no* poder e *pelo* poder, mas também *perante* o poder, consoante arguta distinção do professor José Pedro Galvão de Sousa.[3]

De tal sorte, os órgãos representativos, no contexto da arquitetura política do modelo de representação tradicional, serviam de liame entre a sociedade e o poder, sintonizando os múltiplos interesses dos governados com a ação dos governantes, sendo função da autoridade governante detentora do poder coordenar os anseios sociais diversos em direção do bem comum de toda sociedade (SOUSA, 2022, p. 42).

Por outro lado, uma vez que a busca pelo direito natural e pelo bem comum autênticos foram trocados pelas ideologias políticas, e o modelo grupal de representação, pelo modelo moderno individualista de representação, o Estado está muitas vezes ligado a interesses alheios ao da sociedade.

Não se pretende, entretanto, empreender aqui uma análise comparativa entre os modelos de representação moderno e tradicional, mas tão somente apontar para uma qualidade que pode ser muito bem aprendida com o último, qual seja, o respeito às autonomias e à pluralidade dos grupos do tecido social, a fim de que seja promovido o bem comum autêntico e a unidade no contexto de uma sociedade plural.

Ora, para que isso seja realizado, longo trabalho deve ser empreendido com vistas à concretização de um princípio, o qual, malgrado sua grande importância, carece de investigações sobre a sua aplicabilidade no direito brasileiro. Esse princípio ou alicerce da ordem social é a subsidiariedade, objeto do presente artigo.

3. A propósito, sobre teoria da representação e uma comparação jurídica, histórica e filosófica sobre os modelos de representação tradicional e moderno cf. *Da Representação Política* do autor citado.

Antes de adentrar o assunto, convém ressaltar que a ordem social terrena não pode estar apartada da ordem espiritual. Por isso, o Estado precisa do auxílio da Igreja, a qual, enquanto *Mater et Magistra* de todos os povos (JOÃO XXIII, 1961), é única capaz de interpretar verdadeiramente a moral e a natureza humana, para proporcionar ao homem o modo de vida autêntico que o leve à felicidade temporal e à felicidade eterna.

Dentre os princípios elencados pela Doutrina Social da Igreja (DSI) está o de subsidiariedade, que consiste no respeito a cada um dos grupos intermediários que compõem o Estado, do menor ao maior, considerando sua autonomia, seu âmbito de competência e seus limites objetivamente estabelecidos conforme a natureza das coisas.

Dada a importância do tema, causa espanto que tão importante princípio seja ainda parcamente tratado pela literatura jurídica pátria, aparecendo de modo incipiente na jurisprudência dos tribunais brasileiros. Tendo isso em vista, o presente artigo pretende contribuir com a matéria levantando suas potencialidades pouco exploradas, uma vez que:

> A ausência de estudos sobre o assunto, impede as reflexões sobre todas as potencialidades do princípio de subsidiariedade. Esse princípio deve ser entendido em sua visão ampla, com vinculação com as noções de justiça, de regulação, bem como com as grandes questões inerentes às finalidades e funções do direito (BARACHO, 1995, p. 41-2).

Em síntese, inicia-se a investigação sobre o assunto posto em suas bases filosóficas e políticas (tópicos 1 e 2), passando pela filosofia do direito, a teoria do Estado e a Doutrina Social da Igreja, a fim de penetrar a essência do direito[4] e encontrar lá o princípio da subsidiariedade.

---

4. Sobre o que se pretende qualificar como essência do direito: "A fenomenologia husserliana constitui um método de apreensão imediata das essências absolutas. A intuição eidética, através da qual opera, despreza as particularidades e as

Em uma segunda etapa (tópicos 3, 4 e 5), trata-se do campo próprio da existência do direito, vale dizer, o direito e a subsidiariedade no campo de sua positivação. Assim, analisa-se o ordenamento jurídico brasileiro e a jurisprudência sobre a subsidiariedade, demonstrando que, consoante a teoria do professor Humberto Ávila, pressuposto basilar para esse trabalho, a subsidiariedade, enquanto norma jurídica, pode ser vista de maneira multidimensional, a saber: enquanto regra, princípio e postulado.

Por fim, em um último momento, pretende-se demonstrar que o tratamento da subsidiariedade enquanto postulado favorece a consolidação de uma teoria do controle do direito e do Estado. Assim, representa mais um passo para a aplicação do direito em conformidade com o direito natural e com a promoção da justiça.

2. A pessoa e o Estado

Preliminarmente, há duas premissas fundamentais sobre a natureza humana imprescindíveis para o presente trabalho. Em primeiro lugar, o homem, por ter inscrita no seu coração a lei natural, tem como o fim de sua atividade sempre o bem. Em segundo lugar, é próprio do ser humano a convivência em sociedade, característica que Aristóteles acreditava estar relacionada à natureza humana, daí a definição clássica do homem como *zoon politikon*.[5]

> Nem se creia que só na inteligência em que nasce atualmente o homem se funda a razão de ser da sociedade política; ela nasce de sua inata condição social de criatura inteligente e livre, de

localizações dos seres. Importam-lhe, tão somente, as essências puras. Na Teoria Geral do Direito, a essência do Direito. A apreensão dos princípios gerais de Direito evidencia-nos critérios ou juízos de valor, pré-existentes à elaboração normativa. Afirma-se, pois, a essencialidade axiológica do Direito" (VASCONCELOS, 1978, p. 195).

5. *O homem é realmente, por instinto, um animal social* (Ética a Eudemo, VII, c.I, 1242 A 23-26; Ética a Nicômaco, VIII, c. XIV, 1162 a, 17-27).

> modo que, como explica Santo Tomás (S. Th., I, q. 96, 4, 1), "mesmo no estado de inocência os homens teriam vivido socialmente", e "haveria quem exercesse mando sobre os outros".
>
> De tudo isso segue que a sociedade política é um produto natural, ou seja, exigido pelos impulsos sociais que estão depositados em todo homem. Logo, Deus, autor da natureza humana, é autor da sociedade política (MEINVIELLE, 2020, p. 61).

Na mesma toada, pode-se dizer, fazendo eco aos ensinamentos de Régis Jolivet, que as pessoas compartilham uma "necessidade irresistível de reunir-se", para atuarem em conjunto, apresentando uma *tendência espontânea* a criarem hierarquia e uma ordem, na qual alguns homens desempenham o papel de *chefes* (JOLIVET, 1966, p. 413) nos mais diversos grupos.

> Configura-se, assim, um princípio de filosofia social e política que deita raízes na natureza humana (o homem, além de racional e livre, é um ser social) e na natureza da sociedade (a sociedade é constituída de sociedades) (SOUSA *et al.*, 1998, p. 510).

Assim, o homem, em vista do seu bem e dos que estão ao seu redor, passa a formar agremiações sociais cada vez mais complexas, na medida de suas necessidades e finalidades em comum, até a formação dos Estados. Destarte, o processo de socialização humana, do grupo mais simples ao mais complexo, pode ser explicado da seguinte maneira:

> Poder-se-ia comparar a sociedade política ou civil a uma grande pirâmide. Em sua base está a multiplicidade de famílias e no ápice o Estado, passando pela gama variada e multiforme das associações ou sociedades de diversos tipos, dos municípios, províncias e comunidades regionais. No plano mais vasto das relações entre os Estados, estende-se a comunidade das Nações. (SOUSA, 1967, p. 13-4).

2.1 O Estado de direito, direito natural e subsidiariedade

Temos até aqui que o Estado é fruto da convivência social humana, e, sendo o termo final da convivência, no âmbito nacional, não pode prescindir dos grupos intermediários que o compõem. Essa constatação, por sua vez, nos leva a outra: a de que deve haver uma relação de *justiça* entre o Estado e os corpos intermediários.

Assim, à medida que é próprio da virtude da justiça dar a cada um o que é seu (*suum cuique tribuere*), deve o Estado respeitar a autonomia dos grupos intermediários nas atividades que lhes competem, e deve intervir para garantir as suas necessidades quando não conseguem agir por si mesmos.

Percebe-se, por conseguinte, que a subsidiariedade é corolário da própria justiça aplicada ao tecido social, de modo que se pode afirmar que, independentemente de estar ou não expressamente positivada, a noção de subsidiariedade decorre da lei e do direito natural. Convém, para demonstrar essa última afirmação, explicar antes o que aqui se entende por lei e direito natural.

Preliminarmente, o direito natural é decorrente da lei natural. Por sua vez, a lei natural pode ser definida como a participação da lei eterna no homem. Enquanto a lei eterna corresponde à ordem de todo o cosmos, a lei natural pode ser reduzida ao primeiro princípio da moral: *bonum faciendum, malum vitandum* – é preciso buscar o bem e fugir ao mal. É, portanto, regra que engloba não propriamente preceitos jurídicos, mas todas as virtudes morais humanas (SOUSA, 2021, p. 25).

Nesse contexto, a lei natural inclui toda a ética, regula toda conduta do homem, inclusive o seu aspecto social, pois é também elemento da natureza humana a vida em sociedade. Ora, a vida social envolve também a justiça em sentido estrito no que se refere à distribuição de bens, sendo os princípios específicos da justiça dar a cada um o que lhe é devido, *suum cuique tribuere*; e não lesar outrem, *neminem laedere* (MONTORO, 2016, p. 310).

A definição da palavra *direito*, na linha do que dispõe Aristóteles, é objeto da justiça (*To Dikaion*), vale dizer, a coisa justa (VILLEY, 2014, p. 115). É, portanto, sobre esse aspecto específico da lei natural – deveres de justiça e moral social – que versa o direito natural, incluindo a lei natural os primeiros princípios e tudo o mais em matéria ética (SOUSA, 2021, p. 25).

Assim, deve-se fazer uma distinção entre os primeiros princípios da lei natural, que são eternos e imutáveis; e os princípios secundários, resultantes de sua aplicação analógica, os quais são mutáveis conforme o tempo e a sociedade. Contudo, para fins do presente trabalho, seguindo a tradição tomista, basta considerar que o direito natural é mutável, ao passo que os seus primeiros princípios são imutáveis.[6]

De todo modo, é em razão não do poder arbitrário dos povos, porém em função de concretizar o bem comum em cada sociedade concreta, que a autoridade competente em cada sociedade possui o poder de editar leis:

> Pois elas [as leis positivas] só são autênticas quando, por esse canal [a lei natural], se abeberam na fonte, na lei eterna. Mas derivação não significa absolutamente dedução. Visto que as leis

---

6. Na avaliação do jusfilósofo argentino Renato Rabbi-Baldi Cabanillas, comentando a obra de Michel Villey: "Villey mesmo – talvez para calar as suspeitas que alguns de seus textos levantaram com relação à sua genuína filosofia – acerta, segundo creio, na glosa desta página também fundamental, quando – em consonância com a melhor tradição das fontes às que se remete – recorda que, embora os direitos são mutáveis [e isto vale tanto para os naturais como para os positivos], em sua mutação existem razões imutáveis (*rationes rerum mutabilium sunt immobiles*) [e isto vale, exclusivamente, para o direito natural]. Trata-se, pois, dessas razões que garantem o indisponível (o direito "justo"; o último resquício de racionalidade), mesmo quando razões não menos contundentes e da mesma índole daquela autorizem, em certos casos, uma exceção à regra" (CABANILLAS, 2008, p. 468).

> humanas têm o objetivo de formular e pôr em prática a lei natural, lutar contra os vícios e seguir as virtudes (qu. 96, art. 2 e 3), e visto que a ação se desenrola no tempo, é preciso preenchê-las com um conteúdo "próprio", apropriado às circunstâncias de tempo e lugar (VILLEY, 2014, p. 95).

Recorda o professor Ricardo Dip que "o ambiente da justiça é o da convivência social: justo, disse Aristóteles, (...), é o suscetível de criar ou salvaguardar, no todo ou em parte, a felicidade da comunidade política" (DIP, 2020, p. 117). Isso na medida em que a "justiça legal inclui todas as virtudes, já que a sua conveniência é útil aos outros", como comenta Santo Tomás de Aquino sobre o Estagirita (AQUINO, 2012, p. 27).

> A justiça é a virtude da ordem justa e, portanto, da ordem social. Nesse sentido, é uma virtude com finalidade *social*. O que se quer dizer com isso? Fundamentalmente se quer dizer que, embora seja uma virtude pessoal, seu objetivo direto – e portanto a origem de seu caráter virtuoso – é a correta relação de cada pessoa ou instituição com o seu. O fim da ação da virtude da justiça não é a subjetividade do eu ou do outro, e sim a objetividade da ordem justa. Se a justiça é virtude, é enquanto a ordem justa é um bem humano, ou seja, corresponde à ordem da pessoa humana e à ordem da sociedade, a qual é expansão natural de uma dimensão da pessoa humana; por consequência, a ordem justa pertence à esfera da realização – aperfeiçoamento pessoal – da pessoa. Do que foi dito, conclui-se que a *intencionalidade* da justiça – aquilo a que se dirige – não consiste no bem subjetivo próprio ou alheio, e sim no bem objetivo que representa a ordem justa. Daí que a retidão da justiça e da ação justa seja medida pela consecução efetiva da ordem justa (HERVADA, 2008, p. 98-9).

Se a justiça, que tem por objeto o direito natural, não informar o direito positivo, "não existiria direito, mas só a arbitrariedade, porque sem crimes não existiriam homens justos", uma vez que aquele é "a realização do bem devido a outrem e a evasão do mal nocivo a outrem", *secundum fontem legis nature*, isto é, Deus (DIP, 2020, p. 118-9).

Pelo que se expressou até agora, percebe-se que a noção de lei natural apresentada diverge radicalmente dos postulados da corrente do chamado direito natural moderno defendida por pensadores iluministas como Hugo Grócio, Hobbes, Locke, Kant e Pufendorf.

Isso ocorre porque a corrente exposta até o momento é a do direito natural clássico, muito diferente das chamadas escolas de direito natural moderno ou racionalista. Inclusive, foi devido ao apriorismo ingênuo e imobilista do direito natural moderno que o conceito de direito natural caiu em descrédito no século XIX, dando lugar ao positivismo jurídico (MONTORO, 2016, p. 322).

Percebe-se, pois, que a maior divergência reside no fato de que o direito natural clássico busca o direito natural na realidade histórica e social concreta do homem sob um referencial imutável, a lei natural em seus primeiros princípios. A lei natural, portanto, pela aplicação de seus princípios de modo analógico, deve adequar-se às circunstâncias no que for variável.[7] Por isso, o direito natural moderno deve ser rejeitado consoante a seguinte lição de André Franco Montoro:

> Além disso, essa doutrina [do direito natural racionalista ou abstrato] é inaceitável do ponto de vista filosófico. Primeiro, porque desconhece o verdadeiro caráter da natureza humana, que é na realidade profundamente variável. Segundo, porque adota métodos aprioristas e dedutivos no estudo de matéria que só pode ser conhecida por observação e experiência (MONTORO, 2016, p. 322).

7. Sobre a aplicação variável dos preceitos da lei natural e suas razões vale a pena citar também Franco Montoro: "Mas, quanto aos preceitos secundários [da lei natural], a situação é diferente: à medida que se distanciam dos primeiros princípios, eles são cada vez mais contingentes e variáveis. Essa variação pode ocorrer em virtude do processo natural à razão de caminhar do imperfeito para o perfeito, por uma decadência dos costumes ou simplesmente pela diversidade e variação de condições do meio social" (MONTORO, 2016, p. 310).

Desse modo, quando se afirma que a subsidiariedade é decorrência da lei e do direito natural, não se pretende tomá-la como um dado *a priori* de uma natureza humana imutável e abstratamente considerada.

Ao contrário, o que se constata pela experiência histórica é que, invariavelmente, o ser humano sempre vive em uma sociedade, e as sociedades sempre envolvem relações entre os mais diversos grupos, esses com amplitude e esferas de atuação diferentes, o que demanda respeito pelas ordens sociais mais amplas, e intervenção dos grupos maiores nos grupos menores quando necessário. Conclui-se, pois, que *a subsidiariedade participa dos primeiros princípios imutáveis do direito natural.*

Por outro lado, é também um fato que, conforme o tempo e a sociedade específica em análise, os tipos de grupos e as suas relações foram e continuam sendo muito variáveis. Assim, uma coisa é o princípio da subsidiariedade na União Europeia, outra nos Estados que dela fazem parte, outra nos Estados Unidos da América e outra no Brasil. No entanto, é pela aplicação analógica da subsidiariedade às situações concretas que se obtém a subsidiariedade de cada povo.

Tendo isso em vista, deve-se concluir que parte do princípio da subsidiariedade, enquanto parte do direito natural, é também mutável, malgrado em sua mutabilidade conserve razões imutáveis, as quais constituem o cerne ou essência da subsidiariedade.

Deve-se ainda advertir que, quando se fala em direito natural, a perspectiva teórica deve ser não somente descritiva, como pretensamente fazem os autores positivistas e realistas, mas também avaliativa, de modo que se distingue o bom direito, o adequado (ou mais adequado) ao direito natural, do mau direito, enquanto não adequado (ou menos adequado) ao direito natural. Isso ocorre porque a teoria do direito natural clássico não parte de um significado dicionarístico de direito, mas da busca do direito a partir de um tipo ideal ou do *focal meaning* (FINNIS, 2011, p. 9).

Outro aspecto importante para se ter em mente ao considerar a subsidiariedade como preceito do direito natural, é considerar que, para além de estar consagrada no direito natural objetivo (*norma agendi*), há um direito natural subjetivo (*facultas agendi*) de subsidiariedade dos grupos intermediários de cada sociedade, que merece reconhecimento e proteção por meio do direito positivo.[8]

Portanto, é estritamente correto dizer que o Estado não informado pelo direito natural não é verdadeiramente um Estado de direito e, no mais, não pode atingir a sua finalidade: o bem comum. Assim, a violação dos corpos intermediários de uma sociedade pelo Estado é um dos sinais que apontam o tenebroso caminho escolhido pelo governante, que gradualmente coloca meios para vilipendiar a dignidade humana.

> Abolição dos corpos intermediários entre os indivíduos e o Estado, bem como dos privilégios que são elementos inerentes a cada corpo social. Por mais que a Revolução odeie o absolutismo régio, odeia mais ainda os corpos intermediários e a monarquia orgânica medieval. É que o absolutismo monárquico tende a pôr os súditos, mesmo os mais categorizados, num nível de recíproca igualdade, numa situação diminuída que já prenuncia a aniquilação do indivíduo e o anonimato que chegam ao auge nas grandes concentrações urbanas da sociedade socialista. Entre os grupos intermediários a serem abolidos, ocupa o primeiro lugar a família. Enquanto não consegue extingui-la, a Revolução procura reduzi-la, mutilá-la e vilipendiá-la de todos os modos (OLIVEIRA, 2022, p. 69).

8. Nesse sentido, os conceitos de direito objetivo (*norma agendi*) e subjetivo (*facultas agendi*), empregados corriqueiramente para descrever realidades do direito objetivo, foram aplicados por José Pedro Galvão de Sousa ao direito natural em seu livro *Direito Natural, Direito positivo e Estado de Direito*.

2.2 A Doutrina Social da Igreja e a Subsidiariedade

A DSI abarca os documentos papais que tratam de problemas correntes enfrentados pela sociedade, analisando as discussões em voga e propondo soluções à luz da Revelação. Na DSI, são resumidas as lições magisteriais em princípios e diretrizes, propostos à sociedade como meios de se atingir a paz social e a salvação dos homens.

Como visto, o homem tende a se associar em grupos cada vez maiores e complexos, até a formação do Estado. A formação gradual dos organismos ocorre na medida em que um grupo menor não consegue alcançar determinados fins, resultando numa franquia de parte do poder originado no menor dos grupos, a família, ao maior, o Estado. A isso, dá-se o nome de subsidiariedade, um dos princípios mais *constantes e característicos* da DSI.[9]

> É impossível promover a dignidade da pessoa sem que se cuide da família, dos grupos, das associações, das realidades territoriais locais, em outras palavras, daquelas expressões agregativas de tipo econômico, social, cultural, desportivo, recreativo, profissional, político, às quais as pessoas dão vida espontaneamente e que lhes tornam possível um efetivo crescimento social (Pontifício Conselho «Justiça e Paz», 2011, p. 111).

O direito de associação gera um direito de autogoverno da sociedade formada, na medida de suas capacidades e de suas relações com outras agremiações, construindo um tecido social agregativo na sociedade civil.

As ordens superiores tem a responsabilidade de auxiliar e subsidiar (*subsidium*) as ordens menores ante o processo orgânico da formação de toda a sociedade e a franquia do poder que lhe fora transmitido: uma sociedade maior

---

9. Cf. Pontifício Conselho "Justiça e Paz". (2011). *Compêndio da doutrina social da Igreja* (7ª ed.). Paulinas.

deve respeitar a menor, não excedendo os limites do poder que lhe fora franqueado. Ensina o professor José Pedro:

> Como é inerente ao homem o direito natural de se associar, daí decorre também um direito próprio dos grupos sociais de se autorregulamentarem, autorregerem, autoadministrarem para a realização dos seus fins. Desta forma, a sociedade política, ao se organizar, não só não pode ignorar como deve respeitar essas autonomias sociais, quando vem a estabelecer normas e mecanismos adequados a conferir uma unidade de ordem à multivariedade dos agrupamentos (SOUSA *et al.*, 1998, p. 510).

Nesse contexto, vale ressaltar que a ideia encerrada no conceito de subsidiariedade já se encontrava na pena de muitos filósofos, citando-se, a título de exemplo, Platão, Aristóteles, Santo Agostinho, São Tomás de Aquino e João Althusius, porém a primeira formulação da subsidiariedade como princípio de filosofia social ocorreu na Doutrina Social da Igreja, no que estão de acordo Paulo Mohn (MOHN, 2015, p. 2), Amauri Feres Saad (SAAD, 2020, p. 27) e José Alfredo Baracho (BARACHO, 1995, p. 37). Isso se deu explicitamente pela primeira vez na encíclica social *Quadragesimo Anno* de 1931.

Assim, contra os perigos do abuso de poder por parte do Estado, a maior das agremiações e a que mais facilmente ultrapassa os limites, o Papa Pio XI, de saudosa memória, já afirmava naquela encíclica:

> É injusto subtrair aos indivíduos o que eles podem efetuar com a própria iniciativa e indústria, para o confiar à coletividade, do mesmo modo passar para uma sociedade maior e mais elevada o que sociedades menores e inferiores podiam conseguir, é uma injustiça, um grave dano e perturbação da boa ordem social. O fim natural da sociedade e da sua ação é coadjuvar os seus membros, não destruí-los nem absorvê-los.
>
> Deixe, pois, a autoridade pública ao cuidado de associações inferiores aqueles negócios de menor importância, que a absorveriam demasiado; poderá então desempenhar mais livre, enérgica e eficazmente o que só a ela compete, porque só ela o pode fazer:

> dirigir, vigiar, urgir e reprimir, conforme os casos e a necessidade requeiram. Persuadam-se todos os que governam: quanto mais perfeita ordem hierárquica reinar entre as várias agremiações, segundo este princípio da função "supletiva" dos poderes públicos, tanto maior influência e autoridade terão estes, tanto mais feliz e lisonjeiro será o estado da nação (PIO XI, 1931, §§ n. 78-79).

Além da *Quadragesimo Anno*, pode-se afirmar que o princípio da subsidiariedade já estava presente na encíclica *Rerum Novarum* (1891), sendo também importante ressaltar sua reiteração contínua no magistério, valendo aqui citar as encíclicas *Mater et Magistra* (1961), *Pacem in Terris* (1963), ambas de S. João XXIII, *Centesimus Annus* (1991), de S. João Paulo II, *Deus caritas est* (2005), do Papa Bento XVI, e, por último, na encíclica *Fratelli Tutti* (2020), do Papa Francisco.

Desse modo, o Estado que busque o verdadeiro bem comum, isto é, alinhado com o direito natural, não pode furtar-se a observar esse princípio, por revelar-se um fruto de uma sociedade funcionalmente saudável. Deve, pois, integrar a primeira linha de defesa de cada um dos corpos intermediários que o compõem.

Isto demonstra, *data venia*, a visão equivocada daqueles que, como faz o professor Gilberto Bercovici, relacionam o princípio da subsidiariedade com o autoritarismo e neoliberalismo, quando o que ocorre é diametralmente o oposto. Em seu artigo,[10] o professor relaciona o princípio somente com sua decorrência prática na seara econômica, como uma espécie de catalisador de "propostas liberais e neoliberais", tendo sido positivado pela primeira vez nos ordenamentos pelos movimentos fascistas italiano e espanhol.

Para além da inconsistente tentativa de relacionar fascismo e liberalismo, a subsidiariedade não se coaduna com qualquer "discurso ideológico sobre o Estado ineficiente,

---

10. Disponível em: https://www.conjur.com.br/2015-nov-08/estado-economia-principio-subsidiariedade-autoritarismo. Acesso em: 7 maio 2023.

incapaz". Pelo contrário, busca fortalecer as relações orgânicas entre as células da sociedade, distribuindo a cada qual, e na justa medida, o protagonismo que lhes são cabíveis.

Em verdade, a subsidiariedade, muito mais que um mero limitador do Estado economicamente interventor, é o fundamento da liberdade dos membros da sociedade e indispensável elemento para a garantia do bem comum. No mais, quando os grupos menores não conseguem suprir as suas necessidades, é a própria aplicação do princípio da subsidiariedade que vem requerer a atuação dos grupos maiores e, em última análise, se necessário, do Estado.

Nesse sentido, o chamado Estado subsidiário se opõe tanto aos Estados totalitários socializantes, como aos Estados liberais e "neoliberais":

> O princípio de subsidiariedade que vem recebendo diversos estudos e tratamentos, de ordem filosófica, jurídica, política, econômica, social, internacional e comunitária, aparece, principalmente, como assinala C. Millon-Delsol, como forma alternativa para os embates entre o Estado Liberal e o Estado Mínimo e o Estado Intervencionista ou Providencial. Desse dualismo de desencontros aparece o Estado Subsidiário (BARACHO, 1995, p. 54).

Portanto, é contra os Estado totalitários e socializantes na medida em que reconhece a esfera própria e legítima de autonomia da atuação dos grupos no bojo da sociedade, e da pessoa humana no seio de cada grupo. Por outro lado, é contra o liberalismo, uma vez que reconhece a natureza social do homem, compreende a sociedade como um conjunto de grupos, não de indivíduos como faz o liberalismo, e exige a atuação do Estado para suprir as deficiências dos grupos intermediários.

Ainda, como aponta José Pedro Galvão de Sousa, o problema da doutrina dos Estados corporativos de inspiração fascista é a absorção dos grupos sociais no organismo burocrático (SOUSA, 1967, p. 19-20), o que é fundamentalmente contrário ao conceito de subsidiariedade.

Aliás, Bercovici sustenta que o entendimento de que o art. 173 da Constituição Federal encerra preceito que se coaduna com a subsidiariedade decorre de uma leitura ideológica neoliberal da Constituição. Em sua leitura, o princípio, na verdade, não estaria presente no ordenamento jurídico brasileiro.

Ora, mesmo um dos juristas mais críticos do neoliberalismo, o ilustre Celso Antônio Bandeira de Mello, reconhece que o referido dispositivo determina que a intervenção do Estado na esfera econômica possui caráter excepcional (BANDEIRA DE MELLO, 2006, p. 692). Não bastasse a autoridade do nosso grande administrativista, a doutrina internacional, na figura de Luís Cabral de Moncada, também reconhece a presença do princípio da subsidiariedade em nosso ordenamento jurídico (SAAD, 2020, p. 34).

Enfim, para afastar qualquer dúvida de que se trata de grave equívoco essa posição, a União Europeia, bloco econômico que congrega Estados democráticos, adota explicitamente o princípio da subsidiariedade, como pode ser visto no preâmbulo do Tratado de Maastricht e no art. 5º do Tratado de Roma.

> RESOLVIDOS a continuar o processo de criação de uma união cada vez mais estreita entre os povos da Europa, em que as decisões sejam tomadas ao nível mais próximo possível dos cidadãos, de acordo com o princípio da subsidiariedade, [...] (UNIÃO EUROPEIA, 1992)
>
> Artigo 5º A Comunidade actuará nos limites das atribuições que lhe são conferidas e dos objectivos que lhe são cometidos pelo presente Tratado.
>
> Nos domínios que não sejam das suas atribuições exclusivas, a Comunidade intervém apenas, de acordo com o princípio da subsidiariedade, se e na medida em que os objectivos da acção encarada não possam ser suficientemente realizados

> pelos Estados-Membros, e possam pois, devido à dimensão ou aos efeitos da acção prevista, ser melhor alcançados ao nível comunitário.
>
> A acção da Comunidade não deve exceder o necessário para atingir os objectivos do presente Tratado (UNIÃO EUROPEIA, 1957)

Seria a União Europeia um bloco fascista? Evidentemente que não, a pergunta beira o ridículo. Inclusive, como se verá adiante, o Supremo Tribunal Federal reconhece a presença do princípio da subsidiariedade no ordenamento jurídico brasileiro em diversos julgados, e ainda há quem defenda a presença do referido princípio em diversos outros países democráticos, notadamente os Estados Unidos e a Alemanha.

3. O princípio da subsidiariedade no direito positivo brasileiro

Até o presente momento, enfatizou-se a análise da subsidiariedade sob a ótica do direito natural e da doutrina social da Igreja, isto é, operou-se no campo da essência do direito. Agora, todavia, operar-se-á no campo da existência do direito, vale dizer, da positivação da subsidiariedade no ordenamento jurídico pátrio, e de sua aplicação na jurisprudência dos tribunais.

A ordem jurídica positiva é *o reconhecimento dos direitos de cada um e sua tutela eficaz pelo poder público* (SOUSA, 1967, p. 25). Desse modo, estando o poder público vinculado pela legalidade às leis, é imprescindível a análise do ordenamento jurídico brasileiro, iniciando pela Lei Maior, a Constituição Brasileira de 1988.

O Preâmbulo, que inaugura a Constituição, traz em seu bojo uma série de enunciados que deveriam nortear o modelo de Estado que ali se formava. O vigésimo, que colocava todo o texto promulgado *sob a proteção de Deus*, não tinha mero sentido alegórico, mas incorporava "os mais relevantes princípios da doutrina social da Igreja e os principais valores do direito natural e do cristianismo" na Lei Suprema, como bem observa o professor Ives Gandra da Silva Martins (2021, p. 7).

Cada uma das cláusulas, enunciados, do Preâmbulo carrega em si um vetor valorativo, em tom prescritivo, da mais elevada importância, pela sua posição hierárquica (CARVALHO, 2021, 64). Tendo, portanto, uma carga axiológica que não poder ser ignorada por nenhum intérprete dos textos constitucional e infraconstitucional:

> [...] o constituinte insere, nos domínios do direito posto, proposições de ordem introdutória, expondo os motivos e anunciando, em tom prescritivo, o quadro sobre o qual deve o exegeta manter sua interpretação da mensagem constitucional (CARVALHO, 2021, p. 63).

Por essa vereda, é correto dizer que não apenas o princípio da subsidiariedade foi abarcado, como também todos os fundamentos e diretrizes da DSI, bem como o respeito à lei natural para se alcançar a ordem social justa.

Dito de outro modo, o Preâmbulo da Lei Maior, ao inserir vetores axiológicos contidos na lei natural e na DSI, tão somente reafirma princípio de ordem metafísica segundo o qual a essência precede a existência, inclusive em matéria jurídica:

> A anterioridade da essência sobre a existência corresponde, em linha direta, à precedência da juridicidade sobre a positividade, vale dizer, da qualidade sobre a quantidade. O caminho é único: *primeiro a ideia do Direito, depois a norma correspondente, que a positiva*. Se há filosofias da qualidade e filosofias da quantidade, às primeiras pertence a tarefa de elaboração do conceito ontológico do Direito (VASCONCELOS, 2013, p. 721).

A lição do jusfilósofo cearense se aplica também à subsidiariedade, a qual, enquanto princípio de direito natural, está no campo da essência; e, na qualidade de norma positivada, está no campo da existência do direito. Por conseguinte, como a essência precede a existência, é necessário que os textos legais que versem sobre a subsidiariedade e suas interpretações estejam conformes à essência da subsidiariedade.

Isso, todavia, não implica a existência de uma subsidiariedade ideal ou *a priori*, que poderia ser integralmente deduzida da natureza humana, e sim que a subsidiariedade, como princípio de direito natural, pode ser positivada das mais diversas maneiras conforme as circunstâncias de tempo e lugar, seguindo, contudo, sempre uma razão imutável.[11]

O que deve haver, portanto, é a adequação das mais diversas positivações da subsidiariedade com a subsidiariedade enquanto princípio de direito natural. Para tanto, além das considerações já feitas quanto à mutabilidade do direito natural, a subsidiariedade deve ser compreendida como parte do *ideal histórico concreto*[12] de uma sociedade particular, em que o princípio de subsidiariedade se aplique analogicamente às suas condições concretas.

Não obstante, como muitas vezes sói acontecer, o direito positivo pode contrariar o direito natural, revelando-se direito injusto ou mau direito (VASCONCELOS, 2013, p. 726) – fenômeno observável tanto no plano normativo, como no plano de aplicação do direito.

Felizmente, no plano normativo, embora haja controvérsias sobre o tema, a subsidiariedade tem acolhida no ordenamento jurídico brasileiro. Por outro lado, como se verá a

---

11. Em sentido similar: "*This brings us to 'human law', which is the set of convencional rules or man-made principles that govern actual human societies, and which gives a 'more particular determination' to general requirements of the natural law as it is applied to concrete cultural and historical circunstances*" (FESER, 2009, p. 187).

12. Termo cunhado por Maritain, que designa um ideal para um tempo e sociedade concreta, desenvolvido a partir da aplicação dos princípios do direito natural e da doutrina cristã (MARITAIN, 2018, p. 179-80).

seguir, no plano de aplicação do direito ainda não se formulou adequadamente uma teoria nos termos em que o princípio foi positivado no ordenamento brasileiro. Na verdade, aplica-se a subsidiariedade segundo fórmulas estrangeiras, as quais, conquanto possam servir de exemplo e parâmetro para seu emprego, não estão exatamente de acordo com a subsidiariedade tal qual positivada no ordenamento pátrio.

Com efeito, independentemente do ordenamento, costuma-se dividir a subsidiariedade em dois tipos: (I) a sociopolítica, que se refere às relações entre a sociedade e seus grupos com o Estado; e (II) a de organização do Estado, que versa sobre sua organização territorial e está ligada à repartição de competências no modelo federativo (MOHN, 2015, p. 4-5).

Esses dois sentidos que podem ser dados para a subsidiariedade são, respectivamente, denominados de sentido original e institucional por Amauri Saad (SAAD, 2020, p. 27-30). Prefere-se aqui a última denominação pela carga expressiva com que faz referência ao sentido adotado para o termo na sua origem, a Doutrina Social da Igreja.

A questão, pois, é investigar como a subsidiariedade foi positivada em cada caso, e em qual grau a sua positivação e aplicação se aproximam do princípio da subsidiariedade como seria adequado ao direito natural e ao tipo ideal histórico concreto brasileiro.

4. A Subsidiariedade em sentido institucional no direito positivo brasileiro

A começar pela subsidiariedade em sentido institucional, já o art. 1º da Constituição determina que a República do Brasil é uma federação, e, na sequência, o art. 18 determina que sua organização político-administrativa compreende a União, os Estados, o Distrito Federal e os Municípios, todos autônomos nos termos da Constituição.

No entanto, a controvérsia sobre a existência da subsidiariedade em sentido institucional no Brasil se instala quando da análise da técnica de divisão de competências no modelo federativo do país. Nesse sentido, a querela se instala mais especificamente na interpretação do art. 24 da Constituição, que versa sobre a competência concorrente dos entes federativos.

De um lado, tem-se Paulo Mohn, o qual, comparando o modelo brasileiro de repartição de competências com o da União Europeia e o da Alemanha, afirma que o sistema de repartição de competências concorrentes brasileiro não está de acordo com o princípio da subsidiariedade (MOHN, 2015, p. 25), do outro, tem-se Raul Machado Horta (HORTA, 2002) e o Ministro Edson Fachin (FACHIN, 2020), que entendem o contrário.

Antes de adentrar o mérito do debate, cumpre repelir o equívoco de se referir às regras de repartição de competências como aderentes ou não ao princípio de subsidiariedade, enquanto categoria de direito positivo. Uma coisa é falar em princípios tendo-se em vista essa designação no âmbito da teoria do direito natural, outra coisa muito diferente é se falar de princípio-norma, categoria de direito positivo.

Nos primeiros tópicos, falou-se muitas vezes em princípio de subsidiariedade, mas os sentidos empregados na palavra *princípio* foram aqueles atribuídos pelo direito natural[13] e pela DSI.[14] Nesses âmbitos, percebe-se que a referida palavra

---

13. "As considerações que os diversos Tratados de Direito Natural fazem sobre a propriedade, o casamento, os contratos, a vida associativa ou o Estado, formam o direito natural no sentido lato. Mas no seu sentido estrito, consiste o direito natural nos primeiros princípios de moralidade, concernentes à racionalização da vida, e que se reduzem, por sua vez, ao princípio generalíssimo que nos leva a praticar o bem e evitar o mal" (SOUSA, 2021, p. 25).

14. "[...] *Pela* sua *permanência no tempo* e *universalidade de significado*, a Igreja os indica como primeiro e fundamental parâmetro de referência para a interpretação e o exame dos fenômenos sociais, necessários porque deles se podem apreender os critérios de discernimento e de orientação do agir social, em todos os âmbitos" (PONTIFÍCIO CONSELHO "JUSTIÇA E PAZ", 2011, § n. 161).

é empregada no mais das vezes para designar conhecimentos mais evidentes, mais gerais, perenes e fundamentais, e diretrizes imutáveis para o discernimento e ação social. Diretrizes e valores que, malgrado abundam opiniões em sentido contrário, podem estar contidos também em regras, e não somente em princípios no sentido de direito positivo.

Nessa toada, quando se fala em *princípio* em sentido jurídico positivo, o significado deve ser compreendido de maneira distinta, sob pena de graves equívocos no âmbito de aplicação do direito. Isso porque entender os princípios como os fundamentos do ordenamento jurídico conduz a tratá-los como as normas mais importantes, como se fossem as únicas a conter alguma carga axiológica, tudo isso em detrimento do devido respeito às regras.

Entende-se, todavia, como equivocada essa opinião, porque os verdadeiros fundamentos do ordenamento jurídico positivo são *os princípios de direito natural* (que poderiam ser também chamados de *valores*), pois são razões imutáveis capazes de justificar a origem e o sentido do direito positivo, e não os *princípios de direito positivo* uma vez que seu próprio fundamento se encontra no direito natural.

Ora, não só normas de tipo princípio, mas também regras e postulados encerram os princípios ou valores de direito natural. Veja-se, por exemplo, que a regra que determina a pena devida ao homicídio consagra o direito natural à vida, e o postulado da proporcionalidade consagra a ideia de que os meios devem ser adequados aos fins – razão imutável decorrente da própria natureza humana, vale dizer, verdadeiro princípio de direito natural.

Afinal, alçar os princípios jurídicos de direito positivo a fundamentos do ordenamento contrastaria mesmo até com o positivismo jurídico uma vez que o próprio Kelsen encontra o fundamento de validade do ordenamento jurídico em um pressuposto lógico externo, a norma hipotética fundamental. Ora, aceitar que algo, ou, no caso, parte de algo (porque os princípios não são a totalidade do ordenamento) seja seu próprio fundamento é verdadeiro ilogismo.

Como se vê, infelizmente, os estudos pioneiros sobre a subsidiariedade importaram o entendimento que superestima a importância dos princípios ao estudo da matéria:

> O desenvolvimento prático do princípio de subsidiariedade demanda a diferenciação entre regras e princípios. [...]. Os princípios são uma espécie de fronteira do direito, eles orientam e guiam os que realizam as tarefas da interpretação, pois permitem a compreensão das normas jurídicas. Não são apenas regras de direito (BARACHO, 1995, p. 35 e 38).

Contudo, os princípios jurídicos não são os alicerces do ordenamento jurídico, e não são normas superiores em relação às regras. Traduzem, na verdade, normas imediatamente finalísticas, isto é, seu dever imediato é a promoção de um estado ideal de coisas, tendo a adoção de uma conduta como dever mediato para atingir seu fim. As regras, por outro lado, são normas jurídicas imediatamente descritivas, visam imediatamente ao cumprimento da conduta descrita, e só mediatamente a um fim (ÁVILA, 2022, p. 106).

Consoante as lições do professor Humberto Ávila, as regras e os princípios são normas de primeiro grau, pois são objeto de aplicação, mas há ainda as metanormas ou normas de segundo grau, as normas que orientam a aplicação ou interpretação de outras normas.

Têm-se aí os postulados que podem ser divididos em: (i) postulados hermenêuticos, importantes para a compreensão interna e abstrata do ordenamento jurídico e, consequentemente, para justificar determinada aplicação normativa dentre outras possíveis (ÁVILA, 2022, p. 171); e (ii) os postulados aplicativos, que são condições implementadas para a solução de antinomias externas, concretas e contingentes, surgidas no momento de aplicação do direito (ÁVILA, 2022, p. 182).

Nesse sentido, embora muito se diga sobre o princípio de subsidiariedade em matéria jurídica, em que se utiliza a palavra princípio no mais das vezes para se imprimir um caráter de importância, pretende-se demonstrar aqui a existência de regras e postulados da subsidiariedade.

Essa constatação, entretanto, até o momento não foi devidamente clarificada em razão de outro equívoco comum, que é a ideia da correspondência biunívoca entre dispositivo e norma, vale dizer, a ideia de que para cada texto legal corresponde sempre e necessariamente uma norma jurídica.

Isso, todavia, nem sempre se dá, pois, como ensina o professor Humberto Ávila, há casos em que há norma, mas não há dispositivo, como no caso do princípio da segurança jurídica que não está previsto direta e suficientemente em nenhum dispositivo. Assim, a reconstrução do princípio da segurança jurídica pelo intérprete é feita a partir de vários dispositivos, caso em que há uma só norma a partir de vários dispositivos (ÁVILA, 2022, p. 52-3).

Por outro lado, há também casos em que há dispositivo, mas não há norma, como em "sob a proteção de Deus" no preâmbulo. Esse dispositivo, como visto anteriormente, importa valores importantes ao ordenamento jurídico, mas a partir dele isoladamente não pode ser construída uma norma jurídica.

Inclusive, pode ocorrer também que um só dispositivo possa ser fonte de diversas normas:

> [...] o dispositivo segundo o qual "é vedado exigir ou aumentar tributo sem lei que o estabeleça" é fonte de três normas diferentes: *legalidade-regra*, na medida em que descreve o comportamento a ser adotado pelo Poder Legislativo e, reflexamente, pelo Poder Executivo (na parte regulamentar), proibindo a instituição ou majoração de tributos a não ser por meio de um procedimento parlamentar específico; *legalidade-princípio*, na medida em que estabelece o dever de buscar um ideal de previsibilidade

> e de determinabilidade para o exercício das atividades do contribuinte frente ao poder de tributar; e *legalidade-postulado*, porquanto exige do aplicador a fidelidade aos pontos de partida estabelecidos pela própria lei (ÁVILA, 2005, p. 282).

Todas essas constatações decorrem do fato de que os textos e seus dispositivos são o objeto de interpretação do jurista, sendo as normas o resultado do processo de interpretação. Por conseguinte, pode haver uma norma e um dispositivo, norma sem dispositivo, dispositivo sem norma, uma norma construída a partir de vários dispositivos e um dispositivo ser fonte de diversas normas.

Disso, entretanto, não se deduz que o poder do intérprete não tenha limites na sua atividade, podendo construir, de modo arbitrário, regra, princípio ou postulado a partir de qualquer dispositivo, e sim que um dispositivo que se refira diretamente a um comportamento, funcionando como regra no seu âmbito de referência específico, pode servir como princípio ou postulado em um âmbito de referência mais amplo (ÁVILA, 2022, p. 96-7).

Feitas essas considerações metodológicas, pode-se retornar ao art. 24 da Constituição, a fim de concluir que no seu âmbito próprio de referência está consagrada necessariamente uma regra, e não um princípio de repartição de competências. Afinal, o referido dispositivo se refere imediatamente a condutas, sobre como os entes federativos deverão legislar em matéria de competência concorrente, de modo que não há sequer referência expressa a um fim nesse dispositivo.

Portanto, a subsidiariedade será consagrada na repartição de competências de um país sempre por meio de uma regra, e nunca mediante o princípio. Isso porque a repartição de competências se refere sempre imediatamente à descrição de condutas (sobre como e qual(is) ente(s) deverão legislar sobre determinada matéria), algo que só uma norma do tipo regra poderia realizar.

Seria mesmo impossível a repartição de competências por meio de um princípio tendo em vista o maior grau de abstração e indeterminação das condutas necessárias para a implementação do fim visado. Desse modo, nem sequer faz sentido questionar se uma norma que reparte competências consagra ou não o princípio da subsidiariedade em um ordenamento jurídico, visto que sempre consagrará uma regra, a qual poderá ser ou não uma *regra de subsidiariedade*, e nunca um princípio. Só faria sentido esse questionamento se o vocábulo princípio se referisse a um *princípio de direito natural* ou um *valor*, como visto anteriormente.

É claro, entretanto, que um dispositivo que reparta competências em uma federação, embora se refira sempre a uma regra em seu âmbito de referência próprio, dele pode ser reconstruído também um princípio de subsidiariedade em um âmbito de referência mais amplo, a depender da presença do valor da subsidiariedade nas regras em questão.

Em um certo sentido, um princípio de subsidiariedade em determinado ordenamento jurídico, no que diz respeito à repartição de competências, sempre será construído de maneira inversa ao das regras, haja vista que fará referência imediata aos fins por elas já consagrados de maneira mediata.

Destarte, a subsidiariedade, enquanto princípio, visa imediatamente à promoção de um estado ideal de coisas, qual seja, um estado de coisas em que, por um lado, a autonomia dos entes menores seja sempre respeitada, e, por outro, que haja intervenção por parte dos entes maiores quando necessário.

Contudo, como esse estado ideal de subsidiariedade não pode ser definido de maneira puramente apriorística, sem levar em conta as contingências de tempo e lugar, a subsidiariedade nunca pode prescindir de regras em matéria de repartição de competências. Portanto, quando se fala em subsidiariedade em matéria institucional, de repartição de regras de competência, é sempre as regras consagradoras do valor da subsidiariedade que devemos buscar, e nunca propriamente princípios.

Em sentido contrário ao defendido, alguém poderia afirmar que é sim possível a divisão de competências por meio de princípios, tendo em vista a adoção do princípio da subsidiariedade para a divisão de competências entre a Comunidade e os Estados-membros. Esse dito princípio envolveria dois critérios: a necessidade, vale dizer, a Comunidade só pode agir quando sua atuação for estritamente necessária; e a eficiência, segundo a qual deverá ser feita uma análise concreta para constatar em qual nível se dará a ação mais eficiente (MOHN, 2015, p. 6).

Ocorre, todavia, que, rigorosamente, a referida norma é um postulado, porque condiciona as regras de competência (objeto de aplicação) ao controle externo dos referidos critérios de subsidiariedade. Assim, funciona como um postulado aplicativo ao passo que pretende resolver antinomias externas surgidas a partir de situações concretas nas quais paira dúvida sobre qual nível deve deter a competência para legislar, a Comunidade ou os Estados membros.

Ademais, no âmbito de divisão de competências da UE, juntamente com o controle de subsidiariedade, também deve ser feito um controle de proporcionalidade (MOHN, 2015, p. 7). Não à toa, é outra norma que se trata de postulado e equivocadamente é designada como princípio, servindo aqui também enquanto um postulado aplicativo, ao determinar que a atuação comunitária deve se ater a certos limites na concretização de um fim de modo a não limitar demasiadamente a autonomia dos membros.

Portanto, ampliando-se o que se disse anteriormente, em matéria de divisão de competências, sobretudo em se tratando de competências concorrentes, além das regras deve-se também buscar os postulados, tanto (I) hermenêuticos (para a devida compreensão das regras de competência); quanto (ii) os aplicativos (pois, dada a defectibilidade das normas, sempre haverá casos concretos a ensejar dúvidas nessa matéria).

Dito isso, a análise do modelo de distribuição de competências brasileiro poderia, ao menos à primeira vista, levar à conclusão de que a subsidiariedade em sentido institucional não é adotada na federação brasileira, ou ainda ao entendimento de que é adotada inversamente. Ora, nos termos do § 1º do art. 25 da Constituição Federal, os Estados possuem competência residual, e a competência privativa da União enumerada no art. 22 inclui muitas matérias importantes, deixando, em tese, muito pouco aos Estados e Municípios.

Acontece, todavia, que, como já dito, a subsidiariedade não é um conceito determinado aprioristicamente, e sim um princípio de direito natural que comporta adaptação no que não é essencial, e não é essencial que Estados e Municípios possuam mais competências privativas para que esse princípio esteja consagrado no texto constitucional.

O que, é claro, não poderia haver é disposição de que a legislação federal em toda e qualquer matéria prevaleça sobre as legislações dos demais entes políticos. Também não poderia haver disposição que desrespeitasse a autonomia dos Estados e Municípios. Nesse sentido, seria igualmente difícil conceber a adoção da subsidiariedade institucional em um Estado unitário.

Entende-se, pois, que, malgrado a Constituição tenha privilegiado a União em matéria de competência legislativa, admitindo-se críticas quanto à falta de maior subsidiariedade por conta disso, há competências suficientes[15] dadas aos Estados e Municípios a ponto de não desmentir a autonomia de todos os entes políticos consagrada no art.

15. Vide as competências comuns (art. 23, CF), as competências concorrentes (art. 24, CF), as competências dos Municípios (art. 30, CF) e a competência residual dos Estados (art. 25, § 1º, CF).

18 da Lei Maior. Portanto, há subsidiariedade institucional na Constituição Federal.

Ainda, em matéria de competências, nos termos do art. 24, § 1º, da CF, *a competência da União limitar-se-á a estabelecer normas gerais*. Claramente, percebe-se que há um claro limite da competência da União às *normas gerais*, mas o que são as *normas gerais*? Em que pese as listas de significados e opiniões a respeito (MOHN, 2015, 18-19), as respostas a essa pergunta nunca são satisfatórias.

Não são nunca satisfatórias porque comportam no mais das vezes enumerações infinitas, listas exemplificativas que nada definem. Por conseguinte, as normas gerais são muito gerais para serem limites à competência concorrente da União, e o resultado disso é que a competência da União acaba, na prática, prevalecendo sobre a dos demais entes políticos.

Não obstante a prática, não se pode entender que a Lei Maior, quando diz *limitar-se-á a estabelecer normas gerais*, pretende consagrar um limite sem limites. Como costumava dizer o mestre Geraldo Ataliba, na esteira de Ruy Barbosa, *o que a Constituição dá com a mão direita não retira com a esquerda* (ATALIBA, 1982, p. 89). Em outras palavras, a Constituição não dá aos entes plena autonomia para depois surrupiá-la por meio das normas gerais.

Com o efeito, no intento de estabelecer limitações ao que se entende por normas gerais, ao menos no que se refere ao direito tributário (art. 146, III, da atual Constituição)[16], a escola paulista de direito tributário pretendeu definir o conteúdo das normas gerais de maneira restritiva, entendendo por normas gerais de direito tributário exclusivamente aquelas que versem sobre conflitos de competência e limitações ao poder de tributar (ATALIBA, 1982, p. 83).

---

16. Registre-se que em matéria de direito tributário a competência para editar normas gerais é exemplificativa pelo uso do termo *especialmente* no dispositivo supracitado, o que só dificulta mais ainda a definição de *normas gerais*.

Para amparar a referida teoria, citava-se o princípio da autonomia dos Estados e dos Municípios e o caráter rígido da Constituição Federal. Quanto ao primeiro argumento, entende-se que não procede porque em um conflito horizontal entre regras e princípios prevalecem as regras, e o art. 18 da CF delimita que a referida autonomia se dá nos *termos desta Constituição*.

Deixando-se de lado a discussão em matéria tributária, para a defesa da autonomia dos Estados e Municípios em face de eventuais abusos oriundos das *normas gerais*, melhor seria defender a interpretação das normas gerais como um limite porque assim as qualifica a Lei Maior ([...] *limitar-se-á a estabelecer normas gerais*).

Além disso, ainda que a autonomia dos Estados e Municípios seja estabelecida *nos termos desta Constituição*, o fato é que a Lei Maior consagra a autonomia dos Estados e Municípios. Por conseguinte, é imperioso que as normas gerais sejam interpretadas como limitações, de modo a privilegiar a autonomia dos Estados e Municípios.

Nesse sentido, a jurisprudência do Supremo Tribunal Federal merece elogios por não somente reconhecer o princípio da subsidiariedade, como também por aplicá-lo diversas vezes, juntamente com a proporcionalidade, para resolver conflitos oriundos da competência concorrente dos entes políticos.[17]

Merece, contudo, reparos em dois pontos: importa doutrina estrangeira da subsidiariedade, concretamente a americana,[18] a qual não encontra respaldo integral no

---

17. Vale a pena aqui citar os seguintes julgados: ADI 3.110/SP, ADI 4.306/DF, ADI 5.112/BA e ADI 6.088/AM. Importante notar que todas são de relatoria do Ministro Edson Fachin, o único a empregar o referido princípio.

18. O que revela mais um problema na medida em que não há consenso sobre a adoção do princípio da subsidiariedade nos EUA, pois esse princípio não costuma ser adotado na prática jurisprudencial americana conforme ensina Paulo Mohn (MOHN, 2015, p. 10).

direito positivo brasileiro, e, malgrado a designação seja de somenos importância, aplica a subsidiariedade denominando-a por princípio, quando no caso se trata de postulado, uma vez que orienta a interpretação e a aplicação das regras de competência.

Destarte, deve-se analisar os critérios empregados pelo STF para resolver casos em matéria de competência concorrente, que consistem na *presumption against preemption* e na *clear statement rule*, para ver se são de fato acolhidos no ordenamento jurídico brasileiro.

Em primeiro lugar, a *presumption against preemption* envolve a ideia de que, quando há dúvida de competência legislativa sobre norma que envolva mais de um tema, o intérprete deve acolher a interpretação que não prejudique a competência dos entes menores (FACHIN, 2020, p. 334). Portanto, se trata de postulado hermenêutico a justificar a aplicação da interpretação que privilegie a competência dos entes menores.

Nesse sentido, poderia ser extraída no direito brasileiro norma similar do art. 18 da Constituição na medida em que, para todo e qualquer efeito, a Constituição consagrou a autonomia dos Estados e dos Municípios e lhes outorgou competências legislativas que a garantem. Portanto, a competência dos entes menores para legislar em matéria concorrente deve ser privilegiada em detrimento da competência do ente maior no momento de interpretação.

Por outro lado, o critério do *clear statement rule* empregado na jurisprudência do STF determina que a clara indicação de lei federal pode suprimir o poder de complementação que detêm os entes menores (FACHIN, 2020, p. 332).

A construção dessa norma a partir do texto constitucional poderia se dar a partir do § 4º do art. 24 da CF, *a superveniência de lei federal sobre normas gerais suspende a eficácia da lei estadual, no que lhe for contrário*, porém no

§ 2º do mesmo dispositivo está cristalino que a competência sobre normas gerais da União não exclui a competência suplementar dos Estados.

Há, ao contrário disso, no art. 24, § 1º, da CF, um limite da União às normas gerais. Não há dispositivo constitucional que autorize a União a limitar ou suprimir a competência dos outros entes políticos. Em matéria de competência concorrente, a limitada é a União, não os Estados e Municípios.

Além disso, como *normas gerais* é um termo muito amplo, o qual, como visto, não comporta adequada definição no texto constitucional, a análise sobre os limites da União em matéria de legislação concorrente deve ser analisada no caso concreto, privilegiando-se a autonomia dos entes menores e tratando de limitar a competência da União a editar disposições realmente gerais.

Assim, deve-se analisar se uma norma possui grau de generalidade suficiente para ser matéria própria da União. Nesse sentido, as listas e definições exemplificativas que foram aludidas anteriormente podem ser úteis tendo em vista a indeterminação do termo, porém seu núcleo semântico é claro, normas gerais são normas válidas para todos os entes, são normas nacionais. Desse modo, não pode uma norma geral pretender dizer muito, descer a miudezas que seriam preferencialmente regulamentadas pelos entes.

Isso, contudo, só pode ser satisfatoriamente determinado em um caso concreto porque, dada a falta de uma definição interna de normas gerais, e dos mais variados problemas que podem surgir com relação a conflitos de competência concorrente, sem uma antinomia concreta não é possível distinguir o geral do específico.

Trata-se, pois, de um postulado aplicativo, o qual, limitando a competência da União às normas gerais, indica qual norma merece ser aplicada no caso concreto. Desse modo, a aplicação das normas referentes à competência concorrente requer o cumprimento do critério da *limitação à generalidade* das normas advindas da União, e requer o cumprimento de um critério de limitação à especificidade ou suplementariedade no que diz respeito aos entes menores na constância de norma geral editada pela União.

A referida norma da União se limitou ao geral, não desceu a minúcias que poderiam ser ou já são reguladas pelos entes menores no seu melhor interesse? Na hipótese de existência de normas gerais da União, a legislação dos Estados e Municípios contrariou as normas gerais ou se ateve ao que é suplementar e específico? Esses são os exames exigidos pelo postulado aplicativo da subsidiariedade em matéria institucional.

Por conseguinte, no direito brasileiro há dois postulados da subsidiariedade em matéria institucional: (i) um hermenêutico, segundo o qual a competência dos entes menores deve ser privilegiada no momento da interpretação, porque, segundo conhecida lição, *o que a Constituição dá com a mão direita não retira com a esquerda* (art. 18, CF - parecido com o *presumption against preemption*); e (ii) um postulado aplicativo, segundo o qual, em matéria de competências concorrentes, a atuação da União deve estar sempre adstrita às normas gerais (art. 24, § 1º, da CF - similar ao exame da necessidade da subsidiariedade da UE), o que, entretanto, só pode ser determinado tendo em vista um caso concreto diante da falta de determinação interna do que seriam as normas gerais.

Enfim, percebe-se que, em matéria da subsidiariedade institucional, o valor ou princípio de direito natural da subsidiariedade está consagrado no direito brasileiro enquanto regra e princípio, porém a sua observância está necessariamente condicionada ao controle do direito positivo pelos postulados aludidos.

De tal sorte, a competência e autonomia dos entes menores corre o risco de ser amesquinhada se suas normas não forem privilegiadas no momento da interpretação, surrupiando-se a sua autonomia com um entendimento vago de normas gerais.

Ademais, deverão as normas da União passar pelos critérios de limitação à generalidade, e as dos Estados e Municípios por um exame de especificidade, na constância de antinomias concretas, de modo a manter-se a competência sobre normas gerais da União, e a competência suplementar dos entes menores.

5. A subsidiariedade em sentido original no direito positivo brasileiro

Se comparada à subsidiariedade em sentido institucional, a subsidiariedade original foi ainda menos explorada no direito positivo brasileiro. Nessa toada, a doutrina costuma apontá-la como derivada dos princípios da ordem econômica. Como de costume, só se fala em princípio da subsidiariedade em sentido original, mas um olhar atento às normas que podem ser extraídas dos dispositivos sugere também a existência de regras, sendo mesmo possível construir um postulado da subsidiariedade original.

Dessa forma, o dispositivo mais citado para ampará-la é o art. 173 da Constituição o qual determina que *a exploração direta de atividade econômica pelo Estado só será permitida quando necessária aos imperativos da segurança nacional ou a relevante interesse coletivo, conforme definidos em lei.*

A partir do âmbito de referência próprio do dispositivo, percebe-se que está aí consagrada uma regra de subsidiariedade porque a norma (re)construída visa a permitir uma conduta do Estado (a exploração direta da atividade econômica), porém em caráter excepcional, só quando necessária à segurança e ao interesse coletivo nos termos da lei.

Inversamente, as regras do art. 177 da CF que determinam os monopólios da União também constituem regras de subsidiariedade, na medida em que a prudência aconselha a atuação do Estado em certas áreas por serem estratégicas ou em razão de perigo de dano na hipótese de serem exploradas pela iniciativa privada. Portanto, a despeito de eventual discordância com o conteúdo do dispositivo, inegável que sua razão de ser é assegurar a subsidiariedade por meio da necessária intervenção estatal em determinados setores.

Retornando ao art. 173, em um âmbito de referência maior, e a partir da consideração de outros dispositivos, sobretudo a partir do art. 170 que consagra o trabalho, a livre-iniciativa e a livre-concorrência como princípios da ordem econômica, pode-se construir um princípio da subsidiariedade, na medida em que busca imediatamente o ideal de que a iniciativa privada prepondere no âmbito econômico, sendo subsidiária a intervenção estatal.

Infelizmente, a importância da subsidiariedade em sentido original, malgrado esteja consagrada no texto constitucional, ainda não foi devidamente reconhecida. Nesse sentido, a jurisprudência do STF merece novamente elogios por empregar a subsidiariedade com esse sentido em diversos julgados.[19]

No entanto, a partir da análise desses julgados, percebe-se que a discussão travada no mais das vezes está no nível da exigência de lei para criação de estatais, e da mera exigência de autorização legal para a criação de subsidiárias dessas entidades.

---

19. A propósito: ADPF 794/DF, ADI 5501/DF, ARE 884325, ADI 5624 MC-Ref/DF, Rcl 42.576 MC/DF, RE 657718/MG.

Não se encontra caso em que se justificou a atuação estatal em determinado setor econômico por prudência ou insuficiência de atuação dos particulares, ou caso em que se limitou a atuação estatal em esfera na qual a atuação da sociedade civil, particulares e grupos, fosse preferível. Vale dizer, ainda não houve a aplicação satisfatória do princípio da subsidiariedade em sentido original.

Não obstante, significativo avanço em matéria de subsidiariedade original se deu com o advento da Lei da Liberdade Econômica (Lei 13.874/2019), a qual em art. 2º, inciso III, reafirmou o princípio da subsidiariedade no direito positivo brasileiro. Assim, embora a subsidiariedade tenha estatura constitucional, o fato do princípio ter sido reafirmado em âmbito infraconstitucional contribui para levantar mais discussões e reflexões a seu respeito e para impulsionar sua aplicação.

Aliás, em artigo sobre o tema, o professor Amauri Saad, de maneira pioneira, acabou por formular um postulado hermenêutico e um postulado aplicativo da subsidiariedade em sentido original, respectivamente:

> O princípio da subsidiariedade incide, também, como vetor interpretativo de todos os atos legislativos, regulamentares e administrativos editados por todos os entes federativos com impacto sobre a ordem econômica. Isto significa, primeiramente, que entre duas ou mais interpretações de tais atos, deve ser preferida aquela que privilegie a autonomia e a liberdade do indivíduo. [...]
>
> O ônus argumentativo do Estado, para intervir sobre atividades econômicas, se torna muito maior a partir da adoção da lei: o teste de subsidiariedade, que deve ser satisfeito pelo administrador público, envolve a demonstração de que, concomitantemente: (i) a medida não pode ser exercida pelo indivíduo ou por grupos associativos menores na situação concreta; (ii) a medida está sendo realizada pela esfera de governo competente mais próxima do indivíduo; (iii) a medida não vulnera outros interesses ou direitos do indivíduo a ponto de inviabilizá-los (SAAD, 2020, p. 35).

Pouco importa tê-los designado na ocasião de princípios, tratam-se de postulados. O primeiro é de índole hermenêutica, na medida em que orienta a preferência pela interpretação que privilegie a autonomia dos grupos intermediários e das pessoas. O segundo, por outro lado, é de índole aplicativa já que nesse teste de subsidiariedade em três estágios deve ser analisada concretamente a medida estatal e os direitos potencialmente afetados do grupo ou da pessoa.

Por conseguinte, tal qual a subsidiariedade institucional, a subsidiariedade em sentido original também é encontrada no ordenamento jurídico brasileiro de maneira multidimensional, enquanto regra, princípio e postulado. A propósito, a existência de postulados da subsidiariedade em sentido original é sumamente importante, visto que garante, por meio do controle do Estado, das leis e dos atos administrativos pela interpretação e aplicação correta do direito, a observância do princípio de direito da subsidiariedade.

6. Conclusão

No presente artigo, atendo-se à subsidiariedade, percorreu-se um verdadeiro itinerário que envolveu desde os fundamentos do direito, os princípios do direito natural, explicitados na Doutrina Social da Igreja, até a sua positivação e condições de sua devida aplicação no direito brasileiro. Enfim, partiu-se do princípio de direito natural a uma teoria do controle do direito positivo, notadamente a partir da subsidiariedade enquanto postulado.

Desse modo, ficou clara, em um primeiro momento, a importância do direito natural, da DSI e do princípio da subsidiariedade para a concretização do bem comum em qualquer sociedade. A propósito, não são os princípios de direito positivo os fundamentos do ordenamento jurídico, haja vista que são criações do homem que interpreta a lei humana, e sim os princípios de direito natural.

No entanto, como o direito é um fenômeno que se desenvolve no tempo, no espaço e em uma sociedade concreta, é importante que o direito positivo esteja informado por esses princípios ou valores sob pena de ser mau direito, um direito injusto.

Destarte, ao menos no que diz respeito à subsidiariedade, provou-se aqui que o texto constitucional acolhe esses princípios. Todavia, não bastam os textos ou dispositivos estarem informados pelos princípios do direito natural, precisam também os intérpretes e aplicadores do direito estarem imbuídos do direito natural e da DSI, a fim de que a aplicação do direito seja justa.

Com esse fim, aqui se desenvolveu uma teoria da subsidiariedade, cujo conteúdo jurídico positivo se desdobrou nos dois tipos de subsidiariedade, institucional e em sentido original, de cada qual sendo possível extrair os três tipos de norma no ordenamento jurídico brasileiro, regra, princípio e postulado.

Por fim, percebe-se a partir dessa nova dimensão, vale dizer, da subsidiariedade como postulado, que o controle da aplicação e da interpretação do Estado, do direito positivo e dos atos administrativos é fundamental para garantir que o direito natural, os princípios da DSI, e a justiça sejam plenamente garantidos no âmbito de aplicação do direito.

Referências

AQUINO, São Tomás de. *Da Justiça*. Campinas (SP): Vide Editorial, 2012.

ATALIBA, Geraldo. *Conteúdo e alcance da competência para editar normas gerais de direito tributário (art. 18, § 1º,* do texto constitucional*)*. R. Inf. legisl. Brasília, a. 19, v. 75, jul./set., 1982.

ÁVILA, Humberto. *Teoria dos princípios:* da definição à aplicação dos princípios jurídicos. 21 ed. rev. atual e ampl. São Paulo: Malheiros/JusPodivm, 2022.

_________. Legalidade tributária multidimensional. In Roberto Ferraz (coord.), *Princípios e Limites da Tributação.* São Paulo: Quartier Latin, 2005.

BANDEIRA DE MELLO, Celso Antônio. *Curso de direito administrativo*. 20 ed. São Paulo: Malheiros Editores, 2006.

BARACHO, J. A. de O. O princípio de subsidiariedade: conceito e revolução. *Revista de Direito Administrativo, [S. l.]*, v. 200, p. 21–54, 1995. DOI: 10.12660/rda.v200.1995.46525. Disponível em: https://bibliotecadigital.fgv.br/ojs/index.php/rda/article/view/46525. Acesso em: 6 de maio de 2023.

BERCOVICI, Gilberto. *O princípio da subsidiariedade e o autoritarismo*. Disponível em: https://www.conjur.com.br/2015-nov-08/estado-economia-principio-subsidiariedade-autoritarismo. Acesso em: 7 maio 2023.

CABANILLAS, Renato Rabbi-Baldi. *Michel Villey e o direito natural (ou a mutabilidade do indisponível)*. Tradução de Frederico Bonaldo. *Revista da ESMAPE,* Recife, v. 13, n. 27, p. 435-468, jan./jun. 2008.

CARVALHO, Paulo de Barros. *Direito tributário:* fundamentos jurídicos da incidência. 11 ed. São Paulo: Noeses, 2021.

DIP, Ricardo Henry Marques. *Abc do direito natural.* 1 ed. São Paulo: Editorial Lepanto, 2020.

FACHIN, M. E. *Princípio da subsidiariedade e a repartição constitucional de competências federativas.* Revista de Direito Administrativo, *[S. l.]*, v. 279, n. 3, p. 333–350, 2020. Disponível em: https://bibliotecadigital.fgv.br/ojs/index.php/rda/article/view/82969. Acesso em: 27 maio 2023.

FESER, Edward. *Aquinas: a beginner's guide*. London (UK): Oneworld, 2009.

FINNIS, John. *Natural Law and Natural Rights*. Oxford (UK): Oxford University Press, 2011.

HERVADA, Javier. *Lições propedêuticas de filosofia do direito*. 1ª ed. São Paulo, WMF Martins Fontes, 2008.

HORTA, Raul Machado. *Federalismo e o princípio da subsidiariedade*. In: MARTINS, Ives Gandra da Silva (Coord.). As vertentes do direito constitucional contemporâneo: estudos em homenagem a Manoel Gonçalves Ferreira Filho. Rio de Janeiro: América Jurídica, 2002. p. 461-472.

JOÃO XXIII, Papa. *Encíclica Mater et Magistra*. 1961. Disponível em: https://www.vatican.va/content/john-xxiii/pt/encyclicals/documents/hf_j-xxiii_enc_15051961_mater.html. Acesso em: 27 maio 2023.

JOLIVET, Régis. *Tratado de Filosofia IV: moral*. Rio de Janeiro, Agir, 1966.

MARITAIN, Jacques. *Humanismo Integral:* problemas temporais e espirituais de uma nova cristandade. São Paulo: Cultor de Livros, 2018.

MARTINS, Ives Gandra da Silva. O preâmbulo da Constituição. *Coords.* MARTINS, Ives Gandra da Silva; BERTELLI, Luiz Gonzaga; CARVALHO, Paulo de Barros. 1ª ed. *O preâmbulo da Constituição Federal*. São Paulo: Noeses, 2021.

MEINVIELLE, Pe. Julio. *Concepção Católica da Política*. 2 ed. Vitória (ES): Centro Anchieta, 2020.

MOHN, Paulo. Competência Legislativa Concorrente no Brasil: uma aplicação do princípio da subsidiariedade? Disponível em: https://www12.senado.leg.br/publicacoes/estudos-legislativos/tipos-de-estudos/outras-publicacoes/volume-ii-constituicao-de-1988-o-brasil-20-anos-depois.-o--exercicio-da-politica/competencia-legislativa-concorrente-

-no-brasil-uma-aplicacao-do-principio-da-subsidiariedade. Acesso em: 27 maio 2023.

MONTORO, André Franco. *Introdução à ciência do direito*. 33 ed. ver., atual. e ampliada. São Paulo: Editora Revista dos Tribunais, 2016.

OLIVEIRA, Plínio Corrêa de. (2022). *Revolução e Contra Revolução*. 7 ed. São Paulo, Retornarei, 2022.

PONTIFÍCIO CONSELHO "JUSTIÇA E PAZ". *Compêndio da doutrina social da Igreja*. 7 ed. São Paulo: Paulinas, 2011.

SAAD, Amauri Feres. O princípio da subsidiariedade e a liberdade econômica (comentários ao art. 2º, III, da Lei nº 13.874/2019. *Revista de Direito Público da Economia. RDPE*, Belo Horizonte, ano 18, n. 69, p. 25-37, jan./mar. 2020.

SOUSA, José Pedro Galvão de. *Iniciação à Teoria do Estado:* roteiro de princípios. São Paulo, José Bushatsky, 1967.

__________; GARCIA, Clóvis Lema; CARVALHO, José Fraga Teixeira de. *Dicionário de política*. São Paulo: T.A. Queiroz Editor, 1998.

__________. *Obras seletas II: Da representação política e O totalitarismo nas origens da moderna teoria do Estado*. Rio de Janeiro: Ed. CDB, 2021.

__________. *Obras seletas III: Direito natural, direito positivo e Estado de direito e O Estado tecnocrático*. Rio de Janeiro: Ed. CDB, 2021.

UNIÃO EUROPEIA. *Tratado da União Europeia*. Maastricht, 1992. Disponível em: https://www.europarl.europa.eu/about-parliament/pt/in-the-past/the-parliament-and-the-treaties/maastricht-treaty. Acesso em: 28 maio 2023.

________. *Tratado que institui a Comunidade Económica Europeia*. Roma, 1957. Disponível em: https://www.europarl.europa.eu/about-parliament/pt/in-the-past/the-parliament-and-the-treaties/treaty-of-rome#:~:text=Em%20

25%20de%20Mar%C3%A7o%20de,At%C3%B3mica%20 (CEEA%20ou%20EURATOM). Acesso em: 28 maio 2023.

VASCONCELOS, Arnaldo. *Teoria da Norma Jurídica*. Rio de Janeiro: Forense, 1978.

_________. A questão das normas constitucionais sem juridicidade, em *Revista Pensar*, Fortaleza, v. 18, n. 3, p. 712-736, set./dez. 2013.

VILLEY, Michel. *Questões de Tomás de Aquino sobre Direito e Política*. São Paulo: WMF, 2014.

“*VIX PERVENIT*”: ANÁLISE HISTÓRICA DO CONTRATO DE MÚTUO E DA USURA SOB A PERSPECTIVA JUSNATURALISTA

Paulo Eduardo Frederico[1]

Resumo: A regulação da usura em contratos de mútuo é um tema discutido desde a antiguidade, podendo ser encontrados exemplos de sua regulação nos direitos babilônico, hebreu, romano, entre outros. Com a conversão do Império Romano ao cristianismo, a regulação da usura, antes marcada pelos conflitos sociais, ganha contornos éticos mais claros. Na Idade Média, sob a influência do trabalho desempenhado por canonistas e teólogos, a regulação da usura foi amplamente discutida, tendo sido objeto de análise de uma Capitular do ano 789 d.C., dos Concílio de Latrão de 1139 e 1179 d.C., das ordenanças reais francesas do rei Luís IX, entre outras. Na Idade Moderna e Contemporânea a questão não deixou de ser objeto de análise, podendo ser citadas as encíclicas *Vix pervenit*, do Papa Bento XIV, *Rerum novarum*, do Papa Leão XIII, *Caritates in veritate*, do Papa Bento XVI, com destaque para a primeira por dirigir-se ao tema de forma específica. Em razão da influência do Iluminismo e dos ideais capitalistas, as limitações à usura foram relaxadas, o que acarretou novos conflitos sociais e um reavivamento dessas regulações. Atualmente, sob a influência de uma ótica

1. Doutorando em Direito Civil, subárea Direito Romano, da Faculdade de Direito da Universidade de São Paulo – FDUSP. Bacharel em Direito pela FDUSP com período de intercâmbio na Universidade Luís Maximiliano de Munique – LMU. Bolsista do Programa de Excelência Acadêmica da Capes. Advogado em São Paulo.

fundada na valorização dos investimentos e nos incentivos ao mercado financeiro, a regulação da usura encontra-se novamente amenizada, mas os conflitos que surgem da exploração dos mais necessitados em situação de hipossuficiência continuam e devem ser enfrentados a partir de um viés ético que revalorize os princípios jusnaturalistas repetidos ao longo dos séculos.

Palavras-chave: Mútuo – Usura – Jusnaturalismo.

1. Introdução

Sempre houve um desafio para os legisladores no tocante às transações de empréstimo de dinheiro que vão além do simples empréstimo amigável entre amigos, pois nessa espécie de contrato aqueles que pegam dinheiro em empréstimo encontram-se normalmente em uma posição de fragilidade econômica, o que facilita a exploração daquele que recebe o dinheiro emprestado por parte de quem o empresta.[2]

Assim sendo, a regulação da usura é um tema discutido desde as origens do direito, sendo possível perceber a questão já no direito babilônico, hebraico e romano, de matriz pré-cristã, além da ampliação da discussão no direito medieval até os dias atuais.

A Igreja discutiu o assunto de forma ampla, tendo apresentado regulações sobre essa questão desde o Concílio de Nicéia de 325 d.C. Após muitas discussões que vão desde uma Capitular do ano 789 d.C., os Concílios de Latrão de 1139 e 1179 d.C., as ordenanças reais francesas do rei Luís IX, entre outras,[3] o Papa Pio XIV promulgou a encíclica

---

2. ZIMMERMANN, 1996, p. 166.

3. GILISSEN, 2016, p. 766-767.

Vix pervenit, na qual expôs a doutrina da Igreja sobre a usura. Após esse documento, podemos ainda citar outras encíclicas como *Rerum novarum*, *Caritates in veritate* e o próprio Código de Direito Canônico de 1917.

Com o advento do Iluminismo, a regulação sobre a usura foi progressivamente abrandada, permitindo-se a cobrança de juros de acordo com os princípios liberais de liberdade contratual e negocial.[4] No Brasil, por sua vez, após a fase de maior influência do liberalismo, em uma época marcada pelos conflitos sociais surgiu a Lei da Usura, que buscou trazer um maior grau de limitação à cobrança de juros, mas que teve seu âmbito de aplicação relevantemente amenizado pela Lei 4.595, de 31 de dezembro de 1964, que excluiu as instituições financeiras de sua incidência.[5]

Nesse contexto, surge a questão quanto à adequação das legislações modernas à doutrina da usura segundo a lógica do direito natural, discutido amplamente pelos canonistas e presente desde os direitos da antiguidade.

2. Direitos antigos, romano e medieval

O empréstimo a juros foi conhecido pela maior parte dos direitos antigos, podendo ser citados os direitos egípcio, mesopotâmio, hebreu, grego e romano.[6] É no direito romano que a questão será tratada na antiguidade de forma mais clara e, após a conversão do Império, ganhar contornos éticos sob a influência da doutrina cristã e dos cânones dos primeiros concílios.

4. PIMENTEL, 1975, p. 315.

5. Vide: Súmula nº 596 do STF; Tema Repetitivo nº 24 do STJ.

6. GILISSEN, 2016, p. 766.

2.1. Mútuo e usura no direito romano e nos direitos antigos

Antes de adentrar na discussão sobre o empréstimo e a usura, é importante ressaltar a diferença entre os dois tipos de contratos de empréstimo: o mútuo e o comodato. O mútuo no direito romano é definido como uma espécie de contrato no qual uma das partes, o mutuante, transfere a propriedade de uma coisa fungível à outra parte, o mutuário, que fica, por sua vez, obrigado a restituir outra coisa da mesma espécie, quantidade e qualidade.[7] Já o comodato é definido como uma espécie de contrato no qual uma das partes, o comodante, entrega sem a transferência da propriedade uma coisa inconsumível à outra parte, o comodatário, para uso e posterior restituição.[8]

No mesmo sentido, J. GILISSEN distingue as duas espécies de empréstimos, o mútuo e o comodato a partir da dicotomia entre empréstimo para uso (comodato) e empréstimo para consumo (mútuo).[9]

O mútuo serviu no direito romano desde os tempos antigos como uma forma de "empréstimo amigável" sem a cobrança de juros ao lado do *nexum*, contrato solene que aos poucos foi caindo em desuso.[10] Assim sendo, o mútuo era uma espécie de contrato de empréstimo para consumo, podendo recair sobre dinheiro ou sobre outros bens consumíveis, como trigo, cevada *etc.*

---

7. MOREIRA ALVES, 2007, p. 483.

8. Idem, p. 489.

9. GILISSEN, 2016, p. 765.

10. KASER, KNÜTEL, e LOHSSE, 2017, p. 241.

Uma das principais legislações da antiguidade, o Código de Hamurabi, já previa a existência de empréstimos a juros, delimitando as taxas de juros para os diferentes tipos de mútuo (sem fazer à época uma definição técnica desse contrato tal como posteriormente realizado pelos romanos). No caso, o Código de Hamurabi distinguiu a taxa de juros para os empréstimos em dinheiro, que fixou em 20% ao ano, da taxa de juros para empréstimo, por exemplo, em cevada, fixada entre 20 e 33% ao ano. Além de fixar padrões para as taxas de juros, o Código de Hamurabi definiu uma pena no caso de juros usurários: a perda do crédito.[11]

Os hebreus também conheceram a regulação da usura nos livros do Êxodo, Levítico e Deuteronômio.[12] Em comparação com o Código de Hamurabi, a legislação mosaica foi mais rigorosa no tocante à regulação da usura ao proibir que um hebreu empreste a outro a juros ao mesmo tempo em que permitia que estrangeiros pagassem juros pelos empréstimos.[13]

Parte dos direitos antigos, a exemplo do babilônico e do hebreu, já conhecia restrições à usura, seja proibindo totalmente o empréstimo a juros entre membros de um mesmo grupo (Lei Mosaica), seja limitando as taxas de juros (Código de Hamurabi). O direito romano, por sua vez, também conheceu essas restrições desde sua época arcaica.

11. GILISSEN, 2016, p. 766.

12. Vide: Ex. 22,24; Lev. 25, 37; Deut. 25, 7-11.

13. SAMPEY, 1904, p. 239-240.

A Lei das XII Tábuas, que chegou até nós apenas por referências de outras obras posteriores, já previa uma limitação das taxas de juros:

Lei das XII Tábuas 8, 18:[14]	
Tacitus, Ann., 6, 16: Vetus urbi fenebre malum et seditionum discordiarumque creberrima causa, eoque eohibebatur antiquis quoque et minus corruptis moribus. Nam primo XII Tabulis sanetum ne quis unciario fenore amplius exerceret, cum antea ex libidine locupletium agitaretur.	Tacitus, *Ann.*, 6, 16: O problema causado à cidade pelo empréstimo de dinheiro a juros é antigo, sendo uma causa muito frequente de conflitos e desavenças civis. Por essa razão, foram feitas tentativas para o controlar, mesmo na altura em que a boa e velha moralidade era menos corrupta do que é agora; pois, primeiro, *as Doze Tábuas ordenaram que ninguém deveria praticar a usura a uma taxa superior a um duodécimo*, enquanto que, antes disso, a prática era realizada de acordo com a livre escolha dos mais ricos.
Cato, R. R., 1, 1: Maiores nostri sic habuerunt et ita in legibus posiverunt furem dupli condemnari feneratorem quadrupli.	Cato, *R. R.*, 1, 1: Os nossos antepassados seguiram este princípio e incorporaram-no nas suas leis: *um ladrão é condenado ao dobro, um usurário é condenado ao quádruplo.*

Na transcrição acima, devem ser destacados dois trechos: "as Doze Tábuas ordenaram que ninguém deveria praticar a usura a uma taxa superior a um duodécimo" e "um ladrão é condenado ao dobro, um usurário é condenado ao quádruplo". Esses dois trechos, que correspondem respectivamente aos parágrafos 18a e 18b da Lei das XII Tábuas demonstram como a preocupação com a usura já era uma realidade desde o direito romano arcaico.

Alguns autores, na interpretação das disposições acima destacadas da Lei das XII Tábuas, entenderam que a taxa de juros nessa época poderia chegar até o limite de 100%

14. Versão latina e tradução baseadas em: WARMINGTON, 1938, p. 488-489.

ao ano.[15] No entanto, a interpretação que prevalece acerca da expressão "*unciario fenore*" é a de que as taxas de juros segundo a Lei das XII Tábuas seriam limitadas acerca de 8,33% ao ano, por mais que ainda haja discussão quanto à possibilidade desse limite ser mensal e não anual.[16]

Não se deve presumir que da época da Lei das XII Tábuas até a compilação justinianeia as taxas de juros não tenham gerado novas controvérsias.[17] Inclusive, em 342 a.C., o tribuno da plebe Lúcio Genúcio obteve aprovação da *Lex Genucia*, que proibiu quaisquer empréstimos a juros, tendo posteriormente caído em desuso.[18]

Assim sendo, considerando uma limitação durante o direito arcaico das taxas de juros em cerca de 8,33% ao ano, é possível concluir que o direito justinianeu, por mais que mantivesse a preocupação com a usura, não promoveu alterações verdadeiramente revolucionárias nos parâmetros clássicos. Ao mesmo tempo, como visto, sob a influência da doutrina canônica, Justiniano fixou taxas de juros básicas em 6% ao ano, tendo previsto diversas exceções, principalmente em razão do risco inerente a certas atividades.

O *Corpus Iuris Civilis* foi publicado durante o reinado de Justiniano I, imperador bizantino, no séc. VI d.C. Sua elaboração foi posterior ao Concílio de Nicéia (325 d.C.), no qual se concluiu que os juros seriam contrários à caridade cristã, tendo sido proibidos os empréstimos a juros por parte do clero e desincentivados para os demais.[19]

---

15. Vide nesse sentido: GILISSEN, 2016, p. 766.

16. MALONEY, 1971, p. 89.

17. Vide, por exemplo: App., *B. Civ.*, 1, 54.

18. Vide: Liv., *Ab urbe condita*, 7, 42.

19. GILISSEN, 2016, p. 766.

Também posterior ao Concílio de Nicéia, mas anterior ao *Corpus Iuris Civilis*, é a promulgação do *Codex Theodosianus*, no qual foram destacadas algumas limitações sobre a usura:

C. Th. 2, 33, 1-4:[20]	
1.IMP. CONSTANT(INUS) A. AD DRACILIANUM AGENTEM VICES P(RAEFECTORUM) P(RAETORI) O. Quicumque fruges humidas vel arentes indigentibus mutuas dederint, usurae nomine tertiam partem superfluam consequantur, id est ut, si summa crediti in duobus modiis fuerit, tertium modium amplius consequantur. Quod si conventus creditor propter commodum usurarum debitum recuperare noluerit, non solum usuris, sed etiam debiti quantitate privandus est. Quae lex ad solas pertinet fruges: nam pro pecunia ultra singulas centesimas creditor vetatur accipere. P(RO)P(OSITA) CAESAREA XV KAL. MAI. PAULINO ET IULIANO CONSS.	1. O Imperador Constantino Augusto aos prefeitos do Pretório e aos pretores. Aqueles que emprestarem grãos úmidos ou secos a necessitados, a juros, receberão como excesso um terço a mais, ou seja, se a quantia emprestada for de duas unidades, receberão uma terceiro unidade adicional. Se o credor, por conveniência dos juros, não quiser recuperar a dívida, ele deve ser privado não apenas dos juros, mas também do valor total da dívida. Essa lei se aplica apenas aos grãos, pois é proibido ao credor receber mais de um por cento em dinheiro. Promulgado no décimo quinto dia antes das calendas de maio, sob o consulado de Paulino e Juliano.
2. IMPPP. VALENTIN(IANUS), THEOD(OSIUS) ET ARCAD(IUS) AAA. CYNEGIO P(RAEFECTO) P(RAETORI)O. Quicumque ultra centesimam iure permissam aliquid sub occasione necessitatis eruerit, quadrupli poenae obligatione constrictus sine cessatione, sine requie protinus ablata redhibebit. Hi vero, qui antea pari furore grassati uspiam detegentur, in duplum extorta restituant. DAT. VIII KAL. NOVEMB. CONSTANT(INO)P(OLI) HONOR(IO) NB. P. ET EVODIO V. C. CONSS. [...]	2. Nossos Augustos Valentiniano, Teodósio e Arcádio ao prefeito pretoriano Cinegio. Aquele que, sob o pretexto de necessidade, tomar algo além do permitido por lei, será obrigado a devolver imediatamente, sem pausa ou interrupção, quatro vezes o valor tirado. Aqueles que forem descobertos tendo agido com a mesma audácia anteriormente deverão restituir em dobro. Dado no oitavo dia antes das calendas de novembro, em Constantinopla, sob o consulado de Honório e Evódio. [...]

20. Texto latino segundo: MOMMSEN e MEYER, 1905, p. 124-125.

4. IMPPP. ARCAD(IUS) ET THEO-D(OSIUS) AAA. OPTATO P(RAE-FECTO) U(RBI). Senatores sub medietate centesimae usurae ad contractum creditae pecuniae censemus admitti. Itaque omnes intellegant nullum florentissimo coetui sociatum fenus exercentem ultra medietatem centesimae vel iure stipulari vel petere posse usuram: quin etiam, si quid praeter moderatam nostri numinis definitionem fuerit flagitatum, imminuendae sorti pro huius legis auctoritate cessurum. DAT. PRID. ID. IUN. NICIAE STILICHO-NE II ET ANTHEMIO CONSS.	4. Nossos Augustos Arcádio e Teodósio a Optato, prefeito urbano. Consideramos que os senadores devem ser admitidos a emprestar dinheiro sob a limitação de juros de meio por cento. Portanto, todos devem entender que nenhum membro desse próspero corpo está autorizado a exercer juros além da metade de um por cento, seja por acordo legal ou por demanda de juros. Além disso, se algo além do estabelecido por nossa definição moderada divina for exigido, estará sujeito a redução da sorte conforme a autoridade desta lei. Dado no dia anterior às idas de junho, em Nicéia, sob o consulado de Estilicão pela segunda vez e Antêmio.

Nos fragmentos destacados acima do *Codex Theodosianus* é possível perceber como a preocupação com a usura se mantém e é aprimorada. Sob a influência da moral cristã e dos cânones do Concílio de Nicéia, que ocorrera poucas décadas antes da promulgação do *Codex Theodosianus*, a preocupação com a usura ganha contornos cada vez mais humanitários. Nesses trechos, podemos perceber o seguinte: limitação dos juros nos empréstimos de grãos (C. Th. 2, 33, 1); delimitação da pena de devolução em quádruplo do valor cobrado além do permitido (C. Th. 2, 33, 2); restrição dos juros cobrados pela classe senatorial em seus empréstimos à metade do limite geral, demonstrando uma preocupação específica quanto à exploração dos mais pobres pelos mais ricos (C. Th. 2, 33, 4).

A princípio, a comparação da regulação da usura no Império Romano com os dias atuais pode parecer excessivamente distante. No entanto, a realidade econômica romana era mais semelhante com o capitalismo moderno do que se considera usualmente. Roma, mesmo vivendo uma realidade pré-industrial, oferecia muitos indicadores da existência de um mercado impessoal: altas taxas de urbanização, especialização produtiva notável, substancial integração de mercados para determinados produtos e mercados financeiros sofisticados e extensos.[21]

No mesmo sentido, é possível afirmar que a economia romana não era apenas uma coleção de mercados locais independentes, mas uma economia integrada de mercado.[22] Além disso, suas taxas de urbanização são estimadas em torno de 7,4 a 19,5%, número semelhante ao de nações europeias entre os anos 1600 e 1750.[23] Logo, a realidade da vida econômica privada romana era muito desenvolvida para sua época, só se comparando à realidade da Europa Ocidental muitos séculos mais tarde.

Do ponto de vista da progressão histórica da regulação da usura em Roma, pode-se concluir que as legislações sobre a usura promulgadas após a conversão do Império Romano foram cada vez mais buscando aperfeiçoar progressivamente as restrições à cobrança de juros. Além dos exemplos já citados, Justiniano ainda estabeleceu que o valor acumulado dos juros pagos não poderia exceder o montante do capital emprestado ao mutuário, deixando de ser devidos os juros quando atingissem o valor do mútuo.[24]

2.2 Idade Média e a influência de Santo Tomás de Aquino

Mesmo com o fim do Império Romano do Ocidente, a discussão sobre a usura não cessou, tendo sido um objeto constante de debates ao longo da Idade Média. Além

21. ARRUÑADA, 2016, p. 69-70.

22. TEMIN, 2006, p. 137.

23. DARI-MATTIACCI, 2017, p. 195-195.

24. MOREIRA ALVES, 2007, p. 485-486.

da condenação à usura declarada no Concílio de Nicéia, também podemos citar uma Capitular do ano 789 d.C., os Concílio de Latrão de 1139 e 1179 d.C., as ordenanças reais francesas do rei Luís IX, entre outras.[25]

Após uma longa discussão histórica, Santo Tomás de Aquino consagrou uma posição que viria a ser dominante no pensamento medieval. A conclusão de Santo Tomás de Aquino pode ser resumida nos seguintes trechos da Suma Teológica:

> [...] Mas, em contrário, a Escritura (Ex. 22, 25): *Se emprestares algum dinheiro ao necessitado do meu povo que habita contigo, não o apertarás como um exactor nem o oprimirás com usuras.*
>
> SOLUÇÃO. – Receber usura pelo dinheiro mutuado é, em si mesmo, injusto, porque se vende o que não se tem; donde nasce manifestamente uma desigualdade contrária à justiça.[26] [...]

No trecho acima destacado é possível perceber que Santo Tomás de Aquino condenou o recebimento de usura a princípio de forma abrangente, vendo-a como uma forma de opressão do necessitado. Na interpretação feita por G. K. Chesterton da obra de Santo Tomás de Aquino, a condenação à usura é compreendida em razão do pecado pela exploração dos pobres, que seriam aqueles que precisariam de empréstimos para fazer frente a suas necessidades básicas e de suas famílias.[27] Assim, a usura seria compreendida não em seu sentido comercial como uma forma de empréstimo para o financiamento de atividades empresariais que poderiam potencialmente aumentar a riqueza do mutuário, mas sim como uma forma de lucro sobre a necessidade dos mais pobres.

---

25. GILISSEN, 2016, p. 766-767.

26. ST II-II, q. 78, art. 1 (tradução de: CORREIA, 2016, p. 478).

27. PERSKY, 2007, p. 235.

A interpretação de G. K. Chesterton mostra-se coerente com a principal premissa apontada por Santo Tomás de Aquino: Ex. 22, 25. Nessa passagem do Êxodo, a proibição à usura é intimamente relacionada à exploração do necessitado. Tomando-se essa premissa por base, a condenação da usura pela Igreja mostra-se perfeitamente compreensível.

Como será exposto no capítulo subsequente, por mais que a visão de Santo Tomás de Aquino sobre a usura tenha trazido uma maior estabilidade ao tema, apenas com a encíclica *Vix pervenit* do Papa Bento XIV será possível vislumbrar uma verdadeira pacificação da questão na doutrina da Igreja.

Ao mesmo tempo, a casuística do direito medieval e uma busca constante por justiça nos casos concretos deu espaço a diversas exceções. Como será visto na encíclica *Vix pervenit*, a proibição à cobrança de juros não seria absoluta. Da mesma forma, na Idade Média também houve um grande trabalho de construção de exceções para situações nas quais seria lícito obter lucro através de empréstimos, baseando-se em institutos como lucro cessante, dano emergente, entre outros.[28]

3. Do Renascimento ao Direito Moderno

A encíclica *Vix pervenit* escrita pelo Papa Bento XIV e promulgada em 1º de novembro de 1745 é o principal documento pontifício que expõe de forma clara a doutrina da Igreja sobre a usura em contratos de mútuo. Em razão da importância dessa encíclica para a compreensão do tema e da ausência de traduções para o português de sua íntegra, sua tradução encontra-se disponibilizada como apêndice deste artigo.

28. ZIMMERMANN, 1996, p. 172.

Para a compreensão da doutrina exposta em *Vix pervenit*, é necessário ressaltar alguns de seus trechos principais:

> [...] A espécie de pecado conhecida como usura, que tem lugar próprio tanto no contrato de empréstimo quanto em sua natureza intrínseca, consiste no seguinte: em que cada um exija que, além do empréstimo (que, por sua natureza, exige apenas o reembolso do quanto foi emprestado), seja devolvido um valor maior do que o recebido originalmente; e, portanto, exige que, para além do capital, lhe seja devido um certo lucro em virtude do próprio empréstimo. Portanto, *qualquer lucro que exceda o capital é ilícito e caracterizado como usura*. [...]
>
> Dito isso, *não se nega que, em certos casos, podem surgir outros títulos no contrato de empréstimo, que não são totalmente inerentes à própria natureza do empréstimo, e que justificam legítima e justamente a exigência de um valor adicional além do capital emprestado*. [...]
>
> Em segundo lugar, aqueles que estão tão confiantes em sua própria força e sabedoria, que não hesitam em se pronunciar sobre tais assuntos (que também requerem considerável conhecimento na Sagrada Teologia e nos Cânones), devem ter cuidado com posições extremas, que são sempre errôneas. *Pois, de fato, alguns julgam essas questões de maneira tão rigorosa que consideram qualquer lucro obtido com dinheiro como ilícito e relacionado à usura; outros, por outro lado, são tão indulgentes e permissivos que consideram qualquer ganho como isento de usura*. Que não se apeguem demais às suas próprias opiniões, mas que, antes de emitir um parecer, examinem vários escritores mais respeitados que outros; em seguida, que considerem as partes que sabem serem confiáveis, tanto em termos de doutrina quanto de autoridade. [...]
>
> Em terceiro lugar, *aqueles que desejam permanecer imunes e isentos de qualquer suspeita de usura, e ao mesmo tempo desejam emprestar seu dinheiro a outros buscando obter um lucro legítimo, devem ser primeiramente solicitados a explicar o contrato a ser celebrado, esclarecer as condições associadas a ele e os juros exigidos sobre o dinheiro*. [...][29]

No trecho final destacado, o Papa Bento XIV sugere àqueles que pretendem emprestar dinheiro enquanto obtêm

29. Vide a tradução integral da encíclica no apêndice deste artigo.

um lucro legítimo que "expliquem o contrato a ser celebrado" e que "esclareçam as condições e os juros exigidos".

Logo, por mais que no início de sua encíclica pareça haver uma proibição em absoluto à cobrança de juros ("qualquer lucro que exceda o capital é ilícito e caracterizado como usura"), em sua parte final é possível compreender que essa proibição não seria absoluta e que comportaria exceções, desde que sem excessos. Essas exceções, em uma análise sistemática da encíclica de Bento XIV, provavelmente estariam ligadas aos "outros títulos no contrato de empréstimo, que não são totalmente inerentes à própria natureza do empréstimo, e que justificam legítima e justamente a exigência de um valor adicional além do capital emprestado".

A encíclica *Vix pervenit* foi inicialmente endereçada apenas à Itália, mas em 28 de julho de 1836, o Santo Ofício estendeu seu âmbito para todo o mundo.[30]

3.1 Documentos pontifícios após a encíclica "Vix pervenit"

Após a ampliação do âmbito da encíclica *Vix pervenit* para todo o mundo em 1836, o Papa Leão XIII promulgou a encíclica *Rerum novarum*, na qual a questão da usura foi novamente abordada:

> A usura voraz veio agravar ainda mais o mal. Condenada muitas vezes pelo julgamento da Igreja, não tem deixado de ser praticada sob outra forma por homens ávidos de ganância, e de insaciável ambição. A tudo isto deve acrescentar-se o monopólio do trabalho e dos papéis de crédito, que se tornaram o quinhão dum pequeno número de ricos e de opulentos, que impõem assim um jugo quase servil à imensa multidão dos proletários.[31]

---

30. LAVIGNE, 2005, p. 88.

31. LEÃO XIII, 1891.

Na leitura do trecho acima destacado da *Rerum novarum* sobressai o aspecto social da proibição da usura. Assim, retoma-se a compreensão de G. K. Chesterton sobre a doutrina tomista, segundo o qual a usura condenada pelo tomismo seria intimamente relacionada à exploração do necessitado, tal como se infere da leitura de Ex. 22, 25.

Após a encíclica *Rerum novarum*, houve ainda a publicação de dois documentos de grande relevância e que também abordaram a questão da usura sob o ponto de vista da Igreja: o Código de Direito Canônico, promulgado pelo Papa São Pio X em 1917; e a encíclica *Caritates in veritate* promulgada em 2009 pelo Papa Bento XVI.

O Código de Direito Canônico de 1917 tem a seguinte redação em seu can. 1543:

CIC, can. 1543:	
Si res fungibilis ita alicui detur ut eius fiat et postea tantundem in eodem genere restituatur, nihil lucri, ratione ipsius contractus, percipi potest; sed in praestatione rei fungibilis non est per se illicitum de lucro legali pacisci, nisi constet ipsum esse immoderatum, aut etiam de lucro maiore, si iustus ac proportionatus titulus suffragetur.	Se uma coisa fungível for entregue a alguém de tal maneira que ela se torne dele e, em seguida, seja restituída a mesma quantidade do mesmo tipo, não é possível obter nenhum lucro, por razão do próprio contrato; porém, na prestação de uma coisa fungível, não é, por si só, ilícito pactuar um lucro legal, a menos que fique evidente que ele é imoderado ou até mesmo um lucro maior, se houver um motivo justo e proporcional.

No can. 1543 do Código de Direito Canônico de 1917, é possível perceber uma reafirmação da mesma doutrina exposta em *Vix pervenit* com um adendo ao final interpretado por alguns autores como uma negação de significado concreto à doutrina.[32] No entanto, não parece haver no final do trecho destacado uma negativa de um significado

32. Vide nesse sentido: STORCK, 2009, p. 461.

real à doutrina consagrada em *Vix pervenit*, mas sim sua exposição de forma precisa.

A encíclica do Papa Bento XIV, como visto, já consagrara algumas exceções e permitia em alguns casos que se emprestasse dinheiro a juros. É inegável que na encíclica não há uma delimitação muito precisa de em quais situações seria permitido esse tipo de negócio, mas é provável que o Papa Bento XIV e a comissão responsável pela análise do caso à época tenham deixado de fazer essa delimitação deliberadamente. Afinal, em muitos casos, a Igreja opta por apresentar balizas morais a serem consideradas em cada caso concreto pelos interessados e sob a supervisão de seus pastores.

Lembremo-nos do seguinte trecho da *Vix pervenit*: "aqueles que desejam permanecer imunes e isentos de qualquer suspeita de usura, e ao mesmo tempo desejam emprestar seu dinheiro a outros buscando obter um lucro legítimo, devem ser primeiramente solicitados a explicar o contrato a ser celebrado, esclarecer as condições associadas a ele e os juros exigidos sobre o dinheiro". Nesse trecho, é possível perceber que há certa abertura para empréstimos que visem a obter um "lucro legítimo". O que seria esse "lucro legítimo" é uma questão que fica em aberto.

Com a encíclica *Caritates in veritate,* podemos novamente vislumbrar a mesma doutrina repetida pela Igreja desde *Vix pervenit*:

> Em seguida, é preciso que as finanças enquanto tais — com estruturas e modalidades de funcionamento necessariamente renovadas depois da sua má utilização que prejudicou a economia real — voltem a ser um instrumento que tenha em vista a melhor produção de riqueza e o desenvolvimento. *Enquanto instrumentos, a economia e as finanças em toda a respectiva extensão, e não apenas em alguns dos seus sectores, devem ser utilizadas de modo ético a fim de criar as condições adequadas para o desenvolvimento do homem e dos povos.* É certamente útil, se não mesmo indispensável em certas circunstâncias, dar vida a iniciativas financeiras nas quais predomine a dimensão humanitária. Isto,

porém, não deve fazer esquecer que o inteiro sistema financeiro deve ser orientado para dar apoio a um verdadeiro desenvolvimento. Sobretudo, é necessário que não se contraponha o intuito de fazer o bem ao da efetiva capacidade de produzir bens. *Os operadores das finanças devem redescobrir o fundamento ético próprio da sua atividade*, para não abusarem de instrumentos sofisticados que possam atraiçoar os aforradores. Reta intenção, transparência e busca de bons resultados são compatíveis entre si e não devem jamais ser separados. Se o amor é inteligente, sabe encontrar também os modos para agir segundo uma previdente e justa conveniência, como significativamente indicam muitas experiências no campo do crédito cooperativo.

Tanto uma *regulamentação do setor capaz de assegurar os sujeitos mais débeis e impedir escandalosas especulações*, como a experimentação de novas formas de financiamento destinadas a favorecer projetos de desenvolvimento, são experiências positivas que hão de ser aprofundadas e encorajadas, invocando a responsabilidade própria do aforrador. *Também a experiência do microfinanciamento, que mergulha as próprias raízes na reflexão e nas obras dos humanistas civis* (penso nomeadamente no nascimento dos montepios), há de ser revigorada e sistematizada, sobretudo nestes tempos em que os problemas financeiros podem tornar-se dramáticos para muitos sectores mais vulneráveis da população, que devem ser tutelados dos riscos de usura ou do desespero. Os sujeitos mais débeis hão de ser educados para se defender da usura, do mesmo modo que os povos pobres devem ser educados para tirar real vantagem do microcrédito, desencorajando assim as formas de exploração possíveis nestes dois campos. Uma vez que existem novas formas de pobreza também nos países ricos, o microfinanciamento pode proporcionar ajudas concretas para a criação de iniciativas e sectores novos em favor das classes débeis da sociedade mesmo numa fase de possível empobrecimento da própria sociedade.[33]

No trecho acima reproduzido, podemos destacar o seguinte: (i) as finanças devem ser vistas como um instrumento a ser utilizado para o fim ético de "criar as condições adequadas para o desenvolvimento do homem e dos povos"; (ii) o sistema financeiro deve redescobrir o fundamento ético da sua atividade, pois a "reta intenção, transparência e busca de bons resultados são compatíveis entre

---

33. BENTO XVI, 2009.

si"; (iii) a importância da regulamentação do setor financeiro de modo a proteger os mais vulneráveis e impedir excessos; (iv) a importância do estímulo ao microfinanciamento, de modo a se proteger os mais vulneráveis e aqueles em problemas financeiros que em desespero se mostram sujeitos aos excessos daqueles que detêm o capital.

Assim, na encíclica do Papa Bento XVI não parece haver, tal como não havia em *Vix pervenit*, uma condenação em absoluto à cobrança de juros. Se Bento XIV já reconhecia que em certos casos, seria possível "emprestar seu dinheiro a outros buscando obter um lucro legítimo", Bento XVI, da mesma forma, reconhece a existência das finanças como um mercado ao mesmo tempo em que defende a reconexão desse mercado com sua raiz ética e o estímulo a meios de microfinanciamento que defendam os mais vulneráveis, principalmente em situações de desespero.

3.2 A regulação da usura no Brasil

Sob a influência do Iluminismo e dos ideais do liberalismo econômico, a regulação sobre a usura foi progressivamente abrandada, permitindo-se a cobrança de juros de acordo com o que fora livremente pactuado. No entanto, os excessos advindos da liberação generalizada da usura foram uma fonte de grandes tensões, com o fortalecimento de uma minoria privilegiada em detrimento da maioria é possível observar o surto das ideias socialistas, que influenciaram novas regulamentações nesse âmbito.[34]

No Brasil, sob a influência dos conflitos da época e das limitações baseadas em uma visão de direito natural que já vinha sendo exposta pelos canonistas desde as épocas primitivas da Igreja e posteriormente consagrada nos cânones

34. PIMENTEL, 1975, p. 315.

dos concílios e nos documentos pontifícios, foi promulgada a Lei da Usura – Decreto 22.626, de 7 de abril de 1933.

No entanto, parte da doutrina entende que a Lei da Usura encontra-se atualmente revogada no Brasil após a entrada em vigor do Código Civil de 2002.[35] Além da discussão quanto a sua ab-rogação, é fato que a Lei da Usura foi derrogada no tocante à sua aplicabilidade às instituições do sistema financeiro nacional pela Lei 4.595, de 31 de dezembro de 1964. No caso, a jurisprudência do Supremo Tribunal Federal e do Superior Tribunal de Justiça têm o entendimento pacífico de que a Lei da Usura não se aplica às instituições financeiras pela aplicação do princípio da *lex specialis*.[36]

Assim sendo, no Brasil, sobrevive apenas a discussão quanto à aplicação da Lei da Usura aos contratos não regidos pela legislação específica aplicável ao sistema financeiro nacional.

No Brasil, assim como em boa parte do mundo ocidental, vivemos uma época de afrouxamento das limitações à usura. Na época do Iluminismo, a liberação da usura teve como base o princípio *pacta sunt servanda* e o ideal de liberdade negocial. Hoje, por sua vez, sobressai a visão baseada na atração de investimentos, no receio da fuga de capital e no estímulo generalizado ao mercado financeiro.

4. Conclusão

Através da análise das encíclicas *Vix pervenit*, do Papa Bento XIV, e *Caritates in veritate*, do Papa Bento XVI, é possível obter as respostas necessárias à adequação da cobrança de juros à doutrina da Igreja assim como a influência

35. Nesse sentido: ANDRADE JR e LIMA, 2022.

36. Vide: Súmula nº 596 do STF; Tema Repetitivo nº 24 do STJ.

das balizas morais proporcionadas pelos documentos à regulação da usura pelas legislações modernas.

Antes de mais nada vale a pena frisar que, diferentemente da visão mais difundida, a encíclica *Vix pervenit* não proibiu a cobrança de juros em absoluto, tendo em vista que o documento do Papa Bento XIV sugere àqueles que pretendem emprestar dinheiro enquanto obtêm um lucro legítimo que "expliquem o contrato a ser celebrado" e que "esclareçam as condições e os juros exigidos". Assim sendo, há uma abertura para que em determinados casos haja algum tipo de obtenção de um lucro legítimo através do empréstimo de dinheiro. O necessário, no caso, é buscar a conciliação entre a virtude moral e uma regulação que esteja atenta às necessidades econômicas e sociais.[37]

No entanto, a encíclica *Vix pervenit* não apresenta uma delimitação clara desse mercado. É na encíclica *Caritates in veritate* que encontraremos balizas mais compreensíveis quanto à regulação da usura no mundo moderno. Como visto, a encíclica do Papa Bento XVI destaca os seguintes pontos: (i) as finanças devem ser vistas como um instrumento a ser utilizado para o fim ético de "criar as condições adequadas para o desenvolvimento do homem e dos povos"; (ii) o sistema financeiro deve redescobrir o fundamento ético da sua atividade, pois a "reta intenção, transparência e busca de bons resultados são compatíveis entre si"; (iii) a importância da regulamentação do setor financeiro de modo a proteger os mais vulneráveis e impedir excessos; (iv) a importância do estímulo ao microfinanciamento, de modo a se proteger os mais vulneráveis e aqueles em problemas financeiros que em desespero se mostram sujeitos aos excessos daqueles que detêm o capital.

São esses pontos que devem ser encarados como as principais balizas para a regulação da usura nas sociedades contemporâneas pelo direito com base em um respeito aos

37. Nesse sentido vide: GORIA, 1907, p. 417.

princípios do direito natural, amplamente discutido nos séculos de história da Igreja e até mesmo nas civilizações pré-cristãs. Nesse aspecto, é importante ressaltar como até mesmo em sociedades primitivas a regulação da usura sempre foi um tópico amplamente discutido, principalmente em momentos de grande exploração dos mais vulneráveis, que são exatamente aqueles que, em desespero, assumem muitas vezes obrigações que vão além de suas reais condições de pagamento.

Referências

ANDRADE JR, Luiz Carlos; LIMA, Marcelo Chiavassa de Mello Paula. "Disciplina da Usura no Direito Civil Brasileiro". *Revista de Direito Civil Contemporâneo*. vol. 33, ano 9, 2022, p. 81-121.

ARRUÑADA, Benito. "How Rome enabled Impersonal Markets". *Explorations in Economic History*. vol. 61, 2016, p. 68-84.

BENTO XIV. *Vix pervenit*. 1745. Disponível em: https://www.vatican.va/content/benedictus-xiv/it/documents/enciclica--i--vix-pervenit--i---1-novembre-1745--poiche-e-venuto-.html

BENTO XVI. *Caritates in veritate*. 2009. Disponível em: https://www.vatican.va/content/benedict-xvi/pt/encyclicals/documents/hf_ben-xvi_enc_20090629_caritas-in-veritate.htmlCORREIA, Alexandre. *Santo Tomás de Aquino – Suma Teológica – IIa IIae*. 4ª ed. Campinas: Ecclesiae, 2016. vol. 3.

DARI-MATTIACCI, Giuseppe et al. "The Emergence of the Corporate Form". *The Journal of Law, Economics and Organization*. vol. 33, n. 2, 2017, p. 194-95.

GILISSEN, John. *Introdução histórica ao direito*. 8ª ed. Tradutores: A. M. Hespanha e L. M. Macaísta Malheiros. Lisboa: Fundação Calouste Gulbenkian, 2016.

GORIA, Giuseppe. "L'usura nelle leggi moderne". *Rivista Internazionale di Scienze Sociali e Discipline Ausiliare*. vol. 45, fasc. 179, 1907, p. 405-417.

KASER, Max; KNÜTEL, Rolf; LOHSSE, Sebastian. *Römisches Privatrecht: Ein Studienbuch*. 21 Aufl. München: C. H. Beck, 2017.

LAVIGNE, Jean-Claude. "Interdit ou toléré ? Le prêt à intérêt après Vix Pervenit (1745)". *Finance & Bien Commun*. vol. 1, n. 21, 2005, p. 85-92.

LEÃO XIII. *Rerum novarum*. 1891. Disponível em: https://www.vatican.va/content/leo-xiii/pt/encyclicals/documents/hf_l-xiii_enc_15051891_rerum-novarum.html

MALONEY, Robert P. "Usury in Greek, Roman and Rabbinic Thought". *Traditio*. vol. 27, 1971, p. 79-109.

MOMMSEN, Theodor; MEYER, Paul. *Theodosiani libri XVI cum constitionibus sirmondianis et leges novellae ad Theodosianum pertinentes*. Berlin: Weidmannos, 1905. vol. 1.

MOREIRA ALVES, José Carlos. *Direito romano*. 15ª ed. Rio de Janeiro: Forense, 2007.

PERSKY, Joseph. "Retrospectives from Usury to Interest". *Journal of Economic Perspectives*. vol. 21, n. 1, 2007, p.227-236.

PIMENTEL, Manoel Pedro. "Crime de Usura". *Revista da Faculdade de Direito da Universidade de São Paulo*. vol. 70, 1975, p. 313-326.

SAMPEY, John R. "The Code of Hamurabi and the Laws of Moses – II". *Baptist Review and Expositor*. vol. 1, n. 2, 1904, p. 233-243.

TEMIN, Peter. "The Economy of the Early Roman Empire". *The Journal of Economic Perspectives*. vol. 20, n. 1, 2006, p. 133-151.

WARMINGTON, Eric Herbert. *Remains of Old Latin – III*. Cambridge: Harvard University Press, 1938.

ZIMMERMANN, Reinhard. *The Law of Obligations: Roman Foundations of the Civilian Tradition*. Oxford: Oxford University Press, 1996.

Apêndice: tradução da encíclica "Vix pervenit"

Ai Venerabili Fratelli Patriarchi, Arcivescovi, Vescovi e Ordinari d'Italia.

Il Papa Benedetto XIV.

Venerabili Fratelli, salute e Apostolica Benedizione.

Non appena pervenne alle nostre orecchie che a cagione di una nuova controversia (precisamente se un certo contratto si debba giudicare valido) si venivano diffondendo per l'Italia alcune opinioni che non sembravano conformi ad una saggia dottrina, ritenemmo immediatamente che spettasse alla Nostra Apostolica carica apportare un rimedio efficace ad impedire che questo guaio, con l'andar del tempo e in silenzio, acquistasse forze maggiori; e bloccargli la strada perché non si estendesse serpeggiando a corrompere le città d'Italia ancora immuni.

1. Perciò, prendemmo la decisione di seguire la procedura della quale sempre fu solita servirsi la Sede Apostolica: cioè, abbiamo spiegato tutta la materia ad alcuni Nostri Venerabili Fratelli Cardinali della Santa Romana Chiesa, che sono molto lodati per la loro profonda dottrina in fatto di Sacra Teologia e di Disciplina Canonica; abbiamo interpellato anche parecchi Regolari coltissimi nell'una e nell'altra materia, scegliendoli, alcuni fra i Monaci, altri nell'Ordine dei Mendicanti, altri ancora fra i Chierici Regolari; abbiamo aggiunto anche un Prelato laureato in utroque jure e dotato di lunga pratica del Foro. Stabilimmo che il giorno 4 del luglio scorso si riunissero tutti alla Nostra presenza e chiarimmo loro i termini della questione. Apprendemmo che già essi ne avevano notizia e la conoscevano a fondo.

2. Successivamente abbiamo ordinato che, liberi da qualsiasi parzialità e

Aos Veneráveis Irmãos Patriarcas, Arcebispos, Bispos e Ordinários da Itália.

O Papa Bento XIV.

Veneráveis Irmãos, saúde e Bênção Apostólica.

Fomos informados recentemente sobre uma nova controvérsia que surgiu, relacionada à validade de um contrato específico. Ficamos preocupados ao perceber que certas opiniões estão sendo difundidas pela Itália, as quais parecem não estar em conformidade com a sábia doutrina. Consequentemente, consideramos que é nosso dever apostólico agir prontamente para evitar que essa questão ganhe força com o tempo, de forma silenciosa, e se espalhe de modo a corromper as cidades italianas que ainda permanecem imunes.

1. Portanto, decidimos seguir o procedimento habitual da Sé Apostólica: expusemos toda a questão a alguns dos nossos Veneráveis Irmãos Cardeais da Santa Igreja Romana, conhecidos por sua profunda compreensão da Sagrada Teologia e da Disciplina Canônica; além disso, consultamos também vários Religiosos altamente instruídos em ambas as matérias, escolhendoos, alguns dentre os Monges, outros da Ordem Mendicante e outros entre os Clérigos Regulares; também incluímos um Prelado laureado em direito civil e canônico e experiente na prática forense. Marcamos uma reunião para o dia 4 de julho, na qual todos estariam presentes para discutir o assunto. Durante esse encontro, esclarecemos todos os detalhes do problema. Ficamos sabendo que eles já tinham conhecimento do assunto e estavam bem-informados a respeito.

2. Então, solicitamos que eles examinassem minuciosamente a questão,

avidità, esaminassero accuratamente tutta la materia ed esprimessero per iscritto le loro opinioni; tuttavia non abbiamo chiesto che giudicassero il tipo di contratto che aveva motivato la controversia, perché mancavano parecchi documenti indispensabili, ma che fissassero, a proposito delle usure, un criterio definitivo, al quale sembrava recassero un danno non indifferente quelle idee che da un po' di tempo cominciavano a diffondersi fra la gente. Tutti ubbidirono. Infatti, comunicarono le loro opinioni in due Congregazioni, delle quali la prima fu tenuta in Nostra presenza il 18 luglio, l'altra il primo agosto scorsi; alla fine tutti consegnarono le proprie relazioni scritte al Segretario della Congregazione.

3. All'unanimità hanno approvato quanto segue:

I. Quel genere di peccato che si chiama usura, e che nell'accordo di prestito ha una sua propria collocazione e un suo proprio posto, consiste in questo: ognuno esige che del prestito (che per sua propria natura chiede soltanto che sia restituito quanto fu prestato) gli sia reso più di ciò che fu ricevuto; e quindi pretende che, oltre al capitale, gli sia dovuto un certo guadagno, in ragione del prestito stesso. Perciò ogni siffatto guadagno che superi il capitale è illecito ed ha carattere usuraio.

II. Per togliere tale macchia non si potrà ricevere alcun aiuto dal fatto che tale guadagno non è eccessivo ma moderato, non grande ma esiguo; o dal fatto che colui dal quale, solo a causa del prestito, si reclama tale guadagno, non è povero, ma ricco; né ha intenzione di lasciare inoperosa la somma che gli è stata data in prestito, ma di impiegarla molto vantaggiosamente per aumentare le sue fortune, o acquistando nuove proprietà, o trattando affari lucrosi. Infatti agisce contro la legge del prestito

sem qualquer parcialidade ou cobiça, e exprimissem seus pareceres por escrito. No entanto, não pedimos que eles julgassem o contrato específico que gerou a controvérsia, pois faltavam documentos essenciais para isso. Ao invés disso, solicitamos que eles estabelecessem um critério definitivo em relação à usura, pois as ideias que têm circulado entre o povo nos últimos tempos parecem ter consequências prejudiciais. Todos obedeceram. De fato, as opiniões foram compartilhadas em duas congregações, a primeira ocorreu na nossa presença em 18 de julho, e a segunda em 1º de agosto. Ao final, todos entregaram seus relatórios escritos ao Secretário da Congregação.

3. Aprovaram por unanimidade o seguinte:

I. A espécie de pecado conhecida como usura, que tem lugar próprio tanto no contrato de empréstimo quanto em sua natureza intrínseca, consiste no seguinte: em que cada um exija que, além do empréstimo (que, por sua natureza, exige apenas o reembolso do quanto foi emprestado), seja devolvido um valor maior do que o recebido originalmente; e, portanto, exige que, para além do capital, lhe seja devido um certo lucro em virtude do próprio empréstimo. Portanto, qualquer lucro que exceda o capital é ilícito e caracterizado como usura.

II. Para eliminar essa mancha, não se pode alegar: que tal lucro não é excessivo, mas moderado, que não é grande, mas pequeno; que o mutuário que está sendo cobrado por esse lucro, apenas em função do empréstimo, não é pobre, mas rico; ou que ele pretende usar a quantia emprestada para aumentar sua fortuna, adquirindo novas propriedades ou realizando negócios lucrativos. Com efeito, aquele que, em virtude do mútuo, não se envergonha de *(la quale necessariamente vuole che ci sia eguaglianza fra il prestato e il restituito) colui che, in forza del mutuo, non si vergogna di pretendere più di quanto è stato prestato, nonostante fosse stato convenuta inizialmente la restituzione di una somma eguale a quella prestata. Pertanto, colui che ha ricevuto, sarà obbligato, in forza della norma di giustizia che chiamano commutativa (la quale prevede che nei contratti umani si debba mantenere l'eguaglianza propria di ognuno) a rimediare e a riparare quanto non ha esattamente mantenuto.*

exigir mais do que o valor emprestado, mesmo que tenha sido acordado desde o início que a mesma quantia emprestada seria devolvida, está agindo em desacordo com a lei do empréstimo, que exige igualdade entre o emprestado e o restituído. Assim, aquele que recebeu está obrigado, por força da justiça comutativa (que prevê que nos contratos humanos se deva manter a igualdade própria de cada um), a remediar e corrigir o que não foi cumprido de forma adequada.

III. Detto questo, non si nega che talvolta nel contratto di prestito possano intervenire alcuni altri cosiddetti titoli, non del tutto connaturati ed intrinseci, in generale, alla stessa natura del prestito; e che da questi derivi una ragione del tutto giusta e legittima di esigere qualcosa in più del capitale dovuto per il prestito. E neppure si nega che spesso qualcuno può collocare e impiegare accortamente il suo danaro mediante altri contratti di natura totalmente diversa dal prestito, sia per procacciarsi rendite annue, sia anche per esercitare un lecito commercio, e proprio da questo trarre onesti proventi.

III. Dito isso, não se nega que, em certos casos, podem surgir outros títulos no contrato de empréstimo, que não são totalmente inerentes à própria natureza do empréstimo, e que justificam legítima e justamente a exigência de um valor adicional além do capital emprestado. Também não se nega que, frequentemente, alguém pode investir e utilizar seu dinheiro diligentemente em outros contratos de natureza totalmente diferente do empréstimo, seja para obter um rendimento anual ou para se envolver em atividades comerciais lícitas, obtendo assim um rendimento honesto.

IV. Come in tanti diversi generi di contratti, se non è rispettata la parità di ciascuno, è noto che quanto si percepisce oltre il giusto ha a che vedere se non con l'usura (in quanto non vi è prestito, né palese né mascherato), certamente con qualche altra iniquità, che impone parimenti l'obbligo della restituzione. Se si conducono gli affari con rettitudine, e li si giudica con la bilancia della Giustizia, non c'è da dubitare che in quei medesimi contratti possano intervenire molti modi e leciti criteri per conservare e rendere numerosi i traffici umani e persino lucroso il commercio. Pertanto, sia lungi dall'animo dei Cristiani la convinzione che, con l'usura, o con

IV. Tal como em muitos tipos diferentes de contratos, se não é respeitada a igualdade entre as partes, aquilo que é recebido além do justo se não é usura (pois não há empréstimo, nem explícito nem disfarçado), certamente será alguma outra injustiça, que também impõe a obrigação de restituição. Se os negócios forem conduzidos com retidão e forem julgados pela balança da Justiça, não há dúvida de que nesses mesmos contratos podem ser aplicados vários métodos e critérios lícitos para preservar e tornar prósperas as transações humanas e até mesmo lucrativo o comércio. Portanto, é distante do espírito dos cristãos a convicção de que, por meio da usura ou de *simili ingiustizie inflitte agli altri possano fiorire lucrosi commerci; invece abbiamo appreso dallo stesso Divino Oracolo che "La Giustizia eleva la gente, il peccato rende miseri i popoli".*

V. Ma occorre dedicare la massima attenzione a quanto segue: ciascuno si convincerà a torto e in modo sconsiderato che si trovino sempre e in ogni dove altri titoli legittimi accanto al prestito, o, anche escludendo il prestito, altri giusti contratti, col supporto dei quali sia lecito ricavare un modesto guadagno (oltre al capitale integro e salvo) ogni volta che si consegna a chiunque del danaro o frumento o altra merce di altro genere. Se alcuno sarà di questa opinione, avverserà non solo i divini documenti e il giudizio della Chiesa Cattolica sull'usura, ma anche l'umano senso comune e la ragione naturale. A nessuno infatti può sfuggire che in molti casi l'uomo è tenuto a soccorrere il suo prossimo con un prestito puro e semplice, come insegna soprattutto Cristo Signore: "Non respingere colui che vuole un prestito da te". Del pari, in molte circostanze, non vi è posto per nessun altro giusto contratto, eccetto il solo prestito. Bisogna dunque che chiunque voglia seguire la voce della propria coscienza, si accerti prima attentamente se davvero insieme con il prestito non si presenti un altro giusto titolo e se non si tratti invece di un altro contratto diverso dal mutuo, in grazia del quale sia reso puro e immune da ogni macchia il guadagno ottenuto.

4. In queste parole riassumono e spiegano le loro opinioni i Cardinali, i Teologi e Uomini espertissimi di Canoni, il parere dei quali abbiamo sollecitato su questa gravissima questione. Anche Noi non abbiamo tralasciato di dedicare il nostro privato impegno alla stessa questione, prima

injustiças semelhantes infligidas aos outros, comércios lucrativos possam florescer. Pelo contrário, aprendemos do próprio Oráculo Divino que "a Justiça eleva as pessoas, o pecado torna os povos miseráveis".

V. Mas é preciso prestar a máxima atenção ao seguinte: é um erro e uma imprudência pensar que sempre e em todos os lugares existem outros títulos legítimos além do empréstimo ou, mesmo excluindo o empréstimo, outros contratos justos que permitam obter um lucro modesto (além do capital integral e seguro) toda vez que se entrega a alguém dinheiro, trigo ou qualquer outra mercadoria. Se alguém tiver essa opinião, opor-se-á não apenas aos documentos divinos e ao julgamento da Igreja Católica sobre a usura, mas também ao senso comum humano e à razão natural. De fato, ninguém pode negar que em muitos casos uma pessoa tem a obrigação de ajudar o próximo com um simples empréstimo, como ensina especialmente o Senhor Jesus: "Não recuses aquele que te pede um empréstimo". Da mesma forma, em muitas circunstâncias, não há lugar para nenhum outro contrato justo, exceto o empréstimo. Portanto, aqueles que desejam seguir a voz de sua própria consciência devem primeiro verificar cuidadosamente se não há realmente outro título justo junto com o empréstimo e se o ganho obtido não se refere a outro contrato diferente do mútuo, pelo qual o lucro seja puro e livre de qualquer mancha.

4. Nestas palavras, os Cardeais, os Teólogos e os peritos em Cânones resumem e explicam as suas opiniões, cujo parecer solicitamos sobre este assunto tão sério. Também nós não deixamos de dedicar os nossos esforços pessoais a esta mesma questão, antes das Congregações se

che si riunissero le Congregazioni, e durante i loro lavori e quando già li avevano conclusi. Infatti con estrema attenzione abbiamo seguito le opinioni (già da Noi ricordate) di quegli uomini prestigiosi. E a questo punto confermiamo e approviamo tutto ciò che è contenuto nelle Sentenze esposte più sopra, in quanto è chiaro che tutti gli scrittori, i professori di Teologia e dei Canoni, numerose testimonianze delle Sacre Lettere, decreti dei Pontefici Nostri Predecessori, l'autorità dei Concili e dei Sacerdoti sembrano quasi cospirare per un'approvazione unanime delle medesime Sentenze. Inoltre abbiamo conosciuto chiaramente gli autori ai quali devono essere attribuite opinioni contrarie; e così pure coloro che le incoraggiano e le proteggono, o che sembrano offrire ad essi un appiglio o un'occasione. E non ignoriamo con quanta severa dottrina abbiano assunto la difesa della verità i Teologi vicini a quei territori in cui hanno avuto origine tali controversie.

5. Perciò abbiamo inviato questa Lettera Enciclica a tutti gli Arcivescovi, Vescovi e Ordinari d'Italia, in modo che essa fosse nota a Te, Venerabile Fratello, e a tutti gli altri; e ogni qual volta avverrà di celebrare Sinodi, di parlare al popolo, di istruirlo nelle sacre dottrine, non si pronunci parola che sia contraria a quelle Sentenze che più sopra abbiamo esaminato. Inoltre vi esortiamo vivamente a impedire con tutto il vostro zelo che qualcuno osi con Lettere o Sermoni insegnare il contrario nelle Vostre Diocesi; se poi qualcuno rifiutasse di obbedire, lo dichiariamo colpevole e soggetto alle pene stabilite nei Sacri Canoni contro coloro che abbiano disprezzato e violato i doveri apostolici.

6. Sul contratto che ha suscitato queste nuove controversie, per ora non prendiamo decisioni; non stabiliamo

reunirem, durante os seus trabalhos e mesmo após a conclusão deles. Com efeito, seguimos atentamente os pareceres (já mencionados por nós) desses homens prestigiosos. Neste ponto, confirmamos e aprovamos tudo o que está contido nas Sentenças acima expostas, uma vez que é evidente que todos os escritores, professores de Teologia e de Cânones, numerosos testemunhos das Sagradas Escrituras, decretos de nossos predecessores Pontífices, a autoridade dos Concílios e dos Sacerdotes parecem quase conspirar em uma aprovação unânime dessas mesmas Sentenças. Além disso, estamos cientes dos autores a quem devem ser atribuídas as opiniões contrárias, bem como aqueles que as encorajam e protegem, ou que parecem oferecer-lhes apoio ou oportunidade. E não ignoramos como os Teólogos próximos aos territórios onde tais controvérsias surgiram defendem vigorosamente a verdade.

5. Por esta razão, enviamos esta Carta Encíclica a todos os Arcebispos, Bispos e Ordinários da Itália, para que seja conhecida por ti, Venerável Irmão, e por todos os outros. Sempre que ocorrer a celebração de Sínodos, ou a oportunidade de falar ao povo, ou de instruir em doutrinas sagradas, não seja proferida nenhuma palavra que contradiga as Sentenças que foram examinadas acima. Além disso, nós vos exortamos com grande zelo a impedir que alguém se atreva, por meio de cartas ou sermões, a ensinar o contrário em vossas dioceses. E se alguém se recusar a obedecer, declaramos tal pessoa culpada e sujeita às penas estabelecidas nos Sagrados Cânones contra aqueles que desprezam e violam os deveres apostólicos.

6. Em relação ao contrato que deu origem a essas novas controvérsias, não tomamos, por enquanto, nenhuma decisão; nem decidimos nada sobre os

nulla neppure sugli altri contratti, circa i quali i Teologi e gli Interpreti dei Canoni sono lontani tra loro in diverse sentenze. Tuttavia pensiamo di dover infiammare il religioso zelo della vostra pietà perché mandiate ad effetto tutto ciò che vi suggeriamo.

7. In primo luogo fate sapere con parole severissime che il vizio vergognoso dell'usura è aspramente riprovato dalle Lettere Divine. Esso veste varie forme e apparenze per far precipitare di nuovo nella estrema rovina i Fedeli restituiti alla libertà e alla grazia dal sangue di Cristo; perciò, se vorranno collocare il loro denaro, evitino attentamente di lasciarsi trascinare dall'avarizia che è fonte di tutti i mali, ma piuttosto chiedano consiglio a coloro che si elevano al di sopra dei più per eccellenza di dottrina e di virtù.

8. In secondo luogo, coloro che confidano tanto nelle proprie forze e nella propria sapienza, da non aver dubbi nel pronunciarsi su tali problemi (che pure esigono non poca conoscenza della Sacra Teologia e dei Canoni) si guardino bene dalle posizioni estreme che sono sempre erronee. Infatti alcuni giudicano queste questioni con tanta severità, da accusare come illecito e collegato all'usura ogni profitto ricavato dal danaro; altri invece sono talmente indulgenti e remissivi da ritenere esente da infamante usura qualunque guadagno. Non siano troppo legati alle loro opinioni, ma prima di dare un parere esaminino vari scrittori che più degli altri sono apprezzati; poscia facciano proprie quelle parti che sanno essere sicuramente attendibili sia per la dottrina, sia per l'autorità. E se nasce una disputa mentre si esamina qualche contratto, non si scaglino contumelie contro coloro che seguono una contraria Sentenza, né dichiarino che essa è da punire con severe censure,

outros contratos, nos quais os teólogos e intérpretes dos Cânones têm opiniões divergentes. No entanto, acreditamos que devemos inflamar o zelo religioso de vossa piedade, para que ordeneis a execução de tudo o que sugerimos.

7. Em primeiro lugar, que fique conhecido, com as palavras mais severas, que o vergonhoso vício da usura é duramente condenado pelas Cartas Divinas. Ele assume várias formas e disfarces para levar novamente à extrema ruína os fiéis que foram restaurados à liberdade e à graça pelo sangue de Cristo. Portanto, se eles desejam investir seu dinheiro, que evitem cuidadosamente cair na ganância, que é a fonte de todo mal, e busquem conselhos daqueles que se destacam pela excelência na doutrina e na virtude.

8. Em segundo lugar, aqueles que estão tão confiantes em sua própria força e sabedoria, que não hesitam em se pronunciar sobre tais assuntos (que também requerem considerável conhecimento na Sagrada Teologia e nos Cânones), devem ter cuidado com posições extremas, que são sempre errôneas. Pois, de fato, alguns julgam essas questões de maneira tão rigorosa que consideram qualquer lucro obtido com dinheiro como ilícito e relacionado à usura; outros, por outro lado, são tão indulgentes e permissivos que consideram qualquer ganho como isento de usura. Que não se apeguem demais às suas próprias opiniões, mas que, antes de emitir um parecer, examinem vários escritores mais respeitados que outros; em seguida, que considerem as partes que sabem serem confiáveis, tanto em termos de doutrina quanto de autoridade. E se surgir uma controvérsia durante a análise de algum contrato, que não acusem aqueles que seguem um julgamento contrário, nem declarem que devem ser punidos com

soprattutto se manca dell'opinione e delle testimonianze di uomini eminenti; poiché le ingiurie e le offese infrangono il vincolo della carità cristiana e recano gravissimo danno e scandalo al popolo.

severa censura, especialmente se falta a opinião e o testemunho de homens eminentes; pois insultos e ofensas rompem o vínculo da caridade cristã e causam grande dano e escândalo ao povo.

9. In terzo luogo, coloro che vogliono restare immuni ed esenti da ogni sospetto di usura, e tuttavia vogliono dare il loro denaro ad altri in modo da trarne solo un guadagno legittimo, devono essere invitati a spiegare prima il contratto da stipulare, a chiarire le condizioni che vi sono poste e l'interesse che si pretende da quel denaro. Tali spiegazioni contribuiscono decisamente non solo a scongiurare ansie e scrupoli di coscienza, ma anche a ratificare il contratto nel foro esterno; inoltre chiudono l'adito alle dispute che spesso occorre affrontare perché si possa capire se il danaro che sembra prestato ad altri in modo lecito, contenga in realtà un'usura mascherata.

9. Em terceiro lugar, aqueles que desejam permanecer imunes e isentos de qualquer suspeita de usura, e ao mesmo tempo desejam emprestar seu dinheiro a outros buscando obter um lucro legítimo, devem ser primeiramente solicitados a explicar o contrato a ser celebrado, esclarecer as condições associadas a ele e os juros exigidos sobre o dinheiro. Tais explicações desempenham um papel crucial não apenas em afastar ansiedades e escrúpulos de consciência, mas também em ratificar o contrato no âmbito externo. Além disso, elas fecham as portas para as disputas que frequentemente precisam ser resolvidas para determinar se o dinheiro que aparentemente está sendo emprestado a outrem de forma lícita, de fato, contém usura dissimulada.

10. In quarto luogo vi esortiamo a non lasciare adito agli stolti discorsi di coloro che vanno dicendo che l'odierna questione sulle usure è tale solo di nome, perché il danaro, che per qualunque ragione si presta ad altri, procura solitamente un profitto. Quanto ciò sia falso e lontano dalla verità si comprende facilmente se ci rendiamo conto che la natura di un contratto è totalmente diversa e separata dalla natura di un altro, e che del pari molto fra di loro divergono le conseguenze di contratti tra loro diversi. In realtà una differenza molto evidente intercorre tra l'interesse che a buon diritto si trae dal danaro, e che perciò si può trattenere in sede legale e in sede morale, e il guadagno che illegalmente si ricava dal danaro e che quindi deve essere restituito, conformemente al dettato della legge e della coscienza. Risulta dunque che non è vano proporre la questione dell'usura

10. Em quarto lugar, nós vos exortamos a não ceder à conversa tola daqueles que andam por aí dizendo que a questão atual da usura é apenas uma questão de nomenclatura, porque o dinheiro emprestado a outros geralmente resulta em lucro por qualquer motivo. Essa afirmação é falsa e está longe da verdade, como pode ser facilmente compreendido quando percebemos que a natureza de um contrato é totalmente diferente e separada da natureza de outro, e que as consequências de contratos diferentes também são muito diferentes. Na verdade, existe uma clara distinção entre os juros que derivam corretamente do dinheiro e que, portanto, podem ser mantidos legal e moralmente, e o ganho que ilegalmente deriva do dinheiro e, portanto, deve ser devolvido de acordo com a lei e a consciência. Assim, é evidente que não é sem motivo que a questão da

in questi tempi e per la seguente ragione: dal denaro che si presta ad altri si riceve molto spesso qualche interesse.

11. In modo particolare abbiamo ritenuto opportuno esporvi queste cose, sperando che voi rendiate esecutivo ciò che da Noi è prescritto con questa Lettera: che ricorriate anche a opportuni rimedi, come confidiamo, se per caso e per causa di questa nuova questione delle usure si agiti la gente nella vostra Diocesi o si introducano corruttori con l'intento di alterare il candore e la purezza della sana dottrina.

Da ultimo impartiamo a Voi e al Gregge affidato alle vostre cure l'Apostolica Benedizione.

Dato a Roma, presso Santa Maria Maggiore, il 1° novembre 1745, anno sesto del Nostro Pontificato.

usura é levantada nos tempos atuais, devido ao fato de que, muitas vezes, juros são obtidos a partir do dinheiro emprestado a outros.

11. De modo particular, julgamos oportuno expor essas questões a vós, na esperança de que cumprais o que vos prescrevemos nesta Carta: que recorrais a medidas adequadas, como esperamos, caso o povo da vossa diocese se agite ou se introduzam corruptores com a intenção de alterar a pureza e a integridade da sã doutrina.

Por fim, concedemos a vós e ao rebanho confiado aos vossos cuidados a Bênção Apostólica.

Dado em Roma, na Basílica de Santa Maria Maior, no primeiro dia de novembro de 1745, no sexto ano do Nosso Pontificado.

BREVES REFLEXÕES SOBRE A LEI INJUSTA

José Tadeu de Barros Nóbrega[1]

Resumo: O direito é o objeto da justiça. A justiça é uma virtude. A Justiça é considerada uma das virtudes cardeais, juntamente com a Prudência, a Fortaleza e a Temperança, pois ao redor delas gira a vida moral. Voltamo-nos apenas à Lei humana, pois somente ela pode ser injusta, uma vez que a Lei Eterna e a Lei Natural não podem ser corrompidas. O fim da lei é o bem comum, não é para a utilidade privada. Não se considera lei o que não for justo – *lex iniusta non est lex*. O direito de resistência é um direito natural, que existe independentemente de previsão normativa no direito positivo. A medida exata na prática da Justiça, a fim de evitar o laxismo e o legalismo, só pode ser encontrada por meio de uma efetiva vivência das virtudes. Se a Justiça é uma virtude, se a Prudência é uma virtude só podemos obter esses bons hábitos com o auxílio da graça de Cristo.

Palavras-chave: Igreja Católica – Cristianismo – Lei injusta – Direito Natural – Direito de resistência.

1. Mestre em Direito Constitucional pela Pontifícia Universidade Católica de São Paulo. Professor na área jurídica. Analista Processual no Ministério Público Federal. Diretor Secretário da União dos Juristas Católicos de São Paulo (UJUCASP). Membro da John Paul II Academy for Human Life and Family (JHALF). Palestrante e conferencista.

1. Introdução

Este trabalho nasceu em razão do convite do Dr. Luiz Gonzaga Bertelli para que eu apresentasse algumas anotações sobre a lei injusta, que foi tema de uma palestra que proferi no Centro de Estudos de Direito Natural "José Pedro Galvão de Sousa", que proferi em 28 de setembro de 2020.

Naquela ocasião, coube a mim, mais por generosidade dos organizadores que pelos meus próprios méritos, fazer a primeira palestra *on-line* do Centro de Estudos de Direito Natural "José Pedro Galvão de Sousa", pelo qual nutro especial carinho.

Digo primeira palestra, porque, antes dela, houve uma sessão *on-line* em homenagem ao estimado ex-presidente daquele Centro de Estudos, o Dr. Clóvis Lema Garcia, falecido em 1º de agosto de 2020, que nos deixou mais do que apenas saudades, mas também um legado, pelo qual foram e ainda serão produzidos muitos frutos.

Comecei a frequentar aquele Centro de Estudos em 2014, a convite do Desembargador Dr. Ricardo Dip e, desde então, passei a estudar mais seriamente o Direito Natural, quando já havia me graduado.

Infelizmente, não é difícil constatarmos que o Direito Natural é hoje, infelizmente, negligenciado e vilipendiado nas faculdades de Direito de nosso País, até mesmo na minha *alma mater*, que, por ser Pontifícia e Católica, estando no coração da Igreja, teria ainda mais a obrigação de proclamar a Verdade.[2]

A realidade do mundo atual nos mostra uma aparente incontrolável onda modernista, seja na Universidade, na

2. Nesse sentido, a Constituição Apostólica *Ex Corde Ecclesiae*, do Papa João Paulo II, disponível em: https://www.vatican.va/content/john-paul-ii/pt/apost_constitutions/documents/hf_jp-ii_apc_15081990_ex-corde-ecclesiae.html

mídia ou no cotidiano. Somos obrigados, todos os dias, a encarar autores e informações que empurram para a decadência a civilização ocidental.

Cada vez mais nos vemos às voltas com um relativismo, que acaba por parecer o único caminho possível atualmente. Na Santa Missa *Pro Eligendo Romano Pontifice*, antes do Conclave que o elegeu Papa, o Cardeal Ratzinger já atacava o que classificou como "ditadura do relativismo que nada reconhece como definitivo e que deixa como última medida apenas o próprio eu e as suas vontades".[3]

Como resposta à decadência do pensamento da civilização, Michel Villey, em seu *Le droit et les droits de l'homme*, propõe como método a "volta ao bom caminho",[4] sugerindo a redescoberta do Pensamento Clássico para a aplicação do direito.[5]

Assim, é bom que a União dos Juristas Católicos de São Paulo, pelos esforços do Dr. Luiz Gonzaga Bertelli, por esta obra muito bem coordenada pelos ilustres professores Dr. Ives Gandra da Silva Martins e Dr. Paulo de Barros Carvalho, venha suscitando entre os seus associados um resgate do Direito Natural.

Este pequeno e singelo trabalho se propõe a fazer breves reflexões sobre o tema da lei injusta, uma vez que as discussões que cercam esse tema são sempre atuais e recorrentes.

Assim, a partir deste estudo, esperamos afastar aquela concepção de que a função do Direito nas sociedades

---

3. Disponível em: http://www.vatican.va/gpII/documents/homily-pro-eligendo-pontifice_20050418_po.html

4. No original em francês (VILLEY, Michel. *Le droit et les droits de l'homme*. 1. ed. Paris : Presses Universitaires de France, 1983) , o autor usa a expressão "retour au bercail", que em livre tradução, equivale a "volta para casa".

5. VILLEY, Michel. *O direito e os direitos humanos*. 1. ed., São Paulo:WMF Martins Fontes, 2007.

organizadas seria a de apenas buscar a aplicação da norma fria, completamente desvinculada da justiça.

Com vistas a melhor apresentar o objeto dessas reflexões, devemos primeiro falar sobre Justiça e, claro, alguns aspectos sobre virtudes; também falaremos sobre lei, especialmente a lei humana, emanada do Poder Político; por fim, entramos propriamente no título do trabalho, Breves Reflexões sobre a Lei Injusta, e qual o comportamento que se espera diante dela e, por isso, trataremos do direito de resistência.

Como não poderia deixar de ser, tomaremos Santo Tomás de Aquino como o nosso farol nessa jornada e, com ele, mais algumas luzes de Aristóteles a José Pedro Galvão de Sousa.

2. O que é Justiça?

Comecemos, então, a falar sobre Justiça. O que é Justiça?

No século III, Ulpiano formulou uma conhecida definição de que justiça é "a vontade constante e perpétua de dar a cada um o que é seu".

No dizer de Aristóteles, a justiça é um hábito pelo qual praticamos atos justos e queremos coisas justas. Ou ainda, "a justiça é um hábito que nos faz agir escolhendo o que é justo".

O caráter de hábito da justiça também está presente em Santo Tomás de Aquino, para quem *iustitia est habitus secundum quem aliquis constante et perpetua voluntate ius suum cuique unicuique tribuit*, ou seja, "a justiça é o hábito segundo o qual alguém, com vontade constante e perpétua, dá a cada um o seu direito".

Assim, disso podemos tirar, entre outras, duas conclusões em que pretendemos nos aprofundar neste trabalho: a) o direito é o objeto da justiça; b) a justiça é uma virtude.

3. O direito é o objeto da Justiça

O direito como objeto da Justiça se refere àquilo que é estritamente devido a alguém. Quando se dá menos ou mais que o estritamente devido não se está no campo propriamente da Justiça.

Não se deve confundir a Justiça com ações ditadas pela caridade (p. ex. dar esmola), pela cortesia (p. ex. urbanidade no trato pessoal) etc. Na Justiça, como dissemos, a dívida é de obrigação estrita (p. ex.: pagar salário, restituir objeto emprestado, respeitar o que é inerente à pessoa (vida, liberdade, honra etc.)).

Façamos, pois, uma digressão para melhor compreendermos a Justiça. Podemos dividir, segundo a classificação aristotélica, a Justiça em geral e particular. O verbete do "Dicionário de Política" é bastante didático sobre o tema.

Chama-se justiça geral (ou legal) aquela que vai do indivíduo para a sociedade, dada a obrigação de todos concorrerem para o bem comum. O todo prevalece sobre a parte. Deve-se, entretanto, cuidar para não cair no totalitarismo, em que se desrespeita a dignidade da pessoa humana, nem preserva o âmbito de ação da família e grupos intermediários.

Cabe à lei ordenar os atos humanos para o bem da coletividade. Entre os exemplos de justiça geral (ou legal), podemos citar os impostos e o serviço militar.

Já a justiça particular compreende a justiça comutativa e a justiça distributiva.

A justiça comutativa é aquela que ocorre nas relações interindividuais, por exemplo, um vendedor e um comprador, um credor e um devedor.

Imagine-se um cenário em que Caio concorda em vender a Tício um objeto de valor igual por um determinado preço. Nesse caso, observa-se a justiça comutativa quando Caio entrega o objeto acordado a Tício e, em troca, este paga o preço combinado àquele. Ambos cumprem sua parte no acordo de forma equitativa e justa, assegurando que cada um receba o que lhe é devido.

Desse modo, a justiça comutativa opera para que não haja exploração ou desequilíbrio na transação. Ambos são tratados de forma igualitária e têm seus direitos respeitados. Caso haja qualquer violação desse princípio, como Caio não entregar o objeto ou Tício não pagar o preço acordado, tem-se uma injustiça.

Por sua vez, a justiça distributiva é a que parte da sociedade para os indivíduos, no que concerne à distribuição dos encargos ou dos benefícios. Reparte-se o que é comum entre os que fazem parte da sociedade.

Aqui, a fim de ilustrar a situação, podemos pensar em um sistema de saúde pública que deve buscar a alocação justa e equitativa dos recursos disponíveis. Pense, por exemplo, que há escassez de órgãos para transplante e existe uma lista de espera para recebê-los.

Nesse caso, o justo gestor levará em consideração critérios como a gravidade da condição médica, a compatibilidade do órgão com o receptor, a distância geográfica entre o órgão e o receptor, o tempo de espera na lista e vários outros fatores, a fim de decidir quem deverá receber aquele órgão, buscando aquele que mais tem necessidade do transplante e para o qual este terá mais chance de sucesso.

Desse modo, ela visa a promover a igualdade de acesso aos recursos escassos, assegurando que benefícios e oportunidades sejam distribuídos de forma equitativa e considerando as necessidades e circunstâncias individuais.

Com isso, podemos destacar que, na justiça comutativa, a igualdade é aritmética (troca, permuta, *commutatio*), ou seja, paga-se o que a coisa vale e se entrega a coisa vendida.

Na justiça distributiva, a igualdade é proporcional, não há um rigor de igualdade quanto ao objeto, a depender da proporção de méritos, aptidões e funções de cada um. Faz-nos lembrar da parábola dos talentos, pela qual Nosso Senhor ensina-nos que devemos usar nossos dons e recursos com diligência e coragem.[6]

4. Justiça é uma virtude

Virtudes são perfeições habituais da inteligência e da vontade que regulam os nossos atos, ordenando paixões e guiando-nos segundo a razão e a fé.[7]

Como vimos, a Justiça é um bom hábito e, por isso, não há dúvidas de que ela se caracteriza como virtude.

Ao repetir uma série de atos correspondentes a uma atividade, adquire-se um hábito para realizá-la cada vez com mais facilidade. Aos maus hábitos chamamos vícios; aos bons, virtudes naturais ou adquiridas (por exemplo, lealdade, honradez, sinceridade etc.).

A ordem natural, no entanto, nunca é capaz, por si mesma, de ascender à ordem sobrenatural. Diante disso, uma

---

6. Mt 25, 14-30.

7. Nesse sentido, a definição do Catecismo da Igreja Católica: "As *virtudes humanas* são atitudes firmes, disposições estáveis, perfeições habituais da inteligência e da vontade, que regulam os nossos actos, ordenam as nossas paixões e guiam o nosso procedimento segundo a razão e a fé" (Cat., 1804).

virtude natural ou adquirida não pode se tornar sobrenatural, a menos que ocorra uma interferência sobrenatural.

Na verdade, há virtudes que são infusas por Deus, juntamente com a graça, para operar sobrenaturalmente. Há inúmeras virtudes infusas: três teologais (Fé, Esperança e Caridade), quatro cardeais (Prudência, Justiça, Fortaleza e Temperança) e muitas outras.

A Justiça, objeto deste nosso trabalho, pode ser tanto natural como infusa. Esta, porém, é infinitamente superior àquela.

Para obter o máximo rendimento das virtudes infusas é preciso: a) praticá-las por um motivo estritamente sobrenatural; b) com a maior intensidade possível.

Aqui, é interessante observar, como ensina o Padre Antonio Royo Marín, que as coisas materiais aumentam por adição. Uma quantidade de dinheiro aumenta ao adicionarmos mais moedas; um monte de trigo aumenta quando adicionamos outro tanto de trigo.

Porém, quando falamos em virtude infusa, não nos importa a quantidade, mas a qualidade. Assim, o aumento das virtudes infusas ocorre por radicação. Para arraigar atos anteriores é preciso impor um ato mais forte e mais intenso que aqueles. Para ilustrar, é como pensar em um termômetro em um recipiente com uma substância. Não adianta continuar colocando substância da mesma ou menor temperatura; é preciso de algo mais intenso (mais quente) para subi-la. O mesmo ocorre com as virtudes infusas.

A Justiça é uma das virtudes cardeais, juntamente com a Prudência, a Fortaleza e a Temperança, pois ao redor delas gira a vida moral. A Justiça é a segunda mais excelente das virtudes cardeais, atrás da Prudência.

Ensina-nos Santo Tomás de Aquino que "todo aquele que comete uma injustiça peca mortalmente", pois a injustiça sempre consiste em causar dano a outrem.

5. Sobre a lei injusta

Depois de tratarmos sobre a virtude da Justiça, com vistas a melhor cumprir o nosso propósito de refletirmos sobre as leis injustas, faz-se necessário tecermos algumas considerações sobre a lei.

Pode-se classificar a lei da seguinte maneira: Lei Eterna (governo da Providência Divina), Lei Natural (inclinação natural para os atos, infusa por Deus) e Lei Humana.

Para o nosso estudo, devemos nos fixar na Lei humana, pois somente ela pode ser injusta, uma vez que a Lei Eterna e a Lei Natural decorrem diretamente de Deus, o Sumo Bem e, por isso, não podem ser corrompidas.

A lei (aqui entendida como a Lei Humana) é uma ordenação da razão para o bem comum, promulgada pelo chefe da comunidade.

Muitas vezes, algumas pessoas poderiam questionar: se já há a Lei Eterna e a Lei Natural, por que deixar-se governar pelas leis dos homens? Não seria melhor que não houvesse lei positiva, que não houvesse leis do Estado? Essa tese foi reiteradamente rejeitada pelos estudiosos do Direito Natural.

Na Retórica, o Filósofo afirma: *melius est omnia ordinari lege, quam demittere iudicium arbítrio* – "melhor que tudo seja regulado por lei do que entregue ao arbítrio do juiz".

Do mesmo modo, Santo Tomás de Aquino diz que "é necessário que o juízo se faça segundo a lei escrita, pois de outro modo o juízo se apartaria já do justo natural, já do justo positivo".

O fim da lei é o bem comum, não é para a utilidade privada. Interessante fazermos um paralelo com Platão, reproduzindo Sócrates, para quem a Justiça ordena o comportamento humano para o bem (Górgias e República).

Pois assim, para Sócrates a justiça é uma virtude intrínseca que traz benefícios para aqueles que a possuem, independentemente das recompensas externas, não devendo a justiça não ser apenas uma questão de conveniência social ou um acordo tácito para evitar punições. Ele argumenta que a verdadeira justiça não pode ser definida apenas pelo poder, pela força ou pela opinião popular, pois está relacionada à sabedoria e ao conhecimento.

Com isso, ele sustenta que uma pessoa justa é aquela que tem uma compreensão clara do que é certo e age de acordo com esse conhecimento. Portanto, a justiça envolve agir com virtude e buscar o bem comum, em vez de simplesmente visar ao próprio interesse ou prazer. Assim, reafirmamos que o fim da lei é o bem comum, não é para a utilidade privada.

As leis humanas podem ser justas (derivam da lei eterna e, por isso, têm força para obrigar a consciência) ou injustas.

Quando injustas, podem ser de dois modos: a) em contrariedade com o bem humano e b) em contrariedade com o bem divino.

Debrucemo-nos neste trabalho apenas quanto às leis injustas em contrariedade ao bem humano, que podem ser dos seguintes modos: i) pelo fim, o chefe impõe leis onerosas aos súditos, não pertinentes à utilidade pública, mas à cobiça ou à glória própria deles; ii) pelo autor, quando impõe leis que ultrapassam o poder que lhe foi cometido; iii) pela forma, quando impõe desigualmente ônus à multidão, mesmo que se ordenem para o bem comum.

Alguns exemplos podem nos ajudar a compreender cada uma das maneiras de leis injustas em contrariedade com o bem humano.

O primeiro caso, que diz respeito à finalidade, em que o chefe impõe leis onerosas aos súditos, não pertinentes à utilidade pública, mas à cobiça ou à glória própria deles.

Por exemplo, um ditador cria uma lei que obriga os cidadãos de uma determinada localidade a exaltá-lo e adorá-lo, satisfazendo seus caprichos pessoais.

No segundo caso, a lei injusta pelo autor, quando impõe leis que ultrapassam o poder que lhe foi cometido, podemos observá-los nas normas eivadas de inconstitucionalidades formais, em razão de terem sido produzidas por pessoas que não tinham competência. Por exemplo, um município, sob a égide da Constituição de 1988, cria uma norma instituindo um imposto de renda, que é de competência da União.

Por fim, pela forma, quando se impõe desigualmente ônus à multidão. Foi o caso, por exemplo, de diversas normas criadas no curso da pandemia da covid-19, em que, ao argumento de que seriam oportunas ao interesse público, foram criadas restrições desproporcionais.

Ora, as leis injustas contra o bem humano são verdadeiras violências. Como diz Santo Agostinho: não se considera lei o que não for justo – *lex iniusta non est lex*. Assim, elas não obrigam o foro de consciência, salvo talvez para evitar escândalo ou perturbações.

Entretanto, quando a lei dos tiranos obriga à idolatria ou contraria no que quer que seja a lei divina, não deve ser observada de modo algum. Nesse sentido, a Sagrada Escritura nos lembra: "Obedecer a Deus antes que aos homens" (At, 5,29).

6. Natureza do não cumprir a lei injusta

A lei injusta, portanto, não deve ser cumprida. Mas qual a natureza do não cumprir a lei injusta?

No fim do século XIX, surgem estudos sobre a "Desobediência Civil" (Henry David Thoreau, 1849). Gandhi, no século XX, lidera um movimento de desobediência civil pela independência da Índia. Do mesmo modo, na década de 1960 nos Estados Unidos da América, Martin Luther King Jr. Não vamos adentrar ao mérito desses atos de desobediência civil, ficaremos apenas com a teoria, para mais simples compreensão.

A obediência é uma virtude moral. Segundo Aristóteles, a obediência é um termo médio entre um excesso, consistente em não cumprirmos para com o superior o dever de obedecer, por superabundarmos na satisfação à nossa vontade própria; e um defeito, relativamente ao superior, ao qual não obedecemos.

Não haveria lógica, portanto, defender uma falta de virtude civil ou social. É como pensar que seria boa uma injustiça civil, uma prodigalidade civil, uma covardia civil etc. Note-se ainda que aqui não estamos diante de um "mero problema de nomenclatura", é preciso aprofundar na natureza de cada ato, de cada coisa que fazemos.

A doutrina moderna de Direito Constitucional, por sua vez, fala muito em "Escusa de Consciência".

A escusa de consciência, segundo a moderna doutrina constitucionalista, seria o direito de alguém recusar a cumprir determinada obrigação ou a praticar certo ato por ser ele contrário às suas crenças religiosas ou à sua convicção filosófica ou política.

O fundamento constitucional brasileiro está inserido no art. 5º, VIII, pelo qual: "ninguém será privado de direitos por motivo de crença religiosa ou de convicção filosófica ou política, salvo se as invocar para eximir-se de obrigação legal a todos imposta e recusar-se a cumprir prestação alternativa, fixada em lei."

No entanto, até para não confundirmos a legítima escusa da consciência com a escusa de consciência constitucional, precisamos tomar cuidado com, pelo menos, três pontos sobre isso.

Primeiro, a escusa de consciência proclamada pelos constitucionalistas não versa sobre a lei necessariamente injusta. Por exemplo, pode-se opor a escusa de consciência para a dispensa do serviço militar obrigatório por pessoas que professam religiões impeditivas. Não se trata de uma lei injusta, mas o ordenamento jurídico nacional admite que alguém se livre da obrigação de prestar o serviço militar.

Em segundo lugar, a escusa de consciência constitucional admite a imposição de prestação alternativa. Ora se a lei injusta não é lei, como pode obrigar ainda que pela prestação alternativa?

Por fim, a escusa de consciência constitucional submete-se à lei positiva. Parece que o direito somente existe porque a lei humana assim dispõe. Nessa circunstância, por exemplo, um médico católico somente poderia recusar-se a praticar um aborto porque a Constituição, a lei humana, preveria essa possibilidade. Mas não é isso.

Trata-se, em verdade, de um direito natural, que existe independentemente de previsão normativa no direito positivo. Estamos, pois, diante de um direito natural de resistência.

O direito de resistência começa a ser desenvolvido por Santo Isidoro de Sevilha, entre os séculos VI e VII, que traça características do tirano e justifica a deposição, ainda que violenta, em casos de abuso de poder.

Santo Tomás de Aquino aponta gradação das resistências: 1) resistência passiva, na desobediência da lei injusta; 2) resistência ativa defensiva, uma espécie de legítima defesa privada; 3) resistência ativa ofensiva não violenta, semelhante ao que hoje conhecemos como *impeachment*;

4) resistência ativa, ofensiva e violenta, que é o desforço armado a fim de depor o tirano.

No "Dicionário de Política", lê-se que

> a resistência à opressão, consagrada ou não em norma jurídico-positiva, constitui um direito natural da sociedade, a ser exercido com vistas à legítima defesa do bem comum. Fundada no direito natural, a resistência será legítima (ainda que não legal) se for realmente *necessária* (uma vez esgotados todos os meios pacíficos para corrigir o abuso de poder), *útil* (avaliadas devidamente as possibilidades de concretização do fim objetivado, ou seja, o asseguramento de uma ordem justa) e *proporcional* (guardadas as proporções entre a violência do empreendimento e a magnitude dos males a eliminar, para que não se causem danos mais graves que os da tirania).

Deve-se, ainda, atentar para que o exercício do direito de resistência não recaia em uma espécie de revolucionarismo, que alimenta a dissensão, obnubila a razão e afasta o Estado do bem comum.

Além disso, quando falamos no direito de resistência, estamos diante da manifestação da virtude da Fortaleza, que encontra no martírio a sua mais clara expressão.

Entre tantos exemplos que poderíamos dar, gostaria que pudéssemos meditar dois casos em particular. O primeiro é o das Carmelitas de Compiègne, mortas pela Revolução Francesa, retratado em uma das mais tocantes cenas do cinema, em "O Diálogo das Carmelitas".

Com o mesmo amor a Deus, pelas mesmas virtudes, lembramos também os bravos *Cristeros* que, no século XX, levaram a resistência até o fim ao se levantarem contra o iníquo Governo Mexicano, bradando "¡Viva Cristo Rey! ¡Viva la Virgen de Guadalupe!"

7. Últimas reflexões

Já caminhando para a conclusão de nossas reflexões, apenas algumas breves notas e considerações sobre como podemos praticar a virtude da Justiça.

Para aperfeiçoarmos a Justiça legal é necessário promovermos as virtudes e, de modo especial, aplicarmos a equidade – que para Aristóteles é uma forma especial de Justiça – e agirmos com prudência.

No "Dicionário de Política", diz-se que "foi o senso da equidade que fez a grandeza da obra dos pretores em Roma, e só por critérios procedentes da equidade pode a jurisprudência contribuir para a humanização do direito".

Há certas ocasiões, é verdade, em que é preciso amenizar o rigor e o legalismo para encontrar o justo legal, como na imagem da régua da ilha de Lesbos, que tinha flexibilidade para medir as saliências das pedras e sinuosidades de superfície. Para São João Crisóstomo, "a justiça sem misericórdia não é justiça, mas crueldade".

No entanto, a tarefa não é fácil. A medida exata, a fim de evitar o laxismo e o legalismo, só pode ser encontrada por meio de uma efetiva vivência das virtudes.

Muitas vezes, com o pretexto de fazermos "ciência" ou de sermos extremamente "técnicos", deixamos de lado premissas indispensáveis, que nos impedem de fazermos justiça.

Falo mais especificamente da graça. O Catecismo nos esclarece que "a graça do Espírito Santo tem o poder de nos justificar, isto é, de nos lavar dos nossos pecados e de nos comunicar 'a justiça de Deus pela fé em Jesus Cristo' e pelo Batismo".[8]

---

8. Cat. 1987.

Se a Justiça é uma virtude, se a Prudência é uma virtude – como, de fato, são –, só podemos obter esses bons hábitos com o auxílio da graça de Cristo, que "é dom gratuito que Deus nos faz da sua vida, infundida pelo Espírito Santo na nossa alma para a curar do pecado e a santificar".[9]

Devemos, portanto, estar abertos à graça e, como expressão disso, é preciso pedi-la a Deus para que possamos crescer nas virtudes e, correspondendo à graça, possamos ser justos e santos e, um dia, contemplarmos o Senhor face a face.

Referências

AYUSO, Miguel. *La Constiutución Cristiana de los Estados.* Barcelona: Ediciones Scire, S.L., 2008.

DIP, Ricardo. 'O Estado Laico e o Magistério Eclesial: Acolhimento Arrependido da Modernidade ou Apostasia Objetiva das Nações Católicas?' In: ______; FERNANDES, André Gonçalves. (org.) *Laicismo e laicidade no Direito.* São Paulo: Quartier Latin, 2017. pp. 271-278

FINNIS, John. Religion and public reasons. Colected Essays of John Finnis. vol. V. Oxford: Oxford University Press, 2011a.

MARTINS, Ives Gandra da Silva. A inviolabilidade do direito à vida, *in:* CARVALHO, Paulo de Barros; MARTINS, Ives Gandra da Silva (coordenadores), *Inviolabilidade do direito à vida*, São Paulo: Noeses, 2013.

PAPA JOÃO PAULO II, *Catecismo da Igreja Católica.* Texto típico latino, Librería Editrice Vaticana, 1997. São Paulo: Edições Loyola, 1998.

SOUSA, José Pedro Galvão de *et al. Dicionário de política.* São Paulo: T.A. Queirós Editor, 1998.

9. Cat. 1999.

WOODS JR., Thomas E., Como a Igreja Católica construiu a civilização Ocidental, tradução de Élcio Carillo; revisão de Emérico da Gama, São Paulo: Quadrante, 2008.

Sites consultados

CARDEAL RATZINGER, Joseph. *Donum vitae*, 1987. Disponível em: http://www.vatican.va/roman_curia/congregations/cfaith/documents/rc_con_cfaith_doc_19870222_respect-for-human-life_po.html

OLIVEIRA, Plinio Corrêa de. *Revolução e Contra-Revolução*. Disponível em: https://www.pliniocorreadeoliveira.info/RCR.pdf.

IGREJA: TEOLOGIA E JUSTIÇA
DIÁLOGO PERMANENTE COM A SOCIEDADE

CHURCH: THEOLOGY AND JUSTICE
PERMANENT DIALOGUE WITH SOCIETY

"Porque eu vos digo: Se a vossa justiça não for maior que a justiça dos mestres da lei e dos fariseus, vós não entrareis no Reino dos Céus" (Mt 5, 20).

Prof. Dr. Pe. José Ulisses Leva[1]

Considerações preliminares

"Com efeito, também Cristo morreu uma vez pelos pecados, o justo pelos injustos, a fim de vos conduzir a Deus" (1 Pd 3, 18).

---

1. Doutor em História da Igreja pela Pontifícia Universidade Gregoriana de Roma. Professor na Pontifícia Universidade Católica de São Paulo – PUC/SP. Capelão na Capela de Nossa Senhora de Sion – Higienópolis.

O ano de 2023, de fato, é um presente para todos nós. Estamos comprometidos em vivê-lo com intensidade. Há muitas efemérides a serem comemoradas e partilhadas ao longo desse tempo oportuno e jubilar. Para compor o Livro da NOESES deste ano, com alegria, nós recebemos as perguntas norteadoras, compiladas pelo egrégio Senhor, Ives Gandra da Silva Martins, para que nos posicionemos com os saberes da Teologia e do Direito.

1 - A função do Direito nas sociedades organizadas é apenas a busca da aplicação da norma fria ou estimular a procura de um ideal de Justiça?

2 - A função do jurista é aperfeiçoar o Direito posto com sugestões e lutar para que a Justiça seja "justa" ou apenas a de aplicar a norma posta?

3 - A função do Magistrado é fazer apenas uma justiça formal, o mais das vezes não se debruçando sobre as partes em contenda, ou não fazer injustiça?

4 - Como os valores e princípios do Direito Natural, constantes dos escritos dos jus naturalistas, de formação tomista podem influenciar o Direito aplicado pelo Estado?

Novamente a Teologia está em parceria com o Direito. Outra vez, a Faculdade de Teologia Nossa Senhora da Assunção e a Editora NOESES se encontram e buscam respostas aos problemas do homem e mulher contemporâneos. O Tema: "*Igreja e Justiça*" é válido para os nossos dias permeados de questionamentos e, ao mesmo tempo, dias sequiosos de respostas. O enfrentamento diário de perguntas relacionadas à Justiça, a priori, está nas mãos daqueles e daquelas que estudam o Direito, prontos para argumentar e responder, de forma satisfatória aos seus interlocutores. Mas a Teologia, também se ocupa das questões humanas. Procura posicionar-se no mundo frente aos mais variados embates impostos pela sociedade em que vivemos, oferecendo subsídios a todos que a procuram, nas suas variadas necessidades.

Estamos falando da Igreja. A bimilenar Igreja instituída por Nosso Senhor Jesus Cristo está presente no mundo. No Mistério da Encarnação Deus, se fez carne assumindo a humanidade, menos no pecado, para dialogar com os seres humanos. A vinda do Salvador trouxe esperança e alegria para aqueles que o amam. Mas os problemas existem e os conflitos persistem, em todas as partes do mundo. A Esposa de Cristo precisa estar atenta às necessidades das pessoas e posicionar-se adequadamente para o bem de todos. A Igreja é de Cristo Jesus e dentro dela tem de haver os Seus posicionamentos, sobretudo, os Seus ensinamentos contidos nas narrativas do Evangelho.

Estamos falando de Teologia. A Faculdade de Teologia Nossa Senhora da Assunção está se mobiliando para celebrar os seus 75 anos de existência, em 2024, na cidade de São Paulo. A Faculdade de Teologia nasceu para formar pessoas comprometidas com o Evangelho de Cristo Jesus. Ao longo dos anos e inserida na sociedade paulistana, a Instituição procurou responder e ainda responde às muitas circunstâncias que envolveram e envolvem as pessoas que vivem nesta gigantesca cidade. Esse ano é tempo de lembrar e celebrar. Mas, também, é tempo de manter o comprometimento com os homens e mulheres que aqui residem.

Estamos falando de Justiça. O ano de 2023 recorda os 35 anos da promulgação da atual Constituição Federal. Em 1988, o Brasil ganhou a Carta Magna dos direitos inalienáveis da pessoa humana. Durante esses anos, o Estado de Direito está constituído e garantido. Tempo de comemorar as Bodas de Coral da Constituição Federal, e, momento de dar continuidade às conquistas adquiridas pela sociedade brasileira.

Sendo assim, Igreja e Justiça caminham juntas. Desta maneira, Teologia e UJUCASP dialogam continuamente, formando uma excelente parceria. Ambas falam das mesmas questões apresentadas pela sociedade e buscam sinceramente responder adequadamente aos problemas dos tempos contemporâneos.

1. Introdução

> *"Seja o vosso sim: Sim, e o vosso não: Não. Tudo o que for além disso vem do maligno"* (Mt 5, 37).

A UJUCASP, nos 35 anos da promulgação da atual Constituição Federal, propôs o Tema: *Igreja e Justiça*, atual e importantíssimo, para que seja debatido, estudado e apresentado junto aos membros da Igreja Católica, com a comunidade científica e com os homens e mulheres do nosso tempo. Fico lisonjeado e, ao mesmo tempo, comprometido, com o convite feito pelo egrégio Senhor, Luiz Gonzaga Bertelli, Diretor Presidente da União dos Juristas Católicos de SP – UJUCASP, na colaboração desse belíssimo empreendimento acadêmico.

O Tema: *Igreja e Justiça* traz algumas perguntas que nos questionam, no hoje da sociedade, sobre a importância da Igreja, da Teologia, do Direito e da Justiça. Remete-nos à gênese da Igreja, a vitalidade da Teologia e da importância do Direito. Simultaneamente, nos faz posicionar frente aos problemas e as suas possíveis soluções, junto ao homem e à mulher contemporâneos.

Como compreender o papel da Igreja na sociedade? Ao largo dos seus dois mil anos, a Igreja de Cristo Jesus tem respondido de pronto aos questionamentos apresentados pelos homens e mulheres? Como a Igreja se posiciona nesses tempos hodiernos?

Como abranger o papel da Teologia? O saber teológico nasceu dos ensinamentos de Cristo Jesus e da investigação de pessoas comprometidas com o seguimento no Divino Mestre e nas problematizações feitas pela sociedade. A Teologia é a ciência que estuda Deus. O teólogo se aprofunda no conhecimento das Sagradas Escrituras, no aprofundamento da Tradição Apostólica e nos ensinamentos do Magistério da Igreja. A validade desses estudos está na imersão da sociedade e nas possíveis repostas que são oferecidas aos homens e as mulheres do seu tempo.

Como entender o papel do Direito? O Direito tem nas mãos a Justiça que será apresentada às pessoas que habitam a sociedade. A Carta Magna do Brasil é a sustentação dos argumentos apresentados pelos que compõem essa nobre área do conhecimento. Aos membros da UJUCASP, além da Constituição Federal, seus componentes têm nas Sagradas Escrituras a Fonte segura dos ensinamentos do Altíssimo.

Como desvelar o nosso posicionamento, de forma correta e maneira acertada, entre o Sim e o Não apresentados nas Sagradas Escrituras? O Altíssimo nos pede sempre prontidão e coerência nas nossas atitudes cotidianas em relação à Justiça, seja na Teologia ou seja no Direito.

Como ler e entender "[...] os sinais dos tempos [...]" (Mt 16, 3)? *Igreja e Justiça* traz belíssimos e profundos questionamentos. Ligados aos sinais dos tempos apresentados nas Sagradas Escrituras, somos chamados no hoje da História, como Teólogos e Juristas, a nos debruçarmos nas Fontes Bíblicas e nos Documentos existentes, para responder à altura a Justiça. Sendo assim, Igreja: Teologia e Justiça – Diálogo permanente com a sociedade procura responder às ansiedades e normativas, para o homem e mulher contemporâneos.

2. A Igreja de Jesus Cristo

2.1 Igreja Una, Santa, Católica e Apostólica

> *"Com efeito, tudo vos pertence [...] tudo é vosso, mas vós sois de Cristo [...]"* (1 Cor 3, 21-23).

O desenvolvimento do Magistério da Igreja se encontra à luz da Palavra Revelada. Jesus Cristo proclamou o Reino de Deus, escolheu Doze Apóstolos (cf Mc 3, 13-19) e conferiu a Pedro (cf Mt 16, 18-19) para que apascentasse e conduzisse as ovelhas (Jo 21, 15-17).[2] Jesus Cristo advertiu o colegiado privilegiado ao exortar a mãe dos filhos de Zebedeu (Mt 20,20-23). Jesus Cristo advertiu Pedro para não se deixar levar por um colegiado humano que primazia a Teologia sem Deus (cf. Mt 17,23). Não somos de Cefas, Paulo ou Apolo (1 Cor 3, 21-23), mas seguidores de Jesus Cristo. Sendo assim, sem Jesus Cristo, não haveria a Igreja nem mesmo poderíamos supor seu Magistério. No Concílio de Jerusalém a voz de Paulo diferenciava de Pedro. Sem o consenso poderia resultar em duas eclesiologias antagônicas na Igreja nascente. Porém, à luz do Espírito Santo e o olhar Colegiado dos Apóstolos prevaleceram a palavra de Paulo e sob o Magistério Petrino confirmava-se a aceitação em Jesus Cristo sem passar necessariamente pela circuncisão.

2.2 Igreja em diálogo com a sociedade

> *"Mas, como está escrito, 'o que Deus preparou para os que o amam é algo que os olhos jamais viram nem os ouvidos ouviram nem coração algum jamais pressentiu"* (1 Cor, 2,9).

---

2. LG n. 19.

Os Padres Conciliares reunidos no Concílio Ecumênico Vaticano II, entre 1962 e 1965, definiram o papel do Magistério da Igreja. A Esposa de Cristo firmou sua identidade no Salvador e manteve a fidelização na Palavra do Redentor sobre a Unidade. Sendo Santa e Una a Igreja segue firme dialogando com a sociedade quaisquer enfrentamentos, no fidelíssimo seguimento ao Bom Pastor, para encontrar as possíveis soluções aos impasses e outras quantas adversidades.

> Este Sacrossanto Sínodo, seguindo os passos do Concílio Vaticano I, com ele ensina e declara que Jesus Cristo, Pastor Eterno, fundou a santa Igreja, enviando os Apóstolos (cf Jo 20,21). Ele quis que os sucessores dos Apóstolos, isto é, os Bispos, fossem em Sua Igreja Pastores até a consumação dos séculos. Para que o próprio Episcopado fosse uno e indiviso prepôs aos demais Apóstolos o bem-aventurado Pedro e nele instituiu o perpétuo e visível princípio e fundamento do sacro Primado do Romano Pontífice e sobre seu infalível Magistério, o Sagrado Sínodo novamente a propõe para ser crida firmemente por todos os fiéis. E continuando na mesma iniciativa, resolveu declarar e professar diante de todos a doutrina sobre os Bispos, sucessores dos Apóstolos, que junto com o Sucessor de Pedro, vigário de Cristo e Cabeça visível de toda a Igreja, regem a casa de Deus vivo.[3]

3. Teologia

> *"Sede santos, porque eu, o Senhor vosso Deus, sou santo"* (Lv 19, 2).

Encontramos nos Documentos Eclesiais informações seguras sobre o Magistério e o papel da Teologia na Igreja.

> Os Bispos, quando ensinam em comunhão com o Romano Pontífice, devem ser respeitados por todos como testemunhas da verdade divina e católica. Devem os fiéis acatar uma sentença sobre fé e moral proferida por seu bispo em nome de Cristo, e devem ater-se a ela com religioso obséquio do espírito. Esta religiosa submissão da vontade e da inteligência deve ser de modo

3. LG n. 18.

particular ser prestada com relação ao autêntico Magistério do Romano Pontífice, mesmo quando não fala "ex cathedra".[4]

O Magistério da Igreja nos indica precisamente o papel e os fundamentos do teólogo e sua missão de ensinar inspirado sempre nas Sagradas Escrituras e na Tradição Apostólica.

> Entre as vocações suscitadas na Igreja pelo Espírito, distingue-se a do teólogo, que em modo particular tem a função de adquirir, em comunhão com o Magistério, uma compreensão sempre mais profunda da Palavra de Deus contida na Escritura inspirada e transmitida pela Tradição viva da Igreja.[5]

Ainda mais o Magistério da Igreja insiste no papel do Teólogo e sua postura como articular da Fé à luz das Sagradas Escrituras.

> "Visto que o objeto da teologia é a Verdade, o Deus vivo e o seu desígnio de salvação revelado em Jesus Cristo, o teólogo é chamado a intensificar a sua vida de Fé e a unir sempre pesquisa científica e oração".[6] "O Magistério vivo da Igreja e a teologia, mesmo tendo dons e funções diferentes, tem em última análise o mesmo fim: conservar o povo de Deus na verdade que liberta fazendo dele, a 'luz das nações'. Este serviço à comunidade eclesial põe em relação recíproca o teólogo com o Magistério. Este último ensina autenticamente a doutrina dos apóstolos, e beneficiando-se do trabalho teológico, refuta as objeções e as deformações da fé, propondo além disso, com autoridade recebida de Jesus Cristo, novos aprofundamentos, explicitações e aplicações da doutrina revelada. A teologia por sua vez adquire, reflexivamente, uma compreensão sempre mais profunda da Palavra de Deus, contida na Sagrada Escritura e transmitida fielmente pela tradição via da Igreja sob a guia do Magistério, procura esclarecer o ensinamento da revelação diante da razão, e enfim lhe confere uma forma orgânica e sistemática".[7]

---

4. LG n. 25.

5. *Instrução sobre a Vocação Eclesial do Teólogo*, p. 7.

6. Idem, p. 8.

7. Ibidem, p. 19. (cf. PAULO VI. *Discurso aos participantes do Congresso internacio-*

A Teologia em sintonia com o Magistério da Igreja terá valiosíssima contribuição tanto para a Igreja quanto para a Sociedade. Somando colegialidade e unidade na diversidade, e evitando *lobbies* desagregadores, o saber teológico será de muito proveito para o mundo contemporâneo. É verdadeira a premissa da suposta ausência de Deus na Sociedade? Por que esta ausência acontece e se manifesta? Como teólogos nós falamos e pensamos a partir dos conceitos de Deus?

A ausência de Deus se dá quando nos omitimos ou quando nós nos fechamos. Mesmo no mundo plural em que vivemos muitos querem dialogar. Todos nós queremos ouvir e ser ouvidos; queremos propor e receber propostas. A Teologia deve continuamente prestar o serviço de Unidade à luz do Magistério da Igreja numa relação dialogante com a sociedade contribuindo eficazmente com o bem comum.

A Teologia conhecedora do seu saber e em relação permanente com os outros saberes promove um desenvolvimento teológico seguro dos valores evangélicos. A Teologia pesquisa e publica constantemente a luz da Palavra Revelada, da Tradição Apostólica e do Magistério da Igreja, assim como nos ensina o Concílio Ecumênico Vaticano II, e, em continuidade com o ensinamento do Papa Francisco.

4. Justiça

4.1 Constituição Federal de 1988

> *"Porque eu vos digo: Se a vossa justiça não for maior que a justiça dos mestres da lei e dos fariseus, vós não entrareis no Reino dos Céus"* (Mt 5, 20).

Assim lemos na Constituição Federal, de 1988:

---

nal sobre a Teologia do Concílio, 1º de outubro de 1966: AAS 58 (1966) 892s).

CAPÍTULO I

Dos Direitos e Deveres Individuais e Coletivos

Art. 5.º Todos são iguais perante a lei, sem distinção de qualquer natureza, garantindo-se aos brasileiros e aos estrangeiros residentes no País a inviolabilidade do direito à vida, à liberdade, à igualdade, à segurança e à propriedade, nos termos seguintes:

XXXV - a lei não excluirá da apreciação do Poder Judiciário lesão ou ameaça a direito.

A Constituição Federal parte do princípio de que todos são iguais perante a Lei. A Carta Magna do Brasil propõe os deveres e assegura os direitos aos cidadãos que residem no Brasil. Todos devem ser tratados igualmente e respeitados como habitantes dessa terra. É preciso fazer com que as Leis sejam aplicadas, respeitando cada pessoa humana, nos seus direitos fundamentais, para o bem de toda a sociedade.

4.2 Sagrada Escritura e Justiça

"Agora, porém, independentemente da Lei, se manifestou a justiça de Deus, testemunhada pela Lei e pelos Profetas, justiça de Deus que opera pela fé em Jesus Cristo [...]" (Rom 3, 21).

Devemos conhecer as Sagradas Escrituras, para que elas nos inspirem todos os dias das nossas vidas. Conhecendo a Palavra de Deus, havemos de ter melhores critérios para discernir os problemas que nos são imputados ao largo da nossa existência. A Revelação é Fonte quer seja para a Teologia quer seja para o Direito. Na Mensagem salutar dos Escritos Sagrados, temos critérios para sermos sempre justos, no exato momento de aplicarmos a Justiça.

5. Teologia e Direito

"Portanto, sede perfeitos como o vosso Pai celeste é perfeito" (Mt 5, 48).

Desde o século XIII, a Teologia e o Direito promovem uma belíssima sinergia. Santo Tomás de Aquino e outros santos de época ajudaram a Teologia garantir seu papel como ciência que estuda Deus e aplica seus benefícios as pessoas de todos os tempos. O Tomismo é referência para além da Teologia. Esses saberes nascem simultaneamente num momento importante da História. Homens e mulheres no Medieval buscavam conhecimento, e as duas ciências afirmavam o posicionamento que caminhariam com a humanidade, para promover dignidade. "A ciência teológica, que respondendo ao convite da verdade, busca a inteligência da fé, auxiliar o Povo de Deus, de acordo com o mandamento do apóstolo (cf. 1 Pd 3, 15), a dar razão da própria esperança, àqueles que a pedem."[8]

A Igreja sempre encorajou a dinamicidade da verdade e da justiça para com todos os homens e mulheres. A Esposa de Cristo sempre contribuiu com essas máximas tendo como referência a Palavra de Deus.

> A teologia oferece, portanto, a sua contribuição para que a fé se torne comunicável, e a inteligência daqueles que não conhecem a Cristo possa procurá-la e encontrá-la. A teologia, que obedece ao impulso da verdade que tende a comunicar-se, nasce também do amor e do seu dinamismo: no até de fé, o homem conhece a bondade de Deus e começa a amá-lo, mas o amor deseja conhecer sempre melhor aquele a quem ama.[9]

Ainda encontramos no Documento da Igreja em relação ao papel do Teólogo:

> No decorrer dos séculos, a teologia constitui-se progressivamente em verdadeiro e próprio saber científico. É, portanto, necessário que o teólogo esteja atento às exigências epistemológicas da

8. *Instrução sobre a Vocação Eclesial do Teólogo*, p. 7.

9. Idem, p. 8.

> sua disciplina, às exigências do rigor crítico, e consequentemente à verificação racional de todas as etapas da sua pesquisa.[10]

A parceria entre a Teologia e o Direito deve permanecer, para o bem comum da humanidade. As ciências nascem e encontram seu próprio percurso e desenvolvimento. A Teologia buscou seu itinerário. O Direito encontrou sem caminho e discernimento. É fundamental que as ciências se respeitem e se relacionem, para o desenvolvimento integral do ser humano. A perfeição dos estudos científicos será grande, quando estiver a serviço da pessoa humana e atendendo as suas necessidades fundamentais.

6. Conclusão

> *"Buscai, em primeiro lugar, o Reino de Deus e a sua justiça, e todas essas coisas vos serão acrescentadas"* (Mt 6, 33).

Definitivamente, a UJUCASP, em 2023, propôs um tema atual importantíssimo para o estudo e o debate com a Igreja Católica, à comunidade científica e aos homens e mulheres do nosso tempo: *"Igreja e Justiça"*. O tema proposto apresentou perguntas que nos questionaram e ainda nos questionam, no hoje da sociedade, sobre a importância da Teologia e do Direito, para que nos posicionemos frente às circunstâncias da vida cotidiana de todas as pessoas. Como devemos ser justos diante das adversidades? Justos no cumprimento da Lei ou justos, tendo referência as Sagradas Escrituras? É necessário que a Teologia e o Direito, posicionem-se coerentemente, frente aos problemas do homem e mulher, e, alcancem corretamente as soluções, para o bem de todos.

---

10. *Instrução sobre a Vocação Eclesial do Teólogo*. p. 9.

1 - A função do Direito nas sociedades organizadas é apenas a busca da aplicação da norma fria ou estimular a procura de um ideal de Justiça?

2 - A função do jurista é aperfeiçoar o Direito posto com sugestões e lutar para que a Justiça seja "justa" ou apenas a de aplicar a norma posta?

3 - A função do Magistrado é fazer apenas uma justiça formal, o mais das vezes não se debruçando sobre as partes em contenda, ou não fazer injustiça?

4 - Como os valores e princípios do Direito Natural, constantes dos escritos dos jus naturalistas de formação tomista, podem influenciar o Direito aplicado pelo Estado?

A Teologia e o Direito possuem seus próprios saberes. A episteme da Teologia segue a partir do conhecimento de Deus na aplicação da sociedade e seus enfrentamentos diários. O Direito parte da sua episteme e busca encontrar nas Fontes Bíblicas o encaminhamento da Justiça, em favor do homem e da mulher. Portanto, as perguntas propostas pela UJUCASP foram respondidas com propriedade e seriedade, tendo sempre o justo olhar para com todos. Tanto o Teólogo quanto o Jurista precisam ir além da Letra e deixarem-se mover pelo Espírito da Verdade, que impulsiona para a Justiça.

Na cosmopolita São Paulo, é fundamental ouvir na pluralidade o turbilhão de gente e o alarido de muitas vozes. Portanto, Igreja: Teologia e Justiça - Diálogo permanente com a sociedade, mostrou a importância dos saberes e as interfaces do diálogo sincero e producente. É nobre que as pessoas e grupos manifestem seus pensamentos. Afinal de contas somos diferentes uns dos outros, e, expressamos diferentemente nossos pontos de vista. É imprescindível e salutar ouvir a voz da Teologia e compreender a sistematização do Direito. Porém, é preciso escutar atentamente os questionamentos da sociedade hodierna, para agir com presteza e justiça. “Assim fala o Senhor: ‘Dei esta ordem ao povo, dizendo: Ouvi a minha voz, assim serei o vosso Deus e vós sereis o meu povo; e segui adiante por todo o caminho que eu vos indicar para serdes felizes” (Jr 7, 23).

A UJUCASP, nos 35 anos da promulgação da atual Constituição Federal, propôs um tema importante e atualíssimo. O egrégio Senhor, Luiz Gonzaga Bertelli, Diretor Presidente da União dos Juristas Católicos de SP – UJUCASP, está mantendo o belíssimo empreendimento acadêmico, para o bem da sociedade brasileira. O Tema: *Igreja e Justiça* trouxe perguntas que nos questionaram, no hoje da sociedade, sobre a importância, sobretudo, da Teologia e do Direito, tendo como referência a aplicabilidade eficaz da Justiça. Remeteu-nos à gênese da Igreja de Nosso Senhor Jesus Cristo, constituindo a vitalidade da Teologia e da importância do Direito. Simultaneamente, nos fez posicionar frente aos problemas apresentados e as suas seguras soluções, junto ao homem e a mulher contemporâneos.

Como compreender o papel da Igreja na sociedade? Ao largo dos seus dois mil anos, a Igreja de Cristo Jesus tem respondido de pronto aos questionamentos apresentados pelos homens e mulheres? Como a Igreja se posiciona nesses tempos hodiernos? A Igreja precisa se colocar frente aos problemas e defender todas as pessoas, sobretudo, ser continuamente atuante e estar sempre presente aos mais vulneráveis e fragilizados da nossa sociedade.

Como abranger o papel da Teologia? O saber teológico nasceu dos ensinamentos de Cristo Jesus, da investigação de pessoas comprometidas com o seguimento no Divino Mestre e nas problematizações feitas pela sociedade. A Teologia é a ciência que estuda Deus. O teólogo se aprofunda no conhecimento das Sagradas Escrituras, no aprofundamento da Tradição Apostólica e nos ensinamentos do Magistério da Igreja. A validade desses estudos está na imersão da sociedade e nas possíveis repostas que são oferecidas aos homens e as mulheres do seu tempo.

Como entender o papel do Direito? O Direito tem nas mãos as Leis e precisa exercer a Justiça, apresentando-a assertivamente às pessoas que habitam a sociedade. A Carta Magna do Brasil é a sustentação dos argumentos apresentados pelos que compõem essa nobre área do conhecimento. Aos membros da UJUCASP, além da Constituição Federal, seus componentes têm, nas Sagradas Escrituras, a Fonte segura dos ensinamentos do Altíssimo.

Como desvelar o nosso posicionamento, de forma correta e maneira acertada, entre o Sim e o Não apresentados nas Sagradas Escrituras? O Altíssimo nos pede sempre prontidão e coerência nas nossas atitudes cotidianas em relação à Justiça, seja na Teologia ou seja no Direito.

Como ler e entender "[...] os sinais dos tempos [...]" (Mt 16, 3)? *Igreja e Justiça* trouxe belíssimos e profundos questionamentos. Ligados aos sinais dos tempos apresentados nas Sagradas Escrituras, somos chamados no hoje da História, como Teólogos e Juristas, a nos posicionarmos frente às Fontes Sagradas e aos muitíssimos Documentos existentes na área do Direito, para responder à altura o significado da palavra Justiça.

A belíssima proposição apresentada pela UJUCASP, em 2023, *Igreja e Justiça* mostrou ser pontual e válida, sobretudo, para os momentos atuais que a sociedade tem vivido. A Igreja, sobretudo o Magistério e os Pontífices contemporâneos, tem acompanhado o caminho trilhado pela sociedade e o clamor de muitas vozes, em favor da Justiça. O Brasil nos apresentou, em 1988, com a Constituição Federal, a conhecida e chamada "Constituição cidadã". É dever do Estado garantir o bem de todos que compõem a Nação Brasileira. O Papa Francisco presenteou-nos com a Constituição Apostólica Veritaris Gaudium, em 2018, oferecendo a humanidade o amor do Altíssimo em relação à Verdade e à Justiça. A Esposa de Cristo tem-se apresentado frente aos desafios e, tem-se mostrado presente e eficaz, à luz do Evangelho do Bom Pastor, junto às soluções apresentadas. Fundamental que a Igreja de Cristo Jesus e os segmentos da sociedade estejam em sintonia para o bem de todos os cidadãos e cidadãs. O Magistério da Igreja tem-se mostrado próximo aos homens e mulheres. Portanto, cabe também aos Magistrados exercerem com eficiência e seguridade o ofício de representantes justos, juntos a toda a sociedade brasileira. “Porque eu vos digo: Se a vossa justiça não for maior que a justiça dos mestres da lei e dos fariseus, vós não entrareis no Reino dos Céus” (Mt 5, 20).

Referências

COLOMBO, S. Historiador Jacques Le Goff morre aos 90. *Folha de São Paulo*, E4 Ilustrada, 02 de abril de 2014.

COMPÊNDIO DO VATICANO II. *Constituições, decretos e declarações.* 18. ed. Petrópolis: Vozes, 1986.

CONGREGAÇÃO PARA A DOUTRINA DA FÉ. *Instrução sobre a vocação eclesial do teólogo.* 5. ed. São Paulo: Paulinas, 2007.

Constituição de 1988 da República Federativa do Brasil. 2ª Tiragem. São Paulo: Ltr Editora Ltda, 1989.

LEVA, J.U. Pluralismo no Brasil do século XIX. *Revista de Cultura Teológica,* São Paulo, Ano XX, nº 77, p 11-25, jan/mar, 2012.

_____. A Universidade e o mundo contemporâneo. O Magistério da Igreja e o mundo contemporâneo. *Revista de Cultura Teológica*, São Paulo, Ano XXII, nº 83, p 215-226, jan/jun, 2014.

LEVA, J.U. A Teologia católica e a ética no consumo. In *Revista espaço ética*, São Paulo, Ano I, Nº 1, p 164-169, jan/jun, 2014.

MARTINS, Ives Gandra da Silva; CARVALHO, Paulo de Barros. *Justiça econômica e social*. São Paulo: NOESES, 2017.

MARTINS, P. C. M. Modernização e o ensino superior para padres da Província de São Paulo. Último Andar. São Paulo: Educ, (10), jun, 2004, p 43-57.

PAPA FRANCISCO. *Exortação Apostólica Evangelii Gaudium*. São Paulo: Paulus-Loyola, 2013.

_____. *Constituição Apostólica Veritatis Gaudium*. São Paulo: Paulinas, 2018.

PASSOS, J. D. *Teologia e outros saberes*. Uma introdução ao pensamento teológico. São Paulo: Paulinas, 2010.

PRONUNCIAMENTOS DO PAPA FRANCISCO NO BRASIL. São Paulo: Paulus Loyola, 2013.

SEMANÁRIO DA ARQUIDIOCESE DE SÃO PAULO *'O SÃO PAULO'*. Ano 59, ed. 3003, 20 a 26 de maio de 2014.

ADENDO

BODAS DE ESTANHO DO PONTIFICADO DO PAPA FRANCISCO

TIN WEDDING OF THE PONTIFICATE OF POPE FRANCIS

Prof. Dr. Pe. José Ulisses Leva[11]

Sumário: 1. Introdução - 2. A convocação de Cristo Jesus - 3. A igreja nasce do querer de Cristo Jesus - 4. Missão da Igreja e a Igreja em missão - 5. Conversão da igreja - 6. Ir as periferias do mundo - 7. Conclusão – Referências.

1. Introdução

Vamos celebrar a vida do Papa Francisco. Vamos comemorar as Bodas de Estanho do seu Pontificado. Vamos lembrar com alegria os 10 anos do seu Magistério. Como recordar a sua presença na vida da Igreja? Primeiramente, precisamos compreender a convocação de Cristo Jesus a sua Igreja "Ide, pois, e ensinai a todas as nações; batizai-as em nome do Pai, do Filho e do Espírito Santo. Ensinai-as a observar tudo o que vos prescrevi. Eis que estou convosco todos os dias, até o fim do mundo" (Mt 28, 19-20)? Assim, podemos entender a Eclesiologia do papa Francisco: Igreja em saída? "A Igreja 'em saída' é uma Igreja com as portas abertas. Sair em direção aos outros para chegar às

11. Doutor em História da Igreja pela Pontifícia Gregoriana de Roma. Professor na Pontifícia Universidade Católica de São Paulo – PUC/SP. Capelão da Capela de Nossa Senhora de Sion – Higienópolis.

periferias humanas não significa correr pelo mundo sem direção nem sentido."[12]

Para dinamizar e proclamar as maravilhas do Reino de Deus, Cristo Jesus edificou sua Igreja sobre os Apóstolos, tendo em Pedro a Unidade. A Igreja nasce do querer de Cristo Jesus, sob o alicerce dos Apóstolos, confiando-a na pessoa de Pedro "Por isso, eu te digo: tu és Pedro, e sobre esta pedra construirei a minha Igreja, e as forças da morte não poderão vencê-la. Eu te darei as chaves do Reino dos Céus [...]" (Mt 16, 18-19ª).

O papa Francisco não tem dito coisas novas, mas tem apresentado as palavras eternas de Cristo Jesus com novidade. O Pontífice traz dinamicidade e alegria ao Evangelho de Nosso Senhor Jesus Cristo "A Alegria do Evangelho enche o coração e a vida inteira daqueles que se encontram com Jesus." [13]

Na Exortação Apostólica *Evangelii gaudium*, o papa Francisco nos exorta:

> Na Palavra de Deus, aparece constantemente este dinamismo de 'saída', que Deus quer provocar nos crentes. Abraão aceitou a chamada para partir rumo a uma nova terra (cf. Gn 12,13). Moisés ouviu a chamada de Deus: 'Vai; eu te envio' (Ex 3, 10), e fez sair o povo para a terra prometida (cf Ex 3, 17). A Jeremias disse: 'Irás aonde eu te enviar' (Jr 1, 7). Naquele 'ide' de Jesus, estão presentes os cenários e os desafios sempre novos da missão evangelizadora da Igreja, e hoje todos somos chamados a esta nova 'saída' missionária. Cada cristão e cada comunidade há de discernir qual é o caminho que o Senhor lhe pede, mas todos somos convidados a aceitar esta chamada: sair da própria comodidade e ter a coragem de alcançar todas as periferias que precisam da luz do Evangelho.[14]

12. EG, n 46.

13. EG, n 1.

14. EG, n 20.

Fala-nos o historiador Ronaldo Mazula:

> Permitem e exigem que o religioso esteja presente no deserto, na periferia e na fronteira. Por deserto entendemos que o religioso deve estar ali onde de fato não há ninguém, como foi, ao longo da História, o caso da perseverança dos religiosos em hospitais, escolas ou, modernamente, em paróquias não atendidas. Por periferia entendemos que o religioso deve estar não no centro do poder, mas ali onde não há poder e sim impotência. Por fronteira entendemos que o religioso deve estar onde antes de tudo é preciso experimentar, segundo a necessária imaginação e criatividade cristã, onde o risco é maior, onde é mais necessária a atividade profética para sacudir a inércia em que a Igreja em sua totalidade está se petrificando, ou para denunciar com mais energia o pecado. [15]

Afirma o papa Francisco na Exortação Apostólica *Evangelii gaudium:*

> A Igreja 'em saída' é uma Igreja com as portas abertas. Sair em direção aos outros para chegar às periferias humanas não significa correr pelo mundo sem direção nem sentido. Muitas vezes, é melhor diminuir o ritmo, pôr à parte a ansiedade para olhar nos olhos e escutar, ou renunciar às urgências para acompanhar quem ficou caído à beira do caminho. Às vezes, é como o pai do filho pródigo, que continua com as portas abertas, para, quando ele voltar, poder entrar sem dificuldade. [16]

Prossegue o papa Francisco:

> A alegria do Evangelho, que enche a vida da comunidade dos discípulos, é missionária. Experimentam-na os setenta e dois discípulos, que voltam da missão cheios de alegria (cf. Lc 10,17) [...] O Senhor diz: 'Vamos para outra parte, para as aldeias vizinhas, a fim de pregar aí, pois foi para isso que eu vim' (Mc 1, 38). Ele, depois de lançar a semente num lugar, não se demora lá a explicar melhor ou a cumprir novos sinais, mas o Espirito leva-O a partir para outras aldeias. [17]

Admite o papa Francisco, com insistência:

> Sonho com uma opção missionária capaz de transformar tudo, para que os costumes, os estilos, os horários, a linguagem e toda a estrutura eclesial se tornem um canal proporcionado mas à

15. MAZULA, R. *A Vida Religiosa*, p 135.

16. EG, n 46.

17. EG, n 21.

> evangelização do mundo atual do que à autopreservação. A reforma das estruturas, exigida pela conversao pastoral, só se pode entender neste sentido: fazer que todas elas se tornem mais missionárias, que a pastoral ordinária em todas as suas instâncias seja mais comunicativa e aberta, que coloque os agentes pastorais em atitude constante de 'saída' e, assim, favoreça a resposta positiva de todos aqueles a quem Jesus oferece a sua amizade.[18]

Em tempos de Igreja Conciliar entender, à luz da Sagrada Escritura, a convocação de Cristo Jesus a sua Igreja e compreender a eclesiologia do papa Francisco e seus 10 anos de pontificado.

2. A convocação de Cristo Jesus

Cristo Jesus edificou sua Igreja e a impeliu para que estivesse em todas as partes do mundo e anunciasse seu Evangelho a todas as gentes e culturas. Indicou aos seus Apóstolos que comunicassem o Evangelho da Vida, batizando-os em nome da Trindade Santa, para que participassem do Reino por Ele inaugurado.

Assim exprime a Sagrada Escritura na Solenidade da Ascensão do Senhor: "Homens da Galileia, por que ficais aqui parados, olhando para o céu? Esse Jesus, que vos foi levado para o céu, virá do mesmo modo como o vistes partir para o céu" (At 1, 11).

Continua Cristo Jesus falando a sua Igreja: "Naquele tempo, Jesus se manifestou aos onze discípulos e disse-lhes: 'Ide pelo mundo inteiro e anunciai o evangelho a toda criatura! Quem crer e for batizado será salvo. Quem não crer será condenado'" (Mc 16, 15-16).

Insistentemente o Senhor Jesus nos adverte: "Ide, pois, e ensinai a todas as nações; batizai-as em nome do

18. EG, n 27.

Pai, do Filho e do Espírito Santo. Ensinai-as a observar tudo o que vos prescrevi. Eis que estou convosco todos os dias, até o fim do mundo" (Mt 28, 19-20). Devemos, pois, anunciar Jesus Cristo a todas as gentes, hoje e sempre, com uma postura pastoral dialogante,[19] num ambiente cada vez mais pluralista.[20]

3. A Igreja nasce do querer de Cristo Jesus

A Igreja nasce do querer de Cristo Jesus, sob o alicerce dos Apóstolos, confiando-a na pessoa de Pedro "Por isso, eu te digo: tu és Pedro, e sobre esta pedra construirei a minha Igreja, e as forças da morte não poderão vencê-la. Eu te darei as chaves do Reino dos Céus [...]" (Mt 16, 18-19[a]), para que seja presença Evangelizadora no mundo "Ide, pois, fazer discípulos entre todas as nações, e batizai-os em nome do Pai, do Filho e do Espírito Santo. Ensina-lhes a observar tudo o que vos tenho ordenado. Eis que estou convosco todos os dias, até o fim dos tempos" (Mt 28, 19-20).

> Esta é a única Igreja de Cristo que no Símbolo confessamos una, santa, católica e apostólica; que nosso Salvador depois de sua Ressurreição entregou a Pedro para apascentar (Jo 21, 17) e confiou a ele e aos demais apóstolos para a propagar e reger (cf. Mt 28,18ss), levantando-a para sempre como 'coluna e fundamento da verdade' (1 Tim 3, 15). Esta Igreja, constituída e organizada neste mundo como uma sociedade, *subsiste* na Igreja Católica governada pelo sucessor de Pedro e pelos Bispos em comunhão com ele, embora fora de sua visível estrutura se encontrem vários elementos de santificação e verdade. Estes elementos, como dons próprios à Igreja de Cristo, impelem à unidade católica.[21]

---

19. LEVA, J. U. Reforma na diocese paulopolitana: postura pastoral. *Revista de Cultura Teológica.* Ano XXI, nº 82, jul/dez, 2013, p 109-135.

20. LEVA, J.U. Pluralismo no Brasil do século XIX. *Revista de Cultura Teológica.* Ano XX, nº 77, jan/mar, 2012, p 11-25.

21. LG, n 8.

Cada Igreja particular, porção da Igreja Católica sob a guia do seu Bispo, está, também, ela, chamada à conversão missionária. Ela é o sujeito primário da evangelização, enquanto é a manifestação concreta da única Igreja num lugar da terra e, nela, 'está verdadeiramente presente e opera a Igreja de Cristo, una, santa, católica e apostólica [...][22]

Portanto, devemos viver segura e integralmente o Evangelho de Jesus Cristo na Sua Igreja. Como autênticos discípulos e cristãos verdadeiros devemos prorromper com radicalidade o anúncio querigmático na sociedade, para transformá-la nos valores do Reino de Deus.

4. Missão da Igreja e a Igreja em missão

Na Exortação Apostólica *Evangelii gaudium,* o papa Francisco, apresenta-nos sua eclesiologia. Mostra-nos seu entendimento da missão que a Igreja de Cristo Jesus deve ter em meio as gentes. Recordando seu predecessor, São João Paulo II, o papa Francisco lança a Igreja em meio aos desafios do mundo, para que no mundo, ela desenvolva a missão de evangelizar.

> João Paulo II convidou-nos a reconhecer que "não se pode perder a tensão para o anúncio" àqueles que estão longe de Cristo, "porque esta é *a tarefa primária* da Igreja". A atividade missionária "ainda hoje representa *o máximo desafio* para a Igreja" e "a causa missionária *deve ser (...) a primeira* de todas as causas". Que sucederia se tomássemos realmente a sério estas palavras? Simplesmente reconheceríamos que a ação missionária é *o paradigma de toda a obra da Igreja*. Nesta linha, os Bispos latino-americanos afirmaram que "não podemos ficar tranquilos, em espera passiva, em nossos templos", sendo necessário passar "de uma pastoral de mera conservação para uma pastoral decididamente missionária". Esta tarefa continua a ser a fonte das maiores alegrias para a Igreja: "Haverá mais alegria no Céu por um só

22. EG, n 30.

> pecador que se converte, do que por noventa e nove justos que não necessitam de conversão" (Lc 15, 7).[23]

O Concílio Ecumênico Vaticano II já nos apontou o caminho a seguir, quando da Constituição dogmática *Lumem gentium*. A Igreja deve manter-se no mundo, assim como a edificou Cristo Jesus, para que no mundo anuncie o Reino de Deus e seus valores. Francisco retoma o Concílio e adianta algumas questões ampliando o horizonte renovador da Igreja e sua missão entre os homens e mulheres de boa vontade.

> Aqui escolhi propor algumas diretrizes que possam encorajar e orientar, em toda a Igreja, uma nova etapa evangelizadora, cheia de ardor e dinamismo. Neste quadro e com base na doutrina da Constituição dogmática *Lumen gentium*, decidi, entre outros temas, de me deter amplamente sobre as seguintes questões: a) A reforma da Igreja em saída missionária. b) As tentações dos agentes pastorais. c) A Igreja vista como a totalidade do povo de Deus que evangeliza. d) A homilia e a sua preparação. e) A inclusão social dos pobres. f) A paz e o diálogo social. g) As motivações espirituais para o compromisso missionário.[24]

O papa Francisco projeta a missão atual da Igreja, sem modificá-la, perdendo a beleza e inteireza do seu fundador Cristo Jesus, nem transformá-la amalgamando-a ao mundo, mas tornar a mesma Igreja de Cristo, anunciando o Evangelho com misericórdia e alegria.

> Demorei-me nestes temas, desenvolvendo-os dum modo que talvez possa parecer excessivo. Mas não o fiz com a intenção de oferecer um tratado, mas só para mostrar a relevante incidência prática destes assuntos na missão atual da Igreja. De facto, todos eles ajudam a delinear um preciso estilo evangelizador, que convido a assumir *em qualquer atividade que se realize*. E, desta forma, podemos assumir, no meio do nosso trabalho diário, esta

---

23. EG, n 15.

24. EG, n 17.

exortação da Palavra de Deus: "Alegrai-vos sempre no Senhor! Dc novo vos digo: alegrai-vos!" (Fl 4, 4).[25]

A mesma Igreja de Cristo Jesus edificada sobre os Apóstolos se põe em saída. A Igreja está em marcha. Ela é chamada a ser no mundo luz e sal. Ela é conduzida pelo Espírito Santo a mostrar toda sua dinamicidade e operosidade.

Na Palavra de Deus, aparece constantemente este dinamismo de 'saída', que Deus quer provocar nos crentes. Abraão aceitou a chamada para partir rumo a uma nova terra (cf. Gn 12, 1-3). Moisés ouviu a chamada de Deus: 'Vai; Eu te envio' (Ex 3, 10), e fez sair o povo para a terra prometida (cf. Ex 3, 17). A Jeremias disse: 'Irás aonde Eu te enviar' (Jr 1, 7). Naquele 'ide' de Jesus, estão presentes os cenários e os desafios sempre novos da missão evangelizadora da Igreja, e hoje todos somos chamados a esta nova 'saída' missionária. Cada cristão e cada comunidade há de discernir qual é o caminho que o Senhor lhe pede, mas todos somos convidados a aceitar esta chamada: sair da própria comodidade e ter a coragem de alcançar todas as periferias que precisam da luz do Evangelho.[26]

Fiel à convocação primeira de Cristo Jesus aos seus Apóstolos, discípulos e discípulas, a Igreja se lança ao mundo, para transformá-lo dos valores e benesses do Reino de Deus anunciado pelo Salvador e Redentor.

A Igreja "em saída" é a comunidade de discípulos missionários que "primeireiam", que se envolvem, que acompanham, que frutificam e festejam. *Primeireiam* – desculpai o neologismo –, tomam a iniciativa! A comunidade missionária experimenta que o Senhor tomou a iniciativa, precedeu-a no amor (cf. 1 Jo 4, 10), e, por isso, ela sabe ir à frente, sabe tomar a iniciativa sem medo, ir ao encontro, procurar os afastados e chegar às encruzilhadas dos caminhos para convidar os excluídos. Vive um desejo inexaurível de oferecer misericórdia, fruto de ter experimentado a misericórdia infinita do Pai e a sua força difusiva. Ousemos um

25. EG, n 18.

26. EG, n 20.

pouco mais no tomar a iniciativa! Como consequência, a Igreja sabe "envolver-se". Jesus lavou os pés aos seus discípulos. O Senhor envolve-se e envolve os seus, pondo-se de joelhos diante dos outros para os lavar; mas, logo a seguir, diz aos discípulos: "Sereis felizes se o puserdes em prática" (Jo 13, 17). Com obras e gestos, a comunidade missionária entra na vida diária dos outros, encurta as distâncias, abaixa-se – se for necessário – até à humilhação e assume a vida humana, tocando a carne sofredora de Cristo no povo. Os evangelizadores contraem assim o "cheiro das ovelhas", e estas escutam a sua voz. Em seguida, a comunidade evangelizadora dispõe-se a "acompanhar". Acompanha a humanidade em todos os seus processos, por mais duros e demorados que sejam. Conhece as longas esperas e a suportação apostólica. A evangelização patenteia muita paciência, e evita deter-se a considerar as limitações. Fiel ao dom do Senhor, sabe também "frutificar". A comunidade evangelizadora mantém-se atenta aos frutos, porque o Senhor a quer fecunda. Cuida do trigo e não perde a paz por causa do joio. O semeador, quando vê surgir o joio no meio do trigo, não tem reações lastimosas ou alarmistas. Encontra o modo para fazer com que a Palavra se encarne numa situação concreta e dê frutos de vida nova, apesar de serem aparentemente imperfeitos ou defeituosos. O discípulo sabe oferecer a vida inteira e jogá-la até ao martírio como testemunho de Jesus Cristo, mas o seu sonho não é estar cheio de inimigos, mas antes que a Palavra seja acolhida e manifeste a sua força libertadora e renovadora. Por fim, a comunidade evangelizadora jubilosa sabe sempre "festejar": celebra e festeja cada pequena vitória, cada passo em frente na evangelização. No meio desta exigência diária de fazer avançar o bem, a evangelização jubilosa torna-se beleza na liturgia. A Igreja evangeliza e se evangeliza com a beleza da liturgia, que é também celebração da atividade evangelizadora e fonte dum renovado impulso para se dar.[27]

5. Conversão da Igreja

Mantendo sua missão de Evangelizar, a Igreja, como que numa autoavaliação, busca metas acertadas para ir ao encontro do outro, estando em missão e saída permanentes. O papa Francisco insiste, permanentemente, na

27. EG, n 24.

conversão da Igreja. O que isso significa? O que implica a conversão da Igreja?

> Sonho com uma opção missionária capaz de transformar tudo, para que os costumes, os estilos, os horários, a linguagem e toda a estrutura eclesial se tornem um canal proporcionado mais à evangelização do mundo atual que à autopreservação. A reforma das estruturas, exigida pela conversão pastoral, só se pode entender neste sentido: fazer que todas elas se tornem mais missionárias, que a pastoral ordinária em todas as suas instâncias seja mais comunicativa e aberta, que coloque os agentes pastorais em atitude constante de "saída" e, assim, favoreça a resposta positiva de todos aqueles a quem Jesus oferece a sua amizade. Como dizia São João Paulo II aos Bispos da Oceania, "toda a renovação na Igreja há de ter como alvo a missão, para não cair vítima de uma espécie de introversão eclesial". [28]

Continua o papa Francisco.

> Não ignoro que hoje os documentos não suscitam o mesmo interesse que noutras épocas, acabando rapidamente esquecidos. Apesar disso sublinho que, aquilo que pretendo deixar expresso aqui, possui um significado programático e tem consequências importantes. Espero que todas as comunidades se esforcem por atuar os meios necessários para avançar no caminho duma conversão pastoral e missionária, que não pode deixar as coisas como estão. Neste momento, não nos serve uma "simples administração". Constituamo-nos em "estado permanente de missão", em todas as regiões da terra.[29]

6. Ir às periferias do mundo

Cristo Jesus edificou sua Igreja no mundo e a quis presente em todos os quadrantes da terra. Como entender a Igreja que deve se fazer em saída e como compreender onde se localizam as periferias do mundo?

---

28. EG, n 27.

29. EG, n 25.

Cada cristão e cada comunidade há de discernir qual é o caminho que o Senhor lhe pede, mas todos somos convidados a aceitar esta chamada: sair da própria comodidade e ter a coragem de alcançar todas as periferias que precisam da luz do Evangelho.[30]

Toda a Terra é lugar de missão. Precisamos descobrir lacunas para anunciar Jesus Cristo. Missão não é estar lá, como lugar distante. É ao mesmo tempo estar aqui, se aqui onde estou é lugar e ambiente para tornar presente o Evangelho da Vida.

O papa Francisco, em primeiríssimo lugar, postula a riqueza e a alegria do Evangelho de Nosso Senhor Jesus Cristo. Ele solicita que a Boa Nova seja lida e entendida com renovada alegria. Porém, admite também, que o Evangelho seja anunciado a todos os homens e mulheres, em todos os recantos da sociedade local e em todos os rincões da Terra, sem desmerecer nenhuma pessoa ou localidade. Afirma que devemos querer Jesus Cristo como centro de nossas vidas e proclamá-lo em todas as periferias geográficas e existenciais.

> Cada Igreja particular, porção da Igreja Católica sob a guia do seu Bispo, está, também ela, chamada à conversão missionária. Ela é o sujeito primário da evangelização, enquanto é a manifestação concreta da única Igreja num lugar da terra e, nela, "está verdadeiramente presente e opera a Igreja de Cristo, una, santa, católica e apostólica". É a Igreja encarnada num espaço concreto, dotada de todos os meios de salvação dados por Cristo, mas com um rosto local. A sua alegria de comunicar Jesus Cristo exprime-se tanto na sua preocupação por anunciá-Lo noutros lugares mais necessitados, como numa constante saída para as periferias do seu território ou para os novos âmbitos socioculturais. Procura estar sempre onde fazem mais falta a luz e a vida do Ressuscitado. Para que este impulso missionário seja cada vez mais intenso, generoso e fecundo, exorto também cada

30. EG, n 20.

> uma das Igrejas particulares a entrar decididamente num processo de discernimento, purificação e reforma.[31]

Assim nos adianta Paulo Suess.

> Evangelizar supõe zelo apostólico e audácia que impulsiona a saída de si mesmo e um caminho como rumo certo: periferias geográficas e existenciais. Essas periferias têm nomes concretos. São periferias do mistério, do pecado, da dor, da injustiça, das ignorâncias e da recusa religiosa, do pensamento e de toda miséria.[32]

7. Conclusão

Da convocação do Evangelho, proclamado por Cristo Jesus, à proposta do papa Francisco em anunciá-lo às periferias geográficas e existenciais. Da Esposa do Redentor à Eclesiologia do papa Francisco, o itinerário está proposto. A saída está identificada. Precisamos conhecer a dinamicidade, para efetuarmos concretamente a Igreja no mundo para produzir furtos.

De fato, Jesus Cristo, edificou sua Igreja sobre os Apóstolos, e, na pessoa do Apóstolo Pedro, assegurou sua unicidade. "Simão Pedro respondeu: 'Tu és o Messias, o Cristo, o Filho do Deus vivo'" (Mt 16, 16). É o reto caminho que nos faz viver Deus na Terra, na segurança da sua Verdade, que nos conduz a Vida Eterna (cf Jo 14, 6). "Como é estreita a porta e apertado o caminho que leva à vida, e poucos são os que o encontram" (Mt 7, 14). Ser cristão não é modismo. "Pois quem quiser salvar a sua vida a perderá; mas quem perder a sua vida por causa de mim e do Evangelho, a salvará." (Mc 8, 35). Portanto, devemos viver segura e integralmente o Evangelho de Jesus Cristo na Sua Igreja.

---

31. EG, n 30.

32. SUESS, P. Missão e Misericórdia, p 18.

Como autênticos discípulos e batizados conscientes, devemos prorromper com radicalidade o anúncio querigmático do Evangelho do Salvador na sociedade, para transformá-la nos valores do Reino de Deus.

Devemos compreender a autêntica e misericordiosa postura pastoral e a dinâmica eclesiológica do papa Francisco, sobretudo, sob o olhar da Exortação Apostólica *Evangelii gaudium*. O papa Francisco prorrompeu aos católicos a necessidade de ir às periferias do mundo. Alguns entenderam chegar a diversos mundos; outros, ir às periferias das cidades, grandes ou pequenas. Entendo que as premissas primeiras são verdadeiras, mas podemos entender, também, ir às periferias é chegar ao mais profundo das misérias humanas. Onde quer que esteja alguém sofrendo na solidão, por falta de um ombro ou ouvido amigos, ou vivendo na secura, envolto as mágoas e ressentimentos, oferecer um silêncio reconfortante e um bálsamo das misericórdias, à luz do Bom Pastor, sempre será uma grande contribuição da nossa parte, pequena que seja.

> Apresento as obras de misericórdia espirituais, para uma reflexão amadurecida e comprometida. Corriqueiramente, tendemos a esquecer de Deus e suas benesses. Pontualmente, pouco ou nada fazemos em relação às obras de misericórdia corporais. O que dizer das obras de misericórdia espirituais? Objetivamente, quais são as obras de misericórdia espirituais?
>
> É meu desejo sincero de que o povo cristão reflita durante o Jubileu sobre as obras de misericórdia corporais e espirituais. [...]. E não nos esqueçamos das obras de misericórdia espirituais: aconselhar os duvidosos, ensinar os ignorantes, admoestar os pecadores, consolar os aflitos, perdoar as ofensas, suportar com paciência as injustiças, rezar a Deus pelos vivos e pelos mortos.
>
> Quando das obras de misericórdia corporais buscamos solucionar externamente os sofrimentos de muitos homens e mulheres que se encontram nas periferias das cidades ou da sociedade. Todas as atividades caritativas realizadas devem ser aplaudidas. As iniciativas são louváveis, porque estamos agindo com paixão. A compaixão por aquilo que vemos logo pode resultar numa ação solidária.

> Muitas são as feridas que se encontram dentro do ser humano. Muitas pessoas são levadas à solidão como vazio existencial. Ninguém quer ouvir e ninguém quer escutar. Na verdade poucos percebem o profundo abismo entre a luminosidade do sol que vemos e a escuridão existencial que muitos se encontram.
>
> Empreendemos o nosso tempo em limpar as feridas do corpo daquele que se encontra enfermo a beira do caminho, precisamos encontrar tempo para sanar as dores e angústias com aqueles que se acham desanimados, isto é, sem ânimo e entusiasmo para viver. Nós podemos ver as feridas do corpo, mas as feridas da alma se tornam imperceptíveis aos nossos olhos.[33]

Busquemos, contínua e prazerosamente, compreender a História dos homens e mulheres que nos precederam no Anúncio querigmático do Evangelho do nosso Salvador e Redentor. Sejamos sempre inspirados pela Sagrada Escritura e iluminados pelos Documentos do Concílio Ecumênico Vaticano II. Tenhamos sempre em mãos os Documentos do Magistério da Igreja, sobretudo, a Exortação Apostólica *Evangelii gaudium,* do papa Francisco. Seja sempre eficiente a ação evangelizadora da Igreja, permanentemente em saída, para o bem de toda a humanidade.

Ao longo dos 10 anos do pontificado do Papa Francisco, vemos a Igreja atualíssima e presente junto a todos os povos, nações e culturas. O pontífice não modificou a Igreja de Cristo Jesus, nem a transformou ou a amalgamou ao mundo. O papa Francisco sonha com a Igreja de Cristo Jesus, anunciando o Evangelho do Salvador, com misericórdia e alegria.

Referências

Compêndio do Vaticano II. *Constituições, Decretos e Declarações. 18ª* ed. Petrópolis: Vozes, 1986.

33. LEVA, J.U. *Obras de Misericórdia Espirituais.* A Misericórdia fala ao nosso coração, p 82-83.

PAPA FRANCISCO. *Carta Encíclica. Laudato Sì. Louvado sejas* - Sobre o cuidado da casa comum. São Paulo: Paulus - Loyola, 2015.

PAPA FRANCISCO. Exortação Apostólica *Amoris Laetitia.* A alegria do amor - Sobre o amor na família. São Paulo: Loyola, 2016.

PAPA FRANCISCO. Exortação Apostólica *Evangelii gaudium.* A alegria do Evangelho - Sobre o anúncio do Evangelho no mundo atual. São Paulo: Paulus Loyola, 2013.

PAPA FRANCISCO. *Misericordiae Vultus.* Bula de Proclamação do Jubileu Extraordinário da Misericórdia. Documentos Pontifícios – 20. Brasília: Edições CNBB, 2015.

PAPA FRANCISCO. *Pronunciamentos do Papa Francisco no Brasil.* São Paulo: Loyola, 2013.

LEVA, J.U. Conclusões de Medellín: A Igreja de Cristo Jesus presente na América. *Semanário da Arquidiocese de São Paulo.* Ano 63 - Edição 3198 - 09 a 15 de maio de 2018.

_____. Obras de Misericórdia Espirituais. A Misericórdia fala ao nosso coração. In: *Misericórdia e vida acadêmica.* pp. 77-89. São Paulo: EDUC, 2016.

_____. Pluralismo no Brasil do século XIX. *Revista de Cultura Teológica.* Ano XX, nº 77, jan/mar, 2012, p 11-25.

_____. Reforma na diocese paulopolitana: postura pastoral. *Revista de Cultura Teológica.* Ano XXI, nº 82, jul/dez, 2013, p 109-135.

MAZULA, R. *A Vida Religiosa*: seu lugar no presente e no futuro. Sinas convergentes. Um olhar histórico de ontem e de hoje. In *Convergência.* Ano XLVIII, nº 459, março 2013, p 132-156.

SUESS, P. Missão e Misericórdia. A transformação missionária da Igreja segundo a *Evangelii gaudium.* São Paulo: Paulinas, 2017.